Rolf Hosfeld Hermann Pölking

DIE DEUTSCHEN

1972 bis heute

Auf dem Weg zu Einheit und Freiheit

ZEITREISE
in Bildern
und 3 DVDs

Rolf Hosfeld Hermann Pölking

DIE DEUTSCHEN
1972 bis heute
Auf dem Weg zu Einheit und Freiheit

Mit 305 Abbildungen, 12 Grafiken und 6 Karten

Piper
München Zürich

Autor Buch Rolf Hosfeld
Autor Film Hermann Pölking
Produzenten Tammo F. Bruns, Patrick Lithander, Hermann Pölking

Redaktion Buch Hermann Pölking (Leitung), Svea Lang, Nina Mütze
Co-Autorinnen Film Svea Lang, Nina Mütze
Redaktion und Recherche Film Ralf Graumann, Svea Lang, Nina Mütze
Redaktion Interviews Film Rolf Hosfeld, Hermann Pölking
Bildgestaltung Film Julio Olmo Poranzke
Bildanimation kleiner und bold GmbH, Julio Olmo Poranzke
Schnitt Torsten Büsing, Julio Olmo Poranzke, Martin Sündermann
Ton Torsten Büsing, Martin Sündermann, Christian Wilmes
Kamera Klaus Kurth, Martin Sündermann
Gestaltung und Satz kleiner und bold GmbH
Lithografie kleiner und bold GmbH
DVD-Verpackung Achilles, Celle
Schuber seismografics, Unterschleißheim
Druck und Bindung Kösel, Krugzell

ISBN 978-3-492-04927-6

Printed in Germany

www.piper.de

Inhaltsverzeichnis

Das Projekt »Zeitreise«

»Zeitreise« erzählt die Geschichte der Deutschen in einer neuen Form. Alle Quellen, aus denen Vergangenheit anschaulich werden kann, sind zu einem multimedialen Projekt verbunden, dessen einzelne Teile sich ergänzen. Man kann Geschichte lesen, sehen und hören. »Zeitreise« ist ein aufregender Zugang zu den Ereignissen, die unsere Gegenwart geformt haben. Das Buch bietet eine spannende Geschichtsdarstellung, die politische, wirtschaftliche und kulturelle Zusammenhänge deutlich werden läßt, mit selten gesehenen Fotos und Bildern, die die Alltagsgeschichte hinzufügen. Die DVDs bieten ein filmisches Kaleidoskop deutschen Lebens, wie es so noch nie gezeigt wurde. Die Filme entstammen weitgehend unbekannten regionalen und privaten Quellen, Firmen- und Verbandsarchiven aus ganz Deutschland und Europa und sind in den letzten zwanzig Jahren systematisch und in akribischer Kleinarbeit zusammengetragen und konserviert worden. Gefilmte Interviews mit bekannten Historikern runden das Projekt »Zeitreise« ab.

Linke Seite: 12.November 1989 am Potsdamer Platz. Volkspolizisten bilden eine Kette,um den Besucherstrom von Ost nach West zu kanalisieren.Drei Tage zuvor ist die Mauer durchlässig geworden. Niemand hat an diesem 9. November damit gerechnet, obwohl bekannt war, daß die DDR kurzfristig ein neues, großzügigeres Reisegesetz verabschieden wollte. Am 10.November prägt Willy Brandt den historisch gewordenen Satz: »Jetzt wächst zusammen, was zusammen gehört«. Der Weg zur deutschen Einheit ist nun unausweichlich geworden.

DIE BUNDESREPUBLIK IN DER KRISE

Ein Spion im Kanzleramt

Am Morgen des 25. April 1974, es ist kurz vor elf Uhr, setzt eine Maschine der DDR-Fluggesellschaft Interflug auf dem Köln/Bonner Flughafen auf. Sie ist eine gute Stunde zuvor in Berlin-Schönefeld gestartet und hat eine Gruppe von Diplomaten und diplomatischen Mitarbeitern an Bord, die in Bonn die bevorstehende Eröffnung der Ständigen Vertretung der DDR organisieren sollen. Als Abschluß der Ostverträge der sozialliberalen Regierung Brandt/Scheel war am 21. Dezember 1972 in Ost-Berlin der Grundlagenvertrag zwischen den beiden deutschen Staaten unterzeichnet worden, doch hatte es wegen verschiedener Komplikationen noch mehr als ein Jahr gedauert, bis jetzt, im Frühjahr 1974, endlich die institutionelle Ausgestaltung des Vertragswerks Wirklichkeit werden konnte. Leiter der Delegation an Bord der Interflug-Maschine ist Gerhard Behnke, designierter Erster Botschaftssekretär in Bonn, der bis dahin in der für den Staatsapparat der Bundesrepublik zuständigen Abteilung I der Hauptverwaltung Aufklärung des Ministeriums für Staatssicherheit (MfS) tätig gewesen war und sich durch diese Arbeit für seine neue Aufgabe qualifiziert hatte.

Behnke und seine Leute werden auf dem Köln/Bonner Rollfeld von Oberamtsrat Hermann Unger aus dem Bundeskanzleramt empfangen. Die beiden kennen sich bereits aus den vorbereitenden Gesprächen und Verhandlungen. Doch an diesem historischen Tag ist der Empfang, den die Bonner den Ost-Berliner Diplomaten bereiten, unerwartet kühl und reserviert. Behnke hatte anderes erwartet. Er ist mehr als verwundert und gibt das auch zu erkennen. Unger verweist ihn schmallippig auf die neuesten Nachrichten des Tages.

Wenig später, noch im Auto auf dem Weg zur künftigen DDR-Vertretung, erfährt Behnke aus dem Radio, was vorgefallen ist. Tags zuvor um 6 Uhr 32 waren Günter Guillaume, Referent des Bundeskanzlers Willy Brandt, und seine Frau Christel in der Bundeshauptstadt verhaftet worden. Bis zu diesem Morgen, als die Interflug-Ma-

Linke Seite: Willy Brandt im Wahlkampf 1972. In der ersten vorgezogenen Bundestagswahl in der Geschichte der Bundesrepublik Deutschland hat Willy Brandt am 19. November 1972 einen triumphalen Wahlsieg für die SPD errungen. Seine Partei kommt auf 45,8% der Stimmen, ihr größter Erfolg in der damals schon hundertjährigen Geschichte. Erstmals durften 1972 auch junge Menschen im Alter von 18 bis 20 Jahren wählen.

Peter Stein bei Proben an der Berliner Schaubühne am Halleschen Ufer 1974. Hier versammelt er um sich Schauspieler wie Bruno Ganz, Otto Sander, Edith Clever, Jutta Lampe, Otto Mächtlinger und Klaus Wennemann, die bald zur Elite der deutschen Schauspielerinnen und Schauspieler zählen.

Peter Stein:
Die erotische Anziehung seines Theaters

»Seine Ruppigkeit hatte eine unheimliche erotische Anziehung – ich war dem Mann verfallen, ich sah den gern, ich guckte ihm gern zu, ich mochte, wie er sich bewegte, ich mochte seine Gestalt, seinen Mantel, seine Art zu reden, ich mochte seine Unverschämtheiten, ich mochte am Anfang alles.« So erinnert sich Bruno Ganz an seine ersten Eindrücke von Peter Stein, unter dessen Regie er 1969 in einer legendären Inszenierung am Bremer Theater glänzt. Peter Steins Inszenierung von Goethes »Torquato Tasso« wird zum Ausgangspunkt der Praxis der Mitbestimmung am Theater. Und sie wird zur Keimzelle des berühmten Ensembles, das Peter Stein um sich versammelt.

Peter Stein wird 1937 in Berlin geboren und während des Krieges aufs Land umgesiedelt. Er besucht in Frankfurt a. M. das Gymnasium. 1958 geht er zum Studium der Literaturwissenschaft und Kunstgeschichte nach München. Dort führt er am Studententheater 1959 erstmals Regie. Stein arbeitet ab 1964/65 als Regie- und Dramaturgieassistent an den Münchner Kammerspielen.

Als Peter Stein 1970 mit einem Kernensemble um Bruno Ganz, Otto Sander, Edith Clever, Jutta Lampe, Michael König und dem Bühnenbildner Karl-Ernst Herrmann nach Berlin wechselt, hat er nur acht Inszenierungen in München, Bremen und Zürich realisiert. Die neue Wirkungsstätte der Theaterrevolutionäre um Stein, der Fünfziger-Jahre-Bau der Schaubühne am Halleschen Ufer, ist eher unscheinbar. Aber in West-Berlinspielt das Theater eine große Rolle im Selbstverständnis des Bürgertums und der zu dieser Zeit vornehmlich linksstehenden Intelligenz. Peter Stein und sein Ensemble scheinen hier das Theater neu zu erfinden. Die Produktionsbedingungen werden verändert: Spielplan und Besetzungen werden an der Schaubühne fortan »im Kollektiv« entschieden. Man arbeitet wissenschaftlich. Die Dramaturgie forscht wie ein Universitätsseminar.

Nachdem das Ensemble 1980 in eine neue Spielstätte nach Berlin-Wilmersdorf umgezogen ist, verliert die Bühne an Bedeutung. 1985 legt Peter Stein die Leitung der Schaubühne, jetzt am Lehniner Platz, nieder.

schine bereits in Schönefeld gestartet war, hatte das Bundeskriminalamt eine Nachrichtensperre verhängt. Behnke, der über den Einsatz des »Kundschafter«-Ehepaars Guillaume nicht informiert war, hatte keine Möglichkeit mehr, sich bei der Hauptverwaltung Aufklärung in der Ost-Berliner Normannenstraße über die Hintergründe der Affäre zu informieren. Es war jedenfalls, wie Behnke bald feststellen konnte, keineswegs eine Falschmeldung von Entspannungsgegnern, mit der die beginnende diplomatische Normalität zwischen den beiden deutschen Staaten sabotiert werden sollte, bevor sie noch recht begonnen hatte. Guillaume hatte sofort nach seiner Verhaftung ein eindeutiges Geständnis abgelegt. »Ich bin Offizier der Nationalen Volksarmee«, hatte er erklärt.

Willy Brandt war am 24. April von einer diplomatischen Reise nach Ägypten zurückgekehrt, als ihm Innenminister Hans-Dietrich Genscher auf dem Köln/Bonner Flughafen die Nachricht überbrachte. Ungewöhnlich groß war das Aufgebot zum Empfang, was den in Begleitung des Kanzlers mitreisenden Egon Bahr zunächst sehr verwunderte. »So bedeutend«, dachte er beim Ausstieg aus der Maschine, sei die Reise doch gar nicht gewesen, bevor ihn Kanzleramtschef Horst Grabert mit den Worten »Heute früh haben wir Guillaume verhaftet« zur Seite nahm. Die Affäre sollte den

Willy Brandt in Worms, 1972. Es ist das Jahr, in dem er ein Mißtrauensvotum der CDU/CSU übersteht und seine SPD die Bundestagswahl triumphal gewinnt. Willy Brandt war zu diesem Zeitpunkt so populär wie nie zuvor oder danach.

Kanzler, der sich nach krisenhaften Monaten und wachsender Kritik an seinem schwachen Führungsstil mit einer Kabinettsumbildung und einer kurzen Regierungserklärung wieder in die Offensive begeben wollte, in unerwartete Turbulenzen stürzen, die schließlich mit seinem Rücktritt enden würden.

Günter Guillaumes Karriere als Perspektivagent des MfS hatte 1956 begonnen, als er im Auftrag der Hauptabteilung Aufklärung mit seiner Frau Christel aus der DDR zunächst nach West-Berlin und dann nach Frankfurt a. M. umsiedelte, angeblich als Flüchtlingsehepaar. Ein Jahr später treten die beiden »Schläfer«, nun wohnhaft im Frankfurter Nordend, in die SPD ein. Sie sollen sich dort in einflußreiche Positionen hocharbeiten, um später »aufzuwachen« – eine Methode, die das MfS auch in vielen anderen Fällen so praktiziert hat. Christel Guillaume gelingt als erster der Sprung. Sie wird Sekretärin in der Geschäftsstelle der südhessischen SPD und Vorzimmerdame des Bezirksvorsitzenden und Bundestagsabgeordneten Willi Birkelbach. Der umtriebige, fleißige und geradlinig wirkende »Mann von der Christel« bringt es 1964 zum Geschäftsführer der Frankfurter SPD. Vier Jahre später ist er Stadtverordneter und Fraktionsgeschäftsführer im Römer. Günter Guillaume gilt in linken südhessischen SPD-Kreisen bald als »rechter Ausputzer«, und er soll diese Rolle im Auftrag seines Stasi-Chefs Markus Wolf auch bewußt spielen, um sich so bei der nächsten günstigen Gelegenheit einen Weg nach Bonn ebnen zu können. Über den späteren Verteidigungsminister Georg Leber, als dessen Wahlkreissprecher er in Hessen agiert, gelingt ihm das auch. Er ist ein »echter Sozialdemokrat«, wie Horst Ehmke später einmal spotten wird, »kleinkariert und beflissen«.

1970 sitzt Guillaume auf Lebers Empfehlung (»Du kommst nach Bonn!«) zunächst als Hilfsreferent und Verbindungsmann zu den Gewerkschaften und Arbeitgebern in der Wirtschaftsabteilung des Kanzleramts, 1972 ist er in das Persönliche Büro des Bundeskanzlers aufgestiegen und begleitet Willy Brandt in diesem Jahr auf seinen Wahlkampfreisen durch die Bundesrepublik. Guillaume ist ein Administrator, dessen engen geistigen Horizont der Kanzler gelegentlich als »peinlich« empfindet, doch er ist nun oft auch bei vertraulichen Parteibesprechungen dabei.

Der Chef der DDR-Hauptverwaltung Aufklärung, Markus Wolf, erwartet von ihm mehr politische Einschätzungen als harte Informationen, und wenn man seinen späteren Aufzeichnungen Glauben schenken darf, dann war es nicht zuletzt Guillaume, der in Ost-Berlin den Eindruck verstärkte, daß es sich bei Brandts Ostpolitik um einen echten Kurswechsel handele. »Vielleicht war es gar nicht so schlecht«, meint die Londoner »Times« in einem fast gelassen wirkenden Kommentar nach Brandts Rücktritt, »daß die Ostdeutschen genaue Informationen aus Bonn erhalten haben, um ihre ideologisch befangenen Auffassungen zu korrigieren.« Guillaume hatte keine politisch wirklich bedeutsamen Geheimnisse verraten können, zumal er, wie Egon Bahr nach seiner Festnahme befriedigt feststellte, erst ins Amt gekommen war, als die Verhandlungen über den Grundlagenvertrag mit der DDR bereits abgeschlossen waren. Aus anderen Quellen jedoch konnte das Ministerium für Staatssicherheit durchaus »effektiv«, wie man stolz auf einer Beratung in Budapest schon im Dezember 1970 mitteilte, »exakte, rechtzeitig beschaffte Informationen über die Pläne, Konzeptionen und Absichten des Gegners« bei den Ost-West-Verhandlungen beschaffen.

Im Sommer 1973 allerdings, der Spion stand schon länger unter Beobachtung durch den Verfassungsschutz, der einen begründeten Anfangsverdacht gegen ihn hegt, war es Guillaume während eines Norwegenurlaubs von Brandt und seiner Familie doch gelungen, erstmals Einblick in geheime und verschlüsselte Dokumente zu erlangen, darunter einen Brief des amerikanischen Präsidenten Nixon und ein Schreiben Außenminister Scheels über seine Gespräche in Washington. Daß er dazu die Möglichkeit hatte, wirft kein gutes Licht auf die westdeutschen Abwehrdienste und andere für den Vorfall verantwortliche Stellen. Obwohl Guillaume bereits unter Beobachtung stand, war Brandt, der darüber informiert war, empfohlen worden, ihn

Die Erdölkrise 1973 beschert der Bundesrepublik durch die autofreien Sonntage plötzlich unbekannte Bilder wie hier Anfang Dezember auf der Kennedybrücke in Bonn.

Der Regisseur Rainer Werner Fassbinder (*1945, † 1982) mit der Schauspielerin Luise Ulrich bei Dreharbeiten zu seiner Fernsehserie »Acht Stunden sind kein Tag« im Jahr 1972. Mit dem Ausflug in die Welt der deutschen TV-Familienserie beweist der Avantgardist, daß er fast alles kann.

Rainer Werner Fassbinder: Der Filme- und Fernsehmacher

Er ist auch ein Mann des Fernsehens. Er nimmt die Unterhaltungsbedürfnisse seines Publikums ernst. »Familienserien sind für ein großes Publikum gedacht; und daran sollte man auch nichts zu ändern versuchen!« sagt der Autor und Regisseur der Arbeiter-Saga »Acht Stunden sind kein Tag«. Dabei macht der Regisseur Rainer Werner Fassbinder in der fünfteiligen Serie vieles anders als in den damals beliebten Formaten. Sein Personal lebt in der realen Welt der normalen Leute. Dem Zeitgeist der frühen siebziger Jahre ist wohl geschuldet, daß sich Jochen und Marion, Oma und Gregor, Franz und Ernst, Harald und Moni, Irmgard und Rolf, gespielt von Schauspielern wie Hanna Schygulla, Gottfried John, Luise Ullrich, Werner Finck, Irm Hermann und Brigitte Mira, ihrer beruflichen und privaten Probleme in einer gesellschaftskritischen Perspektive annehmen. Fassbinder äußert sich 1971/72 in einem Interview über »Acht Stunden sind kein Tag«: »Aber jetzt geht's mir darum zu zeigen, wie man sich wehren kann und es trotzdem irgendwie schafft.« Fassbinders 1972 produzierte und 1972/73 erstmals ausgestrahlte Fernsehserie erreicht – wie sonst nur »Tatort«-Krimis – Einschaltquoten von bis zu 60 Prozent.

Rainer Werner Fassbinder wird am 31. Mai 1945 in Bad Wörishofen als Sohn eines Arztes und einer Übersetzerin geboren. 1951 lassen sich seine Eltern scheiden, Fassbinder lebt bei seiner Mutter. Als die schwer erkrankt, kommt er ins Heim. Kurz vor dem Abitur bricht er die Schule ab und arbeitet im Hausverwaltungsbüro seines Vaters. 1963 beginnt er Schauspielunterricht zu nehmen. Er möchte zum Film, doch keine der noch jungen Filmhochschulen nimmt ihn auf. Fassbinder schreibt Theaterstücke, dreht als Autodidakt erste Kurzfilme. »Katzelmacher«, basierend auf einem Theaterstück von Fassbinder, erhält 1970 das Filmband in Gold – sein Durchbruch. Rainer Werner Fassbinder stirbt am 10. Juni 1982 im Alter von 37 Jahren an einer tödlichen Mischung aus Schlafmitteln, Alkohol und Kokain. Der Fernseher läuft noch, als man ihn findet.

mit nach Norwegen zu nehmen, um ihn – mit dem Kanzler als Lockvogel! – dort weiter observieren zu können. Tatsächlich aber war niemand der mit nach Norwegen geschickten Mitarbeiter des BND und der Sicherungsgruppe Bonn über den Verdacht informiert worden, so daß Guillaume problemlos Zutritt zur Fernschreibstelle des Nachrichtendienstes hatte.

Nur durch einen Zufall geraten die Mikrofilme der geheimen Unterlagen aus Norwegen nicht in die Hände der Staatssicherheit. Christel Guillaume hatte sie im August während eines Treffens in einem Ausflugslokal auf dem Bonner Venusberg einer Agentin mit dem Decknamen »Nora« übergeben, als beide Frauen plötzlich merken, daß sie von drei Herren observiert und fotografiert werden. »Nora« läßt daraufhin die Filme am Bonner Bahnhof unbemerkt in einem Gully verschwinden. Sie sind nie wieder aufgetaucht. Doch der unverantwortliche Leichtsinn, den verdächtigen Guillaume in Norwegen an vertrauliche und geheime Dokumente herankommen zu lassen, war natürlich ein Skandal, der auch dadurch nicht besser wird, daß Brandt lange nichts mehr von der Angelegenheit gehört hatte und so zu der Ansicht kommen mußte, der Verdacht sei möglicherweise unbegründet gewesen. Am 24. April 1974 ist Günter Guillaume dann verhaftet worden. Als Anfang Mai die neue

Als der KPdSU-Generalsekretär Leonid Breschnew Mitte Mai 1973 Bonn besucht, befindet sich Bundeskanzler Willy Brandt auf der Höhe seines Erfolgs. Brandt, hier im Gespräch mit Breschnew und Bundesaußenminister Walter Scheel auf dem Venusberg, kann den Besuch als Frucht seiner Ostpolitik verbuchen. Nie herrschte so viel Entspannung wie in diesen Tagen.

Straßenbahnszene in Essen, Ruhr, 1976. In den siebziger Jahren ist der in den fünfziger Jahren entstandene Generationenkonflikt fest etabliert. Die Rentner haben trotz aufrührerischer Jugend ihren Spaß.

Vertretung der DDR in Bonn zum Eröffnungsempfang lädt, wird deutlich, daß die Affäre eine kleine politische Eiszeit ausgelöst hat. Die Diplomaten der DDR bleiben mit ihren Kollegen aus den sozialistischen Bruderländern an diesem Abend fast unter sich.

In Moskau löst der Fall des Stasi-Schläfers im Bundeskanzleramt einigen Unmut aus. Leonid Breschnew, der Generalsekretär der KPdSU, der im Mai 1973 Bonn besucht hatte und dem an stabilen und langfristig angelegten Wirtschaftsbeziehungen mit der Bundesrepublik gelegen ist, faßt es, wie Egon Bahr berichtet, nahezu als persönliche Beleidigung auf, daß Honecker den Spion nicht schon längst aus der engeren Umgebung des Kanzlers entfernt hatte. Ohne Brandt, so Breschnew, werde die europäische Politik, aber auch die Weltpolitik in Zukunft schwerer werden.

Im Ost-Berliner Büro von Markus Wolf hat man unterdes andere Sorgen, als dort die Verhaftung Guillaumes bekannt wird. Hier ist man um »Nora« besorgt, die in diesen Tagen zusammen mit »Arno« und ausgerüstet mit falschen Papieren dauerhaft in die Bundesrepublik eingeschleust werden soll, um dort als »Residenten« eine gesicherte Verbindung zu den Guillaumes aufzubauen. Man will sie zurückrufen, doch dann stellt man fest, daß es zu spät ist; »Nora« sitzt bereits in einer konspirativen Wohnung in Berlin-Neukölln und »Arno« im Transitzug nach Köln. Außerdem fragen sich Wolf und seine Männer, wieso sich Guillaume nach seiner Verhaftung ohne Grund sofort selbst enttarnt hat. Der Kanzlerspion wird später dazu erklären, er habe die beiden »Residenten«, also »Nora« und »Arno«, durch das damit beabsichtigte Medienspektakel warnen wollen.

In der Hauptabteilung Aufklärung beruhigt man sich einstweilen mit der Feststellung, daß Guillaumes Berufung auf seinen Offiziersstatus auf jeden Fall auch als Mitteilung an Ost-Berlin zu verstehen ist, mit der er signalisieren will, daß er sich nach wie vor als unter dem Befehl der DDR-Autoritäten stehend betrachtet. In Zukunft jedoch erhalten alle »Westkundschafter« die strikte Anweisung, im Fall ihrer Verhaftung jede Aussage zu verweigern.

Für die mit nur unzureichend belastbarem Material ausgestatteten Ermittler der westdeutschen Nachrichtendienste war Günter Guillaumes Geständnis ein Glücksfall. »Die Lage war ja keineswegs eindeutig«, schreibt der damalige Innenminister Hans-Dietrich Genscher in seinen *Erinnerungen*, »und im Grunde war es allein Guillaumes eigene Erklärung – ›ich bin Offizier der Nationalen Volksarmee‹ – die ihn überführte.«

Willy Brandt braucht einige Tage, um die Konsequenzen zu überschauen, die der Fall für ihn haben könnte. Anfangs herrscht nach der Rückkehr aus Ägypten business as usual, wie Egon Bahr berichtet, und die ganze Aufmerksamkeit gilt dem Neuanfang, über den auf dem Rückflug aus Kairo so intensiv beratschlagt worden war: Neubesetzungen im Kabinett, personelle Veränderungen im Kanzleramt und eine Regierungserklärung unter dem Arbeitstitel »Neuer Schwung für Europa«. In einer Fragestunde des Bundestags am 26. April behauptet Brandt, ganz von seiner Aussage überzeugt, Guillaume sei »nicht mit Geheimakten befaßt« gewesen, doch er muß sich schon bald korrigieren, als er erfährt, was in Norwegen vorgefallen ist. Bahr beginnt resignative Momente an ihm zu bemerken. Am 29. April erwägt er zum ersten Mal die Möglichkeit eines Rücktritts.

Am 1. Mai erfährt er über Genschers persönlichen Referenten Klaus Kinkel von einem Brief, den der Chef des Bundeskriminalamts an den Innenminister gerichtet hat. Darin ist von Brandts Beziehungen zu Frauen die Rede, sauber aufgelistet aufgrund der amtlichen Ermittlungen im Auftrag des Generalbundesanwalts Siegfried Buback, der sein Vorgehen damit rechtfertigt, man müsse herausfinden, ob sich Guillaumes Verrat auch auf den privaten Bereich bezogen haben könnte. Ob es dabei aber nötig war, Brandts Sicherheitsbeamte unter Androhung von Beugehaft und ohne Rücksprache mit dem Kanzler zu Aussagen über sein Privatleben zu

Der Literaturnobelpreisträger Heinrich Böll: Leise und vernehmlich

»Unvergeßlich: dieser wohltuende Mangel an Dämonie. Diese Stimme, das Gegenteil eines metallischen Organs, leise und vernehmlich auf Menschlichkeit beharrend, dem Spießertum in die Parade fahrend.« So hat der Friedensnobelpreisträger des Jahres 1971, Willy Brandt, in seinen Erinnerungen *den Literaturnobelpreisträger des Jahres 1972 beschrieben.*

Der Preis wird Heinrich Böll am 10. September in Stockholm verliehen, in einem Jahr, in dem die Polizei im Zuge einer Großfahndung nach Terroristen auch Bölls Haus durchsucht – ein Jahr nach dem Erscheinen von Bölls Roman Gruppenbild mit Dame. *Den bezeichnet nicht nur die schwedische Akademie als sein bedeutendstes Werk. Er ist Bölls umfangreichster und umfassendster Roman.*

»Leise und vernehmlich« ist Heinrich Böll in den sechziger, siebziger und frühen achziger Jahren das literarische Gewissen der »Bonner Republik«. Und will es doch nicht sein. »Ich will kein Image haben und keins sein. Deutschland braucht keine Präzeptoren ... es braucht kritische, aufmerksame Bürger, die nicht immer und unbedingt Autoren sein müssen«, schreibt Böll 1971 in einem offenen Brief an die Schriftstellerin Hilde Domin.

Heinrich Böll zählt zu den meistgelesenen deutschen Autoren nach 1945. Geboren 1917, ist die Zeitgeschichte der Stoff, aus dem er seine Kurzgeschichten und Romane schafft. So spielen seine Erzählungen in der Regel im Rheinland. 1959 beschreibt Böll in Über mich selbst *das Milieu und die Zeit, aus der er stammt. »Geboren bin ich in Köln, wo der Rhein, seiner mittelrheinischen Lieblichkeit überdrüssig, breit wird, in die totale Ebene hinein auf die Nebel der Nordsee zufließt; wo weltliche Macht nie so recht ernst genommen worden ist, geistliche Macht weniger ernst, als man gemeinhin in deutschen Landen glaubt ... Geboren in Köln, am 21. Dezember 1917, während mein Vater als Landsturmmann Brückenwache schob; im schlimmsten Hungerjahr des Weltkrieges wurde ihm das achte Kind geboren; zwei hatte er schon früh beerdigen müssen; während mein Vater den Krieg verfluchte und den kaiserlichen Narren, den er mir später als Denkmal zeigte.«*

zwingen, ist eine andere Frage. Der Redenschreiber des Kanzlers jedenfalls, Klaus Harpprecht, ist davon so angewidert, daß er von einer »polizeistaatlichen Mentalität« spricht, die sich da breitgemacht habe. Doch plötzlich steht die Frage im Raum, was wäre, wenn Guillaume pikante Details aus Brandts Privatleben in der Hauptverhandlung auftischen würde.

Der Kanzler und sein Nachfolger. Willy Brandt muß als Folge der Affäre um den DDR-Spion Günter Guillaume zurücktreten. Helmut Schmidt zählte vorher zu den Kritikern bestimmter Punkte seiner Politik, doch er übernimmt die Regierungsverantwortung mit gemischten Gefühlen. Er wird mehr ein Krisenmanager als ein politischer Visionär wie Brandt sein.

»Sie werden dich jagen und in sechs oder acht Wochen zum Rücktritt zwingen«, redet Egon Bahr, eine weitere Schmutzkampagne gegen Willy Brandt befürchtend, auf diesen ein. »Nur jetzt bestimmst du noch das Gesetz des Handelns.« Nicht anders sieht es auch Herbert Wehner. Am Abend des 6. Mai überreicht Kanzleramtschef Horst Grabert um 23 Uhr 35 Bundespräsident Gustav Heinemann Brandts Rücktrittsbrief. Er übernehme »die politische Verantwortung für Fahrlässigkeiten im Zusammenhang mit der Agenten-Affäre Guillaume«, heißt es darin, auch wenn, wie Egon Bahr zu Recht vermerkt, andere wie der Verfassungsschutzpräsident Günther Nollau oder Innenminister Hans-Dietrich Genscher durch Amt und Rat eine nähere unmittelbare Verantwortung trugen. Um null Uhr morgens am 7. Mai meldet der Rundfunk das Ereignis.

Dietmar Hopp, 1996 noch Vorstandsvorsitzender des Softwareherstellers SAP, ist der erfolgreichste deutsche Unternehmer am Ende des 20. Jahrhunderts.

Dietmar Hopp: Der Unternehmer aus dem Großraumbüro

In den USA bevorzugen Unternehmen Großraumbüros, um Flächen wirtschaftlich auszunutzen und die Zusammenarbeit zu fördern. Die International Business Machines Corporation ist ein amerikanisches Unternehmen, deshalb wird auch in ihren deutschen Niederlassungen in Großraumbüros gearbeitet. Das gilt auch für Dietmar Hopp, Hasso Plattner, Klaus Tschira, Hans-Werner Hector und Claus Wellenreuther, die bei IBM als Systemberater alle im selben Büro in Mannheim sitzen.

Dietmar Hopp stammt aus kleinbürgerlichen Verhältnissen. Der Vater ist Hauptschullehrer. Nach dem Abitur und einem Studium der Nachrichtentechnik geht Hopp zum Marktführer IBM nach Mannheim. Dort arbeitet er zuerst als Assistent, dann in dem damals exotischen Beruf des Systemberaters. »Er war die treibende Kraft beim Aufbau des Unternehmens«, sagt der SAP-Mitgründer Klaus Tschira 30 Jahre später. Am 1. April 1972, zu einer Zeit, als Computer noch Großrechner heißen und die Firmen gerade von Lochkarten auf echte Computer umrüsten, gründen die fünf im badischen Städtchen Walldorf eine Gesellschaft bürgerlichen Rechts namens »Systemanalyse und Programmentwicklung«, die sie in den folgenden drei Jahrzehnten unter dem Kürzel SAP weltberühmt machen. Bei IBM wird für jeden Kunden eine individuelle Software programmiert. Die fünf Gründer haben eine bessere Idee. Sie wollen eine Standardsoftware entwickeln, die aber flexibel genug ist, um sie auch auf Kundenbedürfnisse zuzuschneiden. Die Standardisierung verspricht dem Unternehmen Preisvorteile.

Das Unternehmen beginnt zu wachsen. Bis zum Börsengang 1988 führt die Softwareschmiede ein stilles, allerdings sehr produktives Dasein. Dann werden viele der frühen Investoren zu Millionären und die Gründer zu Milliardären.

Dank des SAP-Erfolgs gilt Dietmar Hopp als der erfolgreichste deutsche Unternehmer am Ende des 20. Jahrhunderts. Zur Jahrtausendwende hat das Unternehmen mehr als 31 000 Angestellte und damit, wie das »Handelsblatt« ausrechnet, in seiner Geschichte jeden Tag durchschnittlich knapp drei neue Arbeitsplätze geschaffen.

Wachsende innere Probleme

»Er hatte die beiden historischen Aufgaben erreicht, die ihn wirklich interessierten«, kommentiert die »Times« Willy Brandts Rücktritt am 8. Mai. »Er hatte die Sozialdemokratische Partei zum ersten Mal seit mehr als 40 Jahren wieder an die Macht gebracht, und er hatte das unvollendete Geschäft des Zweiten Weltkrieges zum Abschluß gebracht, indem er die Beziehungen mit Deutschlands östlichen Nachbarn wiederherstellte. Diese beiden Errungenschaften verschaffen ihm einen soliden Platz in der Geschichte, vergleichbar mit dem von Dr. Adenauer, der die Wiederversöhnung mit Frankreich geschmiedet und Westdeutschland in der westlichen Allianz verankert hat.« Und weiter: »Er läßt Deutschland im großen Maße gereinigt von Schuld zurück und in der Lage, eine Rolle zu spielen, die seiner Stärke angemessen ist. Das sollte genug für einen Mann sein.«

Mit Willy Brandts Ostpolitik hatten sich die Westdeutschen endlich realistisch und nüchtern ihrer jüngsten Geschichte gestellt. Die Ursachen der deutschen Nachkriegsverwerfungen waren nicht in den Jahren nach 1945 zu verorten. Sie begannen viel früher, mit Hitlers »Machtergreifung« 1933 und einer Politik, die Europa in die Menschheitskatastrophe des Zweiten Weltkriegs führte. Daran hatte der Bundeskanzler am 8. Mai 1970, dem 25. Jahrestag der bedingungslosen Kapitulation, vor dem Deutschen Bundestag mit deutlichen Worten erinnert. Es war das erste Mal, daß eine Bundesregierung offiziell zum Ende des Zweiten Weltkriegs Stellung bezog.

Willy Brandts Rücktritt war eine Zäsur. Seine Wahl zum Regierungschef im Oktober 1969 hatte ganz im Zeichen des Aufbruchs zu Entspannung und mehr Demokratie im Inneren gestanden, und noch sein überwältigender Sieg bei den Bundestagswahlen im November 1972 war ein beeindruckendes Plebiszit für die neue Ostpolitik der sozialliberalen Regierung gewesen. Doch als Helmut Schmidt am 16. Mai 1974 in seiner Nachfolge zum Kanzler gewählt wurde, war von Aufbruchstimmung keine Rede mehr. In den letzten Jahren der Regierung Brandt – und besonders nach den Wahlen 1972 – hatten sich die Probleme gehäuft. Durch die Erfolge der Entspannungspolitik, die zum Beginn von Brandts zweiter Amtszeit von 82 Prozent der Bundesbürger befürwortet wurde, war lange Zeit vieles überdeckt worden. Dabei hatte es frühzeitige Warnsignale gegeben, besonders im wirtschaftlichen Bereich.

Im Mai 1971 war Finanzminister Alex Möller zurückgetreten, weil er sich außerstande sah, den unmäßigen Forderungen anderer Ressorts zur Finanzierung ihrer Reformvorhaben weiter nachzukommen, ohne dabei die von der Regierung angekündigte Stabilitätspolitik zu gefährden. Anfang Juli 1972 war ihm der populäre Karl Schiller, nach Möllers Rücktritt

Superminister für Wirtschaft und Finanzen, gefolgt. Er sei, so Schiller, »nicht bereit, eine Politik zu unterstützen, die nach außen hin den Eindruck erweckt, die Regierung lebe nach dem Motto: ›Nach uns die Sintflut‹. Am Ende der Regierungszeit Willy Brandts war die Inflationsrate von 2 auf 6,5 Prozent gestiegen und das Wirtschaftswachstum von 7,5 auf 0,5 Prozent zurückgegangen. Die Arbeitslosenzahl hatte die Marke von mehr als einer halben Million überstiegen. Das Dilemma der sozialliberalen Koalition war, daß sie zu einem Zeitpunkt an die Macht kam, als die wirtschaftliche Rekonstruktionsperiode der Nachkriegszeit und mit ihr die Zeiten kontinuierlichen Wachstums zu Ende gingen, dessen Fortdauer allerdings eine Bedingung für den Erfolg ihres ehrgeizigen Reformprogramms gewesen wäre.

Dabei sah es zu Beginn des Jahres 1973 noch so aus, als sei die Regierung gezwungen, aus stabilitätspolitischen Gründen eine »antizyklische« Bremspolitik zu betreiben. Der Export erreichte neue Rekorde und drohte die Konjunktur zu überhitzen, als im Februar 1973 die Bundesregierung nach den Worten von Finanzminister Helmut Schmidt »die schärfste Restriktionspolitik der ganzen Welt« beschloß, um einer drohenden Inflation gegenzusteuern. Doch das Ergebnis überraschte alle Beteiligten. Statt die Inflationsrate zu senken, führte das Stabilitätsprogramm lediglich zu einem Rückgang der Konjunktur und zu wachsender Arbeitslosigkeit. Das neue Phänomen, schnell »Stagflation« genannt, war in keinem Lehrbuch der Wirtschaftspolitik vorgesehen, und entsprechend hilflos waren die Reaktionen. Während die Bundesbank in Zukunft danach trachtete, durch eine restriktive Politik die Währung zu stabilisieren, schwankte die Regierung zwischen dem Bemühen um eine Konsolidierung des Haushalts und der Stimulierung des Arbeitsmarkts. Ein steigender Grundsockel an Arbeitslosen sollte bald zur Normalität werden.

1973 wurden diese Probleme zusätzlich verschärft durch die enormen Zuwächse der Nominaleinkommen aus unselbständiger Arbeit. Sie lagen Ende des Jahres bei durchschnittlich 13,5 Prozent und waren größtenteils auch eine Folge des politischen Klimas der Zeit. Nach der Rezession 1966/67 hatten die Gewerkschaften Zurückhaltung geübt und so nicht unwesentlich zum Erfolg der Wirtschaftspolitik Karl Schillers beigetragen, doch im Winter und Frühjahr 1973 war es – auch wegen der inflationären Preissteigerungen in manchen Sektoren – zu wilden Streiks gekommen, die von großen Teilen der Jungsozialisten in der SPD als legitime Kämpfe gegen »Lohnraub« ausdrücklich begrüßt wurden. Im August erstreikten sich die Metallarbeiter eine Teuerungszulage außerhalb der Tarifvereinbarungen, und zuletzt war es der ÖTV gelungen, im Februar 1974 im öf-

Erwerbstätigkeit und Arbeitslosenstatistik 1950 bis 2005

In der alten Bundesrepublik verdoppelt sich in vierzig Jahren zwischen 1950 und 1990 die Zahl der Erwerbstätigen.

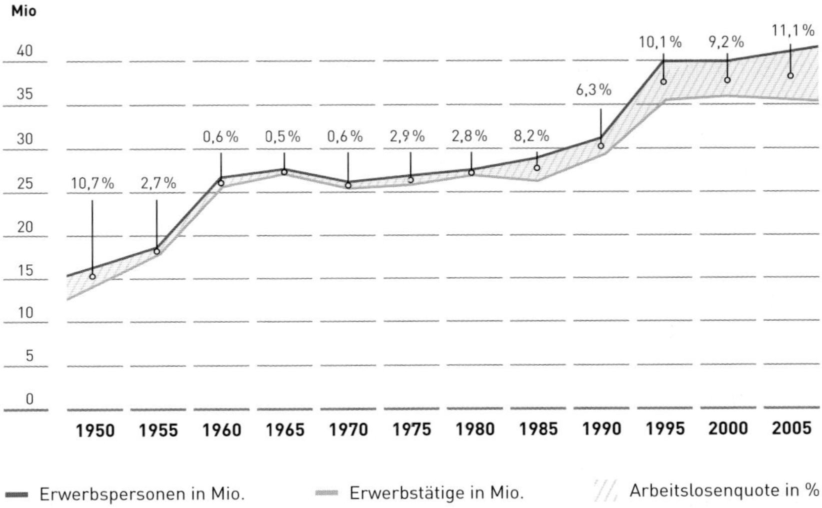

Jahr	Erwerbspersonen in Mio.***	Erwerbstätige in Mio	Arbeitslose in Mio.	Arbeitslosenquote**
1950	15,9	14,2	1,7	10,7 %
1955	18,3	17,9	0,5	2,7 %
1960	26,4	26,2	0,2	0,6 %
1965	27,0	26,9	0,2	0,5 %
1970	26,1	26,0	0,2	0,6 %
1975	26,9	26,1	0,8	2,9 %
1980	27,6	26,9	0,8	2,8 %
1985	29,0	26,6	2,4	8,2 %
1990	31,3	29,3	2,0	6,3 %
1995	40,1	36,1	4,0	10,1 %
2000	40,3	36,6	3,7	9,2 %
2005	41,2	36,6	4,6	11,1 %

* bis 1990 nur früheres Bundesgebiet, ab 1991 Deutschland
** Arbeitslosenquote: Arbeitslose in % der Erwerbspersonen
*** Arbeitswillige mit und ohne Beschäftigung

Quelle: eigene Zusammenstellungen der Autoren nach: Bundesministerium für Bildung und Forschung, Grund- und Strukturdaten 1975 bis 2005. Statistisches Bundesamt Deutschland.

fentlichen Dienst Lohn- und Gehaltserhöhungen von 11 Prozent durchzusetzen.

Der Bundeskanzler, davon überzeugt, »daß eine zweistellige Lohnerhöhung von Übel sein würde«, wie er in seinen Erinnerungen schreibt, konnte sich gegen den Druck anwachsender Müllberge in den Städten und anderer streikbedingter Ausfälle nicht durchsetzen. Das verlorene Duell mit dem fülligen ÖTV-Chef Heinz Kluncker hat ihm so sehr geschadet, daß viele darin heute noch den Anfang von seinem Ende erblicken wollen. Dabei hätte Kluncker wissen müssen, daß ein einschneidender weltwirtschaftlicher Einbruch im Herbst des Vorjahres die Situation schlagartig verändert und die Verteilungsspielräume verringert hatte.

Mit der Ölpreiskrise vom November 1973 war die Weltwirtschaft völlig unvorbereitet in die tiefste Rezession seit 1945 gestürzt. Am 23. November herrschte auf deutschen Straßen und Autobahnen eine gespenstische Leere, die jedem im Land über Nacht deutlich machte, daß eine ganze Epoche der wirtschaftlichen Sorglosigkeit zu Ende ging. Hatten sich die Deutschen in den Zeiten des bis dahin nahezu ungebrochenen Wirtschaftswunders allmählich eine ebenso ungebrochene Fortschrittsgläubigkeit zu eigen gemacht, so war mit den Fahrverboten, die die Regierung am 19. November für die vier folgenden Sonntage im November und Dezember verhängte, das Schlagwort von den »Grenzen des Wachstums« plötzlich zu einer sichtbaren Realität geworden. Als es im Jahr zuvor von den Gelehrten des *Club of Rome* in die Debatte geworfen worden war, war die Aufmerksamkeit eher theoretischer Natur gewesen. Doch jetzt konnte jeder sehen, daß die lange Zeit als sicher geltende Versorgung mit billiger Energie keineswegs eine Selbstverständlichkeit war. Einigen Tankstellen in der Bundesrepublik drohte zeitweise der Kraftstoff auszugehen. Die Wahrheit, sagt Willy Brandt am 29. November im Bundestag, habe sich in den letzten Wochen von Tag zu Tag verändert, und Marion Gräfin Dönhoff prophezeit in der »Zeit« für die Zukunft »wirtschafts- und währungspolitische Probleme nie dagewesener Art und nicht für möglich gehaltener Größenordnung«.

Die Ölpreiskrise war eine Folge des Jom-Kippur-Kriegs zwischen Israel und seinen arabischen Nachbarn, der am 6. Oktober mit einem Angriff ägyptischer Truppen auf die israelischen Verteidigungslinien am Suezkanal und syrischer Einheiten auf die Golanhöhen begonnen hatte. Zum ersten Mal griffen die arabischen Staaten während dieses Krieges am 17. Oktober zum Mittel wirtschaftlicher Sanktionen, um den Westen durch Drosselung der Ölexporte von seiner israelfreundlichen Politik abzubringen. Am 4. November beschlossen sie zudem, die Förderung von Öl um ein Viertel zu reduzieren. Israel sollte die 1967 besetzten Gebie-

Spaziergänger in Hamburg-Övelgönne oberhalb der Elbe, 1974. In einem dieser alten Kapitänshäuser lebt der Schriftsteller Peter Rühmkorf, der seinem Tagebuch in dieser Zeit das Ende des ungebrochenen Forschrittsoptimismus anvertraut. Noch ahnt kaum jemand, daß die Ölkrise mehr als einen vorübergehenden Konjunkturabschwung eingeleitet hat.

te räumen und die Rechte des palästinensischen Volkes anerkennen. Dem stimmten die EG-Europäer am 6. November zu, was zu schweren Verwerfungen mit den USA führte. Dennoch waren auch sie von der Ölkrise betroffen, und die Bundesregierung reagierte prompt mit dem Energiesicherungsgesetz vom 9. November, das unter anderem zu Geschwindigkeitsbegrenzungen auf den Autobahnen und Landstraßen sowie zu den genannten Sonntagsfahrverboten führte. Stadtverwaltungen ordneten für die Vorweihnachtszeit Sparbeleuchtungen an, und der Deutsche Fußballbund untersagte bis Ende Januar 1974 alle energieverschwendenden Flutlichtspiele.

Der Preis für Rohöl war bereits Anfang 1973 angestiegen, nachdem der Wert des Dollar, gemessen am Gold, deutlich gesunken war, seit US-Präsident Richard M. Nixon Mitte 1971 die Umtauschmöglichkeit von Dollar in

Hamsterkäufe von Benzin während der Ölkrise an einer Tankstelle in Berlin im Juli 1973. Von 1973 bis 1974 steigt der Preis für ein Barrel Erdöl um 172,2 Prozent. Die Bundesrepublik muß 1974 für ihre Ölimporte knapp 23 Milliarden DM ausgeben – eine Steigerung um 152,7 Prozent gegenüber 1973.

Die Ölkrise 1973: Wenn am Sonntag kein Auto fährt

Am 6. Oktober 1973 greifen ägyptische und syrische Truppen Israel an, das auf dem Sinai und den Golanhöhen seit 1967 Territorium dieser Staaten besetzt hält. Nach anfänglichen Erfolgen der Araber gehen die Israelis zum Gegenangriff über und stehen mit ihren Truppen nur drei Wochen später 100 Kilometer vor Kairo und 60 Kilometer vor Damaskus. Jetzt aber setzen die ölproduzierenden arabischen Staaten auf ein anderes, viel stärkeres Druckmittel als das Militär – auf Erdöl.

Am 17. Oktober 1973 beschließt die Organisation der erdölexportierenden Staaten (OPEC) eine Reduktion des Ölangebots um monatlich 5 Prozent. Die arabischen Ausfuhrländer verkünden, ihre Erdölförderungen so lange erheblich einzuschränken, bis die von Israel besetzten Gebiete befreit und die »Rechte des palästinensischen Volkes« wiederhergestellt sind.

Die Bundesrepublik wird von dem Boykott hart getroffen. Sie deckt ihren Energiebedarf zu 75 Prozent mit importiertem Erdöl. Der Bundestag verabschiedet am 9. November 1973 ein Energiesicherungsgesetz, das auch Sofortmaßnahmen zur Energieeinsparung vorsieht. Sichtbarer Ausdruck der Krise ist das von Bundeswirtschaftsminister Hans Friderichs (FDP) verfügte Fahrverbot für vier Sonntage ab dem 25. November 1973. Darüber hinaus werden die empfohlenen Höchstgeschwindigkeiten auf Autobahnen und Landstraßen gesenkt und die Abgabemengen für Treibstoff begrenzt.

Nach der Entspannung der politischen Lage im Nahen Osten wird die Ölproduktion zwar wieder angehoben, jedoch werden die Abgabepreise drastisch erhöht. Jetzt stürzt der Ölpreisschock die westliche Welt in die schwerste Wirtschaftskrise seit den dreißiger Jahren. Die gestiegenen Energiepreise verursachen einen massiven Absturz der Konjunktur. In vielen Branchen wie der Autoindustrie (–18 Prozent), dem Baugewerbe (–16 Prozent) oder der Textil- und Bekleidungsbranche (–11 Prozent) hat die Krise einen massiven Rückgang in der Produktion zur Folge. Dagegen kann die deutsche Fahrradindustrie in den ersten sechs Monaten nach Beginn der Ölkrise ihren Absatz um rund 24 Prozent steigern.

Gold aufgehoben hatte. Bis zum Ende des Jahres hatte sich der Rohölpreis vervierfacht. Das war allerdings nur partiell eine Folge des arabischen Ölboykotts. »In einer Kabinettssitzung«, berichtet Egon Bahr, »wollte der Kanzler wissen, wie eigentlich der Ölpreis zustande komme. Wirtschaftsminister Friderichs versicherte, das wüßte er nicht, aber es sei kein Problem, er werde in der nächsten Kabinettssitzung berichten. Eine Woche später mußte er gestehen, das sei Sache der Ölmultis und undurchsichtig. Worauf ich erklärte, das sei kein Problem, ich würde Kissinger anrufen. Der erklärte, das sei kein Problem, er werde in den nächsten Tagen zurückrufen, was er auch tat. Mit demselben Ergebnis wie der Bundeswirtschaftsminister.« Die Ölpreiskrise war auch eine unsanfte Lektion in Sachen Globalisierung, denn nach wie vor erreichte das Öl den Endverbraucher ja über die Kanäle multinationaler Ölgesellschaften, die, wie Egon Bahr nach dieser niederschmetternden Auskunftsverweigerung nachdenklich vermerkt, »eine ungeheure Macht« darstellten und »für den Demokraten die Frage nach der Gegenmacht« aufwarfen.

Die Grenzen des Wachstums, die Folgen der Globalisierung und wachsende Arbeitslosigkeit sind die großen Fragen, die im letzten Jahr der Regierung Willy Brandts auf einmal unerbittlich die Tagesordnung beherrschen. 1973 hatte die Bundesregierung einen Anwerbestopp für ausländische Arbeiter verfügt, die bis dahin besonders in Großbetrieben mit Fließbandproduktion den Mangel an un- und angelernten Arbeitern beheben halfen. Doch nun war auch dieser Arbeitsmarkt an seine Aufnahmegrenzen gestoßen. »Zu den negativen Auswirkungen der Ölpreiskrise«, so der Wirtschaftshistoriker Werner Abelshauser, »kamen die ersten Anzeichen der Krise der standardisierten Massenproduktion hinzu, die der Nachfrage nach ungelernten Industriearbeitern dauerhaft die Grundlage entzog.«

Die westdeutsche Wirtschaft, das machte das Jahr 1973 deutlich, mußte in Zukunft der Herausforderung eines grundlegenden Strukturwandels begegnen. Industrielle Arbeitsplätze würden immer häufiger Investitionen in moderne, »intelligente« Technologien wie Industrieroboter und Computer zum Opfer fallen. Siliziumchips und Mikroprozessoren würden nach den Worten des Präsidenten des *Club of Rome*, Alexander King, in Zukunft mindestens die gleichen Auswirkungen haben wie die Erfindung der Dampfmaschine im 18. Jahrhundert zu Beginn der industriellen Revolution. Tatsächlich steigt allein im Bereich der Fabrikation von Büromaschinen und Datenverarbeitungsanlagen die Arbeitsproduktivität zwischen 1970 und 1982 um 247,1 Prozent – bei einem Rückgang der Beschäftigtenzahlen um 18,9 Prozent. Seit 1974 gehört die Vollbeschäftigung in der Bundesrepublik endgültig der Vergangenheit an.

Bei seiner Abreise hält Bundeskanzler Willy Brandt auf dem Flughafen Lod in Tel Aviv eine Abschiedsrede. Rechts neben Brandt die israelische Ministerpräsidentin Golda Meir. Als Ehrenformation hat die Regierungschefin ein Ehrenbataillon von Soldatinnen mit »Uzi«-Maschinenpistolen antreten lassen.

Willy Brandt in Israel: »Mit Achtung willkommen geheißen«

Vor dem Deutschen Bundestag erklärt der Kanzler: »Ich zögere nicht, hier zu wiederholen, daß ich diese Reise zu den entscheidenden Erfahrungen meines politischen Lebens zähle.« Als erster amtierender Bundeskanzler reist Willy Brandt vom 7. bis zum 11. Juni 1973 nach Israel. Im Jahr 1965 hat die Bundesrepublik diplomatische Beziehungen mit Israel aufgenommen, im Mai 1966 hat der ehemalige Bundeskanzler Konrad Adenauer Israel besucht.

Mit seiner Reise versucht Brandt etwas Tauwetter in das eisige deutsch-israelische Verhältnis zu bringen. Premierministerin Golda Meir ist für Willy Brandt eine gute Bekannte. Die Politikerin der israelischen Arbeiterpartei kennt er von den Tagungen der Sozialistischen Internationale. Sie lobt Brandt als Vertreter eines anderen Deutschlands und als Politiker von bemerkenswertem Mut. »Sie werden in Israel mit der Achtung willkommen geheißen, die einem Manne gebührt, der sich in der dunkelsten Stunde der Menschheit und vor allem des jüdischen Volkes denjenigen anschloß, die gegen die Nazis kämpften.«

Wie schon in Polen ist Brandt in Israel aufgrund seiner Biographie einer der wenigen deutschen Politiker, die auch in der Öffentlichkeit auf Wohlwollen hoffen dürfen. Beim Besuch in der Gedenkstätte Yad Vashem für die Opfer der nationalsozialistischen Verbrechen zitiert der deutsche Kanzler aus dem Alten Testament die Verse des 103. Psalms: »Barmherzig und gnädig ist der Herr, geduldig und von großer Güte ...«

Der neue israelische Ministerpräsident Yitzhak Rabin besucht als erster israelischer Ministerpräsident vom 8. bis 11. Juli 1975 die Bundesrepublik. Da regiert in Bonn schon der SPD-Kanzler Helmut Schmidt. Zwischen dem Besuch und dem Gegenbesuch hat der Jom-Kippur-Krieg die internationale Lage verändert. Die arabischen Staaten setzen das Öl als Waffe ein. Es kommt zur Ölkrise, die das deutsch-israelische Verhältnis beeinflußt. Denn die Bundesregierung hat jetzt aus wirtschaftlichen Gründen für ein gutes Verhältnis zu den arabischen Staaten zu sorgen.

Es wäre nicht verwunderlich, meint die britische »Times« nach Brandts Rücktritt, wenn der Kanzler angesichts solch komplexer wirtschaftlicher und anderer Probleme, »mit denen fertig zu werden er nach seinem Temperament nicht geeignet ist«, seinerseits unabhängig von der Affäre Guillaume die Lust am Regieren verloren hätte. Brandt bestreitet dies zwar vehement in seinen *Erinnerungen*, doch von Egon Bahr stammt der, auf seine zweite Amtszeit bezogene lapidare Satz: »Von nun an ging's bergab.« Brandt selbst hat, wie Klaus Harpprecht berichtet, am 6. Mai 1974 abends, bevor er sein Rücktrittsgesuch auf den Weg schickte, die Fehler seiner zweiten Amtszeit in einer kleinen Runde im Bundeskanzleramt noch einmal Revue passieren lassen. Nach dem November 1972, nach dem großen Wahlsieg, so Brandt im engen Kreis seiner Vertrauten, unter ihnen Egon Bahr und Günter Gaus, habe es einen Bruch gegeben. Es ist mehr ein lautes Nachdenken in einer Stimmung schon fast gelassener Erleichterung, als der unabwendbar gewordene Entschluß zum Rücktritt bereits gefaßt ist. »Seine Krankheit, die Stimmbänderoperationen - als ihn die Ärzte, wie er sagt, fast umgebracht haben«, gibt Harpprecht den vor sich hinredenden Kanzler wieder, der über die Ursachen seines Scheiterns nachdenkt, »die Koalitionsverhandlungen, die ohne ihn geführt werden mußten«, und dann Herbert Wehner - und schließlich die Energiekrise.

Walter Scheel (Mitte), noch Bundesaußenminister, und NRW-Ministerpräsident Heinz Kühn (SPD) (rechts) auf einem Empfang 1974. Die seit 1966 bestehende sozial-liberale Koalition in NRW wird 1969 als Düsseldorfer Modell Vorbild für die neue Bundesregierung. Unter Kühn entwickelt sich die SPD bis 1978 zur stärksten Partei in NRW.

Die deutsche Schauspielerin Lilo Pulver mit Samson. Die Großfigur mit zotteligem Fell ist der naive Partner der altklugen Klappmaulpuppe Tiffy.

Die »Sesamstraße«: Humorerziehung der Nation

Am 1. August 1972 läuft zum ersten Mal im deutschen TV die »Sesamstraße«, im amerikanischen Original, unsynchronisiert. Ab dem 8. Januar 1973 werden deutsch synchronisierte Fassungen ausgestrahlt. Die deutsche Titelmusik der Serie, die an diesem Tag erstmals erklingt, stammt von dem Jazzmusiker und Film- und Fernsehkomponisten Klaus Doldinger. Eingespielt hat er das »Sesamstraße«-Motiv mit Udo Lindenberg am Schlagzeug. Die deutsche Adaption der »Sesame Street« hätte eigentlich im Ersten Programm der ARD laufen sollen. Da aber der Bayerische Rundfunk die soziale Situation in Deutschland in der Sendung nicht angemessen dargestellt sieht, startet die Sendereihe in allen Dritten Programmen – mit Ausnahme des Bayerischen Rundfunks.

Von 1973 bis Ende 1975 werden 250 Folgen produziert, in den ersten drei Jahren synchronisierte Fassungen der amerikanischen Originalsendung. Ausschließlich Puppen (Muppets) wie Ernie, Bert, Oscar, Kermit, Grobi und das Krümelmonster, die Jim Henson im Jahr 1969 für den US-amerikanischen Children's Television Workshop (CTW) entwickelt hat, treten auf.

Mit der »Sesamstraße« wird weniger die Vorschulerziehung der Kleinkinder in Deutschland verbessert als das Humorgefühl der Nation. Die Muppets aus der »Sesamstraße« sind anarchistisch, egoistisch, chaotisch, oft gemein und total wichtigtuerisch. Sie werden zu Vorbildern vieler Vertreter des Neuen Deutschen Humors der neunziger Jahre wie Stefan Raab, Michael Mittermeier und Ingo Appelt. Die sind Mitte der siebziger Jahre eigentlich schon zu alt, um mit Hilfe geschmackloser Stofftiere das Alphabet und die Zahlen bis 20 zu lernen. Die Humoristen beginnen in jenen Jahren bereits zu pubertieren. Da prägt sie, daß ab 1977 die Muppets einen Nebenjob in der »Muppet Show« annehmen. Die läuft für fünf Jahre im ZDF. In dieser Zeit taucht in der Rahmenhandlung der eingedeutschten »Sesamstraße« das Moderatoren-Duo Henning Venske (NDR/»Musik aus Studio B«) und Liselotte »Lilo« Pulver auf. Die sind nett, richtig pädagogisch und gar nicht anarchistisch.

Herbert Wehner

Tatsächlich hatte die zweite Amtszeit Brandts mit so etwas wie einer halben Entmachtung begonnen. Schon während des Wahlkampfs war ihm wegen einer Entzündung an seinen Stimmbändern das Reden zunehmend schwergefallen, und als er sich nach der Wahl einer Operation unterziehen muß, kann er längere Zeit überhaupt nicht mehr sprechen. An den Koalitionsverhandlungen und der Regierungsbildung kann er deshalb nur schriftlich und vom Krankenbett aus teilnehmen, ansonsten aber ist er gezwungen, Herbert Wehner und Helmut Schmidt das Feld zu überlassen. Er muß zusehen, wie Horst Ehmke, die organisatorische Seele des Kanzleramts, auf Drängen von Wehner und Schmidt dessen Leitung abgibt und Schlüsselpositionen wie das Außen-, Innen- und Wirtschaftsministerium in einem Ausmaß mit Freien Demokraten besetzt werden, das er so nicht gewollt hat. Brandt, der besonders im Herbst ohnehin zu Depressionen neigte und vor seiner Operation befürchtete, an Kehlkopfkrebs zu leiden, hat dem keinen Widerstand entgegenzusetzen vermocht. Auch die Ernennung des Liberalen Rüdiger von Wechmar zum Chef des Bundespresseamts läßt er geschehen. Als er Ende 1973 der Kandidatur Walter Scheels zum Bundespräsidenten zustimmt, ohne den Freidemokraten dafür ein klassisches Ressort im Kabinett abzuhandeln, kommt es zu deutlichen Unmutsäußerungen in der SPD.

Herbert Wehner (rechts) äußert sich vor dem Rücktritt in der Öffentlichkeit kritisch über Willy Brandt. Das Verhältnis beider Männer bleibt seitdem gestört.

Sein Hauptproblem zu dieser Zeit ist jedoch Herbert Wehner. Der hatte wie zufällig Brandts schriftliche Anweisungen zu den Koalitionsverhandlungen in seiner Jackentasche steckenlassen und gemeinsam mit Helmut Schmidt in der Abwesenheit des kranken Kanzlers einfach Tatsachen geschaffen. »Im Laufe des Jahres 73«, schreibt Brandt in seinen *Erinnerungen*, »wurde erkennbar, daß Getreue, an deren Unterstützung mir liegen mußte, auf Distanz gingen.« Schmidt wirft ihm zuviel Nachgiebigkeit gegenüber den Linken in der Partei vor, und Wehner attackiert zunehmend die in seinen Augen zu unentschlossen betriebene Ostpolitik. Insbesondere hält Wehner es für einen Fehler, daß Brandt und Bahr ihre Politik ganz auf Moskau und nicht auf Ost-Berlin ausrichten.

Als Wehner am 30. Mai 1973, begleitet von dem FDP-Fraktionsvorsitzenden Wolfgang Mischnick, der wie er aus Dresden stammt, auf eine Einladung Erich Honeckers hin in die DDR fährt, waren dem bereits zwei Anfragen aus Ost-Berlin vorausgegangen. Dem Generalsekretär der SED war daran gelegen, einen eigenen, von Moskau unabhängigen Kanal nach Bonn aufzubauen, was Wehners Interessen durchaus entsprach, der schon im Sommer 1972 Brandt und Bahr den Vorschlag machte, einen geheimen Besuch bei Honecker vorzubereiten, eine Idee, die im beginnenden Wahlkampf aber schnell wieder verworfen worden war. Jetzt hatte Honecker die Initiative ergriffen.

Wehner und Honecker kannten sich seit den dreißiger Jahren, als sie gemeinsam gegen den Anschluß des Saarlands an Hitler-Deutschland gekämpft hatten, Wehner im Auftrag des Politbüros der im Deutschen Reich verbotenen KPD und Honecker als Funktionär des Kommunistischen Jugendverbandes. Sie hatten sich seitdem nicht mehr gesehen. Honecker war nach dem Anschluß des Saarlands an das Nazireich verhaftet worden und hatte bis Kriegsende im Zuchthaus Brandenburg gesessen. Wehner war über Prag und Paris nach Moskau emigriert, hatte dort als Referent für deutsche Fragen im Sekretariat der Kommunistischen Internationale gearbeitet, die stalinistischen Säuberungen erlebt und war während eines Geheimauftrags 1942 in Schweden verhaftet worden. In schwedischer Haft hatte er sich von seiner kommunistischen Vergangenheit losgesagt. Für Honeckers Vorgänger Walter Ulbricht, der zu diesem Zeitpunkt noch offizielles Staatsoberhaupt der DDR ist, war Herbert Wehner deshalb immer ein Verräter gewesen.

Wehner weiß das nur zu gut. Als er Willy Brandt und Egon Bahr von der Einladung Honeckers berichtet, kann er kaum seine Sorge und Angst verhehlen, daß ihm bei einem Besuch in der DDR etwas passieren könnte, beispielsweise ein von der Staatssicherheit gut vorbereiteter Unfall, wie er den beiden ausmalt. »Typische Sozialdemokraten«, hält er ihnen vor,

würden eine solche Möglichkeit natürlich nicht in Betracht ziehen, aber sie seien ja nun einmal »politische Naivlinge gegenüber den Kommunisten«. So jedenfalls erzählt es Egon Bahr. Für Wehner bleibt die Reise in die DDR »ein schwerer Gang«.

Auf dem Berliner Presse- und Funkball am 12. Januar 1975. Aus Bonn sind Bundestagspräsidentin Annemarie Renger (SPD) und Bundespräsident Walter Scheel (FDP) angereist. Renger wird mit dem SPD-Wahlsieg 1974 Bundestagspräsidentin und nimmt damit die höchste politische Position ein, die bis dahin eine Frau in Deutschland erreicht hat.

Doch dann geschieht etwas in Ost-Berlin, mit dem er nicht gerechnet hat. Erich Honecker gibt vor dem Politbüro der SED eine »feierliche Ehrenerklärung« für Wehner ab. Die Memoiren von Karl Mewis, der Wehner einst in Schweden vor dem Politbüro der KPD angeschwärzt hatte, wandern in den Giftschrank, und Honecker läßt sogar öffentlich verlautbaren, er habe damals, 1934/35 im Saarland, von Wehner »gelernt«. Was nun folgt, ist eine der merkwürdigsten persönlichen Begegnungen in der jüngeren deutschen Geschichte.

Honecker bereitet den Besuch bis ins kleinste Detail genau vor. Als Wehner am 31. Mai im Jagdhaus »Wildfang« in der Schorfheide mit ihm zusammentrifft, ist sogar der Bienenstich, den es nachmittags im Garten gibt, von der Art, wie Honeckers Mutter ihn einst im saarländischen Wiebelskirchen gebacken und serviert hatte, wenn die beiden kommunistischen Funktionäre in den dreißiger Jahren bei Honeckers einkehrten. Und so fällt auch diese Begegnung aus. »Wie reden wir uns denn an?« fragt

Honecker, als er Wehner nach fast dreißig Jahren zum ersten Mal wiedersieht. »Na, so wie früher«, ist die Antwort. Honecker hatte sich nach dem Eindruck von Wehners Begleiterin Greta Burmester offenbar eine Hochachtung gegenüber Wehner bewahrt, die weit über das hinausging, was »dem politischen Handlungsbedarf der Zeit entsprach«. Die Briefe, die sie in Zukunft austauschen, werden jeweils mit »mein lieber Freund« beginnen. Der Generalsekretär der SED hat mit diesem Treffen seine ganz eigenen Ziele verfolgt. »Muß denn immer alles über die großen Brüder laufen«, fragt er während eines Spaziergangs mit Wehner durch die Wälder der Schorfheide, »können wir einige Sachen nicht direkt erledigen?«

Trotz der sehr weitgehenden Ängste, die Wehner vor dieser Reise hatte, fällt das Ergebnis so aus, wie er es sich eigentlich erhofft hatte. Schon 1971, als Honecker Ulbricht als Parteichef ablöste, hatte Wehner gegenüber Rechtsanwalt Wolfgang Vogel, dem Emissär der DDR-Spitze in Fragen Häftlingsfreikauf und anderer humanitärer Angelegenheiten, den Satz fallenlassen: »Das könnte wohl für die Anliegen, die wir beide haben, ganz gut sein.« Honecker seinerseits läßt sich, kaum im Amt, minutiös von Vogel über dessen Kontakte berichten, die er mit Wehner seit dessen Zeit als Gesamtdeutscher Minister der Großen Koalition unterhalten hatte. Und Wehner stellt gegenüber Egon Bahr vor dessen erster Begegnung mit Honecker dem neuen Generalsekretär ein positives Leumundszeugnis

Helmut Schmidt pafft im Sonderzug am 3. September 1976 zum Aktenstudium eine Mentholzigarette der Marke Reyno. Der Bundeskanzler genießt weit über seine Partei, die SPD, hinaus hohes Ansehen.

aus. »An den Händen dieses Mannes klebt kein Blut«, sagt er und meint damit, daß Honecker im Unterschied zu Ulbricht nie in die Stalinsche Verfolgungsmaschine verwickelt war. Wahrscheinlich war es so, daß Wehner aufgrund der Tragik seiner eigenen politischen Entwicklung sich die Fähigkeit angeeignet hatte, zwischen der Person und dem Funktionsträger eines diktatorischen Regimes genau zu unterscheiden - wie auch Honekker immer ein merkwürdiges Verständnis für Wehners Weg in die Sozialdemokratie aufgebracht hat. Vermutlich, so seine überraschende Auskunft in einem späten Interview nach seinem Sturz Anfang 1990, hatte Wehner einfach »die Schnauze voll von den Zuständen in Moskau«.

War das schon Anfang der siebziger Jahre seine Ansicht? Das sind Spekulationen, die niemand beantworten kann. Erich Honecker war ohne Zweifel als treuer Gefolgsmann Moskaus an die Macht gekommen, doch er konnte, wie die folgenden Jahre zeigen würden, durchaus seine Eigensinnigkeiten entwickeln, wenn es um die unmittelbaren Interessen der DDR ging.

Eigentlicher Anlaß des Besuchs von Wehner sind jedoch die sogenannten Kofferfälle, also Häftlingsfreikäufe und Familienzusammenführungen. Hier war es nach Abschluß des Grundlagenvertrags plötzlich zu einem totalen Ausreisestopp gekommen, nachdem Egon Bahr den Versuch unternommen hatte, die Ausreise auf einer geordneten staatlichen Basis zu regeln, mit fest vereinbarten Ausreisequoten und pauschaler Entschädigung. Wehner ist dagegen. Er sieht die laufenden Freikaufaktionen gefährdet, aber er hat auch rechtliche Bedenken. Wie soll eine legale zwischenstaatliche Regelung der Ausreise aus der DDR möglich sein, wenn das Grundgesetz den Unterschied zwischen DDR- und Bundesbürgern gar nicht kennt? Also bleibt es bei der alten Lösung, für die Wehner in der Schorfheide noch einmal die Tür öffnen kann.

»Der Unterschied«, meint Egon Bahr, bestand nun allerdings darin, daß Wehner jetzt »in eine Schlüsselfunktion für den Freikauf gerückt war, ohne daß man wissen konnte, was darüber hinaus bei den dafür erforderlichen Kontakten besprochen wurde«. Tatsächlich ist vieles davon erst nach der Wende 1989 durch die Aufzeichnungen Honeckers an die Öffentlichkeit gelangt, obwohl Bahr schon im Sommer 1973 über seine sowjetischen Verbindungen diskrete Hinweise darauf erhalten hatte, daß Wehner »in seinen DDR-Kontakten abträgliche Äußerungen über Brandt losließe«. Wie man heute weiß, hat er in der Schorfheide die Formulierungen aus der Regierungserklärung Brandts, die auf die Einheit der deutschen Nation und das »Sonderverhältnis« zwischen beiden deutschen Staaten abzielten, gegenüber Honecker sehr kritisch betrachtet und ihm zu verstehen gegeben, »er billige diese Äußerungen Brandts nicht und halte sie für einen Fehler«.

Das war nicht nur ein Akt äußerster Illoyalität gegenüber dem Bundeskanzler, sondern auch der Versuch, in einer Atmosphäre der Erinnerung an die »heroische gemeinsame Jugend«, wie DDR-Spionagechef Markus Wolf diese Begegnung schildert, auf eigene Faust Außenpolitik zu betreiben. In gewisser Weise war Wehner ein Stalinist geblieben – jedenfalls in seinem politischen Stil. Warum sollte man mit den Realitäten, die durch den Weltkrieg nun einmal entstanden waren, noch halbherzig hadern? Wieso sollte man, wie er am 30. Mai während eines Abendessens mit Abgeordneten der Volkskammer verlauten ließ, dem Warschauer Pakt, »wenn es an die Substanz geht« wie in Prag 1968, den Einsatz äußerster Machtmittel verwehren? »Der Dialektiker Wehner«, meint Heinrich August Winkler, »versuchte sich an einem dialektischen Umschlag: Er schickte sich an, den alten Sonderkonflikt der Bundesrepublik mit dem Osten durch einen neuen Sonderkonsens abzulösen.« Wehner, so der manchmal sehr geistreiche Egon Bahr, war auf dem besten Weg, einen »persönlichen Grundlagenvertrag« mit Erich Honecker auszuhandeln.

Für die Politik, die er sich vorstellte, war ihm Willy Brandt allerdings zu »lauwarm«. Mit einer solchen Äußerung sorgt Wehner im Herbst 1973 in Moskau für einen Eklat. Er ist mit einer Delegation des Bundestags in der sowjetischen Hauptstadt und kann sich schon kurz nach seiner Ankunft nicht zurückhalten, die Bundesregierung in einem Fernsehinterview wegen ihrer Berlin-Politik zu kritisieren, die gerade aufgrund der geplanten Einrichtung eines Bundesumweltamts in West-Berlindort unter heftigem Beschuß steht. An den Tagen darauf fallen dann geradezu ungeheuerliche Sätze. »Der Herr badet gern lau«, sagt er in Moskau vor versammelten Journalisten über den Bundeskanzler, »so in einem Schaumbad.« Die »Nummer eins« – gemeint ist Willy Brandt – sei »entrückt«, »abgeschlafft«, und schließlich: »Was der Regierung fehlt, ist ein Kopf.« Besonders dieser Satz, vom »Spiegel« kolportiert, erregt zu Hause großes Aufsehen, selbst wenn Wehner damit nicht Brandt gemeint, sondern nur einen kompetenten Koordinator für die westdeutsche Ost- und Deutschlandpolitik eingefordert hatte. Bei einem Besuch seines ehemaligen Komintern-Chefs Boris Ponomarjow, nun Leiter der Internationalen Abteilung des ZK der KPdSU, muß Wehner, folgt man Egon Bahrs sowjetischen Gewährsleuten, noch weiter gegangen sein. An dieser Version gibt es jedoch, seit nach 1989 die Archive geöffnet sind, einige Zweifel. Ponomarjow selbst behauptet, Wehner habe ihm gegenüber im Gegenteil deutlich gemacht, »daß die Autorität Brandts äußerst groß sei und es im politischen Geschehen der BRD niemanden gebe, der besser sein könnte als er«. Der SPD jedoch fehle es an der notwendigen Einheit, und da sei, wie Wehner wenige Tage später

Bildungschancen für Frauen 1960 bis 2003

Obwohl im Jahr 2003 Frauen mehr als 52 Prozent aller Abschlüsse mit Hochschulreife erwerben, sind nur 47,2 Prozent aller Studienanfänger in Deutschland weiblich. Sie erwerben aber fast 50 Prozent aller Abschlüsse an deutschen Universitäten.

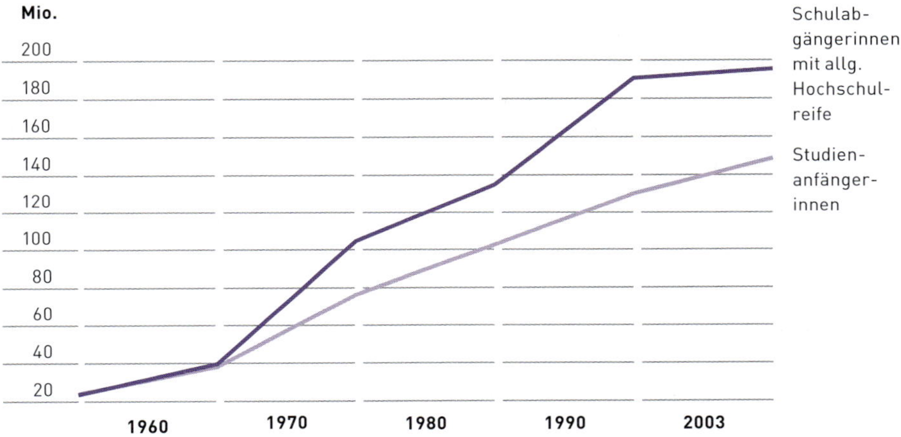

Jahr	1960		1970		1980		1990		2000		2003	
	Tsd.	in %	**Tsd.**	in %	**Tsd.**	in %	**Tsd.**	in %	**Tsd.**	in %	**Tsd.**	in %
Schülerinnen an Gymnasien												
Klassen 5 bis 10	**263,5**	41,1	**474,7**	44,7	**754,0**	50,4	**542,8**	51,5	**864,2**	53,8	**878,6**	53,5
Klassen 11 bis 13	**77,2**	36,5	**131,5**	43,3	**308,0**	49,4	**253,2**	50,9	**364,1**	55,9	**377,4**	56,0
Schulabgänger-innen mit allg. Hochschulreife	**20,2**	35,6	**36,1**	39,4	**100,7**	45,4	**131**	46,0	**186,3**	53,6	**191,9**	52,0
Studienanfänger-innen	**20,6**	27,8	**34,6**	28,9	**72,7**	40,4	**98,7**	38,9	**126,2**	48,5	**144,6**	47,2
Studentinnen	**67,4**	25,0	**124,8**	25,9	**363**	37,1	**569,5**	38,5	**742,1**	46,0	**837,8**	47,2
Doktorandinnen	**0,9**	14,5	**1,6**	15,6	**2,2**	19,8	**4,9**	28,1	**8,2**	34,5	**7,9**	38,0
Diplomandinnen	**2,9**	14,9	**4,1**	14,6	**12,4**	28,3	**29,2**	37,4	**39,2**	44,5	**44,2**	49,0

* Bis 1990 nur früheres Bundesgebiet. Alle Angaben beziehen sich nur auf Deutsche (ohne Ausländer).

Quelle: Eigene Zusammenstellung der Autoren nach: Bundesministerium für Bildung und Forschung, Grund- und Strukturdaten 1980 bis 2005.

Es gibt Mitte der siebziger Jahre wohl kaum einen beliebteren Talkshow-Gast als die Journalistin, Verlegerin und Schriftstellerin Alice Schwarzer.

Alice Schwarzer: Das »gewaltige Wesen« des Feminismus

Das 45minütige Ratespiel »Ja oder nein« des Bayerischen Rundfunks wird von Joachim Fuchsberger moderiert. Ein vierköpfiges Rateteam sitzt ihm gegenüber, der Kabarettist Emil Steinberger, die Fernsehmoderatorin Vera Russwurm, der ARD-Korrespondent Gerhard Konzelmann und ganz links Alice Schwarzer.

Die würde jeder in Deutschland als »Feministin« bezeichnen. Von Beruf ist das am 3. Dezember 1942 in Wuppertal unehelich geborene und von den Großeltern aufgezogene Rateteam-Mitglied jedoch Journalistin. Aber in die Nachfolgesendung von Robert Lembkes Fernsehklassiker »Was bin ich?« gerät die Schwarzer, weil bei der Radikalfeministin viele deutsche Männer rot sehen. Alice Schwarzer rückblickend: »Nun hatten aber diese paar Fernsehauftritte ... einen irrsinnig positiven Effekt. Plötzlich entdeckten nicht nur der gern zitierte ›kleine Mann von der Straße‹, sondern auch die klugen Medien, daß Schwarzer ja ›ganz anders ist‹. War da vorher dieses gewaltige Wesen, dieses kastrierende Monster, das alle abschreckte, hieß es nun: Sie kann ja auch lachen.«

Das »gewaltige Wesen« kennen die Deutschen, seit sie 1971 die Initiatorin der Selbstbezichtigung von 374 Frauen im »Stern« ist: »Ich habe abgetrieben und fordere das Recht für jede Frau dazu.« Mit ihr beginnt in Deutschland die Reform des Abtreibungsparagraphen 218. Nach einer kaufmännischen Ausbildung in Wuppertal, einem Volontariat in Düsseldorf und der Tätigkeit als Reporterin bei der Satirezeitschrift »Pardon« lebt Alice Schwarzer von 1970 bis 1974 als politische Korrespondentin in Paris. Dort begegnet sie der Philosophin Simone de Beauvoir, deren Buch Das andere Geschlecht *als Grundlagenwerk der Neuen Frauenbewegung gilt. Seit 1974 lebt Schwarzer wieder ganz in Deutschland. 1975 veröffentlicht sie* Der kleine Unterschied und seine großen Folgen – Frauen über sich. Beginn einer Befreiung. *Thema des Buches ist die Rolle von Liebe und Sexualität bei der Unterdrückung der Frauen. Es macht Alice Schwarzer zur bekanntesten deutschen Feministin und wird in zwölf Sprachen übersetzt. 1977 ist Alice Schwarzer Mitbegründerin und Herausgeberin der feministischen Zeitschrift »Emma«. In der herausgebenden Emma-Frauenverlags-GmbH ist sie Geschäftsführerin und einzige Gesellschafterin.*

in Kiew verlauten läßt, eine konfliktscheue Nummer eins, unter der »alles wegzubrechen droht«, alles andere als hilfreich.

Willy Brandt ist zu dieser Zeit in den USA, als ihm auf dem Flug nach Colorado Springs, wo er eine Auszeichnung des Aspen-Instituts entgegennehmen soll, Rüdiger von Wechmar eine Mappe mit Agenturmeldungen über Wehners Moskauer Auftritte überreicht. Doch auf den Rat eines mitreisenden Journalisten, Wehner auf der Stelle zu feuern, weiß er nur zu fragen: »Was dann?«, um sich kurz darauf selbst die Antwort zu geben: »Dann kommt Schmidt.« Nach seiner Rückkehr in Bonn erlebt Egon Bahr den Kanzler so erregt wie selten. Der offene Konflikt allerdings findet nicht statt, weil Brandt, der Wehners nach wie vor großen Rückhalt im Parteivorstand fürchtet, ihm aus dem Wege geht. Es gibt nur eine Aussprache unter vier Augen, bei der Wehner die Bitte äußert: »Laß es uns noch einmal versuchen.« Dabei bleibt es vorerst.

Eine andere Republik?

Ein halbes Jahr später geht die Ära Brandt zu Ende. Sie hatte die Republik verändert, war sie doch nach den Worten von Peter Graf Kielmannsegg »die zentrale Zäsur in der vierzigjährigen Geschichte des westdeutschen Staates«. Hätte es anders kommen können? »Regierung und Opposition«, so Kielmannsegg, standen sich in dieser Zeit »in einer Polarität gegenüber, die an das erste Jahrzehnt der Republik erinnert«. Am 24. Januar 1972 hatte der Bundesausschuß der CDU die Ostverträge einstimmig mit dem Argument abgelehnt, sie könnten »von den Vertragspartnern der Bundesrepublik Deutschland gegen die deutschen Interessen interpretiert und verändert werden«. In der westdeutschen Öffentlichkeit ist nun plötzlich wieder von Verzichtpolitik und dem Ausverkauf nationaler Interessen die Rede – wie zur Adenauerzeit, als es um die Westintegration der Bundesrepublik und die damit verbundene Aufgabe einer baldigen Realisierung der deutschen Einheit ging. Nur daß die nationalen Töne jetzt aus einer Richtung erschallen, in der sie in der deutschen Geschichte traditionell eher beheimatet waren als auf der Schumacherschen Linken. Kurzzeitig bringt sich Weimar in Erinnerung, als aus christdemokratischem Lager Worte von einem »zweiten Versailles« und von »Deutschlands Kapitulation« durch die Ostverträge zu vernehmen sind. Im April 1972 scheitert das Mißtrauensvotum gegen Willy Brandt, und die vorgezogenen Bundestagswahlen vom 19. November bringen so etwas wie ein überragendes Plebiszit für die neue Ostpolitik der sozialliberalen Koalition mit sich.

Moderatorin Carmen Thomas verspricht sich: »Die ganz ernsthaften Fußballfans können jetzt wieder aus ihrer Ohnmacht erwachen.«

Carmen Thomas, 1978. Bei ihrem Antritt als Sportstudio-Moderatorin gibt das ZDF eine Pressemitteilung heraus, in der es heißt: »Um bei den Zuschauern des Sportstudios nicht die Reaktion ›Na ja, eine Frau‹ auszulösen, will sie sich noch eine Portion Fachwissen aneignen.«

Die Glückauf-Kampfbahn in Gelsenkirchen am Nachmittag des 21. Juli 1973. Der Fußballclub Schalke 04 spielt gegen den belgischen Erstligisten Standard Lüttich. Ein bedeutungsloses, maues Spiel der Intertoto-Runde, »bestenfalls biedere Hausmannskost«, wie ZDF-Kommentator Gerhard Krämer berichten wird. Es endet mit einer 1:2-Niederlage der Schalker. Aber es ist für die Königsblauen das letzte Spiel in der Glückauf-Kampfbahn. Sechstausend Fans sind live dabei, als sich ihre Mannschaft aus dem Traditionsstadion verabschiedet. Das Fernsehpublikum, vor das Carmen Thomas, die erste Sportmoderatorin des Deutschen Fernsehens, tritt, zählt Millionen. An diesem Abend präsentiert sie ihre fünfte Sendung. Und die macht Geschichte.

Die junge Moderatorin wirft einen Blick auf ihre Moderationskarten. »Fünf Vereine, Intertoto-Runde« steht da, auch ›Schalke‹, aber im Geiste ist Carmen Thomas schon weiter, beim Schalker Gegner, der Name will ihr partout nicht einfallen. Sie spricht einen Satz und denkt dabei schon an den nächsten. »Wer ist der Gegner? Sie hat noch die fünf Vereine im Kopf, fünf« beschreibt »Zeit«-Autor Stefan Willeke 32 Jahre später das Geschehen. Es folgt ein Versprecher, der den chauvinistischen Männerrunden der Bundesrepublik noch 25 Jahre später als Bonmot dienen wird. Carmen Thomas sagt »Schalke 05«. »Ich bitte um Nachsicht«, korrigiert sie den Versprecher. Einen kleinen Seitenhieb auf die »Bild«-Redakteure, die nur auf einen solchen Aussetzer gewartet haben, verkneift sich die schlagfertige Moderatorin nicht: »Die ganz ernsthaften Fußballfans können jetzt wieder aus ihrer Ohnmacht erwachen.«

Ein Versprecher dreht das Leben einer Moderatorin. Aber nicht, weil die nach 14 Tagen beginnende »05-Kampagne« der »Bild«-Zeitung gegen die angeblich ahnungslose Moderatorin fruchtet. Sondern weil er die Moderatorin unvergeßlich macht. »Wer sagte Schalke 05?« ist inzwischen eine Frage bei »Trivial Pursuit«.

Doch spätestens mit den Debatten um die Ratifizierung des Grundlagenvertrags brechen im Frühjahr 1973 die Gräben in unverminderter Schärfe wieder auf – auch wenn sich hier erneut zeigen sollte, daß die CDU nach den späteren Worten ihres Vorsitzenden Rainer Barzel die »geistige Führung« schon längst verloren hatte, weil sie es versäumt hatte, auf die gesellschaftlichen Veränderungen der sechziger Jahre rechtzeitig zu reagieren. Barzel muß während des Wahlkampfs das die Gemüter der Westdeutschen in erster Linie bewegende Thema Ostpolitik zugunsten der Wirtschaftspolitik deutlich zurückstellen – weil die Union sich auf eine einheitliche außenpolitische Position nicht verständigen kann.

Rainer Barzel, der als junger Politiker in den sechziger Jahren nach den Worten der »Süddeutschen Zeitung« zum »Star der Union« aufgestiegen war, hatte die vernichtende Wahlniederlage vom November 1972 schwer zugesetzt. Die Zeiten als Fraktionsvorsitzender im Gespann mit Helmut Schmidt zu Zeiten der Großen Koalition waren seine großen Tage gewesen, doch jetzt fragte sich die Presse immer öfter: »Was will Barzel wirklich?« Ursprünglich auf dem katholisch-sozialen Flügel der CDU angesiedelt, hatte er sich lange Zeit mit Franz Josef Strauß um den ersten Platz als Scharfmacher gestritten, um schließlich unter die politischen »Realisten« zu gera-

Junge Frauen Mitte der siebziger Jahre beim Kauf von Modeschmuck in einer Bonner Fußgängerzone. Hippietraditionen der sechziger Jahre sind Bestandteil des Alltagsgeschmacks geworden. Was einmal Gesinnung ausdrücken sollte, wird zum beliebten modischen Beiwerk.

ten. Barzel hatte das Image eines aalglatten Aufsteigers, »dem der Chef die Prokura nur ungern überläßt«, wie der »Spiegel« nach der 72er-Wahl spottete, »und dem die Erbtante nur den Pflichtteil hinterläßt«. Zwar hatte er sich in letzter Zeit zunehmend um ein moderates Image bemüht, aber eine populäre Figur ist Rainer Candidus Barzel nie geworden. Tatsächlich sollte er bald ins politische Abseits geraten.

Am 5. Januar 1973 kündigt der junge Helmut Kohl, wie schon 1971, erneut seine Kandidatur zum Parteivorsitz gegen Barzel an. Er hatte bereits in den programmatischen Vorarbeiten zum Parteitag 1971 stillschweigend dem »Selbstbestimmungsrecht der Deutschen in der DDR« mehr Aufmerksamkeit geschenkt als der traditionellen CDU-Forderung nach staatlicher Wiedervereinigung, ohne sich damit vollständig durchsetzen zu können. In den Debatten um den Grundlagenvertrag plädiert er gemeinsam mit Rainer Barzel, Gerhard Stoltenberg und Richard von Weizsäcker für Enthaltung, während sich liberal-sozial eingestellte Christdemokraten wie Walther Leisler Kiep und Norbert Blüm für die Annahme der Verträge einsetzen. Barzel allerdings, der in dieser mittleren Position seiner Partei zunehmend von der intransigenten Position des ewigen Neinsagers abgeraten hatte, muß am 9. Mai 1973 vor der abschließenden Debatte über den Grundlagenvertrag und den UNO-Beitritt beider deutscher Staaten das Handtuch werfen, als ihm bei einer Probeabstimmung eine Mehrheit die Gefolgschaft versagt. Eine Woche später zieht er auch seine erneute Kandidatur für den Bundesvorsitz zurück. Als sein Nachfolger kann sich am 12. Juni der rheinland-pfälzische Ministerpräsident Helmut Kohl mit großer Mehrheit durchsetzen.

Auf dem Weg zur später auf einer CSU-Tagung in Sonthofen zum Programm erhobenen Konfrontationsstrategie mit der Regierung hatte ihm Franz Josef Strauß bereits während der Debatte um die Regierungserklärung von Willy Brandt Ende 1972 den Schneid abgekauft. Barzel, einst Mitglied des antikommunistischen Klubs *Rettet die Freiheit*, gilt wegen seiner kompromißlerischen Haltung gegenüber der sozialliberalen Ostpolitik manchen plötzlich geradezu als Linksabweichler. Angeführt von den Konservativen der CDU/CSU um Franz Josef Strauß, Johann Baptist Gradl, Heinrich Windelen und Alfred Dregger, stimmen am 11. Mai 1973 217 Oppositionsabgeordnete gegen den Grundlagenvertrag, während nur vier für ihn votieren. Mit 268 Stimmen wird der Vertrag angenommen und tritt am 21. Juni in Kraft. Für den Beitritt der Bundesrepublik zur Charta der Vereinten Nationen stimmen dagegen 99 Christdemokraten – ein höchst uneinsichtiges und widersprüchliches Stimmverhalten, wenn man in Betracht zieht, daß beides, wie die Ostverträge insgesamt einschließlich des von der Bundesregierung nicht verantworteten Viermächte-Abkom-

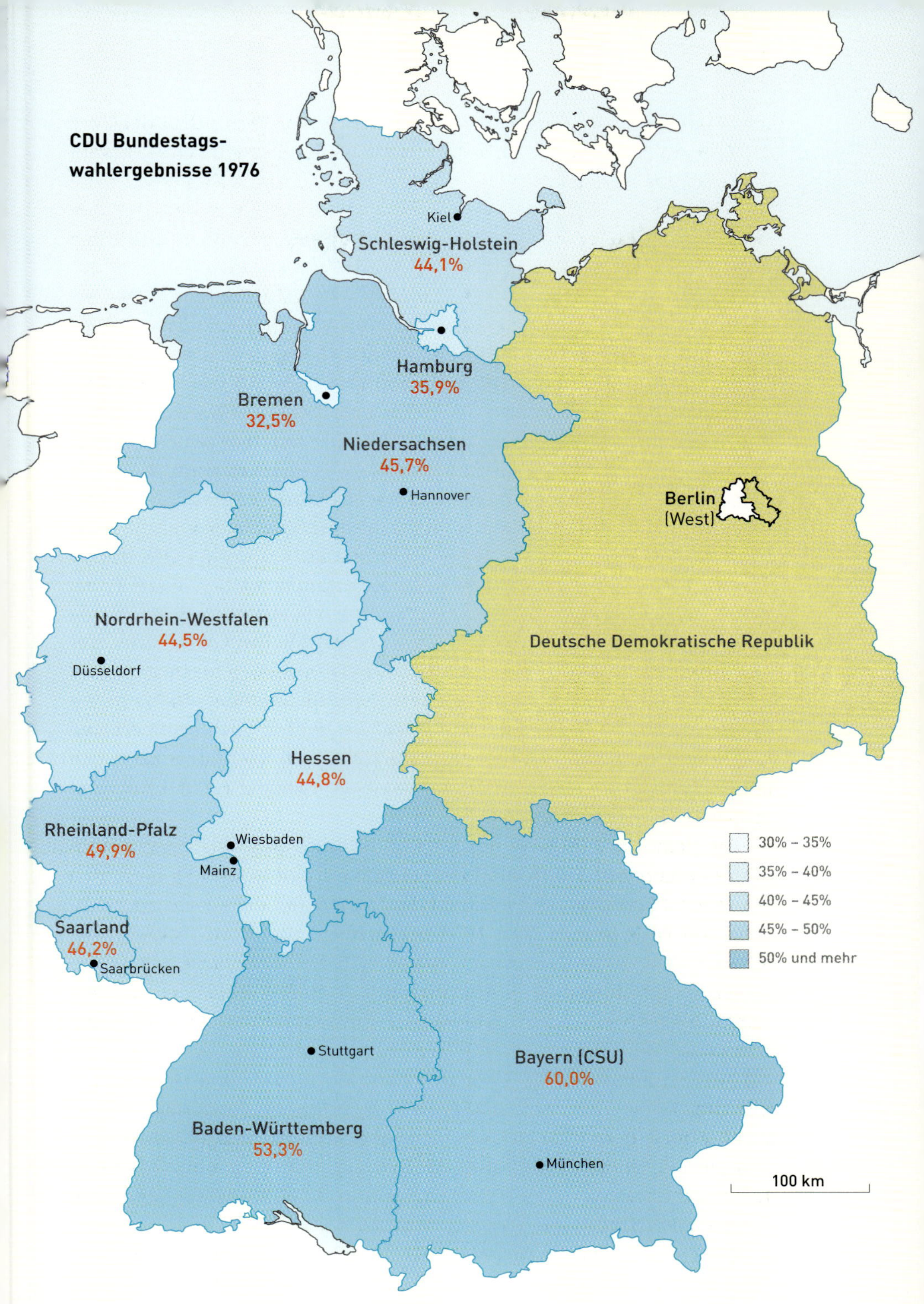

CDU Bundestags-
wahlergebnisse 1976
Kiel
Schleswig-Holstein
44,1%
Hamburg
35,9%
Bremen
32,5%
Niedersachsen
45,7%
Hannover
Berlin
(West)
Nordrhein-Westfalen
44,5%
Düsseldorf
Deutsche Demokratische Republik
Hessen
44,8%
Rheinland-Pfalz
49,9%
Wiesbaden
Mainz
Saarland
46,2%
Saarbrücken
30% – 35%
35% – 40%
40% – 45%
45% – 50%
50% und mehr
Stuttgart
Bayern (CSU)
60,0%
Baden-Württemberg
53,3%
München
100 km

Im Oktober 1974 im WDR: Die Schauspielerin Romy Schneider wendet sich Moderator Dietmar Schönherr zu. Links neben ihr sitzt der Exbankräuber Burkhard Driest. Den haucht sie später in der Sendung noch an, »Sie gefallen mir, Sie gefallen mir sogar sehr …«, und tätschelt seine Hand. Das Publikum ist außer sich.

Die erste Talkshow: Der Beginn der »Rederei« im Deutschen Fernsehen

Am Spätabend des 18. März 1973 tritt im Dritten Programm des WDR Dietmar Schönherr vor das Publikum und gesteht: »Wir machen heute eine sogenannte Talkshow. Was sie ist, das wissen Sie nicht – und wir auch nicht so genau. Denken Sie nicht, daß eine Talkshow das Gegenteil einer Nachtshow ist; Talk kommt von to talk, reden, das Ganze ist also eine Rederei.« Dietmar Schönherr ist der Nation als Schauspieler in »Raumpatrouille« und als Moderator in der Skandalshow »Wünsch dir was« bekannt. Der Moderator redet an diesem und den später folgenden Abenden je eine Stunde mit drei prominenten Gästen. Er befragt sie auf spannende, aber stets respektvolle Weise. »Wenn ich Gäste habe, kann ich sie nur anständig behandeln«, erklärt er Jahrzehnte später seine Herangehensweise. Schönherr hat die Idee zu einer neuen Form der Gesprächsrunde gemeinsam mit dem Filmjournalisten Peter Hajek entwickelt. Sie haben ein »TV-Format« aus Übersee importiert. Der Begriff »talk show« kommt aus den USA. Populär gemacht hat sie Dick Cavett, der von 1969 bis 1974 im Sender ABC die »Dick Cavett Show« moderiert, die vor allem von Intellektuellen geschätzt wird, aber kaum Zuschauer hat.

»Je später der Abend« wird noch achtmal im Dritten Programm des WDR laufen und zu Silvester 1973 in das Erste Programm übernommen. Die Show kommt auf den Prestigesendeplatz am Samstagabend 22 Uhr. Mit »Je später der Abend« hat das Plaudern über große und kleine Themen vor laufender Kamera im deutschen Fernsehen Premiere. Im Dritten Programm verursacht die höfliche Plauderrunde keinen Skandal. Der kommt vor großem Publikum: 1974 tritt im Ersten Programm die damals 64jährige Inge Meysel auf und berichtet von ihrer Entjungferung. »Als Spätzünderin«, so beichtet sie live der Fernsehnation, sei ihr dies »erst mit 21 passiert«. Schönherr steigt schon 1975 aus der Sendung aus, weil er sich wegen der Gästeauswahl mit dem zuständigen WDR-Redakteur zerstritten hat. An seine Stelle tritt Hansjürgen Rosenbauer und ab 1976 Reinhard Münchenhagen.

mens über Berlin, nur als ein *package deal* funktionieren konnte, darin ganz ähnlich den Westverträgen zwanzig Jahre zuvor. Barzel, meint der amerikanische Historiker Harold James, war in gewisser Weise sogar erleichtert, »daß es ihm als Oppositionsführer im Bundestag nicht gelang, die Verträge zu Fall zu bringen«.

Im Prinzip hatte der Bundesrat, der Anfang des Jahres noch mit einer Unionsmehrheit den Vertrag ablehnte, sich inzwischen dazu durchgerungen, von seinem Einspruchsrecht keinen Gebrauch zu machen, als am 22. Mai die Bayerische Staatsregierung auf Drängen des CSU-Vorsitzenden Strauß beschließt, das Bundesverfassungsgericht gegen den Grundlagenvertrag anzurufen. Strauß hatte sich dabei mit aller Macht gegen das Kabinett durchsetzen müssen, in dem ihm ursprünglich nur die Minister Max Streibl und Fritz Pirkl folgen wollten. Tatsächlich gelingt es Bayern sogar, im Vorfeld einen Befangenheitsantrag gegen den Verfassungsrichter Joachim Rottmann durchzusetzen, der auf einer FDP-Versammlung in Karlsruhe die Bundesrepublik und die DDR »souveräne Staaten« genannt hatte und öffentlich die Meinung vertrat, daß »das Deutsche Reich staatsrechtlich untergegangen« sei. Dem hat das Gericht am 31. Juli 1973 mit dem Satz, das Reich habe »den Zusammenbruch 1945 überdauert« und mit der Bundesrepublik sei nicht ein westdeutscher Staat neu gegründet, sondern ein Teil Deutschlands neu organisiert worden, ausdrücklich widersprochen – »und darüber wunderten sich denn doch so manche«, wie Rolf Steininger kommentiert. Die »Zeit« tituliert die Karlsruher Richter als »Konterkapitäne« und stellt die Frage: »Wird Bonn von den Verfassungsrichtern regiert?« Den Grundlagenvertrag hat das Karlsruher Gericht allerdings einstimmig als verfassungskonform beurteilt und in ihm keineswegs jenen Teilungsvertrag sehen wollen, der Brandt und Scheel mancherseits unterstellt wurde.

»Von eminent praktischer Bedeutung« indes war es, so Peter Graf Kielmannsegg, »daß das Gericht die eine Staatsangehörigkeit aller Deutschen als in der Verfassung verankert festschrieb«. Das sollte sich vor allem 1990 nach dem Zusammenbruch der DDR positiv auswirken. Und dennoch hat die Anerkennung der DDR durch die Bundesrepublik nach der Brandtschen Formel der »zwei Staaten in Deutschland« einen letztlich weit größeren Anteil daran gehabt, daß die Deutschen sich in den vierzig Jahren ihrer Trennung nicht vollständig auseinandergelebt haben. »Wenn sich eine Art deutsches National- und Zusammengehörigkeitsgefühl durch alle Jahrhunderte der Vielstaatlichkeit und Verschiedenstaatlichkeit erhalten hat, dann offenbar gerade dadurch, daß die deutschen Staaten nie die Beziehungen miteinander abbrachen«, meinte Sebastian Haffner 1970 im »Stern« mit Blick auf die komplizierte deutsche Geschichte der »verspä-

Helmut Schmidts Autogrammkarte zu Beginn der siebziger Jahre. Zweieinhalb Jahrzehnte später wird ihn »Spiegel-online« den »letzten Bundesbürger im wiedervereinten Deutschland – mit Reihenhaus, Kellerbar und eigener Meinung« rühmen.

Helmut Schmidt: Krisenmanager im Deutschen Herbst

Im September 1977 wird in Bonn unter Bundeskanzler Helmut Schmidt (SPD) aus Anlaß der Schleyer-Entführung ein Krisenstab gebildet. Ihm gehören neben den Spitzen der zuständigen Ressorts und Staatsorgane Vertreter aller Parteien, auch der CDU/CSU-Opposition, an. Der Krisenstab setzt auf Härte. Der CSU-Politiker Friedrich Zimmermann hat einmal aufgezählt, was für Männer den Terroristen in diesen Tagen entgegentreten – eine Generation mit Kriegs- und Fronterfahrung: der Leutnant Zimmermann (CSU), der Leutnant Hans-Jürgen Wischnewski (SPD), der Leutnant Horst Herold (Bundeskriminalamt), der Oberleutnant Franz Josef Strauß (CSU) und nicht zuletzt der Oberleutnant Helmut Schmidt.

Egon Bahr, im Zweiten Weltkrieg Leutnantsanwärter, erinnert sich: »Man wußte, wer Soldat gewesen war. Darüber brauchte man nicht zu reden. Wir wußten voneinander, daß wir alle existentielle Situationen überlebt hatten, und wir hatten gelernt, daß man sie kühl bestehen kann. Man muß existentielle Entscheidungen sogar mit kühlem Kopf treffen. Das galt für jeden, der da saß.«

Helmut Schmidt wird am 23. Dezember 1918 in Hamburg als Sohn eines Studienrats geboren. Das Elternhaus ist unpolitisch. Er besucht die renommierte Lichtwark-Schule. 1937 wird er Rekrut und ist als Soldat bei der Luftabwehr in Bremen stationiert. Der junge Leutnant wird 1941 und 1942 im Rußlandfeldzug eingesetzt, 1944/45 an der Westfront. Von den Verbrechen an der Zivilbevölkerung und der Vernichtung der Juden nimmt er nichts wahr. »Daß wir im falschen Krieg waren, dieses Gefühl hatte ich. Aber das hat mich nicht davon befreit, meine militärischen Pflichten zu erfüllen.« Vom Reichsluftfahrtministerium wird der Oberleutnant als Zuschauer zu den Schauprozessen gegen die Verschwörer des 20. Juli 1944 abkommandiert. Bei Kriegsende gerät er in der Lüneburger Heide in britische Gefangenschaft und wird im Kriegsgefangenenlager, von Kameraden überzeugt, zum Sozialdemokraten.

teten Nation«. Aus diesem Grund, so Haffner, würde gerade die Anerkennung der DDR »dem, was an deutschem Nationalgefühl die zwanzig Jahre der Nichtanerkennung überlebt hat, eine Chance geben, noch einmal zu Kräften zu kommen. Weitere zwanzig Jahre Nichtanerkennung werden es mit Sicherheit abtöten.« Wäre es denn, wie Eberhard Jäckel einmal hypothetisch gefragt hat, so völlig undenkbar gewesen, daß die Ostdeutschen eines Tages den gleichen Sinneswandel vollziehen würden wie die Österreicher nach 1945?

Die deutsche Nationalität, meint Haffner auch, hatte nicht erst mit Bismarcks Reichsgründung 1871 eingesetzt, und sie hatte aus dem gleichen Grund mit der deutschen Teilung nach 1945 nicht aufgehört zu existieren, selbst wenn die Londoner »Times« 1972 nicht ohne Genugtuung feststellte, der Grundlagenvertrag besiegele nach nur 101 Jahren endgültig die Zerstückelung von Bismarcks Reich, und die »Daily Mail« aus diesem Anlaß von einem Tag des Feierns sprach. Tatsächlich jedoch war die Verantwortung für die Hinterlassenschaft des Bismarck-Reichs nach 1945 längst auf die vier Siegermächte übergegangen, die sie bis zu den Zwei-plus-Vier-Verhandlungen von 1990 behalten sollten.

»Hundert Jahre Deutsches Reich«, so Bundespräsident Gustav Heinemann in einer Fernsehansprache am 17. Januar 1971, dem Vorabend des Reichsgründungsdatums im Spiegelsaal von

Solche Farbigkeit liebt der Bundes-, aber auch der DDR-Bürger zu Beginn der siebziger Jahre. Blick in ein Büro für Sacharbeiter der Adolf Würth GmbH & Co. KG.

So tanzt man 1973 »progressiv« zur Musik von Bands wie *Led Zeppelin, Emerson, Lake & Palmer, Yes*. Man scheut das Tageslicht, nicht nur in den Rockschuppen, sondern auch in Jugend- und Studentenlokalen.

Versailles, »das heißt eben nicht einmal Versailles, sondern zweimal Versailles, 1871 und 1919, und das heißt auch Auschwitz, Stalingrad und bedingungslose Kapitulation.« Wie eine trotzige Retourkutsche wirkte dagegen der Auftritt des Altbundeskanzlers Kurt Georg Kiesinger am Tag darauf am Grab Bismarcks in Friedrichsruh bei Hamburg. Geschichtspolitik ließ in diesen Tagen die Freunde und Feinde des Reichs fast wie zur Zeit des Eisernen Kanzlers wiederauferstehen. Willy Brandt hatte allerdings immer die gelassene Meinung vertreten, die deutsche Nation habe lange vor 1871 bestanden und bestehe trotz zweier deutscher Staaten auch heute fort. Als er dies Anfang der siebziger Jahre noch einmal wiederholte, mußte er sich von christdemokratischer Seite vorhalten lassen, er habe damit nur eine späte und perfide Rache an dem den Sozialdemokraten immer verhaßten Bismarck-Reich im Auge gehabt.

»Die Positionslichter« in dieser Auseinandersetzung, so der Historiker Edgar Wolfrum, »bildeten die Jahreszahlen 1848 und 1871. Während die Union ein Festhalten an der deutschen Staatsnation forderte, wie sie sich nach 1871 entwickelt hatte, argumentierte die sozialliberale Koalition mit dem Begriff Kultur- oder auch Bewußtseinsnation. Die historischen und vor allem freiheitlich-demokratischen Wurzeln des deutschen Nationsverständnisses wurden mit dem Revolutionsjahr 1848, kaum jedoch mit dem Datum der Reichsgründung verbunden.« Heinemann insbesondere ging es darum, die eigenen deutschen Wurzeln von Freiheit und Demokratie offenzulegen und populär zu machen – unter anderem durch die Gründung der Rastätter Erinnerungsstätte für die Freiheitsbewegungen in der deutschen Geschichte am historischen Ort der letzten Kämpfe der ersten deutschen demokratischen Revolution zum 125. Jahrestag 1974.

Die deutlichsten Worte jedoch findet der von Helmut Schmidt verehrte Politikwissenschaftler Karl Dietrich Bracher. »Die zweite, endlich erfolgreiche Demokratie in Deutschland«, so Bracher Anfang 1971 in der »Zeit«, »ist nicht denkbar, nicht möglich, ohne das endgültige Scheitern der Reichskonzeption mit all ihren imperialen Konsequenzen.« Vermutlich hätte das paradoxerweise auch die christdemokratische Vaterfigur Konrad Adenauer unterschreiben können. Er war bekanntermaßen nie ein großer Freund des Reichs.

Geschichtspolitik freilich war eine fast haushaltsneutrale Angelegenheit. Zu den großen Hypotheken des sozialliberalen Aufbruchs sollte es jedoch – wie bereits erwähnt – gehören, daß er zu einer Zeit mit einem kostspieligen und ehrgeizigen Reformprogramm begann, als die großen Zeiten der Nachkriegsprosperität vorüber waren. Brandt und Scheel, hat Horst Ehmke im Rückblick fast resignierend bemerkt, waren »primär an der Außenpolitik« interessiert. Das hat den großen sozialen Reformvorhaben nicht gutgetan. Schon 1974 ist die Rede von einem »Loch« in der Rentenfinanzierung und von einer »Kostenexplosion im Gesundheitswesen«. Länder und Gemeinden griffen weitaus tiefer in die Tasche, als es die gesamtwirtschaftliche Entwicklung langfristig vertragen konnte.

Für eine nicht unerhebliche Strömung in der SPD hatte sich die Zeit der politischen Blütenträume jedoch ins Unzeitgemäße verlängert. Besonders deutlich wurde das bei dem sogenannten Steuerparteitag in der Bonner Beethovenhalle im November 1971. Wirtschafts- und Finanzminister Karl Schiller hatte einen konsolidierten Haushaltsentwurf für das Jahr 1972 ausgearbeitet, mußte aber die Erfahrung machen, daß der Parteitag seinen Vorstellungen nur mit »eisigem Schweigen« begegnete und alle seine Vorlagen verwarf. Statt dessen beschlossen die Genossen eine Erhöhung des Spitzensteuersatzes auf 60 Prozent und wollten damit eine Entwicklung einleiten, die nach den Worten des Vorsitzenden der Steuerreformkommission, Erhard Eppler, als Hebel zur gesellschaftlichen »Systemüberwindung« dienen sollte. Unterstützung fand Eppler insbesondere bei den Jungsozialisten, die sich seit 1968 so weit auf den linken Flügel der SPD begeben hatten, daß Willy Brandt bereits 1970 vor einer »Partei in der Partei« warnte und einen Unvereinbarkeitsbeschluß mit kommunistischen Organisationen »welcher Richtung auch immer« auf den Weg brachte. Die Jungsozialisten, meinte der Philosoph Jürgen Habermas damals in der »Frankfurter Allgemeinen Zeitung«, versuchten »dem Parteiestablishment klarzumachen, daß die Leistungsfähigkeit des spätkapitalistischen Wirtschaftssystems im Hinblick auf politisch gesetzte Prioritäten auf die Probe und im (erwarteten) negativen Fall auch zur Disposition gestellt werden muß«. Das ließ eher konservativ eingestellte Sozialdemokraten die Ampeln auf Rot schalten.

»Ich fürchtete«, erinnert sich Helmut Schmidt in seinem Buch *Weggefährten*, »die von uns entfesselte Reformeuphorie werde zu großen Enttäuschungen führen, wenn später viele Ankündigungen zurückgenommen oder zurückgestellt werden müßten. Als ich 1972 das Finanzressort übernahm, begriff ich schnell, daß die finanzielle Überforderung des Haushalts durch die vielen Reformen noch schlimmer war, als ich von der Hardthöhe aus wahrgenommen hatte. Weder Willy Brandt noch sein Kanzleramtsminister hatten ein Augenmaß für die Belastbarkeit unserer Volkswirtschaft.« Brandt, sagt ihm Schmidt ins Gesicht, müsse aufpassen, daß aus der SPD nicht eines Tages eine einflußlose (linkssozialistische) »Nenni-Partei« werde (nach dem Führer der italienischen PSI, Pietro Nenni). Das ist auch der Impuls, der im Sommer 1972 einflußreiche Sozialdemokraten wie Hans-Jochen Vogel, Hermann Schmidt-Vockenhausen und den Gewerkschaftsführer Adolf Schmid in Helmut Schmidts Ferienhaus am Brahmsee zusammenkommen läßt, ein Treffen, aus dem der sogenannte Seeheimer Kreis, ein lockerer Zusammenschluß der Parteirechten, hervorgegangen ist. Schmidt stellt in diesen Wochen eine präzise ausformulierte Mängelliste der Regierungspolitik Willy Brandts zusammen.

Auch in einem anderen Punkt regt sich Dissens. Schmidt wendet sich gegen den von Brandt 1972 auf den Weg gebrachten »Extremistenerlaß« und die damit verbundene Regelanfrage bei jeder Bewerbung zum öffentlichen Dienst, weil er der Ansicht ist, die bereits existierenden einschlägigen gesetzlichen Vorschriften reichten »für die Fernhaltung von Verfassungsfeinden völlig aus«. Besonders die Regelanfrage hatte etwas von umstandslosem Generalverdacht an sich und konnte leicht dazu führen, die Bundesrepublik dem Verdacht auszusetzen, zu einem Überwachungsstaat zu werden. Noch einmal zeigte sich, daß sie, trotz Ostpolitik, nach den Worten Peter Graf Kielmanseggs ein »nervöser Staat« an den Frontlinien des kalten Krieges geblieben war, was Willy Brandt bald dazu brachte, die Entscheidung als einen der kardinalen Fehler seiner politischen Laufbahn zu betrachten. Die Auswirkungen waren verheerend. François Mitterrand gründete in Frankreich ein »Komitee zur Verteidigung der bürgerlichen

Der Quizmaster Hans-Joachim Kulenkampff ist in den späten sechziger und frühen siebziger Jahren in Deutschland eine Institution wie später nur noch Günther Jauch. 1973 heißt seine kurzlebige Sendung »Acht nach 8«. Hier tritt »Kuli« am 9. Juni 1973 mit seinen Assistentinnen Marie-Claude und Barbara auf.

und beruflichen Rechte in Westdeutschland«, Jean-Paul Sartre, Simone de Beauvoir und selbst der deutschfreundliche Alfred Grosser sowie Ralf Dahrendorf erhoben ihre Stimme, die Russell-Stiftung veranstaltete ein Tribunal. Alfred Andersch meinte, mit den Berufsverboten in der Bundesrepublik schon wieder den Geruch von Verbrennungsöfen wahrnehmen zu müssen. Helmut Schmidt fand es »widersinnig«, daß Brandt »den zum Teil ziemlich radikalen Forderungen von links« einerseits weit entgegengekommen war, andererseits mit der Regelanfrage aber »der außerparlamentarischen Opposition zugleich ... eine offene Flanke zur gefälligen Benutzung zur Verfügung« stellte.

1976 kündigte die Koalition, nun unter Schmidts Führung, den Beschluß gegen die Stimmen der unionsgeführten Bundesratsmehrheit einseitig auf. Es war ein Akt des liberalen Realismus, und der »Extremistenbeschluß« war auch nie sonderlich populär gewesen. Zu sehr hatte der Mentalitätenumschwung der sechziger Jahre dazu geführt, daß der antikommunistische Konsens der bundesrepublikanischen Gründerzeit schon längst in sich zusammengebrochen war. Doch die Zeit der beginnenden siebziger Jahre bot auch keine Tage der großen Euphorien mehr. »Deine

Walter Scheel war einer der Väter der sozialliberalen Koalition. Ein besonders enges Verhältnis verbindet ihn mit Willy Brandt. Er ist Außenminister und Vizekanzler, bevor er 1974 zum Bundespräsidenten gewählt wird.

Bundespräsident Walter Scheel: Ins Amt mit Würde

Bundeskanzler Kurt Georg Kiesinger nimmt am Wahlabend des 28. September 1969 gegen 20 Uhr schon die ersten Glückwünsche entgegen. Seine Partei hat bei Verlusten von weniger als zwei Prozentpunkten insgesamt 46,1 Prozent der Zweitstimmen auf sich vereinigt. Die SPD steigert sich von 39,3 auf 42,7 Prozent der Stimmen. Die FDP sackt von 9,5 (1965) auf 5,8 Prozent ab. Doch die Wahlnacht endet für Kiesinger mit einem Schock. Noch am Abend beschließen die Parteivorsitzenden der SPD, Willy Brandt, und der FDP, Walter Scheel, die Bildung einer sozialliberalen Koalition. Für Walter Scheel ist das noch nicht der Höhepunkt seiner Karriere. Die Koalition, die er in dieser Nacht eingeht, öffnet ihm den Weg ins höchste Amt der Bundesrepublik. 1974 wählt ihn die Bundesversammlung zum Bundespräsidenten. Es ist Scheels Ziel, das Repräsentative und die Würde des Amtes herauszustreichen.

Der am 8. Juli 1919 bei Solingen als Sohn eines Stellmachers geborene Walter Scheel beginnt nach dem Abitur eine Banklehre, wird aber bereits 1939 eingezogen und bei der Luftwaffe in Frankreich und Rußland eingesetzt. Als Oberleutnant 1945 entlassen, ist er zunächst in der Industrie tätig. 1946 findet er zur nordrhein-westfälischen FDP.

Nach Stationen im Solinger Stadtparlament und im Landtag von Nordrhein-Westfalen kommt Scheel 1953 in den Bundestag. 1957 ist er der einzige FDP-Abgeordnete, der den Verträgen zur Europäischen Wirtschaftgemeinschaft zustimmt. 1961 wird Scheel Bundesminister für wirtschaftliche Zusammenarbeit. 1966 tritt er gemeinsam mit allen FDP-Ministern zurück, was zum Sturz der Regierung Erhard führt. Der Freiburger Parteitag der Liberalen wählt ihn 1968 zum Parteivorsitzenden. Mit seiner Unterstützung für den SPD-Kandidaten Heinemann bei der Bundespräsidentenwahl legt Walter Scheel 1969 das Fundament für eine Zusammenarbeit von FDP und SPD. Nachdem klar ist, daß die CDU eine deutliche Mehrheit in der Bundesversammlung hat, verzichtet Walter Scheel 1979 auf eine erneute Kandidatur für das Amt des Bundespräsidenten.

Hoffnungen auch wohl alle um einen Kopf kürzer gemacht«, schreibt der Schriftsteller Peter Rühmkorf darüber in seinen Memoiren *Die Jahre die Ihr kennt.* »Drei Kreuze geschlagen. Schlußstrich gezogen.« Und der Lyriker Uwe Wandrey prognostiziert eine regelrechte politische Wetterwende. »Ich glaub, wir haben morgen schlechtes Wetter«, dichtet er. »Die beßren Tage sind verjährt / Die Wasserratten hüpfen auf die Bretter / Die ersten Kapitäne machen kehrt.«

Immerhin war der kalte Krieg einstweilen befriedet. Als Leonid Breschnew im Mai 1973 zum ersten Mal die Bundesrepublik besucht, gerät dies nach den Worten des sowjetischen Botschafters Walentin Falin zu einer »Apotheose der sowjetisch-deutschen Annäherung«. Die Entspannung schien sich als Prinzip der internationalen Politik durchgesetzt zu haben. Mit Vorgesprächen der Botschafter hatte am 22. November 1972 in Helsinki die Konferenz über Sicherheit und Zusammenarbeit in Europa (KSZE) begonnen, und Ende Januar 1973 eröffneten Delegationen der NATO und des Warschauer Pakts in der Wiener Hofburg ihren »zwanglosen Gedankenaustausch« über das Projekt einer Truppenreduzierung in Europa. Zur gleichen Zeit hatten der Nordvietnamese Le Duc Tho und Henry Kissinger gemeinsam mit Vertretern Südvietnams und des Vietcong ein Friedensabkommen zur Beendigung des Vietnamkriegs auf den Weg gebracht. Breschnew kam nach Bonn, ein »Besuch bei den Feinden von einst«, wie der »Spiegel« titelte, bevor er sich im Juni auf den Weg nach Washington machte, um dort mit Richard Nixon künftige Gipfelbegegnungen im jährlichen Wechsel zu vereinbaren. Damit sollte nach Nixons Worten die Entspannung »unumkehrbar« gemacht werden – ganz im Sinne der von ihm und Henry Kissinger praktizierten Realpolitik fast Metternichschen Zuschnitts, die von den gegebenen realen Machtverhältnissen ausging, um darauf ein System internationaler Stabilität zu begründen.

In Bonn wird der Generalsekretär der KPdSU mit militärischen Ehren empfangen, auch wenn der Salut aus Bundeswehr-Haubitzen, protokollarisch nur nominellen Staatsoberhäuptern vorbehalten, in seinem Fall ausbleiben muß. Doch alles ist von jenem Geist getragen, den Brandt in seiner großen Nobelpreisrede an der Universität Oslo in die klassischen Worte gefaßt hatte, man müsse »den Frieden als wahre Realpolitik dieser Epoche« auffassen und den Krieg als die »ultima irratio«.

Auch Breschnew ist es wichtig, dies seinen Gastgebern deutlich zu machen, als er bei einem privaten Abendessen in der Amtswohnung des Bundeskanzlers zu einem langen Monolog über die Leiden der Völker der Sowjetunion während des Zweiten Weltkriegs ausholt. »Es lag ihm daran«, erinnert sich Helmut Schmidt an diese Runde auf dem Venusberg, »die große Wende fühlbar zu machen, die große Selbstüberwindung, die es ihn und die Russen gekostet hatte, sich zur Zusammenarbeit mit der Bundesrepublik Deutschland, zum Moskauer Gewaltverzichtsvertrag und zum Viermächteabkommen über Berlin zu entschließen – und zum Besuch in Bonn, bei den ehemaligen Feinden.«

Erst kurz zuvor, am 27. April, hatte das ZK der KPdSU in Moskau Breschnew die Lizenz zum Besuch der Bundeshauptstadt erteilt. Dem waren harte Auseinandersetzungen in der sowjetischen Politbürokratie vorausgegangen, in deren Folge Hardliner wie der ukrainische Parteichef Pjotr Schelest und der russische Föderationspremier Gennadi Woronow ihren Hut nehmen mußten. Leonid Breschnew, meint der »Spiegel« im Vorfeld des Besuchs, sei zwar kein Intellektueller wie Lenin, aber auch kein Terrorist wie Stalin und schon gar kein Polit-Irrwisch wie Nikita Chruschtschow. Vielmehr müsse man ihn als eine Art »Geschäftsführer« betrachten, eine neue Spezies von Sowjetführern, die »den Völkern besser bekommen als Genies« und die sich auf eine sachlich begründete Interessenpolitik einrichten. Breschnew, der studierte Metallurgie-Ingenieur, habe weit mehr von dem Verkaufsdirektor einer Maschinenfabrik als von einem roten Zaren an sich. »Der Ingenieur in der Partei«, so das Hamburger Nachrichtenmagazin, »urteilt nicht mehr nach ideologischen Kriterien, sondern nach Interessen und Sachzwängen.« Und die seien zur Zeit durch eine innen- wie außenpolitisch miserable Lage der Sowjetunion bestimmt. Doch der ehemalige Politoffizier und spätere Marschall der Sowjetunion Leonid Breschnew war mindestens ebenso ein Mann des Militärs, selbst wenn man ihm, wie Helmut Schmidt, gern abnehmen wollte, daß er vor nichts so sehr »Angst« hatte wie »vor einem neuen Krieg«.

Kaum jemandem in Bonn war klar, wie sehr das durch Hitlers brutalen Überfall 1941 und den Vernichtungskrieg der folgenden Jahre verursachte Trauma in der Sowjetunion noch immer zu ambivalenten, oft schwer durchschaubaren und nicht berechenbaren Reaktionen führen konnte. Sicherheit, russisch *bezopasnost*, was wörtlich eher »Gefahrlosigkeit« bedeutet, war aus Moskauer Sicht der Breschnew-Ära nur durch eine vollständige »Freiheit vor der Furcht vor Aggression« zu erreichen. Das mußte zwingend mindestens eine militärische Parität mit allen potentiellen Gegnern einschließlich Chinas und Japans bedeuten, die im Prinzip kaum präzise definiert werden konnte und den Planungsphantasien der Militärs zwischen dem Hardliner Marschall Andrei Gretschko und dem etwas nüchterner kalkulierenden stellvertretenden Generalstabschef Nikolai Ogarkow Tür und Tor öffnete.

Egon Bahrs Äußerung, Breschnew sei ein Gewinn für den Weltfrieden gewesen, zeugt da eher von einer etwas verengten Sicht, die den möglichen Irrationalitäten eines traumatisierten und trotz diktatorischer Verfassung

Ein konservativer Katholik, der gut mit Roten kann. Der bayrische FDP-Vorsitzende Josef Ertl, hier bei der Eröffnung einer Kochkunstausstellung 1972 in Düsseldorf.

von unterschiedlichen Interessengruppen regierten Landes kaum gerecht wird. Breschnew mußte einerseits auf militärische Unverwundbarkeit setzen, andererseits auf eine Minderung der militärischen Bedrohung durch Entspannung und Abrüstung und drittens den Gefahren des wirtschaftlichen Niedergangs der Sowjetunion gegenzusteuern versuchen, der sich spätestens Anfang der siebziger Jahre deutlich abzeichnete. Dieser gordische Knoten würde der Welt noch zu schaffen machen.

1973 war Chruschtschows Traum aus den sechziger Jahren, die Sowjetunion könne die USA wirtschaftlich mit Siebenmeilenstiefeln überholen, schon längst wie eine Seifenblase zerplatzt. Sinkende Agrarerträge hatten das Land von Getreideimporten abhängig gemacht, die Planziele für die Konsumgüterindustrie mußten 1973 nahezu halbiert werden, und auch mit der Entwicklung der Erdöl- und Erdgasförderung stand es nicht zum besten. Die Rohstoffquellen im Westen des Landes drohten sich zu erschöpfen, und zur Erschließung Sibiriens waren enorme Investitionen erforderlich. In der Weltrangliste des Lebensstandards lag die Sowjetunion auf Platz 26, nicht anders als zur Zarenzeit. In dieser Situation sollte die Entwicklung der Wirtschaftsbeziehungen mit dem Westen, und besonders mit der Bundesrepublik, einen Ausweg eröffnen. Gemeinsam, so Breschnew im Vorfeld seines Bonn-Besuchs in einem Gespräch mit Botschafter Ulrich Sahm, könnten die beiden »großen Völker« die Ausbeutung der Bodenschätze Sibiriens in Angriff nehmen, deren Potential für mindestens 250 Jahre ausreichend sei. Das entsprach auch ganz den Plänen des Wirtschaftsfachmanns und Sowjetpremiers Alexei Kossygin, auf dessen Initiative hin bereits im Februar 1970 das erste große Erdgas-Röhrengeschäft unterzeichnet worden war und in dessen Augen eine Annäherung an den Westen die Voraussetzung dafür bildete, die sowjetische Wirtschaft wieder ins Lot zu bringen und über den Weg einer europäischen Sicherheitskonferenz die unerträglich drückenden Rüstungskosten zu reduzieren. Auch die immer gefährlicher werdenden Probleme mit China, bei denen nach sowjetischer Einschätzung eine militärische Eskalation durchaus im Bereich des Denkbaren lag, waren ein dringender Grund dafür, im Westen für Ausgleich zu sorgen. Dabei war Breschnew mit seinen Konzessionen sehr weit gegangen. »Bislang widersetzten sich die Sowjets jedem Versuch, in den Katalog der Prinzipien für das staatliche Zusammenleben in Europa auch das Selbstbestimmungsrecht und die Menschenrechte aufzunehmen«, meldet der »Spiegel« sechs Wochen vor Breschnews Ankunft, »am vergangenen Donnerstag gaben sie zu erkennen, daß sie sich dieser Bonner Forderung nicht mehr ganz verschließen.« Für den weiteren Verlauf der KSZE sollte das von unschätzbarer Bedeutung sein.

Breschnew bietet in Bonn, was bei der Vorgeschichte des Besuchs kaum verwunderlich ist, einen ausgreifenden deutsch-sowjetischen »Wirtschaftspakt« an, der Großprojekte besonders im Bereich der Erdöl- und Erdgasversorgung mit einer Laufzeit von zwanzig bis fünfzig Jahren beinhalten soll, doch Brandt zeigt sich solchen Angeboten gegenüber eher zurückhaltend. Zu sehr setzt in seinen Augen der sowjetische Generalsekretär auf bilaterale deutsch-sowjetische Beziehungen in der Tradition des Geists von Rapallo aus den zwanziger Jahren, als noch gemeinsame Interessen gegenüber dem Westen Deutsche und Russen zusammenführen konnten. Brandt macht Breschnew deutlich, daß sich die Bundesrepublik als Teil eines integrierten Westeuropas begreift, zu dem er sich erst in seiner Regierungserklärung Anfang des Jahres noch einmal ausdrücklich mit dem Ziel einer Europäischen Union und einer *entente élémentaire* mit Frankreich bekannt hatte. Der Generalsekretär solle sich mit dem Gedanken vertraut machen, daß die europäische Integration nicht gegen die Sowjetunion gerichtet sei.

Im Ergebnis des Besuchs werden in Bonn nur bessere Rahmenbedingungen für künftige wirtschaftliche Kooperationen unterzeichnet. Zwar vereinbart ein deutsches Firmenkonsortium im März 1974 die Errichtung eines Stahlwerkkomplexes bei Kursk, und im Oktober, schon nach Brandts Rücktritt, wird ein weiteres Erdgas-Röhrengeschäft unterzeichnet. Das war beachtlich, so der Historiker Gregor Schöllgen, aber ein Durchbruch war es nicht – selbst wenn die Bundesrepublik damit ein hohes Vertrauen in die Möglichkeit stabiler und langfristiger Energielieferungen aus dem Land des Hauptgegners im kalten Krieg deutlich machte.

Hatte die Bonner Zurückhaltung auch etwas mit dem amerikanischen Mißtrauen gegenüber deutschen Alleingängen zu tun? Erinnerungen an den Geist von Rapallo waren am Potomac immer noch lebendig, und Henry Kissinger hatte wiederholt vor einer Finnlandisierung Deutschlands gewarnt. Erst kürzlich war aus dem Mund des frisch gekürten Außenministers wieder zu hören gewesen, daß sich die Europäer mit ihren ausschließlich regionalen Interessen in das globale Konzept amerikanischer Weltmachtpolitik einzufügen hätten – eine Aussage, die Brandt als eine der gelegentlichen »Washingtoner Zumutungen« empfand. »Die Bundesrepublik allein«, hatte Kissinger bereits 1972 einer CDU-Delegation in Washington mit auf den Weg gegeben, verfüge »nicht über die Macht, ihre Ostpolitik auf rein nationaler Basis zu verfolgen«. Dem wollte Brandt zwar immer das Konzept der »weltpolitischen Mitverantwortung« und der »emanzipierten Partnerschaft« Europas entgegenhalten, doch während des Jom-Kippur-Krieges, als in Bremerhaven amerikanische Truppen bei hellichtem Tage Schiffe unter israelischer Flagge ohne Rücksprache mit der Bundesregierung mit militärischem Material beluden und die Amerikaner ihre Streitkräfte weltweit in Alarmbereitschaft versetzten, ohne ihre Verbündeten auch nur zu informieren, machte ihm Nixon unmißverständlich deutlich, daß zumindest die Bundesrepublik »nur über begrenzte Souveränität« verfüge.

Das galt auch für die Ostpolitik. Ihrer »Ausuferung«, wie Franz Josef Strauß in seinen *Erinnerungen* schreibt, stand man in Washington »mit größtem Mißtrauen gegenüber«. Sie sollte auch zu Zeiten des Entspannungsduos Nixon/Kissinger für die amerikanische Globalstrategie kalkulierbar und beherrschbar bleiben, zumal gerade während der Nahost-Krise 1973 gezielte sowjetische Desinformationen über einen bevorstehenden israelischen Angriff auf Syrien nicht unwesentlich zu einer Verschärfung der Situation beigetragen hatten. »In den Händen bedenkenloser Leute«, meinte Kissinger noch in seinen Memoiren, hätte die Ostpolitik Brandts schnell »zu einer neuen Form des klassischen deutschen Nationalismus werden« können. In Wirklichkeit aber war sie ein überfälliger Adoleszenzschub. »Erst die neue Ostpolitik machte die Bundesrepublik nach außen endlich zu einem Staat im vollen Sinne des Wortes«, urteilt Arnulf Baring. »Erst damals gewannen wir den Ruf, nicht nur eine wirtschaftlich leistungsfähige, sondern auch eine demokratische und progressive Gesellschaft zu sein, ja eine der führenden freiheitlichen Demokratien der Welt.« Willy Brandt prägte und verkörperte dieses neue Bild der Westdeutschen wie kein zweiter.

Konzert der Gruppe Scorpions, 1979. Die siebziger Jahre werden in der Bundesrepublik vor dem Aufkommen von Punk und Neuer Deutscher Welle von Progressiv-Hardrockern wie den Hannoveranern und der elektronischen Musik von Bands wie Tangerine Dream geprägt. Allen drückt man das Label »Krautrock« auf.

Trachten und Rocken in Scheeßel

Die Gegend um Scheeßel zwischen Hamburg, Bremen und Hannover ist flach und sehr ländlich. Die Gemeinde ist bekannt für ihre Trachtengruppen. Die bekanntesten sind die Tanz- und Trachtengruppe »Beekscheepers Scheeßel e. V.« und die »Original Scheeßeler Trachtengruppe«. Von der »Stiftung F. V. S.« des Hamburger Geschäftsmann Dr. h. c. Alfred Töpfer wird beiden Gruppen am 20. August 1977 für ihre Bemühungen um den Erhalt des bäuerlichen Kulturgutes der »Europa-Preis für Volkskunst« verliehen.

Viel erhalten bleibt nicht von dem, was zwei Wochen später, am Samstag, dem 3. September 1977, auf dem Eichenring in Scheeßel an Bühne und Technik aufgebaut worden ist. Verstärker- und Lichtanlagen sowie Musikinstrumente im Gesamtwert von mindestens 900 000 Mark werden gestohlen oder ein Opfer der Flammen. Sieben Wohnwagen und eine Pommesbude brennen. Als die Freiwillige Feuerwehr Scheeßel anrückt, wird sie mit einem Steinhagel empfangen. Eine wütende Menge zerschneidet ihre Schläuche. Es kommt zu Schlägereien. Die Polizei nimmt 18 Randalierer fest. Zwei US-Soldaten werden der US-Militärpolizei in Bremerhaven übergeben.

All das geschieht, weil den 20 000 aus Hamburg, Bremen, Hannover und von noch weiter her beim zweiten Rock-Festival in Scheeßel, dem First-Rider-Open-Air, zu wenig geboten wird. Dem unterfinanzierten Veranstalter ist das Geld ausgegangen. Viele Gruppen sind aus Sorge um die vereinbarten Gagen nicht angereist. Angekündigt hat der Veranstalter Rory Gallagher, Golden Earring, Quicksilver, The Sensational Alex Harvay Band *und* Barclay James Harvest *als Haupt-Acts. Aber von den Top-Bands steht nur die niederländische Rockband* Golden Earring *auf der Bühne. Als sie ihre Show nach Mitternacht beendet und das Publikum zu ahnen beginnt, daß in dieser Nacht niemand mehr auftreten wird, kommt es zum Bühnensturm. Vier Jahre zuvor, 1973, hat es in Scheeßel schon einmal ein großes Rockfestival mit 50 000 Teilnehmern gegeben. Zwar stellten sich bei norddeutschem Wetter keine Woodstock-Gefühle ein, aber damals verlief alles friedlich.*

Globale Turbulenzen

Auf eine andere Weise und mit fast entgegengesetztem Temperament verkörperte auch sein Nachfolger Helmut Schmidt dieses neue Bild der Westdeutschen. Im Unterschied zu Brandt war er ein nüchterner Skeptiker und Realist. Rein äußerlich und gewissermaßen auf der Ebene der Populärkultur hatte Schmidt in seiner Zeit als Verteidigungsminister für neuen Wind gesorgt, als er den Jazzmusiker Günter Noris zum Chef der Big Band der Bundeswehr berief. Er sollte verstaubte Traditionen preußisch-deutscher Marschmusik durch »schmissige moderne Militärmusik im Stile von Glenn Miller« auffrischen.

Doch substantiell hat Schmidt sich in dieser Zeit als Hardliner der Demokratie hervorgetan, als er den Stellvertretenden Inspekteur des Heeres, Generalmajor Hellmut Grashey, und in seinem Gefolge weitere 21 Generäle, Admiräle und Oberste in den Ruhestand versetzte, denen allesamt der Rumor im Kopf herumging, es sei an der Zeit, »die Maske der sogenannten Inneren Führung abzustreifen«, weil das Leitbild des »Bürgers in Uniform« unvereinbar sei mit Disziplin und Kampfauftrag. Auch in der Bundeswehr, so Schmidt dagegen, sollte mehr Demokratie gewagt werden. In regelmäßigen »Verteidigungsweißbüchern« sollte fortan der Zustand der Streitkräfte für die Öffentlichkeit transparent gemacht werden. In Schmidts Zeit fällt auch die Gründung der beiden Bundeswehrhochschulen. Die Erneuerung der Bundeswehr, die mit seinem Namen zusammenhängt, war eine wesentliche flankierende Maßnahme zu Willy Brandts Ostpolitik, insofern sie jenseits des Atlantiks das Vertrauen in die Deutschen verstärkte, ganz im Sinne der von dem belgischen Außenminister Pierre Harmel in einem Bericht zusammengefaßten gültigen NATO-Doktrin, Entspannung und moderne militärische Effektivität als eine Einheit zu sehen.

Helmut Schmidt, Enkel eines jüdischen Großvaters und selbst Oberleutnant im Krieg, war 1946 in die Hamburger SPD eingetreten. Fragte man nach seinen Vorbildern in der Sozialdemokratie, kam man schnell auf die Namen handfester Realpolitiker wie Ernst Reuter, Max Brauer, Wilhelm Kaisen oder Fritz Erler. Weit in die Geschichte der Arbeiterbewegung ausholend, waren es eher Politiker der kleinen Reformschritte wie Ferdinand Lassalle oder Eduard Bernstein, die sein Weltbild prägten, schon als er nach dem Krieg daran beteiligt war, den Sozialistischen Deutschen Studentenbund SDS zu gründen, der damals noch ein sozialdemokratischer Studentenverein war. Kurt Schumachers »linkem« Nationalismus konnte er nie viel abgewinnen. Tief beeindruckt von Max Webers Unterscheidung zwischen Gesinnungsethik und Verantwortungsethik in dem Essay »Politik als Beruf«, hatte er aus Karl Dietrich Brachers 1955 erschienenem

Franz Beckenbauer: Der Kaiser aus Bayern

Franz Beckenbauer ist in der bundesdeutschen Gesellschaft so etwas wie ein Nebenbundespräsident. Der Fußballlehrer Otto Rehhagel, der diese Rolle unter den Fans des SV Werder Bremen und in Griechenland einnimmt, sagt über ihn: »Franz ist wie Marlene Dietrich. Ein alternder Star, den man nach wie vor bewundern muß.«

Der Stimmenimitator Jörg Knorr hat einmal der Nation erklärt, wofür die Abkürzung »DFB« wirklich steht: »Der Franz Beckenbauer«.

Franz Beckenbauer ist nicht nur der Bayer, für den ihn Uninformierte halten. Er ist auch Cosmopolit. 1977 wechselt er für die damalige Rekordablösesumme von zwei Millionen Dollar vom FC Bayern München zu Cosmos New York. Davon hat Beckenbauer 350 000 DM selbst bezahlt, weil sich die beiden Vereine nicht einigen können und Beckenbauer vom FC Bayern keine Freigabe erhält. Thomas Hüetlin beschreibt in seinem Buch Gute Freunde – Die wahre Geschichte des FC Bayern München *die letzte Episode Beckenbauers bei den Bayern, das Abschiedsspiel im Olympiastadion gegen Mönchengladbach am 21. Mai 1977. »Nach dem Schlußpfiff winkt er nicht ins Publikum, läuft keine Ehrenrunde. Er marschiert in die Kabine, den Kopf halb gesenkt. Er wird noch mal herausgerufen, muß den Gladbachern zur Meisterschaft gratulieren. Er übersteht auch diese Demütigung, ohne zu schlucken. Er will nur noch weg.«*

Sportlich bringt Beckenbauer der Abstecher zum Retortenverein Cosmos New York in den USA nicht weiter. »Fußballerisch kannst es vergessen«, stellt er fest. Aber in New York wird nach allgemeiner Ansicht aus dem Münchner Vorstadtjungen der Kosmopolit Beckenbauer. Die Wandlung zum »Weltmann« und zur bestimmenden Persönlichkeit des deutschen Fußballs ist vollzogen. Weil er seine sportliche Laufbahn nicht auf einer »Provinzbühne des Fußballs« beenden will, wechselt Beckenbauer im Jahr 1980 mit 35 Jahren zurück in die Bundesliga. Er verpflichtet sich für zwei Jahre beim Hamburger SV. Zwar erringt er 1982 mit dem HSV noch einmal die deutsche Meisterschaft, wird aber in der Meisterschaftssaison aufgrund seiner andauernden Verletzungsprobleme nur zehnmal eingesetzt. 1983, nach einem erneuten Kurzgastspiel bei Cosmos New York, beendet Beckenbauer in den USA seine Laufbahn als Spieler. Im Juli 1984 wird er zum Teamchef der deutschen Nationalmannschaft ernannt.

Buch *Die Auflösung der Weimarer Republik* vor allen Dingen gelernt, daß auch die »Schwäche und Halbherzigkeit der Weimarer Sozialdemokraten« den Aufstieg Hitlers mitbegünstigt hatten. In einer gefährlichen Krisensituation 1930 war, kurz gesagt, die verstockte Gesinnungsethik mancher Sozialdemokraten für den Rücktritt des Reichskanzlers Hermann Müller verantwortlich gewesen und hatte die Republik damit auf eine schiefe Ebene gelenkt, auf der sie sich autoritären Kräften und schließlich Hitler auslieferte.

Ohne die Parallele überzustrapazieren, sieht sich Schmidt zu Beginn seiner Kanzlerschaft mit ähnlichen Problemen konfrontiert. Anfang März 1974, noch vor dem Rücktritt Willy Brandts, hatte die Hamburger SPD bei Bürgerschaftswahlen erdrutschartig mehr als zehn Prozent verloren, ein Ergebnis, für das Schmidt in einer »Brennpunkt«-Sendung der ARD Willy Brandt persönlich verantwortlich macht, weil dieser zugelassen habe, daß Gesinnungsethiker wie die vielen »halbfertigen Akademiker« der 68er-Generation mit ihrem »unverständlichen Kauderwelsch« den Ruf der Partei ruiniert hätten. Als er das Amt des Bundeskanzlers am 16. Mai 1974 übernimmt, ist die SPD in Meinungsumfragen bundesweit auf unter dreißig Prozent gerutscht.

Soziale Utopien, die weit über die Grenzen der Belastbarkeit des Haushalts hinausgehen, unübersehbare und kaum kontrollierbare weltwirtschaftliche Krisensymptome und der hausgemachte Terrorismus lassen in diesem Augenblick bei Schmidt Erinnerungen an die Weimarer Mahnung wieder wach werden. »Wirtschaftliches Chaos«, meinte Schmidt einmal, sei »für Frieden und Stabilität genauso gefährlich wie eine militärische Krise.« Was jetzt gefordert wird, ist eine Politik der Verantwortung. Am Vortag seiner Regierungserklärung vom 16. Mai ruft er die sozialdemokratische Parlamentsfraktion zusammen, um ihr unmißverständlich zu erklären, er wolle »schon im Vorwege keineswegs um Entschuldigung« dafür bitten, »daß vielerlei Hoffnungen und Erwartungen ... auf das tatsächlich zu Verwirklichende reduziert werden«. Es komme jetzt darauf an, »auf dem Boden einer Zwischenbilanz etwas anderes neu anzufangen, als es vor zehn Tagen aufgehört hat«. Am Tag, als ihm die Nachfolge Willy Brandts angetragen wurde, hatte er nach eigener Auskunft noch eine »deutlich empfundene Angst« vor der Verantwortung des Amts verspürt und Brandt regelrecht angeschrien, wegen einer solchen Lappalie wie der Verhaftung Guillaumes habe niemand das Recht aufzugeben. Doch jetzt findet er deutliche Worte, mit denen er sich von seinem Vorgänger absetzt.

Helmut Schmidt war ein in vielen Bereichen als kompetent ausgewiesener Politiker. Er hatte sich als Macher einen Namen gemacht, als er im Februar 1962 die Hamburger Flutkatastrophe souverän bewältigte, war mit sicherheitspolitischen Standardwerken wie *Verteidigung oder Vergeltung* von 1961 und *Strategie des Gleichgewichts* von 1969 als Verteidigungsexperte an die Öffentlichkeit getreten und hatte sich als studierter Volkswirt und Wirtschaftsfachmann bereits im letzten Kabinett Brandt mit währungspolitischem Krisenmanagement bewährt. »In einer Zeit weltweit wachsender Probleme«, so der neue Kanzler in seiner Regierungserklärung 1974, »konzentrieren wir uns auf das Wesentliche, auf das, was jetzt notwendig ist, und lassen anderes beiseite.« Wie keiner seiner Vorgänger, so der »Spiegel« nach diesen Worten, stand der neue Kanzler unter Erfolgszwang. Krisenmanagement und Sanierung waren gefragt. Keine Rede war mehr von der Reformeuphorie der ersten Brandt-Jahre.

»Wir brauchen eine stabile, eine stetige Weltwirtschaft«, ist eine der zentralen Forderungen Schmidts in seiner Regierungserklärung. »Wir brauchen freien Handel. Wir brauchen ein geordnetes, ein funktionstüchtiges Weltwährungssystem.« Alles das war in Unordnung geraten, als Helmut Schmidt Bundeskanzler wurde. Zunächst mußte dies zu einer Politik der gebremsten Reformen führen. »Reformen«, faßt Schmidt sein Programm in einem Interview mit dem »Stern« kurz zusammen, »sind nur machbar, wenn man sie finanzieren kann.« Denn schließlich, so des Kanzlers auch an die Marxisten in der eigenen Partei gerichtete Worte, seien es immer die ökonomischen Grundlagen, die »unser Leben sehr weitgehend bestimmen«. In Zukunft wird Helmut Schmidt jede Kabinettssitzung mit einer »Weltwirtschaftsoper«, mit einer auf zwanzig Minuten thesenartig zusammengefaßten Erklärung der internationalen Lage, beginnen.

Dem Kabinett und den Westdeutschen insgesamt sollte das als Einübung in eine neue Kontingenz dienen, an die sie sich in Zukunft zu gewöhnen hatten. »Die Weltwirtschaft«, hält Schmidt auch seinen Genossen auf dem Hamburger Landesparteitag vor, »ist in eine Krise geraten, die ihr nicht begreifen wollt.« Davon war die Bundesrepublik als zweitgrößte Exportnation der Welt in besonderem Maße betroffen.

Die neuen Kontingenzen hatten sich schon Jahre zuvor zum ersten Mal massiv bemerkbar gemacht, als im Herbst 1969 die Bundesrepublik gezwungen war, die D-Mark deutlich aufzuwerten, um mit dieser Maßnahme einer »importierten Inflation« gegenzusteuern. Für die Exportwirtschaft war das alles andere als eine gute Nachricht gewesen. Doch den Westdeutschen blieb kaum etwas anderes übrig. Durch den Vietnamkrieg war der amerikanische Haushalt in einem Maße überfordert worden, daß die USA immer mehr dazu übergingen, ihr Defizit mit Hilfe der Notenpresse zu beheben. »Dadurch stiegen die Preise in den USA«, erinnert sich Helmut Schmidt in *Menschen und Mächte*, »der Dollar verlor an Kaufkraft, die Handelsdefizite wurden chronisch, der Dollar stieß an die untere Interventi-

onsgrenze. Von 1968 an waren wir in Bonn über diese Entwicklung sehr beunruhigt. Die deutsche Bundesbank verzichtete unter amerikanischem Druck als erste darauf, daß die USA ihre Zahlungssalden in Gold beglichen, und nahm statt dessen verzinsliche Papiere des amerikanischen Schatzamtes. Ende 1969 werteten wir das erste Mal die DM gegenüber dem Dollar auf.«

Gerald Ford wird nach dem Rücktritt Richard Nixons Präsident der Vereinigten Staaten. Für Bundeskanzler Helmut Schmidt, hier bei einem gemeinsamen Auftritt während des NATO-Gipfeltreffens im Juni 1976 in Brüssel, ist er ein verläßlicher Partner.

Im August 1971 kam es zur zweiten Aufwertung der DM, nachdem Richard Nixon die Goldkonvertibilität des Dollars gegenüber dem Rest der Welt einseitig aufgekündigt hatte. Allein in den ersten Maitagen mußte die Bundesbank die unglaubliche Summe von 2,1 Milliarden US-Dollar zur Stützung der amerikanischen Währung aufbringen. Im Dezember 1971 wurden auf einer Tagung im Smithsonian Institute in Washington die Paritäten neu festgelegt. Dann kam 1973 der Schock der Ölpreiskrise hinzu mit dem Ergebnis, daß die sprunghafte Verteuerung von Erdöl und Erdölveredlungsprodukten einen neuen Preisaufschwung auch in anderen Sektoren begünstigte. Im Oktober waren die Preise für die wichtigsten Rohstoffe im Vergleich zum Vorjahr um siebzig Prozent gestiegen. Im Frühjahr 1973, noch vor der Ölpreiskise, brach auch das System von Bretton

Woods, das fast dreißig Jahre lang durch die Festlegung der Goldparität auf 35 Dollar je Feinunze Gold für verläßliche Relationen im Weltwährungssystem und im Welthandel gesorgt hatte, endgültig zusammen. Die Weltwirtschaft, so Helmut Schmidt im Rückblick, war »in ein völlig neues Klima, in eine neue Ära« eingetreten.

In gewisser Weise war das System von Bretton Woods aus dem gleichen Geist entstanden wie die Vereinten Nationen. Ein Zusammenbruch des Weltwirtschaftssystems wie 1931 und das damit verbundene Auseinanderdriften in nationale Egoismen und Antagonismen sollte in Zukunft verhindert werden, als sich im Juli 1944, unmittelbar nach der Landung der Alliierten in der Normandie, internationale Experten unter der Federführung des britischen Wirtschaftswissenschaftlers John Maynard Keynes und des amerikanischen Wirtschaftpolitikers Harry Dexter White im »Mount Washington«-Hotel in Bretton Woods, New Hampshire, zusammenfanden, um über die Weltwährungsordnung der Nachkriegszeit zu beraten. Feste Wechselkurse mit dem Dollar als Leitwährung waren ein Eckpfeiler dieses Systems. Mit amerikanischen Mitteln gründete man einen Weltwährungsfonds, verabredete 1947 das *General Agreement on Trade and Tariffs* (GATT) mit dem Ziel des Abbaus von Zöllen und Quoten, später die Gründung einer Welthandelsorganisation (WTO) und einer Weltbank. Ursprünglich sollte auch die Sowjetunion an den Verabredungen von Bretton Woods beteiligt werden, was Stalin aber 1946 ablehnte, eine Entscheidung, die zu dem berühmten *Long Telegram* George F. Kennans führte, das zu den frühen Dokumenten der entgegengesetzten Blockbildung gehört. Nach dem Krieg hatte das System von Bretton Woods in der außersowjetischen Welt zu einer beispiellosen Expansion des internationalen Handels beigetragen.

Doch jetzt waren die »dreißig wunderbaren Jahre« des Westens auf einmal in Frage gestellt. Besonders Helmut Schmidt und sein französischer Kollege Valéry Giscard d'Estaing waren darüber mehr als besorgt. »Die Frage, ob und wie das Wechselkursproblem gelöst würde, mußte weitreichende Auswirkungen auf die Zukunft der weltwirtschaftlichen Zusammenarbeit haben«, kommentiert der amerikanische Historiker Harold James. »Ein Scheitern drohte der Vorstellung von der *Einen Welt* ein Ende zu bereiten und die Welt in miteinander rivalisierende Handelsblöcke zu spalten.« Auf jener denkwürdigen Tagung in Bad Münstereifel vom 4. Mai 1974, einen Tag vor dem Rücktritt Willy Brandts, hatte Herbert Wehner in einer Debatte über die wirtschaftspolitische Lage bereits den Vorschlag gemacht, ein »Signal an die Weltwirtschaft« zu senden. Doch erst im Zusammenspiel zwischen Helmut Schmidt und dem neuen französischen Präsidenten Giscard d'Estaing wird daraus ein wirkliches Konzept.

Die beiden kannten sich aus ihrer gemeinsamen Zeit als Finanzminister und waren beide im Mai 1974 »in die Chefposition« aufgerückt, wie Helmut Schmidt sich ausdrückt. Der konservative französische Aristokrat, *polytechnicien* und Absolvent der elitären Nationalen Verwaltungshochschule ENA, hatte sich als Fachmann auf wirtschaftspolitischem Gebiet einen weit über sein Land hinausreichenden Ruf erworben. Beide, Schmidt und Giscard, waren Anhänger fester Wechselkurse, wie sie auch das System von Bretton Woods vorsah, und sahen in der Inflation die größte Gefahr für ihre exportabhängigen Volkswirtschaften. Beide sprachen fließend Englisch, so daß sie zur Kommunikation keines Dolmetschers bedurften. Schon wenige Tage nach seinem Amtsantritt im Mai 1974 hatte Giscard den neuen Bundeskanzler Schmidt nach Paris eingeladen, um mit ihm die deutsch-französische Zusammenarbeit neu zu beleben. Giscard besuchte Schmidt später oft in seinem gewerkschaftlichen Reihenhaus in Hamburg-Langenhorn, Schmidt Giscard auf dessen Schloß in Frankreich. »Valéry«, berichtet Schmidt, war »der erste und über sehr lange Zeit der einzige Mensch, mit dem ich über meinen jüdischen Großvater und über die mit ihm

Klaus Uwe Benneter, Karsten Voigt und Gerhard Schröder (v.l.) auf dem Juso-Bundeskongreß in Aschaffenburg 1979. Während die Vertreter von 350 000 Jungsozialisten tagen, strömt aus dem Reaktor Three Mile Island in Harrisburg/USA radioaktiver Dampf aus. SPD-Bundesgeschäftsführer Egon Bahr beschwört seine Jugendorganisation in einer Rede, sich der Alternativbewegung und Umweltschützer anzunehmen.

Daß sich Frankreichs Präsident und Deutschlands Kanzler gut verstehen, ist seit den Zeiten von Adenauer und de Gaulle häufig der Fall. Valéry Giscard d'Estaing und Helmut Schmidt bei Konsultationen, 1980.

zusammenhängenden Probleme der Manipulation meines ›Arier-Nachweises‹ und der damit verbundenen Ängste während der Nazizeit gesprochen habe.« Seine Frau Anne-Aymone hatte ihren Vater in einem deutschen Konzentrationslager verloren. Es sollte der Beginn einer lebenslangen Freundschaft werden – ungewöhnlich für die deutsch-französische Zusammenarbeit vorher und nachher.

Am Rand der KSZE-Konferenz in Helsinki im Sommer 1975 versuchten die beiden mit Erfolg, den neuen amerikanischen Präsidenten Gerald Ford und den Briten Harold Wilson zu einem »persönlichen« Gipfeltreffen zu gewinnen. Dieser Fünfer-Gipfel – Japan sollte von vornherein mit einbezogen werden – sollte, so Schmidt, »dem desolaten Zustand der Weltwirtschaft gewidmet« sein. Kurz vor Beginn des Treffens auf Schloß Rambouillet fünfzig Kilometer vor Paris Mitte November 1975 wurde auch Italien eingeladen. Durch die persönliche Anwesenheit der verantwortlichen Regierungschefs aus drei Erdteilen, meinte der Kanzler, sei man auf diesem Treffen zum ersten Mal seit Beginn der Krise gezwungen gewesen, »sich die weltpolitische Gesamtverantwortung der Industriestaaten vor Augen zu führen.« Giscard d'Estaing hatte auf den informellen Charakter des Treffens großen Wert gelegt. Auf ein Kommuniqué sollte verzichtet werden, und auch das übliche Personal wie Schreibkräfte und Übersetzer war auf das Nötigste reduziert. In Schloß Rambouillet selbst hatte man nur die sechs Regierungschefs in Luxussuiten untergebracht – nichts sollte dem Charakter einer intimen Begegnung abträglich werden. Nur Henry Kissinger war darüber hinaus ein Schlafzimmer im Schloß offeriert worden, doch er lehnte ab, als er feststellen mußte, daß sein Zimmer über keine eigene Toilette verfügte, und zog es vor, gleich den anderen mitgereisten Ministern ein Pariser Hotel aufzusuchen.

Der amerikanische Präsident Gerald Ford, erst kurz zuvor durch den Rücktritt Richard Nixons nach dem Watergate-Skandal – der Aufdeckung eines von Nixon veranlaßten Einbruchs in das Hauptquartier der Demokratischen Partei im Washingtoner »Watergate«-Hotel durch die Presse – ins Amt gekommen, war anfangs skeptisch. Doch der Erfolg eines Staatsbesuchs in Bonn Ende Juli 1975 und darauf folgende vertrauensvolle deutsch-amerikanische Konsultationen hatten ihn allmählich positiver gestimmt. Nun sah er seine Aufgabe darin, in Rambouillet amerikanischen Optimismus zu verbreiten. Dafür gab es einigen Anlaß. Besonders in Großbritannien und Italien hatte die Debatte über die »Unregierbarkeit« der Demokratie zu dieser Zeit fast düstere Züge angenommen, und auch Schmidt trieben bekanntlich Zweifel um, wie weit die westdeutsche Demokratie die gegenwärtigen Krisen ungeschädigt überstehen könne. Mit dem Watergate-Skandal war die Glaubwürdigkeit des amerikanischen Systems tief erschüttert worden, und das Tor zur Neuen Welt, die Stadt New York, stand kurz vor der Pleite.

»Dieser Gipfel soll sich mit wirtschaftlichen Fragen befassen, doch in einer grundlegenderen Hinsicht ist er Ausdruck der starken gegenseitigen Abhängigkeit unserer Länder«, so Ford in seiner Eröffnungsansprache. »Wir müssen dafür sorgen, daß die gegenwärtige Lage der Weltwirtschaft nicht als eine Krise des demokratischen oder kapitalistischen Systems angesehen wird.«

Helmut Schmidt war mit dem Ziel nach Rambouillet gekommen, einen Rückfall der Industriestaaten in Protektionismus zu verhindern, worin er in erster Linie auch eine politische Gefahr für die Zukunft der Demokratie erblickte. Der japanische Ministerpräsident Takeo Miki beteiligte sich kaum an den Debatten, doch die Bemühungen des Bundeskanzlers sollten von Erfolg gekrönt sein. »Trotz deutlicher Zurückhaltung des japanischen Ministerpräsidenten Miki«, erinnert sich Schmidt, »schieden wir voneinander in dem Bewußtsein, daß die Wirtschaftskrise, die inzwischen alle Länder erfaßt hatte, uns nicht wie die Krise in den frühen dreißiger Jahren zu einem handels- und währungspolitischen Kampf aller gegen alle verleiten dürfe.«

Streikposten sind vor dem Gebäude der linksliberalen »Frankfurter Rundschau« im April 1976 aufgezogen. Drucker und Setzer, die Intellektuellen unter den Arbeitern, stehen zu dieser Zeit häufig links.

Der Streik der Drucker 1977: Die Gewerkschaften sind mächtig

Gerd Bucerius, der Verleger der Wochenzeitschrift »Die Zeit«, ist in Sorge. Das Vaterland ist für ihn am 14. Mai 1976 in Gefahr. »Die Gewerkschaften sind mächtig. Treten sie entschlossen auf, gibt es keinen Widerstand. Die Nation ist auf ihren guten Willen angewiesen.« In seinem Leitartikel sieht er die Systemveränderer in den Gewerkschaften auf dem Vormarsch. »Von diesen promovierten Systemveränderern gibt es inzwischen bald mehr als von den alten, erfahrenen Gewerkschaftlern.« Promoviert ist auch Dr. Detlef Hensche. Von 1969 bis 1971 ist der Jurist Hensche wissenschaftlicher Referent am DGB-Institut in Düsseldorf. 1975 wird Dr. Hensche in den geschäftsführenden Hauptvorstand der Industriegewerkschaft Druck und Papier in Stuttgart gewählt.

Hensche gilt als Linksaußen unter den Funktionären des DGB. Für Bucerius ist er der Generalquartiermeister in der gewerkschaftlichen Obersten Streikleitung. »Hinter dem Hindenburg Mahlein als Ludendorff: Dr. Detlef Hensche«, formuliert der »Zeit«-Verleger.

1976 sind Hensche und der IG-Druck-Vorsitzende Leonhard Mahlein die Schlachtenlenker in einem der härtesten Arbeitskämpfe der Bundesrepublik. Geführt hat ihn die wohl schlagkräftigste Einzelgewerkschaft des DGB, die IG Druck und Papier. Und die ist nicht nur gut organisiert, sondern auch stark politisiert.

Der Arbeitskampf von 1976 soll den Setzern und Druckern eine Lohnerhöhung von mehr als 9 Prozent einbringen. 13 Tage streiken die Drucker und Setzer, was die Unternehmer bundesweit mit vier Tagen Massenaussperrung beantworten. Nach über drei Wochen andauernden Auseinandersetzungen wird ein Tarifabschluß erzielt, der mit 6 Prozent Lohnerhöhung die damals von der Politik vorgegebene Lohnleitlinie von unter 6 Prozent überschreitet.

Ein neuer Feind ist jedoch bereits im Anmarsch: der technische Fortschritt. In den siebziger Jahren setzen sich immer mehr optische Satzsysteme wie die Linotronic des Eschborner Herstellers Linotype und das Akzidenz Dialog System von Berthold aus West-Berlin durch.

Die Verabredungen hatten nicht mehr als den Charakter einer Selbstverpflichtung, aber man hielt sich daran. Vor allem aber hatte Rambouillet, was niemand voraussehen konnte, die kontinuierliche Institution des Weltwirtschaftsgipfels begründet. Er trat in Zukunft – ab 1976 unter Hinzuziehung von Kanada – als »G7« zusammen, um in einer Art konzertierter Aktion der Weltwirtschaftsmächte künftigen Krisen vorzubeugen und regulierend in sie einzugreifen. Eine Rückkehr zu den stabilen Verhältnissen des internationalen Systems von Bretton Woods würde es allerdings nicht mehr geben.

Die Europäer trieb zur Zeit von Rambouillet auch die Angst vor einer militärischen Lösung der Energieprobleme im Nahen Osten durch die Amerikaner um. Henry Kissinger machte jedoch deutlich, daß er die Krise nicht mit militärischen, sondern mit monetären Mitteln zu bereinigen gedachte. Er setzte dabei besonders auf den Schah von Persien und dessen ehrgeiziges Modernisierungsprogramm und ging davon aus, daß es sich die Iraner aufgrund ihres Finanzbedarfs nicht leisten könnten, ihre Ölförderung nennenswert zu drosseln. Petrodollars sollten auch aus anderen OPEC-Ländern in die westlichen Märkte fließen und so durch »Konsumismus« die Macht des Kartells brechen, was im Ergebnis die Weltmachtstellung der großen Industrieländer tatsächlich wiederherstellte und auch der westdeutschen Wirtschaft zugute kam. Zwischen 1973 und 1976 stiegen die Exporte der Bundesrepublik in die OPEC-Länder allein um stolze 350 Prozent.

Ein weiteres Ergebnis dieser Entwicklung war allerdings, daß die Solidarität der OPEC-Länder mit den sogenannten Less Developed Countries, den Entwicklungsländern, die zu Beginn der Ölpreiskrise eine gewisse Rolle gespielt hatte, allmählich gebrochen werden konnte – mit dem Resultat einer weiteren Verschärfung des ohnehin vorhandenen Nord-Süd-Gegensatzes. Nur wenige, unter ihnen Willy Brandt, der 1977 eine unabhängige »Nord-Süd-Kommission« gründete, erkannten, welche Brisanz diese Entwicklung für die Zukunft mit sich bringen würde.

»Die wahre Bedeutung des Gipfeltreffens von Rambouillet liegt eher darin«, so Harold James, »daß es den Beginn einer Entwicklung bezeichnet, an der die damaligen Akteure nur begrenzten Anteil haben konnten, nämlich der Entfesselung eines globalen Marktes.« Er hatte für die Westdeutschen aber auch seine Schattenseiten. Die Bundesrepublik würde, was in dem dann erfolgten Ausmaß damals niemand voraussah, in Zukunft weitere Produktmärkte an überlegene und effektiver sowie preiswerter wirtschaftende Konkurrenten auf dem Weltmarkt verlieren. Mit der japanischen Übernahme eines einstigen Kernbereichs wie der Fototechnik hatte es begonnen, und bald würden andere Bereiche wie die Unterhaltungselektronik und auch die Autoindustrie dazuzählen. Die einst florierende Textilindustrie verlagerte sich zunehmend in sogenannte Billiglohnländer.

1975 erlebt die Bundesrepublik die schärfste Rezession ihrer bisherigen Geschichte. Die Zahl der Arbeitslosen steigt auf über eine Million, das Bruttosozialprodukt geht um 1,6 Prozent zurück. Noch einmal gelingt es der Regierung Schmidt, mit Hilfe keynesianischer Maßnahmen – Beschäftigungsprogramme, Investitionszulagen und Lohnzuschüsse – der Entwicklung gegenzusteuern. 1976 ist die Krise vorübergehend bewältigt. Auf dem Bonner Weltwirtschaftsgipfel 1978 – die Zahl der Arbeitslosen war in diesem Jahr wieder auf unter eine Million gesunken – fordert der neue amerikanische Präsident Jimmy Carter die Bundesrepublik sogar auf, in Zukunft durch staatlich induzierte Nachfrageimpulse die »Lokomotive« der Weltwirtschaft zu spielen. Eine solche Rolle als wirtschaftliche Weltmacht mußte das »Modell Deutschland« jedoch auf Dauer überfordern.

Schmidt hatte es geschafft, die Gewerkschaften, die in seinem Kabinett stark vertreten waren, einigermaßen erfolgreich in seine Politik der gebremsten Reformen einzubeziehen. Dabei war ihm auch der Kompromiß auf dem Feld der überbetrieblichen Mitbestimmung von 1976 zugute gekommen. Grundsätzlich schwankte der Kurs der Regierung jedoch zwischen den Zielen Haushaltskonsolidierung und Arbeitsmarktstimulierung, zwischen angebots- und nachfrageorientierter Politik. Schmidt wußte, daß er den Haushalt nicht übermäßig strapazieren durfte, doch er wußte auch, daß nur ein funktionierender Sozialstaat die in seinen Augen immer noch gefährdete westdeutsche Demokratie widerstandsfähig machen würde. Einen anderen Beitrag zu politischer und wirtschaftlicher Stabilität versprach er sich vom Ausbau der europäischen Beziehungen – zumal für ihn die globale Antwort des Gipfels von Rambouillet mit einigen Fragezeichen versehen blieb. Mit Jean Monnet – einem der »klarsten der folgerichtig denkenden Politiker, die ich in der internationalen Politik kennengelernt habe« – hatte er bereits 1969 Gespräche über die Möglichkeit einer europäischen Währungsunion geführt. Monnet, inzwischen ein »alter Herr«, war nach dem Krieg der Hauptpromoter der europäischen Einigung gewesen. Dessen Idee einer europäischen Währungsunion greift Schmidt jetzt im Tandem mit Giscard d'Estaing wieder auf. Bei einem Treffen der beiden Regierungschefs »an einem Wohnzimmertisch in Hamburg-Langenhorn«, so Schmidt, kommt so in privater Atmosphäre eine für die europäische Zukunft historische Vision zustande. Sie wird bald politische Konturen gewinnen. Im Juli 1978 beauftragt der Europäische Rat während seiner Tagung in Bremen die Finanzminister, die »notwendigen Voraussetzungen für das Funktionieren« eines solchen Europäischen Währungssystems vorzubereiten.

Alltag in Berlin-Kreuzberg Mitte der siebziger Jahre. Der Bezirk hat damals wegen seiner vielen türkischstämmigen Einwohner den Ruf eines »Klein-Istanbul«. Die steigenden Arbeitslosenzahlen in dieser Zeit treffen sie besonders hart.

»Unser schwierigstes Projekt«, erinnert sich der ehemalige Bundeskanzler später, »war die Schaffung des europäischen Währungssystems (EWS). Es diente mehreren Zwecken zugleich. Zum einen war uns klar, daß ein gemeinsamer Markt bei einem Dutzend verschiedener Währungen und mehreren Dutzend von häufig sich ändernden Wechselkursen zwischen den Währungen der EG-Staaten die großen wirtschaftlichen und Wohlstandsvorteile, die von einem gemeinsamen Markt erwartet werden, nur eingeschränkt ermöglichen kann. Zum anderen war uns deutlich, daß die Mehrzahl der europäischen Währungen allein auf sich gestellt den Stürmen der Weltwirtschaft, der weltweiten Währungsunordnung und speziell der Schwäche des amerikanischen Dollars nicht Paroli bieten kann. Und schließlich hatten wir drittens die spätere Schaffung einer gemeinsamen europäischen Währung im Auge, die zur inneren Festigung der Europäischen Gemeinschaft (heute EU) unausweichlich notwendig ist.« Die Konsequenz war, daß die D-Mark zumindest in Europa »in einer Art von regionalem Bretton-Woods-System fester Wechselkurse«, wie Peter Graf Kielmannsegg schreibt, den Dollar als Leitwährung ablösen würde. Somit war ein Weg vorgezeichnet, der später zum Euro führen sollte.

RKLICHEN WIR ERFOLGREICH
II. PARTEITAGES !

HONECKERS ERSTE JAHRE

Ulbrichts Tod

»Unsere Hauptstadt«, verkündete der damals 43jährige FDJ-Chef Günther Jahn im Jahre 1972, »wird die Sinfonie einer Großstadt bieten. Der Fernsehturm grüßt die Jugend aller Kontinente, die Fontäne am Alexanderplatz sprudelt fröhlich, das Brandenburger Tor zeigt den Imperialisten die Grenzen ihrer Macht. Berlin wird Kraft und Vormarsch atmen.« Ost-Berlin war auf einer Exekutivtagung des Weltbundes der Demokratischen Jugend im chilenischen Valparaiso im September 1971 zum Austragungsort der X. Weltfestspiele der Jugend ausgewählt worden. Ende Januar 1972 wurde die Entscheidung offiziell, und es sollte keine vier Wochen dauern, bis sich in der DDR ein »Nationales Vorbereitungskomitee« konstituierte, das aus den wichtigsten Mitgliedern des Politbüros, Ministern, Abteilungsleitern im ZK und den Chefredakteuren der Zeitungen und des Fernsehens sowie ausgewählter Künstler bestand.

Honecker wollte im Sommer 1973 die DDR auf internationaler und nationaler Ebene als ein weltoffenes und selbstbewußtes Land präsentieren. 25 000 Gäste aus aller Welt wurden erwartet, mehrere Millionen aus der DDR. Zweihundert politische und über eintausend kulturelle Veranstaltungen waren geplant. Der Liedermacher Reinhold Andert, der später (1979) aus der SED ausgeschlossen wurde, sollte für das Musikprogramm zuständig sein. Er hatte mit seinem *Oktoberclub* nicht ohne Erfolg dafür gesorgt, daß in den frühen Honecker-Jahren DDR-Optimismus mit Anleihen aus der musikalischen Tradition von Pete Seeger und Woodie Guthrie verbreitet wurde. »Ich wurde kooptiert«, erzählt er später, »so nannte man das, bekam ein Büro, konnte vier, fünf Leute einstellen und kriegte das Gehalt eines Abteilungsleiters im Zentralrat.« DDR-Bands wie die *Puhdys* traten auf, aus der Bundesrepublik Dieter Süverkrüp und aus Südafrika die international bekannte Sängerin Miriam Makeba. Angela Davis, die schwarze Bürgerrechtlerin aus

Linke Seite: Der 1. Mai 1973 in Berlin Unter den Linden. FDJler im Blauhemd tragen das Porträt des SED-Generalsekretärs Erich Honecker, der nach Ulbrichts Sturz in seinen ersten Jahren vielen einen Neuanfang verspricht. Das Jahr wird mit den Weltjugendfestspielen im Sommer der DDR einen ungewöhnlichen Ausnahmezustand verschaffen – ein »rotes Woodstock«, wie es die Republik bis dahin noch nicht erlebt hat. Eine wirkliche Liberalisierung ist damit jedoch nicht verbunden.

Alabama, wurde von FDJ-Chef Günther Jahn mit einer Umarmung begrüßt. PLO-Chef Yassir Arafat und Kämpfer des Vietcong gehörten zu den Ehrengästen.

Die offizielle Losung des Festivals lautete: »Für antiimperialistische Solidarität, Frieden und Freundschaft«. Tatsächlich stand die Hauptstadt der DDR für neun Tage kopf, nachdem die Weltfestspiele am 28. Juli 1973 um 15 Uhr durch den Einzug von 60000 Delegierten aus 140 Ländern in das kurz zuvor in »Stadion der Weltjugend« umbenannte ehemalige »Walter-Ulbricht-Stadion« nahe der Mauer zu West-Berlin eröffnet worden waren. Stabhochsprung-Olympiasieger Wolfgang Nordwig entzündete auf der Rampe in einer olympiareifen Zeremonie die Festivalflamme. Dreieinhalb Stunden dauerte der Einmarsch der Delegationen.

Für Erich Honecker sollten die Weltfestspiele, so der Historiker Stefan Wolle, »gewissermaßen als Generalprobe« für seine Politik der kontrollierten Öffnung dienen. Tatsächlich war während dieser neun Sommertage vieles erlaubt, was zuvor niemand für möglich gehalten hätte. Rudi Dutschke war zwar die Einreise verweigert worden, aber viele westliche Gruppen konnten ungehindert ihre Flugblätter und Broschüren verteilen. Amerikanische GIs in Uniform, verdutzt über den bunten Auftrieb im sonst tristen Osten, sahen sich plötzlich von Jungen Pionieren aufgefordert, ihre Halstücher mit einem Autogramm zu signieren. »Die Jugend der Welt«, erinnert sich Anja Maier, damals selbst im Pionieralter, dreißig Jahre später in der »tageszeitung«, »vereinigte sich auch auf privater Ebene. Das Wetter trug dazu bei, daß die Hauptstadt der Deutschen Demokratischen Republik zu einer Insel der Liebe wurde. Langhaarige sangen überall in der Stadt Selbstgereimtes zur Gitarre, und es wurde geknutscht, was das Zeug hielt.« Tatsächlich waren die Weltfestspiele für die DDR so etwas wie eine kleine Kulturrevolution, nachdem die SED-Führung schon 1971 ihren aussichtslosen Kampf gegen lange Haare und kurze Röcke eingestellt und in einer Massenaktion Hunderttausende importierter Levi's-Jeans auf den Markt geworfen hatte. Damals, Ende 1971, waren an vier Verkaufstagen allein in Ost-Berlin 120000 Levi's über den Ladentisch gegangen und im überschaubaren Potsdam an einem einzigen Tag sogar 22000. »Jeans«, meint der Held Edgar Wibeau aus Ulrich Plenzdorfs 1972 in Halle uraufgeführtem Stück *Die neuen Leiden des jungen W.*, »sind eine Einstellung und keine Hosen.« Sie sollten auch das Bild des »roten Woodstock« vom Sommer 1973 prägen.

Das Ministerium für Staatssicherheit war selbstverständlich an der Vorbereitung des Ereignisses beteiligt. Man wollte Öffnung demonstrieren, aber gleichzeitig über alles die Kontrolle behalten. Unter dem Decknamen »Aktion Banner« organisierte die Stasi nur für die Weltfestspiele

Horst Sindermann: Die Nummer 3 der DDR

Am 22. Februar 1986 verabschiedet der saarländische Ministerpräsident Oskar Lafontaine (rechts) Horst Sindermann auf dem Flugplatz Saarbrücken. Der Vorsitzende der DDR-Volkskammer hat auf Einladung der SPD-Bundestagsfraktion die Bundesrepublik Deutschland besucht. Hinter Sindermann Ewald Moldt, in den Jahren 1978 bis 1988 Ständiger Vertreter der DDR bei der Bundesregierung.

Alexander Schalck-Golodkowski, in der DDR zuständig für die Beschaffung wertvoller Westdevisen, hat sich über das, was sich in den DDR-Entscheidungsgremien abspielte, häufig geärgert. Er erinnert sich, einer »war da führend«: Horst Sindermann, die Nr. 3 im Staat (Personalausweisnummer A 000 000 3). Der Volkskammerpräsident setzt einmal sogar durch, daß die DDR auf einen Schlag im Westen eine Million Jeans ordert, »statt Maschinen zu kaufen für die Produktion und was Vernünftiges«, so Schalck-Golodkowski. Rebecca Menzel läßt in ihrem Buch Jeans in der DDR *den Chefdevisenbeschaffer erklären, warum der alte Herr auf West-Nietenhosen bestand: »Da Sindermann Kinder hatte und Enkelkinder, die ihrem Opa ständig einredeten, wie schön das ist, Levi's zu tragen, mußten es Levi's sein.«*

1973 ist Horst Sindermann auf dem Höhepunkt seiner Karriere. Im Oktober 1973 wählt die DDR-Volkskammer Willi Stoph zum Vorsitzenden des Staatsrats der DDR und beruft Sindermann zum Vorsitzenden des Ministerrats. Im Dezember 1976 verliert Sindermann dieses Amt und wird dafür zum Präsidenten der Volkskammer und zu einem der sieben Stellvertreter des Vorsitzenden des Staatsrats der DDR gewählt.

Horst Sindermann, geboren in Dresden am 5. September 1915, besucht das Realgymnasium. 1929 wird er Mitglied des Kommunistischen Jugendverbandes (KJVD) und schon 1933 als Funktionär der verbotenen Organisation für acht Monate inhaftiert. 1935 wird er wegen eines geplanten Anschlags auf Hitler zu sechs Jahren Zuchthaus verurteilt. Nach Verbüßung der Strafe interniert man ihn zunächst im KZ Sachsenhausen, dann in Mauthausen. Dort wird er am 5. Mai 1945 von amerikanischen Truppen befreit. 1945 wird Sindermann Mitglied der KPD, in den nächsten Jahren Chefredakteur verschiedener Tageszeitungen. Von 1963 bis 1971 ist er Erster Sekretär der SED-Bezirksleitung Halle und ab 1967 Mitglied des Politbüros.

Nach dem Untergang der DDR wohnt er die letzten Monate seines Lebens im Keller des Hauses seines Sohnes Thomas. Er stirbt am 20. April 1990.

einen gigantischen Kontroll- und Sicherungsapparat. 4260 hauptamtliche Mitarbeiter des MfS hat man eigens für das Weltjugendtreffen geschult. Ausgewählte Kader wurden in die Bundesrepublik und nach West-Berlin entsandt, um dort die Stimmung zu erkunden. Schließlich waren auch von dort 800 Delegierte zu erwarten, unter ihnen Jungsozialisten, Jungdemokraten und Mitglieder der Jungen Union – und viele andere, die mit einem Tagesvisum unorganisiert aus West-Berlin einreisen würden. 477 DDR-Bürger wurden durch Einweisung in psychiatrische Anstalten vorübergehend »aus dem Verkehr« gezogen, 2293 Personen »vorsorglich« verhaftet und 800 jugendliche »Störer« während der Festspiele aus Ost-Berlin ausgewiesen. Allein im ersten Halbjahr 1973 gab es 6635 Ermittlungsverfahren nach § 249 StGB, also wegen »Gefährdung der öffentlichen Ordnung durch asoziales Verhalten«, was einer Steigerung von mehr als 200 Prozent im Vergleich zum Vorjahreszeitraum gleichkam. Während des Festivals wurden 231 Personen festgenommen – darunter etwa hundert wegen »normaler« krimineller Delikte, die mit dem Ereignis selbst nichts zu tun hatten. Gemessen an dem Riesenaufmarsch verliefen die Weltfestspiele mit dieser Bilanz ohne nennenswerte Zwischenfälle.

Am 1. August 1973, nur wenige Tage nach Beginn des großen Spektakels, starb plötzlich Walter Ulbricht um 12.55 Uhr an Herzversagen. Tags darauf erschienen die DDR-Tageszeitungen mit Trauerrändern, und das »Neue Deutschland« widmete dem Verstorbenen unter der Überschrift »Das Kämpferleben des Genossen Walter Ulbricht hat sich vollendet« die ganze Titelseite. Die Spiele gingen jedoch weiter. Erst am 7. August, als sie zu Ende waren, wurden die Fahnen auf Halbmast gesetzt. Ulbrichts Leichnam wurde im Staatsratsgebäude am Marx-Engels-Platz aufgebahrt. Erich Honecker, Willi Stoph, Horst Sindermann, Friedrich Ebert und Vertreter der KPdSU hielten Ehrenwache am Sarg; später stand der Saal auch der Bevölkerung für Kondolenzbesuche offen.

Was sich an diesem Tag ereignete, war erstaunlich. »Die Bevölkerung nahm überraschend hohen Anteil an der Verabschiedung von Walter Ulbricht«, so sein Biograph Mario Frank. »Schon um 8.00 Uhr, lange vor Beginn des offiziellen Staatsaktes, standen vor dem Gebäude des Staatsrates so viele Menschen, daß die Schlange der Wartenden sich kilometerlang in einem großen Bogen vom Marx-Engels-Platz bis zum Lustgarten ausdehnte.« Viele von ihnen waren delegiert, aber viele waren auch freiwillig gekommen, um dem kantigen Ulbricht ihren letzten Respekt zu bezeugen. Als der Sarkophag mit dem DDR-Gründer anschließend auf der offenen Ladefläche eines Militärlastwagens im Konvoi und unter den Klängen des nach einer Vorlage von Frédéric Chopin orchestrierten Trauermarschs »Unsterbliche Opfer« in das Krematorium am Baumschulenweg transpor-

Walter Ulbricht und Erich Honecker beim Trauerakt für die 156 Passagiere der DDR-Fluggesellschaft Interflug, die am 14. August 1972 beim Absturz einer Iljuschin 62 in der Nähe von Königs Wusterhausen umgekommen sind.

tiert wurde, säumten Hunderttausende die Straßen, unter ihnen junge Menschen mit langen Haaren und ausgefransten Jeans, die nur noch wenig Erinnerungen an die Vormauerzeiten hatten und für die Ulbricht durch seine Eigenwilligkeiten in den sechziger Jahren fast schon einen kleinen Rebellenmythos besaß. Erich Honecker hätte den ganz großen Staatsakt am liebsten vermieden. Doch Breschnew, alles andere als ein Freund des Verstorbenen, bestand auf einem Begräbnis erster Ordnung, schon um internationale Irritationen zu verhindern. Honecker mußte sich fügen. Er war Moskaus Mann.

»Lassen Sie mich noch einmal unterstreichen«, hatte er Ende August 1971 in einem Interview betont, »die Sozialistische Einheitspartei Deutschlands und die DDR sind fest und unverrückbar sowie für alle Zeiten mit der KPdSU und mit der Sowjetunion verbunden.« Fest und für alle Zeiten. Diese Aussage war in den letzten Jahren unter Ulbricht mit einigen Fragezeichen versehen worden. Er war, anders als Honecker, nie sehr offensiv gegen die Chinesen aufgetreten und hatte sogar einmal mit der Idee gespielt, die Uranförderung der Sowjetisch-Deutschen Aktiengesellschaft Wismut zu drosseln, was den Kern der sowjetischen Atomwaffenproduktion getroffen hätte. Vor allem aber versuchte er zu Zeiten der Ost-West-Verhandlungen seinen eigenen Weg zu gehen und mit der Bundesrepublik

Christa Wolf im Jahr 1983 in ihrer Wohnung in der Berliner Friedrichstraße. Das SED-Mitglied gehört 1976 zu den Initiatoren des Protests gegen die Biermann-Ausbürgerung.

Die Schriftstellerin Christa Wolf: »Weg von der Identifikation mit diesem Staat«

Als Kandidatin des Zentralkomitees der SED nimmt die Schriftstellerin Christa Wolf am 11. Plenum des ZK im Dezember 1965 teil. Im Hauptreferat des ZK-Sekretärs Erich Honecker wird besonders gegen »modernistische«, »anarchistische« oder »nihilistische« Strömungen in der Kultur gewettert. Im Plenum widerspricht als einzige Christa Wolf. Sie verteidigt u. a. den Autor Werner Bräunig, der mit seinem Wismut-Roman Rummelplatz *auf harsche Ablehnung stößt und Publikationsverbot erhält. Gleichzeitig bekennt sie sich zur DDR. Ihre Rede auf dem ZK-Plenum wird als Provokation aufgefaßt. Sie muß aus dem Gremium ausscheiden.*

Die Autorin wird als Christa Ihlenfeld am 18. März 1929 in Landsberg an der Warthe im heutigen Polen geboren. 1945 flieht die Familie nach Mecklenburg. 1949 macht die junge Frau in Bad Frankenhausen in Sachsen-Anhalt das Abitur und tritt noch im selben Jahr der SED bei. In Jena und Leipzig studiert sie bis 1953 Germanistik. 1951 heiratet sie den Germanisten Gerhard Wolf. In den nächsten Jahren werden zwei Töchter geboren. Sie wird Mitarbeiterin beim Deutschen Schriftstellerverband, Redakteurin und Lektorin. 1961 veröffentlicht sie ihr erstes Prosawerk Moskauer Novelle. *Ihr erster großer Erfolg ist der Roman* Der geteilte Himmel, *der sich mit der deutschen Teilung befaßt. Christa Wolf wird 1963 Kandidatin des Zentralkomitees der SED.*

1976 gehört Christa Wolf zu den Initiatoren des Protests gegen die Ausbürgerung Wolf Biermanns. Sie bleibt in der DDR, hat aber seit 1978 ein Dauervisum. In einem Rundfunkinterview von Radio Bremen im Jahr 1999 beschreibt Christa Wolf ihr Verhältnis zur DDR: »Ich meine, meine ganze literarische Entwicklung und auch politische Entwicklung ging ja gerade, war ja sozusagen ein Emanzipationsprozeß weg von der Identifikation mit diesem Staat. Das war ein sehr konfliktreicher Prozeß, und ich leugne überhaupt nicht, daß er auch sehr schmerzvoll war und daß ich durchaus eine ganze Reihe von Stufen brauchte, um also innere Freiheit zu gewinnen und wirklich zu durchschauen, worum es da ging.«

an der Sowjetunion vorbei ins Geschäft zu kommen. Dafür war er von Honecker in Moskau angeschwärzt worden, worauf er im August 1970 während einer Tagung der Partei- und Staatsführer der Warschauer-Pakt-Staaten Besserung gelobte. In Zukunft, so Ulbricht, werde man die wirtschaftlichen Bindungen an die Sowjetunion so eng wie möglich gestalten. Doch ganz ohne Eigensinnigkeit wollte er dieses Zugeständnis nicht machen. »Die Zusammenarbeit mit der Sowjetunion wird weiterentwickelt«, so Ulbricht, aber: »Wir wollen uns in der Kooperation als echter deutscher Staat entwickeln. Wir sind nicht Belorußland, wir sind kein Sowjetstaat.« Er hatte sich damit um Kopf und Kragen geredet.

Ulbricht, so ein kollektiver Brief von vierzehn Mitgliedern und Kandidaten des Politbüros der SED Ende Januar 1971 an Breschnew, verfolge »nicht nur in der Innenpolitik, sondern auch in unserer Politik gegenüber der BRD« eine »persönliche Linie, an der er starr festhält«. Zudem sei er von Größenwahn heimgesucht und sehe sich »gern auf einer Stufe mit Marx, Engels und Lenin«. Es gehe mit ihm nicht mehr, teilt ihm daraufhin Breschnew am 12. April im Kreml ungeschminkt mit. Doch der Generalsekretär der KPdSU entscheidet sich letztlich zu einer Machtteilung. Ulbricht soll Staatsratsvorsitzender bleiben, aber vom Amt des Ersten Sekretärs des ZK der SED zurücktreten und als künftiger Ehrenvorsitzender der SED eine eher dekorative Rolle spielen. Als Honecker, wie im April 1971 abgestimmt und durch einen geheimen Blitzbesuch des Politbüromitglieds Werner Lamberz in Moskau Ende April noch einmal bestätigt, das entscheidende Gespräch mit Ulbricht vorbereitet, geht er dabei vor, wie Mario Frank schreibt, »als handle es sich um einen Staatsstreich«. Noch vor der Fahrt zu Ulbrichts Landsitz am Döllnsee läßt er alle Telefonleitungen dorthin kappen und weist seine Begleiter von der Staatssicherheit an, Maschinenpistolen statt der sonst üblichen Handwaffen mitzuführen. Walter Ulbricht erklärt am 27. April 1971 wunschgemäß seinen Rücktritt. Dafür gab es neben seinen nationalkommunistischen Ambitionen und seinem Altersstarrsinn mehrere Gründe.

Tatsächlich hatte auch seine ehrgeizige Wirtschaftspolitik in den letzten Jahren zu kaum mehr tragbaren Disproportionen in der Volkswirtschaft geführt. Ulbricht, so der ehemalige Chef der Staatlichen Plankommission, Gerhard Schürer, »hatte seine selbstkritischen Worte von 1962 in Leipzig wieder vergessen«, als er die These vom Vorrang der Politik über die Wirtschaft zurückwies und damit eine Ära marktwirtschaftlich ausgerichteter Reformen in der DDR einleitete. Doch die Politik hatte auch unter Ulbricht ihre bestimmende Rolle nie verloren. Die Abteilungen, in denen Ulbrichts Technokraten ihre wirtschaftlichen Prognosen erstellten, entwickelten sich, so Gerhard Schürer, Ende der sechziger Jahre in vielen

Gäste an der Bar des Interhotels Am Ring in Leipzig Mitte der siebziger Jahre. Die Devisenhotels sind nicht nur Einnahmequellen. Während der Messetage sind sie auch Umschlagplätze des Ost-West-Handels.

Fällen »zu einem Eldorado sogenannter Futurulogen und Spinner, und fast alle Papiere wanderten später in den Reißwolf, leider nicht bevor sie Schaden angerichtet hatten«. Um den Abstand zur Bundesrepublik aufzuholen, setzte Ulbricht ganz auf oft fragwürdige Investitionen in Zukunftstechnologien zuungunsten des Konsumbereichs, was sich spätestens im langen Winter 1969/70 in dramatischen Versorgungsengpässen bemerkbar machte. Heizmaterialien wurden knapp, Schulen mußten aus diesem Grund geschlossen werden, der Fahrplan der Reichsbahn kollabierte, und in der Silvesternacht herrschte Dunkelheit in den meisten Städten der DDR. Das Politbüro richtete eigens einen »Operativstab Speisekartoffeln« ein, doch auch der Import von Kartoffeln aus dem damals mit der DDR befreundeten Ägypten reichte nicht aus.

Die Reformeuphorie der späten Ulbricht-Zeit war in diesem Winter auf einmal in sich zusammengebrochen. Zwischen Januar und September 1970 mußte die Gewerkschaftszentrale 22 Arbeitsniederlegungen und Arbeitskonflikte registrieren. Zwar konnte die DDR in der zweiten Hälfte der sechziger Jahre auf einen doppelt so großen Anstieg des Konsums verweisen wie unmittelbar nach dem Mauerbau, doch diese Zeiten schienen nun schon wieder der Vergangenheit anzugehören. Angst vor einem neuen 17. Juni machte sich in der Partei breit, und die polnische Krise von

Margot Honecker, Volksbildungsministerin der DDR, mit der sowjetischen Kosmonautin Valentina Tereschkowa und der amerikanischen Bürgerrechtlerin Angela Davis während der Weltjugendfestspiele in Ost-Berlin 1973.

1970/71, wo es an den Werften der Ostsee und in den Textilfabriken von Lodz zu Streiks gekommen war, galt als eine unübersehbare Warnung. Als Erich Honecker Mitte Juni 1971 auf dem VIII. Parteitag der SED verkündete, »allzu viele außerplanmäßige Wunder« könne das Wirtschaftssystem der DDR nicht dauerhaft verkraften, konnte er sich einer breiten Zustimmung sicher sein. Als »Hauptaufgabe« bezeichnete er statt dessen die »weitere Erhöhung des materiellen und kulturellen Lebensniveaus des Volkes« und entwarf damit für die Zukunft das Bild einer »Art sozialistischer Wohlstandsgesellschaft«, wie Stefan Wolle schreibt, die auf dem unumstößlichen Primat der Sozialpolitik beruhen sollte. Gleichzeitig sollten die Rechte der örtlichen Volksvertretungen und Organe gestärkt und auch im kulturellen Bereich eine gewisse Liberalisierung eingeleitet werden.

Die Weltfestspiele von 1973 waren dafür die Bühne eines großen potemkinschen Dorfes. Doch tatsächlich zeigte der neue politische Stil zum ersten Mal sichtbare Ergebnisse, als im März 1972 einige Abgeordnete der CDU in der Volkskammer gegen die Vorlage der Regierung zur Fristenlösung beim Schwangerschaftsabbruch stimmten. Abstimmungen, bei denen sich Widerspruch regte, waren in der DDR bis dahin kaum denkbar gewesen. Es sollte aber ein Einzelfall bleiben.

Sozialismus des kleinen Mannes

Erich Honecker erschien, als er Ulbricht ablöste, vielen als ein fast unbeschriebenes Blatt. Dabei hatte er bereits eine lange Parteikarriere hinter sich. Der im August 1912 im saarländischen Neunkirchen geborene Sohn eines Kommunisten der ersten Stunde war zwischen 1935 und 1945 wegen Untergrundtätigkeit gegen die Nazis im Zuchthaus Brandenburg inhaftiert gewesen. Nach dem Krieg gehörte er zu den Gründern der FDJ. Seit Oktober 1956 verantwortlich für Sicherheitsfragen im Zentralkomitee der SED, hatte er die operative Leitung des Mauerbaus vom August 1961 zu verantworten und war 1965 auf dem »Kahlschlagplenum« der SED als erzkonservativer Gegner von Ulbrichts verhältnismäßig liberaler Jugendpolitik aufgefallen. Honecker war auch immer ein Gegner von Ulbrichts Wirtschaftsreformen gewesen, deren Konsequenz, einer notwendigen wirtschaftlichen Öffnung nach Westen, er stets tief mißtraute.

Erich Honecker hatte bis zu seiner Inthronisation als erster Mann der DDR so etwas wie eine kommunistische Bilderbuchlaufbahn hingelegt. Kurz vor seinem zehnten Geburtstag in die Kindergruppe der Kommunistischen Partei in Wiebelskirchen eingetreten, war er 1930 bereits, mit 18 Jahren, Bezirksleiter des Kommunistischen Jugendverbandes im Saargebiet geworden. Im gleichen Jahr wurde er zur Schulung auf die Moskauer »Lenin-Schule« der Komintern geschickt. Diese zwölf Monate, so sein später in den Westen geflüchteter ehemaliger FDJ-Mitarbeiter Dieter Borkowski, »die Begegnungen mit prominenten Führern der sowjetischen Partei und hochkarätigen Dozenten haben ihn endgültig geprägt«. Doch Erich Honecker schien bereits damals jene charakterliche Neigung zu kleinen Kompromissen ausgebildet zu haben, die man ihm später als Staatsmann immer wieder nachsagte. Einerseits war er von Stalin fasziniert und berichtete begeistert über die Aufbauarbeiten im Stahlwerk Magnitogorsk, ohne dabei mit einem einzigen Wort die Zehntausende von GULAG-Zwangsarbeitern zu erwähnen, die dort kein Besucher übersehen konnte. Andererseits hat er sich Stalins Feindbilder offenbar nie ganz zu eigen gemacht. Auf der »Lenin-Schule« begegnete er auch den Größen des Bolschewismus, die Stalin später nach inszenierten Schauprozessen hinrichten ließ – Nikolai D. Bucharin, Grigori J. Sinowjew, Lew B. Kamenew und Alexei I. Rykow. Selbst in seiner offiziellen Biographie *Aus meinem Leben* von 1980 nennt er sie »Namen, die damals für die siegreiche proletarische Revolution standen«, und in einem Interview nach seinem Sturz Anfang 1990 meint er: »Sie wurden für mich nie Konterrevolutionäre.«

Im Frühjahr 1974 heißen die im Wolga-Automobil-Werk auf Basis des FIAT 124 gebauten Personenwagen noch Shiguli. Sie werden erst in den nächsten Jahren in der DDR und im Westen als Lada verkauft. In der DDR sind die Autos aus der Sowjetunion wegen ihres Viertaktmotors beliebt.

Interessant sind die Parallelen zu Herbert Wehner. Solche Widersprüche schienen sich in das milieugeprägte Weltbild des kleinen Mannes aus Neunkirchen offenbar problemlos einzufügen.

Honecker stammt aus einem typischen kommunistischen Arbeitermilieu, in dem die Einteilung der Welt in »die da oben« und »die da unten« noch stärker ausgeprägt war als in der sozialdemokratischen Leipziger Umwelt von Ulbrichts Jugendzeit. Den seinem Vorgänger durch die sächsischen Arbeiterbildungsvereine eingeimpften Wissensdurst hat er in diesem Maße nie gekannt. Ulbricht galt gemeinhin als der bestinformierte Mann in der DDR-Führungsspitze. Er »haßte die Schönrederei« und forderte im internen Kreis zum Meinungsstreit auf, wie Gerhard Schürer sich erinnert, während Honecker am liebsten jede offene Auseinandersetzung vermied und es schon aus diesem

Der junge Erich Honecker, 1947.

Erich Honecker: Eine Jugend für den Kommunismus

Von 1971 bis 1989 ist er in der DDR ausweislich die Nr. 1. Sein Personalausweis trägt die Nummer »A 000 000 1«. Allein der Karl-Marx-Orden, die höchste Auszeichnung der DDR, wird Honecker fünfmal verliehen. Insgesamt besitzt er bei seinem Sturz mehr als 150 Orden, Medaillen und Ehrenabzeichen. Helmut Schmidt hat einmal über ihn gesagt: »Mir ist nie klar geworden, wie dieser mittelmäßige Mann sich an der Spitze des Politbüros so lange halten konnte.« Er konnte es, weil er seit seiner Jugend eine konsequent kommunistische Biographie gelebt hat. Erich Honecker († 29. Mai 1994) wird am 25. August 1912 in Neunkirchen/Saar geboren. Der Vater Wilhelm Honecker ist ein engagierter Gewerkschaftler, Mitglied der SPD, seit 1919 der USPD, später der KPD.

1922 wird der Zehnjährige Mitglied der »Jungen Pioniere«. Ein 100-Tage-Streik der Bergarbeiter im Saarland für höhere Löhne und gewalttätige Demonstrationen prägen sich ihm ein. 1923 lernt er bei einer Kinderlandverschickung Pommern kennen. Dorthin geht er 1926, da er nach der Schulentlassung keine Arbeit findet, als Landarbeiter. Zwei Jahre später wird er Mitglied im Kommunistischen Jugendverband Deutschlands (KJVD) und beginnt bei seinem Onkel im Saarland eine Lehre als Dachdecker.

Der KPD tritt er 1929 bei. Er wird Mitglied der Bezirksleitung des KJVD. 1930 beginnt mit 18 Jahren Honeckers Karriere als Berufskommunist. Er wird hauptamtlicher Funktionär im Kommunistischen Jugendverband. Die KJVD des Saarlands delegiert ihn 1930/31 an die Internationale Lenin-Schule in Moskau. 1933 und 1935 arbeitet er als Leiter des jetzt illegalen KJVD, u. a. im Ruhrgebiet und in der Pfalz. Im Auftrag der Parteiführung organisiert Honecker 1935 gemeinsam mit dem damals 28jährigen Herbert Wehner die Kampagne der KPD zur Volksabstimmung an der Saar.

Im Dezember 1935 wird Honecker beim Verlassen einer Wohnung im Berliner Stadtteil Wedding verhaftet. Er kommt für 18 Monate in U-Haft. Im Juni 1937 wird er vom Volksgerichtshof zu zehn Jahren Zuchthaus verurteilt. Am 27. April 1945 befreit ihn die Rote Armee aus dem Zuchthaus Brandenburg. Der zu dieser Zeit 33jährige setzt seine Karriere als Jugendsekretär des ZK der KPD fort.

Grund mit den Tatsachen oft nicht so genau nahm, wenn sie mit seinen Wunschvorstellungen in Konflikt gerieten. »Du siehst nie Probleme«, hatte Ulbricht ihm einmal vorgeworfen. Honecker wußte darauf keine Antwort und schwieg.

Am Anfang seiner 18jährigen Zeit als SED-Chef und späterer Staatsratsvorsitzender stand der Wunsch, daß es den kleinen Leuten in der DDR besser gehen sollte als je zuvor. Die Hauptaufgabe der Zukunft, so Honecker auf dem VIII. Parteitag, bestehe darin »alles zu tun für das Wohl des Menschen, für das Glück des Volkes, für die Interessen der Arbeiterklasse und aller Werktätigen«. Tatsächlich konnte er dabei sogar auf gewisse Erfolge der Ulbricht-Zeit zurückgreifen. Die Arbeitsproduktivität in der DDR war trotz der Versorgungskrise zwischen 1969 und 1973 um 23 Prozent gestiegen, was zweifellos noch auf das Konto von Ulbrichts »technokratischer« Wirtschaftspolitik ging. Daß Honecker auf dieser Grundlage die Prioritäten ändern wollte und eine »planmäßig proportionale Entwicklung der Volkswirtschaft« versprach, die mehr auf die Bedürfnisse der Bevölkerung als auf die bloße Steigerung der Arbeitsproduktivität Rücksicht nahm, hat ihm anfangs sogar eine nicht geringe Popularität verschafft. »Für unsere Gesellschaft«, so der neue erste Mann, »ist die Wirtschaft Mittel zum Zweck, Mittel zur immer besseren Befriedigung der materiellen und kulturellen Bedürfnisse des werktätigen Volkes.« Ulbricht, wollte er damit sagen, hatte es genau umgekehrt sehen wollen, als er bis zuletzt darauf beharrte, es sei »notwendig, gegen den Konsumentenstandpunkt Stellung« zu beziehen, weil seine einseitige Bevorzugung das für die Systemauseinandersetzung notwendige Wirtschaftswachstum gefährden würde. Für die Bevölkerung hätte das neue Jahre der Entbehrung bedeutet. Honecker wollte mit seinem Kurswechsel aber auch den permanenten Ausnahmezustand der Ära Ulbricht beenden und der DDR endlich den Übergang zu einer Periode der Normalität versprechen können.

Das ist ihm nur vorübergehend und mit zunehmend hohem Risiko gelungen. 1972 wurden erhebliche Sozialpakete geschnürt, mit dem Ergebnis, daß die Ausgaben des Staatshaushalts für soziale Zwecke zwischen 1970 und 1975 von 70 auf 114 Milliarden Mark anstiegen. Mindestlöhne und Mindestrenten wurden angehoben, die Zusatzrentenversicherung verbessert und die Zahl der Urlaubstage erhöht. Junge Ehepaare förderte der Staat durch zinsgünstige Kredite, die bei Nachwuchs erlassen wurden, für berufstätige Mütter gab es ein Babyjahr. Im Oktober 1973 verkündete die SED ein großangelegtes Wohnungsbauprogramm. Bis 1990 sollten 2,8 bis 3 Millionen Wohnungen mit Badezimmer, Zentralheizung und Telefoneinrichtung neu gebaut werden – ein für Bewohner der DDR-Städte bis dahin meist unbekannter Standard. Ganze Stadtviertel sollten im nor-

Der Palast der Republik: »Wenn Kommunisten träumen ...«

Ikarus-Busse aus ungarischer Produktion vor dem Palast der Republik im Sommer 1976.

1950 läßt Walter Ulbricht die Ruine des Hohenzollernschlosses abreißen, um ein Symbol der feudalen Gesellschaft zu entfernen. Berlins historische Mitte ist damit eine Stadtbrache.

Erst unter Erich Honecker gedeihen Pläne für ein repräsentatives Haus in der Stadtmitte. Dem Bau eines »Palastes der Republik« liegt das Konzept eines Volksheimes oder Volkshauses zugrunde, das im 19. Jahrhundert vor allem von der sozialistischen Arbeiterbewegung verfochten wird. In der frühen Sowjetunion werden Kulturhäuser zu Symbolen der neuen Staatsmacht. Es gibt nur drei Vorgaben: ein großer multifunktionaler Saal, ein Saal für die DDR-Volkskammer und ein langer Balkon für die Abnahme von Paraden vor der Westfassade sollen entstehen.

12000 Menschen erbauen den Palast. Sie heben 200000 Kubikmeter Boden aus und rammen 500 Meter Stahlwand gegen die Spree. Die »Brigade Schaller« bewehrt ohne Atemschutz mit 750 Tonnen bestem englischem Asbest das Stahlgerippe gegen etwaige Feuersbrünste. Das wird nach Revolution und vielen Diskussionen dreißig Jahre später dem Bauwerk zum Verhängnis. Die Dimensionen des entstehenden Gebäudes sind gewaltig: Es wird 182 Meter lang, 86 Meter breit und 32 Meter und fünf Stockwerke hoch. Im Innern entstehen dreizehn Restaurants, eine Discothek, ein Theater, eine Bowlingbahn, eine Gemäldegalerie, das riesige lichte Foyer und der große Saal mit seiner Halbarena. Er ist maximal 18 Meter hoch und 67 Meter breit. Durch umfangreiche Technik lassen sich Saalgröße und Platzkapazität in weiten Grenzen verändern. Eingerahmt von weißem bulgarischem Marmor dominieren 8000 Quadratmeter belgisches Bronzeglas das Haus und machen es uneinsehbar. Im Foyer hängen Gemälde der bekanntesten DDR-Künstler wie Willi Sitte, Wolfgang Mattheuer und vor allem Walter Womackas Bild »Wenn Kommunisten träumen«.

Nach 32 Monaten Bauzeit wird am 23. April 1976 der Palast der Republik von Erich Honecker mit seiner Frau Margot mit einem Walzer eröffnet. 60 Millionen Besucher betreten bis zum Ende der DDR das Gebäude.

mierten Plattenbau, dem Markenzeichen der Honecker-Ära, aus dem Boden gestampft werden. Die Preise für die wichtigsten Dinge des Lebens – Grundnahrungsmittel, Energie und öffentlicher Nahverkehr – wurden eingefroren und blieben stabil, die Mieten bewegten sich auf einem anhaltend niedrigen Niveau. Zwar lagen die Einkommen mit einem Durchschnitt von 840 Mark 1974 noch immer deutlich unter denen der Bundesrepublik, doch waren sie seit 1970 um fast ein Drittel gestiegen, und die Lebenshaltungskosten blieben spürbar niedriger als im Westen. Auch das Warenangebot hatte sich verbessert.

Honecker versprach sich von all diesen Maßnahmen einen produktivitätssteigernden Motivationsschub. Tatsächlich stieg der Lebensstandard bis Mitte der siebziger Jahre an, und das bei anhaltendem wirtschaftlichem Wachstum. Die sichtbare Repression im Alltag schien abzunehmen. »Erich Honecker«, meint Stefan Wolle, »war der Mann der kleinen Kompromisse, der Meister des Nachgebens und des ›So Tuns als ob‹. Westfernsehen war nicht direkt verboten und nicht direkt erlaubt – aber die Verkaufsstellen des sozialistischen Einzelhandels boten Apparate mit dem integrierten ›Westfarbsystem‹ (PAL) an. Der Umlauf von D-Mark als Zweitwährung war nicht direkt verboten und nicht direkt erlaubt. Aber nur die Existenz der allgemein zugänglichen Intershops verlieh ihm ökonomischen Sinn.«

Die DDR geriet so zunehmend unter den Einfluß des Westens, und das mit staatlicher Billigung. 85 Prozent der Bevölkerung schalteten Abend für Abend das »Westfernsehen« ein und emigrierten in ihren Wohnzimmern für einige Stunden ins Lager des Klassenfeindes. Sie erlebten auf ihren Bildschirmen nicht nur die Segnungen der westlichen Konsumgesellschaft, oft ohne deren Probleme wirklich nachvollziehen zu können, sie konnten auch in eine Welt eintauchen, in der freier politischer Diskurs, offene Opposition und Kritik an der Regierung etwas Selbstverständliches waren. Glaubte diese DDR noch an sich selbst? Der Schriftsteller Günter de Bruyn beobachtete in diesen Jahren »eine Resignation, die zur Bejahung des Bestehenden neigte, ein bequemes Eingewöhnen in die Zwangslage gestattete und Gedanken an Veränderungen verbot«. Zweifellos, so de Bruyn, waren die materiellen Lebensverhältnisse besser und die Überwachungsmethoden zwar perfekter, aber doch leiser geworden.

Honecker setzte ganz auf den »Sozialpakt« eines wachsenden Lebensstandards und einer gesicherten Beschäftigung bei stabilen Preisen. Anfang der siebziger Jahre hatte er die Hoffnung, durch eine kreditfinanzierte Modernisierung der Wirtschaft Exportbereiche wie den Werkzeugmaschinenbau und die Chemieindustrie konkurrenzfähiger zu machen und so durch eine Offensive auf dem Weltmarkt bald wieder von seinen Schulden herunterzukommen. Bereits drei Monate nach dem VIII. Parteitag vom Juni

1971, auf dem das erste umfassende Sozialpaket verkündet worden war, erteilte er die Anweisung, »die politischen und ökonomischen Möglichkeiten einer erweiterten Kreditaufnahme zu prüfen«.

Doch die Initiative blieb unter manchen in Ulbrichts Geist des »Realismus« erzogenen Wirtschaftsfachleuten nicht ohne Widerspruch. Besonders Margarete Wittkowski, die Präsidentin der Staatsbank, machte sich in einem als »streng vertraulich« gekennzeichneten Papier irritierte Gedanken. Was Honecker vorhabe, so die Bankerin, sei nichts anderes als der Versuch, den Negativsaldo bis Ende 1973 auf das »3,6fache des Exportvolumens« hochzuschrauben. »Das verwendete Nationaleinkommen«, so Wittkowski nüchtern, sei damit deutlich »höher als das erwirtschaftete«. Hinzu kam, daß ein nicht unerheblicher Teil der Kredite für die Einfuhr von Rohstoffen und Konsumgütern und nicht, wie ursprünglich geplant, für den Import moderner Technologie ausgegeben werden sollte.

Kurz gesagt, die DDR würde mit solchen Maßnahmen Gefahr laufen, dauerhaft auf Pump zu leben. Jeder Einwand sollte aber in Zukunft aus politischen Gründen abgebügelt werden. Zu tief saß die Angst vor einem neuen 17. Juni, und bei Honecker selbst spielte auch seine Jugenderfahrung eine nicht unerhebliche Rolle. Der »Weg der Restriktionen«, deklarierte er, als im März 1977 die Verschuldung wieder einmal Thema im Politbüro wurde, führe nur »in den Abgrund«. Das, so Honecker, sei eine der wichtigsten Lehren aus den letzten Jahren der Weimarer Republik.

Ohne jeden Druck aus Moskau, wie Gerhard Schürer im nachhinein festhält, wurde zudem im Februar 1972 die Verstaatlichung der letzten Überreste privatwirtschaftlicher Industrie auf die Tagesordnung gesetzt. Am 13. Juli meldet Honecker an Breschnew Vollzug. »Walter Ulbricht«, so Schürer, »hatte stets wie ein Luchs darauf geachtet, daß eine Verstaatlichung nicht vorgenommen wurde«, und jeden Vorstoß in diese Richtung mit deutlichen Worten als »sektiererische Auffassung« gebrandmarkt. Der von ihm geprägte Begriff der »sozialistischen Menschengemeinschaft« wollte dieser Art von bescheidener Mischwirtschaft, um die man die DDR in den meisten anderen Ländern des Ostblocks beneidete, sogar eine gewisse dauerhafte Rolle zuweisen.

1970 betrug der Anteil der in der Regel halbstaatlichen Betriebe und der industriell produzierenden Produktionsgenossenschaften des Handwerks etwa siebzehn Prozent an der Gesamtproduktion, doch eine solche Nische war wichtig, um flexibel auf die Nachfrage nach den »1000 kleinen Dingen« des täglichen Lebens reagieren zu können. In Zukunft mußten Arbeitsgruppen des Ministerrats oder selbst das Politbüro durch improvisierte Aktionen bei den regelmäßigen Engpässen in die Bresche springen. Ulbricht wurde jetzt vorgeworfen, er habe mit den halbstaatlichen Betrieben einen »kapitalistischen Sektor« bewußt gefördert, in dem der Staat nur indirekt wie eine westliche Bank am Kapital beteiligt war. Honecker aber wollte, wie er auf dem IX. Parteitag der SED im Mai 1976 noch einmal betonte, in der DDR die grundlegenden »Voraussetzungen für den allmählichen Übergang zum Kommunismus« schaffen. Für ihn bedeutete das in erster Linie eine Einebnung noch vorhandener sozialer Ungleichheiten in den Eigentumsverhältnissen und die Abschaffung nicht durch Arbeit erzielter Einkommen. »Produzent aller Werte«, so Honecker in verkürzter marxistischer Verteilungssicht, sei schließlich niemand anderer als die Arbeiterklasse.

»Der Begriff der sozialistischen Menschengemeinschaft«, belehrte der Partei-Chefideologe Kurt Hager so bereits Mitte Oktober 1971 seine Genossen, verwische nur »tatsächlich noch vorhandene Klassenunterschiede« und die »Existenz verschiedener kapitalistischer Überreste.« Ein immer engeres Bündnis mit der Sowjetunion, am 7. Oktober 1975 durch einen neuen Freundschafts- und Beistandsvertrag noch einmal besiegelt, sollte dem selbstgewählten Weg über den, so Honecker, »real existierenden Sozialismus« in die kommunistische Zukunft Bestand verleihen. Beides, die stärkere Abhängigkeit von der Sowjetunion und die totale Verstaatlichung der Wirtschaft, sollte sich aber bald als tragischer Irrweg erweisen.

Fleischstand in einer Ost-Berliner Kaufhalle. Die Kaufhalle wird von der HO betrieben. Die Handelsorganisation (HO) wird 1948 von der Deutschen Wirtschaftskommission als staatliches Unternehmen des Einzelhandels gegründet.

Wandel durch Annäherung in Helsinki

1975, im Jahr der schärfsten Rezession der bisherigen Geschichte der Bundesrepublik und der Unterzeichung der Schlußakte von Helsinki, konnte die DDR indes nach außen noch einigermaßen selbstgewiß auf ihre augenscheinlichen Erfolge verweisen. Im Westen war die Zahl der Arbeitslosen auf über eine Million gestiegen, doch in der DDR herrschte nach wie vor staatlich garantierte Vollbeschäftigung. Zudem war der Auftritt in der finnischen Hauptstadt Honeckers bisher größter außenpolitischer Triumph, »einer der Höhepunkte in seinem Leben«, wie sein späterer Nachfolger Egon Krenz zu berichten weiß. Aus Gründen des französischen Alphabets als *Rep. Dem. Allemande* in der Finnlandiahalle zwischen US-Präsident Gerald Ford *(Etats Unis d'Amérique)* und Helmut Schmidt *(Rep. Fed. d'Allemagne)* plaziert, hatte der Generalsekretär seinen gleichberechtigten Platz unter den Großen der Welt gefunden.

»Am 1. August 1975 setzte ich im Namen des Volkes der DDR meine Unterschrift unter die Schlußakte von Helsinki«, so Honecker in seiner offiziellen Biographie *Aus meinem Leben*. »Keiner der Anwesenden konnte sich der Größe des historischen Aktes entziehen.« Es war nachmittags kurz nach 17 Uhr Ortszeit. Das Protokoll wollte es auch, daß Honecker das Dokument, an dem 375 Diplomaten aus Europa, den USA und Kanada in 2341 Sitzungen gefeilt hatten, als zweiter unterzeichnete. Und es war auch protokollbedingt, daß Honecker als erster Vertreter des sozialistischen Lagers mit seinem Schlußwort an der Reihe war. »Das Entscheidende« des Vertragswerks, betonte der SED-Chef dabei seine Sicht der Dinge, sei »die Anerkennung des Prinzips der Unverletzlichkeit der Grenzen«.

In der Cafeteria der Finnlandiahalle begegnete Erich Honecker zum ersten Mal Helmut Schmidt, begrüßte aber, wohl aus Verlegenheit, zunächst den ihm aus gemeinsamen FDJ-Zeiten nach dem Krieg bekannten Regierungssprecher Klaus Bölling, bevor er sich dem Bundeskanzler zuwandte. Die Atmosphäre war, wie Schmidt sich später erinnert, »fast lächerlich verkrampft«.

In den folgenden Gesprächen ging es dann, so der »Spiegel«, um den Ausbau des »Deals von Mark gegen Menschlichkeit«, der 1974 bereits mit der Herabsetzung des Mindestumtauschsatzes für DDR-Besucher gegen weitere bundesrepublikanische Kreditzusagen begonnen hatte. In Zukunft sollte dann vor allem der Ausbau der Verkehrswege nach West-Berlin vorangetrieben werden. Auch mit Valéry Giscard d'Estaing und US-Präsident Gerald Ford kam der SED-Chef ins Gespräch. Die DDR schien auf ihrem langen Weg zur internationalen Anerkennung nun endgültig ihr Ziel erreicht zu haben.

»7 - 8 - 9 - 10 - Klasse«: Jürgen Sparwasser schießt ein Tor

Am 22. Juni 1974 spielt in der Begegnung DDR–BRD der Magdeburger Jürgen Sparwasser Berti Vogts und Sepp Maier aus und schießt das Siegtor. Während der WM verzeichnet der DDR-Fanblock acht »Abgänge«. Zu fünf Republikflüchtigen kommen drei Herztote unter den relativ alten »Reisekadern«.

Am 22. Juni 1974 sehen bei der 10. Fußball-Weltmeisterschaft in der Bundesrepublik 62 000 Zuschauer im Hamburger Volksparkstadion das Spiel Bundesrepublik Deutschland gegen die Deutsche Demokratische Republik. Es ist das einzige jemals ausgetragene Länderspiel der DDR-Nationalmannschaft gegen eine DFB-Auswahl. 1500 Zuschauer im Stadion sind DDR-Touristen, überwiegend linientreue Genossen aus allen Bezirken der DDR, die mit zwei Sonderzügen nach Hamburg reisen. Stasi-Chef Erich Mielke hat zur »politisch-operativen Sicherung« der DDR-Touristen im geschlossenen Fanblock einen Befehl erlassen. »Die DDR-Touristen verwenden bei ihrer Unterstützung der Sportler den bekannten Zuruf der sportbegeisterten Bürger der DDR: 7 - 8 - 9 - 10 - Klasse und spenden kräftig Beifall. Sie verhalten sich dabei diszipliniert und vermeiden jede den Rahmen sprengende Übertreibung.«

In der 78. Minute kommt es zur entscheidenden Szene der deutsch-deutschen Begegnung. Der Magdeburger Stürmer Jürgen Sparwasser erinnert sich später: »Ich spurtete in den Strafraum, vielleicht 50, 60 Meter, um einen langen Paß von Hamann zu erreichen. Ich wollte ihn mit der Brust annehmen, habe aber zu spät reagiert und mußte den Ball mit dem Gesicht stoppen. Berti Vogts und Horst-Dieter Höttges attackierten mich, aber ich kam dennoch in gute Schußpostion, behielt die Ruhe und täuschte einen Torschuß an. Sepp Maier fiel darauf rein und hatte dann keine Chance.« Die Partie endet 1:0 für die DDR. Eine Sensation.

Aber das bundesdeutsche Team gewinnt fortan jedes Spiel der WM und damit die Weltmeisterschaft. Der Torschütze Jürgen Sparwasser bleibt 1988 nach einem Besuch mit einer Seniorenelf in Saarbrücken in der Bundesrepublik. Er kehrte dem DDR-System aber nicht den Rücken. »Ich hätte mit 16 schon ›Auf Wiedersehen‹ sagen können. Das war für mich aber überhaupt kein Thema. Daß ich 1988 schließlich doch noch abgehauen bin, hatte etwas mit der fehlenden beruflichen Perspektive zu tun.«

Dennoch bedeutete Entspannung für die DDR-Führung zu Beginn der siebziger Jahre in erster Linie eine Verschärfung der ideologischen Abgrenzung gegenüber dem Westen. Anfang 1972 hatte Erich Honecker das Wort von der Bundesrepublik als »imperialistisches Ausland« geprägt, und im Frühjahr 1973 sprach Kurt Hager vom »unüberbrückbaren Gegensatz« zwischen der »sozialistischen Nation der DDR« und der »fortbestehenden kapitalistischen Nation« in der Bundesrepublik. Ende September 1974 änderte die Volkskammer die Verfassung. Die DDR sollte nun nicht mehr, wie zur Ulbricht-Zeit, ein »sozialistischer Staat deutscher Nation« sein, sondern ein »sozialistischer Staat der Arbeiter und Bauern«, in dem, so Honecker »die führende Rolle der Partei« stetig an Gewicht zunehme, und zwar auch gegenüber den Blockparteien, die im übrigen Honeckers Programm der wirtschaftlichen Totalverstaatlichung von 1972 umstandslos und teilweise, wie CDU und Liberaldemokraten, aus eigener Initiative mitgetragen hatten. Die »ideologische Arbeit«, so der SED-Chef, solle in Zukunft zum »Hauptinhalt der Tätigkeit unserer Partei« werden.

Anders als durch ideologische Dekrete von oben wäre die neue »Nation« auch kaum definierbar gewesen. Es gebe »zweierlei Geschichte«, dozierte Honecker. »Stets gab es auch in Deutschland zwei Kulturen, die der herrschenden Ausbeuterklasse und die der werktätigen Massen.« Die letztgenannte sei in der DDR zur »aufblühenden sozialistischen Nationalkultur« geworden. Durch sie sei der ostdeutsche Staat »für immer und unwiderruflich«, so Artikel 6/2 der Verfassung von 1974, mit der Sowjetunion verbunden.

Die SED verwechselte allerdings Parteibeschlüsse und Programmschriften mit Mentalitäten und historisch-kulturell gewachsener Ethnie. Die DDR blieb trotzdem »deutsch«, auch wenn nun in Helsinki die Nachkriegsordnung mit ihren Staatsgrenzen scheinbar dauerhaft und in Honeckers Augen durch einen gewissermaßen völkerrechtlich bindenden Vertrag festgelegt zu sein schien, der »die territorialen und politischen Ergebnisse des Zweiten Weltkrieges und der Nachkriegsentwicklung« in Europa »bestätigte und fixierte«. So jedenfalls wollte er es sehen.

Beides war indes nicht der Fall. Henry Kissinger hatte recht, wenn er feststellte, daß Helsinki nicht den Ort für einen neuen Wiener Kongreß abgab. Es wurden dort lediglich moralisch bindende Absichtserklärungen unterschrieben. Allerdings hatte der sogenannte Korb 1 der Schlußakte zwar die »Unverletzlichkeit« der Grenzen betont, aber auch das Selbstbestimmungsrecht der Völker in den Prinzipienkatalog aufgenommen und jedem Staat das Recht zugesprochen, Mitglied eines Bündnisses »zu sein oder nicht zu sein«. Im diplomatischen Dreieck Kissinger-Genscher-Gromyko war darüber im Vorfeld hart gestritten worden, und man hatte sich

Ausländische Bevölkerung, Asylbewerber, Spätaussiedler und DDR-Flüchtlinge/-Übersiedler in der Bundesrepublik Deutschland 1980 bis 2005

Im Jahr 1992 ziehen 0,8 Prozent der Gesamtbevölkerung (80,97 Mio.) als Asylbewerber und Spätaussiedler in die Bundesrepublik Deutschland zu. Das ist jeder 121. Einwohner des Landes.

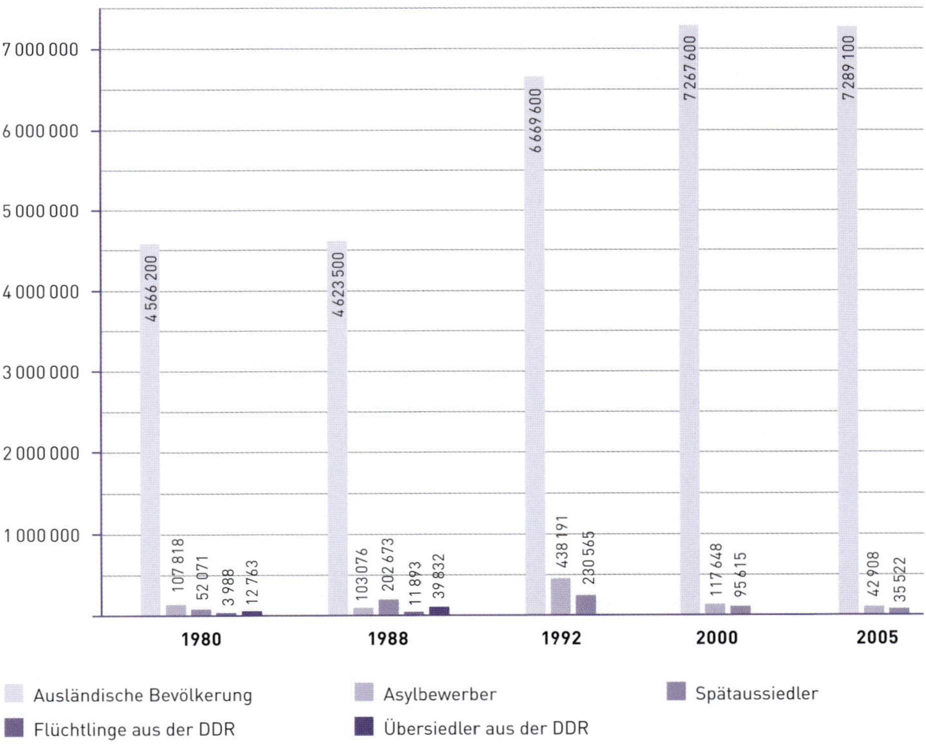

* bis 1990 nur früheres Bundesgebiet

Quelle: eigene Zusammenstellungen der Autoren nach: Statistisches Bundesamt Deutschland, Bundesamt für Migration und Flüchtlinge und Bundesministerium des Inneren.

schon vor dem Treffen in der Finnlandiahalle darauf verständigt, der Möglichkeit eines *peaceful change*, einer friedlichen Veränderung des Status quo, im Prinzip zuzustimmen. Das war nicht nur ein Affront gegen die Breschnew-Doktrin, sondern indirekt auch eine deutschlandpolitische Option, deren Weitsichtigkeit sich erst 1990 erweisen sollte. »Die Schlußakte besiegelte keinen Zustand«, meint der damalige westdeutsche Außen-

Willi Stoph und das Politbüro-Mitglied Hermann Axen (rechts), zuständig für die Westpolitik der SED, 1972.

Willi Stoph: Der Rote Preuße

»Willy! Willy!« rufen die Erfurter am 19. März 1970 auf dem Bahnhofsplatz. Tausende jubeln, als sich Bundeskanzler Willy Brandt und DDR-Ministerpräsident Willi Stoph im Hotel »Erfurter Hof« treffen. Damit keine Mißverständnisse aufkommen, welcher Willy gemeint ist, ergänzt die Menge: »Willy Brandt ans Fenster!« Linientreue SED-Jubler müssen anschließend auch Willi Stoph hochleben lassen.

Es ist der Tag des ersten Treffens der Regierungschefs der Bundesrepublik und der DDR. Willy Brandt findet das Treffen mit dem zweiten Mann der DDR enttäuschend. »Stoph beeindruckte mich nicht sonderlich. Was am Verhandlungstisch gesagt wurde, in der Regel vorgelesen wurde, war den Aufwand nicht wert.« Die tausend simplen Sachfragen der DDR-Planwirtschaft sind das Metier des DDR-Regierungschefs Willi Stoph. Das Amt leitet nicht nur die Verwaltung, sondern über die Staatliche Plankommission des Ministerrats auch die Volkswirtschaft der DDR. Der »Rote Preuße«, ein Mensch von »unnahbarer Strenge«, soldatischer Disziplin und Beschlußtreue bis zum Äußersten, wird am 9. Juli 1914 in Berlin-Schöneberg als Sohn einer Arbeiterfamilie geboren. Er lernt das Maurerhandwerk, wird erst Mitglied im Kommunistischen Jugendverband, dann 1931 in der KPD. Von 1935 bis 1937 leistet er seinen Wehrdienst ab. 1940 wird Stoph Soldat an der Front, 1942 verwundet und entlassen. Stoph hat Verbindungen zur Widerstandsgruppe um Anton Saefkow. Im April 1945 gerät er in sowjetische Kriegsgefangenschaft. Aus dem Lager Deutsch Eylau in Ostpreußen flüchtet er im Juli 1945.

1948 wird er Leiter der Abteilung Wirtschaftspolitik beim SED-Parteivorstand. Ins Politbüro gelangt er 1953. Seit 1950 ist Willi Stoph Mitglied des Zentralkomitees der SED und Abgeordneter der Volkskammer. Ab 1952 hat Stoph Ministerämter inne, in denen er auch für Polizei, Staatssicherheit und die bewaffneten Kräfte der DDR zuständig ist. Von 1964 bis 1973 ist Willi Stoph Vorsitzender des Ministerrates. Nach dem Tod Walter Ulbrichts 1973 wird Stoph für zwei Jahre Vorsitzender des Staatsrates. 1976 wird Willi Stoph wieder Vorsitzender des Ministerrates. Das bleibt er bis zum Oktober 1984. Willi Stoph stirbt am 13. April 1999 in Berlin.

minister Hans-Dietrich Genscher in seinen *Erinnerungen*, »sie schuf auch keinen neuen, sondern sie öffnete das Tor für grundlegende Veränderungen in Europa.«

Dabei war die Konferenz für Sicherheit und Zusammenarbeit ursprünglich eine sowjetische Initiative gewesen, die 1935 in ihren Kernideen zum ersten Mal von Maxim Litwinow formuliert und nach dem Krieg von Molotow immer wieder vorgetragen wurde. Doch erst die Ostpolitik der Regierung Brandt/Scheel und die Zustimmung Moskaus zur Einbeziehung der USA konnten den Westen dazu bewegen, sich gemeinsam an einen Tisch zu setzen.

Die Idee eines europäischen Systems kollektiver Sicherheit hatte im neunzehnten Jahrhundert schon einmal die Phantasie des jungen Zaren Alexander I. beflügelt. Rußland allerdings wäre dabei, wie Michael Stürmer vermerkt, aufgrund seiner dominierenden Masse unweigerlich zur vorherrschenden europäischen Ordnungsmacht geworden. Doch diese Konstellation hatte sich 1975 in Helsinki schon durch die transatlantische Einbeziehung der USA und Kanadas grund-

Nach dem Putsch in Chile 1973 nahm die DDR viele politische Flüchtlinge aus dem lateinamerikanischen Land auf. Hier Volksbildungsministerin Margot Honnecker mit dem Generalsekretär der Kommunistischen Partei Chiles, Luis Corvalan (mit Hut), bei der Einweihung eines nach dem gestürzten chilenischen Volksfrontpräsidenten Salvador Allende benannten Viertels in Berlin-Köpenick 1977.

legend geändert. Russische Dissidenten wie Alexander Solschenizyn, amerikanische kalte Krieger wie Senator Henry M. Jackson, die albanischen Kommunisten und die westdeutschen Christdemokraten sahen das allerdings nicht so. Der Verleger Axel Springer griff sogar eigens zur Feder und führte Klage, daß die Westeuropäer nach den Unterschriften von Helsinki nur noch die »Bestätigung sowjetischer Gewaltresultate nachvollziehen« könnten. Mit ähnlichen Argumenten lehnte die CDU/CSU-Opposition im Bundestag die Schlußakte ab. Sie diene lediglich »einer weltweiten Täuschung über die wahre Sicherheitslage in der Welt«, denn Entspannung, so Fraktionschef Karl Carstens, sei »nach östlicher Auffassung ein offensives, ein expansives, ein aggressives Konzept«.

In Wirklichkeit jedoch war die Unterzeichnung der Schlußakte von Helsinki nach den Worten des Sowjetunionforschers Manfred Hildermeier der »wohl schwerste Fehler, den das Sowjetregime seit der Stationierung von Raketen auf Kuba beging«. Denn die KSZE-Dokumente, so die Londoner »Times«, forderten von der Sowjetunion einen weit »größeren Verhaltenswandel als von den westlichen Ländern«. Und der »Spiegel« kommentiert nach Helsinki, zu einer Siegesfeier gebe es für die Sowjets nicht den geringsten Anlaß. »Wenn es ihr Ziel war, Amerika aus Europa zu verdrängen«, so das Hamburger Nachrichtenmagazin unter der Überschrift »Der kalte Krieg ist tot«, »die Europäer für eine Front gegen China zu gewinnen, die Militärblöcke aufzulösen, die Westeuropäische Gemeinschaft (EG) zu schwächen, die Anerkennung der Unveränderlichkeit aller Grenzen zu erreichen, ein ständiges Kontrollorgan über Europa zu installieren, die Souveränität anderer Staaten zu begrenzen, den Deutschen das Selbstbestimmungsrecht abzusprechen, Kontakte zwischen Menschen in Ost und West zu verhindern – all das haben die Sowjets nicht erreicht.« Im Gegenteil, Helsinki sollte in Zukunft zu einem weiteren Ferment des Wandels durch Annäherung werden, wenn sich immer mehr Menschen im Ostblock auf die Bestimmungen der Schlußakte bezüglich Menschenrechten und Grundfreiheiten sowie menschlichen Kontakten und Informationsfreiheit berufen würden. In der finnischen Hauptstadt wurde nämlich auch festgelegt, daß sich alle Teilnehmerstaaten verpflichten, den Text der Schlußakte ungekürzt zu veröffentlichen und »so umfassend wie möglich« zu verbreiten.

Auf einer nach Ost-Berlin einberufenen Konferenz der Kommunistischen Parteien Europas im Juni 1976 wollte Breschnew die Delegierten auf eine die KSZE-Schlußakte betreffende gemeinsame Strategie und Taktik einschwören. Dabei ging es ihm in erster Linie um Sicherheitsfragen und den territorialen Status quo in Europa, doch die Konferenz entwickelte sich unerwartet zu einem lebhaften Spektakel kommunistischen Dissen-

Der kubanische Maximo Lider besucht die DDR im April 1977. Fidel Castro, mit dem besonders Jugendliche einen Hauch von exotischer Revolutionsromantik verbinden, ist populär.

ses. »Wir verlieren immer mehr den Charakter einer Kirche«, rief der spanische KP-Führer Santiago Carrillo der Versammlung zu und plädierte für »politischen und ideologischen Pluralismus, ohne Einparteiensystem«. Unterstützung fand er dabei durch seine französischen und italienischen Genossen, die schon auf dem IX. Parteitag der SED im Mai 1976 die »Werte der Freiheit und der sich daraus ergebenden Rechte« beschworen und ein »pluralistisches und demokratisches System« gefordert hatten. All das mußte verabredungsgemäß in den DDR-Medien publiziert werden und demonstrierte der ostdeutschen Öffentlichkeit quasi offiziell, daß es im internationalen kommunistischen Lager auch Ansichten gab, die mit Honeckers Vorstellung von einer ständig wachsenden »führenden Rolle der Partei« in Konflikt standen.

Der Fall Biermann

Kaum einen Monat nach der Konferenz, auf der zum ersten Mal »eurokommunistische« Töne zu hören waren, am 5. August 1976, wurde am Grenzübergang Hirschberg der 38jährige italienische Fernfahrer Benito Corghi von DDR-Grenzposten erschossen. Corghi hatte bei der Ankunft im fränkischen Rudolphstein festgestellt, daß er seine Frachtpapiere an der DDR-Kontrollstelle vergessen hatte, und will zu Fuß noch einmal zurücklaufen, als er, schon wieder auf DDR-Gebiet, von einem Grenzposten gestellt wird. In Panik läuft er zurück in Richtung Rudolphstein und wird dabei nach drei Warnschüssen von einer Kugel tödlich getroffen. Die Angelegenheit sorgt für großen internationalen Wirbel, zumal Corghi Mitglied der Kommunistischen Partei Italiens war. Nicht nur die Regierung in Rom, auch Corghis Genossen aus der KPI-Führung legen deutlichen Protest ein. Corghis Witwe läßt DDR-Diplomaten, die ihr verlegen kondolieren wollen, mit den Worten abblitzen: »Man verteidigt den Sozialismus nicht mit Morden.«

Doch es war nur der spektakulärste Zwischenfall des Jahres. Am 1. Mai wurde der gerade nach zehnjähriger Haft freigekaufte ehemalige DDR-Bürger Martin Gartenschläger von neun Kugeln tödlich getroffen, als er zum wiederholten Mal versucht hatte, Selbstschußanlagen am Grenzzaun abzumontieren. Diese Selbstschußanlagen - Splitterminen vom Typ SM-70, laut Oberst Worbs vom Kommando der Grenztruppen »eine Mine mit richtungsgebundener Wirkung unter Teilausnutzung des kumulativen Effekts« - waren seit 1972 jeweils am letzten Grenzzaun vor dem Bundesgebiet in drei Höhen angebracht worden und wurden durch Spanndrähte ausgelöst. Gartenschläger montierte am 31. März 1976 bei Büchen eine SM-70 ab und stellte sie dem »Spiegel« zur Verfügung, der ausführlich über ihre mörderische Funktionsweise berichtete. Und es gab weitere Zwischenfälle.

Honecker hatte bereits Anfang Mai 1974 vor dem Nationalen Verteidigungsrat in Strausberg gefordert, an der Grenze müsse überall »ein einwandfreies Schußfeld« gewährleistet sein. Bei Grenzdurchbruchsversuchungen sei weiterhin »von der Schußwaffe rücksichtslos Gebrauch« zu machen. Die Bundesregierung kündigte einen Vorstoß bei den Vereinten Nationen an, um die Menschenrechtsverletzungen an der Grenze untersuchen zu lassen, nachdem Helmut Schmidt bereits 1975 in einer Erklärung zur Lage der Nation mit deutlichen Worten betont hatte, »Mauer, Stacheldraht, Todesstreifen und Schießbefehl« hätten »ihre Unmenschlichkeit« noch lange nicht verloren.

1976 war für die DDR ein krisenreiches Jahr, nicht nur wegen der Grenzzwischenfälle, die ihr gerade gewonnenes internationales Ansehen

Der Kosmonaut Sigmund Jähn: »Morgenröthe« und leuchtendes Blau

Training der Kosmonauten Waleri Bykowski (SU, links) und Sigmund Jähn (DDR) im Juri-Gagarin-Weltraumzentrum. Das »Kosmodrom Baikonur« befindet sich fernab von dichtbewohnten Regionen in der Steppe von Kasachstan.

Der staatlich anerkannte Erholungsort Morgenröthe-Rautenkranz liegt südlich von Zwickau in der Kammregion des vogtländischen Erzgebirges. Die Wetterstation Morgenröthe-Rautenkranz liefert häufig Rekordminustemperaturen. Dadurch wird der Ort auch größeren Bevölkerungskreisen bekannt. Aber Morgenröthe-Rautenkranz liefert auch den ersten Deutschen im All. Am 13. Februar 1937 wird hier an der Grenze zu Tschechien Sigmund Jähn geboren.

Jähn absolviert nach Besuch der Volksschule bis 1955 eine Lehre als Buchdrucker. Danach leistet er seinen Militärdienst bei den Luftstreitkräften der DDR. Bevor er 1966 zur weiteren Ausbildung in die UdSSR geht, ist er Flugzeugführer bei den sowjetischen Streitkräften in der DDR.

Der erste und einzige Fliegerkosmonaut der DDR erinnert sich 1998 in einem Interview mit »Super Illu« an den Aufstieg der DDR zum, wie DDR-Kabarettisten witzeln, »ersten Arbeiter-, Bauern- und Kosmonautenstaat«. »Die Stimme des Flugleiters im Kopfhörer klang fast feierlich: ›Podjom –Aufstieg!‹ Es war zuerst, als würde es in weiter Ferne donnern. Das dumpfe Grollen kam schnell näher und näher. Die Rakete begann zu vibrieren, als zitterte sie, so schnell wie möglich vom Krater des Vulkans wegzukommen, auf dem sie saß. ... Meine Pulswerte waren erhöht. Aber dieses Herzklopfen war keine Angst, eher anregend. Und was ich dann sah, war totale Glückseligkeit: unsere Erde, in leuchtendes Blau gehüllt. Einfach traumhaft.«

Die Interkosmos-Mission Sojus 31 mit Oberst Waleri Bykowski und Oberstleutnant Sigmund Jähn ist am 26. August 1978 zur Orbitalstation Saljut 6 gestartet. Auch ein Koffer mit DDR- und SED-Devotionalien, darunter ein Porträt Honeckers, ist mit an Bord. Es ist der dritte internationale Gemeinschaftsflug zwischen der UdSSR und einem anderen Warschauer-Pakt-Staat. Die DDR hat sich die Teilnahme 82 Millionen Mark kosten lassen. Das ist der Preis für die Entwicklung der Multispektralkamera MKF 6 von Carl Zeiss Jena, mit der fortan die UdSSR-Raumfähren die Welt ablichten.

wieder in Frage stellten. Am 10. Juli unterzeichneten 33 Einwohner der Stadt Riesa unter Berufung auf die KSZE-Schlußakte eine »Petition zur vollen Erlangung der Menschenrechte«, und im Spätsommer erschien in der Bundesrepublik das Buch *Die wunderbaren Jahre* des DDR-Schriftstellers Reiner Kunze, eine kaum verklausulierte Abrechnung mit dem physischen und psychischen Terror des Systems. Es fand über westliche Medien und über zahlreiche Abschriften und Vervielfältigungen bald Verbreitung in der ganzen DDR. Ende Oktober 1976 wurde Kunze, dem man schon 1969 wegen seiner kritischen Haltung zum Einmarsch des Warschauer Pakts in die Tschechoslowakei »Antikommunismus« vorgeworfen hatte, aus dem Schriftstellerverband ausgeschlossen, seine Post wurde beschlagnahmt und seine Familie persönlich bedroht. Es war der Beginn einer neuen Eiszeit, mit der zu dieser Zeit niemand gerechnet hatte.

Denn 1971 war von Erich Honecker noch verkündet worden, in Zukunft dürfe es »auf dem Gebiet von Kunst und Literatur keine Tabus« mehr geben. Tatsächlich fanden einige bisher nur im Westen erschienene Romane Stefan Heyms nun auch ihren Weg in die DDR-Verlage. Die Kulturzeitschrift »Sinn und Form« entfaltete lebhafte und interessante Debatten und publizierte Texte wie Volker Brauns *Unvollendete Geschichte*, die zum ersten Mal einen fatalen Eingriff der Staatssicherheit in das Privatleben als Thema aufgriff. Christa Wolfs *Kindheitsmuster* kamen

Bonjour tristesse 1979, trotzdem verliebt: ein Paar in der Inselstadt Werder an der Havel (bei Potsdam). Das in der DDR statistisch ausgewiesenene durchschnittliche Heiratsalter liegt bei 22,7 Jahren. Die Scheidungsrate ist in der DDR doppelt so hoch wie in der Bundesrepublik. 18 Prozent aller Kinder wachsen in Ein-Eltern-Familien auf.

Mähdrescherfahrerinnen, 1975: Zwei Studentinnen der Agraringenieurschule Cottbus bei der Roggenmahd im Jugendkollektiv des Mähdrescherkomplexes Petz. Die Nachrichtenagentur ADN vermeldet zum Bild: »Durch den Wettbewerb, klugen Schichteinsatz und ständige Überprüfung des Reifezustands erreichte das Erntekollektiv hohe Tageserträge.«

auf den Markt, Brigitte Reimanns *Franziska Linkerhand*, Irmtraud Morgners *Leben und Abenteuer der Trobadora Beatriz* und Jurek Beckers *Irreführung der Behörden*. Heiner Carows Kultfilm »Die Legende von Paul und Paula« nach einer Vorlage des Schriftstellers Ulrich Plenzdorf wurde 1973 in die Kinos gebracht, und selbst Reiner Kunze konnte mit *Brief mit blauem Siegel* im gleichen Jahr wieder einen Lyrikband veröffentlichen. In der DDR publizierte Literatur galt etwas, auch im Westen. Doch der damit verbundene Imagegewinn für Honeckers Staat war durch den »Fall Reiner Kunze« plötzlich dahin. Schriftsteller aus der Bundesrepublik und Österreich wie Jean Améry, Günther Anders, Günter Grass, Ernst Jandl und Luise Rinser legten unter Verweis auf die Schlußakte von Helsinki energischen Protest ein. *Die wunderbaren Jahre* wurden zu einem der wichtigsten Titel der heranwachsenden Opposition in der DDR.

Noch fataler wirkte die Ausbürgerung Wolf Biermanns Mitte November 1976. Am 11. September dieses Jahres war der kritische Lyriker und Lie-

Als Wolf Biermann in den sechziger Jahren mit seinen Liedern und Gedichten zum ersten Mal von sich reden macht, sind viele sofort von seinem außerordentlichen Talent überzeugt. Doch Biermanns Texte sind unbequem. Er erhält Aufführungsverbot und wird schließlich ausgebürgert. Da hilft ihm auch nicht, daß er mit Margot Honecker, der Frau des SED-Chefs, seit Kindheitstagen gut bekannt ist.

Wolf Biermann: In die Heimat ausgebürgert

Die Meldung, die die DDR-Nachrichtenagentur ADN am 16. November 1976 herausgibt, hat politische Sprengkraft: Der Liedermacher Wolf Biermann habe mit »seinem feindseligen Auftreten drei Tage zuvor ›gegenüber der DDR‹ sich selbst ›den Boden für weitere Gewährung der Staatsbürgerschaft‹ entzogen«. Der Zeitpunkt der Ausbürgerung im November 1976 scheint dem Politbüro der SED und der Staatssicherheit günstig, sich des Problems Biermann zu entledigen. Kurz zuvor hatte die DDR ihm ein Visum für eine Tournee durch die Bundesrepublik ausgestellt. Die beginnt am 13. November mit einem ausverkauften Konzert in Köln.

Es wird erst nach der Ausbürgerung durch die DDR in voller Länge in der ARD übertragen – und damit der aufsässige Liedermacher in ganz Deutschland bekannt. Gegen die Ausbürgerung erhebt sich in der DDR ein Proteststurm. Für Biermann selbst war das Konzert am 13. November – von einem Auftritt in einer Kirche in Prenzlau abgesehen – der erste öffentliche Auftritt seit elf Jahren.

Karl-Wolf Biermann wird am 15. November 1936 in Hamburg geboren. Sein Vater, der auf einer Hamburger Werft arbeitet, ist nach 1933 im kommunistischen Widerstand engagiert und wird 1943 im KZ Auschwitz ermordet. Nach dem Zweiten Weltkrieg tritt Biermann den »Jungen Pionieren« bei. 1953 übersiedelt er in die DDR und besucht ein Internat bei Schwerin. Von 1955 bis 1957 studiert er an der Humboldt-Universität und beginnt mit dem Schreiben von Gedichten und Liedern. Nach zweijähriger Kandidatenzeit wird Wolf Biermann 1963 nicht als Mitglied in die SED aufgenommen.

1965 erscheinen Biermanns Gedichtband Die Drahtharfe *sowie die Schallplatte »Wolf Biermann (Ost) zu Gast bei Wolfgang Neuss (West)«. Daraufhin erhält er Auftritts- und Publikationsverbot in der DDR. Man wirft Biermann u. a. Klassenverrat und Obszönität vor.*

Bereit zum Packen. Der Schriftsteller Hans Joachim Schädlich hat 1976 den Protest von DDR-Autoren gegen die Ausbürgerung Wolf Biermanns mitunterzeichnet. Er wird von der Akademie der Wissenschaften der DDR entlassen. 1977 siedelt er in die Bundesrepublik Deutschland über.

dermacher nach elfjährigem Berufsverbot zum ersten Mal wieder öffentlich in der DDR aufgetreten – im Rahmen eines kirchlichen Jugendtages in der Prenzlauer Nikolaikirche, was der Kirche als quasi gottesdienstliche Veranstaltung die Nöte einer polizeilichen Anmeldung ersparte. Biermann, der Sohn eines in Auschwitz ermordeten jüdischen Hamburger Kommunisten und Jugendfreund von Erich Honeckers um einige Jahre älterer Frau Margot, war ein ungewöhnliches literarisches und musikalisches Talent. Er habe »seit Kriegsende« kaum etwas »gelesen oder gehört«, notierte der Regisseur Frank Beyer bereits 1963, »was mich so tief beeindruckt hätte«, als er zum ersten Mal ein Tonband mit Liedern von Wolf Biermann in die Hand bekam. Doch Biermann, selbst überzeugter Marxist, wollte sich in die DDR nicht fügen. Man versuchte seit langem, ihn loszuwerden. Unter anderem beabsichtigte das Ministerium für Staatssicherheit 1973, ihn über »Einflußpersonen« zu einer Reise in dringenden Familienangelegenheiten nach Hamburg zu seiner Großmutter zu bewegen, um ihn anschließend nicht wieder hereinzulassen. Am 10. Oktober 1976 hatte er tatsächlich einen Reiseantrag an das zuständige Ministerium gestellt, nachdem ihn die westdeutsche IG Metall zu verschiedenen Auftritten während ihres »Jugendmonats« eingeladen hatte. Der Antrag wurde, so der damalige

Kulturminister Hans-Joachim Hoffmann, von Erich Honecker und Stasichef Erich Mielke »kurzerhand« – und vermutlich fast erleichtert – positiv entschieden.

Millionen von Zuschauern in der DDR sahen die Liveübertragung des Konzerts am 13. November in der Kölner Sporthalle auf ihren Fernsehschirmen – was voraussehbar gewesen war. Von IG-Metall-Sprecher Bernd Wurl als jemand angekündigt, der »den Kapitalismus als Gesellschaftsordnung« ablehne und »kein Republikflüchtiger« sei, eröffnet Biermann mit Liedern und kommentierenden Texten an diesem Abend ein kritisch-solidarisches Panorama der DDR-Tristesse und fordert gleich zu Beginn seines Auftritts: »Die DDR braucht endlich und wie/ Rosas rote Demokratie!« Er spielt damit auf einen Satz der KPD-Gründerin Rosa Luxemburg an, die in einer massiven Kritik an Lenins russischer Revolution einmal gesagt hatte: »Freiheit ist immer nur die Freiheit des Andersdenkenden.« Und so geht es weiter. »In deinem Land ist die Revolution«, singt Biermann: »lebendig/ begraben, Genosse, du feierst zu früh, zu/ lange schon dauert der Leichenschmaus.« Am Ende findet er Worte der »kritischen Solidarität« mit Reiner Kunze, dessen Utopieverlust er aber nicht teilen mag, denn, so Biermann, die DDR sei »trotz alledem eine große Errungenschaft für die deutsche Arbeiterklasse«. Vier Tage später, am

Sport war für die DDR eine wichtige Frage des internationalen Prestiges und eine bedeutsame »Front« in ihrem Kampf um Anerkennung. Sie hat damit sichtbaren Erfolg. Bei internationalen Wettbewerben und den olympischen Spielen schafft sie es immer auf die ersten Ränge. Hier die Schwimmerin Birgit Treiber in einer Pause während der 29. DDR-Meisterschaften im Juli 1978.

Protestveranstaltung gegen Aufrüstung und Atompolitik am 1. Dezember 1979 in der Freien Universität Berlin. An der Veranstaltung nehmen Otto Schily, damals Rechtsanwalt, und der aus der DDR ausgewiesene Regimekritiker Rudolf Bahro teil. Der Utopist Bahro, der Welt- und Selbstveränderung verknüpfen will, und der Erfolgsanwalt Schily werden bald die Grünen mitgründen.

17. November, meldet das »Neue Deutschland«, Wolf Biermann sei »das Recht auf weiteren Aufenthalt in der Deutschen Demokratischen Republik entzogen« worden.

Es war offenbar die Mißinterpretation der Schlußakte von Helsinki als bloße Bestätigung des Status quo, die Honecker zu der Ansicht verleitet hatte, eine Ausbürgerung Biermanns sei international als überschaubares Risiko anzusehen. »Wie nach bekannter feudaler Sitte glaubte man«, so die späte Einsicht des damaligen Kulturministers Hans-Joachim Hoffmann 1991, »eine schlechte Nachricht aus der Welt zu schaffen, wenn man seinen Überbringer beseitigte.« Honecker und Stasi-Chef Erich Mielke hatten die Entscheidung bereits Ende Oktober unter sich ausgemacht und nicht einmal bei einem Treffen mit Kulturfunktionären am 15. November, unter ihnen Kurt Hager, darüber ein einziges Wort verloren. Am 16. November erhob sich im Politbüro aber auch kein Widerspruch gegen die Maßnahme.

Das Ergebnis allerdings wirkte wie das Werk eines unbedachten Zauberlehrlings. Die DDR war mit diesem Beschluß über Nacht eine andere geworden. Es gab Protest, und zwar aus Kreisen, von denen Honecker ihn am wenigsten erwartet hätte. Der Schriftsteller Stephan Hermlin, ein alter Kommunist, der einen guten persönlichen Draht zu Honecker besaß, rief am 17. November einige Kollegen zu sich in die Berliner Kurt-Fischer-Straße, um mit ihnen eine Erklärung zur Biermann-Ausweisung zu beraten. Jahre zuvor hätte er vermutlich noch versucht, in einem solchen Fall dem SED-Chef persönlich und vertraulich ins Gewissen zu reden. Doch die Zeiten feudaler Kungelei waren in der DDR nun, und besonders nach Helsinki, vorbei. Man wollte daraus einen öffentlichen Fall machen. Wolf Biermann, so die Erklärung, die dem »Neuen Deutschland« und der DDR-Nachrichtenagentur ADN um 14.30 Uhr – und versehen mit einer gewissen Sperrfrist – auch Reuters und Agence France Presse übergeben wurde, sei zwar ohne Zweifel ein »unbequemer Dichter«, doch die DDR müsse »im Gegensatz zu anachronistischen Gesellschaftsformen eine solche Unbequemlichkeit gelassenen Nachdenkens ertragen können«. Sie konnte es offensichtlich nicht. Anfangs waren es zwölf, nach einigen Tagen 106 Schriftsteller, Schauspieler und Künstler der ersten Garde, die diese Erklärung unterzeichneten. Sie »hätte nicht mehr schreiben können«, so Christa Wolf – und sprach damit für viele ihrer Mitunterzeichner –, »wenn ich an diesem Tag nicht öffentlich hätte sagen können, was ich dachte und fühlte«.

Sie und Stephan Hermlin erhielten dafür eine »Strenge Parteirüge«. Andere wie Jurek Becker, Karl-Heinz Jakobs, Sarah Kirsch, Günter Kunert und Gerhard Wolf wurden aus der SED ausgeschlossen. Das bedeutendste war jedoch, daß die Partei mit dem Versuch, eine harte Linie gegen ihre Dissidenten zu fahren, einen Exodus von insgesamt etwa hundert Künstlern und Schriftstellern in die Wege leitete, von dem sich die DDR nie wieder erholen sollte. Becker, Kirsch, Kunert und andere wie der Schauspieler Manfred Krug, der zu dem Mitunterzeichnern gehörte, waren bald in der Bundesrepublik zu finden. Es war der größte Exodus von Künstlern aus einem deutschen Staat seit 1933.

1978, auf dem VIII. Schriftstellerkongreß der DDR, höhnt Hermann Kant ihnen nach, wer unbedingt aus einem sozialistischen Leserland nach »Bestsellercountry« gehen wolle, bewege sich in der Geschichte um Epochen zurück. An diesem Kongreß nahmen von den Erstunterzeichnern der Biermann-Resolution nur noch Volker Braun und Stephan Hermlin teil. Andere waren nicht geladen oder nicht erschienen. Am 28. Juni 1979 verabschiedet die Volkskammer den Strafrechtsparagraphen 219 (»Ungesetzliche Verbindungsaufnahme«), der die Publikation von Schriften im Ausland, die der DDR schaden, unter Strafe stellt. Dem vorausgegangen war die Veröffentlichung von Stefan Heyms Staatssicherheitsroman *Collin* in der Bundesrepublik. Prominentestes Opfer des neuen Gesetzes wird Rudolf Bahro, der verhaftet wird, nachdem sein Buch *Die Alternative*, eine

Der Schriftsteller Jurek Becker: »Ein bißchen Remmidemmi«

Am 14. März 1997 verstirbt im Schleswig-Holsteinischen der am 30. September 1937 in Lodz/Polen geborene Schriftsteller Jurek Becker an Krebs. Beckers Geburtsdatum ist willkürlich gewählt, da ihn sein Vater im Ghetto Litzmannstadt älter macht, um ihn vor der Deportation zu bewahren. Becker kommt im angenommenen Alter von fünf Jahren, getrennt von den Eltern, in verschiedene Konzentrationslager. Seine Mutter wird ermordet, sein Vater überlebt Auschwitz.

Jurek Becker in den sechziger Jahren, fotografiert von Roger Melis. Zu dieser Zeit wohnt Becker gemeinsam mit dem Schauspieler und Sänger Manfred Krug in einem Laden im Ost-Berliner Bezirk Prenzlauer Berg.

Nach der Befreiung 1945 zieht Becker mit seinem Vater nach Berlin. Erst dort lernt er Deutsch. Von 1957 bis 1960 studiert er Philosophie an der Humboldt-Universität Berlin. Seit 1957 ist Becker Mitglied der SED. Vor dem Examen wird er aus politischen Gründen von der Universität relegiert. Ab 1960 lebt er als Schriftsteller in Ost-Berlin, ab 1962 ist er als Drehbuchautor bei der DEFA angestellt. Im Jahr 1965 schließt Becker ein Drehbuch unter dem Titel Jakob der Lügner *ab. Das Drehbuch wird von der DEFA nicht abgenommen. »Meine Enttäuschung über die Ablehnung des Drehbuchs war so groß, daß ich mich quasi im Affekt hingesetzt und vor Wut meinen ersten Roman geschrieben habe«, erklärt Becker den Reflex, der den literarischen Welterfolg* Jakob der Lügner *entstehen läßt. 1974 kann das Buch unter der Regie von Frank Beyer verfilmt werden. Es ist der erste und einzige Film der DDR, der jemals für den Oscar nominiert wurde.*

Im Herbst 1976 unterschreibt Becker die Biermann-Petition und wird daraufhin aus der SED ausgeschlossen. Bis 1990 lebt er als DDR-Bürger mit einem Visum im Westen. In seinem letzten Interview, geführt mit der Fotografin Herlinde Koelbl Mitte Februar 1997, zieht Becker ein sarkastisches Fazit seines Lebens: »Ich bin da, um ein bißchen Remmidemmi zu machen. Ich bin da, um für ein bißchen Stimmung zu sorgen. Ich bin da, um für ein bißchen Wachheit zu sorgen. Ich bin da, damit ein paar Leute vielleicht, mich eingeschlossen, weniger an der Schlafkrankheit leiden, als sie ohnehin schon leiden. Und das kann ich nur eine Zeitlang, und dann kann ich es eben nicht mehr.«

auf marxistischer Grundlage verfaßte Generalabrechnung mit dem System des »realen Sozialismus«, in der Bundesrepublik erschienen war.

Die Reaktion der Auslandspresse auf die Biermann-Ausbürgerung, auch der kommunistischen wie der italienischen »l'Unita« oder der französischen »l'Humanité«, ist für die SED ein Desaster. 60 französische Schriftsteller, unter ihnen Jean-Paul Sartre, fordern von der DDR eine sofortige Rücknahme ihrer Entscheidung. »Time« spricht von einer »neuen Frostperiode« und »Le Monde« von einem »schärferen Kurs«. Honecker und Mielke hatten diesen Prestigeverlust im In- und Ausland offenbar nicht vorausgesehen.

Ursprünglich sollte Mitte November 1976 auch Robert Havemann, die Leitfigur der marxistischen Opposition in der DDR, verhaftet werden. Er hatte erst am 13. Oktober in einem Interview mit dem *Deutschlandfunk* wieder einmal die Zulassung von Oppositionsparteien in der DDR gefordert und Honeckers Kopfgeburt einer »sozialistischen Nation« als »Blödsinn« bezeichnet. Der Haftbefehl des Stadtgerichtsbezirks Berlin-Mitte war bereits ausgestellt, und Mielke hatte am 15. November die Anweisung erteilt, alles für die Verhaftung Havemanns einschließlich einer ADN-Pressemeldung vorzubereiten. Am 18. November wurden Havemanns Telefonanschlüsse von der Staatssicherheit stillgelegt. Doch angesichts der heftigen Reaktionen auf die Biermann-Ausweisung entschied sich die Parteiführung überraschend für eine Strategie der Schadensbegrenzung. Der Haftbebefehl wurde nicht vollstreckt. Statt dessen verurteilte ihn das Kreisgericht Fürstenwalde am 26. November zu Hausarrest in seinem Wochenendhaus in Grünheide, wo er 1977 als Zeichen »eurokommunistischer« Solidarität einen Besuch des ZK-Mitglieds der KPI Lombardo Radice aus Rom erhielt.

Honecker und die Staatssicherheit konnten nach diesen Vorfällen die Strategie offener Konfrontation mit ihren Kritikern kaum fortführen, ohne weiteren internationalen Gesichtsverlust befürchten zu müssen. Zumal auch der Fall der Selbstverbrennung des Pfarrers Oskar Brüsewitz unter dem selbstgemalten Plakat »Die Kirche in der DDR klagt den Kommunismus an!« vor der Michaeliskirche in Zeitz im gleichen Jahr 1976 für weiteres Aufsehen sorgte. Brüsewitz hatte zweifellos Züge eines Erweckungspredigers an sich, für den in der atheistischen DDR ein »mächtiger Krieg« zwischen »Licht und Finsternis« vorherrschte, doch seine spektakuläre Aktion wurde zu Recht von der Öffentlichkeit als Verzweiflungsruf nach mehr Meinungsfreiheit wahrgenommen. Alle Versuche der Partei, ihn in den Medien als Psychopathen darzustellen, scheiterten. Im Gegenteil, sie bewirkten einen Prozeß der Neubesinnung, besonders in den Kirchen. »Die Tat von Bruder Brüsewitz«, so ein zur Kanzelverkündigung vorgesehener

»Brief an die Gemeinde« der evangelischen Kirche, habe deutlich gemacht, »daß wir dem Leben in unserer Gesellschaft und unserer Kirche nicht dienen, wenn wir Probleme und Widersprüche verdrängen, statt an ihrer Lösung offen mitzuarbeiten«. Honecker sprach angesichts dieses Briefs von einer geradezu »konterrevolutionären Situation«.

Konzert des Schauspielers und Sängers Dean Reed während des X. Parlaments der FDJ im Jahr 1976 auf dem Ost-Berliner Alexanderplatz. Der überzeugte Marxist aus Denver/USA ist in der Sowjetunion und der DDR ein Star. Er begeht 1986 Selbstmord.

Doch das war noch vor dem Desaster der Biermann-Affäre. Danach konnte man auch die Kirchen nicht mehr umstandslos gängeln. Ohnehin waren sie in den frühen siebziger Jahren ein Forum, in dem sich zukunftsweisende Debatten zwischen den Polen »zu verbessernder Sozialismus« und naturrechtliche Begründung der Menschenrechte im Kontext des KSZE-Prozesses Geltung verschafften. Kein Staat könne sich ein Urteil über die »Wahrheit im letzten Sinne« anmaßen, hatte der Görlitzer Bischof Hans Joachim Fränkel 1975 geschrieben – theologisch gesehen eine unumstößliche Konsequenz des Sündenfalls. Das waren theoretische Debatten. In den achtziger Jahren allerdings sollte sich im Schoß der evangelischen Kirche mit vielen Widersprüchen die einzig wirksame praktische Opposition in der Geschichte der DDR entfalten.

Alltagsleben 1972 bis 1982: Latzhose und Babyboom

Die bundesrepublikanische Familie entspricht zu Beginn der siebziger Jahre noch weitgehend dem traditionellen Bild der bürgerlichen Kleinfamilie. Nach außen und auch innerhalb des Familienverbundes besteht eine klare Rollenteilung zwischen den Ehepartnern, aber auch zwischen Eltern und Kindern: Der Vater, obwohl aus beruflichen Gründen meist außer Haus, beansprucht noch die Rolle des Familienoberhaupts. Die Mehrzahl der Ehefrauen ist nicht berufstätig und auf den Kreis von Haushalt und Familie beschränkt. Gemeinsame Mahlzeiten, gemeinsam verbrachte Wochenenden, Familienfeste und Urlaube sind allgemein üblich. Trotzdem beginnt in diesem Jahrzehnt mit Geburtenrückgang, hohen Scheidungsraten, einer wachsenden Zahl alleinerziehender Mütter, der Zunahme von Problemfamilien in den unteren sozialen Schichten, aber auch dem Aufkommen von Ehen ohne Trauschein und anderen Formen des Zusammenlebens die Erosion der bürgerlichen Kleinfamilie. Doch nicht wilde Ehen werden in der Bundesrepublik das Bild der Familie verändern, sondern die Emanzipation der Frau.

1968 entsteht in West-Berlin mit dem »Aktionsrat zur Befreiung der Frauen« und in Frankfurt a. M. mit dem »Weiberrat« eine neue Frauenbewegung. Als die Journalistin Alice Schwarzer 1971 die nach französischem Vorbild initiierte Selbstanklagekampagne »Ich habe abgetrieben« in der Illustrierten »Stern« anführt, schließen sich Tausende von Frauen in Frauengruppen zusammen, die sich für die ersatzlose Streichung des Paragraphen 218 des Strafgesetzbuchs einsetzen. Diese Frauenbewegung ist eine radikal-feministische Bewegung.

Nach dem Vorbild der amerikanischen Frauenbewegung wird versucht, Frauen konkret zu helfen. Mitte der siebziger Jahre wird so die neue Frauenbewegung unterstützt durch Frauenprojekte, die sich in fast allen größeren Städten der Bundesrepublik bilden. In Berlin wird der erste Frauenbuchladen gegründet. Bis 1977 sind in Berlin, Köln und Bremen die ersten Frauenhäuser entstanden, in denen von ihren Männern mißhandelte Frauen mit ihren Kindern Zuflucht finden können. Seit 1976 gibt es eine Anzahl von Zeitschriften von Frauen für Frauen, die sich mit den verschiedensten frauenspezifischen Themen befassen. Bekannteste und auflagenstärkste Publikationen sind die von Alice Schwarzer herausgegebene »Emma« und die radikalere Berliner Frauenzeitschrift »Courage«.

Die sozialliberale Koalition aus SPD und FDP beschleunigt unter dem Eindruck dieser Bewegung ihre Reformvorhaben. Die Reform des Ehe- und

Scheidungsrechts 1976 und die Liberalisierung des Abtreibungsrechts von 1974 bis 1976 sind der sichtbarste Ausdruck des Einflusses der neuen sozialen Bewegung des Feminismus. Die Reform des Familienrechts bringt 1976 neben der Vereinfachung der Scheidung eine Verlagerung der Unterhaltsverpflichtung von der Fürsorge des Staates auf den besserverdienenden ehemaligen Ehepartner – in der Regel der Mann.

Der Feminismus spaltet die Frauenwelt. Die Frauenbewegung geht von jungen, gut ausgebildeten Frauen aus. Sie kritisiert das äußere Erscheinungsbild von »Weiblichkeit«. Frauen wollen kein Sexobjekt mehr sein, sondern Autonomie, Intellektualität und Gleichheit gegenüber dem Mann hervorkehren. Sinnbild für diese Einstellung und ein Zeichen der Gruppenidentität ist in den siebziger Jahren bei der neuen Frauenbewegung die lila Latzhose. Sie wird nicht von der Stange gekauft, sondern als weiße Handwerkerhose eigenhändig eingefärbt. Zur feministischen Mode gehören auch Clogs oder flache Schuhe, Strickpullover, die Weigerung, Büstenhalter zu benutzen und Schminke aufzutragen. Kurze Haare sind ebenfalls Zeichen dieser Antimode. Bekennende Feministinnen tragen Anstecker oder Halsket-

»Erntekapitäninnen« nennen sich diese Mähdrescherfahrerinnen der Landmaschinenstation KAF Meetzow 1975. Sie ernten täglich 300 ha Getreide.

tenanhänger mit dem Weiblichkeitssymbol und lassen Jutetaschen über der Schulter baumeln.

Zu Beginn der siebziger Jahre stellen Frauen in der Bundesrepublik ein Drittel der Beschäftigten. Am Ende des Jahrzehnts verdienen Arbeiterinnen aber noch immer 24 Prozent weniger als ihre männlichen Kollegen, bei den Angestellten haben die Männer sogar einen Gehaltsvorsprung von knapp 35 Prozent.

In der DDR sind 1969 76 Prozent aller Frauen im arbeitsfähigen Alter berufstätig. Jeder zweite Arbeitsplatz in der DDR-Wirtschaft ist von einer Frau besetzt. Am Ende des Jahrzehnts ist der Anteil der berufstätigen Frauen in der DDR mit 86 Prozent einer der höchsten der Welt.

Trotzdem ist 1973 in der DDR die Zahl der Personen im erwerbsfähigen Alter auf 58 Prozent gesunken. Die Doppelbelastung der Frauen durch Beruf und Haushalt und die schwierige Versorgungslage haben ab 1960 die sogenannte Fruchtbarkeitsziffer auf einen statistischen Mittelwert von nur 83,9 Geburten bei 1000 Frauen im Alter zwischen 15 und 45 Jahren sinken lassen. 1972 fällt die Geburtenrate auf 58,6, im Jahr 1975 auf 52,3 Prozent. Ein Schwerpunkt der Sozial- und Familienpolitik der SED liegt seitdem auf dem Versuch, die Bevölkerungsentwicklung zu beeinflussen. Um die Überlastung der berufstätigen Mütter zu mildern, wird 1972 für Mütter mit drei Kindern unter 16 Jahren und für Mütter mit

Die Produktion von Holzspielzeug hat eine lange Tradition in Ostdeutschland. Hier Kinder beim Spielen mit Bauklötzen, Mitte der siebziger Jahre.

zwei Kindern, die im Mehrschichtdienst arbeiten, die 40-Stunden-Woche eingeführt. Weitere Maßnahmen zur Erhöhung der Geburtenziffern sind die Anhebung des Kindergelds, eine massive Steigerung der Kinderkrippen- und Kindergartenplätze, eine Geburtenbeihilfe in Höhe von 1000 Mark für das erste Kind und Steigerung bei den folgenden und die Einführung eines Babyjahres bei voller Lohnfortzahlung für Frauen. Die Sozialmaßnahmen führen zum DDR-Babyboom der siebziger Jahre: 1976 liegt die Geburtenzahl schon bei 55,9 und steigt bis 1980 auf 67,4 Geburten pro 1 000 Frauen. Dennoch ist die harmonische Mutter-Vater-Kind-Familie in den siebziger Jahren in der DDR keine sozialistische Realität. Um 1970 wird in Ost-Berlin jedes dritte Kind von einer unverheirateten Frau geboren. Die sozialpolitischen Maßnahmen der SED begünstigten ungewollt ein Zusammenleben ohne Eheurkunde, da sie die alleinerziehenden Mütter bei der Krankheit der Kinder finanziell begünstigen und diese auch bei der Vergabe von Wohnungen als Problemfälle bevorzugt werden.

»Das bißchen Haushalt … sagt mein Mann«, singt 1976 die Schauspielerin Johanna von Koczian. Wie elegant das Heer der Hausfrauen – in der BRD gibt es noch mehr Haus- als berufstätige Frauen – die Hausarbeit erledigen kann, zeigt dieses Werbefoto der AEG.

DEUTSCHER HERBST

Bleierne Zeiten

Anfang September 1977 stand die Bundesrepublik vor den schwersten inneren Irritationen ihrer bisherigen Geschichte. Das Jahr wurde zum Höhepunkt der Auseinandersetzung mit dem westdeutschen Terrorismus, der seit Anfang der siebziger Jahre das Land mit einer Blutspur überzog. Im Mai 1972 hatte es mit zwei Bombenanschlägen auf die amerikanischen Hauptquartiere in Frankfurt a. M. und Heidelberg begonnen. Vier Soldaten verloren bei den spektakulären Aktionen ihr Leben, dreizehn wurden schwer verletzt. Urheber war die sogenannte Rote Armee Fraktion, kurz RAF, die sich mit diesem Kürzel und ihrem bald bundesweit verbreiteten Gewaltsignet – Stern und Kalaschnikow – zu diesen Taten bekannte. Sie sah sich selbst im Krieg und wollte, wie einer ihrer Mitkämpfer später vor Gericht aussagte, mit solchen martialischen Aktionen den bewaffneten Kampf »gegen den Hauptfeind, den Imperialismus«, aufnehmen, gegen »die US-Militärpräsenz in der Bundesrepublik und West-Berlin«.

Noch herrschte Krieg in Vietnam, und das diente vordergründig als Rechtfertigung. Doch von Anfang an waren auch nationalistische Töne in dieser aus linken Randgruppen entstandenen »Stadtguerilla« kaum zu überhören. Sie brachten, so der britische Historiker Tony Judt, überraschend »eine verborgene Saite zum Klingen«. Nicht nur aus Vietnam, sondern auch aus dem eigenen Land sollten die amerikanischen »Besatzer«, die laut einem in Heidelberg gefundenen Bekennerschreiben auch verantwortlich waren für die Bombennächte von Hamburg und Dresden, vertrieben werden. Auschwitz, Vietnam und der Bombenkrieg galten der RAF als »Endlösungen« des »Imperialismus« auf gleicher Stufe. Im Sommer wurde der Kern der Gruppe aufgespürt und festgenommen. Seitdem galten die künftigen Aktionen der RAF und ihrer Nachfolgeorganisationen hauptsächlich dem Ziel, ihre inhaftierten Genossen zu befreien.

Nach den Morden an Generalbundesanwalt Siegfried Buback am 7. April 1977 und Dresdner-Bank-Sprecher Jürgen Ponto am 30. Juli war

Linke Seite: Die Serie der RAF-Morde des „heißen" Jahres 1977 beginnt mit dem Terror-Anschlag auf Generalbundesanwalt Siegfried Buback Anfang April in der Karlsruher Innenstadt. Das Bild zeigt die Trauerfeier für Buback und seine mit ihm erschossenen Fahrer Wolfgang Goebel und Georg Wurster am 13. April 1977.

am Abend des 5. September der Präsident der Deutschen Arbeitgeberverbände und des Bundesverbandes der Deutschen Industrie, Hanns Martin Schleyer, in Köln entführt worden. Schleyers Fahrer Heinz Marcicz und die Polizisten Reinhold Brändle, Roland Pieler und Helmut Ulmer kamen bei dem brutalen Überfall mit automatischen Waffen ums Leben. Am Tag darauf wurden die Forderungen der Entführer bekannt. Elf einsitzende Terroristen, unter ihnen das 1972 verhaftete und in Stuttgart-Stammheim inhaftierte Führungsduo der RAF, Andreas Baader und Gudrun Ensslin, sollten im Austausch gegen Schleyer freigepreßt, außerdem jedem Freigelassenen 100000 DM mit auf den Weg gegeben und alle Fahndungsmaßnahmen sofort eingestellt werden.

Bundeskanzler Helmut Schmidt hatte im Februar 1975, als der Berliner CDU-Vorsitzende Peter Lorenz nach einem Kidnapping in Zehlendorf in einem geheimen Kreuzberger »Volksgefängnis« saß, schon einmal nachgegeben und andere Inhaftierte in Begleitung des ehemaligen Regierenden Bürgermeisters Heinrich Albertz in den Südjemen ausfliegen lassen. Das war nicht zuletzt auf Anraten von Lorenz' persönlichem Freund Helmut Kohl so geschehen, doch vor allem, wie Schmidt im Rückblick betont, war es »das erste Mal, daß so etwas vorkam«. Niemand hatte sich vorher darüber Gedanken machen können, wie man in einem solchen Fall vorgehen müsse. Bei der Besetzung der bundesrepublikanischen Botschaft in Stockholm im April 1975 blieb die Regierung dagegen hart.

Daß sie es auch diesmal bleiben würde, stand im September 1977 nach dem Kölner Überfall auf Schleyer von Anfang an fest. Zunächst versucht es die Bundesregierung mit einem Spiel auf Zeit, während die Computer im Bundeskriminalamt im Rahmen der in den letzten Jahren aufgebauten Technik der »Rasterfahndung« daran arbeiten, Anhaltspunkte für Spuren des Verbrechens und die möglichen Adressen konspirativer Wohnungen ausfindig zu machen. Straßenkontrollen von bewaffneten Polizisten gehören bald zum alltäglichen Bild. Eine Nachrichtensperre wird verhängt. Am 15. September erklärt Schmidt, bei der Bekämpfung des Terrorismus werde die Regierung bis an die Grenze dessen gehen, was dem Rechtsstaat erlaubt sei. Tatsächlich bewegt sich das »Kontaktsperregesetz« vom 28. September, das jede Verbindung der Inhaftierten untereinander und mit ihren Anwälten untersagt, hart am Rand des grundgesetzlich Zulässigen. Viele, wie der SPD-Abgeordnete Manfred Coppik, sehen darin bereits eine »Aufgabe rechtsstaatlicher Grundprinzipien«, durch die kein Menschenleben gerettet werde, während Franz Josef Strauß so weit geht, mit dem Gedanken möglicher Standgerichte für die inhaftierten Terroristen zu spielen, und damit nur die Spitze eines Eisbergs hysterischer Überreaktionen sichtbar macht. Bonn ist durch die Entführung hoch emotiona-

Ulrike Meinhof: Eine linke Geschichte

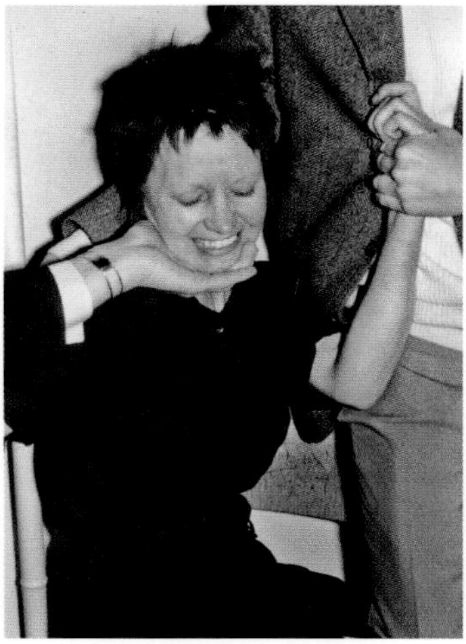

Ulrike Meinhof weigert sich nach ihrer Verhaftung in der Wohnung des Lehrers Fritz Rodewald in Hannover-Langenhagen am 16. Juni 1972, Fotos von sich machen zu lassen. Rodewald bringt die Polizei auf die Spur der Terroristin.

Am Morgen des 9. Mai 1976 finden Gefängniswärter im Hochsicherheitsgefängnis Stuttgart-Stammheim die 41jährige Ulrike Meinhof erhängt in ihrer Zelle auf. In einem Teil der linken Medien wird eine ungeheuerliche Verdächtigung ausgesprochen: War es vielleicht kein Selbstmord, sondern Mord, begangen im Auftrag des Staates?

Zuständig für die Ermittlungen ist die Staatsanwaltschaft Stuttgart. Verfechter der Mordthese beauftragen eigene Gutachter. RAF-Anwälte installieren einen »Internationalen Untersuchungsausschuß«. Sympathisanten und Medien stellen die Haftbedingungen als »Isolationsfolter« dar. Als Rache für den »Mord« an Meinhof erschießt ein Jahr später ein »Kommando Ulrike Meinhof« den Generalbundesanwalt Siegfried Buback. Zum Zeitpunkt ihres Todes ist Ulrike Meinhof seit fast vier Jahren in Haft.

Ulrike Meinhof wird 1934 in Oldenburg als Tochter eines Kunsthistorikers geboren. 1939 stirbt ihr Vater, 1948 auch ihre Mutter. Der Historikerin Renate Riemeck, einer engen Freundin der Mutter, wird die Vormundschaft für Ulrike Meinhof und ihre ältere Schwester übertragen. 1955 macht Ulrike das Abitur im hessischen Weilburg. Sie beginnt ein geisteswissenschaftliches Studium in Marburg und setzt es in Münster fort. Dort schließt sie sich dem damals noch SPD-nahen Sozialistischen Deutschen Studentenbund (SDS) an. 1959 tritt sie der seit 1956 verbotenen KPD bei. Ulrike Meinhof arbeitet von 1959 bis 1969 für die linke Zeitschrift »konkret«, bei der sie von 1962 bis 1964 Chefredakteurin ist. Bis 1964 wird »konkret« von Funktionären der verbotenen KPD instruiert und von der DDR finanziert. 1961 heiratet Ulrike Meinhof den »konkret«-Herausgeber Klaus Rainer Röhl. Aus der Ehe gehen zwei Kinder hervor. Ende 1967 trennen sich die Eheleute, und Ulrike Meinhof zieht mit den Kindern nach Berlin. Beim »Frankfurter Kaufhaus-Brandstifterprozeß«, über den sie berichtet, lernt sie 1969 die dort Angeklagten, vor allem den späteren RAF-Gründer Andreas Baader, kennen. Über den Kontakt zu Baader beginnt ihr Weg in den Terrorismus.

Hanns Martin Schleyer 1976 in seinem Büro. Ein Jahr später wird er das prominenteste Opfer des RAF-Terrors.

Hanns Martin Schleyer: »Er zwang uns, von unseren Vorurteilen Abschied zu nehmen«

Nachdem durch deren kollektiven Selbstmord die Forderung nach Freilassung der in Stammheim inhaftierten RAF-Gründergeneration hinfällig geworden ist, wird Hanns Martin Schleyer auf einstimmigen Beschluß der RAF-Kommandomitglieder am 18. Oktober 1977 bei Mülhausen im Elsaß per Genickschuß getötet. Den Mördern der RAF gegenüber hat sich das Opfer gefaßt und in Gesprächen intellektuell überlegen gezeigt. Peter Jürgen Boock erinnert sich: »Er zwang uns durch seine Antworten mit jedem Tag mehr, von unseren Vorstellungen und Vorurteilen Abschied zu nehmen, auch wenn wir das unter uns nicht zugeben konnten. Wer sich an den linken Politjargon der siebziger Jahre des 20. Jahrhunderts und seine stereotypen Denk- und Argumentationsmuster erinnert, wird diesen rückblickend – wie ich – intellektuell und sprachlich schwer erträglich bis peinlich finden.« Das Mordopfer wird am 1. Mai 1915 im badischen Offenburg in eine deutschnational gesinnte Familie von Theologen, Juristen und Lehrern hineingeboren. Bereits als Gymnasiast engagiert sich Schleyer in einer »vaterländischen« Schülerverbindung. 1931 tritt er in die Hitlerjugend ein, 1933 in die SS, 1937 wird er Mitglied der NSDAP. 1941 wird er Leiter des Studentenwerks in Prag. Zwei Jahre später wird der 28jährige SS-Untersturmführer Schleyer zunächst Sachbearbeiter und dann Leiter des Präsidialbüros des »Centralverbandes der Industrie für Böhmen und Mähren«. Hier ist er bis zum Ende des Zweiten Weltkriegs tätig.

Schleyers Flucht aus Prag folgen drei Jahre Internierung in der französischen Zone. In der Entnazifizierung als »Mitläufer« eingestuft, beginnt er 1949 als Referent für Außenwirtschaft bei der Industrie- und Handelskammer Baden-Baden seine zweite Karriere. Schleyer wechselt in die Industrie zu Daimler-Benz, wo er es schnell in führende Positionen bringt. Als er 1971 bei Daimler-Benz nicht den Posten des Vorstandsvorsitzenden erhält, engagiert er sich verstärkt in den Unternehmerverbänden (1973 Präsident des BDA, 1976 auch des BDI). Wegen dieser Funktionen und seiner nationalsozialistischen Vergangenheit scheint er den RAF-Terroristen ein geeignetes Opfer zu sein.

Der Berliner CDU-Vorsitzende Peter Lorenz (mit Brille, Mitte) ist am 27. Februar 1975 von Mitgliedern der Bewegung 2. Juni entführt und 51 Tage gefangengehalten worden. Er besichtigt im September in Berlin-Steglitz das Versteck, in dem seine Entführer aufgespürt wurden.

lisiert. In diesen Tagen muß sich Schmidt auch mit dem Antrag der Familie Schleyer beschäftigen, ihn durch eine einstweilige Verfügung des Bundesverfassungsgerichts zur Erfüllung der RAF-Forderungen zu zwingen.

Doch das sind nicht die einzigen Probleme, die ihn bedrängen. Zur gleichen Zeit erreichen ihn Nachrichten aus Washington, die USA und die Sowjetunion hätten sich bei einem Besuch des sowjetischen Außenministers Andrei Gromyko auf die Grundzüge von SALT II, also die Begrenzung strategischer Waffensysteme, geeinigt – allerdings ohne dabei die sowjetischen Mittelstreckenraketen vom Typ SS 20 mit auf die Tagesordnung zu setzen. In ihnen aber sieht der Bundeskanzler eine unwägbare Gefahr, weil sie ohne Vorwarnzeit fast jedes erdenkliche Ziel in Westeuropa erreichen können. Zudem ist er irritiert darüber, daß die Amerikaner eine solch weitreichende Entscheidung ohne Rücksprache mit ihren europäischen Partnern getroffen haben. Das alles, so Schmidt erregt, bedeute in der Konsequenz »ungleiche Sicherheit für die Partner« zuungunsten der Bundesrepublik und der Westeuropäer.

In diesen Abendstunden Mitte September im Bundeskanzleramt entstehen die ersten Gedanken und Umrisse zu einer Schmidt-Offensive, die später als »NATO-Doppelbeschluß« in die Geschichte eingehen wird. »Wozu Ohnmacht führt«, so Schmidt im Kreis seiner Mitarbeiter über die Washingtoner Vereinbarungen, »sehen wir jetzt bei der Schleyer-Entführung.« In beiden Krisen, der Schleyer-Entführung wie der Durchsetzung

Fahndungsplakat des BKA nach RAF-Terroristen, 1980. Von den abgebildeten Terroristen der zweiten RAF-Generation tauchen als Aussteiger Susanne Albrecht, Werner Lotze, Monika Helbing, Silke Maier-Witt, Inge Viett, Sigrid Sternebeck, Ekkehard Freiherr von Seckendorff-Gudent und Ralf-Baptist Friedrich mit Hilfe der Staatssicherheit in der DDR unter.

des NATO-Doppelbeschlusses gegen die Mehrheit seiner eigenen Partei und die größte Friedensbewegung, die Westdeutschland je erlebt hat, wird er in seinem Sinne konsequent auf eine Entscheidung drängen, bei der die Staatsräson im Mittelpunkt steht. Der Bedrohung, kapitulieren zu müssen, sollte sich die westdeutsche Demokratie innen- wie außenpolitisch nie ausgesetzt sehen.

Im Fall Schleyer konnte er kaum anders handeln, als er es getan hat. Die Bundesregierung ging auf keine einzige der Forderungen der Schleyer-Entführer ein. »In den rechtsstaatlichen Demokratien der Nachkriegszeit ist Terrorismus international eine relativ neue Erscheinung«, meinte Schmidt in einer weitsichtigen Rede vor dem Bundestag anläßlich des Beginns der ersten Prozesse gegen den Kern der frühen RAF in Stammheim bereits im Frühjahr 1975. »Wir beobachten sie bewußt vielleicht seit Beginn der sechziger Jahre mit dem Fanal der Ermordung der beiden Kennedys und der Ermordung Martin Luther Kings. ... Es gibt ihn aus den unterschiedlichsten Motivationen – er steckt sich gegenseitig an –, aus nationalen, aus religiösen, aus rassistischen, aus ideologischen Motivationen. Keine Regierung ... könnte versprechen, daß der Terrorismus schnell getilgt werden könnte. Ich sage hier ganz offen: Durchgreifende Erfolge sind, wenn ich die Landschaft international in den Blick ziehe, kurzfristig nicht zu erwarten.« Das war die nüchterne Diagnose einer großen und unwägbaren Herausforderung für die Zukunft, bei der er fest entschlossen blieb, die normative Ordnung der bundesdeutschen Demokratie bis zum Äußersten zu verteidigen.

Terrorismus war und ist ein »asymmetrisches« Phänomen, das sich Anfang der siebziger Jahre in der Bundesrepublik zum ersten Mal bemerkbar machte. Die subkulturellen Tiefendimensionen der Kriegserklärung einer kleinen Gruppe selbsternannter Avantgardekämpfer gegen einen ganzen Staat konnte ein grundsätzlich rational denkender Mensch wie Schmidt allerdings kaum überblicken. Das Ganze, sagte er einmal, sei nur »schwer zu begreifen«. Es hätte ihm aber auch anders kaum etwas genützt.

Anfang der siebziger Jahre war durch eine merkwürdige Melange von existentialistischem Aufbruch, Leiden an der Generation der Nazi-Väter, Dritter-Welt-Romantik, Populärmythen der Regelverletzung und dem von Martin Walser damals im linken *Kursbuch* als »Neueste Stimmung im Westen« beklagten »Desengagement« als der »letzten noch möglichen Tugend« in gewissen Kreisen aus dem Umfeld von APO und Studentenbewegung eine gefährliche Stimmung entstanden – eine Art explosiver Innerlichkeit. Schon Rudi Dutschke sprach den großen Demonstrationen des SDS in den sechziger Jahren hauptsächlich deshalb politischen Charakter zu, »weil uns diese Aktionen *innerlich* verändern«, und nicht, weil sie konkrete Ziele verfolgten. Politik war für ihn eher so etwas wie das subkulturelle Schauspiel einer massenhaften Inszenierung existentialistischer »Grenzsituationen«, nicht im Angesicht eines heideggerschen »Vorlaufs zum Tode«, wohl aber in ihren konsequentesten Ausprägungen im Angesicht einer übermächtigen Polizei und der dadurch stets gefährdeten bürgerlichen Existenz. Dieser Rubikon war von der »Roten Armee Fraktion« längst überschritten worden, als die Gruppe um Baader und Ensslin, der damals auch noch Ulrike Meinhof angehörte, 1970/71 den Aufbau eines illegalen Untergrundapparats vorantrieb. »Am Beginn des bewaffneten Kampfes stand«, so Gerd Koenen in seinem Buch über *Das rote Jahrzehnt*, »die leere, existentielle Tat des Übergangs in die Illegalität, in den *Untergrund.* Alle konkreten Forderungen, Theorien und Strategien wurden nachgeliefert und dienten nur der Begründung und Legitimierung dessen, was man bereits im Begriff stand zu tun.« Ein anderes war der Kult der Roheit, die Hochschätzung physischer Gewalt, wie Norbert Elias mit Blick auf eine Traditionslinie des deutschen Habitus von den Freikorps ganz rechts bis zur RAF ganz links einmal bemerkt hat, deren geistesgeschichtliche Traditionslinien im übrigen bis zu Heinrich von Kleists Vernichtungsphantasien in der »Hermannsschlacht« und Friedrich Nietzsches »blonder Bestie« zurückreichen. Für die erste RAF-Generation verkörperte sich dieser Habitus geradezu körperlich wie in einem wiederauferstandenen schwarzen Adonis in der amoralisch-dandyhaften Figur Andreas Baaders mit seiner keineswegs intellektuellen, sondern eher kleinkriminellen Vergangenheit. »Der Rivale, absolute Feind, Staatsfeind«, stilisiert ihn Gudrun Ensslin, die vor ihrem Abtauchen in den Untergrund gern mit schwarz geschminkten Augen und Lederjacke im Existentialistenlook auftrat, »klar, stark, unversöhnlich, entschlossen«, das sei »Andreas«. Mit Politik hatte das wenig zu tun, viel aber mit dem anderswo weit harmloser daherkommenden Zeitgeist eines neuen Narzißmus.

Allerdings konnte auch solch selbstbezogenes Rollenspiel zur politischen Explosivmasse werden. Nach dem Vorbild der irischen Untergrundbewegung IRA setzte der inhaftierte Baader den Hungerstreik der Gruppe als »heiligste Waffe« ein, als »Kriegsrecht des Körpers« gegen das »Strafrecht des Staates«. Während des langen Hungerstreiks im Herbst 1974 haben er und Ensslin gleichwohl, wie man heute weiß, selbstherrlich Nahrung zu sich genommen, doch die in der Öffentlichkeit verbreiteten Bilder des ausgemergelten Holger Meins, der von Gudrun Ensslin zum Hungertod geradezu moralisch gezwungen wurde, verfehlten ihre Wirkung auf die recht erhebliche Sympathisantenszene der RAF nicht. Er sah nach den Worten der späteren Terroristin Birgit Hogefeld aus wie ein KZ-Häftling.

Am 8. Mai 1976 hatte sich Ulrike Meinhof in ihrer Zelle das Leben genommen, doch die RAF verbreitete hartnäckig die Version, sie sei »hingerichtet« worden. Im Umkehrschluß war nach dem geschlossenen Weltbild dieser Paranoia der Staat Bundesrepublik kaum besser als die Nazi-Diktatur.

Ihm gegenüber mußte, so auch die Ansicht der Schleyer-Entführer, jede Form von Gewalt gerechtfertigt sein. Seit Ende September 1977 befand

Entwicklung der Einwohnerzahlen in der Bundesrepublik, West-Berlin, dem Saarland und der DDR 1950 bis 2005

Lebten 1950 nur 74,4 Prozent aller Deutschen in West-Berlin, dem Saarland und der Bundesrepublik, sind es im Jahr 1975 mehr als 79 Prozent.

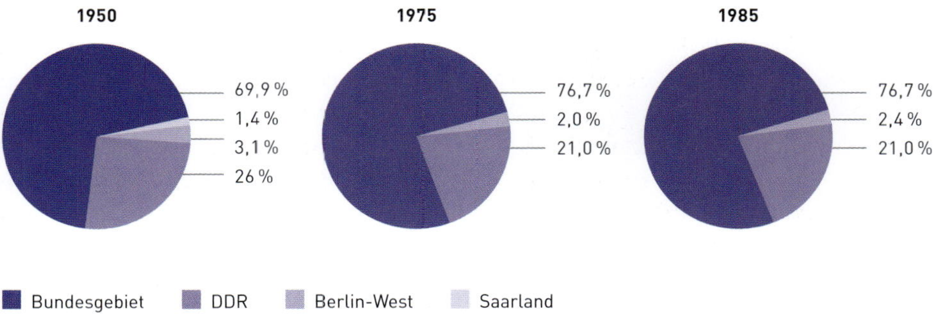

Jahr	Bundesgebiet		Saarland		Berlin-West		DDR		Deutschland	
	in Mio.	in %	in Mio.	in %	in Mio.	in %	in Mio.	in %w	in Mio.	in %
1950	**50,0**	69,9 %	**1,0**	1,4 %	**2,2**	3,1 %	**18,4**	26 %	**71,5**	100 %
1955	**52,4**	71,2 %	**1,0**	1,4 %	**2,2**	3,0 %	**17,9**	24 %	**73,6**	100 %
1960*	**55,4**	74,0 %	–	–	**2,2**	2,9 %	**17,2**	23 %	**74,9**	100 %
1965*	**58,6**	75,3 %	–	–	**2,2**	2,8 %	**17,0**	22 %	**77,8**	100 %
1970*	**60,7**	76,1 %	–	–	**2,1**	2,6 %	**17,1**	21 %	**79,8**	100 %
1975*	**61,9**	76,7 %	–	–	**2,0**	2,5 %	**16,9**	21 %	**80,7**	100 %
1980*	**61,5**	76,7 %	–	–	**1,9**	2,4 %	**16,7**	21 %	**80,2**	100 %
1985*	**61,0**	76,7 %	–	–	**1,9**	2,4 %	**16,6**	21 %	**79,5**	100 %
1989*	**62,7**	77,2 %	–	–	**2,1**	2,6 %	–	–	**81,2**	100 %
1990**	–		–	–	–	–	–	–	**79,7**	100 %
1995**	–		–	–	–	–	–	–	**81,8**	100 %
2000**	–		–	–	–	–	–	–	**82,3**	100 %
2005**	–		–	–	–	–	–	–	**82,4**	100 %

* Zahlen Bundesgebiet inkl. Saarland
** Zahlen Bundesgebiet inkl. Saarland, Berlin-West und ehemaliger DDR
*** Bundesgebiet bis 1955 ohne Saarland, bis 1989 ohne Berlin-West

Quelle: eigene Zusammenstellung der Autoren aus den Inhalten der Statistischen Ämter der jeweiligen Länder sowie aus den Statistischen Jahrbüchern der Bundesrepublik Deutschland 1951 bis 2006.

Der gebürtige Ostpreuße Hans-Jürgen Wischnewski (*1922, †2005) ist Staatsminister im Bundeskanzleramt, als er als Kenner der arabischen Welt vor Ort den Einsatz zur Befreiung der Lufthansa-Passagiere leitet.

Die GSG 9 stürmt die »Landshut«: »Das Ganze dauerte nur sieben Minuten ...«

Um 2.00 Uhr ostafrikanischer Zeit am 17. Oktober 1977 stürmen Beamte der GSG 9, einer Spezialeinheit des Bundesgrenzschutzes, der heutigen Bundespolizei, zur Bekämpfung von Terrorismus und schwerster Gewaltkriminalität unter der Einsatzleitung des Oberstleutnant im BGS Ulrich Wegener in Mogadischu, Somalia, die Lufthansa-Maschine »Landshut«. Der BGS-Kommandeur beschreibt die Befreiung militärisch knapp: »Um null Uhr bekam ich von Staatsminister Wischnewski den Einsatzbefehl. Ich führte Sturmtrupps an das Flugzeug heran. Über die Zugänge drangen wir in die Maschine ein. Es kam sofort zu einem schweren Feuergefecht. Der Anführer und die Nummer zwei, die überlebte, wurden sofort außer Gefecht gesetzt. Nummer drei überwältigten wir in der ersten Klasse und die Nummer vier auf der Toilette. Das war das Ende des Einsatzes. Das Ganze dauerte nur sieben Minuten.«

Die Entführung der »Landshut« steht in Zusammenhang mit der Entführung von Arbeitgeberpräsident Hanns Martin Schleyer. Noch während die Verhandlungen mit den Terroristen laufen, kommt den Entführern der RAF ein palästinensisches Terrorkommando zu Hilfe: Am 13. Oktober bringen vier Palästinenser die Lufthansa-Maschine »Landshut« auf dem Rückflug von Mallorca nach Frankfurt a. M. in ihre Gewalt. Die Entführer fordern die Freilassung von elf einsitzenden Terroristen. Die Bundesregierung beschließt, nicht auf die Forderungen einzugehen.

Rund 30 Beamte der GSG 9 sowie einige BKA-Beamte werden nach Zypern, wo die entführte Maschine gelandet ist, in Marsch gesetzt. Kurze Zeit später hebt die »Landshut« wieder ab, landet in Dubai und fliegt in Richtung Jemen. Auf dem Flughafen von Aden töten die Terroristen den Piloten der »Landshut«, Flugkapitän Jürgen Schumann. Am nächsten Morgen fliegt der Copilot die Maschine nach Mogadischu. Dort beginnt ein somalisches Rangerbataillon, das Stürmen des Flugzeugs an einer anderen Maschine zu üben. Der somalische Einsatzleiter erkennt, daß seine Männer der Aufgabe nicht gewachsen sind. Nach Verhandlungen stimmt Somalia einem Einsatz der GSG 9 zu.

sich die Kerntruppe der RAF, unter ihnen auch einige der Schleyer-Entführer, in Bagdad, wo ihnen von seiten der palästinensischen Terrororganisation PFLP »Hilfeleistung« angeboten wurde, nachdem sich in den Verhandlungen zwischen den Schleyer-Entführern und Bonn keine sichtbare Bewegung zeigte. Während die RAF-Gefangenen mit den Worten: »Die politische Katastrophe sind die toten Gefangenen und nicht die befreiten« in Stammheim damit drohten, Selbstmord zu begehen, falls auf die Bedingungen der Entführer nicht eingegangen werde, wurde in Bagdad das Kidnapping einer Lufthansa-Maschine vorbereitet.

LH 181 befand sich am 13. Oktober mit 86 Passagieren an Bord auf dem Flug von Palma de Mallorca nach Frankfurt a. M., als vier arabische Luftpiraten des »Kommandos Martyr Halimeh« den Kopiloten von seinem Sitz rissen und die Maschine kaperten, um mit dieser Eskalation die Freilassung von Baader, Ensslin und der anderen RAF-Gefangenen endgültig zu erpressen. Über Rom, Larnaka, Dubai und Aden ging der Irrflug weiter nach Mogadischu in Somalia. Auf dem Flugplatz der südjemenitischen Hauptstadt Aden war der Pilot Jürgen Schumann nach einer Außeninspektion des Flugzeugs erschossen worden. In Mogadischu sollten die RAF-Gefangenen gegen die Lufthansa-Geiseln ausgetauscht werden. Die Bundesregierung hat-

Die Anti-Terror-Einheit GSG 9 nimmt am 18. Oktober 1977 bei der Rückkehr vom Somalia-Einsatz auf dem Flughafen Köln Aufstellung vor ihrem Kommandeur Ulrich Wegener.

te jedoch inzwischen ihre nach dem Desaster des palästinensischen Terrorüberfalls während der Olympischen Spiele in München 1972 aufgebaute Antiterroreinheit GSG 9 in die somalische Hauptstadt geschickt. Von Staatspräsident Siad Barre war ihr in Verhandlungen mit Staatsminister Hans-Jürgen Wischnewski die Erlaubnis zu einer Befreiungsaktion auf somalischem Boden erteilt worden. Die entscheidende Aktion fand in letzter Minute statt. Die Passagiere waren nach mehrmaliger Verlängerung des Ultimatums von den Terroristen, die sich gemeinsam mit ihnen durch Handgranaten in die Luft sprengen wollten, bereits mit hochprozentigem Alkohol übergossen worden, als am 18. Oktober um 0.05 Uhr mitteleuropäischer Zeit das GSG-Kommando mit einem präzise geplanten Zugriff die Maschine stürmt.

Um 0.38 Uhr meldet der *Deutschlandfunk* und nach ihm alle Sender des Nachtprogramms: »Die von Terroristen in einer Lufthansa-Boeing entführten 86 Geiseln sind alle glücklich befreit worden.« Drei der Entführer, zwei Männer und eine Frau, waren bei der Blitzaktion erschossen, eine weitere Entführerin schwer verletzt worden.

Am Morgen dieses Tages werden Andreas Baader, Gudrun Ensslin und Jan Carl Raspe in ihren Stammheimer Zellen tot aufgefunden. Sie hatten über eingeschmuggelte Transistorradios von der gelungenen Befreiungsaktion in Mogadischu erfahren und sahen nun ihren letzten Ausweg darin, sich durch gemeinsamen Selbstmord als Märtyrer ihres wahnhaften Kampfs gegen den Staat zu stilisieren. Noch ihr Tod sollte die angeblich gerechte Sache überhöhen.

Am Abend des nächsten Tages wird die Leiche von Hanns Martin Schleyer im Kofferraum eines Autos in Mülhausen im Elsaß aufgefunden, nachdem seitens der Entführer ein einschlägiger Hinweis mit den menschenverachtenden Worten eingegangen war, »nach 43 Tagen« sei »Hanns Martin Schleyers klägliche und korrupte Existenz beendet« worden. Einstimmig hatte die Gruppe seine Ermordung beschlossen, als sie von den Ereignissen in Mogadischu und Stammheim erfuhr. Das »vergossene Blut« von Stammheim werde man »Schmidt und den ihn unterstützenden Imperialisten« nie vergessen. Der Kampf habe erst begonnen.

Am 20. Oktober tritt Bundeskanzler Helmut Schmidt mit einer Erklärung vor den Bundestag. Die »befreiende Tat in Somalia«, so Schmidt, sei »ein Beispiel für die Bedeutung unserer Grundwerte«. Es gebe kein einziges denkbares politisches Prinzip, mit dem ein Rückfall aus der Zivilisation in die Barbarei gerechtfertigt werden könne. Zudem sei mit der Aktion ein Zeichen gesetzt worden »für die Zusammenarbeit unter den Völkern und Staaten der Welt und für die gemeinsame Überwindung der Geißel des internationalen, lebensverachtenden, gemeinschaftszerstörenden Terro-

Während der Entführung des Arbeitgeberpräsidenten Hanns Martin Schleyer ist das Land wie gelähmt. Am Tatort in Köln werden Kränze niedergelegt.

rismus«. Schmidt beendete seine Rede vor dem Parlament mit den Worten »Gott helfe uns«. Im moralischen wie verantwortungsethischen Sinn war das ein Eingeständnis der Grenzen staatlicher Macht und ein Bekenntnis zur Demut der verantwortlich Handelnden. »So oder so, trotz allen Bemühens« blieben er und die übrigen Verantwortlichen »mit Versäumnis und Schuld belastet«, und niemand, auch nicht er selbst, könne sagen, »er habe alles getan, und alles sei richtig gewesen«. Es war, so Theo Sommer in der »Zeit«, die Rede »eines politischen Philosophen, nicht die eines bloßen Machers«.

Die terroristische Herausforderung war damit nicht vorüber. Das letzte Opfer der RAF sollte 1991 Treuhand-Chef Detlev Carsten Rohwedder werden. Aber der Rechtsstaat hatte durch Schmidts entschlossenes Handeln einen entscheidenden Sieg errungen. Repräsentative Umfragen von 1978 kamen zu dem Ergebnis, daß die Westdeutschen der demokratischen Ordnung in ihrem Land ein Maß an Vertrauen entgegenbrachten wie die Bürger keines anderen europäischen Landes. Schmidts Befürchtungen, die Turbulenzen der Weltwirtschaft, die eigene Wirtschaftskrise und die Gefahren des Terrorismus könnten das Land an den Rand von Zuständen wie zu Weimarer Zeiten bringen, hatte sich – auch dank seiner überlegenen Fähigkeiten als Krisenmanager – nicht bewahrheitet. Doch es sollte nicht seine letzte große Herausforderung bleiben.

Szene aus dem Fernsehfilm »Smog«, der nach einem Drehbuch von Wolfgang Menge sechs Jahre vor dem ersten richtigen Smog-Alarm an der Ruhr, am 17. Januar 1979, im Fernsehen läuft. Smog tritt an Rhein und Ruhr weniger als befürchtet auf, weil die Produktion der Schwerindustrie zurückgeht.

Smog-Alarm an Rhein und Ruhr

Am 17. Januar 1979 treibt eine Kälteglocke über dem westlichen Ruhrgebiet die Stickoxydwerte in die Höhe. In Duisburg werden bis zu 1,4 Mikrogramm auf jeden Kubikmeter Luft gemessen. Die Landesregierung von Nordrhein-Westfalen hat für diesen Fall einen Alarmplan ausgearbeitet, den sie im Städtedreieck zwischen Krefeld, Hünxe und Essen auch in Kraft setzt. An diesem Tag wird an Rhein und Ruhr nur die Alarmstufe 1 ausgelöst, die zu freiwilligen Maßnahmen auffordert. Warntafeln bitten die Autofahrer, ihr Auto nur im Notfall zu benutzen. In den Universitätskliniken werden Herzoperationen verschoben. Kinder sollen nicht auf der Straße spielen. Wenige Mikrogramm Schwefeldioxyd mehr, und die Landesregierung hätte nach ihrem Alarmplan gefährdete Stadtteile für den Verkehr sperren müssen.

Den Smog-Alarmplan gibt es seit den Smog-Tagen vom Dezember 1962. Seitdem ist auch das Wort »Smog« den Deutschen geläufig. Der Smog ist eine Mischung aus Rauch und Nebel (smoke and fog), *bei der Schadstoffe nicht abziehen können. Vor allem bei austauscharmen Wetterlagen, wie sie im Winter häufig vorkommen, reichern sich Abgase wie unter einer Glocke an. Im Winter 1952 hat eine solche Wetterlage in London zahlreiche Tote gefordert.*

Fast genau sechs Jahre nach dem Smog-Alarm der Stufe 1 kommt es am 18. Januar 1985 im westlichen Ruhrgebiet zu einem Smog-Alarm der Stufe 3. Dort leiden die Menschen unter hohen Schadstoffkonzentrationen. Der gesamte Autoverkehr wird eingestellt. Industrieanlagen müssen auf Sparflamme oder ganz heruntergefahren werden. Zwar gibt es immer noch Nebeltage, aber seit dem letzten Alarm 1985 hat der Rückgang der Schwerindustrie in den industriellen Ballungsgebieten die Rauchemissionen gemindert. Bei starkem Automobilverkehr aber bleibt die Gefahr.

Jetzt aber ist der Sommersmog bedrohlicher, ein Smog, der die Atemwege angreift. Sommersmog ist die typischerweise in warmen Jahreszeiten auftretende erhöhte Konzentrationen von Ozon und Peroxyacetylnitrat.

Atomkraft – nein danke!

»Das Jahrzehnt, das auf die Studentenrevolte folgte«, so Peter Graf Kielmannsegg, »ist das unruhigste in der kurzen Geschichte der Bonner Republik gewesen, nicht nur des Terrorismus wegen. Es hat die westdeutsche Demokratie stark verändert, am stärksten vermutlich dadurch, daß es einen neuen Akteur ... auf die politische Bühne gebracht hat: die neuen sozialen Bewegungen, wie die Wissenschaft sie alsbald nannte.«

Sie formierten sich vor allem im Umweltbereich. 1971 bemängelte Christian Schütze in der Zeitschrift »Merkur«, daß es in Europa, anders als in den USA, bisher noch keine »vergleichbare Volksbewegung für Umwelthygiene« gebe. Die Stichworte des neuen Protests kamen, was gern vergessen wird, wie in den sechziger Jahren wieder von jenseits des Atlantiks. Der Gedanke der *Einen Welt* erlebte dort in den Hochzeiten der Entspannung einen mächtigen neuen Auftrieb, nicht ganz unbeeinflußt von der faszinierenden neuen Bilderwelt des blauen Planeten aus Satellitenkameras und von der amerikanischen Mondmission im Juli 1969. Sie machte die Erde plötzlich für jedermann als eine unteilbare Einheit sichtbar, als eine fragile Lebenswelt, wie ein Astronaut es formulierte, die kaum geschützt unter der »dünnen, sich bewegenden, unglaublich verletzlichen Hülle der Biosphäre« ihr gefährdetes Dasein fristete. Im April 1970 fanden sich in den USA Hunderttausende vor allem jugendliche Umweltschützer zu einem *Earth Day* zusammen. Dort, so Christian Schütze, sei die »Ökologie, die neue Wissenschaft von der Erhaltung der Umwelt«, bereits »voll ausgebildet«. Europa habe hier einen Nachholbedarf.

Zwar hatte Mitte Dezember 1970 Bundesinnenminister Hans-Dietrich Genscher vor dem Bundestag dafür plädiert, ein Grundrecht auf saubere Umwelt in die Verfassung aufzunehmen, und 1971 war ein Sachverständigenrat für Umweltfragen ins Leben gerufen worden. Doch Schützes Plädoyer geht schon früh einen deutlichen Schritt weiter. Man müsse zur »aktiven Vorwärtsverteidigung« übergehen, so Schütze, denn »nicht die Erhaltung der Natur, wie sie in Resten uns überkommen ist, kann die Bewohnbarkeit der Erde sichern, sondern nur vernünftige Steuerung der unablässigen, unaufhaltsamen Verwandlung dieser Erde«. Umweltdebatten und Umweltinitiativen sollten bald auch in Deutschland zu dem beherrschenden Thema der »neuen sozialen Bewegungen« des Jahrzehnts schlechthin werden.

Im Wahlkampf 1961 hatte Willy Brandt bereits einen blauen Himmel über der Ruhr versprochen, und im Mittelpunkt der ersten Initiativen der sozialliberalen Regierung standen Maßnahmen zur Eindämmung der Verschmutzung von Luft und Wasser. Die Atomkraft stand für die Regierun-

Das Plakat zum TUNIX-Treffen in der Architektur-Fakultät der Technischen Universität Berlin. Selten hat wohl ein Kongreß so starke politische und sozio-kulturelle Umwälzungen hervorgebracht wie dieses Treffen.

TUNIX-Kongreß 1978 in Berlin: »Wir haben keine Chance, also nutzen wir sie«

*In der Berliner Elefanten Press Galerie erhält am späten Freitagabend des 27. Januar 1978 die Ausstellungsmacherin Dorothea Stanic einen Anruf aus einer Telefonzelle am Autobahnkontrollpunkt Berlin-Dreilinden. Der Züricher Buchhändler Theo Pinkus (*1909, †1991), 1934 als Jude und Kommunist aus Deutschland emigriert, Antiquar mit berühmtem »Büchersuchdienst«, Sammler deutschsprachiger Literatur der Arbeiterbewegung, politischer Tarnschriften und Werken der sozialistischen Kunst, hat im fernen Zürich von einem neuen linken Aufbruch gehört. Und da dieser alternativ sein soll, ist er im Alter von 68 Jahren von der Schweiz durch die Bundesrepublik nach West-Berlin getrampt, mit wetterfester Kleidung und Rucksack. Jetzt ist ihm kalt, er ist durchnäßt und müde. Er bittet die jungen Genossen vom Kollektiv der Elefanten Press, ihn mit dem Auto abzuholen. Die Kreuzberger Galeristen haben bis dahin nicht viel mitbekommen von dem neuen Aufbruch, zu dem Theo Pinkus aus dem fernen Zürich getrampt ist. An diesem Abend beginnt in der Technischen Universität Berlin rund um den Ernst-Reuter-Platz ein buntes politisches Treiben. Hier findet vom 27. bis 29. Januar der TUNIX-Kongreß unter dem seither vielzitierten Motto »Wir haben keine Chance, also nutzen wir sie« statt. Seine Themen sind Feminismus und Ökologie, Schwul- und Linkssein, alternative Wirtschaftsformen und die Gründung einer linken Tageszeitung. Aber es wird auch viel gefeiert mit Musik, Kabarett und Theater.*

Es ist der Aufbruch der Alternativbewegung zur Gründung eigener Institutionen. Der Kongreß ist Katalysator für die Gründung der Partei der Grünen, von Organisationen wie Netzwerk und Greenpeace, der alternativen »tageszeitung«, aber auch der Schwulen- und Lesbenbewegung in der Bundesrepublik. Auf ihm diskutiert ein Teil der Linken über den Sinn und Zweck des »Aussteigens« und eines alternativen Lebens zur Gesellschaft. Zwei- bis dreitausend Menschen nehmen am Kongreß teil, die Mehrheit der Teilnehmer ist sehr jung und aus Westdeutschland angereist. Theo Pinkus dürfte der älteste Teilnehmer gewesen sein.

gen Brandt und Schmidt als Umweltthema nicht auf der Agenda. Doch es war besonders die Kernenergie, die in der Bundesrepublik die größten Proteste auslöste. Erste Forschungsreaktoren gab es bereits Ende der fünfziger Jahre, aber der forcierte Ausbau der Kernenergie setzte erst nach der Ölpreiskrise von 1973 ein, als man fieberhaft nach Lösungen für künftige Energieengpässe suchte.

Fast zeitgleich regte sich dagegen der erste Widerstand, und zwar zunächst auf regionaler, aber interessanterweise grenzüberschreitender Ebene durch die unmittelbar davon Betroffenen. 1974 gründeten 21 badisch-elsässische Bürgerinitiativen ein Internationales Komitee. Bürgerinitiativen hatte es bereits früher gegeben, beispielsweise als 1971 ein Abwasserkanal aus dem Großraum Freiburg in den Rhein gebaut werden sollte, der den Lebensraum der Fische dort bedroht hätte. Doch jetzt ging es um zwei ungleich gewichtigere Projekte - den Bau einer Bleichemiefabrik im elsässischen Marckolsheim und den eines Kernreaktors im badischen Wyhl. Tausende von Menschen aus den Grenzregionen diesseits und jenseits des Rheins fanden sich zu Sternmärschen gegen die Bleiverschmutzung der Luft und die Strahlengefahren des geplanten AKWs zusammen - unter ihnen viele ansonsten eher konservativ eingestellte Winzer und Bauern neben linken Freiburger Studenten und Freaks. Am 20. September wurde der Bauplatz in Marckolsheim besetzt und auf seinem Gelände nach in-

Von den ersten Autonomen bis zur linken SPD reicht das Spektrum der politischen Gesinnungen, die Beiträge zum TUNIX-Treffen am 28. Januar 1978 in Berlin liefern.

dianischem Vorbild ein hölzernes Rundhaus errichtet. Die alemannische Regionalkultur und der elsässische Dialekt erlebten eine Renaissance und die Idee grenzüberschreitender europäischer Regionen einen entscheidenden Impuls von unten. Wyhl war ein Signal. Sternmärsche, Bauplatzbesetzungen und die Errichtung von Häusern und Hütten auf dem besetzten Gelände sollten bald zum Repertoire des sich seitdem ausbreitenden Umweltprotests werden.

Die heftigsten Auseinandersetzungen dieser Zeit fanden am geplanten AKW-Standort Brokdorf in der Wilster Marsch an der Elbe in Schleswig-Holstein statt. Sie begannen zum ersten Mal am Nachmittag des 30. Oktober 1976, einem kühlen Tag voller Nebel und Regen. Kurz zuvor hatte die Nordwestdeutsche Kernkraftwerk AG das Gelände für das AKW mit rasiermesserscharfem Nato-Draht sichern lassen. Der Werkschutz war mit Reizsprühgeräten ausgestattet worden. Nicht nur fürchtete man anreisende Kernkraftgegner, auch unter den ortsansässigen Bauern, die bei den gesetzlichen Anhörungen oft etwas unsanft angefaßt worden waren, hatte sich einiger Unmut angestaut. Die etwa 8000 Demonstranten am 30. Oktober wurden in Wewelsfleth von Polizeikräften zwar aufgehalten, vielen gelang es allerdings, über Schleichwege und Wiesen doch noch zum Bauplatz bei Brokdorf durchzudringen und ihre mitgebrachten Drahtscheren am Bauzaun zu erproben. Bauern und andere Ortsansässige warfen als Transparente getarnte Teppiche auf die zerschnittenen Drähte, um sie ohne Verletzungen überwinden zu können. Gegen Abend war ein großer Teil des Bauplatzes besetzt. Doch dann begann die Räumung - unter Einsatz von Wasserwerfern, Reizgas und Knüppeln. Es gab viele Verletzte. Tags darauf demonstrierten wieder 4000 Menschen vor dem Bauplatz - diesmal gegen Polizeiwillkür, unterstützt von dem Wewelsflether Bürgermeister Eckhard Sachse, der zum Widerstand aufrief.

Brokdorf wurde zu einem Fanal der Antiatomkraftbewegung. Am 13. November marschieren 45 000 Demonstranten an der Elbe auf, und an diesem Tag sieht man hier auch zum ersten Mal die seitdem bundesweit verbreiteten Plaketten mit der Aufschrift *Atomkraft - nein danke!*. Diesmal kommt es zu einer stundenlangen Schlacht mit der Polizei, wie sie die Bundesrepublik bis dahin noch nicht erlebt hat. Die »Zeit« spricht von einem regelrechten »Bürgerkrieg in der Wilster Marsch«. Drei Monate später wiederholen sich vergleichbare Szenen auf dem AKW-Bauplatz Grohnde in Niedersachsen, und im September 1977 demonstrieren 60 000 gegen den Bau des Schnellen Brüters Kalkar am Niederrhein. Es ist die Zeit der Schleyer-Entfüh-

Linke Seite: Bürgerkriegsartige Szenen spielen sich am 19. Februar 1977 in der Wilster Marsch bei Brokdorf ab. Mit Wasserwerfern und Tränengas geht die Polizei gegen Demonstranten vor. Die Auseinandersetzungen begannen im Herbst 1976. Sie ziehen sich über Monate hin.

Die »taz«: Linksalternative »tageszeitung« und erfrischend anders

Am 26. Februar 1990 wird die »taz«-Tatze auch in Ost-Berlin zuschlagen. Dann wird an den Kiosken zum ersten Mal die Ost-Ausgabe der linksalternativen »tageszeitung« verkauft. Die Redaktion der Ost-»taz« sitzt in einem Gebäude, das früher vom Zentralkomitee der SED genutzt wurde. Die Journalisten kommen alle aus der DDR. 1991 wird sie mit der Alt-»taz« verschmolzen.

Am 17. April 1979 erscheint die erste reguläre Ausgabe der »tageszeitung« – pünktlich. Die erste Vorausgabe der »taz« trägt das Datum vom 22. September 1978, wird aber erst am 27. September gedruckt und ausgeliefert. Fünf lange Tage hat die Bearbeitung der ersten Nullnummer gedauert.

Die »taz« ist eine Tageszeitung ohne Verlag, ohne Kapital und ohne viel Erfahrung ihrer Macher. Als die erste reguläre Ausgabe erscheint, hat das Blatt zwar nur 7000 Vorausabonnements. Aber ein Konzept, das ganz einfach ist: Sie will alles anders machen – ohne Hierarchie und Profit, unkonventionell in der Erscheinung, nicht den üblichen Rubriken folgend, gern ausschweifend theoretisierend statt in der üblichen Zeitungslänge, Fakten und Meinungen vermischend, ein Blatt für unterdrückte Nachrichten und ausgebeutete Menschen dieser Welt. Ihre Zielgruppen sind die noch in großer Zahl politisierten Studenten, die undogmatische Linke, die frühen Ökologen, die üblichen Linksliberalen, die linke Sozialdemokratie und die bald stark in Mode kommende Hausbesetzerbewegung. Wirtschaftlich getragen wird die »taz« von einem ausgeklügelten Finanzierungsmodell.

Die »taz« entsteht in der Folge des Berliner TUNIX-Kongresses. Und auf dem haben die »Spontis« die Szene betreten, die linke Politik so chaotisch und erfrischend anders machen, wie es auch die »taz« der frühen Jahre ist. In deren Artikel mischt sich der »Säzzer« mit kursiven Einschüben in den Text der Redaktion ein, da wird ein typographisch-sprachlicher Zwitter geboren, der fortan in politischer Korrektheit von PolitikerInnen, WählerInnen und RedakteurInnen berichtet. Und da entsteht die Tradition der »taz«-Schlagzeilen. Die sind respektlose, komprimierte Wortspiele, die zum Lachen zwingen. Eine legendäre Schlagzeile ist z. B. »SPD deutlich über 5 Prozent« nach einer verlorenen Landtagswahl der Traditionspartei.

Viele der »taz«-Journalisten der ersten Generation machen später bei »Stern«, »Spiegel«, Springer, »FAZ«, ARD und ZDF Karriere. Die »taz« der Anfangsjahre ist auch eine Journalistenschule der Nation.

rung, die Bundesrepublik befindet sich in einem Zustand höchster Anspannung. Nie zuvor hat sie ein so großes Polizeiaufgebot gesehen wie an diesem Tag am Niederrhein.

Väter in Bewegung, 1979. Frisur, Jeanshosen, Jeans- und Cordjacke zeigen jedem, daß sie zur linksalternativen Szene gehören.

Kein politischer Konflikt in der Geschichte der Bundesrepublik, vom Terrorismus abgesehen, war so gewaltträchtig wie der um die Atomenergie. Es ging in den Augen der Akteure um fundamentale Überlebensthemen, um die Frage, ob die Industriegesellschaft nicht schon in ihrem Grundentwurf gefährliche, selbstzerstörerische Anlagen in sich trage. Große Umweltkatastrophen wie die Freisetzung einer Dioxin-Giftwolke durch ein Chemiewerk 1976 im italienischen Seveso hatten zu der in der Öffentlichkeit vieldiskutierten und keineswegs abwegigen Frage geführt, ob Seveso in den Industriegesellschaften nicht »überall« passieren könne. Der Unfall hatte zweifellos erschreckende Mängel in den Sicherheitsvorkehrungen eines italienischen Chemiewerks zum Vorschein gebracht, doch im Zeitgeist der mittleren siebziger Jahre wurde er schnell zu einem Fanal für die Fragwürdigkeit der modernen Welt schlechthin. Ein Buch mit dem Titel *Seveso ist überall* erreichte Bestsellerstatus und die »Ballade von Seveso« des Liedermachers Walter Moßmann den Rang einer vielgehörten Bekenntnismelodie. Die Atomkraft erschien im Vergleich zu Seveso jedoch potentiell noch weitaus gefährlicher – und ihre Vollstrecker rücksichtsloser, weil sie mit Absicht handelten. »Den Startschuß für die Platzbesetzung in Wyhl gaben die Motorsägen, die im Rheinauewald im Höchsttempo Baum um Baum umlegten«, so Moßmann.

Die US-Serie »Holocaust«:
»Eine Familie, der alles geschah, was Millionen geschehen ist«

»Die hereinbrechende Dunkelheit« sehen 11,5 Millionen Deutsche, »Die Straße nach Babi Yar« schon 13 Millionen, die dritte Folge »Die Endlösung« hat noch eine Million Zuschauer mehr, und bei »Die Überlebenden« sitzen in der Bundesrepublik 15 Millionen Menschen vor dem Fernseher – jeder vierte Westdeutsche. Zahlen wie bei einem Fußballänderspiel.

Dabei muß der Zuschauer auf die ungeliebten Dritten Programme umschalten, um die Geschichte der Familie Weiss in den Jahren 1933 bis 1945 zu sehen. Und die Dritten sind zu dieser Zeit Bildungsprogramme für eine intellektuelle Minderheit.

Die ARD, die die amerikanische Serie »Holocaust« nur auf Druck von SPD-Medienpolitikern eingekauft hat, hat sie hierher verbannt, da sich besonders der CSU-dominierte Bayerische Rundfunk gegen eine Ausstrahlung im ARD-Hauptprogramm sträubt. »Holocaust« wird an vier Abenden einer Woche zeitgleich in allen Dritten Programmen ausgestrahlt.

Der Vierteiler wird zu einem Höhepunkt der deutschen TV-Geschichte. Er durchbricht eine Mauer des Schweigens, die von der intellektuellen Kritik der Generation der 68er und durch Theaterstücke von Peter Weiss und Rolf Hochhuth bestenfalls angekratzt wurde. Denn zum ersten Mal wird aus den kalten Fakten des Holocausts eine Geschichte, die den namenlosen Opfern ihre Würde, ein Gesicht, Stimmen und einen Namen verleiht: den der fiktiven Familie Weiss.

Die Geschichte in der Form einer Familientragödie bleibt ganz in der melodramatischen Routine einer typischen US-Serie stecken. Aber gerade wegen dieser Anknüpfung an populäre Sehgewohnheiten, ihres trivialen Erzählstils und der vielen üblichen Klischees einer »Seifenoper« wegen emotionalisiert sie die Menschen in den Fernsehsesseln.

Der nationalkonservative Springer-Kommentator Matthias Walden vermeldet nach der Ausstrahlung der vierten Folge im Februar 1979 in »Hörzu«: »Das Schweigen ist gebrochen. Es bedurfte des Beispiels einer Familie, der alles geschah, was Millionen geschehen ist, um uns genau dort zu treffen, wo wir getroffen werden mußten: im Gefühl.«

30000 Anrufe erreichen nach der Erstausstrahlung die ARD. Die Senderfamilie erkennt ihren Fehler und strahlt im Frühjahr 1982 den Vierteiler zur besten Sendezeit noch einmal, diesmal jedoch im Hauptprogramm, aus.

Die Schauspieler Meryl Streep und Fritz Weaver in der Fernsehserie »Holocaust«. Bei nur drei öffentlich-rechtlichen Programmen konnte Fernsehen noch ein Ereignis sein – »Holocaust« war es.

»Das war das sinnfälligste Beispiel für den zerstörerischen Charakter der Atomindustrie.« Aus einem solchen Amalgam von Naturromantik und apokalyptischer Hypersensibilität erklärt sich, zumindest zum Teil, auch die hohe Militanz der Sternmärsche und Bauplatzbesetzungen.

Die Anti-AKW-Bewegung, anfangs ein regionaler Protest von unmittelbar betroffenen Bauern und Winzern, wurde in den disparaten Kreisen der außerparlamentarischen Linken bis zu maoistischen K-Gruppen bald zur Quelle einer neuen »Großen Erzählung«, die nach und nach den Marxismus der sechziger und frühen siebziger Jahre ersetzte. Hans Magnus Enzensberger hatte 1973 in der von ihm selbst herausgegebenen Zeitschrift »Kursbuch« mit dem Essay »Zur Kritik der politischen Ökologie« dafür das Stichwort gegeben. »Die Produktivkräfte«, so Enzensberger, »welche die bürgerliche Gesellschaft freigesetzt hat, sind von den gleichzeitig entfesselten Destruktivkräften eingeholt und überholt worden« mit dem Ergebnis, daß, »was einst Befreiung versprach, der Sozialismus«, heute »zu einer Frage des Überlebens geworden« sei. Und Hans Christoph Buch meinte 1977 in der Zeitschrift »Tintenfisch« unter dem Titel »Natur, oder: Warum ein Gespräch über Bäume heute kein Verbrechen mehr ist«, es habe »erst der Schocks von Wyhl und Brokdorf« bedurft, »um auch linke Literaten davon zu überzeugen, daß die Erhaltung der natürlichen Umwelt nicht nur ein konservatives Anliegen« sei. Die »Wiederentdeckung der Natur« sei »zum Schlüsselwort für die späten 70er Jahre geworden, so wie der

Aufbruch in die Gesellschaft für die späten 60er«. Auch in den Regierungsparteien setzte nach den Ereignissen von Brokdorf ein Umdenken ein. 1975 veröffentlichte der Sozialdemokrat Erhard Eppler, kurzzeitig Entwicklungshilfeminister im Kabinett Schmidt, sein Buch *Ende oder Wende. Von der Machbarkeit des Notwendigen*, das ganz im Bann der Warnungen des *Club of Rome* stand, und im Dezember 1978 konnten sechs liberale Atomkritiker nur noch durch eine Rücktrittsdrohung des FDP-Außenministers Hans-Dietrich Genscher davon abgehalten werden, gegen einen Weiterbau des Schnellen Brüters in Kalkar zu stimmen.

Eine Zuspitzung erreichte die Debatte durch Robert Jungks 1977 publiziertes Buch *Der Atomstaat. Vom Fortschritt in der Unmenschlichkeit*, das die These aufstellt, die komplizierten Sicherheitsvorkehrungen für kerntechnische Anlagen könnten in Zukunft, wenn überhaupt, nur noch im Rahmen eines Polizeistaats gewährleistet werden. »Die Atomkraft«, so die zusammenfassende Kernaussage der frühen Umweltaktivistin Petra Kelly, »bedingt den Polizeistaat.« Die heftigen und teils maßlos überzogenen Polizeieinsätze in Brokdorf, Grohnde und Kalkar schienen ein sichtbarer Beweis für die Richtigkeit solcher Thesen zu sein. In Wirklichkeit waren sie der Übernervosität eines Staates geschuldet, der sich durch die Herausforderung des Terrorismus ohnehin fast in seinen Grundlagen erschüttert sah. Doch der Kern der Bewegung hatte damit seine zentralen Themen gefunden. Es ging letztlich um das Überleben der Menschheit auf diesem Planeten und um die Verhinderung eines neuen polizeistaatlichen Repressionssystems im eigenen Land. Auch diese streckenweise in den Rang von Glaubensfragen erhobenen Überspitzungen zeigten in einem fatalen deutschen Sinn übernervöse Züge. Im Ergebnis war es aber gerade die oft grenzüberschreitende Irritation dieser Jahre, die nicht unwesentlich zu einer in Europa beispiellosen Verschärfung des Umweltbewußtseins und zu dauerhaften zivilgesellschaftlichen Impulsen und Erneuerungen in der Bundesrepublik beigetragen hat, unter anderem durch die Gründung der Bundespartei *Die Grünen* im Januar 1980 in Karlsruhe.

Die Anti-AKW-Bewegung hatte zudem programmatische Vorstellungen von der *Einen Welt*. Nicht nur die fortschreitende Zerstörung der Umwelt konnte in eine Katastrophe führen, sondern auch die wieder zunehmenden internationalen Spannungen, in denen Ende der siebziger Jahre viele den Beginn eines neuen kalten Krieges erblickten. Globale Umweltlösungen waren nur in einem globalen Frieden realisierbar, Umweltpolitik also zwingend offensive Friedenspolitik. Helmut Schmidt, der zu den neuen sozialen Bewegungen so wenig Zugang fand wie zehn Jahre zuvor zum Protest der 68er, sollte sich täuschen, als er 1979 äußerte, »diese Mode« sei »in zehn Jahren sowieso vorbei«.

Startbahn West:
Die Ermordung von Heinz-Herbert Karry

Der FDP-Politiker Heinz-Herbert Karry (*1920, †1981) ist der erste Minister der deutschen Nachkriegsgeschichte, der einem Attentat zum Opfer fällt. Prozesse um den Überfall auf die Wiener Opec-Konferenz 1975 bringen im Jahr 2000 Hinweise auf das Tätermilieu, ohne daß es aber zu Anklagen kommt. Das Porträt stammt aus dem Jahr 1978.

Seit 1962 laufen die Planungen, ab 1973 die Planfeststellungsverfahren. Der Frankfurter Flughafen will zusätzlich zu seinen Nord-Süd-Landebahnen eine 4000 Meter lange Piste in ein benachbartes Waldgebiet schlagen. Dagegen regt sich Widerstand. Ende 1978 gründet sich eine Bürgerinitiative von Anwohnern und Umweltschützern gegen den Bau dieser Startbahn »West«. Mit der Entscheidung des Hessischen Verwaltungsgerichtshofs vom 21. Oktober 1980 für den Bau der neuen Startbahn ist die gerichtliche Auseinandersetzung beendet. Der Widerstand der Anwohner und ihrer linken Sympathisanten aber nimmt militante Formen an.

Auf dem Gelände der geplanten Startbahn West errichten Gegner ab Mai 1980 mehrere Hütten, um so den Bau zu verhindern. Im Juli ordnet der hessische Minister für Wirtschaft und Verkehr, Heinz-Herbert Karry (FDP), den »Sofortvollzug« für den Bau an. Einen Widerspruch gegen Karrys Anordnung weist der hessische Verwaltungsgerichtshof im Oktober zurück. Das Hüttendorf wird am Morgen des 2. November geräumt. Die Räumung verläuft weitgehend friedlich. Im Mai 1981 ordnet das zuständige Regierungspräsidium die Enteignung von in Privatbesitz befindlichen Geländeteilen an. Dann geschieht ein Mord.

Am 11. Mai 1981 wird der hessische Wirtschaftsminister und stellvertretende Ministerpräsident, der FDP-Politiker Heinz-Herbert Karry, schlafend in seinem Haus in Frankfurt-Seckbach durch das offene Fenster angeschossen. Dabei wird eine Beinarterie getroffen. Der Politiker verblutet. In einem »Bekennerbrief« erklärt die terroristische Gruppe »Revolutionäre Zellen«, der Tod des Ministers sei ein »Versehen«. Man habe Karry nicht töten, sondern bestrafen wollen. Sein Tod sei »nicht beabsichtigt, sondern ein Unfall« gewesen. Man habe nur geplant gehabt, dem Befürworter der Startbahn West und anderer Großprojekte in die Beine zu schießen und ihn damit für längere Zeit »daran zu hindern, seine widerlichen und zerstörerischen Projekte weiterzuverfolgen«. Die Täter werden nie gefaßt.

Neuer kalter Krieg?

Kurz nach dem gewaltsamen Ende der Entführungsaktion in Mogadischu und dem Mord an Hanns Martin Schleyer fährt der Bundeskanzler am 28. Oktober 1977 zu einem Vortrag nach London. Er war dem dortigen *International Institute for Strategic Studies* (IISS) bereits 1959 beigetreten, und im Sommer hatte man ihn um einen Vortrag auf der diesjährigen Herbsttagung gebeten, die im *Institute of Electrical Engineers* am Savoy Place nahe dem Victoria Embankment unweit der Waterloo Bridge stattfinden sollte. Schmidt hatte zugesagt, über »neue Dimensionen« der Sicherheit zu reden. Doch die Vorbereitung für die Rede war von den Spannungen um die Schleyer-Entführung und der damit verbundenen Erfahrung staatlicher Ohnmacht überschattet. Mitte September, während einer Lagebesprechung im Kanzleramt, als es eigentlich um die Entführung ging, meinte Schmidt, man müsse den neuen amerikanischen Präsidenten Jimmy Carter dazu bringen, endlich zu verstehen, »um was es bei SALT geht: um das strategische Gleichgewicht, auch in Europa«. Andernfalls laufe man Gefahr, eines Tages außenpolitisch durch eine militärisch überlegene Sowjetunion »unter Druck« zu geraten wie jetzt innenpolitisch durch die Unkalkulierbarkeit des Terrorismus. Das sollte eines der zentralen Themen seines Vortrags in London werden. Die letzte Fassung des Redetexts konnte Schmidt erst in aller Eile am Nachmittag des 28. Oktober im Flugzeug redigieren.

Er spricht in London in fließendem Englisch mit dem ihm eigenen amerikanischen Akzent. Voraussetzung der Sicherheit in Europa, so der Bundeskanzler, sei ein ausgewogenes politisch-militärisches Gleichgewicht. Im Grunde geht es ihm um ein Plädoyer dafür, die neuen sowjetischen Mittelstreckenraketen vom Typ SS 20 sowie sämtliche konventionellen Waffensysteme in die SALT-II-Verhandlungen über strategische Rüstungsbegrenzungen mit einzubeziehen und damit auf diesem Sektor ebenfalls einen Abrüstungsimpuls in die Wege zu leiten, weil andernfalls eben dieses Gleichgewicht in Europa mit unabsehbaren Folgen in Gefahr geraten könnte. Schmidt spricht auch über die Notwendigkeit weltwirtschaftlicher Stabilität als Bedingung stabilen Friedens, über die neuen internationalen Herausforderungen durch den Terrorismus und die friedenstiftenden Wirkungen des Ost-West-Handels. »Letzten Endes«, sagt er zum Schluß und unter anhaltendem Beifall seines ausgewählten Auditoriums, »kann die Menschheit nur überleben, wenn der Weltfriede gestärkt wird.«

Besonders seine Bemerkungen über das gefährdete militärische Gleichgewicht, mit denen er die USA in ihre mitteleuropäische Garantierolle zurückzwingen wollte, hatten eine rege Debatte ins Rollen gebracht. Während

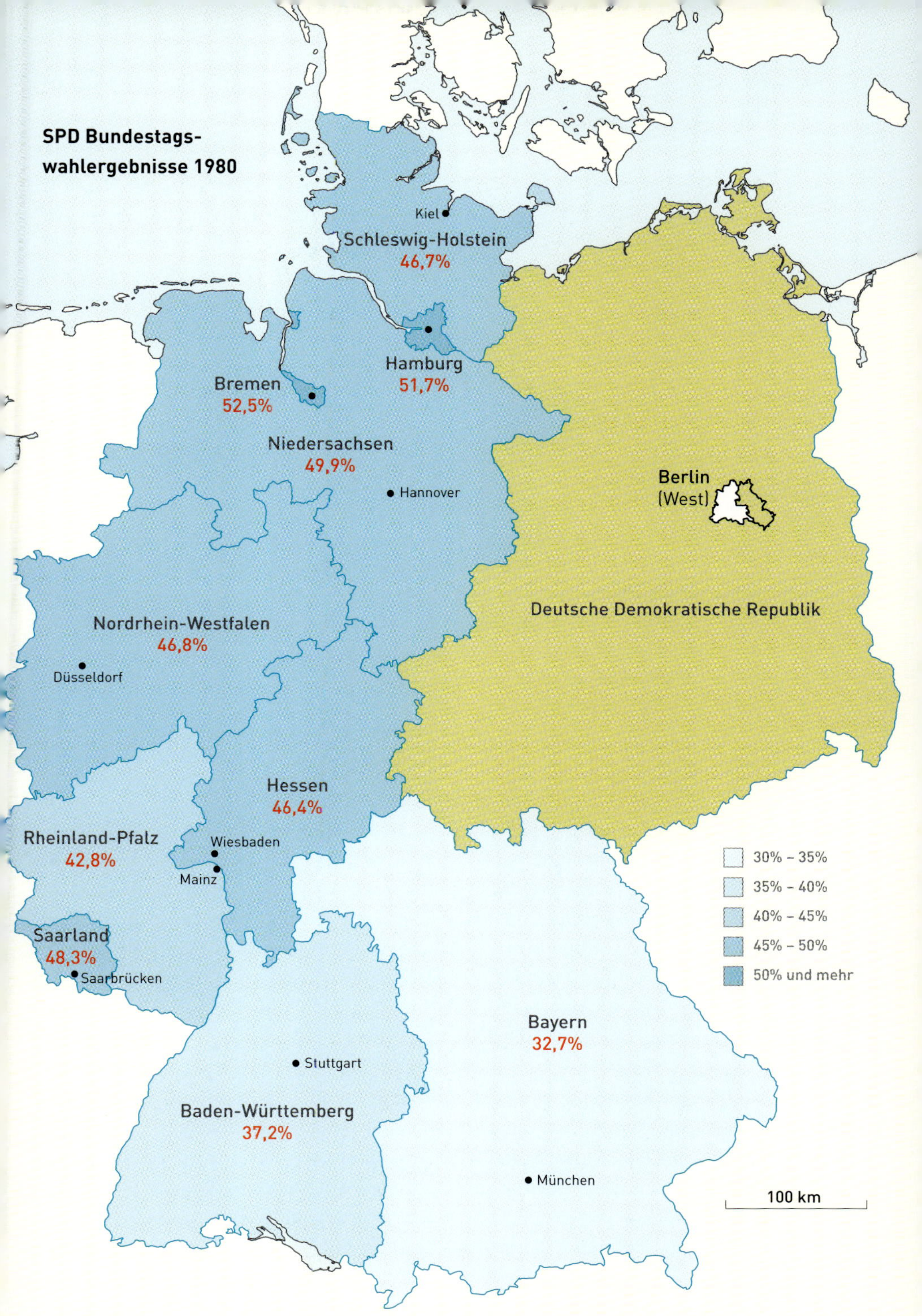
SPD Bundestags-
wahlergebnisse 1980
Kiel
Schleswig-Holstein
46,7%
Hamburg
51,7%
Bremen
52,5%
Niedersachsen
49,9%
Hannover
Berlin
(West)
Nordrhein-Westfalen
46,8%
Düsseldorf
Deutsche Demokratische Republik
Hessen
46,4%
Rheinland-Pfalz
42,8%
Wiesbaden
Mainz
Saarland
48,3%
Saarbrücken
30% – 35%
35% – 40%
40% – 45%
45% – 50%
50% und mehr
Bayern
32,7%
Stuttgart
Baden-Württemberg
37,2%
München
100 km

eines Vierertreffens mit dem US-Präsidenten Jimmy Carter, dem Briten James Callaghan und Giscard d'Estaing im Januar 1979 auf der französischen Antilleninsel Guadeloupe sollte diese zu den ersten Grundzügen des sogenannten NATO-Doppelbeschlusses vom Dezember 1979 führen. Es war ein *package deal*, der das Angebot zu Abrüstungsverhandlungen an die Sowjetunion mit der Drohung einer Nachrüstung mit westlichen Mittelstreckenraketen in Europa für den Fall ihres Scheiterns verband. Carter hatte zunächst eine einseitige Stationierung amerikanischer Mittelstreckenraketen in Europa vorgeschlagen, doch Callaghan wollte zunächst Verhandlungen, und Giscard brachte den Gedanken einer Frist ins Gespräch. Der Bundeskanzler hat immer eine Verhandlungslösung favorisiert, wie sie dem Geist der großen Diplomatie des Entspannungszeitalters entsprochen hätte. »Ich sprach darüber zu den Amerikanern wie zu den Sowjets in der gleichen Sprache und mit den gleichen Argumenten«, so Schmidt im Rückblick. »Später gewann ich den deprimierenden Eindruck, daß Leonid Breschnew meine Besorgnisse besser verstehen konnte als Jimmy Carter.« Fast nostalgisch erinnert er sich in diesen Tagen an die Ära Nixon–Ford–Kissinger, als es noch so etwas wie eine »Gesamtstrategie des Westens« gab. Doch die späten siebziger Jahre waren keine große Zeit der internationalen Diplomatie und globalstrategisch tragbarer Konzepte mehr – auf beiden Seiten.

Der Sieg der marxistischen MPLA in der ehemaligen portugiesischen Kolonie Angola mit Hilfe eines, wie man heute weiß, auf eigene Rechnung operierenden kubanischen Expeditionscorps hatte in den USA zu einem spürbaren Stimmungsumschwung geführt. Er werde das Wort *détente* niemals wieder in den Mund nehmen, erklärte Präsident Gerald Ford am 1. März 1976, sondern werde künftig nach der Devise »Frieden durch Stärke« verfahren. Unfähig, sich von der alten »Dominotheorie« vollends zu lösen und Angola als einen postkolonialen Regionalkonflikt wahrzunehmen, sowie unter dem wachsenden Druck von Entspannungsgegnern im eigenen Land erklärte auch Henry Kissinger, die Sowjetunion, werde »ein weiteres Angola nicht überleben«. Dennoch hatten die Sowjets keine Bedenken, 1978 etwa 1500 militärische Berater zur Unterstützung des marxistischen Regimes von Leutnant Mengistu Haile Mariam nach Äthiopien zu senden, das sich, wieder unterstützt durch ein kubanisches Expeditionscorps, im Konflikt mit Somalia befand. Trotz Warnungen seitens des Moskauer Außenministeriums, militärische Aktionen in Afrika könnten im Westen verheerende Reaktionen hervorrufen, stellte sich die Mehrheit des Politbüros auf den Standpunkt, daß für die Sowjetunion keine anderen Maßstäbe zu gelten hätten als für die USA. Außerdem war man von der nicht ganz unberechtigten Sorge umgetrieben, andernfalls könnten die

Chinesen das Vakuum ausfüllen. Zbigniew Brzezinski, der Sicherheitsberater von Fords Nachfolger Jimmy Carter, empfand die Militärhilfe für Äthiopien allerdings als »Strategie des indirekten Expansionismus« am Horn von Afrika, mit dem die Sowjetunion die globalen Positionen Amerikas zu erschüttern begonnen habe.

An Unsensibilitäten und Überzogenheiten mangelte es in diesen Jahren in Moskau und Washington wahrlich nicht. Dazu zählten auch amerikanische Pläne zum Bau einer sogenannten Neutronenwaffe, die durch ihre starke Strahlung Menschen töten konnte, ohne gleichzeitig die Panzer, in denen sie sitzen, ihre Häuser, Brücken und Straßen zu vernichten. »Ist die Menschheit dabei, verrückt zu werden?« fragte Egon Bahr im Juli 1977 im »Vorwärts« und nannte die neuen Waffensysteme mit klaren Worten eine »Perversion den Denkens«. Es handle sich um eine ideale Angriffswaffe, so Bahr, und die Sowjets würden kaum lange brauchen, um auf diesem Sektor nachzuziehen. Das wahrscheinliche Gefechtsfeld wäre dann Mitteleuropa und insbesondere Deutschland.

Schmidt hätte es am liebsten gesehen, wenn auch die Neutronenwaffe in die SALT-Verhandlungen mit einbezogen worden wäre, doch Car-

Festnahme von Dirk Schneider bei einer Blockade der McNair-Kaserne gegen die Raketenstationierung in Deutschland am 15. Oktober 1983 in Berlin-Zehlendorf. Schneider ist mit seinem Einzug in die Bezirksverordnetenversammlung Kreuzberg 1980 der erste grüne Politiker in einem Kommunalparlament. Nach der Wende wird der West-Berliner, der auch Berliner Abgeordneter im Bundestag ist, als informeller Mitarbeiter der DDR-Staatssicherheit enttarnt.

Am 16. Oktober 1980 wird in Krefeld auf einer Konferenz der Friedensbewegung, an der Petra Kelly von der neu gegründeten Partei Die Grünen und der Bundeswehrgeneral Gert Bastian teilnehmen, der »Krefelder Appell« gegen den NATO-Doppelbeschluß formuliert, Er wird in den nächsten zweieinhalb Jahren von mehr als vier Millionen Menschen in Deutschland unterzeichnet. Das Symbol der sich aus dem »Krefelder Appell« entwickelnden Kampagne ist die aufsteigende weiße Taube auf blauem Grund. Sie wird zwischen 1980 und 1983 auf Millionen Buttons gestanzt und auf Autoaufkleber gedruckt.

Künstler für den Frieden: Die Friedensbewegung bewegt die Stars

Mehr als 300000 Menschen demonstrieren am 10. Oktober 1981 im Bonner Hofgarten friedlich gegen die Stationierung neuer Atomwaffen in Westeuropa. Acht Monate später, am 10. Juni 1982, sind es 500000 an gleicher Stelle, die aus Anlaß eines Besuchs von US-Präsident Ronald Reagan gekommen sind. Nicht ganz so friedlich ist es am nächsten Tag in West-Berlin. Hier sollen 200000 bis 400000 Menschen auf den Straßen gewesen sein. Einige tausend von ihnen liefern sich am Nollendorfplatz eine Straßenschlacht mit der Polizei. Die Monate zwischen dem Sommer 1981 und dem Sommer 1982 sind der Höhepunkt der Friedensbewegung, die Massen auf die Straßen treibt. Und auch in die Konzertsäle. Denn innerhalb der Friedensbewegung engagieren sich »Künstler für den Frieden«.

Am 9. Mai 1982 laden diese zum ersten Mal zu einem zwölfstündigen »Friedenskonzert« in die Berliner Waldbühne. Das Aufgebot der Stars unter den fast 800 teilnehmenden Künstlern reicht von der Schlagersängerin Nana Mouskouri bis zum Liedermacher Konstantin Wecker, von einem türkischen Arbeiterchor bis zu Solisten der Deutschen Oper. Die Friedensbewegung hat viele Künstler politisiert. Und sie ist auch eine Mode, der sich die Popstars unter ihnen gar nicht verschließen wollen. Darum treten Udo Lindenberg und Band, Spliff, *die DDR-Band* Elektra, *Bands aus den Niederlanden, den USA und Finnland auf. Und das ganze Spektrum der seinerzeit populären Liedermacherszene: Franz Josef Degenhardt, Hannes Wader, Georg Danzer, Klaus Hoffmann, Knut Kiesewetter. Die teilnehmenden Künstler spielen ohne Gage. So können die Einnahmen aus dem Kartenverkauf die Kosten decken. Wie die Vorfinanzierung funktioniert hat, fragen die meisten Aktiven der Friedensbewegung lieber nicht. Sie könnte aus DDR-Kanälen gekommen sein. Das Ausblenden der Verhältnisse im zweiten deutschen Staat, der nur wenige Kilometer von der Waldbühne entfernt die Friedensaktivisten im Prenzlauer Berg bedrängt, ist im übrigen typisch für eine Bewegung, die auf dem westlichen Auge scharf-, auf dem östlichen kurzsichtig ist.*

ter verlangte im März 1978 plötzlich eine bedingungslose Aufstellungsverpflichtung der Bundesregierung, wozu Schmidt allerdings nicht bereit war. »Das Ziel der Friedenserhaltung«, beschreibt der Bundeskanzler einige Zeit später in einem Brief an Heinrich Böll sein Dilemma, »führt mich dazu, unser Land weder in eine Situation geraten zu lassen, wo es von einer sowjetischen Führung - gestützt auf gewaltige Übermacht - genötigt werden kann, noch in eine Situation, in der wir bedingungslos dem zu folgen hätten, was die jeweilige amerikanische Führung als im allgemeinen Interesse liegend erachtet.«

Schmidt hatte vielleicht, wie Wilfried Loth schreibt, tatsächlich eine »ziemlich mechanische Vorstellung von militärischem Gleichgewicht«. Doch in der Konsequenz waren es hauptsächlich die Inflexibilität amerikanischer Politik und eine damit verbundene Verhärtung des sowjetischen Standpunkts, mit der die Ereignisse bald in eine unabwendbare Richtung drängen sollten. »Wir wollen hinsichtlich der eurostrategischen Waffen das Gleichgewicht durch Abrüstung wiederherstellen«, sagte damals ein Mitarbeiter des Kanzlers, »die USA dagegen wollen das gleiche Ziel durch Aufrüstung erreichen.« Hinzu kamen die oft wenig berechenbaren Diskontinuitäten im Weißen Haus. »Fast jeder Präsident«, beschwerte sich Schmidt einmal, »verkündet seine eigene außenpolitische oder gesamtstrategische Doktrin.« Und das, besonders seit 1976, mit einem zunehmenden »Mangel an außenpolitischer Erfahrung«. Er meinte damit Carter und später Reagan. Während des sechsten Weltwirtschaftsgipfels im Sommer 1980 in Venedig äußerte er gegenüber Jimmy Carter sogar in aller Schärfe die Meinung, er habe seine »Zweifel, ob die amerikanische Seite wirklich mit den Sowjets verhandeln will«.

Wie weit die Irritationen in Bonn damals gingen, davon zeugt der Bericht Egon Bahrs von einem Treffen im Kanzlerbungalow in jenen Tagen, bei dem Schmidt plötzlich die für Bahr und den ebenfalls anwesenden Leo Bauer überraschende Überlegung anstellt, ob man nicht einen Teil der westdeutschen Währungsreserven aus Amerika nach Moskau verlagern sollte. Schmidt läßt diesen Gedanken bald fallen, und er war vielleicht tatsächlich nicht mehr als der bizarre Ausdruck einer Psychologie des Augenblicks.

Alle Irritationen änderten in der Konsequenz nichts an der Tatsache, daß für die Bundesrepublik die transatlantische Solidarität mit den USA schon aufgrund ihrer geostrategischen Lage und der Lehren, die sie aus dem Untergang von Weimar gezogen hatte, Staatsräson bleiben mußte. Schmidt wollte zudem nach dem Desaster mit der Neutronenwaffe, bei dem die NATO fast handlungsunfähig erschien, um jeden Preis den Eindruck von neuen Rissen im westlichen Bündnis vermeiden. Allein aus die-

Polizeifotos von den Auseinandersetzungen anläßlich des ersten öffentlichen Massengelöbnisses von Bundeswehrrekruten in Bremen am 6. Mai 1981. Vier Jahre später wird der Deutsche Bundestag in einer Novelle des Demonstrationsstrafrechts ein Verbot der Vermummung und der passiven Bewaffnung (das Tragen von Helmen) beschließen.

Die Bremer Ausschreitungen im Mai 1981: Mit Gewalt für den Frieden

Am 6. Mai 1981 soll, so hat die Lokalzeitung »Weser Kurier« angekündigt, im Bremer Weserstadion mit dem »ersten öffentlichen Massengelöbnis der Bundeswehr« eine »zentrale symbolische Feier für die 25jährige Mitgliedschaft der Bundesrepublik im westlichen Bündnis« stattfinden. Neben Bonner Politikern wie Bundespräsident Karl Carstens, Bundeskanzler Helmut Schmidt und Verteidigungsminister Hans Apel sind auch viele Nato-Generäle aus anderen Staaten bei diesem öffentlichen Rekrutengelöbnis zugegen.

Die Veranstaltung wird von einem massiven Polizeiaufgebot geschützt. Das nehmen die aus ganz Deutschland angereisten militanten Militarismus-Gegner zum Vorwand für ihre Gewalttätigkeiten. Sie fühlen sich nicht nur durch die Rekrutenvereidigung selbst, sondern auch durch den massiven Polizeieinsatz »provoziert«. »Die Verantwortung für alle Auseinandersetzungen am 6.5. liegt von Anfang an bei den Veranstaltern, bei Bundesregierung, Bundeswehr und Landesregierung«, erklärt die »Initiative Krieg dem Krieg« später.

Die gewalttätigen »Polit-Rocker« sind ein neues Phänomen im linken politischen Spektrum. Sie selbst nennen sich »Autonome«. Ein erstes »Autonomen-Plenum« hat sich im Sommer 1980 in Berlin gebildet. Der 6. Mai 1981 wird von vielen als Kristallisationspunkt der Szene gesehen, die in den nächsten 20 Jahren immer wieder für gewalttätige Aktionen verantwortlich ist. Es ist die Hochzeit der Friedensbewegung. An jenem Tag hoffen die militanten Demonstranten auf Sympathien bei der Bremer Bevölkerung. Die Gewaltbereiten unter den über 10000 Demonstranten setzen der Polizei stark zu. Die Bundeswehrgegner werfen Pflastersteine und Molotow-Cocktails. Polizei- und Militärfahrzeuge gehen in Flammen auf. 257 Polizisten und Soldaten tragen Verletzungen davon. Auch die Linke ist über das Ausmaß der Gewalt schockiert. Die gewalttätigen Auseinandersetzungen, »die an neonazistische Ausschreitungen erinnern«, hätten nichts zu tun mit einer demokratischen Protestbewegung, erklärt z.B. der linksdogmatische Sozialistische Hochschulbund.

sem Grund hatte er bereits im April auf amerikanischen Druck hin dem NOK empfohlen, die Olympischen Spiele 1980 in Moskau zu boykottieren, nachdem die Sowjetunion Ende Dezember 1979 gegen den Rat von Außenminister Andrei Gromyko und Generalstabschef Nikolai Orgakow in Afghanistan einmarschiert war. Die Sowjets wollten mit dieser Gewaltaktion weitere Erfolge fundamentalislamistischer Rebellen gegen die marxistische Regierung in Kabul eindämmen, weil sie eine Ausstrahlung des Fundamentalismus in ihre eigenen islamisch geprägten zentralasiatischen Republiken befürchteten. Zudem hatten Verteidigungsminister Ustinow und KGB-Chef Andropow Breschnew davon überzeugt, im Fall eines Sieges der afghanischen Mudschaheddin könnten »amerikanische Kurzstreckenraketen in Afghanistan aufgestellt« werden, »die auf strategische Ziele in Kasachstan, Sibirien und anderswo gerichtet« wären. Es wurde dann aber ein von Anfang an aussichtsloser und verlustreicher Guerillakrieg in den undurchdringlichen afghanischen Bergen, wie Orgakow und der Generalstab es vorausgesagt hatten.

Jürgen Todenhöfer (*1940), in der Mitte sitzend, ist Bundestagsabgeordneter der CDU, als er 1980, getarnt in landestypischer Tracht, von Pakistan aus Lager von Freiheitskämpfern in Afghanistan besucht und so auf den Krieg aufmerksam macht. Ab 1987 ist der Jurist Manager im Burda-Konzern.

Erich Honecker meldet, als er im Anschluß an eine Tass-Meldung über die sowjetische Botschaft vom Einmarsch in Afghanistan erfährt, zum

Der Oktoberfestanschlag 1980: Das Attentat eines Studenten

Freitagabend, 26. September 1980. Es ist Oktoberfest in München. Ein normaler Wiesntag scheint zu Ende zu gehen. Tausende Menschen drängen in Richtung Ausgang. Ein junger Mann hebt ein Paket über einen Mülleimer. Dann explodiert unmittelbar am Haupttor der Wiesn eine Bombe. Es ist 22.19 Uhr. In einem Umkreis von 30 Metern liegen zerfetzte Körper, abgetrennte Gliedmaßen und Leichen. 13 Menschen sterben, darunter drei Kinder; 211 weitere erleiden teils schwerste Verletzungen.

Es ist der schlimmste Anschlag in der Geschichte der Bundesrepublik. Noch weiß niemand, daß der 21jährige Gundolf Köhler, ein überzeugter Rechtsextremist, den Sprengsatz »gebaut, ihn zum Tatort gebracht und dort gezündet« hat, wie das Bayerische Landeskriminalamt in einer abschließenden Beurteilung feststellt. Köhler ist der junge Mann mit dem Paket über dem Mülleimer.

Eine Bombe auf einem belebten Platz detonieren zu lassen, um möglichst viele Menschen zu töten – das ist zu jener Zeit in Europa die Handschrift von Rechtsterroristen. Wenige Wochen zuvor sind 86 Menschen auf dem Hauptbahnhof im italienischen Bologna Opfer eines Sprengstoffanschlags geworden.

Generalbundesanwalt Kurt Rebmann bilanziert in einer Pressekonferenz die ersten Erkenntnisse: »Nach den bisherigen Ermittlungen kommt als Täter der Geologiestudent Gundolf Köhler in Betracht. Er kam bei dem Attentat ums Leben. Wir nehmen nicht an, daß Köhler als Alleintäter gehandelt hat. Ermittlungen haben ergeben, daß Köhler Mitglied der Wehrsportgruppe Hoffmann war.«

Der Annahme, daß auf dem Oktoberfest organisierte Neonazis zugeschlagen haben, widerspricht umgehend der bayrische Innenminister Gerold Tandler (CSU). »Derzeit spricht alles dafür, daß es sich um einen Einzeltäter handelt, und es gibt keinerlei Anhaltspunkte dafür, daß die Wehrsportgruppe Hoffmann diesen Anschlag vorbereitet hat.«

Nur acht Monate nach der Tat, Mitte 1981, beendet die »Sonderkommission Theresienwiese« ihre Ermittlungen mit dem Fazit: »Gundolf Köhler dürfte als Alleintäter gehandelt haben.« Im Dezember 1982 stellt auch der Generalbundesanwalt die Ermittlungen ein. Auch er spricht jetzt von Gundolf Köhler als Einzeltäter und zeichnet auf der Basis der Ermittlungen des Bayerischen Landeskriminalamtes das Bild eines frustrierten und verzweifelten Studenten.

Am Haupteingang zur Festwiese des Oktoberfests beginnt die Bergung der Bombenopfer. Soeben ist der schlimmste Anschlag in der Geschichte der Bundesrepublik verübt worden. Das Oktoberfest wird aber trotz entsprechenden Überlegungen nicht abgebrochen.

ersten Mal offen Zweifel an der Moskauer Führungsmacht an. »So kann man keine inneren Probleme lösen«, war seine kaum verhaltene Reaktion. »Wie schön, daß wir wenigstens von Tass erfahren, was in Afghanistan los ist«, meinte er auf der Politbürositzung noch am gleichen Tag. »Ich hätte Lonja (Leonid Breschnew) abgeraten.« Er wurde aber nicht gefragt.

Für den amerikanischen Sicherheitsberater Brzezinski stellte der Einmarsch in Afghanistan den unübersehbar ersten Schritt eines imperialen sowjetischen Vorstoßes über Pakistan und den Iran zum Indischen Ozean dar, eine Region, die Präsident Carter am 23. Januar 1980 mit einer neuen »Doktrin« zu einem besonderen Interessengebiet der USA erklärte, deren Gefährdung in Zukunft »als ein Anschlag auf die vitalen Interessen der Vereinigten Staaten von Amerika betrachtet« werde. Mit Carters Schreiben vom 28. Dezember 1980 an Breschnew, der Einmarsch in Afghanistan sei »eine klare Bedrohung des Friedens«, die zu einem »grundlegenden und dauerhaften Wendepunkt in unseren Beziehungen« führen würde, war die Zeit der Entspannung für die USA praktisch zu Ende. Sicherheitsberater Brzezinski redete von der Notwendigkeit einer »Bestrafung« der Sowjetunion und ließ sich sogar mediengerecht mit einer Maschinenpistole in der Hand an der afghanischen Grenze fotografieren. In den Augen von Carters Rivalen und Nachfolger Ronald Reagan war die »détente« ohnehin nie mehr gewesen als ein unamerikanisches Eingeständnis westlicher

Bundestagswahlen 1972 bis 2005

Seit der Wahl vom Oktober 1998 gibt es durch das Wahlverhalten in den Neuen Ländern bei Bundestagswahlen eine Mehrheit links von der CDU, die schon der SPD-Vorsitzende Willy Brandt angestrebt hatte.

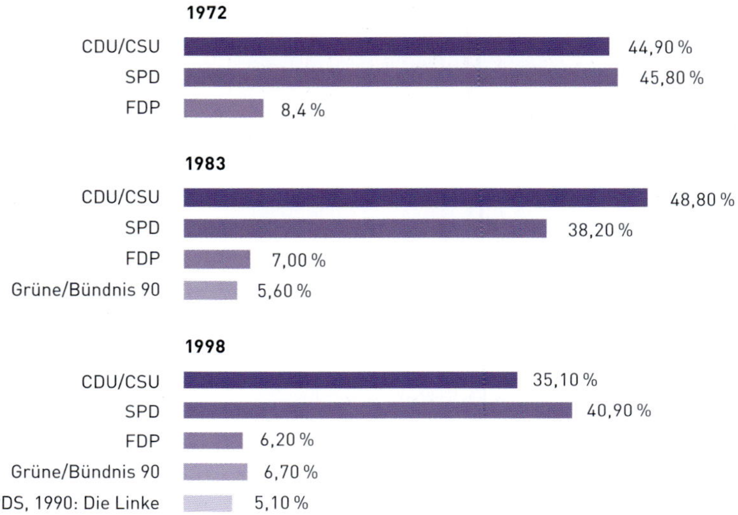

1972 und 1983: ohne Sitze der Berliner Bundestagsabgeordneten (nicht stimmberechtigt)

Quelle: Zusammenstellung der Autoren aus: Der Bundeswahlleiter, Statistisches Bundesamt Deutschland (www.bundeswahlleiter.de)

Schwäche. Umgekehrt, so Helmut Schmidt, selbst wenn man den Russen die Angst vor einem neuen großen Krieg gern abnehmen wolle, habe es »an der Spitze der Sowjetunion nicht immer nur kühle Schachspieler gegeben«. Afghanistan war dafür tatsächlich ein sichtbares Beispiel.

Die Westeuropäer und besonders die Deutschen befanden sich in einem Dilemma. Schmidt hatte der Deutschlandpolitik und dem Verhältnis zur DDR anfangs nur untergeordnete Bedeutung beigemessen und die Regelung anstehender Fragen meist Herbert Wehners informellen Kanälen überlassen. Doch im März 1977 greift er zum ersten Mal zum Telefonhörer und ruft Erich Honecker persönlich an. Ende Dezember drängt er ihn in einem vertraulichen Brief, »eine neue Anstrengung zum weiteren Ausbau der Beziehungen zwischen unseren Staaten« ins Auge zu fassen. Schmidt versuchte seitdem unter anderem, die DDR als Partner im Entspannungsdialog zu gewinnen. Am 26. November 1979 schlägt er dem Staatsratsvorsitzenden in einem Telefongespräch vor, gemeinsam »dafür einzutreten, daß von deutschem Boden nie mehr ein Krieg ausgeht«. Honecker stimmt dem zu.

Auch an anderen Fronten ist Schmidt bemüht, der Diplomatie wieder Geltung zu verschaffen. Gemeinsam mit Giscard d'Estaing schlägt er Breschnew nach dem sowjetischen Einmarsch einen europäischen Plan zur Neutralisierung Afghanistans vor – ohne Erfolg, schon weil die neue »Carter-Doktrin« in Moskau fast panikartige Reaktionen hervorgerufen hatte. Bei einem Besuch in Moskau im Juni 1980 kann Schmidt aber immerhin erreichen, daß Breschnew und das Politbüro einem neuen Anlauf zu bilateralen Verhandlungen mit den USA über Mittelstreckenraketen und vorgeschobene Nuklearsysteme zustimmen, und zwar noch vor einer Ratifizierung des SALT-II-Vertrags, die in den USA wegen großer Widerstände im Kongreß ohnehin mit einem Fragezeichen versehen ist. Am 17. Oktober beginnen in Genf Verhandlungen zwischen Delegationen beider Länder, doch nach dem Regierungswechsel von Carter zu Reagan werden sie am 17. November wieder unterbrochen und erst ein Jahr später wiederaufgenommen. Wenigstens aber die deutsch-deutschen Beziehungen sollten so weit wie möglich aus der neuen Eiszeit herausgehalten werden. Am 11. Dezember 1981 bricht Schmidt zu einem lange geplanten und immer wieder verschobenen Besuch in die DDR auf. Es ist die Zeit einer zugespitzten Lage im Nachbarland Polen, in dem sich seit 15 Monaten mit *Solidarnosc* zum ersten Mal in der Geschichte eines kommunistischen Landes eine unabhängige Gewerkschaft legal betätigen kann. Unter den polnischen Kommunisten gibt es viele, die einen eher sozialdemokratischen Kurswechsel befürworten, und im Sommer 1981 wird in Warschau offen über die Möglichkeit einer Koalitionsregierung unter Einschluß von *Solidarnosc* und Kirche diskutiert. Eigentlich ist das kommunistische Regime in Polen bereits am Ende und wird nur noch, wie der ehemalige Militärberater Boris Jelzins, Dmitri Wolkogonow, später schreibt, »von der Schere sowjetischer Streitkräfte in der DDR und in der UdSSR« bei der Stange gehalten.

Doch die Reaktion auf die polnische Krise in Moskau blieb weit zurückhaltender, als es viele damals im Westen vermutet haben. Die Sowjetunion war keineswegs so stark, wie man es angesichts ihres weltpolitischen Militärengagements in Afrika und Afghanistan sehen wollte. Im Gegenteil. Bereits 1978 warnte Wjatscheslaw Dachitschew, Leiter der außenpolitischen Abteilung der sowjetischen Akademie der Wissenschaften und später einer der wichtigsten Berater Michail Gorbatschows und seines Außenministers Eduard Schewardnadse, die Sowjetunion, nun auf dem besten Weg zur »globalen Expansion«, habe in Wirklichkeit noch nicht ein-

Die Minimalisten Stephan Remmler, Gert »Kralle« Krawinkel und Peter Behrens von Trio. Das erste Album der Musiker erscheint im Oktober 1981 und zeigt auf dem weißen Cover lediglich den Namen »Trio« sowie die vollständige Privatadresse in der Gemeinde Großenkneten (Regenterstr. 10a, 2907 Großenkneten 2) und die private Telefonnummer von »Trio« (04435/2300). Auf der Rückseite hat Remmler die Titelreihenfolge handschriftlich aufgelistet.

Die Neue Deutsche Welle: Ein neuer deutscher Minimalismus

Die Neue Deutsche Welle nimmt 1979 ihren Lauf, erreicht 1981 die Ufer der Alternativszene mit Großstadtbands wie Ideal, Extrabreit, Fehlfarben, Rheingold, Neonbabies, Joachim Witt *und* DAF, *wird 1982 zur kommerziellen Erfolgswelle mit* Markus, Andreas Dorau, Hubert Kah, Frl. Menke *sowie* Nena *und strandet Anfang 1982 in einem Züricher Studio. »Da da da« verläuft sie sich am weiten Strand der Musikgeschichte.*

In Zürich spielt Trio *einen Song ein, der als Single einer bereits erschienenen Langspielplatte folgen soll. Die Sängerin Annette Humpe von der befreundeten Berliner Band* Ideal *singt nachträglich in einem Berliner Studio die zweite Stimme. Während einer Deutschland-Tournee hatte ein Journalist dem* Trio*-Sänger Stephan Remmler (Instrumente: Kinderorgel und Megaphon) ein Spielzeug-Keyboard der Firma Casio überlassen. Auf dem komponiert er die drei Akkorde, die im Titel ihre Entsprechung finden: »Da da da«. »Ich lieb dich nicht du liebst mich nicht aha«, lautet die minimalistische Ergänzung des Hits. Drei Millionen Singles verkauft* Trio *1982/83 in Deutschland.*

Einen kaum wahrnehmbaren Baß spielt bei »Da da da« der Produzent des Hamburger Labels Phonogram, Klaus Voormann, der die Band zwei Jahre zuvor entdeckt hat. Der Freund der Beatles *aus frühen Hamburger Tagen, ein gelernter Grafiker, hat mit Manfred Mann, Eric Clapton, John Lennon und George Harrison auf der Bühne gestanden. Bei Lennons »Imagine« spielt er den Baß, das Cover der* Beatles*-LP »Revolver« hat er gestaltet. Voormann ist zu dieser Zeit schon Grammy-Gewinner (für das Artwork von »Revolver« und für George Harrisons »Konzert für Bangladesch«-Live-LP).*

Prägnant an Trios *Musik ist deren Minimalismus, der sich sowohl textlich als auch in der Instrumentierung mit Schlagzeug, Gitarre und Remmlers seltsamem Instrumentarium ausdrückt. Die Band, die präzise inszenierte Bühnenshows liefert, hat sich selbst immer von der Neuen Deutschen Welle distanziert. Sie geht 1985 auseinander.*

mal die Länder Osteuropas »verdaut«. Am 10. Dezember 1981, einen Tag vor Schmidts Besuch in der DDR, beratschlagen die Politbüromitglieder Michail Suslow, Juri Andropow und Andrei Gromyko über Polen. »Ich weiß nicht, wie die Dinge in Polen ausgehen werden, aber selbst wenn Polen unter die Kontrolle von *Solidarnosc* fällt, dann wird es eben so sein«, ist die Meinung des Breschnew-Beraters und KGB-Chefs Andropow. »Wir müssen uns in erster Linie um unser eigenes Land und um die Stärkung der Sowjetunion kümmern.« Das wäre, zu Ende gedacht, nach über sechzig Jahren so etwas wie ein erneuter Rückzug auf die Position von Brest-Litowsk gewesen, eine Formulierung, die Breschnews Gesandter Konstantin Russakow gegenüber Honecker Ende Oktober 1981 tatsächlich wörtlich in den Mund nahm. Die Sowjetunion, so Russakow, stehe im Prinzip vor der Entscheidung, auf einen Teil ihres äußeren Einflußgebietes zu verzichten, um ihr Kernland zu retten. Die polnische Militärführung unter General Wojciech Jaruzelski konnte indes ihr innenpolitisches Problem am 13. Dezember 1981 durch die Verhängung des Kriegsrechts vorerst »lösen«. Honecker, der ur-

Bundeskanzler Helmut Schmidt und der Staatsratsvorsitzende der DDR, Erich Honecker, auf Jagdschloß Hubertusstock am 11. Dezember 1981. Der Besuch Schmidts in der DDR fällt in eine kritische Zeit. Zwei Tage später wird General Jaruzelski in Polen das Kriegsrecht ausrufen. Trotz der wachsenden internationalen Spannungen legen beide deutsche Staaten jedoch Wert auf die Fortsetzung der Entspannungspolitik.

»Berliner Linie«: Die Hausbesetzerbewegung

Der 73jährige emeritierte Professor der Theologie Helmut Gollwitzer besetzt im Juli 1981 ein Haus am Chamissoplatz in Berlin. Gollwitzer war befreundet mit Rudi Dutschke und zeitweise Seelsorger von Ulrike Meinhof.

In den siebziger Jahren werden in den Großstädten ganze Stadtteile zu »Sanierungsgebieten« erklärt. Die Gebäudesubstanz soll innerhalb der nächsten zehn bis fünfzehn Jahre grundlegend erneuert werden. Sanierung bedeutet jedoch meist nicht behutsame Stadterneuerung und Reparatur, sondern Kahlschlag. Mit öffentlichen Geldern subventioniert, kaufen öffentliche und private Wohnungsbaugesellschaften ganze Häuserblocks auf, um sie, ebenfalls staatlich gefördert, abzureißen und an ihre Stelle Neubauten zu setzen. Gleichzeitig herrscht in den Städten Wohnungsmangel.

Am 2. Februar 1979 besetzen in Berlin-Kreuzberg rund 50 Mitglieder der Bürgerinitiative »SO 36« eine leerstehende Wohnung in der Görlitzer Straße 74. Bald sind in Berlin 135 Häuser besetzt. Bis in den Dezember 1980 hinein bietet die Berliner Besetzerszene noch ein eher friedliches Bild. Am 12. Dezember 1980 kommt es in Kreuzberg zu Gewalttätigkeiten, als ein großes Polizeiaufgebot die Besetzung eines Hauses am Fraenkelufer verhindert. Zwölf Stunden lang tobt eine Straßenschlacht rund um das Kottbusser Tor. Geschäfte werden geplündert. Rund 150 Demonstranten und 70 Polizisten werden mit teils schweren Verletzungen in Krankenhäuser eingeliefert. Im Jahr 1981 verkündet der neue Senat unter Hans-Jochen Vogel die Politik der »Berliner Linie«. Die Staatsgewalt werde keine Neubesetzungen mehr zulassen, aber mit den Besetzern über die Legalisierung verhandeln. Das Angebot spaltet die Hausbesetzerszene: Die einen wollen ihre neuen Wohn- und Lebensverhältnisse sichern, während die anderen den Besetzerstatus und ihre politischen Ziele nicht aufgeben wollen. In der Folge werden rund 150 Projekte »legalisiert«. Ein neuer, CDU-geführter Minderheitssenat unter Richard von Weizsäcker setzt die »Berliner Linie« in seiner Interpretation um. Er läßt nicht legalisierte Häuser räumen. Dabei kommt es zu Gewalttätigkeiten wie am 22. September 1981, als acht Häuser geräumt werden und bei Krawallen der Demonstrant Klaus-Jürgen Rattay von einem Doppeldeckerbus erfaßt wird und an seinen Verletzungen stirbt.

sprünglich gegenüber Breschnew auf »kollektive Hilfemaßnahmen für die polnischen Freunde bei der Überwindung der Krise« nach dem tschechoslowakischen Vorbild von 1968 gedrängt hatte, war bereits vor dem Treffen mit Schmidt auf die Moskauer Linie eingenordet worden. Der Kanzler verfolgte mit seinem Besuch in der DDR in erster Linie entspannungspolitische Ziele. Er wollte die DDR, in der er vor allem auch die erfolgreichste Wirtschaftsmacht des Ostblocks sah, zu mehr Selbständigkeit in der internationalen Politik ermutigen. »In Wirklichkeit haben wir beide in unseren Bündnis- und Wirtschaftssystemen ein großes Gewicht«, läßt er Honecker am 12. Dezember auf Schloß Hubertusstock am Werbellinsee wissen, »und wir haben auch einen Anspruch darauf, dieses Gewicht in die Waagschale zu werfen, denn es ist das Kerngebiet Europas, in dem ein Dritter Weltkrieg stattfinden würde, wo am meisten zerstört würde, wenn er tatsächlich entstünde. Wir sind verpflichtet, im Namen der Menschen unser Gewicht in die Waagschale zu werfen.« Doch Honecker hält sich auffallend zurück, schon um nicht gegenüber der Sowjetunion und Hardlinern im eigenen Politbüro als Kollaborateur dastehen zu müssen. Er begnügt sich mit einer erneuten Kritik am NATO-Doppelbeschluß, gibt aber immerhin zu erkennen, daß die DDR aus Eigeninteresse auch auf die Stationierung sowjetischer SS-20-Mittelstreckenraketen gern verzichten würde.

Zudem weiß er, daß die »interne Lösung« durch General Jaruzelski in Polen unmittelbar bevorsteht. Als sie am Morgen des 13. Dezember bekannt wird, entschließt sich Schmidt überraschenderweise nicht, seinen Besuch abzubrechen. Zu sehr fürchtet er, daß dies auch eine neue Eiszeit in den deutsch-deutschen Beziehungen zur Folge haben könnte, die er in der ohnehin komplizierten internationalen Lage auf keinen Fall riskieren will. In den USA betrachtet man seinen Besuch und diese Entscheidung mit dem höchsten Mißtrauen. Schmidt sei, so der reichlich überzogene Kommentar des »Wall Street Journal«, durch sein Treffen mit Honecker auf einen Weg geraten, auf dem die Bundesrepublik Gefahr laufe, zum »finnlandisierten Vasallen eines totalitären Reiches« zu werden, und die »New York Times« meint, er sei nun kaum noch in der Lage, »die Welt mit klaren Augen zu sehen«.

Doch trotz der »moderaten« Lösung in Polen, die immerhin zu einer Militärdiktatur und über 5000 verhafteten *Solidarnosc*-Anhängern führt, war die Sowjetunion des alternden und zunehmend durch eine fortschreitende Arteriosklerose der Hirngefäße gezeichneten Leonid Breschnew zu sinnvollen diplomatischen Offensiven, mit denen die internationale Lage hätte entschärft werden können, offensichtlich nicht in der Lage. »In dieser kritischen Phase«, so der Militärhistoriker Frank Umbach, »setzten nicht nur das sowjetische Militär, sondern auch die Parteispitzen anstatt

Nicole Hohloch, genannt Nicole:
»Ein bißchen Frieden«

Ein Geschäft mit dem Frieden kann 1982 auch der Schlagerkomponist Ralph Siegel machen. Sein Lied »Ein bißchen Frieden« erklimmt in Deutschland, Österreich, der Schweiz, in den Niederlanden, in Großbritannien, Norwegen und Schweden den ersten Platz der Hitparaden.

24. April 1982. Ein 17jähriges Mädchen in einem gepunkteten Kleid, mit langem Haar und weißer Gitarre betritt eine Bühne der englischen Stadt Harrogate. 22 Tage zuvor, am 2. April 1982, haben argentinische Truppen die unter britischer Oberhoheit stehenden Falklandinseln besetzt. Ein absurder Krieg hat begonnen.

»Ich sing' aus Angst vor dem Dunkeln mein Lied und hoffe, daß nichts geschieht ... Ein bißchen Frieden, ein bißchen Liebe, daß ich die Hoffnung nie mehr verlier ...« Mit ihrem Song für den Frieden, der die allgemeine Kriegsangst der achziger Jahre einfängt, gewinnt Nicole aus Neunkirchen im Saarland für Deutschland den Grand Prix Eurovision de la Chanson Européenne. *Nach 27 Jahren ist sie die erste Deutsche, der das gelingt. Die Sensation ist perfekt, Deutschland im Freudentaumel. Noch im Herbst 1982 wird eine neue Rosenzüchtung nach Nicole benannt.*

Nicole, eigentlich Nicole Hohloch, geboren 1964 in Saarbrücken als Tochter eines Kfz-Gutachters und einer Hausfrau, aufgewachsen mit drei Geschwistern, bleibt auf Erfolgskurs. Während sie 1984 ihr Abitur macht, einen Autoverkäufer heiratet und ihre erste Tochter zur Welt bringt, läuft das Lied »Ein bißchen Frieden«, für sie damals von dem Schlagerproduzent Ralph Siegel geschrieben, in sechs Sprachen übersetzt um den Globus und verkauft sich weltweit viermillionenmal. Die zierliche Saarländerin selbst entwickelt sich zu einer Institution im deutschen Schlagergeschäft. Mit der Neue-Deutsche-Welle-Band Trio, *die 1982 mit »Da da da, ich lieb dich nicht, du liebst mich nicht, aha« einen Welthit gelandet hat, singt sie 1983: »Ich hab' dich doch lieb – muß ich denn erst weinen, damit du's verstehst ...« Auch mit der deutschen Fußballnationalmannschaft veröffentlicht sie eine Single. 53mal nimmt sie ab 1982 an der »ZDF-Hitparade« teil. Und immer wieder will das Publikum ihren alten Grand-Prix-Titel hören. 2005 gewinnt »Ein bißchen Frieden« den 1. Platz eines Schlagermarathons des Südwestdeutschen Rundfunks als »schönster deutscher Schlager« vor 554 anderen Titeln.*

auf eine konstruktive Politik mit dem Westen vielmehr auf die westliche Friedensbewegung.« Am 12. Dezember 1979 hatte die NATO ihren Doppelbeschluß förmlich verabschiedet. Ende November 1980 war mit nicht unerheblicher Unterstützung der Deutschen Kommunistischen Partei (DKP) der sogenannte Krefelder Appell ins Leben gerufen worden, den bis zum Herbst 1983 immerhin 4,7 Millionen in der Regel keineswegs DKP-nahe Gegner des Doppelbeschlusses unterzeichneten, unter ihnen der ehemalige Bundeswehrgeneral Gert Bastian und das Grünen-Gründungsmitglied Petra Kelly sowie eine große Anzahl vor allem evangelischer Christen.

Auf dem Kirchentag in Hamburg versammeln sich am 20. Juni 1981 100 000 Friedensdemonstranten. Am 10. Oktober 1981 demonstrieren 250 000 Menschen im Bonner Hofgarten gegen Doppelbeschluß und Nachrüstung, nachdem sich Schmidt kurz zuvor in Washington von Ronald Reagan hatte sagen lassen müssen, der Westen solle erst einmal aufrüsten, bevor neue Verhandlungen ins Auge gefaßt werden könnten. Das bedeutete: Ab Herbst 1983 würden in Westdeutschland neue amerikanische Raketen aufgestellt werden. Es war die größte Friedensdemonstration, die die Bundesrepublik bis dahin erlebt hatte, und sie stellte selbst die Bewegung gegen die Wiederbewaffnung und den Atomtod aus den fünfziger Jahren weit in den Schatten. Die Friedensbewegung war populär, bis hin zu der Schnulze »Ein bißchen Frieden« der Schlagersängerin Nicole, für die sie 1982 den *Grand Prix d'Eurovision de la Chanson* erhielt, oder zu Nenas erfolgreichem Hit von den »99 Luftballons«, die durchgeknallte Kriegsminister auf ihren Radarschirmen versehentlich als feindliche Objekte ausmachen und unter Beschuß nehmen.

»Nicht der traditionelle Pazifismus« wie in den fünfziger Jahren, so Peter Graf Kielmannsegg, »war das bestimmende Moment in der Friedensbewegung, vielmehr trat in ihr in erster Linie die Legitimationsschwäche der dilemmatischen, zumal für Westdeutschland dilemmatischen westlichen Nuklearstrategie abrupt zutage.« Ähnlich brachte der amerikanische Historiker Miles Kahler in einem Beitrag für die Zeitschrift »Foreign Affairs« die transatlantischen Differenzen auf einen einprägsamen Punkt. Das außenpolitische Denken der Amerikaner, meint Kahler, sei »durchdrungen vom Beispiel München 1938« und daher von tiefem Mißtrauen gegen diplomatische Lösungen getragen. »In Europa hingegen ist viel einprägsamer der Vergleich mit 1914.« Man fürchtete die unkalkulierbare Katastrophe, wie man schon vorher der Sicherheit ziviler Kernkraft zu mißtrauen gelernt hatte. Politische Unbedachtsamkeiten und technische Mängel könnten in einer derart hochgerüsteten Welt jederzeit wie 1914 zu einem ungewollten Inferno führen. Hinzu kamen Ängste, die durch amerikanische Überlegungen über die Gewinnbarkeit eines Atomkriegs ausgelöst wur-

Romy Schneider: Schicksale einer Schauspielerin

1981 spielt Romy Schneider in dem Film »Die Spaziergängerin von Sans-Souci« ihre letzte Filmrolle – eine Doppelrolle. Als die von Romy Schneider angeregte, weitgehend die Zeit der Nazi-Diktatur behandelnde deutsch-französische Filmproduktion im November 1982 in die Kinos kommt, ist die Schauspielerin schon fast ein halbes Jahr tot.

Am 29. Mai 1982 stirbt in Paris im Alter von nur 43 Jahren eine der bekanntesten Charakterdarstellerinnen der 70er Jahre. Sie hat mit Regisseuren wie Luchino Visconti, Orson Welles, Claude Chabrol gearbeitet und zweimal, 1976 und 1979, den begehrten César, das französische Äquivalent zum Oscar, erhalten. Sie hinterläßt ein Lebenswerk von 61 Filmen. Dem deutschen Publikum sind die Filme dieser Frau nahezu unbekannt, bis auf einen: »Sissi«.

Romy Schneider, eigentlich Rosemarie Magdalena Albach, kommt am 23. September 1938 in Wien zur Welt. Früh tritt die Tochter des österreichisch-deutschen Schauspielerehepaars Magda Schneider und Wolf Albach-Retty in die Fußstapfen ihrer Eltern: Bereits mit 14 Jahren – frisch aus dem Internat entlassen – spielt sie in ihrem ersten Film und begeistert das Publikum mit ihrem Charme und ihrer Frische. Mit 16 Jahren wird ihr etwas angeboten, womit sie die Herzen der Deutschen im Sturm erobert: die Rolle der Prinzessin Elisabeth, Tochter von Herzog Maximilian in Bayern, genannt Sissi, der späteren Kaiserin von Österreich. Romy Schneider verkörpert den Traum einer heilen und zugleich glänzenden Welt so perfekt, daß der erste »Sissi«-Film 1955 in der noch jungen, vom Krieg gezeichneten Bundesrepublik mehr Besucher hat als »Vom Winde verweht«, Hollywoods kommerziell erfolgreichster Film. Bereits ein Jahr darauf, 1956, folgt die Fortsetzung »Sissi, die junge Kaiserin«, 1957 der dritte Teil, »Sissi – Schicksalsjahre einer Kaiserin«. Einem vierten »Sissi«-Film verweigert sich die junge Schauspielerin, obwohl »Sissi« inzwischen selbst in den USA, wo die drei Filme in einer einteiligen Fassung unter dem Titel »Forever my Love« laufen, ein Kassenschlager ist.

Statt dessen geht sie ins Ausland – nach Frankreich. Dort entwickelt sie sich zu einer Frau mit Profil und zum Star des französischen Films. Ihr Privatleben verläuft alles andere als glücklich: Ihre Beziehungen scheitern, ihr Sohn verunglückt mit 14 Jahren tödlich. Sie selbst kämpft mit Nierenproblemen, mit Alkohol- und Tablettensucht.

den, der nach dem gegenwärtigen Stand der Dinge ohnehin auf Europa begrenzbar schien. Schmidt hatte letzterem durch seine Initiative zum NATO-Doppelbeschluß entgegenzuwirken versucht.

Doch selbst in den Reihen seiner eigenen Partei stieß er damit zunehmend auf Widerstand. Im Mai 1981 verband Schmidt zum ersten Mal sein politisches Schicksal mit der Unterstützung des NATO-Doppelbeschlusses durch die SPD. Hier hatte sich schon früh Widerspruch geregt, angefangen mit einem Aufsatz Herbert Wehners in der »Neuen Gesellschaft« vom Februar 1979, in dem er die Meinung vertrat, die reale Lage der Bundesrepublik lasse es nicht zu, »mit der vorgeblichen Notwendigkeit zusätzlicher Waffensysteme zu argumentieren und dabei die Gefahr heraufzubeschwören, daß die Bundesrepublik zum Träger solcher zusätzlichen Waffen gemacht würde«. Im Dezember 1980 bezeichnen 150 Mandatsträger der SPD, unter ihnen Heide Simonis und Manfred Coppik, den Doppelbeschluß in einer »Bielefelder Erklärung« als »verhängnisvolle Fehlentscheidung«. Im April 1982 hatte Schmidt auf

Demonstration gegen den NATO-Doppelbeschluß Anfang April 1981 auf dem Bonner Münsterplatz. An diesem Tag berät die nukleare Planungsgruppe der NATO im Bonner Verteidigungsministerium. Die Angst vor einer erneuten Verschärfung des Kalten Kriegs ist groß und wird von vielen geteilt. Die Zeit der ganz großen Friedensdemonstrationen steht allerdings noch bevor.

Zu groß für den Erfolg:
Die AEG geht 1982 in Vergleich

Prostest eines türkischen Mitarbeiters vor dem Werkstor der AEG in der West-Berliner Brunnenstraße. Die AEG steht 1983 vor der Pleite, weshalb auch das Traditionswerk geschlossen werden soll.

Am 9. August 1982 meldet die AEG-Telefunken AG Vergleich an. Der Vergleichsverwalter beziffert die Verbindlichkeiten des Konzerns auf 6,7 Milliarden DM. Ein Konjunktureinbruch und starker Konkurrenzdruck durch Unterhaltungselektronik aus Fernost haben zu hohen Verlusten geführt. 1970 erzielte der Elektrokonzern mit 178000 Mitarbeitern noch einen Umsatz von 8,4 Milliarden Mark. Unternehmen der AEG entwickeln das Schrägspur-Aufzeichnungsverfahren für Videogeräte und das PAL-Farbfernsehsystem, sie bauen den ersten Großcomputer in Deutschland und das erste Atom-Versuchskraftwerk. Aber man setzt mehr auf kreditfinanzierte Zukäufe von Haushaltsgeräte-Firmen wie Zanker, Küppersbusch, Neff und Linde. Die Fremdverschuldung läßt dem Unternehmen kaum noch Spielraum. »Der Fehler der AEG war, daß Größe das einzige Ziel war«, sagt der Historiker und ehemalige AEG-Mitarbeiter Peter Strunk der »Frankfurter Allgemeinen Zeitung«. Für das Vergleichsverfahren bewilligt die Bundesregierung 1,1 Milliarden DM. Im September 1984 überweist der Konzern 350 Millionen DM an die Gläubiger und kann damit den Vergleich erfüllen. Für die AEG wird in Daimler-Benz ein starker Partner gefunden. Daimler-Benz-Chef Edzard Reuter hegt die Vision eines integrierten Technologiekonzerns. Doch trotz der mehr als drei Milliarden Mark, die Daimler in die AEG steckt, fließen niemals Gewinne. Der von Daimler-Benz eingesetzte Sanierer Heinz Dürr berichtet in einem Interview mit dem Wirtschaftsmagazin »brand eins«: »Ein AEG-Vorstand sagte mal zu mir, unsere Schulden, ach, die kriegen wir schon finanziert. Dann habe ich ihm vorgerechnet, daß das nicht geht, denn bei fünf Milliarden Mark Schulden fielen damals 500 Millionen Mark Zinsen an. Bezogen auf zehn Milliarden Mark Umsatz sind das fünf Prozent. Da können Sie nie einen Gewinn erwirtschaften.« Die AEG muß weiterhin Unternehmensteile verkaufen, um liquide zu bleiben. 1996 geht die AEG durch Verschmelzung in die damalige Daimler-Benz AG auf.

dem Münchner Parteitag zwar noch einmal die Unterstützung seiner Partei erhalten, doch wie labil sie war, zeigte unübersehbar die Rede Erhard Epplers auf der Friedenskundgebung im Bonner Hofgarten vom Oktober 1981, die er mit voller Unterstützung des Parteivorsitzenden Willy Brandt halten konnte.

Ein »Meilenstein des Abstiegs«, so Hans Apel, war jedoch ein Interview, das Oskar Lafontaine am 15. Juni 1982 dem »Stern« gab. »Helmut Schmidt spricht weiter von Pflichtgefühl, Berechenbarkeit, Machbarkeit, Standhaftigkeit«, so Lafontaine. »Das sind Sekundärtugenden. Ganz präzis gesagt: Damit kann man auch ein KZ bauen.« Der Schuß unter die Gürtellinie endete mit der Forderung, die SPD müsse »raus aus der Regierung in Bonn. So wie die Dinge liegen, ist Regeneration der Partei nur in der Opposition möglich.« Auch wegen des NATO-Doppelbeschlusses, der, so Lafontaine, eine Situation herbeigeführt habe, in der wir »drauf und dran« seien, »unfreiwillig in einen atomaren Holocaust hineinzuschlittern«. Lafontaine geht sogar so weit, der Bundesrepublik den Austritt aus dem Bündnissystem der NATO nahezulegen. Es war seine eigene Partei, die Schmidt zunehmend den Boden unter den Füßen wegzog.

Hinzu kamen wirtschaftliche Probleme. Ende 1981 war die Zahl der Arbeitslosen infolge einer weltwirtschaftlich bedingten Rezession auf fast 1,4 Millionen gestiegen. Bereits im August dieses Jahres hatte Hans-Dietrich Genscher in einem später als »Wendebrief« bezeichneten Schreiben an die Mitglieder seiner eigenen Partei die These vertreten, das Land stehe an einem »Scheideweg« wie zu Zeiten des Aufbaus nach dem Weltkrieg. Die »Anspruchsmentalität« der Westdeutschen müsse gebrochen werden, wenn die Wirtschaft wieder in Gang kommen solle. Im September 1982 legt Wirtschaftsminister Otto Graf Lambsdorff mit einem Memorandum nach, das eine 180-Grad-Wendung zu einer wirtschaftsliberalen, fast ausschließlich angebotsorientierten Politik fordert und vom Bundeskanzler zu Recht als unvereinbar mit der Regierungspolitik zurückgewiesen wird. Die Vorschläge des Wirtschaftsministers, so Schmidt, bedeuteten eine »Abwendung vom demokratischen Sozialstaat und eine Hinwendung zur Ellenbogengesellschaft«. Doch Lambsdorff will den Bruch um jeden Preis. Am 1. Oktober 1982 wird Helmut Schmidt durch ein konstruktives Mißtrauensvotum mit Hilfe des bisherigen Koalitionspartners FDP gestürzt und Helmut Kohl von der CDU zum neuen Bundeskanzler einer christlich-liberalen Koalition gewählt. »Die Geschichte hat ihm übel mitgespielt«, kommentierte Henry Kissinger respektvoll Schmidts freien Fall, »weil sie ihm nicht die große Chance gab, die seinem Talent entsprochen hätte.« Die Bundesrepublik, will er damit aber auch sagen, hatte mit Schmidt eine Führungsfigur von historischem Format verloren.

KONSERVATIVE WENDE

Der Aufstieg Helmut Kohls

Als die CDU im März 1983 nach vorgezogenen Neuwahlen zum Bundestag mit 48,8 Prozent der Stimmen das zweitbeste Ergebnis ihrer Geschichte erhält und Helmut Kohl, im Herbst des Vorjahres durch ein konstruktives Mißtrauensvotum gegen Helmut Schmidt Kanzler geworden, in seinem Amt bestätigt wird, reagiert die Times mit einem bemerkenswerten Kommentar. »Die Wahl von Dr. Helmut Kohl, im vergangenen September noch eine Witzfigur aller Kabarettisten, beweist, daß in der westdeutschen Demokratie jeder Kanzler werden kann«, so das Londoner Blatt, doch »sechs Monate später, nachdem er zum zweiten Mal als Kanzler durch den Bundestag bestätigt wurde«, habe »der Witz seine Schärfe verloren.« Tatsächlich sollte er das Land sechzehn Jahre regieren und damit die lange Amtszeit Konrad Adenauers noch um zwei Jahre übertreffen. Als Kanzler, dessen politischem Geschick die Einheit Deutschlands 1990 ihre entscheidenden Impulse verdankt, gelingt es ihm, Geschichte zu schreiben wie einst Otto von Bismarck, allerdings nicht mit »Eisen und Blut«, sondern mit den Mitteln großer Diplomatie und demokratischer Weitsicht.

Helmut Kohl war von Anfang an der am meisten unterschätzte Kanzler der Bundesrepublik. Zu Beginn seiner Amtszeit im Herbst 1982 sah das Hamburger Magazin »Stern« in ihm kaum mehr als das politische Leichtgewicht eines »Zwei-Zentner-Nichts«. Anfang 1982 waren in der satirischen Zeitschrift »Titanic« zum ersten Mal Karikaturen über Kohl mit dem Titel »Birnes Abenteuer« zu sehen gewesen, und im November, nach dem Mißtrauensvotum gegen Helmut Schmidt, titelte das Frankfurter Witzblatt: »Birne muß Kanzler bleiben«. Die Bezeichnung »Birne« für Helmut Kohl machte seitdem ihre Lachrunde. Was die wenigsten Deutschen wußten, war die historische Anspielung, die in diesem Namen lag. »Birne« nannten die Franzosen der 30er Jahre des 19. Jahrhunderts bereits ihren »Bürgerkönig« Louis Philippe, der für sie in perfekter Weise durch Statur und Habitus das neue *juste milieu*, die bürgerliche Mittelmäßigkeit nach der Julirevolution, verkörperte.

Linke Seite: Die konservative Wende beginnt 1982 mit einem erfolgreichen konstruktiven Misstrauensvotum gegen Bundeskanzler Helmut Schmidt. Anschließend gratuliert dieser gefaßt dem neuen Kanzler Helmut Kohl.

Kohl, ein »Mr. Anybody«, wie die »Times« schrieb, der zudem nach den Worten seines Biographen Jürgen Busche »ein Fehlen von intellektueller Selbstkontrolle bei der Formulierung der Sätze und Wahl der Bilder« an den Tag legte, »wie es in der öffentlichen Rede bis dahin unvorstellbar gewesen war«, schien eine perfekte Reinkarnation dieses Typus zu sein. Er war, so die britische Korrespondentin Patricia Clough, von einer »überdurchschnittlichen Durchschnittlichkeit«, dabei allerdings »kein normaler«, sondern »ein ganz außergewöhnlicher durchschnittlicher Deutscher«, laut SPD-Pressedienst vom Herbst 1982 der Prototyp eines »eitlen, linkischen Provinzpolitikers«, kaum mehr als ein »Übergangskanzler«. Doch Mr. Anybody mit seinem Pfälzer Akzent hatte die vorgezogene Bundestagswahl im März 1983 überlegen gewonnen. »Dr. Kohls onkelhafte Konzilianz und sein selbstgefälliger Provinzialismus«, so eine nachdenklich gewordene »Times«, »mögen bei Intellektuellen und Kabarettisten vielleicht nie gut ankommen«, mit dem massiven Wahlsieg im Rücken allerdings sei er »jetzt Kanzler aus eigener Kraft«. Er sollte es für eine ungewöhnlich lange Zeit bleiben.

Überall in den großen europäischen Ländern waren die Regierungen abgewählt worden, die während der Turbulenzen der Siebziger die Macht innehatten und die man jetzt für eben diese Erfahrungen verantwortlich machte. In Großbritannien herrschte Margaret Thatcher, die dem Land ein ideologisch begründetes Programm des strammen Neoliberalismus verordnete, und in Frankreich François Mitterrand, der mit Hilfe der Kommunisten als Kandidat einer Linksunion in den Élysée-Palast eingezogen war und anfangs das genaue Gegenteil wollte, nämlich »den Kapitalismus« überwinden. Doch Mitterrand mußte sich schon bald grundlegend revidieren. Ganz Europa war, unter anderem eine Folge des durch den Sturz des Schahs im Iran ausgelösten erneuten Anstiegs der Erdölpreise, 1980/81 von den Folgen einer weltweiten Rezession erfaßt worden. Es war die erste wirklich globale Weltwirtschaftskrise seit der Großen Depression in der Zwischenkriegszeit. Die meisten Menschen allerdings erklärten sie sich noch immer mit den Einflüssen ihrer nationalen Politik.

Kohl stand dem Lager der Konservativen Partei Margaret Thatchers natürlich weit näher als dem des Sozialisten François Mitterrand, doch ihr persönliches politisches Programm wird auf seinen aus der Regierung Helmut Schmidt übernommenen Wirtschaftsminister Otto Graf Lambsdorff vermutlich mehr Eindruck gemacht haben als auf ihn selbst. Thatcher war radikal, für sie galt, so Tony Judt, »der Klassenkampf, zeitgemäß aktualisiert«, als »der eigentliche Inhalt der Politik«. Helmut Kohl dagegen verstand sich als prädestinierter Repräsentant der politischen Mitte und des von der militanten Britin zutiefst verabscheuten Durchschnittswählers.

Machtübergabe im Bonner Bundeskanzleramt am 1. Oktober 1982. Helmut Schmidt hält seine Abschiedsrede als Bundeskanzler. Links sein durch ein konstruktives Mißtrauensvotum an die Macht gekommener Nachfolger Helmut Kohl.

Er wollte der Normalität bürgerlichen Lebens gegen die Meinungsdominanz linker Minderheiten und »hochbezahlter« Leute, die »in der Bundesrepublik Pessimismus und Weltuntergangsstimmung« verbreiten, wieder zu ihrem Recht verhelfen, ohne zu sehr mit dem Rasiermesser ansetzen zu müssen. Paradoxerweise, meinte die konservative Tageszeitung »Le Figaro«, werde ihn seine Vorstellung von einem »Europa der Nationen« und sein »Sinn für Geschichte« bald eher »näher an Mitterrand heranrücken lassen«. Das Pariser Blatt sollte damit recht behalten. Ausdrücklich hatte er in seiner ersten Regierungserklärung angekündigt, »neue Wege zur Einigung Europas« zu eröffnen.

Diese Positionen waren der Schlüssel zu einem einzigartigen Erfolg, der bereits früh mit seinem Aufstieg in der CDU begann. »Der Herr Kohl«, meinte der alte Konrad Adenauer, als der gerade einmal 36jährige 1966, seit drei Jahren Fraktionsvorsitzender im Mainzer Landtag, zum neuen Vorsitzenden der rheinland-pfälzischen CDU gewählt wurde, sei zwar eine »andere Generation, aber keine unsympathische Generation«. Kohl umwarb den Alten von Rhöndorf in dessen letzten Lebensjahren regelrecht, und er betrachtete sich immer als dessen legitimer Enkel, als »Adenauer-Schüler«, wie der »Rheinische Merkur« schrieb, besonders auch in Fragen der deutsch-französischen Verständigung. Er hatte die Zeremonie der Vereidigung zum neuen Bundeskanzler am 5. Oktober 1982 kaum hinter

Die Gebrüder Albrecht: Die Discount-Idee aus Essen/Ruhr

Wenn einmal im Jahr das US-Magazin »Forbes« eine Liste der reichsten Männer der Welt veröffentlicht, gehören zwei Brüder aus Essen immer zu den ersten 25 Einträgen: Karl und Theo Albrecht. »Forbes« behauptet zu wissen, daß sie 2007 über 37 Milliarden Dollar besitzen. Ein wenig mehr Umsatz machen ihre Läden pro Jahr: Um die 20,6 Milliarden Euro, die sie in mehr als 3700 deutschen und rund 2600 Auslandsfilialen einnehmen.

Die Albrechts stammen aus Essen. Dort wird Karl Albrecht 1920 geboren, sein Bruder Theodor Paul (»Theo«) 1922. Im Arbeiterviertel Schonnebeck betreibt ihre Mutter Anna seit 1913 einen 35 Quadratmeter kleinen Lebensmittelladen. Der Vater hat im Bergwerk gearbeitet, bis er aufgrund seiner Staublunge ausscheiden muß und Hilfsarbeiten in einer Brotfabrik verrichtet.

Zu Beginn des Zweiten Weltkriegs werden beide Brüder zur Wehrmacht eingezogen. Nach ihrer Rückkehr aus Krieg und Gefangenschaft übernehmen sie den Laden der Mutter und expandieren. 1982 teilt Anna Albrecht Reportern des »Stern« ihre Lebenserfahrung mit: »Je schlechter es den Leuten geht, desto besser geht es uns.« Den Albrechts geht es schon bald sehr gut. 1950 haben sie bereits 13 Filialen, 1960 ist ihre Zahl auf 300 angestiegen.

1975 erreichen sie die 1000er-Marke. Ihre Geschäftsidee ist, den damals gesetzlich erlaubten Rabatt von drei Prozent bei den noch preisgebundenen Markenartikeln von vornherein vom Preis abzuziehen. Außerdem ist das Warensortiment reduziert. Sie streichen teure Reklame und Frischwaren aus dem Programm. Die Verkaufsfläche der Läden ist verhältnismäßig klein. Die gesparten Kosten werden an die Kunden über den Preis weitergegeben.

Die Brüder zerstreiten sich Anfang der 60er Jahre über die Frage, ob Tabakwaren ins Sortiment gehören oder nicht. So entschließen sie sich 1961, den Konzern in eine Aldi-Nord- und eine Aldi-Süd-Gruppe zu teilen. Karl regiert im Süden, Theo im Norden. Die beiden Konzerne sind freundschaftlich verbunden und treten gelegentlich gemeinsam auf. Rechtlich, organisatorisch und seit 1966 auch finanziell sind beide jedoch völlig unabhängig. Wie nah sich die Brüder – die sich nie in der Öffentlichkeit zeigen – sind, wird deutlich, als 1971 Theo Albrecht entführt wird. Sein Bruder Karl führt im Namen der Familie die Verhandlungen mit den Entführern.

sich, als er auf Anraten des neuen und alten Außenministers Hans-Dietrich Genscher Stunden später im Flugzeug saß, um in Paris François Mitterrand seine erste Aufwartung zu machen, der seinetwegen eigens einen geplanten Staatsbesuch verschob.

In Frankreich herrschte damals unter dem sozialistischen Premierminister Pierre Mauroy bis zum Juli 1984 noch eine rot-rote Regierung. Darüber war man in Amerika ziemlich beunruhigt, doch Helmut Kohl handelte hier im Geist der historischen Langzeitvisionen Adenauers entschlossen als deutscher und europäischer Staatsmann. Für viele war das eine erste Überraschung.

Anderes in seiner ersten Regierungserklärung nach dem Sturz von Schmidt war es weniger. »Die schweren materiellen Probleme, vor denen wir stehen«, meinte er belehrend an Parlament und Öffentlichkeit gerichtet, seien »nur zu lösen, wenn wir uns den geistig-moralischen Herausforderungen unserer Zeit stellen«. Als sei die Ära Brandt-Schmidt so etwas wie eine neue Weimarer »Systemzeit« gewesen, behauptete er, die Grundursachen gegenwärtiger Zukunftsängste seien in »einer seit über einem Jahrzehnt betriebenen Verunsicherung im Verhältnis zu unserer Geschichte« zu suchen, »zu unseren grundlegenden ethischen Werten und sozialen Tugenden, zu Staat und Recht und

Nach seinem Rücktritt als Kanzler behält Willy Brandt bis zum Jahr 1987 das Amt des SPD-Vorsitzenden. Hier unterhält er sich im Juni 1980 auf dem Bundeskongreß der Jungsozialisten in Hannover mit deren Vorsitzendem Gerhard Schröder.

letztlich auch in einer Verunsicherung in unserem nationalen Selbstverständnis«. Er wollte, meint der amerikanische Historiker Harold James, im Grunde »die kollektive Erinnerung an die sechziger Jahre aus dem Bewußtsein der Deutschen tilgen« und damit gewissermaßen ein *roll-back* des westdeutschen »Normalbürgers« einleiten. Vieles bei Kohl, so der »Spiegel«-Autor Jürgen Leinemann, hörte sich an »wie ein Leben im Heimatfilm: Wärme, Zuversicht, Optimismus, Kindersegen und ein Volk in der Pflicht«. Das meiste davon erwies sich allerdings als ein eher aussichtsloser Kampf gegen die Windmühlen des Zeitgeists.

Kohl glaubte vielleicht tatsächlich, wie Mitterrands Berater Jacques Attali kolportiert hat, mit Hilfe der Medien, der Friedensbewegung, Teilen der SPD und der Grünen sei im Land eine sowjetisch geführte Kampagne im Gange mit dem Ziel, Deutschland aus der westlichen Staaten- und Wertegemeinschaft herauszulösen. »Seines Erachtens«, so noch einmal Harold James, »befand sich Deutschland in einer ähnlichen Situation wie Anfang der fünfziger Jahre, als es eine starke Spannung zwischen Ost und West gegeben und die SPD sich der Westintegration widersetzt hatte.« Auch hier also war eine Rückbesinnung auf die Tradition Konrad Adenauers das Gebot der Stunde. Dazu gehörte für den Kanzler vor allem, wie er später immer wieder betonte, ein »klares Ja« zur Umsetzung des NATO-Doppelbeschlusses einschließlich des Beginns der Stationierung von Pershing-Raketen und Marschflugkörpern ab 1983 auf dem Territorium der Bundesrepublik. Andernfalls, so Kohl, wäre die NATO, der »Kernpunkt deutscher Staatsräson«, in eine tiefe Krise geraten, »möglicherweise sogar auseinandergefallen«, und die Amerikaner hätten sich die Frage gestellt, »ob wir noch ein zuverlässiger Partner sind«. Helmut Schmidt hatte das im übrigen, bei aller Kritik an den Unberechenbarkeiten und Zumutungen amerikanischer Politik, kaum anders gesehen.

Helmut Kohl gewann mit solchen Positionen im März 1983 auf dem Höhepunkt der Friedensbewegung überzeugend die Bundestagswahl. Über siebzig Prozent der Westdeutschen sprachen sich laut Umfragen zu dieser Zeit für eine weitere Präsenz amerikanischer Truppen in ihrem Land aus, selbst wenn etwa die gleiche Zahl die Stationierung neuer Raketen eher ablehnte. Im Grundsatz, der Erhaltung der NATO und des Bündnisses mit den USA aber, waren die meisten mit Kohl einer Meinung, auch wenn die Hoffnung auf einen wirtschaftlichen Aufschwung für das Gros der Wähler eine entscheidendere Rolle gespielt haben dürfte.

»Weg von mehr Staat, hin zu mehr Markt«, hatte er in seiner ersten Regierungserklärung gefordert, »weg von verkrusteten Strukturen, hin zu mehr Beweglichkeit, Eigeninitiative und verstärkter Wettbewerbsfähigkeit.« Finanzminister Gerhard Stoltenberg verordnete einen strikten

Die A.G. »Weser« wird 1983 geschlossen: Warum Hans Koschnick die Tränen kommen

Im September 1976 wird von der A.G. »Weser« in Bremen der Supertanker »Bonn« mit 393 000 tdw an eine Tochter der Reederei Hapag Lloyd übergeben. Mit 373 Meter Länge, 64 Meter Breite und 28 Meter Seitenhöhe ist dieses Schiff für weniger als einen Monat das größte jemals unter deutscher Flagge fahrende Tankschiff. Insgesamt werden sechs Exemplare dieser Größenordnung von der A.G. »Weser« Werft in Bremen gefertigt.

1983 wehen auf der Werft A.G. »Weser« des Krupp-Konzerns in Bremen-Gröpelingen schwarze Fahnen. Auf Transparenten steht: »Die Werft wird 140 Jahre alt – Killer machen sie jetzt kalt«. Die Belegschaft besetzt am 19. September 1983 die Werft. Auf einer Streikversammlung beschimpfen die Schiffbauer den Bremer Bürgermeister Hans Koschnick als Arbeiterverräter. Vor allem Betriebsratsvorsitzender Hans Ziegenfuß, langjähriges SPD-Mitglied, macht Druck. Unvergeßlich bleibt vielen Sozialdemokraten die Szene, in der Ziegenfuß wütend und enttäuscht sein Parteibuch an Koschnick zurückgibt. »Ich hab', damit es vollständig ist, vorher noch die letzten Marken eingeklebt, aber ich geb' dir hiermit mein Parteibuch zurück und lege meine Mandate nieder.« Koschnick bricht vor den Fernsehkameras in Tränen aus.

Ende der siebziger Jahre wird der Schiffbau in Bremen und Bremerhaven immer unbedeutender. Die Koreaner und Japaner dominieren den Markt. An der Weser stirbt, wie überall an der Küste, die lange Jahre bedeutendste Industrie. In den 1960er und 1970er Jahren waren an der Weser in Rekordzeiten noch riesengroße Öltanker entstanden. 1968 hat die Werft in einen Schiffbau-Helgen mit einer Länge von 375 Metern investiert. Dadurch ist die A.G. »Weser« in der Lage, Schiffe bis zu 400 000 tdw (tons dead weight/Ladetonnen) zu bauen. Dem Werftvorstand liegen Studien über bevorstehende weltweite Überkapazitäten der Tankerflotte und des Tankerbaus vor. Trotzdem erfolgt zwischen 1973 und 1975 ein weiterer Investitionsschub von knapp 120 Mio. DM, der die Werft weiter auf den Großtankerbau ausrichtet. Die Ölkrise führt zu einem Rückgang der Neubauaufträge. Nach einer Wirtschaftlichkeitsuntersuchung verständigen sich die Vorstände der Bremer Werften auf Druck der Landesregierung auf eine Neustrukturierung des Schiffbaus in Bremen und Bremerhaven: Die Werft A.G. »Weser« soll geschlossen werden. Am 31. Dezember 1983 schließt die Großwerft für immer ihre Tore. Die letzten 2000 Mitarbeiter werden entlassen.

Wolfgang Petersen bei den Dreharbeiten zu dem Film »Die Stadt im Tal«. Der Film wird 1975 überwiegend an Originalschauplätzen, vor allem in Monschau/Eifel, gedreht. 1982 gelingt Petersen mit dem Fernsehfilm »Das Boot« der weltweite Durchbruch als Regisseur.

Der Filmregisseur Wolfgang Petersen: Von der Eifel nach Hollywood

Das Drehbuch stammt von Bernd Schroeder. Es ist das zweite verfilmte Buch des späteren Ehemanns von Elke Heidenreich. Der Film wird vorwiegend in Monschau/Eifel gedreht. Allerdings ist diese »Stadt im Tal« für den Fernsehfilm des WDR frei erfunden. Dagegen sind ihre sozialen Strukturen, ihre kommunalen Probleme und die politischen Auseinandersetzungen der Wirklichkeit der frühen siebziger Jahre entlehnt. Das fiktive Lugtal ist das Modell einer Kleinstadt jener Jahre. Die Figuren und die Handlung spiegeln die Zeit eines politischen Aufbruchs und heftiger gesellschaftlicher Auseinandersetzungen wider. Sie entzünden sich in dem Film »Die Stadt im Tal«, der 1974 als Zweiteiler ins Fernsehen kommt, an einem Wohnungsbauprojekt der alteingesessenen Grafenfamilie, gegen das sich aus Gründen des Umweltschutzes, der da noch mehr ein Naturschutz ist, engagierte Bürger ebenso auflehnen wie gegen die Kahlschlagsanierungspolitik des Bürgermeisters in der Altstadt.

»Die Stadt im Tal« ist nicht die berühmteste Arbeit von Wolfgang Petersen für das Fernsehen. Aber sie zeigt schon all die handwerkliche Perfektion und dramaturgische Kraft, die seine Filme ausstrahlen. Petersen wird 1941 im ostfriesischen Emden geboren und wächst in Hamburg auf. Nach seinem Abitur arbeitet er von 1960 bis 1964 als Regieassistent und später auch als Regisseur und Schauspieler am Hamburger Ernst-Deutsch-Theater. Er studiert zwei Jahre Theaterwissenschaften an der Universität Hamburg, ehe er 1966 für weitere vier Jahre an die Deutsche Film- und Fernsehakademie nach Berlin geht.

Petersen macht in den siebziger Jahren den »Tatort« zur Institution. Er setzt die Ideen von Drehbuchautor Wolfgang Menge in mehreren Filmen wie »Smog« oder »Vier gegen die Bank« um. In Jürgen Prochnow findet er den idealen Darsteller. Gemeinsam werden sie 1981 mit »Das Boot« einen der größten Erfolge des deutschen Films feiern. Neben mehreren Oscar-Nominierungen erhält Petersen für »Das Boot« auch den Preis der Director's Guild of America *und wird für den* Golden Globe *nominiert.*

Sparkurs der öffentlichen Haushalte, Kohl kürzte publikumswirksam sein Gehalt und das seiner Minister um fünf Prozent und setzte Einschnitte bei der Arbeitslosenversicherung, dem Kindergeld und anderen sozialen Leistungen durch. Doch trotz spürbarer Erfolge, die sich im Anstieg des Bruttosozialprodukts bereits 1983 bemerkbar machten, waren das kaum langfristig angelegte Strategien zur Behebung der seit Anfang der siebziger Jahre zunehmend sichtbar gewordenen strukturellen Krise. »Kohl«, so eine zugespitzte These von »Spiegel«-Autor Gabor Steingart, hatte mit populistisch sicherem Blick auf die öffentliche Meinung »ein paar schnelle Etatkürzungen mit Reformen verwechselt«. Vor allem aber, meint Steingart, hatte er seine ganze politische Kraft hauptsächlich in den eigenen Aufstieg investiert und sich damit für weiterreichende wirtschaftspolitische Ziele fast verausgabt.

Kohl war gewissermaßen im Glück, was den unerwartet positiven Einfluß der weltwirtschaftlichen Entwicklung betraf. Der Preisverfall beim Erdöl, den Henry Kissinger bereits Mitte der siebziger Jahre als mittelfristiges Ergebnis einer neuen Konsumorientierung der erdölexportierenden Staaten vorausgesagt und geradezu strategisch eingeplant hatte, zeigte Mitte der achtziger Jahre seine volle Wirkung. Er bewirkte für die Westdeutschen einen Kaufkraftschub von 40 Milliarden DM und kam damit, so Manfred Görtemaker, »einem gigantischen Konjunkturprogramm gleich, dessen Umfang in der Geschichte der Bundesrepublik beispiellos war«. Schon 1985 betrachteten 55 Prozent der Westdeutschen, lange verunsichert, laut einer Allensbach-Umfrage das kommende Jahr wieder mit Zuversicht und Hoffnung. »Der versprochene wirtschaftliche Aufschwung ist eingetreten«, kommentiert die »Zeit« Anfang März des Jahres, »der Export floriert, das Wachstum steigt, die Inflation ist niedrig.« Die Neuverschuldung der öffentlichen Haushalte war sogar um ein Drittel gesunken. 1986 steigt die Bundesrepublik mit einem Handelsüberschuß von 110 Milliarden DM knapp hinter den USA zur zweitstärksten Handelsnation der Welt auf.

Um ein Haar wäre Helmut Kohl schon 1976 Kanzler geworden. 1973 prognostizierte ihm das »Time Magazine« mit den Worten, Kohl gehöre jetzt schon zu den Führungskräften, »die das Jahrhundert verändern können«, eine glänzende Zukunft. Und selbst Günter Gaus hatte ihm Jahre zuvor bescheinigt, der »oft noch ungestüme, manchmal bullig wirkende Pfälzer« sei wie kein zweiter dazu geschaffen, »den ersten wirklichen Generationswechsel in der Union personell zu markieren«. 1972 war Rainer Barzel mit seinem Mißtrauensvotum gegen Willy Brandt gescheitert und mit ihm vorerst jeder Versuch, durch absolute Mehrheiten und gegen die FDP an die Macht zu kommen. Das war die Stunde Helmut Kohls. Im Juni

1973 wurde er zum neuen Bundesvorsitzenden der CDU gewählt, im Juni 1975 zum Kanzlerkandidaten. Er unterlag bei den Bundestagswahlen vom Oktober 1976 mit beachtlichen 48,6 Prozent. Es war das beste Ergebnis für die Union seit Adenauers großem Wahlsieg von 1957.

Helmut Kohl gab nicht auf. Schon in all den Jahren zuvor hatte er beharrlich daran gearbeitet, sich in der CDU eine Hausmacht aufzubauen. Dabei legte er ein großes Gespür für ungewöhnliche politische Talente an den Tag, die er förderte und damit zu persönlicher Loyalität ihm gegenüber verpflichtete, unter ihnen Kurt Biedenkopf, Heiner Geißler, Bernhard Vogel, Norbert Blüm, Richard von Weizsäcker und Roman Herzog. Weizsäcker mit seinem kosmopolitischen und liberalen Image galt ihm als ideales Bindeglied zu FDP-Kreisen, Biedenkopf, ein Ludwigshafener wie Kohl selbst und bereits mit 35 Jahren Rektor der Bochumer Ruhr-Universität, sollte mit seinem intellektuellen Format als Generalsekretär die Reform der Union zu einer modernen Partei der Mitte vorantreiben. Das war in Kohls Augen vor allem auch deshalb notwendig, weil die CDU Anfang der siebziger Jahre unter dem Einfluß ihrer Frontstellung gegen Entspannungspolitik und Ostverträge immer mehr in die Richtung einer politischen Rechtspartei abdriftete. Auch pauschale Sozialismusverdächtigungen gegenüber den CDU-Sozialausschüssen vor allem seitens des konservativen Hessen Alfred Dregger paßten in diese Tendenz.

»Die CDU ist keine Richtungspartei«, verkündete Biedenkopf daher 1973 in einem programmatischen Artikel für die »Zeit«, »sondern eine Volkspartei. Ihre Zukunft hängt von ihrer Fähigkeit ab, Volkspartei zu bleiben.« Er hatte seinen Beitrag für die Hamburger Wochenzeitung ausdrücklich mit dem Titel »Eine Strategie für die Opposition« versehen und ein »Zurück zu den Grundsätzen« gefordert, denn sowohl ihm als auch Kohl war klar, daß die CDU von ihrem hohen Roß als prädestinierte Staatspartei der Bundesrepublik herunterkommen mußte, um sich in der Opposition regenerieren zu können. Sie hatte diese Rolle zuletzt beim Mißtrauensvotum gegen Willy Brandt spielen wollen und war damit gescheitert. Kohl und Biedenkopf verordneten ihr jetzt einen Durchhaltekurs und die Öffnung gegenüber neuen Themen. Die Union, so der Generalsekretär, die in den sechziger Jahren deshalb abgewählt worden sei, weil sie keine »eigene politische Philosophie« entwickelt habe, müsse in Zukunft eine »Sprache der Mitte« entwickeln und sich neuen Themen wie Umwelt, Technik, sozialen Diensten und der Dritten Welt öffnen. Im übrigen sei die Ostpolitik bereits »weitgehend vollzogen und international anerkannt«, was den eher rechtsgerichteten Fraktionsvorsitzenden Karl Carstens zu scharf formulierten Bedenken veranlaßte. Dennoch gelang es Biedenkopf, Kohl dem CDU-Bundesvorstand erfolgreich als Kandidaten für die Bundestagswahl

1976 vorzuschlagen und sich damit vor allem gegen die CSU und ihren Kandidaten Franz Josef Strauß durchzusetzen.

Rivalen im konservativen Lager: Franz Josef Strauß (links) und Helmut Kohl beim vertrauten Gespräch in Brotzeitatmosphäre 1984. Beim langen Kampf um die Macht ist Kohl schließlich der Sieger gewesen. Was niemand erwartet: Strauß ist schnell bereit, sich Kohls Politik einer »Koalition der Vernunft« im Verhältnis zur DDR anzuschließen.

Kaum war die Wahl vorbei, drohte die CSU auf einer Klausurtagung in Wildbad Kreuth im November 1976 mit einer Trennung von der »Kohl-Partei« und kündigte die seit 1949 bestehende Fraktionsgemeinschaft auf. Bereits seit Beginn des Jahres hatte es eine »Aktionsgemeinschaft Vierte Partei« gegeben, deren Ziele praktisch in einer Ausweitung der CSU auf das gesamte Bundesgebiet bestanden. Jetzt, nach der Wahl, machte Strauß Ernst, weil er der Ansicht war, Kohl habe mit seinem konzilianten Verhalten gegenüber den Ostverträgen einen Wahlsieg verspielt, der sicher gewesen wäre, wenn er selbst kandidiert hätte. Schließlich sei auch Hans Filbinger während des Wahlkampfs in Baden-Württemberg im April mit der polarisierenden Parole »Freiheit oder Sozialismus« erfolgreich gewesen. In diesem Duell trug Kohl den Sieg davon, vorerst, indem er mit einer für Strauß gefährlichen Ausweitung der CDU auf Bayern drohte. Ende November 1976 machte die CSU-Landtagsfraktion den Beschluß von Kreuth rückgängig, und der Landesvorstand erklärte

Das zwischen 1173 und 1188 im Kloster Helmarshausen entstandene Evangeliar Heinrichs des Löwen (*1129/30, †1195) mit seinen 50 ganzseitigen Miniaturen entspricht mit 226 Blättern in Umfang und Format den im Mittelalter üblichen Maßen für ein Evangelienbuch.

Das Evangeliar Heinrichs des Löwen: Eines der teuersten Bücher der Auktionsgeschichte

Am 6. Dezember 1983 wird im Londoner Auktionshaus Sotheby's durch den Bankier Hermann J. Abs in einer Versteigerung für 32,5 Millionen DM das Evangeliar Heinrichs des Löwen durch die Länder Niedersachsen und Bayern, die Bundesrepublik, die Stiftung Preußischer Kulturbesitz sowie private Spenden ersteigert. Das Evangeliar gilt als eine der schönsten und kostbarsten Handschriften des deutschen Mittelalters. Es erhält nach kurzen Präsentationen in einigen Ausstellungen seinen ständigen Standort in der Herzog-August-Bibliothek in Wolfenbüttel. Der Codex ist bis zum Erwerb einer Handschrift des Leonardo da Vinci (Codex Hammer) durch Bill Gates im Jahr 1994 das teuerste Buch der Welt.

Das Evangeliar ist wahrscheinlich 1188 von Heinrich dem Löwen bei den Benediktinermönchen von Helmarshausen, dem künstlerisch führenden Zentrum für Buchmalerei jener Zeit, in Auftrag gegeben worden. Es wird von ihm für den Marienaltar der Braunschweiger Kirche St. Blasius (Braunschweiger Dom) gestiftet.

Wann und auf welchem Weg es den Dom verlassen hat, ist nicht bekannt. Da sich das Evangeliar vermutlich schon im 14. Jahrhundert in der Prager St.-Veit-Kathedrale befindet, kann es ein Geschenk der Welfen an Kaiser Karl IV. (1316–1378) aus dem Hause Luxemburg gewesen sein. König Georg V. von Hannover erwirbt das Evangeliar im Jahre 1861 vom Prager Domkapitel für das Welfenhaus zurück. Als Preußen das Königreich Hannover 1866 annektiert und Georg V. ins Exil nach Österreich gezwungen wird, kommt das Evangeliar nach Schloß Cumberland bei Gmunden in Österreich. Kurz nach dem Zweiten Weltkrieg wird es dem englischen König zum Kauf angeboten.

Fast 40 Jahre bleibt der Aufenthaltsort der Handschrift unbekannt, bis sie im August 1983 dem Londoner Auktionshaus Sotheby's von bis heute unbekannter Seite zur Versteigerung angeboten wird.

ausdrücklich, die CSU sei eine ausschließlich »auf Bayern festgelegte Partei«. Pläne einer vierten Partei rechts von der CDU unter der Führung von Strauß waren damit vom Tisch.

Strauß' Gegnerschaft zu Kohl war es allerdings nicht. Schon kurz nach dem Rücknahmebeschluß ließ er seinen Emotionen vor dem Landesausschuß der bayerischen Jungen Union in München freien Lauf. Kohls politisches Umfeld bestehe aus lauter »politischen Pygmäen«, so Strauß, aus »Zwergen im Westentaschenformat«. Er habe ihn trotz seines Wissens um dessen Unzulänglichkeiten bei der letzten Wahl unterstützt, doch Kohl werde »nie Kanzler werden«, donnerte er dann los. »Er ist total unfähig, ihm fehlen die charakterlichen, die geistigen und die politischen Voraussetzungen. Ihm fehlt alles dafür.« Kohl wurde erst Kanzler, nachdem Strauß 1980 dann doch kandidierte und das schlechteste Wahlergebnis der Union seit 1949 eingefahren hatte. Nach dieser Wahl war Helmut Kohl, so die »Bild«-Zeitung, »der Verlierer, der gewonnen hat«.

Verloren hatten aber auch alle Blütenträume einer absoluten Mehrheit von CDU/CSU. Kohl setzte jetzt ganz auf Verhandlungen mit der FDP, um Helmut Schmidt ablösen zu können. Er wollte für den Erfolgsfall die FDP unbedingt bei der Stange halten, schon aus Gründen der Kontinuität von gewissen Elementen der Regierungspolitik und als Gegengewicht gegen ultrakonservative Kräfte in der eigenen Partei. Bereits zu Zeiten der Großen Koalition, als die CDU noch mit dem Gedanken eines Mehrheitswahlrechts gespielt hatte, das die Liberalen aus dem Parlament geworfen hätte, war er als Freund der FDP aufgetreten. Ein Ausdruck dieser Weitsicht war auch seine Unterstützung Richard von Weizsäckers.

Strauß wollte es nach dem Mißtrauensvotum gegen Schmidt mit sofortigen Neuwahlen versuchen, um nun endlich, angesichts einer durch die Regierungskrise innerlich tief zerstrittenen FDP, durch eine Neuauflage seiner Strategie des »Alles oder nichts« doch noch das Ziel einer absoluten Mehrheit zu erreichen, weil er mit einem gewissen Recht voraussah, daß die Genscher-Partei nach dem Desaster vom September 1982, das prominente Parteiaustritte zur Folge hatte, an der Fünf-Prozent-Hürde scheitern könnte. Tatsächlich lag sie laut Wahlumfragen weit darunter. Doch Kohl, der sich gemeinsam mit Hans-Dietrich Genscher auf eine Überlebensgarantie der Liberalen geeinigt hatte, war der festen Absicht, seinem neuen Partner eine gewisse Zeit zur Regeneration zu verschaffen, und setzte den Termin für Neuwahlen auf den März 1983 an. Es waren aber auch grundsätzliche politische Überlegungen, die ihn zu dieser Taktik veranlaßten. Kohl wollte, so sein Biograph Jürgen Busche, »die Entspannungspolitik der sozialliberalen Koalition leicht modifiziert fortsetzen«. Die CSU hingegen wollte das nicht.

Anti-Aids-Aufklärung im Jahr 1988: Kondom-Tanz von Mitgliedern der Selbsthilfeorganisation »Hydra«. Sie engagiert sich für eine Legalisierung der Prostitution, die im Jahr 2002 erfolgt.

AIDS: Eine neue Krankheit tritt auf

Im Sommer 1981 entdecken Mediziner vom amerikanischen »Center for Disease Control« bei fünf homosexuellen Männern eine seltene Lungenerkrankung. Fast parallel dazu tritt in New York ein bestimmtes Karzinom ungewöhnlich häufig auf. Schon früh wird deutlich, daß von der Krankheit außer homosexuellen Männern vorwiegend Drogenabhängige, Empfänger von Blut und Blutprodukten sowie Kleinkinder von erkrankten Müttern betroffen sind. Diese Verteilung führt schon 1982 zu der Vermutung, daß der Auslöser der neuen Krankheit ein sexuell und parenteral übertragbarer infektiöser Erreger sein muß.

Eine neue Krankheit ist entdeckt. Innerhalb weniger Monate wird als Ursache eine erworbene Immunschwäche erkannt. 1983 isolieren französische Forscher ein Virus für das »Acquired Immunodeficiency Syndrome«. Ab August 1982 wird diese Krankheit unter ihrem neuen Namen »AIDS« geführt. Jahre später wird man die früheste dokumentierte Infektion mit dem AIDS-Erreger anhand 1959 entnommener Blutproben eines Mannes aus Kinshasa (Kongo) nachweisen. Es wird angenommen, daß das Virus einige Jahre zuvor von Affen auf den Menschen übertragen wurde.

In Deutschland wird die Krankheit erstmalig 1982 bei einem Patienten diagnostiziert. Im gleichen Jahr schreckt ein Titel des »Spiegel« die Bevölkerung auf. »Homosexuellen-Seuche« wird sie dort genannt. Zu diesem Zeitpunkt ist AIDS zwar noch eine Erkrankung von Randgruppen. Aber der »Spiegel«-Leser erfährt: Es kann jeden treffen. Die bayerische Landesregierung läßt sich zu einer Überreaktion verleiten. Sie verpflichtet bis 1995 Beamtenanwärter dazu, einen AIDS-Test zu machen.

Am 23. September 1983 wird in Berlin von schwulen Männern und einer Krankenschwester die Deutsche AIDS-Hilfe e. V. gegründet. Zu Silvester 1984 sind in Europa 762 AIDS-Fälle gemeldet. Die jährliche Verdopplung der AIDS-Fallzahlen, die in der Hysterie der achtziger Jahre zu wahnwitzigen Hochrechnungen und Schreckensszenarien führt, gibt es in der Bundesrepublik aber nur von 1984 bis 1987.

Peinlichkeiten und Fehltritte

Öffentlich in Erinnerung geblieben ist aus Kohls erster Regierungszeit allerdings in erster Linie eine Serie von politischen Ungeschicklichkeiten und Fehltritten. Es begann mit einer Spendenaffäre. 1983 veröffentlichten die beiden »Spiegel«-Redakteure Hans-Werner Kilz und Joachim Preuß ein vielbeachtetes Buch mit dem Titel *Die gekaufte Republik*. Dem waren mehrere Titelgeschichten des Hamburger Nachrichtenmagazins vorausgegangen. Es ging um die sogenannte Flick-Parteispenden-Affäre, mit der sich seit Mitte Mai 1983 auch ein Untersuchungsausschuß des Bundestages beschäftigte. Millionensummen waren aus schwarzen Kassen zum Zweck einer konzernfreundlichen »Klimapflege« an die drei großen Parteien geflossen, davon die größten Anteile an CDU und FDP. Ende November kam es zu einer formellen Anklage der Bonner Staatsanwaltschaft gegen den Flick-Manager Eberhard von Brauchitsch und zwei FDP-Politiker, Anfang Dezember wurde auch Bundeswirtschaftsminister Otto Graf Lambsdorff von der FDP unter Anklage gestellt. Am 27. Juni 1984 trat er von seinem Amt zurück. Doch nicht die Anklagen selbst waren der eigentliche Skandal, sondern die Art und Weise, wie die Regierung Kohl damit umging. »In vielen Demokratien«, wunderte sich die britische Korrespondentin Patricia Clough, »würde ein Minister, der in einen ähnlichen Verdacht gerät, meist auf eigenen Wunsch suspendiert werden, bis der Fall geklärt ist.« Nichts dergleichen geschah. Kohl hielt an Lambsdorff fest, bis dessen Rücktritt unausweichlich war. Er leistete sich sogar eine Falschaussage vor dem Untersuchungsausschuß des Mainzer Landtags in Sachen Spendenbeschaffung, die in offensichtlichem Widerspruch zu eigenen Erklärungen vor dem Bundestagsausschuß stand. Sein neuer Generalsekretär Heiner Geißler meinte den Fauxpas herunterspielen zu können, indem er erklärte, der Kanzler habe zu diesem Zeitpunkt möglicherweise einen Blackout gehabt.

Dem Anspruch der Regierung Kohl auf »geistig-moralische« Erneuerung hat das alles andere als gutgetan. Ebensowenig wie das unanständige Treiben, das Verteidigungsminister Manfred Wörner 1983/84 mit dem Vier-Sterne-General und Stellvertreter des Oberbefehlshabers der NATO in Europa, Manfred Kießling, veranstaltete. Kießling wurde nach schlampigen Recherchen des Militärischen Abschirmdienstes (MAD) Homosexualität vorgeworfen, und da man darin ein Sicherheitsrisiko sehen wollte, ging man der Sache weiter nach. Aber anstatt die Angelegenheit diskret zu behandeln, erfuhr die Öffentlichkeit wochenlang, in welchen zwielichtigen Etablissements der General angeblich inkognito seinen Vergnügungen nachgegangen war. Kießling wurde in den Ruhestand versetzt, doch die

Vorwürfe stellten sich bald als Luftblasen heraus, und er mußte rehabilitiert werden. Wörner wurde aber nicht wegen Unfähigkeit in diesem Fall und wegen Rufschädigung eines wichtigen Militärs aus seinem Amt entlassen, sondern bei der nächsten passenden Gelegenheit auf den Posten des NATO-Generalsekretärs nach Brüssel versetzt. Der Bundeskanzler, so konnte die Öffentlichkeit aus diesem Fall lernen, ließ Leute, die persönlich loyal zu ihm standen, nicht fallen, auch wenn das Interesse und das Ansehen der Bundesrepublik das geboten hätten. »Kohls politischer Stil«, so der sarkastische Kommentar der »Süddeutschen Zeitung« nach diesem Ausgang der Affäre, habe sich damit zum Leidwesen der Deutschen »endgültig durchgesetzt«.

Schließlich kam noch das unglückliche Wort von der »Gnade der späten Geburt« hinzu. Es ist immer wieder darauf hingewiesen worden, daß nicht Kohl, sondern Günter Gaus diese Wortwahl zum ersten Mal in der Öffentlichkeit gebrauchte. Doch während sie bei Gaus Nachdenklichkeit darüber verriet, ob er anders nicht auch hätte schuldig werden können, strahlte sie bei Kohl fast Unbekümmertheit aus. Schon François Mitterrand war er kurz nach seiner Wahl zum Bundeskanzler mit den Worten gegenübergetreten, bei Kriegsende sei er gerade einmal fünfzehn Jahre alt gewesen, »zu jung, um in Schuld und Sühne verstrickt zu sein«. Im Januar 1984 trug er das Wort von der »Gnade der späten Geburt« ausgerechnet während eines

Christian Schwarz-Schilling telefoniert am 19. November 1987 als erster mit dem Bildtelefon der Bundespost. Er ist von 1982 bis 1992 Bundesminister für Post und Telekommunikation.

Israel-Besuchs vor die Knesset, das israelische Parlament. Kohl wollte damit wahrscheinlich eine Phase unbelasteter »Normalität« einleiten, doch Irritation ist noch der harmloseste Ausdruck für die internationalen Reaktionen, die auf diesen Auftritt folgten.

Danach folgte »The Bitburg Fiasco«, wie das »Time Magazine« titelte. Am 22. September hatten sich Helmut Kohl und François Mitterrand auf dem Schlachtfeld von Verdun, einem der verlustreichsten Kriegsschauplätze des Ersten Weltkriegs, symbolisch die Hände zur Versöhnung gereicht. Eine vergleichbare Geste wollte er mit dem amerikanischen Präsidenten anläßlich von dessen Deutschlandbesuch zum Weltwirtschaftsgipfel in Bonn im Mai 1985 wiederholen. Ursprünglich hatte Kohl die Idee, am 8. Mai, zum vierzigsten Jahrestag des Kriegsendes, mit Ronald Reagan eine Gedenkfeier auf einem Soldatenfriedhof zu veranstalten, doch Bundespräsident von Weizsäcker machte vehemente Einsprüche geltend. Am Ende wurde der 5. Mai als Termin festgelegt, und zwar auf dem Soldatenfriedhof von Bitburg. Hier lagen allerdings nicht, wie in Verdun, Gefallene beider Seiten, sondern nur deutsche Weltkriegsteilnehmer, unter ihnen solche aus der Waffen-SS. Reagan geriet zu Hause unter massiven Druck, als dies bekannt wurde, und Außenminister George P. Shultz erklärte ihm, Bitburg sei »eine Katastrophe«. Doch Kohl drohte unverhohlen damit, im Fall einer Absage könne Reagan den Sturz seiner Regierung miter-

Bei der Nixdorf AG in West-Berlin werden 1987 BTX-Geräte im Dauerbetrieb getestet. BTX ist eine Kombination von Telefon und Fernsehschirm zu einem schriftgesteuerten interaktiven Online-Dienst.

In seiner Ausgabe vom 28. April 1983 verkündet das Hamburger Magazin auf dem Titel: »Hitlers Tagebücher entdeckt«. Der damalige Chefredakteur des »Stern« Peter Koch, ist bei der Vorstellung des Heftes kaum zu bremsen: »Die Geschichte des Dritten Reiches muß teilweise umgeschrieben werden«, jubelt er.

Der Skandal um die Hitler-Tagebücher: »Eine grotesk oberflächliche Fälschung«

Am 22. April 1983 verkündet das Magazin »Stern« eine Sensation. Es teilt mit, der »Stern«-Reporter Gerd Heidemann habe Adolf Hitlers geheime Tagebücher entdeckt. »Nach der Auswertung der Tagebücher muß die Biographie des Diktators und mit ihr die Geschichte des NS-Staates in großen Teilen neu geschrieben werden«, formuliert das Magazin unbescheiden. Drei Tage später präsentiert die Chefredaktion auf einer international besuchten Pressekonferenz etwa ein Dutzend von insgesamt 60 gebundenen Kladden im DIN-A-4-Format mit Reichsadler, Kordel und Hakenkreuz. Für die Echtheit der mit schwarzer Tinte geschriebenen Aufzeichnungen beruft sich das Magazin auf namhafte Historiker.

Keine zwei Wochen später aber ist vorbei, was mit Geld in Plastiktüten begonnen hat. Nach Untersuchungen u. a. des Bundesamtes für Materialprüfung lautet das vernichtende Urteil, die Tagebücher seien eine »grotesk oberflächliche Fälschung«. Der »Stern« stürzt in eine Ansehens- und Auflagenkrise, von der er sich jahrelang nicht erholt. Der »Stern«-Reporter Heidemann erklärt, er habe die Hefte gegen viel Bargeld von einem Stuttgarter namens Konrad Kujau erhalten, der sie seinerseits aus einer dunklen DDR-Quelle bekommen haben will. Mit der Behauptung, er habe originale Hitler-Tagebücher gefunden, habe der Militaria-Händler das journalistische Interesse des »Stern«-Reporters geweckt.

Stück um Stück liefert Kujau in geheimen Treffen zwischen 1978 und 1983 gefälschte Kladden mit »Hitlers Tagebüchern«. Sowohl Kujau als auch Heidemann wird 1985 wegen Betrugs der Prozeß gemacht. Kujau gibt an, von den 9,3 Millionen Mark, die der »Stern« Heidemann übergeben hat, nur 2,5 Millionen erhalten zu haben. Er wird zu viereinhalb Jahren Haft verurteilt. Heidemann bekommt vier Jahre und acht Monate, weil ihm das Gericht nicht abnimmt, daß er die Millionen komplett an Kujau weitergereicht habe. Konrad Kujau stirbt 62jährig im Jahr 2000 in Stuttgart, Gerd Heidemann lebt später von Sozialhilfe.

leben, die sich gerade erst als treuer Verbündeter in Fragen Nachrüstung erwiesen hatte.

Also blieb es bei Bitburg. Schon 1983 forderte der Fraktionsvorsitzende der CDU, die Deutschen sollten endlich »aus dem Schatten Hitlers heraustreten«. Kohl selbst war es wichtig, wie er immer wieder betonte, nicht wie die 68er »über eine ganze Generation zu Gericht« zu sitzen. So berechtigt das Anliegen sein kann, so schnell konnte es auch in eine Schieflage geraten. Bitburg ist das beste Beispiel dafür, auch wenn Kohl Reagan in letzter Minute noch einen zusätzlichen Besuch des Konzentrationslagers Bergen-Belsen ins gemeinsame Programm schrieb.

Die Koinzidenz des »Bitburg Fiasco« mit dem sogenannten Historikerstreit, der kurz darauf die intellektuelle Öffentlichkeit beschäftigte, war nicht allein zeitlicher Natur. »Die Furcht vor der Anklage der ›Aufrechnung‹ und vor Vergleichen überhaupt«, meinte der Historiker Ernst Nolte Anfang Juni 1986 in einem Artikel für die »Frankfurter Allgemeine Zeitung«, der den Streit auslöste, habe die »einfache Frage« nicht zugelassen, »was es bedeutet haben würde, wenn der damalige Bundeskanzler (gemeint ist Adenauer) sich 1953 geweigert hätte, den Soldatenfriedhof von Arlington zu besuchen, und zwar mit der Begründung, dort seien auch Männer begraben, die an den Terrorangriffen gegen die deutsche Zivilbevölkerung

Über den Gräbern des Soldatenfriedhofs Bitburg reichen sich zwei Weltkriegsveteranen die Hand. Der US-General Matthew Ridgway, Kommandant der 82nd US-Luftlandedivision, und Johannes Steinhoff, im Zweiten Weltkrieg hochdekorierter Kampfflieger.

teilgenommen hätten«. Man überliest solche Sätze schnell, zumal es Nolte in seinem Aufsatz weniger um Bitburg ging als um die Frage, ob Stalins Archipel Gulag nicht »ursprünglicher« und das »logische und faktische« Prius von Auschwitz gewesen sei und ob nicht ein »kausaler Nexus« zwischen beiden bestehe, bei dem Stalin die Rolle eines Inspirators für Hitler gespielt habe.

Das war eine wissenschaftlich kaum haltbare These, die einen erheblichen Streit unter deutschen Historikern auslöste, doch sie hatte für manche Deutschen die angenehme Seite, daß sie die historische Einzigartigkeit von Hitlers Verbrechen in Abrede stellte und damit ihr Gewissen entlastete. Auch in der kurzen Bitburg-Passage ging es Nolte aber um nicht mehr und nicht weniger als um eine relativierende Gleichsetzung amerikanischer Bomberpiloten mit Angehörigen der 2. SS-Panzerdivision »Das Reich«, die unter anderem an den Massakern im französischen Oradour-sur-Glane vom Juni 1944 beteiligt gewesen war. In den meisten SS-Gräbern in Bitburg nämlich lagen Angehörige dieser Division. Kohl, der hätte erkennen müssen, daß allein schon der Bezug zu Oradour in Bitburg jeden Vergleich zum Treffen mit Mitterrand über den Gräbern von Verdun *ad absurdum* führen mußte, hatte für solche wichtigen historischen Nuancen kein Gespür. Er wußte es vielleicht auch nicht und wollte, in diesem Fall ausgestattet mit einer regelrechten Amnesie der späten Geburt, »nur« Normalität demonstrieren, um den Deutschen, subjektiv sicher aufrichtig, nicht mit ständigen Hinweisen auf die Vergangenheit ihren Weg in die Zukunft zu verbauen.

Es war Bundespräsident Richard von Weizsäcker, der verhinderte, daß Kohls mangelnde Sensibilität als offizieller Standpunkt der deutschen Politik wahrgenommen wurde. »Der 8. Mai war ein Tag der Befreiung«, so Weizsäcker in einer vielbeachteten Bundestagsrede zum vierzigsten Jahrestag des Kriegsendes, die nun statt der ursprünglich geplanten Gedenkfeier mit Reagan das Ereignis des historischen Tages bestimmte. »Er hat uns alle befreit von dem menschenverachtenden System der nationalsozialistischen Gewaltherrschaft.« Diese Gewaltherrschaft, und besonders der Völkermord an den Juden, sei »beispiellos in der Geschichte«. Es waren wohlgesetzte Worte, die der Bundespräsident wählte. Man dürfe, so der Bundespräsident, den 8. Mai 1945 nicht vom 30. Januar 1933 trennen. Nicht das Kriegsende, sondern die Machtergreifung der Nationalsozialisten sei die Ursache für späteres Unheil wie »Flucht, Vertreibung und Unfreiheit« gewesen. Er vergaß nicht, die Opfer des deutschen Widerstands zu erwähnen, nicht nur »des bürgerlichen, des militärischen und glaubensbegründeten«, sondern auch »des Widerstandes in der Arbeiterschaft und bei den Gewerkschaften, des Widerstandes der Kommunisten«. Besonders

Größe der Privathaushalte und die Entwicklung der durchschnittlichen Haushaltsgröße in Deutschland (BRD und DDR) 1950 bis 2005

Seit dem Jahr der Wiedervereinigung 1990 lebt mehr als die Hälfte aller Deutschen in Ein- oder Zwei-Personen-Haushalten.

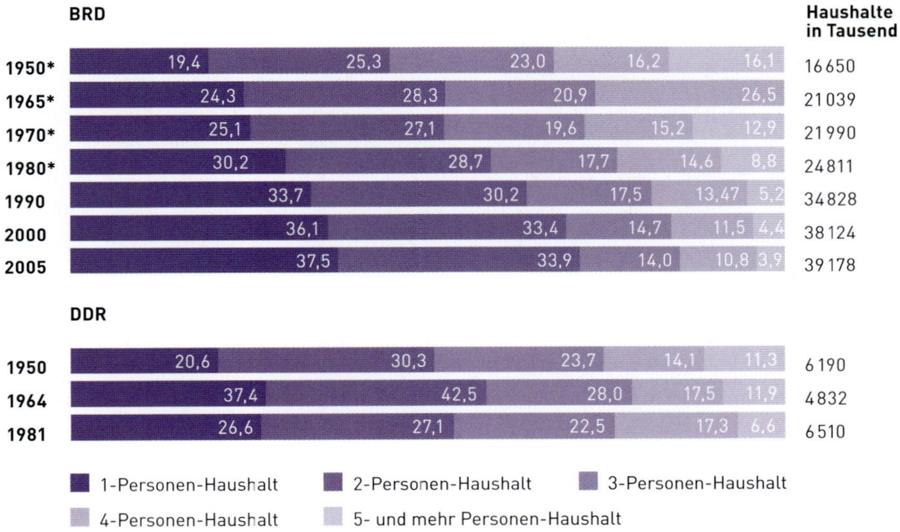

* Angaben 1950 bis 1989 nur altes Bundesgebiet und West-Berlin, ab 1990 Deutschland

Quelle: Statistische Jahrbücher der Bundesrepublik Deutschland, Stuttgart 1950 bis 2006. Statistische Jahrbücher der Deutschen Demokratischen Republik, Berlin und Haufe, 1950 bis 1990.

letzteres war aus dem Mund eines konservativen Staatsoberhaupts bemerkenswert, insofern Weizsäcker in bis dahin weitgehend ungehörter Weise die Leistungen der Kommunisten im Widerstand gegen Hitler nicht undifferenziert gegen ihre Nachkriegsverfehlungen aufrechnete.

Der Bezug auf Auschwitz und den Völkermord an den Juden wurde in den folgenden Jahren in Kreisen von links bis in die Mitte zu so etwas wie einem »Ursprungsmythos« der Bundesrepublik. »Die vorbehaltlose Öffnung der Bundesrepublik gegenüber der politischen Kultur des Westens«, meinte Jürgen Habermas im Kontext des sogenannten Historikerstreits im Juli 1986 in der »Zeit«, sei »die große intellektuelle Leistung unserer Nachkriegszeit« gewesen. Doch habe sich, so Habermas, »eine in Überzeugungen verankerte Bindung an universalistische Verfassungsprinzipien« leider »in der Kulturnation der Deutschen erst nach – und durch – Auschwitz

Demonstration gegen Rassismus und Antisemitismus vor der Wormser Synagoge, 1977. Während der Pogromnacht 1938 zerstört, wurde das jüdische Gotteshaus 1961 von der Stadt Worms, unterstützt durch Landes- und Bundesregierung, wegen seiner »besonderen geschichtlich-religiösen Bedeutung« wieder-aufgebaut.

bilden können.« Erst im Januar 1979, durch die Ausstrahlung der amerikanischen Fernsehserie »Holocaust« in der ARD, hatte das Bewußtsein über das ganze Ausmaß des von den Deutschen während des Weltkriegs angerichteten Schrekkens auch die Mehrheit der Bundesbürger erreicht. Millionen saßen damals vor ihren Bildschirmen. Umfragen zufolge waren 65 Prozent der Zuschauer von dem Gesehenen erschüttert, 45 Prozent hatten Scham empfunden, und 81 Prozent waren nach den Sendungen in Diskussionen verwickelt. Warum, fragte sich Richard von Weizsäcker am 8. Mai 1985 im Bundestag, ist es erst »40 Jahre nach dem Ende des Krieges zu so lebhaften Auseinandersetzungen über die Vergangenheit gekommen«? Die deutlichsten Worte vor Parlament und Öffentlichkeit fand jedoch der CDU-Bundestagspräsident Philipp Jenninger, ein Mann aus süddeutsch-liberalkonservativer Zentrumstradition, anläßlich des 50. Jahrestags der »Reichskristallnacht« von 1938. »Unsere Vergangenheit wird nicht ruhen, sie wird auch nicht vergehen«, so Jenninger in seiner damals als Verharmlosung des Nationalsozialismus gründlich mißverstandenen Rede. »Denn was immer in der Zukunft geschehen oder von dem Geschehenen in Vergessenheit geraten mag: An Auschwitz werden sich die Menschen bis ans Ende aller Zeiten als eines Teils unserer deutschen Geschichte erinnern.«

Richard von Weizsäcker:
Wege zum Präsidentenamt

Die Berliner CDU hat 1979 auf einer Veranstaltung in der Neuköllner »Neuen Welt« Richard von Weizsäcker (Mitte) zu ihrem Spitzenkandidaten für die Abgeordnetenhauswahl nominiert.

Als Bundespräsident Karl Carstens Anfang 1983 zu erkennen gibt, daß er für eine zweite Amtsperiode nicht zur Verfügung steht, ist schnell klar, wer die Nachfolge antreten wird. Ende November 1983 nominiert die CDU/CSU Richard von Weizsäcker als ihren Kandidaten für das höchste Staatsamt. Seit dem 11. Juni 1981 ist er Regierender Bürgermeister von West-Berlin.

Richard von Weizsäcker wird 1920 in Stuttgart geboren. Der Diplomatensohn wächst zeitweise in Kopenhagen, Berlin, Oslo und Bern auf. Das Abitur macht er 1937 in Berlin. Von 1938 bis 1943 ist sein Vater Ernst Staatssekretär im Auswärtigen Amt und Stellvertreter des Reichsaußenministers Joachim von Ribbentrop, von 1943 bis 1945 Botschafter beim Vatikan. Im Oktober 1938 wird Richard von Weizsäcker eingezogen. Er dient als Leutnant in einer Maschinengewehrkompanie des Infanterie-Regiments Nr. 9 in Potsdam, aus dem später viele Widerstandskämpfer des 20. Juli 1944 hervorgehen. Sein älterer Bruder Heinrich dient ebenfalls als Leutnant im selben Regiment. Am 1. September 1939, dem Tag des Beginns des Zweiten Weltkriegs, überschreiten die Weizsäckers mit ihrer Einheit die Grenze am Polnischen Korridor. Heinrich fällt am 2. September in der Tucheler Heide, wenige hundert Meter von Richard entfernt, rund 40 Kilometer nördlich von Bromberg/Bydgoszcz. Richard von Weizsäcker nimmt auch am Krieg gegen die Sowjetunion teil und wird verwundet. Bei Kriegsende kann er sich nach Süddeutschland durchschlagen und erlebt die Kapitulation am 8. Mai 1945 in Lindau am Bodensee.

Er beginnt ein Studium der Rechtswissenschaft und Geschichte und assistiert bei der Verteidigung seines Vaters vor dem Nürnberger Kriegsverbrecher-Tribunal. Nach Stationen am Oberlandesgericht Celle und in Wirtschaftsunternehmen läßt sich Richard von Weizsäcker 1966 als Rechtsanwalt in Berlin nieder. Er engagiert sich beim Deutschen Evangelischen Kirchentag. Dem Bundestag gehört von Weizsäcker von 1969 bis 1981 an. Richard von Weizsäcker wird am 23. Mai 1984 von der Bundesversammlung zum Bundespräsidenten gewählt.

Gabriele Susanne Kerner, die sich Nena nennt, 1982 in der »ZDF-Hitparade«. Nena ist eine Stilikone. Ihre Frisur und Mode propagiert die Jugendzeitschrift »Bravo« erfolgreich unter den Heranwachsenden.

Nena:
Die Karriere einer »Fabrik«-Arbeiterin

*1977 mietet der Fotograf Jim Rakete (*1951) eine Fabriketage im Berliner Bezirk Kreuzberg und gründet eine Fotoagentur, genannt die »Fabrik«. Rakete hat sich zu dieser Zeit durch seine Schwarzweißfotos bereits einen Namen in der Musikszene gemacht. In der »Fabrik Rakete« arbeitet er auch als Musikproduzent und übernimmt das Management von Bands. 1978 wird hier die* Nina Hagen Band *gegründet. Es ist die Zeit der beginnenden Neuen Deutschen Welle. Raketes »Fabrik« produziert nach der Auflösung der* Nina Hagen Band *deren Nachfolger* Spliff, *aber auch* Die Ärzte, Interzone *und* Morgenrot.

In der »Fabrik« jobbt auch Gabriele Susanne Kerner, 1960 in Hagen geboren. Ihr Freund, der Schlagzeuger Rolf Brendel, bekommt von dem Label CBS das Angebot, mit den Spliff*-Mitgliedern Reinhold Heil und Manne Praeker eine Platte zu produzieren. »Als ich nach Berlin kam, hab ich einen Job gesucht. Ich konnte bei Jim sofort anfangen.« Zunächst ist der Alltag von Gabriele Susanne Kerner bescheiden. »Ich war Mädchen für alles, ich hab oft saubergemacht, das Telefon bedient, meine eigenen Platten in Umschläge gesteckt und verschickt …«*

Mit ihrem Auftritt als »Nena« im Musikladen von Radio Bremen kommt im August 1982 der Durchbruch für Gabriele Susanne Kerner. Zusammen mit Carlo Karges (Gitarre), Uwe Fahrenkrog-Petersen (Keyboard) und Jürgen Dehmel (Baß) nehmen Nena Kerner (Gesang) und Rolf Brendel (Schlagzeug) die Single »Nur geträumt« auf. Der »Musikladen«-Auftritt bringt am darauffolgenden Tag den Erfolg: 40 000 Singles werden an einem Tag abgesetzt. Auch international werden bald die Hitparaden gestürmt.

*Uwe Fahrenkrog-Petersen (*1960) schreibt nicht nur »Nur geträumt«, sondern in den achtziger Jahren auch die weltbekannten Hits »Irgendwie, irgendwo, irgendwann« und »99 Luftballons«, mit dessen englischsprachiger Version sich Nena auf Platz eins der US-Billboard-Charts plaziert. Die Texte stammen zum größten Teil von dem Gitarristen Carlo Karges (*1951, †2002). 1987 trennt sich die Band.*

Armageddon

Ausdrücklich hatte Helmut Kohl in seiner ersten Regierungserklärung vom 13. Oktober 1982 die Verbesserung der deutsch-amerikanischen Beziehungen als wichtigste außenpolitische Aufgabe benannt. Am 14. November machte er dem seit zwei Jahren amtierenden amerikanischen Präsidenten Ronald Reagan seine erste Aufwartung und unterstrich die »Tiefe und Breite der deutsch-amerikanischen Freundschaft«. Vier Tage zuvor war Leonid Breschnew gestorben, und noch in den siebziger Jahren hätte es die Diplomatie als selbstverständlich empfunden, daß beide Staatsmänner zu den Begräbnisfeierlichkeiten nach Moskau gefahren wären. Doch die Zeiten hatten sich geändert, und so fuhren sie beide nicht. Kohl kam in ein Amerika, das sich nach der Demütigung des Vietnamkriegs auf der Suche nach neuer Stärke befand. Niemand stand dafür so sehr wie der Präsident, der bereits Ende 1976, kurz nach der Wahl Jimmy Carters, dem *Committee on the Present Danger* beigetreten war, das über die Jahre den Antikommunismus wieder intellektuell attraktiv und gesellschaftsfähig gemacht hatte. Wie vor ihm nur Harry S. Truman fühlte sich Ronald Reagan als Führer der freien Welt.

Helmut Kohl war sichtlich von ihm beeindruckt. »Gerade mal zwei Jahre im Amt, hatte Ronald Reagan innen- wie außenpolitisch ein Tempo vorgelegt, das mich faszinierte«, schreibt er in seinen *Erinnerungen* über die Eindrücke seines ersten Besuchs als Kanzler in den USA. »Für den Augenblick war ich dankbar, in Washington einen Politiker von diesem Format näher kennen- und schätzengelernt zu haben. Mit ihm verband mich weit mehr als die häufig bemühten freundschaftlichen Beziehungen, wie sie unter amtierenden Politikern so gern zitiert werden.« Tatsächlich stimmte die »Chemie« zwischen Reagan und Kohl von Anfang an, anders als bei seinem Vorgänger.

Schmidt hatte ursprünglich gehofft, in Reagan einen verläßlicheren Partner zu finden als in dem sprunghaften Carter, doch schon bald resignierte er und unterstellte dem neuen Präsidenten, er wolle die USA zum unilateralen »Kommandeur der westlichen Welt« machen – auch in puncto Nachrüstung. Schmidt selbst hätte die Lösung, die im Juni 1982 bei den Verhandlungen über die Begrenzung eurostrategischer Nuklearwaffen zwischen den Unterhändlern Paul Nitze und Juli Kwizinski bei einem legendär gewordenen Waldspaziergang in Genf greifbar nahe war, »sofort akzeptiert, wenn ich sie gekannt hätte«, wie er in *Menschen und Mächte* schreibt. Er wurde aber, wie die übrigen betroffenen europäischen Regierungen, darüber weder unterrichtet noch befragt, sondern erfuhr es erst aus der Zeitung.

Der Münchner Oberbürgermeister Hans-Jochen Vogel und der SPD-Vorsitzende und damalige Spitzenkandidat Willy Brandt ziehen 1965 auf einer Wahlveranstaltung der SPD in einem Bierzelt in Planegg ein.

Hans-Jochen Vogel: Der Weg in die Bundespolitik

Der Vorschlag, München zum Austragungsort der Olympischen Spiele im Sommer 1972 zu machen, stammt von dem Präsidenten des Nationalen Olympischen Komitees Willi Daume. Am 28. Oktober 1965 teilt er dem Münchner Oberbürgermeister Hans-Jochen Vogel seine Pläne mit. Vogel sieht in der Bewerbung die Chance, in kurzer Zeit und mit festem Fertigstellungstermin u.a. eine neue Verkehrsinfrastruktur mit U- und S-Bahn zu schaffen. Er weiß, die Spiele in München werden für die Entwicklung der Stadt zusätzliche Schubkraft bringen. Mit der Wahl werden ihr, vor allem von Bund und Land, Mittel zufließen. Vogel geht auf den Vorschlag Daumes ein. Die Zustimmung des Bundes, des Landes, des Nationalen Olympischen Komitees und schließlich des Münchner Stadtrats folgt binnen weniger Wochen. Während der 65. IOC-Session in Rom fällt am 26. April 1966 die Entscheidung: Im zweiten Durchgang stimmen 31 Mitglieder für München, 15 für Montreal und 13 für Madrid. Die XX. Olympischen Sommerspiele sind nach München vergeben.

Hans-Jochen Vogel wird am 3. Februar 1926 in Göttingen geboren. Nach Volksschule und Gymnasium wird er zur Wehrmacht eingezogen und im Krieg zweimal verwundet. Nach der Gefangenschaft studiert er in Marburg und München Jura. 1950 tritt er der SPD bei. Im April 1955 beruft ihn der damalige SPD-Ministerpräsident Wilhelm Hoegner in die Bayerische Staatskanzlei. Im Mai 1958 wird er zum berufsmäßigen Stadtrat der Landeshauptstadt gewählt. 1960 ist Hans-Jochen Vogel als Nachfolger des Sozialdemokraten Thomas Wimmer mit 34 Jahren der jüngste Oberbürgermeister einer europäischen Millionenstadt. 1966 wird er in seinem Amt bestätigt. Die Olympischen Sommerspiele im August und September 1972 erlebt Vogel allerdings nicht mehr als Oberbürgermeister, sondern als Vizepräsident des Organisationskomitees. Auf eine Kandidatur für die im Frühjahr 1972 anstehende Wiederwahl als Oberbürgermeister hatte er nicht zuletzt wegen häufiger Auseinandersetzungen mit dem linken Flügel der Münchner SPD verzichtet. Vogel wird im November 1972 in den Deutschen Bundestag gewählt und beginnt eine bundespolitische Karriere, die ihn bis in das Amt des SPD-Vorsitzenden führt.

»Während Schmidt«, meint Egon Bahr in seinen Erinnerungen, »den Druck auf Washington und Moskau aufrechterhielt mit der Möglichkeit, am Ende die Stationierung ablehnen zu können, gab sein Nachfolger im Frühjahr 1983 seine Zustimmung im voraus; die Amerikaner brauchten sich um eine Verständigung mit den Sowjets nicht mehr zu bemühen.« Zu tief war Helmut Kohl, dem »Adenauer-Schüler«, der Umgang seines großen Vorbilds mit allen erdenklichen Sirenentönen aus Moskau während der Debatten um die sogenannte Stalin-Note von 1952 im Gedächtnis geblieben. Helmut Kohl erkannte aber auch, daß die Stationierung der Pershing II und Cruise Missiles in Europa für die amerikanische Administration inzwischen zu einer Prestigefrage geworden war, und er zeigte Verständnis für die Mißstimmungen, die in den USA gegenüber der Bundesrepublik in den letzten Jahren aufgekommen waren. Alles das wurde ihm in Washington hoch angerechnet. Doch als Kohl, auf dem Höhepunkt der deutschen Friedensbewegung, einmal aus dem Hubschrauber eine riesige Menschenmenge von Demonstranten unter sich sah, überkam selbst ihn ein seltener Anflug des Zweifels. »Was ist«, fragte er sich, »wenn sie recht haben und ich unrecht?« So jedenfalls berichtet es seine Biographin Patricia Clough. Die USA, mit denen es Helmut Kohl zu tun hatte, waren eine

Bundeskanzler Helmut Kohl auf einer CDU-Veranstaltung in Hannover 1983. Er hat den Machtwechsel geschickt eingefädelt und seine Position durch vorgezogene Neuwahlen deutlich konsolidiert. Daß er einst zu historischer Größe auflaufen würde, traute dem oft ungeschickt wirkenden Pfälzer damals allerdings kaum jemand zu.

deutlich andere geworden. Im Mai 1982 hatte Ronald Reagan die Direktive 32 des Nationalen Sicherheitsrats unterzeichnet, mit der er die Zerstörung der Sowjetunion zur offiziellen Politik seiner Regierung erklärte. Die Zeit sei gekommen, erklärte Reagan am 8. Juni 1982 vor dem britischen Unterhaus, »einen neuen Kreuzzug für die Freiheit zu beginnen, um den Marxismus-Leninismus auf den Müllhaufen der Geschichte zu werfen«. Es war ein für Europäer befremdlich wirkendes, geradezu revolutionäres außenpolitisches Programm, eine Art militarisierter Wilson-Doktrin, mit der er eine weltweite Ära der demokratischen Revolutionen einleiten wollte. Mit allen denkbaren Mitteln sollte dabei vorgegangen werden. Der Geheimdienst CIA wurde der politischen Kontrolle entzogen, und der Nationale Sicherheitsrat – unter anderem ausgerüstet mit Einsatzkadern für Schiffe und Flugzeuge – erhielt Kompetenzen, die weit über seine verfassungsmäßigen Rechte hinausgingen, wie der Kongreß später feststellen mußte. 1983 bezeichnete Reagan in Orlando, Florida, die Sowjetunion als »Zentrum des Teufels in der modernen Welt«. Der Vortrag, vor christlichen Fundamentalisten der *National Association of Evangelicals* gehalten, zielte in seiner manichäischen Wortwahl genau auf die Armageddon-Phantasien dieses Auditoriums. »Es gibt die Sünde und das Böse auf der Welt«, so Reagans Worte, »und uns ist durch die Heilige Schrift und Christus

Ankunft des amerikanischen Präsidenten Ronald Reagan und seiner Frau Nancy auf dem West-Berliner Flughafen Tempelhof im Juni 1982. In dieser Zeit hat sich der Ost-West-Gegensatz erneut verschärft.

den Herrn auferlegt, ihnen mit all unserer Kraft zu widerstehen.« Die Rede war ein typischer Ausfluß von Reagans oft bedenkenlosem Populismus, der Helmut Schmidt von Anfang an so irritierte, daß er ihm unterstellte, ihm sei es weniger darum gegangen, »ob eine Politik notwendig war, sondern ob sie beim Publikum ankam«. Auch Helmut Kohl war von solchen »scharfen Formulierungen«, wie er in seinen *Erinnerungen* schreibt, »nicht gerade begeistert«.

In ihren außenpolitischen Auswirkungen waren die Anspielungen auf den Endkampf der Apokalypse und die Hybris, Amerika damit dem Reich Gottes gleichzusetzen, allerdings Ausfälle, die man einem Präsidenten der westlichen Führungsmacht kaum verzeihen konnte. Die Sowjetunion galt für ihn als *evil empire*, als »Reich des Bösen«. Wie zu den Zeiten von Stalins Ideologen Andrei Schdanow schien die Welt wieder in zwei Lager mit klaren Feindbildern eingeteilt. Doch Reagan war als amerikanischer Christ auch der Meinung, daß die Bekehrung zum Guten ein Weg sein könnte, um das *evil empire* zu überwinden, wenn die sowjetischen Führer nur genügend Einsicht besäßen, die Bösartigkeit ihres Systems zu erkennen und es abzuschaffen. Europäische Realpolitiker konnten solche Gedanken nur schwer nachvollziehen, aber es waren diese Widersprüche und die damit verbundenen

An der Blockade des amerikanischen Militärdepots in Mutlangen, »Deutschlands erstem Pershing-Dorf«, beteiligen sich auch viele Prominente. Hier der Schriftsteller Heinrich Böll mit Frau Annemarie. Im Hintergrund der heutige Präsident der Berliner Akademie der Künste, Klaus Staeck.

Ulf Merbold und der amerikanische Astronaut Dr. Byron K. Lichtenberg vor einem Modell der Raumfähre Space Shuttle im Jahr 1982. Im Jahr darauf werden der Amerikaner und der Deutsche in den Weltraum fliegen.

Der Astronaut Ulf Merbold: Per Anzeige in die Galaxis

Am 28. November 1983 fliegt der Astronaut Ulf Merbold mit dem Space Shuttle »Columbia« als zweiter Deutscher und als erster Westdeutscher ins All. Ulf Merbold wird am 20. Juni 1941 in Greiz in Thüringen geboren. Sein Vater stirbt im ehemaligen Konzentrationslager Buchenwald, nachdem er 1945 aus amerikanischer Kriegsgefangenschaft zurückgekehrt ist und von den Sowjets verhaftet wird. Der gebürtige Thüringer kann in der DDR nicht studieren, weil er keiner Partei oder Massenorganisation angehört. So kommt er 1960 in den Westen und studiert in Stuttgart Physik. Seinen Doktortitel erwirbt er 1976 an der Universität Stuttgart.

Auf eine Stellenausschreibung, die im April 1977 in allen großen deutschen Tageszeitungen erscheint, bewirbt er sich als wissenschaftlicher Astronaut bei der Deutschen Forschungs- und Versuchsanstalt für Luft- und Raumfahrt, heute DLR – Deutsches Zentrum für Luft- und Raumfahrt, für eine der ersten Spacelab-Missionen. Merbold in einem Interview mit dem WDR: »Ich habe ein einziges Mal die Wochenendausgaben der großen deutschen Tageszeitungen gekauft, nur um zu sehen, was ist denn noch im Angebot. Die damalige DFVLR hat erfahrene Experimentatoren für den ersten Spacelab-Flug gesucht. Ich habe immer viel Spaß am Fliegen gehabt, also habe ich mich beworben.«

Nach einem harten Auswahlverfahren werden u. a. Reinhard Furrer, Ernst Messerschmid, Ulf Merbold sowie weitere 48 Anwärter aus den anderen ESA-Mitgliedsländern vorgeschlagen. Nach weiteren Tests bleiben neben Merbold drei Kandidaten aus Italien, der Schweiz und den Niederlanden übrig. Sie beginnen im Januar 1978 mit dem Training für die eigentliche Mission. Im Juli 1978 stehen mit Ulf Merbold, Claude Nicollier und Wubbo Ockels die drei ESA-Astronauten fest. Am 28. November 1983 nimmt Merbold als erstes nichtamerikanisches Mitglied als Nutzlastspezialist an einer Space-Shuttle-Mission teil. Später leitet er viele Jahre in Köln die Astronautenabteilung beim Europäischen Astronautenzentrum. 1992 folgt ein weiterer Weltraumflug mit der NASA. Nur zwei Jahre später startet der Astronaut mit den Russen für 32 Tage zur Raumstation MIR.

Überraschungen, die Reagans zwei Amtszeiten bis zu seinen entscheidenden Begegnungen mit Michail Gorbatschow kennzeichnen sollten.

Das Jahr 1983 war zunächst allerdings ein Höhepunkt im neuen kalten Krieg. Die USA hatten sofort nach Reagans Amtsantritt damit begonnen, antikommunistische Contras in Nicaragua, Angola, Mosambik und vor allem die Mudschaheddin in Afghanistan mit Waffen, Geld und Ausbildungstrainings zu unterstützen. Im Herbst 1983 eroberten sie im Handstreich die von militanten Marxisten regierte karibische Zwerginsel Grenada, nach den Worten Helmut Schmidts eine »bombastisch inszenierte Landungsoperation«, deren Fernsehbilder wirkungsvoll »von den demütigenden Bildern der Sprengung amerikanischer Kasernen im Libanon« ablenken sollten. In El Salvador galt ihre Schützenhilfe der rechtsautoritären Regierung im Kampf gegen linksgerichtete Guerillas, auf den Philippinen dem Autokraten Ferdinand Marcos und anfangs sogar dem südafrikanischen Apartheid-Regime, bis der Kongreß dem mit Verweis auf die amerikanische Bürgerrechtsbewegung der sechziger Jahre ein Ende setzte. Reagan zeigte wenig Skrupel, beim weltweiten Kampf gegen das *evil empire* den Teufel mit dem Beelzebub austreiben zu wollen.

Dies und die Befremdlichkeiten eines als heuchlerisch empfundenen amerikanischen Missionarismus trugen nicht wenig dazu bei, daß der Ost-West-Konflikt von der Friedensbewegung, wie Peter Graf Kielmannsegg schreibt, fast ausschließlich als »Machtkampf zweier Weltmäch-

Während des Besuchs von US-Präsident Ronald Reagan ruft die Friedensbewegung zu großen Demonstrationen auf. Hier Demonstranten auf der Bonner Rheinaue. Das Echo auf die Friedensbewegung ist in diesen Jahren überwältigend.

Karl Otto Lagerfeld vor seiner Diät – »Morgens zwei fettfreie Joghurts und eine Scheibe Vollkornbrot« –, durch die er im Jahr 2001 innerhalb von 14 Monaten 42 Kilo verloren hat. Kein anderer hat die Mode der achtziger und neunziger Jahre so geprägt wie der Deutsche.

Karl Otto Lagerfeld: Extravaganz und Modebewußtsein

Nach eigenen Angaben wird Karl Otto Lagerfeld am 10. September 1938 in Hamburg geboren. Lagerfeld wächst in großbürgerlichen Verhältnissen am Elbufer auf. Sein Vater ist Gründer und Generaldirektor der Glücksklee-Milch-GmbH, die Kondensmilch zu einem Markenartikel gemacht hat. Die Mutter ist ganz Dame in Hamburgs bester Gesellschaft.

Wegen der Luftangriffe zieht die Familie 1944 von Hamburg nach Bad Bramstedt auf das Gut Bissenmoor. In Bad Bramstedt besucht Karl Otto die Jürgen-Fuhlendorf-Schule. Hier legt er auch 1952 sein Abitur ab. Im Alter von 93 Jahren erinnert sich seine Biologie-, Chemie- und Erdkundelehrerin Hildegard Dreves, wie der Abiturient lässig am Eingang der Gaststätte »Kaisersaal« steht, wo der Abiturball stattfindet, und ein orangefarbenes Jackett trägt. »Wir Lehrer haben Stielaugen bekommen. Seine Extravaganz und sein Modebewußtsein waren schon damals deutlich erkennbar.«

Bad Bramstedter Lokalhistoriker beschreiben im Heimatkundlichen Jahrbuch des Kreises Segeberg 1991 eine andere Anekdote des Schülers Lagerfeld. Er sei »häufig unter Begleitschutz älterer Mitschüler von der Grundschule am Bahnhof zum vier Kilometer entfernten Gut gegangen, um nicht von Klassenkameraden verprügelt zu werden«. Der Autor zitiert einen Mitschüler Lagerfelds. »Seine Gewohnheit, gelegentlich zur kurzen Hose ein geschlossenes Hemd mit Krawatte zu tragen, war vielleicht ein Grund dafür.«

In den fünfziger Jahren verlassen die Lagerfelds Bad Bramstedt. Karl Otto geht für kurze Zeit mit seiner Familie zurück nach Hamburg. Dann startet er als junger Mann eine Karriere in Frankreich. Und erfindet sich neu – als Kunstfigur Karl Lagerfeld, betont anti-intellektuell, aber sehr kultiviert. Er wird freischaffender Designer für Modehäuser wie Charles Jourdan und Valentino. In den frühen Sechzigern wechselt Lagerfeld zu Chloé, um Prêt-à-porter-Kollektionen zu fertigen. 1983 bringt er seine vorerst letzte Kollektion für Chloé heraus, bevor er 1984 bei Chanel beginnt.

te« wahrgenommen wurde, in dem die Europäer nur den kürzeren ziehen konnten.

In Moskau herrschte Panik. Im Mai 1981 hatte KGB-Chef Juri Andropow, ab November 1982 auch Nachfolger Leonid Breschnews als Generalsekretär der KPdSU, allen Ernstes angesichts der neuen Entwicklungen in Washington auf einer KGB-Konferenz erklärt, die amerikanische Regierung bereite in absehbarer Zeit einen nuklearen Erstschlag gegen die Sowjetunion vor. Es war ohnehin die Zeit eines wenig stabilen Interregnums alter Männer an der Moskwa. Breschnew litt seit 1976 an den Folgen eines schweren Schlaganfalls, der dauerhafte Schäden hinterlassen hatte. Andropow, der mit 68 Jahren sein Amt antrat, hatte schon länger mit schweren Herzproblemen zu kämpfen. Er war sich zudem, wie sein ehemaliger Berater Georgi Arbatow schreibt, kaum der Tatsache bewußt, »in welchem Maße die schwierige internationale Lage unserer eigenen Politik zuzuschreiben war«. Statt dessen verbreitete er in den Führungsriegen des Kreml eine Paranoia, die in der Geschichte ihresgleichen sucht. Eine weltweite Operation unter dem Decknamen *Vnezapnoe Raketno-Jadernoe-Napadenie*, »plötzlicher nuklearer Raketenangriff« oder kurz »VRJaN«, sollte allen denkbaren Informationen und Indizien für den angenommenen Ernstfall absolute Priorität einräumen. Der Abschuß der koreanischen Linienmaschine KAL 007, die am 1. September 1983 irrtümlich in den sowjetischen Luftraum eingedrungen war, zählte zu den dramatischsten Auswirkungen von »VRJaN«. US-Präsident Reagan sprach von einem »Massaker« und einem »Akt der Barbarei«. In Wirklichkeit war der Zwischenfall aber auch auf ein Versagen der amerikanischen Radaraufklärung zurückzuführen. Sie hätte bemerken müssen, kommentiert Altbundeskanzler Helmut Schmidt, »daß sich hier ein tödliches Drama entwickelte«. Doch weder das Flugzeug noch die Sowjets wurden gewarnt.

Andropow, der den Fehler erkannt hatte, hüllte sich in Schweigen, aber die paranoide Stimmung im Kreml war damit nicht vorüber. Am 16. September gab das sowjetische Frühwarnsystem falschen Alarm wegen eines angeblich unmittelbar bevorstehenden amerikanischen Überraschungsschlags, und Anfang November interpretierte man die NATO-Übung *Able Archer* als eine Deckmaßnahme, unter deren Schirm, so der sowjetische Insider Oleg Gordjewski, »möglicherweise schon der Countdown für den Atomkrieg begonnen hatte«. Selbst in einem Aufruf der britischen Regierung zu Blutspenden sah die übereifrige Londoner KGB-Residentur nichts als das untrügliche Vorzeichen der Vorbereitung zu einem bevorstehenden nuklearen Schlagabtausch.

In dieser aufgeheizten internationalen Lage weiteten sich in der Bundesrepublik auch die Aktivitäten der Friedensbewegung aus. Am 1. September 1983, dem Weltfriedenstag und dem Tag des Abschusses von KAL 007, beginnt eine dreitägige friedliche Blockade des amerikanischen Raketenstützpunkts in Mutlangen. Für den 22. November war eine Entscheidung des Bundestags über die Raketenstationierung angesetzt, deren Ergebnis angesichts der neuen Mehrheitsverhältnisse absehbar war, und bereits am nächsten Tag sollten die USA mit der Aufstellung erster Pershing-II-Raketen in der Bundesrepublik beginnen, davon 36 jeweils mit der Sprengkraft einer Hiroshima-Bombe im Depot Mutlangen. Prominente treffen in Mutlangen ein, »Deutschlands erstem Pershing-Dorf«, unter ihnen Heinrich Böll, Günter Grass, Walter Jens, Robert Jungk, Helmut Gollwitzer, die SPD-Politiker Erhard Eppler und Oskar Lafontaine sowie Petra Kelly und der ehemalige Bundeswehrgeneral Gert Bastian von den Grünen. Mit Daniel Ellsberg, einem früheren Sonderberater der US-Regierung, ist auch das »andere Amerika« vertreten. Petra Kelly erscheint im geschmückten Stahlhelm, Heinrich Böll hat sich »aus Gesundheitsgründen« einen Klappstuhl mitgebracht, und Günter Grass liest während des nächtlichen Blockadediensts bei Regen und unter Schirmen und Plastikplanen einem gespannt zuhörenden Auditorium aus Christa Wolfs *Kassandra* vor. Nie zuvor, teilt er der DDR-Schriftstellerin wenig später in einem Brief mit, habe er eine derart intensive Zuhörerschaft erlebt. Die mythische Kassandra hatte bekanntlich den Untergang Trojas prophezeit, und auch Christa Wolf war davon überzeugt, daß Europa durch das Wettrüsten der Supermächte zerstört werden könnte, wenn nicht bald Vernunft dem Wahnsinn Einhalt bieten würde. Grass' Zuhörer hatten die deutschdeutsche Botschaft verstanden.

Am 5. Oktober folgen mehrere Millionen einem Aufruf des DGB zu »Mahnminuten für den Frieden«, exakt datiert auf fünf vor zwölf, von 11.55 bis 12 Uhr. Zwischen dem 16. und dem 22. Oktober bilden mehr als eine Million Bürger riesige Menschenketten im Rahmen einer bundesweiten Aktionswoche für den Frieden. Doch den Höhepunkt des Herbstes bildete die große Demonstration in Bonn am 22. Oktober, die größte, welche die Bundeshauptstadt je erlebt hat. Mehrere hunderttausend Menschen versammeln sich im Hofgarten. Willy Brandt, dessen Partei sich erst ein paar Tage zuvor auf einem Parteitag in Köln mehrheitlich gegen die Nachrüstung ausgesprochen hat, gehört zu den Rednern. Seine Hauptsorge, so Brandt in Bonn, gelte Leuten, die es sich »in ihren Dickkopf gesetzt« hätten, »das Aufstellen von Pershing II sei wichtiger als das Wegbringen von SS 20«. An den Aktionen dieses Herbsts sind bundesweit rund drei Millionen Menschen beteiligt. Eine kleine Gruppe von Grünen wagt sich sogar auf den Roten Platz nach Moskau, um dort ihre Stimme für Abrüstung in Ost und West sowie für eine Auflösung der Militärblöcke zu erheben.

Die Militärparade der drei westlichen Besatzungsmächte auf der Berliner Straße des 17. Juni findet alljährlich statt, so auch 1987. Daß die Teilung der Stadt schon bald der Geschichte angehören wird, ahnt damals niemand.

Am 1. Januar 1984 wird die erste Batterie von neun Pershings in Mutlangen in Einsatzbereitschaft versetzt. Helmut Schmidt befürwortet schließlich ganz im Sinn seiner Theorie des Gleichgewichts der Kräfte die Nachrüstung als das kleinere Übel. Er gehört damit auf dem Kölner Parteitag nur noch zu einer Minderheit in der SPD. Eine auf Fortsetzung der Entspannung gerichtete Politik, so Schmidts Hauptargument, bedürfe »der gemeinsamen äußeren Sicherheit als einer Grundlage«. Daß die Stationierung für die Bundesrepublik nicht nur mehr Sicherheit bedeuten würde, wie ihre Befürworter behaupteten, zeigte sich jedoch schon wenig später bei einem Zwischenfall, der nichts mit internationaler Politik, aber viel mit der Beherrschbarkeit komplizierter nuklearer Systeme zu tun hatte. 1985 explodiert auf der Raketenbasis Waldheide bei Heilbronn während der Montagearbeiten an einer Pershing II mit Übungsgefechtskopf ein Antriebsteil - in unmittelbarer Nähe von zwölf mit atomaren Gefechtsköpfen einsatzbereiten Pershings. Es hätte leicht zu einem GAU kommen können.

Auch François Mitterrands Übereinstimmung mit Helmut Kohl in der Frage der Nachrüstung, die er in einer Rede vor dem Bundestag deutlich machte, war widersprüchlicher, als sie meist dargestellt wird. Willy Brandt jedenfalls berichtet über seinen sozialistischen französischen Parteifreund »mit solider gaullistischer Tradition«, er habe von einem Gefolgsmann des Präsidenten gehört, was immer man von den Pershings halten solle, sie hätten jedenfalls den Vorteil, »uns die deutsche Frage für die nächsten fünfundzwanzig Jahre vom Hals zu halten«. Im Licht der widersprüchlichen Haltung Mitterrands zur deutschen Vereinigung 1990 ist das keine ganz unglaubhafte Überlieferung.

Reagans Neigung zum Unilateralismus machte aber auch der Regierung Kohl zunehmend zu schaffen. Unmittelbar nach dem Raketenaufstellungsbeschluß des deutschen Bundestags vom 22. November 1983 hatte der Kreml alle Verhandlungen abgebrochen. Andropow schreibt in einem Brief an Willy Brandt, er sehe sich nun »gezwungen, Maßnahmen zur Neutralisierung der Kriegsgefahr zu ergreifen«. Das war auf dem Höhepunkt der Paranoia von »VRJaN«, deren Hintergrund nicht nur in der Nachrüstungsdebatte, sondern auch in der von Ronald Reagan Ende März 1983 einseitig verkündeten Initiative zum Aufbau einer *Strategic Defense Initiative* (SDI), einer Strategischen Verteidigungsinitiative im Weltraum, zu suchen ist. Es war ein gigantisches Projekt, das feindliche Raketen schon während ihres Anflugs zerstören und Amerika so unverwundbar machen sollte, doch es war ohne Absprache mit den Verbündeten in die Welt gesetzt worden. Für Reagan schien sich mit SDI, sollte es eines Tages realisierbar sein, eine geradezu historische Perspektive zu eröffnen, »mit Gottes Hilfe«, wie er gern betonte, die gesamte nukleare Abschreckung der vergangenen Zeit ad absurdum zu führen.

Seine Motive wurden damals kaum verstanden. Doch zweifellos war die mit SDI verbundene Vision einer künftigen Welt ohne Atomwaffen, die er für zutiefst unmoralisch hielt, subjektiv sehr ernst gemeint. »Reagan«, schreibt der amerikanische Historiker John Lewis Gaddis, »war in der Tat der einzige Atomwaffengegner, der jemals Präsident der Vereinigten Staaten geworden ist.« In erster Linie aber trieb ihn das primäre Motiv künftiger unüberwindlicher Stärke und Sicherheit Amerikas an. Mit dem Projekt SDI, das ihm der Atomwissenschaftler Edward Teller eingeredet hatte, schien sich in seiner Sicht beides verbinden zu lassen, um so den kalten Krieg mit einem definitiven Sieg des Westens zu beenden.

In Wirklichkeit erwies sich bereits die Ankündigung von SDI eher als ein weiteres Hemmnis für Abrüstungsverhandlungen mit einer verängstigten Sowjetunion, obwohl noch nicht einmal technische Machbarkeit und Finanzierbarkeit zu dem Zeitpunkt sichergestellt waren. Zudem würde das Projekt die gleichen Risse im Bündnis vorprogrammieren, die Helmut Schmidt schon zu seiner Initiative des NATO-Doppelbeschlusses geführt hatten. Amerika wäre aus seiner mitteleuropäischen Verantwortung

Der Widerstand gegen die Aufstellung von Pershing-Raketen in Mutlangen wird zu einem Symbol der Zeit Anfang der achtziger Jahre. Hier Demonstranten und Polizisten am 26. November 1983 im friedlichen Nebeneinander.

erneut entlassen worden. Durch SDI, so warnte Verteidigungsminister Manfred Wörner in der »Süddeutschen Zeitung« Ende März 1984, könne der Zusammenhalt der NATO gefährdet werden, und die Gefahr sei groß, daß sie sich in ein Zwei-Klassen-Bündnis verwandle. Zwar hielt sich die Bundesregierung ansonsten öffentlich auffällig zurück, und Helmut Kohl äußerte nur vorsichtig, es dürfe »keine automatische Abfolge von Forschung, Entwicklung und Stationierung geben«. Doch vereinbarte die Bundesregierung 1986 eine Beteiligung deutscher Firmen und Wissenschaftler am SDI-Forschungsprogramm, schon weil sie sich, so Kohl, von SDI »bedeutende Impulse für die zivile Forschung« versprach.

Ein Höhepunkt deutsch-amerikanischer Beziehungen wurde SDI jedoch nie. Statt dessen reaktivierte man 1984 die Westeuropäische Union

Gründungsparteitag der »Grünen« Mitte Januar 1980 in Karlsruhe. Die Partei braucht einige Zeit teils harter innerer Auseinandersetzungen, um ihren eigenen Weg in die Realpolitik zu finden. Daß sie jedoch eine bleibende politische Größe werden würde, haben ihr anfangs nur wenige zugetraut. Noch weniger, daß sie einmal den Vizekanzler und Außenminister stellen würde.

und setzte alles daran, den europäischen Integrationsprozeß stärker voranzutreiben, der mit der Einheitlichen Europäischen Akte von 1986 auch formell ein politisch-wirtschaftliches Gegengewicht zu den USA bilden sollte. Auf dem EG-Gipfel in Hannover 1985 starteten die Europäer sogar eine technologiepolitische Initiative, die sich expressis verbis als Antwort auf SDI verstand. In den folgenden Jahren sollten die Gegensätze streckenweise eher zunehmen.

»Hätte der Ost-West-Konflikt nicht mit dem Zusammenbruch der Sowjetunion ein plötzliches und überraschendes Ende gefunden«, meint Peter Graf Kielmannsegg, »hätten die allianzinternen Interessendivergenzen dem Bündnis vermutlich zunehmend mehr zu schaffen gemacht.« Das sind Spekulationen, die man allerdings kaum von der Hand weisen kann. Am Ende aber waren paradoxerweise gerade Kohls bedingungslose proatlantische Entscheidung für die Nachrüstung und auch sein Einlenken bei SDI für die Deutschen von unerwartetem Vorteil. Sie legten, so Patricia Clough, besonders in den USA »den Grundstein des Vertrauens zu ihm, was sich Jahre später, als er die deutsche Wiedervereinigung anstrebte, als unschätzbar erwies«.

Risikogesellschaft

Die Wahlen vom März 1983 waren nicht nur eine sichtbare Bestätigung für die Zustimmung, die Helmut Kohls Politik der »Wende« vom Herbst des Vorjahres erfahren hatte. Sie brachten auch eine neue Kraft auf die Bühne der Bundesrepublik. Mit 5,6 Prozent der Stimmen und 27 AbgeordnetInnen ziehen die Grünen nun zum ersten Mal ins Bonner Parlament ein. Für das Hohe Haus am Rheinufer war das ein ungewohnter Auftritt. Seit Gründung der Bundesrepublik hatte man sich daran gewöhnt, daß zu dem, was man als der Würde des Hauses angemessen empfand, auch eine angemessene Kleiderordnung gehörte. Doch jetzt erschien dort ein Haufen von bärtigen jungen Männern und Frauen mit wehenden Haaren, keineswegs in Anzug oder Kostüm, sondern mit Pullover und Jeans oder wallenden Kleidern. Viele hatten Blumentöpfe, gewissermaßen als Signet ihrer »organischen« Gesinnung, mitgebracht, die sie vor ihren Abgeordnetensitzen plazierten. Die Stimmung unter den übrigen Fraktionen changierte zwischen Indignation und Belustigung. Bundestagspräsident Rainer Barzel von der CDU, der als *homme de lettre* manchmal auch einen gewissen ironischen Charme entwickeln konnte, meisterte die Situation jedoch souverän, indem er darauf verwies, schon im Reichstag seien Blumentöpfe und ähnliche Dinge als potentielle Wurfgeschosse eigentlich verboten gewesen, und dann zur Tagesordnung überging.

Mit den Grünen kamen aber nicht nur neue Farben in das Hohe Haus, sondern auch neue Töne, beispielsweise als die Abgeordnete Waltraud Schoppe die Rednerbühne betrat und mit herber Burschikosität verkündete: »Wir brauchen keine neuen Raketen, wir brauchen neue Männer!« Die Friedensbewegung, als deren parlamentarische Repräsentanz die Grünen sich auch und besonders empfanden, hatte zu diesem Zeitpunkt einen neuen Höhepunkt erreicht. Verunsichertes Gelächter war die Reaktion auf Schoppes Auftritt. Doch mit einer scharfen Replik des Abgeordneten Joschka Fischer auf den Einwurf Heiner Geißlers von der CDU gegen die Friedensbewegung, der Pazifismus der 30er Jahre habe »Auschwitz erst möglich gemacht«, entwickelte sich plötzlich so etwas wie ein heiliger Ernst in der Auseinandersetzung.

»Diese Menschen sollen schuld sein an Auschwitz, Herr Geißler?« so Fischers Einwurf. »Ein Carl von Ossietzky, den die Nazis gequält haben, ein Erich Mühsam, Jude, Anarchist, Pazifist und Poet, den die SS langsam zu Tode marterte, während andere mit feuchtem Blick ihrem Führer zujubelten oder sich von ihm mit enteignetem jüdischem Vermögen die Taschen füllen ließen?« Heinrich Böll meinte, Fischers Reden seien die »besten« gewesen, »die seit Jahren im Bundestag gehalten wurden«.

Joschka Fischer auf einer Parteiveranstaltung in München, 1998. Kurze Zeit später reduziert Fischer durch Joggen sein Gewicht von 112 auf 77 Kilo.

Joschka Fischer: Wen der Zeitgeist liebevoll in den Arm nimmt

Bei der Bundestagswahl am 6. März 1983 erhalten Die Grünen 5,6 Prozent der Stimmen. Joschka Fischer wird Parlamentarischer Geschäftsführer in Bonn. Zwei Jahre später wird er in Hessen als erster Grüner Landesminister, wechselt 1994 als Fraktionschef zurück in den Bundestag und steigt 1998 in der ersten rot-grünen Bundeskoalition zum Außenminister und Vizekanzler auf.

Joseph Martin Fischer, Jahrgang 1948, stammt aus einem streng katholischen Elternhaus. Nach Kriegsende, zwei Jahre vor Fischers Geburt, ist die deutschsprachige Familie aus einem Vorort von Budapest in eine schwäbische Kleinstadt übergesiedelt. Später lebt sie in Öffingen bei Stuttgart. Der Vater ist Metzger, arbeitet auf Schlachthöfen und später in Supermärkten. Joseph Fischer bricht nach der 10. Klasse das Gymnasium ab und beginnt eine Lehre als Fotograf, die er nicht beendet. Im Sommer 1966 trampt er durch die halbe Welt. Als im Herbst seine jüngere Schwester tödlich erkrankt, kehrt er zurück. Kurz darauf stirbt sein Vater.

Im Frühjahr 1967 heiratet er heimlich die Tochter eines Stuttgarter Polizisten, schlägt sich gemeinsam mit ihr als Pflastermaler in Marseille durch und gelangt schließlich in Kontakt mit der studentischen Protestbewegung. Seine Biographin Sibylle Krause-Burger: »Doch wer am Ende der 60er Jahre jung war und ins Schlingern kam, den nahm der Zeitgeist liebevoll in seine Arme, der durfte sich im Nichtstun, im Scheitern, in der Verweigerung, in der Existenz als Außenseiter bestätigt fühlen. Nicht in der Mitte der Gesellschaft, nein, an ihrem Rand fühlten sich diese Jungen zu Hause.« In Frankfurt a. M. schließt sich Fischer dem Kreis der Spontis um Daniel Cohn-Bendit an. Die siebziger Jahre verbringt Fischer als militanter und durchaus gewaltbereiter Häuserkämpfer im Frankfurter Westend, als Taxifahrer und Mitbesitzer eines Antiquariats. Zu jener Zeit erzielen Umweltgruppen auf lokaler Ebene schon beachtliche Wahlerfolge. Als der Plan aufkommt, die Frankfurter Spontis sollen auf Listen der Grünen für das Stadtparlament kandidieren, wandelt er sich zum »Realo« und macht sich für den Weg in die Parlamente stark.

Joschka Fischers Karriere, schrieb Heribert Prantl einmal in der »Süddeutschen Zeitung«, sei die schönste Tellerwäschervita der deutschen Nachkriegsgeschichte gewesen. Das ist vielleicht eine etwas romantische Sicht, aber tatsächlich hatte der Sohn einer aus Ungarn vertriebenen Metzgerfamilie nie seine Gymnasialausbildung abgeschlossen, war Taxifahrer und Filmkomparse gewesen, bevor er im politischen Leben durchstartete. Doch Joschka Fischer war schon als junger Mann ungeheuer belesen und hatte kaum intellektuelle Konkurrenzprobleme mit den linken Studentenkreisen, in denen er sich seit Ende der sechziger Jahre bewegte. Im Gegenteil, hier, unter den Frankfurter »Spontis« der linksradikalen Gruppe *Revolutionärer Kampf*, entdeckte er bereits sein ausgeprägtes rhetorisches Talent. 1976 forderte er in einer Rede auf dem Frankfurter Römerberg die »Genossen im Untergrund« auf, endlich »Schluß zu machen mit diesem Todestrip«. Die Rede, mit der die Terroristen der RAF zum Aufgeben bewegt werden sollten, hatte auch eine Initialwirkung auf die sich damals formierende Alternativbewegung, die sich eher privat ausgerichteten Utopien eines »anderen Lebens« verschrieb. Es war sein Freund Daniel Cohn-Bendit, der aus Frankreich ausgewiesene ehemalige Studentenführer des Pariser Mai 1968, der ihn Anfang der achtziger Jahre zum Eintritt in die neue grüne Partei drängte. Am 12. Dezember 1985 wurde Joschka Fischer als erster grüner Minister einer rot-grünen Landesregierung von

Umwelt-, Friedens-, Dritte-Welt-, Frauen- und jede Menge anderer Bewegungen bilden das organisatorische Substrat, aus dem heraus zu Beginn der achtziger Jahre die Partei der Grünen herausgärt: Sleep-In von Hausbesetzern 1981 auf dem Kurfürstendamm in West-Berlin nach einer Demonstration.

Am 7. Juli 1985 besiegt Boris Becker im Finale des Tennisturniers von Wimbledon Kevin Curren. Der 17jährige Becker ist nicht nur der erste deutsche Wimbledon-Sieger, sondern auch der jüngste seit Bestehen des Turniers. Sein Sieg löst in Deutschland einen Tennisboom aus.

Boris Becker: »The Red Bomber«

Ein 17jähriger Rotschopf wirft seinen Tennisschläger weg und reißt jubelnd die Arme hoch: Nach genau drei Stunden und 18 Minuten hat er den Südafrikaner Kevin Curren geschlagen. Seine Spielweise: fulminant bis brachial, mit 21 Assen, harten Aufschlägen, vollem Körpereinsatz. Sein Name: Boris Becker. Er ist der erste Deutsche, der erste ungesetzte und mit seinen 17 Jahren und 227 Tagen noch dazu der jüngste Spieler, der soeben das bedeutendste Tennisturnier der Welt gewonnen hat. Der Sieg löst in Deutschland in den nächsten Jahren einen generationenübergreifenden Tennisboom aus. Die englische Presse erfindet für den Jungen aus Leimen bei Heidelberg schon im Verlauf des Turniers immer neue Spitznamen: »Blitzkrieg Becker«, »the Red Bomber«, »Wunder Boom Boom«.

Der neue Champion scheint aus dem Nichts zu kommen. Dabei hat Becker bereits ein Jahr zuvor, im Juni 1984, als 16jähriger in Wimbledon gespielt, aber wegen eines Bänderrisses im linken Fußknöchel in der dritten Runde gegen den Amerikaner Bill Scanlon ausscheiden müssen. Bei den Australian Open im Dezember 1984 erreicht Becker das Viertel-, bei den Italian Open im Mai das Halbfinale. Tennis bestimmt schon früh das Leben des 1967 geborenen Architektensohnes, der mit sechs Jahren in den Tennisklub Blau-Weiß Leimen eintritt. Obwohl der Cheftrainer des Deutschen Tennis-Bundes den Neunjährigen als »für Leistungstraining auf Bundesebene ungeeignet« einstuft, wird der Junge mit 14 Jahren in die 1. Herren-Mannschaft des DTB aufgenommen. Die Schule verläßt er nach der Mittleren Reife.

Für Becker selbst beginnt (und endet) seine Erfolgsgeschichte in Wimbledon. Über seinen Sieg sagt er später: »Boris aus Leimen ist in Wimbledon 1985 gestorben und in neuer Gestalt wiederauferstanden.« Noch zweimal wird er dort siegen, US-Open und Australian Open gewinnen, zweimal den Davis-Cup für Deutschland holen, Tennisweltmeister und Olympiasieger im Doppel werden. Insgesamt gewinnt er im Einzel 49 Turniere.

Ministerpräsident Holger Börner in Wiesbaden vereidigt. Noch trat er bei dieser Zeremonie demonstrativ in Jeans und mit Turnschuhen auf.

Fischer war von Anfang an nicht unbedingt ein typischer Grüner. Als er für den 26. Januar 2000, damals bereits Chef des Auswärtigen Amts unter einer rot-grünen Regierung, von der Evangelischen Akademie in Berlin zu einem Vortrag eingeladen wurde, wählte er als Thema »Der Außenminister als Außenseiter«. Es war eine Rede über Gustav Stresemann, in dem er mit der Zeit sein heimliches Vorbild entdeckt hatte. Stresemann kam aus dem nationalliberalen Lager, das anfangs die Weimarer Republik abgelehnt hatte, doch er sollte in den großen Krisen der Jahre 1923 und 1924 zum eigentlichen Retter der Republik und später zu einem Pionier europäischer Verständigung werden. Stresemann hatte unter der Devise »Mut zur Verantwortlichkeit« seinen Weg aus rechtskonservativen Kreisen in das Lager der Demokratie gefunden. Fischer kam von ganz links. Der »Mut zur Verantwortlichkeit« ließ ihn, der erst Ende Juli 1981, anderthalb Jahre nach Gründung der Bundesgrünen, in die Partei eingetreten war, jedoch bald zu einem führenden Repräsentanten der »Realos«, des realpolitischen Flügels, werden, der sich im Laufe der achtziger Jahre immer mehr gegen die sogenannten Fundis oder Fundamentalisten durchsetzte.

Gründung und erste Jahre der grünen Partei, seit 1983 im Bundestag und seit 1985 auch in einer Landesregierung vertreten, waren ein komplizierter Prozeß voller interner Auseinandersetzungen. »An der Wiege«, so der spätere nordrhein-westfälische Grünen-Minister Michael Vesper, »standen die unglücklichen Eltern: zum einen Helmut Schmidt, ohne dessen Politik es die Grünen wohl nicht gegeben hätte, und zum anderen die Fünf-Prozent-Hürde, ohne die so viele verschiedene Gruppen sich wohl nicht unter einem Dach zusammengezwängt hätten.« Das Spektrum reichte von Wertkonservativen wie Herbert Gruhl, dem ehemaligen Umweltsprecher der CDU-Bundestagsfraktion und Verfasser des Buchs *Ein Planet wird geplündert*, der 1978 seine Partei verlassen und die »Grüne Aktion Zukunft« gegründet hatte, über Mitglieder von Bürgerbewegungen und Anhängern der Friedensbewegung, linken Öko-Fundamentalisten, Maoisten und Anhängern des Kommunistischen Bundes (KB) bis zu dem Berliner Anwalt Otto Schily, der später in die SPD überwechseln sollte.

Erfolge linker Wahlbündnisse unter Einschluß von Umweltschützern bei den französischen Kommunalwahlen 1977 hatten die Überlegungen zu ähnlichen Bündnissen in der Bundesrepublik nicht unwesentlich beeinflußt. Spürbare Zustimmung konnten sie bei Kreistagswahlen in Niedersachsen 1977 verbuchen, und am 7. Oktober 1979 zog eine Grüne Liste in Bremen mit 5,1 Prozent erstmals in ein Landesparlament ein. Bei Kommunalwahlen in NRW im gleichen Jahr kamen in mehreren großen Städten

Grüne, Bunte und Alternative Listen über die Fünf-Prozent-Hürde, in der Kleinstadt Ahaus, dem geplanten Standort eines Atommüllzwischenlagers, erreichte eine von Atomkraftgegnern gegründete Wählergemeinschaft sogar 25,5 Prozent. Zu den Europawahlen im Juni 1979 kandidierte eine von Heinrich Böll und Helmut Gollwitzer unterstützte »Sonstige Politische Vereinigung (SPV) - Die Grünen« und erzielte auf Anhieb 3,2 Prozent.

Die Bundespartei Die Grünen wurde auf einer Versammlung in Karlsruhe am 12./13. Januar 1980 ins Leben gerufen. Es war das Jahr, in dem auf der besetzten Bohrstelle 1004 des geplanten Atommüllendlagers im Gorlebener Wald die »Freie Republik Wendland« ausgerufen wurde. Wertkonservative und auf einen starken Staat setzende Gründungsmitglieder wie Herbert Gruhl zogen sich nur wenig später aus der Partei zurück, die sich jetzt, nach den Worten des späteren Bundestagsabgeordneten Jürgen Reents, immer mehr zu einer »Alternative links von der SPD« entwickelte, in der basisdemokratische Impulse eine große Rolle spielen sollten. Eine ökologisch starke Wirtschaft, meinte dagegen Gruhl, den Zwang zu Verzicht und Regulierung vor Augen, erfordere die gleiche Intensität »wie die Vorbereitung auf einen neuen Krieg«. Deshalb müsse der Staat im Interesse des Überlebens der Menschheit in Zukunft »viele Freiheiten entschlossen aufheben, um das Chaos zu verhüten«. Auch der Philosoph

Gerhard Schröder 1980 im Besetzerdorf in Gorleben, in der sogenannten Republik Freies Wendland. Demonstranten haben das Gelände des geplanten Endlagers für hochradioaktiven Atomabfall besetzt. Neben Schröder Jo Leinen, damals Vorsitzender des Bundesverbands Bürgerinitiativen Umweltschutz.

Hans Jonas, Autor des vielbeachteten Buchs *Das Prinzip Verantwortung*, war der Ansicht, die Demokratie, »wie sie jetzt funktioniert - mit ihrer kurzfristigen Orientierung«, sei »auf die Dauer nicht die geeignete Regierungsform«. Solche Positionen waren in der neuen Partei kaum mehrheitsfähig, die sich zu den vier Prinzipien ökologisch, sozial, gewaltfrei und basisdemokratisch bekannte.

1982 erzielten die Grünen bei den hessischen Landtagswahlen bereits 8,6 Prozent. 1983 zogen sie in den Bundestag ein und waren in sechs Landtagen vertreten. Sie sollten damit die Parteienlandschaft der Bundesrepublik nachhaltig verändern. Zu einer politisch bedeutenden Kraft geworden sind die Grünen vor allem im Gefolge der großen Friedensbewegung Anfang der achtziger Jahre. Ohne den Protest gegen die Nachrüstung, so der Fischer-Biograph Michael Schwelien, »hätte diese grüne Partei niemals den Sprung ins Parlament geschafft. Sie war zwar von der Umweltbewegung geboren worden, aber sie wurde gepäppelt von der Friedensbewegung.« Nicht unwesentlich aber auch von der Frauenbewegung, die sich in den siebziger Jahren formiert hatte und zu dem nachhaltigsten Ergebnis der neuen sozialen Bewegungen dieser Jahre beigetragen hat: der Emanzipation der Frau. Als Waltraud Schoppe in ihrer ersten Bundestagsrede am 5. Mai 1983 die Abgeordneten aufforderte, »den täglichen Sexismus hier im Parlament einzustellen«, feierte da-

Letzter Gruß von Otto Schily am Grab von Rudi Dutschke auf dem St.-Annen-Kirchhof in Berlin-Dahlem-Dorf, 1980. Der bekannte Rechtsanwalt ist damals Politiker der Alternativen Liste, über die er in die Partei Die Grünen gelangt.

Steffi Graf bei ihrem Wimbledon-Sieg, 1988. Sie ist die erste Nichtamerikanerin, die den ersten Platz der Weltrangliste einnimmt.

Steffi Graf: Die Tennis-Dame

Die Nr. 5 sagt am 11. November 1987 in einem Interview mit der »Frankfurter Rundschau« über die Nr. 3: »Sie spielt Damentennis, ich spiele Tennis.« Die Nr. 5 ist Boris Becker. Den haben die ZDF-Zuschauer in der Wahl »Unsere Besten« auf diesen Platz der 100 beliebtesten Sportler gesetzt. Zwei Plätze vor ihm hat sich die Sportlerin plaziert, die nur »Damentennis« spielt: Stefanie Maria Graf. Bereits als Dreijährige hält sie erstmals einen Tennisschläger – mit abgesägtem Griff – in der Hand. Nachdem sie 1977 in München ein Nachwuchsturnier gewinnt, gibt ihr Vater seinen Beruf auf, gründet in Brühl ein Tenniszentrum und widmet sich ganz der Karriere seiner Tochter. 1982, im Alter von 13 Jahren, wird sie Profispielerin. 1983 nimmt sie Platz 98 der Weltrangliste ein. 1984 kommt Steffi bis ins Achtelfinale von Wimbledon und bestreitet in Filderstadt (bei Stuttgart) ihr erstes Grand-Prix-Finale. Von 1984 bis zum Juni 1999 gewinnt Steffi Graf insgesamt 22 Grand-Slam-Turniere – viermal die Australian Open, sechsmal die French Open, siebenmal das Turnier von Wimbledon und fünfmal die US Open – sowie eine Gold- und eine Silbermedaille bei Olympischen Spielen.

1995 überschattet der »Steuerfall Graf« die Karriere von Steffi. Die Mannheimer Staatsanwaltschaft leitet gegen ihren Vater Peter Graf und sie ein Ermittlungsverfahren wegen Steuerhinterziehung ein. Die Anklagebehörde stellt fest, daß Peter Graf als Steffi Grafs Manager 19,6 Millionen Mark Steuern nicht gezahlt hat. Laut einer Umfrage der Hamburger Zeitschrift »Hörzu« ist Steffi Graf 1996 trotzdem Deutschlands angesehenste Sportlerin. Im April 1996 wird gegen Peter Graf Anklage erhoben. Das Verfahren gegen seine Tochter wird eingestellt. Im Januar 1997 wird Graf zu einer Freiheitsstrafe von drei Jahren und neun Monaten verurteilt. Am 5. Juni 1999 besiegt die 29jährige im Finale der French Open in Paris die 18 Jahre alte Schweizer Weltranglistenerste Martina Hingis. Vier Wochen nach ihrem Triumph in Paris verpaßt die 30jährige am 4. Juli 1999 den achten Sieg in Wimbledon. Am 13. August beendet sie ihre Sportkarriere.

mit der Feminismus eine Premiere im Hohen Haus am Rheinufer. Er war der Friedensbewegung in vielen Fragen wahlverwandt, denn militärische Gewalt galt radikalen Feministinnen nur als die tödlichste Variante des von ihnen als Herrschaftsmechanismus bekämpften »Männlichkeitswahns«. Der Vordenker Robert Jungk forderte, auch als Therapie gegen die von ihm befürchteten Repressionen des »Atomstaats«, »die vom männlichen Chauvinismus verachtete Art der Frauen, das Leben zu begreifen, endlich ernst zu nehmen«. Zu lange schon, so Jungk, seien »Gefühl, Empfindlichkeit, Zärtlichkeit« in der Politik verdrängt worden. Eine reine Frauenliste stellte sich erstmals im November 1986 in Hamburg zur Wahl und zog mit 10,4 Prozent der Stimmen in die Bürgerschaft ein.

Die Bewegung gegen Atomkraft und die Friedensbewegung haben nach 1984 einen Begriff populär gemacht, der bald in aller Munde war: die »Risikogesellschaft«. Er stammt von dem damals in Bamberg lehrenden Soziologen Ulrich Beck, der kurze Zeit später sein Buch *Risikogesellschaft. Auf dem Weg in eine andere Moderne* veröffentlichte. »Die Verwandlung der ungesehenen Nebenfolgen industrieller Produktion in globale Krisenherde«, so Beck, werde immer eher verharmlosend als »Umweltproblem« bezeichnet. In Wirklichkeit handle es sich jedoch um »*eine eklatante Institutionenkrise der Industriegesellschaft* mit beträchtlichem politischem Gehalt«. Beck nimmt diese Diagnose zum Anlaß, über das »Projekt Moderne« insgesamt nachzudenken. »Die Moderne«, so Beck, sei »wesentlich im Zweifel und durch den Zweifel groß geworden«. Darauf sollte sich eine »zweite Moderne« zurückbesinnen, und der Zweifel müsse sich auch »gegen die wissenschaftliche Autorität« wenden, »wo diese den Zweifel verleugnet«. Im Kern geht es Beck dabei um die Begründung einer ökologischen »Politik der Selbstbegrenzung«. Großrisiken der Industrialisierung kämen heute einer Aufkündigung des Gesellschaftsvertrags gleich.

Die Nachrichten der Zeit hatten in der Tat etwas Alarmierendes an sich. 1979 war der Reaktorkern im amerikanischen Atomkraftwerk Harrisburg teilweise beschädigt worden, Ende 1981 berichtete der »Spiegel« zum ersten Mal in einer dreiteiligen Serie über die Vergiftung der Wälder durch sauren Regen und prophezeite eine »weltweite Umweltkatastrophe von unvorstellbarem Ausmaß«. Das Fischsterben in den Gewässern und Meeren wurde zum Thema, 1984 starben im indischen Bhopal 3400 Menschen an giftigen Gasen, die aus einer Pestizidfabrik ausgetreten waren, 1985 explodierte der Antriebsteil eines Pershing-Gefechtskopfs in Waldheide, und 1986 kam es im ukrainischen Tschernobyl zum ersten GAU in einem nuklearen Kraftwerk. Mit der Verständigung auf den Begriff »Risikogesellschaft« wurde vieles an den aufgeheizten Debatten darüber rationaler. Was in den vergangenen Jahren die Gemüter moralisch erregt hatte und

Patrick Süskind ist keine öffentliche Person. Er verweigert sich den Erwartungen der Medien ebenso wie denen des Literaturbetriebs. Er gibt kaum Interviews, tritt nicht in der Öffentlichkeit auf und hat auch schon verschiedene Auszeichnungen abgelehnt.

Patrick Süskind: Deutscher Autor mit Welterfolg

In der von Joachim Król gespielten Figur des Autors Windisch, der seinen Bestseller über die Loreley partout nicht verkaufen will, ist unschwer der Drehbuchautor der Filmkomödie »Rossini« selbst zu erkennen. Der heißt Patrick Süskind, ist wie seine Filmfigur ein Eigenbrötler, der sich weigert, seinen Roman einem Produzenten zu überlassen. In »Rossini« spielt Heiner Lauterbach den umtriebigen Produzenten Oskar Reiter, quasi die Bernd-Eichinger-Figur der Filmszene, die sich allabendlich im italienischen Restaurant »Rossini« trifft, Jan Josef Liefers den Dichter und Frauenschwarm Wolf Wondratschek, den Prototypen des öffentlichen Schriftstellers. Götz George gibt den Regisseur Uhu Zigeuner. Im wirklichen Leben heißt der Helmut Dietl.

Mit ihm hat der Autor Patrick Süskind als Regisseur schon zusammengearbeitet. Süskind verfaßte vor 1985 mit Dietl die Drehbücher für die zwei erfolgreichen Fernsehserien »Monaco Franze« und »Kir Royal«. Der Roman Das Parfum – Die Geschichte eines Mörders *macht Patrick Süskind 1985 zu einem der weltweit erfolgreichsten deutschsprachigen Schriftsteller.* Das Parfum *ist nicht nur ein Best-, sondern auch ein Longseller: Neun Jahre hält er sich auf der »Spiegel«-Bestsellerliste. So kann der Diogenes Verlag das Erscheinen einer Taschenbuchausgabe nahezu zehn Jahre hinauszögern. Bald ist der Roman in 33 Sprachen übersetzt und über achtmillionenmal verkauft. Der Vater des am 26. März 1949 in Ambach am Starnberger See geborenen Schriftstellers ist der Dramatiker, Prosaschreiber, Hörspiel- und Drehbuchautor Wilhelm Emanuel Süskind. Nach Abitur und Zivildienst studiert Patrick Süskind von 1968 bis 1974 Geschichte in München und Aix-en-Provence. Durchaus selbstironisch hat Süskind einmal angemerkt, er habe zunächst »als Autor von kürzeren unveröffentlichten Prosastücken und längeren unverfilmten Drehbüchern« begonnen. Der Durchbruch gelingt ihm mit dem Theaterstück »Der Kontrabaß«. Der einaktige Monolog erzielt Erfolge in aller Welt und ist 1983 mit 522 Aufführungen und 25 Inszenierungen der meistgespielte Text in ganz Europa.*

im Fall der Nachrüstung auch oft noch mit Verweisen auf die nachlebende Vergangenheit erklärt wurde, konnte nun als im Prinzip politisch korrigierbare Fehlentwicklung der modernen Industriegesellschaft und ihrer Institutionen gedeutet werden.

Eigentlich war schon die Kubakrise 1962 ein Ernstfall der Risikogesellschaft gewesen, denn nicht politische Entscheidungszentren, sondern der zufällige Zusammenbruch des Kommunikationssystems in einem sowjetischen U-Boot hätte damals beinahe eine tödliche Katastrophe ausgelöst. Etwas Ähnliches, so Joschka Fischer in einer Rede vor dem Bundestag, könne heute wieder passieren, denn in einer sich »verselbständigenden Abschreckungstechnik« sei jederzeit die gefährliche Möglichkeit einer unfreiwillig herbeigeführten »Katastrophe gegen den Willen aller Verantwortlichen« angelegt.

Nichts aber hat die Sicht auf die Moderne und ihr Destruktionspotential in diesen Jahren so verändert wie Tschernobyl. Es begann mit einem Testlauf in der Nacht vom 25. auf den 26. April 1986 in dem ukrainischen Kernkraftwerk nördlich von Kiew, der eigentlich Sicherheitsvorkehrungen dienen sollte. Beim Herunterfahren der Kapazität geriet ein Reak-

Nach der Katastrophe im Kernkraftwerk Tschernobyl am 26. April 1986 werden Anfang Mai an den West-Berliner Grenzen zur DDR, wie hier in Dreilinden, alle Lebensmittel kontrolliert.

Hermy Eckerts Selbstmord vor laufender Kamera: Freitod als humanes Sterben

*Am 18. April 1984 beendet die schwer an Hautkrebs erkrankte 69jährige Hermy Eckert mittels Zyankali in der »Eubios-Klinik« in Bernau am Chiemsee ihr Leben. Zuvor hat sie nach elf Tumoroperationen ein Auge und eine Gesichtshälfte verloren. Das Zyankali hat sie vom Leiter der Klinik bekommen. Der ist der in Deutschland für seine Ablehnung der konventionellen Krebstherapie bekannte Chirurg Julius Hackethal (*1921, †1997). Die Patientin hat gegenüber Hackethal den Wunsch zu sterben geäußert. Der Chirurg zeichnet ihren Wunsch auf Video auf, damit er später nicht als Mörder verurteilt werden kann.*

Hermy Eckert ist Mitglied der Deutschen Gesellschaft für humanes Sterben. Die DGHS wird 1980 in Nürnberg gegründet. Sie wächst schnell. Bei der ersten Hauptversammlung in München am 25. Mai 1981 zählt die Gesellschaft bereits 419 Mitglieder. Zur Sicherung des Selbstbestimmungsrechts des Menschen bis zur letzten Lebensminute werden von der Gesellschaft am 9. September 1981 neu entwickelte sogenannte Patientenverfügungen vorgestellt. Sie dokumentieren für die letzte Lebensphase den Willen ihrer Unterzeichner. Diese schriftlichen Willensverfügungen haben eine starke Wirkung auf die öffentliche Diskussion.

Nach dem Freitod von Hermy Eckerts wird Hackethal Ziel der Ermittlungen der Justiz. Die DGHS verliert vorübergehend ihre Gemeinnützigkeit. Die Verfahren werden eingestellt, als am 31. Juli 1987 das Oberlandesgericht München einen Beschluß des Landgerichts Traunstein bestätigt, daß keine Anklageerhebung gegen die Helfer beim Freitod der Hermy Eckert stattfindet und die Beihilfe zum Freitod – zumal auf der Grundlage einer Freitodverfügung von Frau Eckert – im Rahmen geltenden Rechts liegt. Hackethal, der zugibt, bei weiteren Todkranken, nicht zuletzt seiner Mutter, aktive Sterbehilfe geleistet zu haben, wird unter anderem wegen Tötung auf Verlangen angeklagt und 1993 zu einer Geldstrafe verurteilt. Trotz der Diskussionen um die aktive Sterbehilfe steigt die Suizidrate in der alten Bundesrepublik ab Mitte der 80er Jahre jedoch nicht, sondern sinkt.

tor plötzlich außer Kontrolle. Unkontrollierte Kettenreaktionen ließen die Temperatur in kürzester Zeit auf über tausend Grad ansteigen und führten zu mehreren Explosionen. Die tausend Tonnen schwere Abdeckplatte des Reaktors wurde dadurch in die Luft geschleudert, und nur durch den lebensgefährlichen Einsatz der Feuerwehr gelang es im Laufe der Nacht, die

Bau der 700 Meter langen Schwarzbachtalbrücke, des längsten Brückenbauwerks der Autobahn 62 bei Zweibrücken. Die Bundesrepublik rühmt sich, die beste Verkehrsinfrastruktur der Welt zu besitzen. Im Bereich des Straßenverkehrs trifft das zu.

Brände einzudämmen und Explosionen in anderen Reaktoren der Nuklearanlage zu verhindern. Tschernobyl war ein Fanal und führte, nach den Worten des Psychoanalytikers Horst-Eberhard Richter, auch in der Bundesrepublik zu »Betroffenheit und Angst von einer Art«, wie sie bislang »noch nie bekannt war«. Zur Steigerung dieser Ängste trug bei, daß Bundesforschungsminister Heinz Riesenhuber in einer ersten Stellungnahme verkündete, gefährliche Auswirkungen der Atomwolke von Tschernobyl seien wegen der Windverhältnisse in der Bundesrepublik nicht zu erwarten. Doch plötzlich hatten die Winde sich gedreht, und die Bevölkerung reagierte angesichts der unsichtbaren und unwägbaren Gefahr vollkommen verstört.

»Wie Schuppen ist es aller Welt von den Augen gefallen«, kommentierte Ulrich Beck damals die Katastrophe von Tschernobyl. »Den kleinen Unterschied zwischen Sicherheit und wahrscheinlicher Sicherheit trennen Wel-

Der Filmkaufmann und Fernsehunternehmer Leo Kirch im Mai 1985 auf einer Benefizveranstaltung für die ZNS-Stiftung in Bonn mit Hannelore Kohl, der Gattin des Bundeskanzlers.

Der Beginn des Privatfernsehens: Eine Medienrevolution

Am 1. Januar 1984 um 9.58 Uhr beginnt eine Medienrevolution. Aus einem Kellerstudio in Ludwigshafen geht die PKS (Programmgesellschaft für Kabel- und Satellitenrundfunk) auf Sendung. Mit dem Satz »Meine sehr verehrten Damen und Herren, in diesem Moment sind Sie Zeuge des Starts des ersten privaten Fernsehveranstalters in der Bundesrepublik Deutschland« begrüßt der damalige Geschäftsführer von Sat.1, Jürgen Doetz, die Zuschauer. Die PKS kann zu Beginn von rund 120000 Kabelhaushalten bundesweit empfangen werden. Am 1. Januar 1985 benennt sich die PKS in Sat.1 um. Hauptgesellschafter von PKS/Sat.1 sind der Axel Springer Verlag und die Kirch-Gruppe. Mit 20 Prozent beteiligt ist die APF (Aktuell Presse-Fernsehen), in der sich zunächst über 100 Tageszeitungsverlage engagieren. Deren Anteile werden nach und nach von Springer übernommen. Der Münchner Filmrechtehändler Leo Kirch versorgt den Sender mit Serien und Spielfilmen.

Der 1926 als Sohn eines Weinbauern in Würzburg geborene Leo Kirch gründet 1955 seine erste Firma. Er beginnt mit dem Filmrechtehandel, als in Deutschland dem Fernsehen noch keine große Zukunft vorhergesagt wird. Die Gründung des ZDF 1962 verschafft ihm seinen wichtigsten Kunden. Das ZDF wird der Grundpfeiler für seinen expandierenden Filmhandel. Kirchs Rechtestock ist die Programmbasis von Sat.1.

Einen Tag nach der PKS, am 2. Januar 1984, beginnt RTLplus, abgeleitet aus Radio Télé Luxembourg, sein deutschsprachiges Programm. Anders als PKS/Sat.1 kann RTLplus von Beginn an von einem kleinen Zuschauerkreis von etwa 200000 Haushalten über Hausantenne empfangen werden. Am 1. Januar 1988 zieht der Sender von Luxemburg nach Köln. Nordrhein-Westfalen genehmigt eine Erstfrequenz, mit der der Sender sechseinhalb Millionen Zuschauer erreicht. Das Niveau des Privatfernsehens mit vielen Erotiksendungen ist zunächst niedrig. Kritischen Einwänden begegnet der damalige RTL-Chef Helmut Thoma 1990: »Der Zuschauer darf sich seine Regierung wählen, also auch sein Fernsehprogramm. Ich wundere mich auch hin und wieder über die Wahl ...«

ten. Zugleich hängt an dieser Differenz das Weiterleben dieser Erde.« Heute weiß man, daß die damaligen Katastrophenszenarien weit übertrieben waren und daß es nicht zu den Hunderttausenden von Toten gekommen ist, die anfangs von vielen vorhergesehen wurden. Doch der Schock saß tief, denn er stellte vor allem auch die Frage nach der Sicherheit heimischer Atomkraftwerke neu. Hunderttausende gingen wegen Tschernobyl auf die Straße. 69 Prozent der Bundesbürger sprachen sich laut Umfragen gegen den Bau weiterer Kernkraftwerke aus, 12 Prozent forderten ihre sofortige Stillegung, und weitere 54 Prozent votierten für einen künftigen Ausstieg aus der Kernenergie. Auch die SPD, unter den Kanzlern Willy Brandt und Helmut Schmidt noch ganz auf Kernkraftkurs, vollzog unter dem Eindruck von Tschernobyl auf ihrem Nürnberger Parteitag Ende August 1986 eine Kehrtwendung und erklärte den Ausstieg innerhalb von zehn Jahren zum Programm.

Koalitionsmöglichkeiten auf Bundesebene deuteten sich damit an, die erst in den neunziger Jahren Wirklichkeit werden sollten. Einstweilen mußten die Grünen aber noch eine »Revisionismusdebatte« in ihren eigenen Reihen zu Ende führen, die letztlich zugunsten der sogenannten Realos ausging. »Die Linke«, so Joschka Fischer in einer Replik auf Ulrich Beck nach Tscherno-

Bei einer Demonstration von Atomkraftgegnern in Hamburg werden am 8. Juni 1986 etwa 800 Demonstranten auf dem Heiligengeistfeld eingekesselt und bis zu 15 Stunden lang von Polizisten festgehalten. Man vermutet einen bewaffneten und gewaltbereiten Kern unter den Eingekesselten, die teilweise vermummt sind.

Die ersten Lebensmittelskandale: Bebrütet und entlarvt

Mit dem Glykolwein-Skandal 1985, bei dem bekannt wird, daß einige österreichische Winzer ihrem Wein verbotenerweise Diethylenglykol beimischen, beginnt Mitte der achtziger Jahre eine Serie von Lebensmittelskandalen. Im Rahmen des Eklats kommt heraus, daß auch renommierte deutsche Weinabfüller aus Rheinland-Pfalz in großem Stil deutschen Wein mit österreichischem Glykolwein verpanschen. Auf der »Panschliste« stehen 75 deutsche Weine, darunter auch einige der Weingroßkellerei Pieroth. Der Glykolwein-Skandal führt zu einer Krisensituation bei den österreichischen und deutschen Winzern. 1985 wird die bundesdeutsche Öffentlichkeit zusätzlich über die Verwendung bebrüteter oder befruchteter Eier in Nudeln informiert. Der Flüssigei-Skandal führt zu einem Nachfrageeinbruch bei den deutschen Nudelherstellern.

Leuchttische in einer Fischfabrik in Bremerhaven: Hier werden auf der Suche nach Nematoden die Filets durchleuchtet und genauestens untersucht, bevor sie in den Handel gehen.

Am 28. Juli 1987 sehen die Zuschauer des ARD-Magazins »Monitor« etwas Unappetitliches: Dicke weiße, zwei Zentimeter lange Larven und Fadenwürmer nisten im Fleisch von frischen Seefischen, unter anderem in Rotbarschen, Seelachsen und Kabeljaus.

Wissenschaftler entlarven für das ARD-Magazin die lebendige Fleischeinlage. Es sind »Nematoden«, die nach Aussagen der Forscher beim Menschen zu Entzündungen, Koliken, Fieber und Darmverschluß führen können. Weltweit erkranken 30 Millionen Menschen jährlich an Parasitenbefall durch den Verzehr roher Meeresfrüchte. Sie werden in jedem zweiten überprüften Fisch nachgewiesen.

Die Fischindustrie muß infolge des Skandals Umsatzeinbußen von 900 Millionen Mark hinnehmen. Etwa 1000 Arbeiter und Angestellte verlieren vorübergehend ihren Arbeitsplatz. Auch wenn sich Fachleute nie ganz sicher sind über die gesundheitlichen Risiken, so werden von der Regierung doch neue Standards bei der Fischverarbeitung gesetzlich vorgeschrieben.

byl, habe »schon immer ein problematisches und faktisch hochambivalentes Verhältnis zur Konkretisierung ihrer Alternativen« gehabt aus der Angst heraus, die »Konkretion der Alternative« könne »die Reinheit der Kritik stören, ja diese selbst unwirksam machen«. Die Grünen, im Januar 1987 mit 8,3 Prozent der Stimmen wieder in den Bundestag eingezogen, entwickelten sich in solchen Debatten, die auch der SPD in ihrer langen Geschichte nicht fremd waren, von der ökologischen Fundamentalopposition weg zu einer im politischen System der Bundesrepublik koalitionsfähigen Partei des »ökologischen Umbaus« der Industriegesellschaft.

Gartenlaube in Berlin-Spandau vor der Kulisse einer Wohnsiedlung, 1983. Gegen die Betonwüsten regt sich zu dieser Zeit teils heftiger Protest.

Die Ahnung von einer denkbaren Apokalypse gedieh aber auch im kleinen, als unbewußt sich durchsetzender Lebensstil in den Ghettos der Risikogesellschaft. *Gefühl und Härte* war der Titel eines von Ernst Volland herausgegebenen Fotobands über die Welt der Punks Anfang der achtziger Jahre. Kanten und Ecken bis zum Zickzack der Runenschrift nahmen in dieser Jugendkultur der Großstädte den Platz der versöhnlichen Rundungen und organischen Formen der sechziger und siebziger Jahre ein, an die Stelle greller Buntheit traten harte Schwarzweißkontraste in einer kämpferisch anmutenden, oft bewußt zerschlissenen Kleidung. In die Haut eingeritzte Narben, beeindruckend in Bildern festgehalten von dem Kreuzberger Fotografen Wolfgang Krolow für das Buch *Seiltänze* von 1982, ersetzten die Perlenfüllhörner der Hippiegeneration durch so etwas

Punkkonzert im Kreuzberger SO 36, 1983. Der Kultschuppen, ein ehemaliger Supermarkt, liegt im Zentrum des Berliner Punk-Milieus und der Hausbesetzerszene dieser Jahre.

wie eine selbstdestruktive indianische Kriegbemalung als Körperschmuck, und die langen Wallehaare vergangener Zeiten fielen einem auf halber Glatze hochstehenden »Irokesenschnitt« zum Opfer. *No future*, »keine Zukunft«, hieß die Parole der Punks. Oft waren sie in den großen Städten auch Teil der sich ausbreitenden Hausbesetzerszene.

Punk, ursprünglich in den Arbeitervorstädten Englands entstanden, war eine Provokation gegen die als verlogen empfundene bürgerliche Welt, aber auch eine Abrechnung mit den »lieben« 68ern, Hippies und Alternativen und ihren sanften Umgangsformen. »Leckt mich am Arsch mit eurer blöden Natur. Wir leben hier in Städten«, meinte Thomas Schwebel, Gitarrist der Band *Fehlfarben*. Sarkastisch schwärmte das Lied einer britischen Punk-Band vom »Holiday in Cambodia« auf den Hinrichtungsstätten des völkermordenden Pol-Pot-Regimes, und eine deutsche Band sang provokant: »Ich bin so hungrig, mir ist so kalt/ Ich will zurück nach Buchenwald.« Punk war zornig, aber absolut antipolitisch und vor allem kompromißlos antithetisch. *No future* bedeutete auch: absolute Gegenwart angesichts einer aus Gründen wachsender Arbeitslosigkeit sowie industriegesellschaftlicher, politischer und militärischer Bedrohungspotentiale als perspektivlos wahrgenommenen Zukunft.

Nutzung von Bildschirmtext und Internet zwischen 1984 bis 2005 in der Bundesrepublik

Im Jahr 2003 hat mehr als die Hälfte der deutschen Bevölkerung über 14 Jahre einen Internetanschluß.

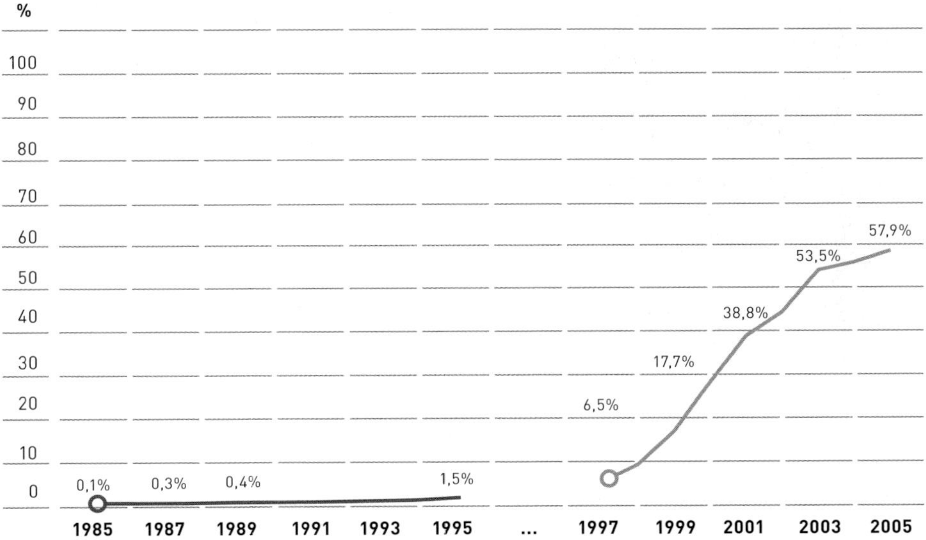

Zahl der BTX-Nutzer zwischen 1985 bis 1995*

Zahl der Internetnutzer zwischen 1997 bis 2005**

* Prognose der Deutschen Bundespost
** ab 1995 Zusammenschluß von Btx und T-Online. 2001 wird Btx abgestellt

Eigene Darstellung aus folgenden Quellen: Statistisches Bundesamt Deutschland, Statistiken zu Informations- und Kommunikationstechnologien, Band 1, Wiesbaden 2004; ARD/ZDF-Online-Studie 1999 bis 2005; Volker Schneider, Technikentwicklung zwischen Politik und Markt: Der Fall Bildschirmtext. Frankfurt a. M., New York 1989.

Dagegen stand ein Aufstand des Sensualismus, der sich vor allem in der Kunst bemerkbar machte und mit der großen West-Berliner Ausstellung »Zeitgeist« von 1982 zum ersten Mal für internationale Schlagzeilen sorgte. Es war eine farbenbetonte Malerei, die viele an eine Renaissance der Tradition der deutschen Expressionisten und der französischen *Fauves* denken ließ, doch in Wirklichkeit war sie bedingungslos traditionslos und hauptsächlich eine unbefangene Nichtbeachtung der referentiellen Selbstbezüglichkeiten moderner Kunst. Es waren gemalte Bilder und keine kolorierten Konzepte, die in ihren besten Exponaten, wie beispielsweise Rainer Fettings in das leuchtende Gelb eines Rapsfeldes hineinversetzter

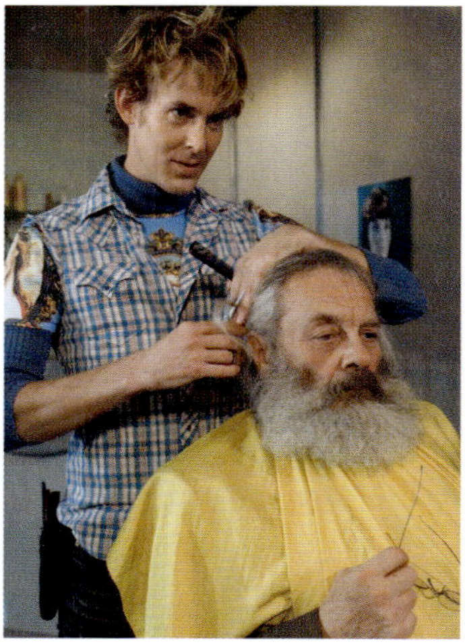

Dem Schriftsteller und Übersetzer Harry Rowohlt geht es an die Haarpracht. Der »Penner Harry« wird in einer Folge umfrisiert zum guten Bürger. Obwohl die Handlung in München spielt, wird in 150 Meter Außenkulisse auf dem WDR-Gelände in Köln-Bocklemünd gedreht.

Der »Penner Harry« in der »Lindenstraße«: »Ans Herz gwachsn«

Im Februar 1995, im zehnten Jahr ihrer Existenz, schlurft der vom Leben auf der Straße und vom Alkohol gezeichnete »Penner Harry« erstmalig über die Lindenstraße. Obwohl sich der eine oder andere an seiner Gegenwart und seinem ungepflegten Äußeren stört, gewöhnen sich die meisten Lindenstraßen-Bewohner im Laufe der Zeit an den sprachgewandten Klugscheißer. »Penner Harry« ist im griechischen Restaurant »Akropolis« anzutreffen, diskutiert wortgewandt und kommentiert die Welt. Denn die Welt spiegelt sich im Geschehen und in den Protagonisten der ersten deutschen Endlos-Serie.

Die erste Folge der »Lindenstraße« wird am 5. Dezember 1985 um 18.40 Uhr in der ARD ausgestrahlt. Seither läuft sie wöchentlich, die 1000. Folge am 30. Januar 2005. Ursprünglich soll die Serie donnerstags im Hauptabendprogramm der ARD ausgestrahlt werden. Deshalb spielen die Handlungen bis heute in der Regel auch immer an einem Donnerstag. Der Erfinder der »Lindenstraße« ist der 1941 in Augsburg geborene Filmregisseur, Autor und Produzent Hans W. Geißendörfer. Als er mit der Produktion der »Lindenstraße« beginnt, ist Geißendörfer bereits ein erfolgreicher Filmemacher. »Die gläserne Zelle« wird als bester fremdsprachiger Film 1978 für den Oscar nominiert. 1983 hat Geißendörfer seine Produktionsgesellschaft Geißendörfer Film- und Fernsehproduktion GmbH gegründet, die gemeinsam mit dem WDR als Produzent der »Lindenstraße« auftritt. Bei den ersten 31 Folgen führt Geißendörfer auch selbst Regie.

Im »Penner Harry« steckt der 1945 in Hamburg geborene Harry Rowohlt, Übersetzer, Rezitator und Sohn des Verlegers Ernst Rowohlt. Rowohlt ist kein gelernter Schauspieler, aber im Verzehr geistiger Getränke ein Könner von hohen Graden. Von Harry Rowohlt, der auch ohne Maske zottelig aussieht, hält Geißendörfer viel. Gern würde er dessen TV-Rolle ausbauen: »Du, Harry, da oide Dibbelbruder, der is mer richtig ans Herz gwachsn. I fänd scho, daß mer die Rolln vädiefn solld«, hat er dem echten Harry einmal verkündet.

Rampe von Auschwitz, auch beeindruckende Zeitbilder deutscher Erinnerungsorte hinterließen. In der Musik ließ sich eine ähnlich gelagerte Abwendung vom Atonalen zur »mittleren Musik« beobachten, ebenso in der Architektur ein spürbarer Bruch mit der Tradition des Funktionalismus und in der Literatur eine Rückkehr des Narrativen.

Die Großen Erzählungen der Moderne, zu denen auch die Abwendung der Kunst vom Gegenständlichen und der Musik vom Tonalen gehört hatten, waren in den achtziger Jahren endgültig zu Ende. Bereits Helmut Schmidt hatte sie durch seine Berufung auf den kritischen Rationalismus Karl Poppers in Zweifel gestellt, indem er Visionen in der Politik dem Verdacht psychopathologischer Verirrungen aussetzte und sich nüchtern auf die Erreichbarkeit rational vorstellbarer Ziele nach dem *trial-and-error*-Verfahren konzentrierte. Für die radikale Linke kam die Veröffentlichung von Alexander Solschenizyns *Archipel Gulag* im Westen einer Hinrichtung der Großen Erzählung der marxistischen Moderne gleich.

Die Ablehnung der Moderne wurde geradezu eine intellektuelle Mode, die sich in ihren extremsten Varianten selbst gegen die Tradition der Aufklärung richtete, so bei dem französischen Philosophen Jean François Lyotard, dem Autor von *La condition postmoderne*, der die Behauptung aufstellte, die Sehnsucht nach der Versöhnung von Begriff und Sinnlichkeit habe die Menschheit mit totalitären Experimenten teuer bezahlen müssen. Für den deutschen Philosophen Jürgen Habermas war das jedoch nichts als eine Absage an die Vernunft, ein neokonservativer Verrat am Projekt der Moderne, die er statt dessen lieber als »unvollendet« bezeichnen wollte, darin Ulrich Becks Forderung nach einer »zweiten Moderne« weit näher als Lyotard und anderen Franzosen.

In gewisser Weise sind die Grünen, schon aufgrund ihrer unterschiedlichen Herkunft, auch in diesem kulturellen Umfeld angesiedelt. Sie machten sich zivilgesellschaftliche Impulse zu eigen, auch solche, die aus Solschenyzins Abrechnung mit dem Stalinismus zu folgern waren. Unter den politischen Parteien der Bundesrepublik waren sie es, die den lebendigsten Kontakt zur Bürgeropposition in den Staaten des Ostblocks unterhielten. Aber sie waren keine kalten Krieger. Etwas intellektuelle Bescheidenheit hatten manche aus Peter Sloterdijks *Kritik der zynischen Vernunft* von 1983 angenommen, vieles von Ulrich Becks Kultur des Zweifels in einer »zweiten Moderne« und seinen Warnungen vor den institutionell verankerten Gefahren und Nebenwirkungen der »Risikogesellschaft«. Insofern waren und sind sie auch, im Unterschied zu den drei anderen großen Parteien, so etwas wie eine »postmoderne« politische Bewegung, wenn man den Begriff nicht im Sinne von Lyotards generalisierender Vernunftkritik überstrapaziert.

Alltagsleben 1982 bis 1990: »Schlimme haarmodische Desaster«

Wie immer hat Mode, die sich durchsetzt, gesellschaftliche Ursachen. Frauen sind Anfang der achtziger Jahre zunehmend emanzipiert, berufstätig und stehen in der Arbeitswelt in direkter Konkurrenz mit den Männern. Sie wollen nicht zart und schutzbedürftig erscheinen, wie es in den sechziger Jahren Mode war. Sie wollen Kraft, man sagt »Power«, beruflichen Erfolg und Sicherheit ausstrahlen. Ihren Körper stählen sie jetzt mit viel Sport, sogar mit Bodybuilding.

Diejenige, der die sportliche Anstrengung zu viel wird, kann auch mogeln, denn die Mode der achtziger Jahre ist deutlich »oversized«, vor allem an den Schultern. Jacken und Mäntel, nicht ganz so ausgeprägt Kleider, haben aufgepolsterte Schultern, die weibliche Hüften vorteilhaft schmal und Schultern männlich breit erscheinen lassen.

In der Mode des Jahrzehnts gibt es deutlich weniger Diktate als früher. Frauen ist erlaubt, was ihnen gefällt: lange und kurze Röcke, farbiger Indien-, Bosporus- oder Chinastil. Jeans werden so eng getragen, wie es nur möglich ist. Es gibt sie in allen Farben, denn jetzt gilt: je farbiger, desto besser. Im übrigen darf nach Lust und Laune alles kombiniert werden. Auch der Trendsport Aerobic mit seinen körperbetonten Trikots und Leggings in knalligen Farben spiegelt sich in der Alltagsmode wider: Frau trägt auch tagsüber Stulpen, Stirn- und Schweißbänder.

In Zeiten, in denen man seine Gesinnung mit »Atomkraft, nein danke!«- und »Frieden schaffen ohne Waffen«-Stickern gern öffentlich präsentiert, ist ein bunter Button an Jacken und Taschen Standard. Junge Frauen tragen große bunte Ohrringe und um die Hüfte elastische Gürtel in Pastell- oder Neonfarben. Oder den Klassiker: einen Nietengürtel! Unter anderem diesen Gürtel hat der Punk, 1977 als Stil in London aufgekommen, in die Haute Couture und die Prêt-à-porter-Mode eingebracht. Bereits 1980 hat der Punk-Stil auch die Massenkonfektion erreicht. Ein Netzhemd, wie es die Londoner Punks gern tragen, darf zu Beginn der achtziger Jahre im heimischen Schrank einfach nicht fehlen. Im Sommer trägt man das Netzshirt direkt auf der Haut und an kühlen Tagen über einem normalen T-Shirt.

Das alles trägt in der ersten Hälfte des Jahrzehnts die wichtigste Stilikone der Bundesdeutschen: die Sängerin Nena! Sie präsentiert sich bei ihren Auftritten meist in schwarzer Kleidung, engen Hosen, Netzshirts oder Sweatshirts. Nie geht sie ohne Schweißband auf die Bühne. Aber ihr Markenzeichen ist die Vokuhila-Frisur. »Vokuhila«, die Kurzform für »vorne-kurz-hinten-lang«, ist in den achtziger Jahren Trend. Die Frisur zeichnet sich durch Ponyfransen an der Stirn und am Hinterkopf durch schulterlanges Haar aus und wird oft mit einer Dauerwelle kombiniert. Der Schnitt wird seinerzeit auch als »Nackentapete«, »Manta-Matte« oder »Nackenspoiler« bekannt. In Deutschland tragen ihn in Ost und West nicht nur Popmusiker, sondern auch unzählige Fußballer. Die »taz« nannte den »Vokuhila« eines »der schlimmsten haarmodischen Desaster seit Hitlerbart und Minipli«.

Neben »Vokuhila« gibt es aber auch noch andere Haartrends wie den Seitenscheitel der »Popper«. Die Popper sind der Gegenentwurf zu den Punkern. An seinem Polohemd, am besten mit dem Krokodil von Lacoste, ist der Popper zu erkennen. Lacoste-Hemden gibt es in allen möglichen Formen und Farben. Besonders Pastellfarben sind angesagt. Vor allem von den Poppern geht in den achtziger Jahren der Trend zur »Marke« aus. Während das Lacoste-Krokodil zierlich ist, sind andere »Markenlabels« wie Benetton, Marc O'Polo, Kappa, Esprit und vor allem BOSS meist übergroß auf der Kleidung aufgedruckt und nicht zu übersehen.

Ein jugendlicher »Popper« in den achtziger Jahren. Zu dieser Zeit gibt es drei Haartrends – antibürgerliche Punker-Frisur, gutbürgerliche Popper-Frisur und den Massentrend: Vokuhila.

In diesem Jahrzehnt wird der Turnschuh, besonders die knöchelhohe Basketball-Variante, der Chuck, hoffähig. Dazu werden weiße Tennissokken getragen. Für das legere Kombinieren von T-Shirts, Turnschuhen und Anzügen ist die US-amerikanische TV-Serie »Miami Vice« verantwortlich. Herren mit Geschmack tragen in Anlehnung an die Kultserie Leinenanzüge mit Turnschuhen oder Slippern und Sakkos mit T-Shirts und Bundfaltenhose – alles in hellen, pastelligen Farben. Wer nicht in dieser Art lässig overdressed auftreten will, trägt als Mann Karottenjeans. Diese Karottenhosen in allen Farben sind unten so eng, daß man sie kaum über die Füße ziehen kann. Dafür werden sie aber nach oben immer weiter und sehen ab Oberschenkelhöhe so aus, als ob in ihnen ein gedopter Kurzstreckensprinter stecken würde.

Vom damals gefeierten sogenannten Vulgärschick aus schwarzem Leder, T-Shirts und breitgepolsterten Schultern grenzt sich eine Mode ab, für deren luxuriöse Schlichtheit die Hamburger Modeschöpferin Jil Sander steht. Mitte der Achtziger entwickelt sich eine androgyne Frauenmode, die Gemeinsamkeiten mit dem männlichen Geschlecht verdeutlicht. Die in leitende Positionen aufgestiegene Frau trägt Manager-Chic, eine

In dieser alternativen Modenschau persiflieren Frauengruppen jede Form von Modediktat – und unterliegen wahrscheinlich mehrheitlich doch dem Lila-Latzhosen-Einheitslook ihres Milieus.

strenge, körpernahe Mode, die mit allem dekorativ Überladenen bricht und jedes Klischee von Weiblichkeit hinter sich läßt. Für diese Mode stehen oftmals Mantelkleider, vor allem aber perfekt geschnittene Hosenanzüge.

Im Fitneßjahrzehnt ist im übrigen Übergewicht unerwünscht, weshalb eine Aerobic- und eine Jogging-Welle auch die DDR erreichen. Und es geht auch schon zurück in die Natur. Die Umweltschutzbewegungen haben diesen Trend befördert.

Man joggt mit »tragbarer« Musik. Wer sich bewegt, vor allem wer joggt, trägt einen »Walkman«. Im Juli 1979 kommt Sony mit seinem ersten Walkman namens »TPS-L2« auf den Markt. In den achtziger Jahren ist er unter Jugendlichen eines der wichtigen Statussymbole und Sinnbild für urbane Lebensformen. Das Stereo-Kassettengerät mit Kopfhörer ist ständiger Begleiter beim Joggen und Busfahren.

Den Walkman hängt man sich um den Hals, die Swatch ans Handgelenk. 1984 kommen die verspielten Schweizer Plastikuhren mit halbjährlich wechselnden Kollektionen auf den Markt. Jetzt ist zu einem Modeaccessoire geworden, was vor fast einer Generation noch ein Kommunions- oder Konfirmationsgeschenk fürs ganze Leben war – die Uhr.

Modenschau in Marzahn 1987. Die DDR-Konfektion zeichnet sich häufig durch minderwertige Stoffe und einfallslose Gestaltung aus. Da schneidern modebewußte Frauen selbst.

BERLINER GEHT MIT
MIR AUF DIE MAUER AM
1+2. Nov J. RUNNINGS
POLITISCHE KAMPFANSAGE
GEGEN DIE MILITARISCHE
AUTORITAT
SUCH DIE
GESETZGEBUNG
UND DAS GESETZ
SCHAFFT
DIE KAPUTTE
DIPLOMATIE AB

KOALITION DER VERNUNFT

Der Weg der DDR nach Westen

Der Erfolg der Grünen im Westen war auch ein Ergebnis der Krise, in die der Gesellschaftsvertrag durch die oft unüberschaubaren und unkalkulierbaren politischen und technologischen Risiken geraten war, die in den siebziger Jahren sichtbar wurden. Die Grünen setzten, aus der Tradition der Bürgerbewegung kommend, neue zivilgesellschaftliche Akzente, mit denen im Ergebnis der Spielraum demokratischer Konfliktbewältigung erweitert wurde. Helmut Schmidt, dem Kanzler der Krisenbewältigung schlechthin, war es gelungen, im Tandem mit Giscard d'Estaing die Weltwirtschaft durch neue europäische Impulse vor den Turbulenzen zu bewahren, die ihr angesichts des Zerfalls des Systems von Bretton Woods möglicherweise gedroht hätten, und auch Helmut Kohls Kanzlerschaft begann mit einer europäischen Offensive. Allein seine intensiven Beziehungen zu François Mitterrand stellten, so Kohls Berater Horst Teltschik, einen neuen »Weltrekord in privaten Treffen« auf. Anfang 1986 wurde die *Acte Unique*, die Einheitliche Europäische Akte, mit der Erklärung unterzeichnet, die EG in eine Europäische Union umzuwandeln und bis 1992 einen einheitlichen europäischen Binnenmarkt herzustellen. Von einer Rückkehr zu den Verhältnissen der dreißiger Jahre, die besonders Helmut Schmidt oft wie einen Alptraum vor Augen hatte, konnte in der Bundesrepublik und auch in den anderen Staaten Westeuropas keine Rede sein. Das demokratische System, so der britische Historiker Mark Mazower, vermochte sich in diesen Jahren anzupassen und überstand den Sturm weit besser als sein kommunistischer Rivale.

Anfang der achtziger Jahre war der Versuch, mit dem Rat für gegenseitige Wirtschaftshilfe einen krisenunabhängigen zweiten Weltmarkt des sozialistischen Lagers zu schaffen, praktisch gescheitert. Dafür gab es mehrere Gründe. Erich Honecker, 1971 als Garant für die von Ulbricht immer wieder in Frage gestellte Führungsrolle Moskaus an die Macht gekommen, beschwerte sich nach seinem Sturz in einem Gespräch mit Reinhold Andert

Linke Seite: 1989 haben junge West-Berliner ein Stück nicht eingezäunte DDR, das Lenne-Dreieck in Berlin am Potsdamer Platz, besetzt. DDR-Grenzer beobachten sie von einer Hebebühne aus. Bald wird hier der erste große Bauplatz des wiedervereinigten Berlins entstehen.

Anfang 1990 darüber, der »große Bruder« Sowjetunion sei besonders in Wirtschaftsfragen letztlich nichts als »ein arroganter, selbstherrlicher Tyrann« gewesen. Er bezog das auf die demütigende Art, mit der ihn Leonid Breschnew immer wieder daran erinnerte, wie abhängig die DDR im Zweifelsfall von Rohstofflieferungen aus der Sowjetunion sein konnte. Doch die Verhältnisse lagen weitaus komplizierter, wie ein für die Verschlechterung der Beziehungen entscheidendes Treffen von 1981 deutlich macht.

Jedes Jahr mußte Honecker zum Rapport auf die Krim fliegen. 1981 trifft er dort am 3. August mit Leonid Breschnew und Andrei Gromyko zusammen. Breschnew hatte in den vorausgegangenen Jahren immer wieder die Zusammenarbeit der DDR mit westlichen Unternehmen zu Lasten der Sowjetunion kritisiert und mit wachsender Sorge darauf hingewiesen, daß durch die Ausweitung der Besuche aus dem Westen nach dem Helsinki-Abkommen mit jedem westlichen PKW auch »die Ideologie« zu den Ostdeutschen Einlaß finde. Die westdeutschen Besucher, hatte Gromyko ergänzt, seien im Prinzip »feindlich« ausgerichtet. Während des Krim-Treffens am 11. August 1980 kommt es gar zu einem regelrechten Frontalangriff. Die Bundesrepublik, so Gromyko da in deutlicher Sprache, bemühe sich, mit einer »Schneeballtaktik« durch »ökonomische Beziehungen« die »Frage des Fortbestands einer einheitlichen deutschen Nation« wiederaufleben zu lassen. Auch die Verschuldungspolitik der DDR kommt zur Sprache, alles laut Gromyko Entwicklungen, denen man »nicht unbedingt positive Bedeutung« beimessen könne.

Die Folge der Zurechtweisung sind eine Erhöhung des Mindestumtauschs für Besucher aus dem Westen auf 25 DM und eine scharfe Abgrenzungsrede, die Honecker am 13. Oktober 1980 in Gera hält und in der er unter anderem die volle Anerkennung der Staatsbürgerschaft der DDR und die Umwandlung der Ständigen Vertretungen in Botschaften sowie die Auflösung der Zentralen Erfassungsstelle für DDR-Unrecht in Salzgitter fordert. Befriedigt nimmt man in Moskau diese Erfüllung der »Krim-Linie« zur Kenntnis. Doch dem Bonner Repräsentanten Günter Gaus deutet Honecker kurze Zeit später unter vier Augen an, er hoffe, es könne trotzdem mit den deutsch-deutschen Beziehungen bald so weitergehen wie zuvor, was Staatssicherheitsminister Erich Mielke zu der sarkastischen Bemerkung veranlaßt, damit sei der Staatsratsvorsitzende auf dem besten Weg, »uns und die sowjetischen Freunde« zu verschaukeln. Verteidigungsminister Heinz Hoffmann warnt vor »politischen Geschäften« mit dem Westen und erklärt, »einen Verrat der DDR gegenüber der Sowjetunion« werde er »niemals mitmachen«. Honecker aber will schon aus wirtschaftlichen Gründen, trotz verordneter »Krim-Linie«, die Beziehungen zur Bundesrepublik keinen unwägbaren Gefahren einer neuen Eiszeit aussetzen.

Zwei Soldaten des Wachregiments »Friedrich Engels« stehen tagsüber Ehrenwache vor der Neuen Wache. Das Regiment ist dem Stadtkommandanten von Berlin unterstellt und gehört offiziell nicht zur NVA. Preußischer Geist ist aber unübersehbar.

Im August 1981 kommt Breschnew bei den Krim-Gesprächen auf die Schwierigkeiten der Sowjetunion selbst zu sprechen und deutet an, daß man in Erwägung ziehen müsse, in Zukunft die Lieferung von Erdöl an die »Bruderländer« unter die vorgesehenen Planziele zurückzufahren. Man sei, sagt Breschnew dort, auf der Suche nach Lösungen, »die uns alle zufriedenstellen« würden, doch da gebe es noch ein Problem. »Unsere Ökonomen, Erich«, so der Generalsekretär der KPdSU, »haben errechnet, daß der direkte Vorteil der Bruderländer durch die Brenn- und Rohstoffimporte aus der UdSSR im vergangenen Jahrfünft 15 Milliarden Rubel ausmachte und in diesem Jahrfünft fast 30 Milliarden Rubel betragen wird.« Mit anderen Worten will Breschnew damit deutlich machen, daß die Sowjetunion bisher die Länder des RGW in Milliardenhöhe subventioniert hat. Der Vorteil, so der KPdSU-Chef, sei sogar »noch größer«, da »nicht selten die Empfänger der sowjetischen Lieferungen von Erdöl und Erdölprodukten diese an Kapitalisten« weiterverkauften.

Damit war, auch wenn Breschnew den Adressaten im Ungefähren läßt, insbesondere die DDR gemeint. Sie hatte nicht nur das bisher nach Weltmarktstandards weit unterbewertete sowjetische Öl mit eigenen, weit überbewerteten und oft im Westen nicht absetzbaren Industrieprodukten bezahlen können, sondern auch einen wachsenden Anteil des billig importierten Rohstoffs in raffinierter Form und durch Veredlungsprodukte der chemischen Industrie zu Weltmarktpreisen in den Westen weiterverkauft. Mit diesem etwas unsauberen, aber höchst gewinnträchtigen Dreiecksgeschäft konnte sie sich einen nicht unerheblichen Devisenzustrom sichern – um den Preis eines verstärkten Ausbaus der umweltschädlichen Braunkohleförderung, die statt Heizöl die Energieversorgung im eigenen Land sicherstellen sollte.

Die *terms of trade* mit Moskau hatten sich bereits seit Mitte der siebziger Jahre verschlechtert. Zeitlich verzögert traf der Ölpreisschock ab 1975 auch die DDR, als die Sowjetunion die Rohstoffpreise auf der Grundlage der durchschnittlichen Weltmarktpreise der letzten fünf Jahre neu festlegte – laut Berechnungen von DDR-Wirtschaftsexperten eine Mehrbelastung von 25 bis 30 Milliarden Mark. Das war allerdings mit einem Spitzenstand von 182 Rubel pro Tonne 1981 gegenüber 14 Rubel 1972 immer noch unter Weltmarktniveau und damit weiterhin profitabel. Breschnews Ankündigung, den Ölhahn aus eigenem nationalen Interesse in Zukunft nicht mehr so weit zu öffnen, wirkte auf die DDR, die inzwischen zu einem der bedeutendsten Exporteure auf dem Mineralölsektor unter den Nichtförderländern avanciert war, verständlicherweise wie ein Schock. Unter anderem auch deshalb, weil man gerade erst in Schwedt an der Oder erheblich in eine moderne Raffinerieanlage investiert hatte.

Die Sowjetunion aber sorgte sich um eigene Interessen und Nöte. Anfang der achtziger Jahre waren die Rüstungsausgaben auf vierzig Prozent des Staatshaushalts angestiegen. Hinzu traten bei rückläufigen Investitionsquoten und schleichendem Substanzverlust neue Probleme wie die Erschöpfung von Rohstofflagern im Westen und die enorm steigenden Kosten bei der Erschließung neuer Rohstoffquellen in Sibirien. Vor allem jedoch hatte die Sowjetunion unter einer dramatischen Agrarkrise zu leiden, wie es sie zuletzt im Jahre 1921 und während der Zwangskollektivierung in den dreißiger Jahren gegeben hatte.

Konstantin Russakow, verantwortlich für die Beziehungen zu den Bruderparteien der sozialistischen Länder, malte angesichts dieser Katastrophe, die vor allem das Wolgagebiet mit einer großen Dürre überzogen hatte, am 21. Oktober 1981 in Ost-Berlin das Schreckensbild einer bevorstehenden Havarie an die Wand, ein »Unglück von einem Ausmaß«, das es »seit der Existenz der Sowjetunion noch nicht gegeben hat«. Wenn die DDR »nicht bereit« sei, »die Folgen dieses Unglücks mit uns gemeinsam zu tragen«, dann bestehe die Gefahr, so Russakow, »daß die Sowjetunion ihre gegenwärtige Stellung in der Welt nicht halten kann, und das hat dann Folgen für die ganze sozialistische Gemeinschaft«. Diese Konsequenz, ein Rückzug auf das sowjetische Kerngebiet, damals immerhin schon in den höchsten Moskauer Führungskreisen als Möglichkeit ins Auge gefaßt, wollte niemand ernsthaft riskieren – und sie wäre in der angespannten Situation des neuen kalten Krieges Anfang der achtziger Jahre auch kaum denkbar gewesen. Doch die Handlungsspielräume waren schon damals auf eine fast tragische Weise eingeschränkt. Ein Eingehen auf die sowjetischen Forderungen, so Honecker zu Russakow, bedeute im Ergebnis, »daß die Stabilität der DDR nicht mehr gewährleistet« sei. Betriebe müßten stillgelegt werden, »das Vertrauen der Menschen in die Partei- und Staatsführung« wäre erschüttert, und der Lebensstandard würde sinken. Das aber wollte Honecker auf keinen Fall, schon weil er, wie Russakow zu hören bekam, sich dann einem »pauschalen Feuer des Westens« ausgesetzt sehen würde und der Virus der polnischen »Konterrevolution« schnell auf die DDR übergreifen könnte.

Innerhalb des sozialistischen Lagers gab es offensichtlich unauflösbare Gegensätze. Eine Art »protokapitalistischer Unruhe«, so der amerikanische Historiker Charles S. Maier, begann die industrialisierten Volkswirtschaften der sozialistischen Welt zu ergreifen, und die These, daß es eine sozialistische Gemeinschaft gebe, wurde ab 1983 unter Breschnews Nachfolger Juri Andropow von einigen Reformern sogar offen mit dem Verweis auf »antagonistische Widersprüche« in Frage gestellt. Desintegrationstendenzen machten sich bemerkbar, und der Handel auf Dollarbasis zwischen den RGW-Mitgliedsstaaten nahm spürbar zu. Schon aus wirtschaftlichem Eigeninteresse

Erst nach der Wende dürfen die sowjetischen Streitkräfte in der DDR gefilmt werden. Fast 400 000 Soldaten hat die Sowjetunion auf dem Gebiet der DDR stationiert.

sprachen vorausschauende Stimmen in der KPdSU bereits damals lieber von »allgemein demokratischen Grundsätzen der Nichteinmischung in innere Angelegenheiten« anderer Länder. Das bedeutete schließlich auch den Verzicht auf teure Subventionsverpflichtungen.

Die Freunde einer möglichst engen Bindung an die Sowjetunion im Politbüro der SED und bei der Staatssicherheit hatten aus diesem Grund schon Anfang der achtziger Jahre keinen besonders komfortablen Stand mehr. Einer von ihnen war Werner Krolikowski, nach Honeckers Machtübernahme 1971 kurze Zeit ZK-Sekretär für Wirtschaftsfragen und weiterhin Politbüromitglied. Er versorgte die Genossen in Moskau regelmäßig mit Katastrophenmeldungen über die desaströse Wirtschaftspolitik Erich Honeckers und seines eigenen Nachfolgers Günter Mittag. Sie wurden zwar gehört und zur Kenntnis genommen, aber auch im Kreml wußte niemand wirklich Rat.

Bereits den Planansatz des X. Parteitags der SED von 1981 hatte Krolikowski als »schlimmstes Abenteurertum« bezeichnet. Er war zu dieser Zeit sogar noch Honecker mit der Aufforderung entgegengetreten, angesichts des Ernstes der Verschuldungslage mit Moskau zu beraten, wie man die auf Dauer verhängnisvolle Abhängigkeit der DDR vom Westen abbauen könne. »Honecker«, so Krolikowski, »nahm das überhaupt nicht zur Kenntnis und tat, als ob ich gar nicht da war. Hinter meinem Rücken hörte ich dann, wie Honecker sagte, der Krolikowski muß doch verrückt sein, mich zum Canossa-Gang nach Moskau zu schicken.« Das war 1980.

Ende Januar 1982 kamen Wirtschaftsexperten der Staatssicherheit zu dem Ergebnis, »daß die DDR aus eigener Kraft nicht mehr in der Lage« sei, »mit ökonomischen Mitteln eine grundlegende Veränderung der eingetretenen Situation herbeizuführen«. Um die in ihren Augen für das gleiche Jahr drohende Zahlungsunfähigkeit abzuwenden, schlugen die MfS-Experten vor, die Sowjetunion solle zwanzig Milliarden Valutamark Schulden der DDR übernehmen. Im Gegenzug würde Ost-Berlin den größten Teil seiner bisherigen Westexporte in Zukunft in die Sowjetunion umleiten.

Doch die Sowjetunion konnte und wollte das nicht. Sie war schon damals nicht mehr in der Lage, das auseinanderbrechende sozialistische Lager zu retten. Breschnew bat statt dessen beim Krim-Treffen am 11. August 1982 Honecker dringend um Hilfe bei der »Verwirklichung des Lebensmittelprogramms der UdSSR«. Niemand, so Breschnew ganz im Gegensatz zu den Vorstellungen des Mielke-Ministeriums, denke daran, »die ökonomischen Beziehungen zu den kapitalistischen Ländern überhaupt einzustellen«. Anders, dessen waren sich die Sowjets voll und ganz bewußt, wäre ein Hilfeersuchen an die DDR auch kaum erfüllbar gewesen. Aus diesem unlösbaren Widerspruch zwischen Abschottung und Öffnung sollte das

Stationierte Truppen auf deutschem Boden (BRD und DDR) 1972 bis 1994

Auf deutschem Boden sind im Jahr 1989 mehr als 1,35 Mio. Soldaten stationiert, davon sind mehr als 53 Prozent ausländische Truppen der NATO und der sowjetischen Streitkräfte in Deutschland.

* Grenztruppen der DDR. Truppen des Ministeriums für Staatssicherheit, bis zur Wende am 9. November 1989.

Quelle: Bremm, Klaus Jürgen (Hrsg.): Entschieden für Frieden: 50 Jahre Bundeswehr 1955 bis 2005. Freiburg i. Br. 2005.

Aenne Burda: Der Wunsch nach Schönheit ist krisenfest

Franz Josef Strauß verleiht Aenne Burda am 20. Juli 1984 den bayerischen Verdienstorden. Die Witwe des Verlegers Franz Burda führt eine eigene Verlagsgruppe, die erst ihr Sohn Hubert in den neunziger Jahren mit den Unternehmen ihres Mannes verschmelzen wird.

Aenne Burda wird am 28. Juli 1909 als Aenne Lemminger in Offenburg geboren, macht die mittlere Reife und absolviert eine kaufmännische Lehre. Als Kind ist ihr Kosename »Engele«. Aber ein Engel ist die Offenburgerin nicht. Die energische Frau sagt von sich: »Ich kann ein Teufel sein.« Die gutaussehende Tochter eines Lokomotivführers heiratet 1931 den sechs Jahre älteren Drucker und Verleger Dr. Franz Burda. Die junge Ehefrau weigert sich, den Haushalt zu führen. Für Aenne Burda ist Putzen »Zwangsarbeit«. Ihre drei Söhne Frieder, Franz und Hubert zieht die Hausherrin mit Hilfe von Kindermädchen groß.

Ende der vierziger Jahre, ihr Mann hat nach dem Zweiten Weltkrieg mit Hilfe einer französischen Lizenz sein Unternehmen stark erweitert, übernimmt Aenne Burda einen kleinen Modeverlag in Lahr mit 48 Mitarbeitern. Dort wird sie Chefredakteurin, Verlegerin und Kolumnistin in einem. Im Januar 1950 erscheint die von ihr konzipierte Zeitschrift »Burda Moden«. Jedes Heft enthält ab 1952 Schnittmuster für »preiswerte Mode zum Selbermachen«. »Burda Moden« entwickelt sich zur weltweit größten Modezeitschrift. 15 Jahre nach der Erstausgabe überspringt die Auflage die Millionengrenze. Die Unternehmen von Aenne Burda sind rechtlich und kaufmännisch vom Unternehmen ihres Ehemanns Franz Burda (»Bunte«) unabhängig.

1953 kommt mit »Burda International« eine Modezeitschrift für gehobene Ansprüche heraus. Es folgen »Burda-Kochstudio« sowie in den siebziger und achtziger Jahren die Modehefte »Carina«, »Anna« und »Verena«. 1987, ein Jahr nach dem Tod von Franz Burda, schreibt der Verlag Geschichte. In diesem Jahr erscheint die erste Ausgabe von »Burda Moden« in russischer Sprache. Da ist die Verlegerin bereits 77 Jahre alt. Aenne Burda gibt Anfang 1994 das Kommando an ihren Sohn Hubert ab. »Burda Moden« wird in die Burda Mediengruppe eingegliedert. Aenne Burda stirbt am 2. November 2005 im Alter von 96 Jahren in ihrem Geburtsort, dem badischen Offenburg.

sozialistische Lager und mit ihm die DDR bis zum Ende ihrer Tage keinen Ausweg mehr finden.

Dies war aber keine ganz ungefährliche Lage. Niemand erkannte das so scharf wie ausgerechnet Franz Josef Strauß, als er 1983 einen Milliardenkredit für die DDR einfädelte und sie auf diesem Weg aus ihrer vom MfS vorausgesehenen Zwangslage befreite. »Bei meinem Entschluß, den Kreditwunsch der DDR zu unterstützen«, schreibt Strauß in seinen *Erinnerungen*, »ließ ich mich auch von den Erfahrungen der jüngsten Geschichte leiten. 1953, 1956, 1968, 1980/81, ob in der DDR, in Ungarn, in der Tschechoslowakei oder zuletzt in Polen - niemals, wenn es zu Aufständen in einem der Ostblockstaaten kam, hat der Westen eingegriffen.« Deshalb, so Strauß, habe es »keinen Sinn« gehabt, »die Notsituation dort so zu verschärfen, daß die Belastungen für die Menschen unerträglich werden und es zur Explosion kommt«. Zum ersten Mal erfuhr er im Spätsommer 1982, noch zur Regierungszeit Helmut Schmidts, von den Ost-Berliner Geldwünschen.

Er handelte sich bei der »Aktion Milliardenkredit« erheblichen Unmut in den eigenen Reihen ein, besonders in der CSU, wo ihn manche als Verräter beschimpften oder ihm sogar unterstellen wollten, er sei bestochen worden. Strauß hatte aber keineswegs unvermutet Kreide gefressen. Noch im April 1983 bezeichnete er den Herztod

Die Verlegerin Aenne Burda besucht anläßlich der ersten Ausgabe der Nähzeitschrift »Burda Moden« in russischer Sprache Moskau und trifft Raissa Gorbatschowa (links), Ehefrau des sowjetischen Präsidenten Michail Gorbatschow.

eines Bundesbürgers nach Verhören durch DDR-Grenzer öffentlich als »Mord« und mußte sich von CDU-Freunden, unter ihnen Alfred Dregger, wegen seines undiplomatischen Auftretens Ermahnungen gefallen lassen. Doch schon zwei Wochen nach diesen Äußerungen erhielt Strauß den unmißverständlichen Wink, ein Mittelsmann Erich Honeckers wolle ihn in einer dringenden Angelegenheit sprechen. Die Kontaktanbahnung lief über einen Freund, den Fleischgroßhändler Josef März aus Rosenheim.

März wußte um die krisenhafte Lage der DDR, denn er hatte bereits über Jahre gute Geschäfte im Ost-West-Handel gemacht, indem er billig produziertes ostdeutsches Fleisch in die Bundesrepublik importierte. Seit kurzem aber liefen die Geschäfte umgekehrt. Der Rosenheimer Großhändler, ein CSU-Mann und im übrigen auch Beiratsmitglied der Berliner Bank, versorgte nun die DDR mit Fleischimporten aus dem Westen – gegen harte Devisen. Parallel zu Breschnews Wunsch, der Sowjetunion aus ihrer Lebensmittelkrise herauszuhelfen, war in der DDR selbst ein erheblicher Versorgungsengpaß aufgetreten. Im Herbst 1982 gab es in der ganzen Republik monatelang kaum Butter und Fleisch, obwohl Honecker noch wenige Jahre zuvor Helmut Schmidt gegenüber stolz geäußert hatte, Butter habe man »genug, Fleisch auch«. Man exportiere sogar.

Doch man experimentierte auch, um Erträge und Exporte weiter zu steigern, und griff dabei auf die bekannten Methoden stalinistischer Wirtschaftspolitik zurück. Fortschritt konnte nach dem überkommenen Denkschema der Politbürokratie nichts anderes bedeuten als der weitere Ausbau der Massenproduktion, und also verordnete Gerhard Grüneberg, ZK-Sekretär für Landwirtschaftsfragen, der Agrarwirtschaft einen brachialen Industrialisierungskurs. Das Ergebnis war verheerend und wurde zur Hauptursache für die gravierenden Versorgungsengpässe im Herbst 1982.

Ohnehin hatte die Sozialpolitik der Honecker-Ära zwar zu spürbaren Lohnerhöhungen geführt, aber für das Geld gab es, besonders seit Anfang der achtziger Jahre, immer weniger zu kaufen. Die Läden waren voller technisch überholter Ladenhüter, die Lieferzeit für hochwertige automatische Waschmaschinen betrug drei Jahre, die für einen »Trabant«-PKW sogar zehn. Auch Warteschlangen für Alltägliches waren üblich, was oft zu »Fehlzeiten« in der Produktion führte und das Ministerium für Staatssicherheit eine zunehmende Unzufriedenheit unter den Belegschaften der Betriebe registrieren ließ. Vieles, was in der DDR produziert wurde und internationalen Maßstäben entsprach, mußte aus Devisennot zu Dumpingpreisen in den Westen exportiert werden. Liquidität hatte zwangsweise Vorrang vor Rentabilität. Der loyalitätsgefährdende Ausbau der Intershop-Läden, der zudem die DDR-Bevölkerung in eine Zwei-Klassen-Gesellschaft von Devisenbesitzern und Nichtdevisenbesitzern aufteilte, folgte den glei-

chen Zwängen. Eine gewisse Kaufkraftabschöpfung brachten die seit Ende der siebziger Jahre eingerichteten Exquisit- und Delikat-Läden, in denen teure Westimporte, darunter begehrte Südfrüchte, oft zu einem Vielfachen der ursprünglichen Westpreise erhältlich waren. Einem ähnlichen Zweck dienten versteckte Preiserhöhungen durch Etikettenschwindel beim Umbenennen und Wechsel des Verpackungsdesigns im normalen Sortiment.

Schaufensterdekoration eines Konsum-Ladens in Ost-Berlin zum XI. Parteitag der SED 1986. Das Beste für den Frieden, entnimmt man dem Plakat, ist die Einsatzbereitschaft der Nationalen Volksarmee. Der Weltfrieden, will die Partei damit zum Ausdruck bringen, verdankt sich allein der Stärke des Sozialismus.

Die Versorgungslage blieb angespannt, schon vor dem Kollaps der Fleisch- und Butterversorgung 1982. Ende der siebziger Jahre war es vor Preiserhöhungen im Textilbereich zu Hamsterkäufen gekommen, und 1977 erlebte die DDR eine »Kaffeekrise«. Aus Devisengründen gab es plötzlich nur noch Mischkaffee mit fünfzig Prozent Surrogatzusätzen im Handel, der zudem von den meisten als ungenießbar empfunden wurde. Ironisch »Erichs Krönung« genannt, führte der Muckefuck zu heftigen Eingaben bei den Behörden, die sich gezwungen sahen, überstürzt und gegen jede wirtschaftliche Vernunft den Import von Rohkaffee umgehend wieder zu erhöhen. Jetzt, Anfang der achtziger Jahre, profitierten Geschäftemacher wie Josef März von der Krise im Bereich der sogenannten Tierproduktion.

März war es, der auf der Leipziger Messe 1982 bei einem Treffen mit seinem DDR-Geschäftspartner Alexander Schalck-Golodkowski den Kontakt zu Franz Josef Strauß herstellte. »Niemals«, so Schalck in seinen *Deutsch-deutschen Erinnerungen*, sei ihm oder dem für Wirtschaftsfragen zuständigen ZK-Sekretär Günter Mittag bei ihrer unentwegten Suche nach Auswegen aus der Liquiditätskrise ausgerechnet Franz Josef Strauß, der »Inbegriff des kalten Kriegers«, in den Sinn gekommen. Doch es sollte tatsächlich der bayerische Ministerpräsident sein, mit dessen Hilfe sich die DDR vorübergehend aus ihrer ausweglosen Lage Anfang der achtziger Jahre befreien konnte. Im Frühjahr 1983 folgten zwei entscheidende Treffen mit Alexander Schalck-Golodkowski auf Gut Spöck in Oberbayern, dem Gästehaus der Familie März, zu denen Strauß eigens mit dem Hubschrauber eingeflogen kam.

Strauß, so Schalcks Eindruck, wollte offensichtlich über ihn einen direkten Draht zu Erich Honecker aufbauen. Er wollte auf seine Weise Deutschlandpolitik betreiben, mit fairen Deals. Am Abend des ersten Treffens auf Gut Spöck kommt er nach Schweins- und Kalbshaxe mit Kartoffelsalat bei fränkischem Weißwein etwas umständlich, aber »genau besehen subtil«, wie Schalck sich erinnert, darauf zu sprechen, wie sehr in seinen Augen eine freundlichere Atmosphäre an der Grenze zwischen der Bundesrepublik und der DDR dem Ansehen des ostdeutschen Staates zuträglich wäre. Sollten da Besserungen erkennbar werden, könne man weiterreden, wobei ihm, so Strauß, als politischem Realisten auch klar sei, daß Honecker den Schießbefehl »nicht heute aufheben« könne. Strauß verabschiedete sich mit den Worten, in seinen Augen sei der kürzlich verstorbene Leonid Breschnew »ein großer Politiker« gewesen.

Schalck war am nächsten Morgen um vier Uhr wieder zurück in Ost-Berlin. Um acht Uhr hatte er für Honecker und Mittag eine Vorlage erstellt. Erich Honecker begriff sofort die Möglichkeiten, die sich mit den Signalen aus Bayern verbanden. Ohne Auflagen des Internationalen Währungsfonds befürchten zu müssen, bot sich ihm ein Weg aus der Schuldenkrise, wenn er der Bundesrepublik in einigen Punkten entgegenkommen würde. Schalck sollte Strauß beim nächsten Treffen eine entsprechende Bereitschaft andeuten, bis zu der »streng vertraulichen« Mitteilung, er, Honecker, mache sich auch ernsthafte Gedanken über den Abbau der Selbstschußanlagen an den Grenzen und zum Übergang zu einer »üblichen Grenzsicherung«. Um 15 Uhr schlief Schalck nach der Unterredung mit Honecker erschöpft im Sessel ein.

Privater Zigarrenladen in Dresden-Neustadt. Auch in den achtziger Jahren gibt es in der DDR-Planwirtschaft noch kleine Nischen für den privaten Einzelhandel.

Bei seinem nächsten Treffen mit Strauß auf Gut Spöck drei Wochen später hatte sich der Bayer bereits vom Bundesgrenzschutz über spürbare Lockerungen des Grenzregimes seitens der DDR berichten lassen. Honecker ließ Schalck mit einem vorbereiteten Text vorsichtig die wirtschaftlichen Probleme der DDR andeuten. Trotz insgesamt guter Entwicklung, so der Staatsratsvorsitzende in deutlich beschönigenden Worten, habe man in der letzten Zeit zuviel investiert und importiert und sei dadurch in Zahlungsengpässe geraten. Man könne sich in dieser Lage selbstverständlich an Moskau wenden, doch eine denkbare Alternative sei auch der Westen, mit dem man ohnehin in Zukunft stärker zusammenarbeiten wolle. »Fazit des Schreibens«, so Strauß in seinen *Erinnerungen*: »Wenn ich ihm helfen würde, in Bonn die Barriere zu durchbrechen, die solchen Wünschen bisher entgegengestanden habe, dann wäre ihm der Weg nach Westen lieber.«

Der Weg nach Westen. Ein anderer stand ihm angesichts der desolaten Lage in der Sowjetunion und den übrigen RGW-Ländern kaum mehr offen, wenn er nicht eine empfindliche Einschränkung des Lebensstandards mit der Gefahr politischer Destabilisierung und den, so Schalck, dann möglichen Folgen einer »polnischen Lösung« ins Auge fassen wollte. Das aber wollte niemand riskieren, in der DDR nicht, in der Sowjetunion nicht und im Westen auch nicht. Josef März war es, der die Idee eines westdeutschen

Justierung von Bildschirmarbeitsplätzen bei Nixdorf 1987. Ein Jahr später muß der Konzern mit dem Bereich Daten- und Informationstechnik von Siemens fusionieren.

Heinz Nixdorf: Der Impulstechniker

»Als er vor 32 Jahren anfing, hatte er nichts, außer sich selber und seine Talente. Heute beschäftigt der Nixdorf-Konzern 17500 Mitarbeiter in dreißig Ländern und macht einen Umsatz von 2,7 Milliarden Mark. Als das amerikanische Wirtschaftsmagazin »Fortune« für seine Juli-Ausgabe die zehn besten Manager Europas auswählte, setzte es den deutschen Computerhersteller Heinz Nixdorf auf Platz Nummer eins. Als Inkarnation unternehmerischen Geistes wird der Westfale inzwischen auch in der Bundesrepublik wie eine Primaballerina herumgereicht.« So beschreibt Nina Grunenberg in der »Zeit« vom 10. August 1984 den »knorrigen Patriarchen der Elektronik«. Vier Jahre später befindet sich Nixdorfs Unternehmen in der Krise. Denn Heinz Nixdorf ist tot. Als er am 17. März 1986, kurz vor seinem 61. Geburtstag, auf der Computermesse CeBit in Hannover mit einem dritten Herzinfarkt zusammenbricht und stirbt, ist Nixdorfs Unternehmen erfolgreich wie nur wenige andere in Deutschland. Zwei Jahre nach seinem Tod aber ist die Nixdorf Computer AG gezwungen, im Bereich der Daten- und Informationstechnik des Siemens-Konzerns aufzugehen. Nach der Fusion von Siemens-Nixdorf mit Fujitsu zu Fujitsu Siemens entsteht später ein eigenständiges Unternehmen, das, anders als der selbständige Bankautomatenbereich, Nixdorfs Namen nicht mehr trägt.

Heinz Nixdorf ist Sohn eines Bahnarbeiters. Von 1939 bis 1942 besucht er eine Lehrerbildungsanstalt. 1942 wird er zum Militärdienst eingezogen. Nach dem Ende des Zweiten Weltkriegs holt er im Sommer 1946 am Reismann-Gymnasium Paderborn sein Abitur nach. Von 1947 bis 1952 studiert Nixdorf Physik in Frankfurt a. M. 1951 arbeitet er als Werkstudent bei Remington Rand und kommt mit den Grundlagen der Computertechnik in Kontakt. 1952 bricht Nixdorf das Studium ab und gründet in einer Kellerwerkstatt in Essen das »Labor für Impulstechnik«. Er ist ein Wegbereiter der dezentralen Datenverarbeitung. Nixdorf konzentriert sich von Anfang an auf die kleine und mittlere Datentechnik und auf anwenderfreundliche Software. Sein Unternehmen mit Sitz in Paderborn wächst bis zu seinem Tod in atemberaubenden Tempo.

Bankenkonsortiums als Kreditgeber entwickelte, dem die Transitpauschale als Sicherheitsleistung verpfändet wurde. So geschah es, seitens der DDR-Führung sogar unter Umgehung von Politbüro und Ministerrat durch eine einfache Verfügung von Honecker und Mittag. Strauß gab dem DDR-Sozialismus damals noch eine Überlebensfrist von zwanzig bis dreißig Jahren. In Moskau war man über den Deal entsetzt. »Die DDR«, so Juli Kwizinski, der ehemalige Sowjetbotschafter in Bonn, im Rückblick, »schluckte den goldenen Angelhaken, von dem sie dann nicht mehr loskam.«

Honeckers Verschuldungspolitik in den achtziger Jahren, meinte Werner Krolikowski, der Wortführer der Moskau-Fraktion im Politbüro, nach der Wende von 1989, sei von Anfang an so »gewissenlos und abenteuerlich« gewesen, daß sie für die DDR einen Zustand herbeigeführt habe, »in dem sich früher zur Zeit des Kaisers oder im Rußland des Zaren die Offiziere, wenn sie in dieser Lage waren, erschossen haben«. Das sind deutliche Worte, auch wenn Krolikowski in den ganzen Jahren, in denen er dies vorausgesehen hatte, seinem Unmut zwar in Kassibern an den Kreml Ausdruck verlieh, in Gegenwart Erich Honeckers und bei einschlägigen Sitzungen im Politbüro mit der genannten Ausnahme von 1980 jedoch eher durch Schweigen zum Thema auffiel. Der Sache nach lag er mit seiner drastischen Bilanz aber nicht falsch. Denn eine sozialistische Volkswirtschaft, hat der West-Berliner Wirtschaftswissenschaftler Hajo Riese einmal bemerkt, »agiert quasi als Einzelunternehmer mit entsprechendem Insolvenzrisiko«. Im Prinzip, könnte man dagegen einwenden, hätten allerdings der RGW und die Sowjetunion im Ernstfall als Auffangbecken dienen können. Doch in den achtziger Jahren war das nicht mehr möglich.

Lange Zeit war die DDR ein Klient der Sowjetunion gewesen. Nun blieb, wie DDR-Wirtschaftschef Günter Mittag nach eigener Auskunft schon zu Beginn des letzten Jahrzehnts wußte, am Ende »nur der Weg einer engeren Zusammenarbeit und eines engeren Anschlusses an die Bundesrepublik, auch unter stillschweigender Inkaufnahme der Tatsache, daß die Bundesrepublik ihre Hilfe stets unter der Prämisse der Vorbereitung einer künftigen Wiedervereinigung leistete«. Sie erfolgte, als die internationalen Rahmenbedingungen dafür reif waren. Darin sieht Alexander Schalck-Golodkowski in seinen *Deutsch-deutschen Erinnerungen* mit einer gewissen Berechtigung die wahre »historische Bedeutung« des Kredits von 1983 und eines von Kanzleramtsminister Philipp Jenninger 1984 verhandelten Nachschlags. Sie haben das Überleben der DDR zweifellos verlängert. Sie führten aber auch dazu, daß der Zusammenbruch des sozialistischen deutschen Staates letztlich in eine Phase fiel, die, so Schalck, durch ein weltpolitisch weit »günstigeres Klima« als zur Zeit des zweiten kalten Krieges Anfang der achtziger Jahre ausgezeichnet war.

Der Bäckerei-Unternehmer Horst Schiesser mit dem Bundeswohnungsbauminister Oscar Schneider.

Haste 'mal 'ne Mark: Der Niedergang der Neuen Heimat

Am 18. September 1986 verkauft der Deutsche Gewerkschaftsbund sein Wohnungsbauunternehmen Neue Heimat für eine Mark an den Berliner Brotfabrikanten Horst Schiesser. Dieser übernimmt mit den Wohnungen zugleich die etwa 17 Milliarden DM Schulden des Konzerns. Den Sanierungsplan, den Schiesser vorlegt, akzeptieren die Banken jedoch nicht. Der DGB ist im November gezwungen, die Neue Heimat – wiederum für eine Mark – von dem Mittelständler zurückzukaufen. Der Vorgang ist der Höhepunkt eines Skandals, der 1982 ruchbar wird. Am 8. Februar 1982 berichtet der »Spiegel« in seiner Titelstory über »Die dunklen Geschäfte von Vietor und Genossen«. Er spricht von illegalen Geldschiebereien und Bereicherungen der Topmanager des Wohnungsbaukonzerns. Seine Informationen hat das Magazin von einem ehemaligen Pressesprecher der Neuen Heimat, der nach seiner Entlassung Gerüchten über private Machenschaften der Manager nachgegangen ist.

Die Neue Heimat geht aus Wohnungsbauprojekten der Gewerkschaften in den zwanziger Jahren hervor. Unter Albert Vietors Führung entwickelt sie sich seit 1962 mit 100 Tochtergesellschaften im In- und Ausland zum größten Bauträgerkonzern der westlichen Welt. 1982 ist sie mit Objekten im Wert von fast 15 Milliarden Mark die größte Wohnungseignerin der Bundesrepublik. Sie besitzt zeitweise rund 400 000 Wohnungen und hat fast 6000 Beschäftigte. Hauptursache für ihren Niedergang sind kommerzielle Großprojekte von gemeinnützigen Tochtergesellschaften zu Beginn der siebziger Jahre. Schon früh nutzen Topmanager der Neuen Heimat in diesem Geschäftsbereich riskante Finanzierungssysteme. Der »Spiegel« deckt auf, daß die Neue Heimat nur mit Buchungstricks die Pleite abgewendet hat. Die Gewerkschaften als Eigentümer wollen kein Kapital nachschießen und sich des Problems entledigen. Sie kommen auf Horst Schiesser. Nach dem Rückkauf gehen große Teile des Wohnungsbestands an neugegründete oder neuformierte Unternehmen wie z. B. die GWG in Hamburg, die WIR in Berlin, die GWH in Hessen und die GEWOBA in Bremen über. Der Gewerkschaftsbund muß zuvor rund drei Milliarden Mark für die Sanierung aufbringen.

West-östliches Gelände

Nach den Worten der amerikanischen Historikerin Angela Stent war die Deutschlandpolitik Helmut Kohls »forscher« als die seiner Vorgängerregierung. Das überrascht nur auf den ersten Blick. In gewisser Weise entwickelte sie sich komplementär zur neuen transatlantischen Offensive des christlich-liberalen Bündnisses. »Man könnte sie sogar in Anlehnung an Bismarck als eine Art von Rückversicherungspolitik bezeichnen«, meint Stent, »welche die Fortsetzung des Dialogs mit der DDR gewährleisten sollte, selbst wenn sich die Beziehungen zur UdSSR wegen der Raketenstationierung verschlechterten.« Kohl war der Ansicht, daß der harte Kurs der Regierung Reagan gegenüber dem Osten keineswegs in allem auch vitalen deutschen Interessen entsprach.

Bereits 1975 hatte er über Walther Leisler Kiep einen ostdeutschen Emissär wissen lassen, er werde im Fall seiner Wahl zum Bundeskanzler »im Grunde keine andere Politik machen, als Schmidt sie jetzt betreibt«. Kohl betrieb diese Art von »Nebenaußenpolitik« zu einem Zeitpunkt, als seine Partei gerade erst dem Bundestag ihre Zustimmung zur Schlußakte von Helsinki versagt hatte. Er wollte damit künftigen Wandel andeuten und das Terrain für die Zeit nach der Bundestagswahl 1976 sondieren. 1978 sendet Franz Josef Strauß, bald neuer Kanzlerkandidat der CDU/CSU für die Wahl 1980, seine ersten Signale, bei denen er sich nach den Worten des DDR-Vertreters in Bonn, Michael Kohl, unter anderem »sehr kritisch zu Brandt und Bahr« äußert, »die nach seiner Ansicht intensiv an Anti-DDR-Intrigen arbeiten«. Von den westdeutschen Konservativen, so der vertrauensbildende Sinn und Tenor der Botschaften, werde niemals die Gefahr einer ideologischen Infiltration mit dem Gift des Sozialdemokratismus ausgehen können – im Gegenteil. Mit ihnen, meinte der Kohl-Gesandte Ottfried Hennig 1978 gegenüber seinem SED-Konfidenten Herbert Häber, werde die DDR letztendlich wesentlich »besser zurechtkommen«. Ähnlich hatte Leisler Kiep bei einem Besuch in Moskau 1975 seinen sowjetischen Gesprächspartner Wadim Sagladin gewarnt, die SPD könne für die DDR nicht nur »unbequem« werden, sie sei »ideologisch gefährlich«.

Am 14. November 1982, Kohl ist seit kurzem im Amt und gerade auf Staatsbesuch in Washington, läßt er Erich Honecker anläßlich des Begräbnisses von Leonid Breschnew in Moskau durch Bundespräsident Karl Carstens seine Grüße ausrichten. Honecker bedankt sich mit dem Hinweis, daß der Beziehung zwischen beiden deutschen Staaten im »europäischen Konzert« eine besondere Bedeutung zukomme, und gibt seiner Hoffnung Ausdruck, daß man doch noch einen Weg finde, »das Teufelszeug der Mittelstreckenraketen« verschwinden zu lassen. Am 24. Januar 1983 beginnt

Die Brüder Adolf und Rudolf Dassler 1925 mit Mitarbeitern ihrer »Gebrüder Dassler Schuhfabrik«. Da funktioniert die Arbeitsteilung zwischen dem Kaufmann Rudolf und dem Tüftler und Entwickler Adolf noch.

Die Dasslers: Turnschuhgeneration aus Franken

Adolf »Adi« Dassler beginnt 1920 als 20jähriger in einer kleinen Werkstatt, an der sich 1924 auch sein Bruder Rudolf beteiligt, mit der Produktion von Sportschuhen. Er vernäht, was vom Krieg übriggeblieben ist: Gummidichtungen und Reste von Armeezelten. Rudolf Dassler übernimmt in der »Gebrüder Dassler (Sport) Schuhfabrik« überwiegend kaufmännische Aufgaben, während sich Adolf um die Entwicklung und Produktion kümmert. 1925 entwickelt er den ersten Fußballschuh mit Nagelstollen. 1947 verläßt Rudolf Dassler das gemeinsame Unternehmen und gründet die »Rudolf Dassler, Sportschuh Fabrik Herzogenaurach« mit dem Puma am Schuhrist als Zeichen. Nach der Trennung kreiert Adolf Dassler einen Markennamen. Er entscheidet sich für die Zusammensetzung aus seinem Spitznamen »Adi« und den ersten Buchstaben seines Nachnamens »Das«. Der deutsche Fußballbundestrainer Sepp Herberger gehört zunächst zu den Beratern von Rudolf Dassler. 1951 zerstreiten sich die beiden über Geldfragen. Herberger wechselt zur Konkurrenz. Zwischen den Brüdern entwickelt sich ein verbissener Wettstreit, der den deutschen Sportschuhmarkt in den nächsten drei Jahrzehnten zu höchster Wettbewerbsfähigkeit treibt. Am 4. Juli 1954 gewinnt die deutsche Nationalmannschaft in Adidas-Schuhen die Weltmeisterschaft. In dem Wechsel zu Adidas und dem Sieg der deutschen Nationalmannschaft sehen viele den Grund, warum Puma nie aus dem Schatten von Adidas treten kann.

Ab Mitte der sechziger Jahre produziert Adidas neben den Schuhen auch Sporttextilien. 1963 kommt die Produktion von Bällen hinzu. 1978 stirbt Adi Dassler. Sein Sohn Horst macht Adidas bis zu seinem Tod 1987 zu einem der weltgrößten Sportartikelhersteller. Obgleich die Produktion zunehmend in Billiglohnländer verlagert wird, bekommt Adidas Mitte der achtziger Jahre Ertragsprobleme. 1989 wird das Unternehmen in eine Aktiengesellschaft umgewandelt. Ein Jahr später verkauft die Familie eine 80prozentige Beteiligung an den französischen Unternehmer Bernard Tapie. 1993 übernimmt Robert Louis-Dreyfus die Führung der Adidas AG und bringt sie als Vorstandsvorsitzender 1995 an die Börse.

Ost-Berlin 1984: Parade der Betriebskampfgruppen zum 35. Jahrestag ihres Bestehens. Die Kampfgruppen erfuhren besonders nach dem Aufstand des 17. Juni 1953 eine erhebliche Aufwertung. Beim Mauerbau spielten sie eine große Rolle.

eine Reihe von Telefongesprächen zwischen den Repräsentanten der beiden deutschen Staaten. Kohl, bei neuen Bekanntschaften stets auf einen persönlichen Einstieg bedacht, erinnert Honecker bei seinem ersten Anruf aus Bonn daran, daß man »von zu Hause aus« ja aus einer Landschaft komme – der Pfalz und dem Saarland –, »die ähnlich ist«, und erneuert die bereits von Helmut Schmidt ausgesprochene Einladung zu einem Besuch des Staatsratsvorsitzenden in der Bundesrepublik. Das war ein dreiviertel Jahr, bevor der Bundestag die Aufstellung der Pershing-II-Raketen beschloß und die Sowjetunion daraufhin am 23. November 1983 die Genfer Verhandlungen über Rüstungsbegrenzung abbrach.

Doch die Reaktion Honeckers, der am 19. Dezember mit Helmut Kohl telefoniert, ist bemerkenswert moderat. Die Lage, so Honecker, sei durch den Beginn der Stationierung »schon etwas anders geworden«, doch man solle sich gerade jetzt auf die »Verantwortungsgemeinschaft, vielleicht könnte man auch sagen Sicherheitspartnerschaft« beider deutscher Staaten »vor Europa und dem deutschen Volk« besinnen. Honecker sagte tatsächlich »dem deutschen Volk« und wiederholte damit und mit dem Wort

1990 unterzeichnet Hans-Dietrich Genscher (rechts) in Moskau das Abschlußdokument über die Vereinigung von Bundesrepublik und DDR. Lothar de Maizière (Mitte) unterschreibt als DDR-Außenminister. Links Frankreichs Außenminister Roland Dumas.

Hans-Dietrich Genscher: Der Metternich aus Halle

Er beginnt mit den Worten: »Wir sind zu Ihnen gekommen, um Ihnen mitzuteilen, daß heute Ihre Ausreise ...« Weiter kommt Hans-Dietrich Genscher nicht; gegen den grenzenlosen Jubel, der im Garten der Botschaft der Bundesrepublik in Prag ausbricht, kommt er nicht an. Dort haben über 4 000 DDR-Bürger Zuflucht gesucht, um ihre Ausreise in den Westen zu erzwingen. Nun teilt ihnen der bundesdeutsche Außenminister mit, daß sie fahren dürfen. Hans-Dietrich Genscher hat das Geschehen am Abend des 30. September 1989 in der Prager Botschaft später als »bewegendsten Augenblick meines politischen Lebens« bezeichnet.

Genscher wird am 21. März 1927 in Reideburg geboren, später ein Stadtteil von Halle/Saale. Sein Vater ist Syndikus beim Landwirtschaftsverband, seine Mutter Hausfrau. Als Genscher später Außenminister der Bundesrepublik ist, nimmt er sie, solange es nur geht, auf alle Ministerreisen mit. Kurz vor Kriegsende wird er noch zur Wehrmacht eingezogen und der Armeegruppe Wenck zugeteilt, die Berlin entsetzen soll. Nach der amerikanischen Gefangenschaft geht er zurück nach Halle, studiert Jura und wird Gerichtsreferendar. Er ist seit 1946 Mitglied der Liberaldemokratischen Partei Deutschlands (LDPD), der Blockpartei, die in Sachsen-Anhalt den Ministerpräsidenten stellt. Am 20. August 1952 verläßt Genscher als Urlaubsreisender getarnt die DDR. In der Bundesrepublik beginnt er sogleich in der FDP seine lange politische Karriere. 1965 zieht er erstmals in den Bundestag ein, wo er bis 1969 Fraktionsgeschäftsführer der FDP ist. 1968 steigt er zum Parteivize auf. Nach dem Rücktritt von Willy Brandt und der Wahl Walter Scheels zum Bundespräsidenten wird Genscher unter Helmut Schmidt Außenminister und Vizekanzler. Von 1974 bis 1985 ist er auch Vorsitzender der FDP. Oskar Lafontaine nennt Genscher einmal wegen seiner langen Amtszeit und der Gabe, sich aus verfahrenen Situationen immer wieder herauszuwinden, den »Metternich aus Halle«. In seiner Heimat ist Genscher nach der Wende ein Volksheld; 17,6 Prozent der Wähler in Sachsen-Anhalt votieren bei den Bundestagswahlen 1990 für Genschers FDP.

»Verantwortungsgemeinschaft« Formulierungen aus einem Brief Kohls, der ihn ein paar Tage zuvor erreicht hatte. Man sei dafür, den entstandenen »Schaden möglichst zu begrenzen«. Und Kohl versichert Honecker, er spreche mit einem Mann, »der nichts unternehmen wird, um Sie in eine ungute Lage« zu bringen. Vielmehr habe er ein Interesse daran, »daß das, was mühsam aufgebaut wurde und was unendlich schwierig und nur mit kleinen Schritten fortzuentwickeln ist, fortentwickelt wird«. Kohl unterzeichnet fortan seine Briefe an Honecker eigenhändig mit »Ihr Helmut Kohl« statt des bis dahin üblichen unpersönlichen »Helmut Kohl«.

Am 13. Februar 1984 treffen sich beide zum ersten Mal persönlich anläßlich der Trauerfeierlichkeiten für Juri Andropow in Moskau. Das Treffen findet in der Gästevilla der sowjetischen Regierung auf den Lenin-Bergen statt. Kohl spricht anfangs kaum über Politik, sondern erinnert an den Abstimmungskampf der Saarländer 1935, an dem auch Honecker als junger Kommunist beteiligt war, und spricht dann über den Saarbrükker Studenten Willi Graf, der 1943 wegen seiner aus christlicher Überzeugung gewonnenen Anti-Hitler-Haltung hingerichtet wurde. Solche Anknüpfungspunkte zu suchen entsprach schon immer seinem politischen Stil, und Honecker war, wie Kohl in seinen *Erinnerungen* berichtet, »tief berührt von der aufrechten Haltung des jungen Christen«. Er fand den Staatsratsvorsitzenden der DDR auf einer menschlichen Ebene »keineswegs unsympathisch«. Wenn beide Seiten mithelfen würden, so Kohls Fazit des Treffens, könnte sich vielleicht auch »das Klima zwischen den Weltmächten verbessern«.

Die Trauerrede für Andropow hält Michail Gorbatschow, ein damals international noch weitgehend unbekannter Nachwuchskader der sowjetischen Führung. Kohl, der bei Breschnews Begräbnis nicht zugegen war, erlebt hier zum ersten Mal das große Schauspiel einer sowjetischen Staatszeremonie. Am offenen Sarg Honecker, Ceauçescu und andere Führer des Ostblocks, dahinter François Mitterrand, Margaret Thatcher und der amerikanische Vizepräsident George Bush. Fast ununterbrochen spielt das Orchester Chopins »Trauermarsch«. Doch die ganz große Überraschung ist Tatjana Andropowa, die Witwe des Verstorbenen, die ihrem Mann zum Abschied Stirn und Wangen küßt und dann, wie Kohl aufmerksam und etwas irritiert feststellen kann, »nach orthodoxem religiösem Ritual das Kreuzzeichen schlug«.

Mit Honecker spricht Kohl auch darüber, wie dessen Besuch in der Bundesrepublik ablaufen soll. Man ist sich einig, daß beiden deutschen Staaten im Ost-West-Verhältnis eine besondere Rolle zukommen müsse. Ursprünglich sollte der Besuch bereits 1983 stattfinden. Als Kohl nach dem Tod eines Transitreisenden – von Strauß, wie erwähnt, als »Mord«

bezeichnet – Anfang April des Jahres ein bereits angesetztes Gespräch mit dem Politbüromitglied Günter Mittag absagte, legte Honecker die Reisepläne allerdings wieder auf Eis.

Nach der Strauß-Initiative kam plötzlich Bewegung in die deutsch-deutschen Beziehungen. Der Mindestumtausch für Jugendliche bis zum 14. Lebensjahr wurde aufgehoben, und die Selbstschußanlagen an der innerdeutschen Grenze wurden abgebaut. Bei den Kulturverhandlungen und in den Bereichen Wissenschaft und Technik, Gesundheit, Verkehr und Umwelt war Fortschritt zu spüren. Strauß ist während seiner ersten Begegnung mit Honecker überrascht, bei ihm »nicht auf jene hölzerne Funktionärsmentalität zu treffen«, die er erwartet hatte. Auch glaubt er bei Honecker einen »Wandel« zu spüren, »etwa in Menschenrechtsfragen«, und bemerkt eine tiefsitzende Unsicherheit über die »krisenhafte Zuspitzung der ökonomischen Situation des Ostblocks«. Seine Beobachtungen zeigen weit mehr Hellsicht und analytische Tiefe als diejenigen Kohls. Honecker und Strauß waren sich zum ersten Mal 1946 auf Burg Hoheneck bei Neustadt an der Aisch begegnet – der eine als Vertreter des Bayerischen Kultusministeriums, der andere als Repräsentant der FDJ. 1983, auf Schloß Hubertusstock, bemerkt Strauß im Gespräch mit Honecker erkennbare »Bemühungen der DDR, sich als eigenständiger Staat mit einer eigenständigen Politik darzustellen«, und gleichzeitig »eine unausgesprochene, aber unüberhörbare Sorge, daß in der Sowjetunion nicht wieder ein Rückschlag kommt, in dessen Folge die DDR wieder fester an die Kandare genommen werden würde«.

Dieser Rückschlag kam früher als erwartet. Am 17. August 1984, der zweite Milliardenkredit war gerade unter Dach und Fach, wird Honecker zu einem Geheimgipfel nach Moskau einbestellt. Konstantin Tschernenko, Andropows Nachfolger, hatte ihn bereits im Juni vorgewarnt, doch Honecker unternahm die Finanzaktion einfach ohne Moskauer Zustimmung. Jetzt, Mitte August, gibt ihm Tschernenko zu verstehen, daß die Lage nach dem letzten Gespräch »milde ausgedrückt nicht besser« geworden sei. Die Milliardenkredite und die ihm folgenden Zugeständnisse, so der neue Generalsekretär der KPdSU, seien »vom Standpunkt der inneren Sicherheit der DDR« höchst zweifelhafte Angelegenheiten. In Wirklichkeit handle man sich nur »scheinbare Vorteile« ein, durch die sich die DDR in eine »zusätzliche finanzielle Abhängigkeit« von der Bundesrepublik begebe. Fazit der Zurechtweisung: Man würde es in Moskau positiv aufnehmen, wenn Honecker »in der entstandenen Lage« von einem Besuch in Bonn Abstand nehme. Aus der Reise wird wieder nichts.

Doch es passieren merkwürdige Dinge in dieser Zeit, die manchen Beteiligten vor ein Rätsel stellen. Anfang November 1984 trifft Hans-Dietrich

Genscher mit DDR-Volkskammerpräsident Horst Sindermann anläßlich des Begräbnisses von Indira Gandhi in Neu-Delhi zusammen. »Sie haben sicherlich bemerkt, daß wir Ihr Geburtshaus nicht abgerissen haben«, sagt Sindermann plötzlich. »Vielleicht wird es ja einmal eine Gedenkstätte; wie sie allerdings ausgerichtet wird, das hängt davon ab, ob Sie es machen oder wir.« Was wollte er damit sagen? Darüber kann man nur spekulieren, auf jeden Fall hatte Sindermann aber durch die Blume zu verstehen gegeben, daß für ihn die deutsche Frage keineswegs, wie DDR-Verfassung und Zwei-Nationen-Theorie suggerieren wollten, eine abgeschlossene Sache sei.

Immer wieder aber geht es um die deutsch-deutsche Verantwortungsgemeinschaft. Das Wort, meint Genscher im Rückblick, habe »nicht nur geschichtliche Bedeutung« gehabt. Es wirkte »auch in die Zukunft, weil es durch die gemeinsame Verantwortung zugleich die Einheit der Nation bekräftigt«. Niemand könne wissen, welchen weiteren Verlauf die Geschichte ohne sie und den damit verbundenen Dialog genommen hätte.

Bei den Trauerfeierlichkeiten für Konstantin Tschernenko treffen Kohl und Honecker am 12. März 1985 erneut zusammen. Wieder hält Michail Gorbatschow die Trauerrede, doch diesmal setzt er bereits politische Akzente. Kohl war von der Eleganz und Intelligenz Raissa Gorbatschowas beeindruckt, und er erinnert sich später besonders daran, daß Gorbatschow in seiner Trauerrede nicht nur die

Am Rande der Trauerfeier für den verstorbenen sowjetischen Parteichef Juri W. Andropow treffen sich 1985 Helmut Kohl und Erich Honecker in Moskau zum ersten Mal. Wolfgang Schäuble (links) ist zu dieser Zeit ein enger Vertrauter von Kohl.

Werner Höfer (rechts) läßt sich und Kollegen Ende der sechziger Jahre reinen Moselwein einschenken. Im »Frühschoppen« wird nicht nur geredet, sondern auch getrunken. Einmal muß dabei sogar die Betriebsfeuerwehr einschreiten.

Werner Höfer und der »Frühschoppen«: 12-Uhr-Kolumnist und Gastgeber

Am 20. September 1943 veröffentlicht das Berliner »12-Uhr-Blatt« in großer Aufmachung einen Artikel »Künstler – Beispiel und Vorbild. Legende und Wirklichkeit, Rechte und Pflichten«. In ihm heißt es: »Wie unnachsichtig jedoch mit einem Künstler verfahren wird, der statt Glauben Zweifel, statt Zuversicht Verleumdung und statt Haltung Verzweiflung stiftet, ging aus einer Meldung der letzten Tage hervor, die von der strengen Bestrafung eines ehrvergessenen Künstlers berichtete. Es dürfte heute niemand Verständnis dafür haben, wenn einem Künstler, der fehlte, eher verziehen würde als dem letzten gestrauchelten Volksgenossen. Das Volk fordert vielmehr, daß gerade der Künstler mit seiner verfeinerten Sensibilität und seiner weithin wirkenden Autorität so ehrlich und tapfer seine Pflicht tut, wie jeder seiner unbekannten Kameraden aus anderen Gebieten der Arbeit.« Der Autor ist der Kolumnist des Blattes, Werner Höfer. Der Künstler, den Höfer namentlich nicht erwähnt, dessen Hinrichtung wegen Wehrkraftzersetzung am 7. September 1943 in Berlin-Plötzensee er aber begrüßt, ist der bekannte Pianist Karlrobert Kreiten.

1987 führt dieser Artikel des damals 30jährigen zum Abschied Höfers nach einer langjährigen Fernsehkarriere, die ihn zum leitenden Redakteur beim Norddeutschen Rundfunk, zum Fernsehdirektor des I. und III. WDR-Programms und 33 Jahre lang zum Gastgeber des »Internationalen Frühschoppens« gemacht hatte. Am 30. August 1953 um 12.00 Uhr können die Zuschauer den »Internationalen Frühschoppen« mit Werner Höfer als Moderator erstmals im deutschen Fernsehen sehen. Allerdings war der »Frühschoppen« bereits im Januar 1952 gestartet – im Hörfunk. »Sechs Journalisten aus fünf Ländern« sprechen und streiten bei einem Glas Wein über die große Weltpolitik. Als Höfer 1987 wegen des Kreiten-Kommentars zurücktreten muß, ist der »Frühschoppen« nach der »Tagesschau« die älteste deutsche TV-Sendung. Nach dem unrühmlichen Abschied vom Fernsehen lebt Höfer in Köln-Rodenkirchen oder in seinem Sommerdomizil in Kampen auf Sylt. 1997 stirbt er im Alter von 84 Jahren.

Bayerns Ministerpräsident Franz Josef Strauß sitzt 1988 in der Kanzel seines Flugzeugs. 1987 ist er in einem legendären Flug bei dichtem Schneetreiben in seinem Kleinflugzeug selbst zu einem Besuch der sowjetischen Parteiführung nach Moskau geflogen.

»Verantwortungslosigkeit« im sowjetischen Leben geißelte, sondern auch deutlich machte, daß die Sowjetunion nicht die Absicht habe, irgend jemanden zu bedrohen. Mit Honecker gelang ihm in Moskau ein Durchbruch beim Thema Besucher- und Reiseverkehr von DDR-Bürgern in die Bundesrepublik.

Von besonderer Bedeutung aber war die sogenannte Moskauer Erklärung der beiden deutschen Staatsmänner, in der sie noch einmal öffentlich erklärten: »Von deutschem Boden darf nie wieder Krieg, von deutschem Boden muß Frieden ausgehen.« Die Erklärung sollte der Auftakt zu einer neuen Ära der Beziehungen zwischen beiden deutschen Staaten sein. Sie betonte noch einmal die »Unverletzlichkeit der Grenzen und der Souveränität aller Staaten in Europa« und begründete so in den Augen der DDR-Führung eine neue Qualität der Anerkennung, die über die ostpolitischen Verträge der Ära Brandt-Schmidt deutlich hinausging, nämlich eine förmliche Anerkennung ihrer Souveränität. Die Bundesrepublik Helmut Kohls hielt sich im Bereich der operativen Politik in Zukunft grundsätzlich an diese Konzession, auch wenn sie im Bereich einzelner Verlautbarungen immer wieder Absetzbewegungen unternahm.

Auch bei der CSU sah man das mittlerweile nicht mehr anders. »Eigentlich darf ich Ihnen dies gar nicht sagen, Herr Schalck«, eröffnete Franz Josef Strauß am 10. Juni 1985 seinem DDR-Gegenüber Alexander Schalck-Golodkowski, »aber nehmen Sie das mal mit. Ich und meine Freunde sind froh darüber, daß Erich Honecker als Staatsratsvorsitzender und General-

Ganz in der Tradition von Komponisten wie Richard Strauss ist Wolfgang Rihm auch Musikfunktionär. Seit 1989 sitzt er im Aufsichtsrat der GEMA, der Gesellschaft für musikalische Aufführungs- und mechanische Vervielfältigungsrechte.

Der Komponist Wolfgang Rihm: Der Meistgeehrte

Er ist ein Freund des Philosophen Peter Sloterdijk. Er ist Präsidiumsmitglied des Deutschen Musikrates, sitzt seit 1989 im Aufsichtsrat der GEMA. Er ist Mitglied der Akademien der Künste in München, Berlin-Brandenburg, Hamburg und Mannheim sowie der Deutschen Akademie für Sprache und Dichtung in Darmstadt. 1989 erhält er das Bundesverdienstkreuz. Von 1990 bis 1993 ist er musikalischer Berater des Zentrums für Kunst und Medien in Karlsruhe. 1998 ernennt ihn die Freie Universität Berlin zum Ehrendoktor, 2001 wird er vom französischen Außenministerium zum »Officier dans l'Ordre des Arts et des Lettres« ernannt. Nur wenige kennen ihn. Denn seine Kunst, die zeitgenössische E-Musik für Opern- und Konzerthäuser, hat in Deutschland, dem in der »ernsten Musik« mit seinen vielen Orchestern und Opernhäusern führenden Land, eine zwar kenntnisreiche, aber nur kleine Hörergemeinde. Spätere Generationen werden ihn mehr zu würdigen wissen.

Wolfgang Rihm wird 1952 in Karlsruhe geboren. Er macht im Alter von elf Jahren seine ersten Kompositionsversuche. Noch während seiner Schulzeit beginnt er ein Kompositionsstudium an der Staatlichen Hochschule für Musik in Karlsruhe und legt gleichzeitig mit der Abiturprüfung 1972 auch dort sein Examen ab. Im gleichen Jahr wechselt Rihm an die Musikhochschule Köln, um seine Kompositionsstudien bei Karlheinz Stockhausen fortzusetzen. 1973 nimmt er in Freiburg ein Studium der Komposition bei Klaus Huber und der Musikwissenschaft bei Hans Heinrich Eggebrecht auf. Er schreibt über zweihundert musikalische Werke, darunter zahlreiche Orchesterkompositionen, Opern (»Faust und Yorick«, 1976; »Jakob Lenz«, 1976/77; »Die Hamletmaschine«, 1983/86; »Oedipus«; »Die Eroberung von Mexiko«, 1987/91), das Ballett »Tutuguri« nach Antonin Artaud, Ensemblewerke, Streichquartette, Klavierstücke und Lieder. Der Komponist lebt in Karlsruhe und Berlin.

sekretär der Partei die Geschicke der DDR leitet. Wir hoffen, daß das noch viele Jahre der Fall ist.« Die DDR war Mitte der achtziger Jahre als Folge einer deutsch-deutschen »Koalition der Vernunft« zu einem von allen Seiten akzeptierten Bestandteil des europäischen Staatensystems geworden.

Die entscheidenden Impulse zu grundlegenden Neujustierungen in der internationalen Politik gingen jedoch nicht von der deutsch-deutschen Realpolitik und übrigens auch nicht von Reagans Kreuzzug gegen den Kommunismus aus, sondern von dem neuen sowjetischen Generalsekretär Michail Gorbatschow. Er hat, wie Angela Stent schreibt, »die Welt regelrecht überrumpelt«. Kaum beachtet, sprach sich Gorbatschow bereits kurz nach seiner Ernennung im April 1985 für »zivilisierte zwischenstaatliche Beziehungen« aus, »die auf der echten Respektierung der Völkerrechtsnormen basieren«. Das war weit mehr als die Töne von friedlicher Koexistenz, die man bis dahin aus Moskau gewohnt war. »Die Gewährleistung der Sicherheit nimmt immer mehr den Charakter einer politischen Aufgabe an«, sagt er ein Jahr später, und deshalb kann sie in seinen Augen »nur mit politischen Mitteln gelöst werden«.

Gorbatschow wollte die für die Sowjetunion gefährliche Paranoia der Andropow-Zeit um fast jeden Preis beenden. Gegenüber Außenminister Genscher faßte er diese Absicht im Juli 1986 während dessen Besuch in Moskau in ein Bild. Man habe, so der Generalsekretär, nach dem Krieg in den ehemals besetzten Gebieten der Sowjetunion Partisanen gefunden, die immer noch Züge in die Luft sprengten, obwohl der Krieg schon längst vorbei gewesen war. In einer vergleichbaren Realitätsenthobenheit sah er auch den größten Teil seiner eigenen Militärs.

Im Juli 1985 hielt Gorbatschow eine in der sowjetischen Presse nie veröffentlichte Rede, in der er von der Notwendigkeit umfassender Reformen in der Militärelite sprach. Doch erst nach der Landung des jungen deutschen Cessna-Piloten Mathias Rust auf dem Roten Platz Ende Mai 1987 sah er die Möglichkeit einer großen Rochade innerhalb der durch die ungestörte Verletzung des sowjetischen Luftraums zutiefst blamierten Militärspitze gekommen. Nicht einmal unter Stalin wurden im hohen Militärestablishment so viele Personen ausgewechselt wie jetzt unter Gorbatschow. Von der alten Garde der Marschälle der Sowjetunion blieb dabei praktisch niemand mehr übrig. Die »globalen Probleme« des Nuklearzeitalters, so Gorbatschow auf dem XXVII. Parteitag der KPdSU Anfang März 1986, ließen sich mit »altem Denken« nicht mehr bewältigen. ZK-Mitglied Wadim Sagladin erklärte im Frühjahr 1987 in Auseinandersetzung mit Lenins Konzeption von Krieg und Frieden, der Krieg könne nicht länger als eine Fortsetzung der Politik mit anderen Mitteln betrachtet werden.

12. Juni 1987: Ronald Reagan spricht gerade die unerhörten Worte »Mr. Gorbachev, open this gate. Mr. Gorbachev, tear down this wall!« Es lauschen Bundestagspräsident Philipp Jenninger und Helmut Kohl.

Ronald Reagan 1987 in Berlin: Naiv oder visionär?

Am Freitag, dem 12. Juni 1987, hält US-Präsident Ronald Reagan eine Rede vor dem Brandenburger Tor: »Mr. Gorbachev, open this gate. Mr. Gorbachev, tear down this wall!« Was damals als etwas naive Geste dem Gastgeber Deutschland gegenüber gewertet wird, gilt 17 Monate später als visionär. Reagan hält seine Rede am 12. Juni unter dem Schutz eines starken Polizeiaufgebots. Der Tiergarten ist mit Stacheldraht weiträumig abgesperrt. Unter den 25 000 handverlesenen Zuschauern auf der Rückseite des Brandenburger Tores auf der »Straße des 17. Juni« befinden sich als zusätzliche Sicherheit ca. 3 000 »Stabilisatoren« – Polizeibeamte in Zivil. Reagan spricht 27 Minuten lang. Er propagiert eine »Erweiterung« des Luftverkehrs von und nach Berlin. Er schlägt – als Frage verkleidet – vor, in naher Zukunft Olympische Spiele »hier in Berlin, im Osten und im Westen« zu veranstalten. Mitten in seiner Rede ruft er in die Menge, vor allem aber in die Fernsehkameras: »Mr. Gorbatschow, öffnen Sie dieses Tor! Mr. Gorbatschow, reißen Sie diese Mauer nieder!«

Vor dem Brandenburger Tor ist es am 12. Juni ruhig. Aber ca. 50 000 Menschen demonstrieren gegen den Reagan-Besuch und gegen die US-Politik. Am Nollendorfplatz brennen am Abend zuvor Autos und Barrikaden. 271 Personen werden festgenommen. In der Nacht setzen sich die Krawalle in Kreuzberg fort. Wegen der Sicherheitsvorkehrungen im Zusammenhang mit dem Reagan-Besuch kommt es am Tag der Reagan-Rede in den Stadtbezirken nördliches Kreuzberg und Tiergarten zeitweise zu Straßensperrungen. Gegen 11 Uhr stellen die U-Bahn-Linie 1 zwischen Schlesischem Tor und Gleisdreieck und die U 8 zwischen Voltastraße und Hermannstraße den Fahrbetrieb ein. An den U-Bahnhöfen und auf den Zufahrtsstraßen in Richtung Innenstadt führt die Polizei zahlreiche Personen- und Taschenkontrollen durch. Alle Kreuzberger geraten in diese polizeilichen Maßnahmen. Männer und Frauen werden daran gehindert, ihre Arbeitsstellen zu erreichen, Schülern ist der Nachhauseweg verwehrt.

Marschall Sergei F. Achromejew war schon in den siebziger Jahren zu der Überzeugung gelangt, daß man »die Militärausgaben einseitig kürzen« konnte »und sogar mußte«. Anders, so Achromejew, sei einer erst einmal in Gang gesetzten Militärmaschinerie im Ernstfall nur »schwer Einhalt zu gebieten«. Er schlug bereits damals vor, »die Führung«, ja »das System« zu ersetzen. Achromejew konnte sich unter Breschnew damit kein Gehör verschaffen, doch im Herbst 1984 wurde er zum Generalstabschef ernannt. Nur wenige Tage nach seiner Inthronisation vereinbarten Außenminister Gromyko und der amerikanische Präsident Ronald Reagan ein Treffen, das zur Wiederaufnahme der abgebrochenen Verhandlungen über Mittelstreckenraketen im März 1985 führte. Die amerikanische Seite hatte 1984 plötzlich Verhandlungsbereitschaft signalisiert, nachdem sie durch einen gut plazierten Spion in der Londoner KGB-Residenz über die sowjetischen Ängste vor einem angeblich unmittelbar bevorstehenden plötzlichen nuklearen Raketenangriff (Deckname »VRJaN«) der USA informiert worden war. Für Michail Gorbatschow, der in den letzten Monaten des kranken Generalsekretärs Konstantin Tschernenko faktisch die Amtsgeschäfte führte, waren die gefährlichen Überspitzungen der Operation »VRJaN« ein wesentlicher Grund, die nukleare Abrüstung voranzutreiben. Er wollte

Die Polizei steht beim Reagan-Besuch 1987 Spalier auf dem Berliner Mehringdamm. Polizisten haben die gesamte Fahrtroute des US-Präsidenten abgeriegelt. Nur vor dem Brandenburger Tor dürfen ausgesuchte Berliner den US-Präsidenten willkommen heißen.

Der vierzehnköpfigen Wahlkampfmannschaft der SPD gehören zur Bundestagswahl 1983 drei Frauen an.

Mit der Quote an die Macht: Die SPD beschließt 1988 eine Frauenquote

Das Gespenst kommt auf Stöckelschuhen nach Westfalen. Es heißt »Quotenfrau« und ist wie alle Gespenster eigentlich grün. Die Grünen beschließen schon bei ihrer Parteigründung 1979 eine Frauenquote. Mindestens die Hälfte aller Ämter soll weiblich besetzt sein. Das halten sie auch beim Weg in die Parlamente durch und werden damit vorbildlich für Frauen in anderen Parteien. Lange ist eine Quotierung bei der Besetzung von Parteiämtern und politischen Mandaten auch bei den SPD-Frauen umstritten. Als aber der Frauenanteil in Führungspositionen in den siebziger Jahren stagniert, wird die Forderung nach der »Quote« unüberhörbar. Besonders die langjährige Bundesvorsitzende der Arbeitsgemeinschaft sozialdemokratischer Frauen, Inge Wettig-Danielmeyer, später die mächtige Schatzmeisterin der SPD, und Herta Däubler-Gmelin, seit 1978 Mitglied des SPD-Bundesvorstands, verfechten jahrelang die Einführung einer Quotenregelung zur angemessenen Vertretung von Frauen in den Führungsfunktionen der SPD. Am 30. August 1988 nimmt auf dem Münsteraner Parteitag die SPD mit einer überraschenden Mehrheit von 87 Prozent eine zuvor heftig umstrittene sogenannte bewegliche Frauenquote in ihre Satzung auf. Die Satzung schreibt nun vor, daß ab 1998 alle Funktionen und Mandate in der Partei zu mindestens 40 Prozent von Frauen besetzt werden müssen.

Ob Männer oder Frauen – eine Beteiligung von jeweils 40 Prozent ist garantiert, wenn genügend Kandidatinnen und Kandidaten zur Verfügung stehen. Nachdem der SPD-Parteitag die Quotenregelung beschlossen hat, wird die Zahl der stellvertretenden Parteivorsitzenden auf drei erhöht und Herta Däubler-Gmelin als erste Frau seit Gründung der SPD in diesen engsten Führungszirkel gewählt. Die Quotenregelung soll ursprünglich im Jahr 2013 auslaufen. Ein Bundesparteitag im November 2003 in Bochum beschließt jedoch eine unbefristete Quotierung. Knapp 20 Jahre nach Einführung der Quote liegt der Anteil der weiblichen Delegierten beim Bundesparteitag der SPD bei rund 45 Prozent. Fast 38 Prozent der SPD-Bundestagsabgeordneten sind nach der Wahl von 2005 weiblich. Im Vorquotenjahr 1987 waren es lediglich 16 Prozent.

aus der »nihilistischen Haltung« heraus, die Walther Leisler Kiep noch im Februar 1984 in Moskau bemerkt hatte, »als sei ein kommender Krieg unausweichlich«. Natürlich bewegten Gorbatschow auch und in erster Linie ökonomische Motive, denn der militärisch-industrielle Komplex hatte sich schon lange als größtes Hemmnis der maroden und krisenhaft dahinsiechenden Zivilwirtschaft erwiesen.

Im Westen wurde die neue politische Entwicklung in der Sowjetunion in erster Linie von Bundesaußenminister Hans-Dietrich Genscher aufmerksam verfolgt und sekundiert. »Nehmen wir Gorbatschow ernst, nehmen wir ihn beim Wort«, so Genscher auf dem Weltwirtschaftsforum in Davos am 1. Februar 1987. Genscher sprach von einem möglichen »Wendepunkt« im Ost-West-Verhältnis und davon, daß es ein »Fehler von historischem Ausmaß« wäre, »wenn der Westen diese Chance vorübergehen ließe, nur weil er sich nicht aus einem Denken lösen kann, das beim Blick auf die Sowjetunion immer nur einzig und allein den schlimmsten Fall anzunehmen vermag«. Adressat dieser Worte waren unüberhörbar die Falken am Potomac. Festigkeit sei geboten, schreibt ihnen Genscher ins Stammbuch, »aber eine Politik der Stärke, des Strebens nach Überlegenheit, des In-die-Ecke-Rüstens muß ein und für allemal zu den Denkkategorien der Vergangenheit gehö-

13. August 1986: Die DDR-Führung zelebriert den 25. Jahrestag des Mauerbaus, trotzig und für die Bevölkerung wenig glaubhaft »antifaschistischer Schutzwall« genannt. Daß die Tage des tödlichen Bauwerks gezählt sind, ahnt zu dieser Zeit kaum jemand.

ren – auch im Westen. Eine solche Haltung müßte die Menschheit in die Katastrophe führen.« Genscher wollte mit dieser Rede, wie er in seinen *Erinnerungen* schreibt, »dem Westen im wahrsten Sinne des Wortes Beine machen und der deutschen West-Ost-Politik auch«. In Washington jedoch kursierte bald das unschöne Wort vom »Genscherismus«.

In den Beziehungen Bonns zu Moskau wirkten indes noch die unbedachten Sätze Helmut Kohls nach, die im Oktober 1986 in einem Interview mit »Newsweek« gefallen waren. Er betrachte Gorbatschow, so Kohl dort, »nicht als Liberalen«. Vielmehr sei er »ein moderner kommunistischer Führer, der sich auf Public Relations versteht. Goebbels, einer der Hauptverantwortlichen für die Verbrechen der Hitler-Zeit, war auch ein Experte in Public Relations.« Hans-Dietrich Genscher hatte alle Mühe, in langen Gesprächen mit dem neuen sowjetischen Außenminister Eduard Schewardnadse die Dinge wieder ins Lot zu bringen. Im Oktober 1987 besuchte Kohl Moskau. Das Eis war gebrochen. Auch der spektakuläre Flug von Franz Josef Strauß in einem Privatjet nach Moskau im Dezember 1987 brachte Bewegung in die Beziehungen. Strauß zeigte sich nach seiner Rückkehr davon überzeugt, daß eine »offensive, aggressive Absicht der Sowjetunion« unter Gorbatschow nicht mehr zu befürchten sei, und der Sowjetführer nannte Strauß einen »ungewöhnlich faszinierenden Mann«.

Anfangs fand die neue Politik Gorbatschows in der DDR große Zustimmung, sah man sich dadurch doch auf dem bisher gewählten Weg der »Schadensbegrenzung« mehr als bestätigt. Die Politik des neuen KPdSU-Generalsekretärs werde Bestand haben und die Welt in Richtung Abrüstung bewegen, erklärte Honecker gegenüber Hans-Jochen Vogel von der SPD Mitte Mai 1987. Ein dritter Weltkrieg müsse jetzt definitiv verhindert »und das europäische Haus gebaut werden«. Allerdings hatte er im Januar, in einer ersten Absetzbewegung gegenüber Gorbatschows Glasnost-Öffnung in Richtung Meinungspluralismus, mit deutlicher Spitze gegen die neueste innenpolitische Entwicklung in der Sowjetunion auch erklärt, es gebe »Grundsätze des Marxismus-Leninismus«, an denen man um jeden Preis festhalten wolle. Was immer in Moskau geschehe, so Honecker, man habe bereits »zur Sowjetunion gehalten, da lief man dort noch in Bastschuhen«.

Honecker, so Bonns erster Vertreter in der DDR, Günter Gaus, sei früher nie auf Distanz zur Sowjetunion gegangen, »außer in der Raketenfrage«, denn er wollte »das Zeug« auf keinen Fall haben. Es sei sehr schwer, »mit allem Nachdruck gegen die Pershing zu kämpfen«, vertraute er zur Zeit des »Interregnums« von Andropow und Tschernenko seinem Freund und späteren Verteidigungsminister Heinz Keßler an, »wenn man selbst Mittelstreckenraketen im eigenen Land stationiert hat«. Wenigstens in dieser

Darf die SPD auf DDR-Boden Fahnen zeigen? Bei einem Besuch im Konzentrationslager Buchenwald zeigen 1988 Berliner Sozialdemokraten unter Walter Momper Flagge. Im Vorfeld gab es ein langes Gerangel um die Etikette: Der Besuch ist Teil der 1984 begonnenen Dialogstrategie der SPD mit der SED.

Frage fand er sich, seit mit Gorbatschow die Abrüstungsverhandlungen erneut in Gang gekommen waren, mit den sowjetischen Freunden auf einer Linie. Ursprünglich glaubte Honecker sogar, seine Politik einer »Koalition der Vernunft« mit der Bundesrepublik während der Zeit des zweiten kalten Krieges habe das neue sicherheitspolitische Denken in Moskau entscheidend beeinflußt, wenn nicht gar hervorgebracht.

An solchen Irritationen in der DDR-Sicherheitspolitik setzte die »zweite Ostpolitik« der SPD auf Parteiebene an. Sie vollzog sich in Gesprächen zwischen SPD und SED und begann im Mai 1984 nach einem Besuch von Hans-Jochen Vogel in der DDR und mit Kenntnis von Bundesregierung und Koalitionsparteien. Im Juli 1985 legte eine gemeinsame SPD/SED-Arbeitsgruppe den »Rahmen für ein Abkommen zur Bildung einer von chemischen Waffen freien Zone in Europa« vor, am 21. Oktober 1986 die »Grundsätze für einen atomwaffenfreien Korridor in Mitteleuropa«. Ein drittes Projekt zur strukturellen Nichtangriffsfähigkeit und zur Vertrauensbildung, 1987 in Angriff genommen, wurde jedoch schon durch die Ereignisse von 1989 überholt. Den größten Wirbel erzeugte das am 27. August 1987 veröffentlichte gemeinsame Papier »Der Streit der Ideologien und die gemeinsame Sicherheit«. Für Helmut Kohl war es nichts als

Schleswig-Holsteins Ministerpräsident Uwe Barschel während der »Ehrenwort«-Pressekonferenz am 18. September 1987. 23 Tage später ist er tot. Die Affäre wird nie ganz aufgeklärt.

Zwei Ministerpräsidenten – ein Skandal: Waterkantgate in Kiel 1987

Am 11. Oktober 1987 finden »Stern«-Reporter in der Badewanne eines Zimmers im Genfer Hotel »Beau Rivage« die Leiche von Uwe Barschel (CDU), des ehemaligen Ministerpräsidenten von Schleswig-Holstein. Ob sich der tablettenabhängige Barschel selbst das Leben genommen hat oder ermordet wurde, ist bis heute ungeklärt.

Am Tag vor der Landtagswahl in Schleswig-Holstein am 13. September 1987 wird bekannt, was der »Spiegel« in seiner am Tag nach der Landtagswahl erscheinenden Ausgabe berichten wird. Der Medienreferent des Ministerpräsidenten Uwe Barschel, der Boulevardjournalist Reiner Pfeiffer, hatte ausgesagt, daß Barschel ihn im Wahlkampf mit einer Schmutzkampagne beauftragt habe. Er habe den SPD-Spitzenkandidaten Björn Engholm beschattet und geplant, Wanzen in Barschels Telefon zu installieren und die SPD und Engholm der Urheberschaft zu beschuldigen. Die CDU wird bei der Landtagswahl nur noch zweitstärkste Kraft hinter der SPD. Am 18. September 1987 kommt es zur sogenannten Ehrenwort-Pressekonferenz: Barschel gibt eine eidesstattliche Erklärung ab, daß die gegen ihn erhobenen Vorwürfe nicht gerechtfertigt seien: »Ich gebe Ihnen mein Ehrenwort, ich wiederhole: mein Ehrenwort, daß die gegen mich erhobenen Vorwürfe haltlos sind.« Wie sich herausstellt, veranlaßte Barschel drei seiner Mitarbeiter zu falschen eidesstattlichen Erklärungen. Knapp zwei Wochen vor seinem Tod tritt Barschel zurück. Ein Untersuchungsausschuß findet schnell heraus, daß die meisten Anschuldigungen Pfeiffers gegen Barschel zutreffen.

Nach dem Tod Barschels erhält der »Spiegel«-Informant Reiner Pfeiffer von dem SPD-Landesvorsitzenden Günther Jansen 40 000 DM in bar. Das Geld will Jansen als Geldspende für Pfeiffers Notlage gesammelt haben. Die SPD habe Pfeiffer als Agent provocateur angestiftet, wird spekuliert. Dann wird bekannt, daß die SPD-Spitze des Landes bereits vor der Landtagswahl 1987 von der Bespitzelung Engholms gewußt haben muß. Dies ist bis dahin vor dem Untersuchungsausschuß zur Barschel-Affäre bestritten worden. In der Folge tritt Björn Engholm 1993 von allen Ämtern zurück.

ein »erbärmliches Machwerk« nützlicher Idioten der DDR, Hans-Dietrich Genscher allerdings hielt es in einem Gespräch mit Otto Reinhold von der Akademie für Gesellschaftswissenschaften der SED für »sehr bedeutend« und regte künftige »kontinuierliche Gespräche« auch zwischen SED und FDP an.

Tatsächlich hatte das Papier alle Widersprüchlichkeiten der Entspannungspolitik bis an die Grenze strapaziert, besonders in der Berufung auf das Kommunisten und Sozialdemokraten gemeinsame »humanistische Erbe Europas« und in der Zubilligung, »daß beide Systeme reformfähig« seien. In der DDR wurden jedoch gerade solche im Westen von vielen als problematisch empfundenen Sätze wie eine Aufforderung zum Dissens verstanden. Der DDR-Schriftsteller Rolf Schneider bezeichnete die Erklärung als »Magna Charta einer möglichen Perestroika für die DDR«, und aus den Grundorganisationen der SED meldete das Ministerium für Staatssicherheit plötzlich selbstbewußte Fragen zu Grundsatzthemen unter Berufung auf das auch in der DDR veröffentlichte Papier. Nach Ansicht der Stasi war es kaum mehr als der Ausdruck einer »illusionsgeprägten« Annäherung an bürgerliche Standpunkte. »Die offene Diskussion über den Wettbewerb der Systeme«, heißt es in dem Papier, über »ihre Erfolge und Mißerfolge, Vorzüge und Nachteile muß innerhalb jedes Systems möglich sein. Wirklicher Wettbewerb setzt sogar voraus, daß diese Diskussion gefördert wird und praktische Ergebnisse hat.« Ein Beispiel dafür konnten die Zuschauer des DDR-Fernsehens am 1. September 1987 in einer live ausgestrahlten Debatte zwischen Erhard Eppler und Thomas Meyer von der SPD sowie Otto Reinhold und Rolf Reißig von der SED erleben. Selbst die autonome Friedens- und Ökologiebewegung in der DDR begann sich bald auf das Streitkulturdokument zu berufen.

Die öffentliche Debatte im DDR-Fernsehen stellte ein Novum dar. Zugang zu den Westmedien und damit zur Praxis demokratischer Streitkultur war zwar ein stillschweigend tolerierter Bestandteil der alltäglichen Schizophrenie, doch daß sich Vertreter der SED einer offenen Debatte stellten, das hatte es in der Geschichte des zweiten deutschen Staates noch nicht gegeben. Honecker wollte damit auch ein Signal für seinen bevorstehenden Besuch in der Bundesrepublik setzen, der eine Woche später stattfand. Er wartete diesmal erst gar nicht auf das Einverständnis Moskaus.

Im Vorfeld gab es großzügige Gesten. Die DDR schaffte die Todesstrafe ab, richtete eine Berufungsinstanz gegen Entscheidungen des Obersten Gerichts der DDR ein und verkündete eine Amnestie zum 38. Jahrestag der Staatsgründung. Auch der Besucherverkehr entwickelte sich über die Maßen positiv. Die Bundesregierung rechnete für das Jahr 1987 mit drei Millionen Besuchern aus der DDR, doch diese Zahl war bereits in den ersten

Ein Fotoamateur fotografiert den Moment, in dem sich am 28. August 1988 gegen 16.00 Uhr zwei der zehn Maschinen der italienischen Kunstflugstaffel »Frecce Tricolori« in der Luft berühren und noch eine dritte mit zu Boden reißen. Ein Flugzeug stürzt in die Zuschauer und explodiert.

Ramstein im August 1988: Apokalypse in der Pfalz

Seit 1953 veranstalten die Amerikaner auf der pfälzischen Ramstein Airbase jährlich einen Flugtag. Am 28. August 1988 findet er wieder in jahrmarktähnlicher Atmosphäre statt. An diesem strahlenden Sommertag sind rund 350 000 Menschen gekommen. Es ist 16 Uhr. Zum Abschluß soll die italienische Fliegerstaffel »Frecce Tricolori« ihr Können demonstrieren. Bei der Abschlußfigur, dem »durchstoßenen Herzen«, kommt es zur Katastrophe. Der damals bei den Amerikanern beschäftigte Feuerwehrmann Hans-Joachim Lenhard erinnert sich: »Dann plötzlich ein gelb-roter Blitz – ungefähr 60 Meter – über der Startbahn, aus meiner Perspektive würde ich heute sagen, daß der Solopilot Ivo Nutarelli noch versuchte, das Flugzeug anzuheben, denn hätte er nicht hochgezogen, wäre er mit Sicherheit in die Zuschauer geflogen. Wahrscheinlich merkte er, daß die Höhe mit dem Höhenmesser nicht übereinstimmt. Doch da war es schon zu spät, er stieß mit den von rechts kommenden Mario Naldini und Giorgio Alessio zusammen. Eines der beiden querkommenden Flugzeuge zerstörte links am Boden einen Rot-Kreuz-Helikopter, in dem ein Pilot ums Leben kam. Die nächste Maschine zerschellte links neben der Startbahn etwa 600 bis 800 Meter westlich der Absturzstelle.« Hans-Joachim Lenhard beschäftigen die folgenden Minuten den Rest seines Lebens. Er beschreibt auf seiner Website »ramstein-airbase-katastrophe«, was dann geschieht. »Das abgestürzte Flugzeug zog eine etwa 150 Meter lange Feuerwalze hinter sich her. Viele Zuschauer, die vorne standen, kamen in dem Feuer sofort ums Leben und waren total verbrannt.«

Im brennenden Kerosin kommen nach offiziellen Angaben 70 Menschen ums Leben. Hunderte werden zum Teil schwer verletzt. »Viele Verletzte wurden einfach abtransportiert auf Druck der amerikanischen Militärpolizei, ohne nachzusehen und ohne erste Hilfe vor Ort zu leisten«, erinnert sich Lenhard. Nach dem Unglück werden in Deutschland Kunstflugvorführungen verboten. Aber nur fünf Jahre nach der Katastrophe gibt es wieder einen Flugtag in Ramstein.

acht Monaten überschritten. Im Gegenzug stimmte die Bundesregierung auf Drängen Hans-Dietrich Genschers der Einbeziehung von 72 Pershing-IA-Raketen der Bundeswehr in die Genfer Abrüstungsverhandlungen zu. Kohl tat sich damit schwer, zumal Verteidigungsminister Wörner vor den Gefahren einer »Denuklearisierung« Europas warnte, doch er willigte schließlich ein, um einen »ernsthaften Koalitionskrach« zu vermeiden, wie er in seinen *Erinnerungen* schreibt. Die Entscheidung hatte zentrale Bedeutung, wie Genscher im Rückblick betont, denn ohne den Verzicht auf die Pershing IA, der trotz ihrer amerikanischen Sprengköpfe allein in die westdeutsche Zuständigkeit fiel, wären die Verhandlungen in Genf ins Stocken geraten.

Am 7. September 1987 gegen zehn Uhr landet die Interflug-Maschine mit Honecker an Bord auf dem Flughafen Köln/Bonn. Kanzleramtsminister Wolfgang Schäuble begrüßt die Gäste. Das Protokoll ist absichtlich klein gehalten. Nur sieben statt der üblicherweise fünfzehn Polizisten auf Motorrädern eskortieren den Staatsratsvorsitzenden der DDR in die westdeutsche Hauptstadt. Doch vor dem Bundeskanzleramt muß Helmut Kohl dann doch, wie er im Rückblick meint, die »bittere Pille« des üblichen Zeremoniells schlucken. Ein roter Tep-

Der Vorsitzende der Krupp-Stiftung Berthold Beitz staunt über die Freundlichkeit, mit der sich 1987 in Essen Erich Honecker und ein Altkommunist begrüßen, die gemeinsam im Widerstand gegen die Nazi-Diktatur gekämpft haben.

Im Visier der Presse:
Das Gladbecker Geiseldrama von 1988

Am Morgen des 16. August 1988 verschaffen sich Dieter Degowski (32) und Hans-Jürgen Rösner (31) vor Schalteröffnung Zugang zu einer Filiale der Deutschen Bank im Gladbecker Stadtteil Rentfort. Als Degowski und Rösner nach dem Überfall die Bank verlassen, entdecken sie ein Polizeifahrzeug, kehren um und nehmen zwei Bankangestellte als Geiseln. Sie fordern ein Fluchtauto und Lösegeld. Nach stundenlangen Verhandlungen erhalten sie 300 000 DM und einen Wagen.

Einem Radiosender geben sie ein Telefoninterview. Nach der Geldübergabe steigt Rösners Freundin Marion Löblich zu. Die Gruppe fährt ins rund 250 Kilometer entfernte Bremen. Dort werden sie von der Polizei verfolgt, zum Schutz der Geiseln aber nicht gestellt. Ein Kontaktaufnahmeversuch der Polizei steigert Rösners Aggressivität so sehr, daß er um 19.00 Uhr im Ortsteil Huckelriede mehrere Schüsse auf einen Bus abgibt. Die Täter bringen ihn samt den 32 Fahrgästen in ihre Gewalt. Reporter kommen hinzu. Kaltblütig stehen Degowski und Rösner Rede und Antwort.

Mit 27 Geiseln fahren sie auf die Autobahn Richtung Hamburg. Journalisten folgen ihnen. An der Raststätte Grundbergsee erhalten die beiden Gladbecker Bankangestellten die Freiheit. Rösners Freundin Löblich wird auf einer der Toiletten gegen den Befehl der Einsatzleitung von Polizisten überwältigt und festgenommen. Da Rösner und Degowski die Freilassung zu lange dauert, bedrohen die Täter ein Mädchen. Ihr 15jähriger Bruder versucht die Täter zu beruhigen, doch Degowski schießt dem Italiener in den Kopf. Emanuele De Georgi stirbt zwei Stunden später.

Der Bus fährt weiter in die Niederlande. Nach einer Irrfahrt mit vielen Zwischenfällen erpressen die Täter am nächsten Morgen ein neues Fluchtauto und setzen mit den beiden Bremer Geiseln Silke Bischoff und Ines Voitele die Fahrt fort. In Köln sprechen sie um 11 Uhr in der Innenstadt mit Journalisten und Passanten. Der Reporter des »Kölner Express« Udo Röbel lotst die Geiselnehmer bis zur nächsten Autobahnauffahrt. Wenige Minuten nach 13 Uhr verläßt er an der Raststätte Siegburg das Auto, die Kidnapper fahren weiter. Schließlich werden sie von einem gepanzerten Fahrzeug eines Sondereinsatzkommandos (SEK) gerammt. Im anschließenden Schußwechsel flieht Ines Voitele schwerverletzt, die zweite Geisel, Silke Bischoff, wird von Rösner erschossen. Die Täter erleiden Verletzungen und werden festgenommen. Im März 1991 erhalten sie ihr Urteil: lebenslange Haft. Rösners Freundin erhält wegen Beihilfe eine neunjährige Freiheitsstrafe.

pich ist ausgerollt, beide schreiten die Ehrenkompanie ab, die Flaggen beider Staaten werden gehißt, und das Stabsmusikkorps der Bundeswehr spielt die beiden deutschen Nationalhymnen.

Am Abend trifft man sich zu einem Galadiner in der Godesberger Redoute. »Die deutsche Frage bleibt offen«, sagt der Bundeskanzler dort in seiner auf den Fernsehkanälen beider Staaten direkt übertragenen Tischrede, »doch ihre Lösung steht zur Zeit nicht auf der Tagesordnung der Weltgeschichte, und wir werden dazu immer auch das Einverständnis unserer Nachbarn brauchen.« Heute solle man sich auf das Machbare beschränken, aber dazu gehöre auch, daß um des Friedens willen die Waffen an der deutsch-deutschen Grenze »auf Dauer zum Schweigen gebracht werden«. Es gehe darum abzubauen, was die Menschen trennt, denn sie wollten »zueinander kommen können, weil sie zueinander gehören«. Es war eine geschickt ausbalancierte Rede, die gleichwohl deutliche Akzente setzte, ohne sich in symbolischer Politik zu verlieren, wie dies der amerikanische Präsident Mitte Juni vor dem Brandenburger Tor getan hatte, als er Gorbatschow wirkungsvoll zurief: *Tear down this wall*, reißen Sie diese Mauer nieder. Honecker beschränkt sich in seiner Replik im wesentlichen darauf, erneut die Verantwortung beider deutscher Staaten für den Frieden zu betonen – »über alle Gegensätze und Weltanschauungen, Ideologien und politischen Ziele hinweg«.

Doch bei seinem Besuch im Saarland läßt er sich zu Äußerungen hinreißen, die manchen in Erstaunen versetzen. Er war von Oskar Lafontaine auf dem Saarbrücker Flughafen mit den Worten »Fühle Se sich wie dehemm« begrüßt worden und hatte sichtlich bewegt geantwortet: »Wie dehemm.« Seit vierzig Jahren ist er zum ersten Mal wieder zu Hause, besucht in Wiebelskirchen seine Schwester und pflückt im Garten des elterlichen Hauses einen Apfel vom Baum. Als vor dem Neunkirchener Rathaus die Wiebelskirchener Schalmeienkapelle, der er auch einmal angehört hatte, das »Lied vom kleinen Trompeter« anstimmt, wird ihm feucht um die Augen. Kapellmeister Werner Zins steckt ihm, dem »berühmten Sohn« der Stadt Neunkirchen, die goldene Ehrennadel an. Anschließend hält Honecker eine Rede und weicht plötzlich, entgegen seinen sonstigen Gewohnheiten, vom vorbereiteten Manuskript ab. »Als alter Neunkirchener« kommt er spontan auf die Lage im geteilten Deutschland zu sprechen. »Daß die Grenzen nicht so sind, wie sie sein sollten«, sei unter den Bedingungen der gegenwärtigen Weltlage »nur allzu verständlich«, entfährt es ihm. Doch wenn man auf dem in Bonn beschrittenen Weg weiterschreite, dann, so Honecker, »wird auch der Tag kommen, an dem Grenzen uns nicht mehr trennen, sondern uns vereinen«. Waren ihm, wie Egon Krenz vermutet, in der saarländischen Heimat auf einmal »die Emotionen durchgegangen«?

Der Memminger Frauenarzt Dr. Horst Theissen (rechts) mit einem seiner Anwälte im Landgericht Augsburg.

Die bayerische Indikation: Der Prozeß gegen den Memminger Frauenarzt Dr. Horst Theissen

1988 klagt die bayerische Strafjustiz den Memminger Frauenarzt Dr. Horst Theissen wegen illegaler Schwangerschaftsabbrüche an. Sie hat zuvor auch gegen 380 seiner Patientinnen Ermittlungsverfahren eingeleitet. Der Memminger Prozeß läuft, als die Debatte über die Reform des § 218 auf dem Höhepunkt ist. Das Gericht verliest öffentlich die Namen von 156 Patientinnen, die bei Dr. Theissen ambulant haben abtreiben lassen, was in Bayern verboten ist. Theissen hat sich nicht an den Weg durch die Instanzen gehalten. Und: Im Freistaat darf ein Arzt auch nicht zugleich beraten und die Indikation unterschreiben. In Bayern ist zuvor unter der Ägide der bayerischen Justizministerin Mathilde Berghofer-Weichner die soziale Indikation als Begründung für einen Schwangerschaftsabbruch durch Urteile und Erlasse eingeschränkt worden. Auch der Schwangerschaftsabbruch selbst ist in Bayern erschwert. Obwohl medizinisch nicht begründet, ist ein viertägiger Krankenhausaufenthalt bei einer Abtreibung vorgeschrieben.

Der eigentliche Memminger Skandal ist für viele die Prozeßführung. In einer 62 Tage währenden Verhandlung werden 79 Patientinnen befragt. Verhandelt wird, so damals der »Spiegel«, nach dem »bayerischen Landrecht«. Prozeßbeobachter haben den Eindruck, neben dem angeklagten Arzt sitzen auch die Patientinnen, die als Zeuginnen geladen sind, auf der Anklagebank. Die Staatsanwaltschaft hat im übrigen die Unterlagen über die Schwangerschaftsabbrüche auf ungewöhnlichem Weg bekommen: von der Steuerfahndung. Die hat eine Kartei mit intimen Daten von 1390 Patientinnen beschlagnahmt und an die Staatsanwaltschaft weitergereicht.

Am 5. Mai 1989 wird der Gynäkologe nach siebenmonatiger Prozeßdauer vom Landgericht Memmingen zu zweieinhalb Jahren Gefängnis und drei Jahren Berufsverbot verurteilt, sicherlich zu Recht, wenn man die damalige Gesetzeslage streng auslegt. 1994 mildert eine höhere Instanz das Urteil auf 18 Monate Haft auf Bewährung und Verzicht auf ein Berufsverbot ab.

Wollte er damit die Perspektive eines künftigen visafreien Reiseverkehrs ankündigen? In Moskau jedenfalls war man wenig angetan über diesen vom Fernsehen live übertragenen Auftritt und verlangte umgehende Aufklärung. Doch als Krenz ihm dieses Ansinnen mitteilt, meint Honecker nur: »Ach, laß die doch.«

Am nächsten Tag gewährt ihm Franz Josef Strauß in München das große Protokoll, das ihm Helmut Kohl verweigert hatte. Er wollte den »Menschen in der DDR« mit dieser Geste »ein gewisses Selbstbewußtsein« vermitteln und ihnen zeigen, daß sie »jetzt wieder als Deutsche anerkannt« sind. So jedenfalls kommentiert er den Protokollstreit in seinen *Erinnerungen*, und das ist schon erstaunlich. Fünfzehn Polizisten als Motorradeskorte begleiten diesmal den Staatsratsvorsitzenden, und das Musikkorps der Polizei intoniert die Hymne der DDR, das Deutschlandlied und die Bayernhymne. In seiner Tischrede im Antiquarium der Münchner Residenz kommt Strauß auch auf Honeckers Neunkirchener Rede zu sprechen. Man leite daraus »keine utopischen und phantastischen Schlußfolgerungen ab«, so der bayerische Ministerpräsident, sehe aber in seinen Worten »hoffnungsvolle Anzeichen für einen besseren Weg in eine gesicherte Zukunft«.

Erich Honecker besucht 1987 München. Hier wird er von Ministerpräsident Franz Josef Strauß mit allen Ehren empfangen. Strauß ist neben einer Verbesserung der humanitären Situation aber auch an besseren ökonomischen Beziehungen zwischen der DDR und dem Wirtschaftsstandort Bayern interessiert.

Autofahrer-APO:
Rot-Grün verhängt Tempo 100

1989 fürchtet diese kleine West-Berlinerin am Rande der Autofahrer-Demonstration gegen den rot-grünen Senat, daß in der Mauerstadt Motorradfahrer bald nicht mehr mit Tempo 180 zum Bikertreff »Spinnerbrücke« der AVUS jagen können.

Mindestens zwei Stunden hat sich der West-Berliner nach der Fahrt über die Transitstrecken an Tempo 100 halten müssen, dann gibt er hinter dem Grenzkontrollpunkt Dreilinden für fünfzehn Kilometer Gas. Der ADAC weiß zu berichten: Jeder achte fährt einige Minuten schneller als die Richtgeschwindigkeit von 130 km/h, jeder zwölfte schneller als 150 km/h auf der West-Berliner Stadtautobahn AVUS. Die AVUS zwischen Eichkamp und Nikolassee ist die einzige limitfreie Autobahn innerhalb West-Berlins.

Damit ist im Mai 1989 Schluß. Der neu ins Amt gewählte rot-grüne Senat unter dem Regierenden Bürgermeister Walter Momper (SPD) wagt es, im Mai ein Tempolimit auf der AVUS zu verhängen. Es soll bei 100 km/h liegen. 18000 Autofahrer demonstrieren im Juni unter dem Motto »Freie Fahrt für freie Bürger« mit einem Autokorso gegen das verhängte Limit. Es kommt vor den Kameras der Fernsehanstalten zu teils hysterischen Ausbrüchen von Motorrad-, Porsche- und Golf-GTI-Fahrern. Die in Zukunft in West-Berlin zum Fahren im dritten Gang gezwungenen Raser fürchten um die Lauffreudigkeit ihrer PS-Boliden.

Der ADAC, der in West-Berlin 350000 Mitglieder hat, stellt sich an die Spitze der Protestler, die auch von der oppositionellen CDU und den Freidemokraten der Stadt unterstützt werden. Die Autolobbyisten sind gereizt, denn die rot-grüne Koalition plant auch noch neue Busspuren auf dem Kurfürstendamm sowie mehrere Tempo-30-Bereiche. Aber längst nicht alle Clubmitglieder sind für die Argumente der Tempofreunde empfänglich. Allein 400 Mitglieder verlassen nach einem Aufruf des Schriftstellers Günter Grass und des Künstlers Klaus Staeck an einem einzigen Wochenende den ADAC. Klagen von Tempolimit-Gegnern weist das Verwaltungsgericht zwei Jahre später ab. Nach gründlicher Sanierung kann der West-Berliner schon bald im geeinten Deutschland auf den ehemaligen Transitstrecken Gas geben.

Erich Honecker, meint er im Rückblick, den man nicht überschätzen, aber auch nicht unterschätzen solle, habe durchaus so etwas wie »einen Sinn für manche tragischen Züge seiner Lage« erkennen lassen. Diese Einsicht war Bestandteil von Franz Josef Strauß' deutsch-deutscher Realpolitik der achtziger Jahre.

Bevor er nach Saarbrücken und München reiste, hatte Honecker am 8. September in Bonn auch Willy Brandt getroffen. Brandt sagt eingangs, daß er dem Besuch Honeckers »historische Bedeutung« beimesse, doch der wesentliche Inhalt des Gesprächs dreht sich um das gemeinsame Dokument von SPD und SED, das kurz vor dem Besuch der Öffentlichkeit vorgestellt wurde. Brandt stellt die überraschende Frage, »ob man bei dem Trennungsstrich zwischen Sozialdemokraten und Kommunisten von 1918 stehenbleiben« müsse und ob es nicht über die Friedensfrage hinaus weitere »Gemeinsamkeiten« gebe.

Michail Gorbatschow jedenfalls bewegten ähnliche Gedanken. Brandt war offenbar, angeregt durch Gorbatschows jüngstes Umschwenken auf die Politik von Glasnost nach der Katastrophe von Tschernobyl, von gewissen Entwicklungen in Ungarn und Polen sowie vom westeuropäischen Reformkommunismus in seiner Hoffnung auf eine mögliche Sozialdemokratisierung auch der DDR-Kommunisten beflügelt. Dazu war er sogar bereit, eine gewisse sozialdemokratische Selbstkritik zuzulassen. Im Rahmen der »Berliner Lektionen« geht er am 11. September 1988 so weit, den Weimarer Reichspräsidenten und Sozialdemokraten Friedrich Ebert wegen seines Bündnisses mit der monarchistischen Rechten gegen den Spartakus-Bund zu kritisieren. Die »Legende« vom »bolschewistischen Schreckgespenst«, für manche Fehlentwicklung in Weimar verantwortlich, sei keine unwesentliche Ursache für die Katastrophe des Januar 1933 gewesen. Wollte Brandt mit solchen Offerten den Versuch unternehmen, die Kommunisten oder zumindest ihren Reformflügel in die Sozialdemokratie heimzuholen? Vieles spricht dafür.

Erich Honecker allerdings war für derartige Schachzüge ein denkbar ungünstiger Ansprechpartner. Brandt wußte natürlich, daß dessen Chefideologe Kurt Hager Anfang April 1987 in einem Interview mit dem »Stern« Gorbatschows Reformpolitik mit den Worten zurückgewiesen hatte, er fühle sich nicht zum Tapezieren seiner Wohnung veranlaßt, nur weil sein Nachbar gerade damit beschäftigt sei. Doch er wußte möglicherweise auch, daß dieses Interview, im »Neuen Deutschland« nachgedruckt, bei vielen SED-Mitgliedern erheblichen Unmut und eine Flut von Protestbriefen an das Zentralkomitee ausgelöst hatte und die Parteiführung, anders als früher, nicht mehr in der Lage war, darauf mit Parteistrafen zu reagieren. Noch kurz vor dem Ende der DDR wird Staatssicherheitsminister Mielke

Erfolge und Mißerfolge der Stella AG: Die Dauerläufer von Bochum

Das Musical »Starlight Express« ist seit 1988 in Bochum ein Dauerläufer. Andere Städte wie Duisburg, Bremen und Stuttgart scheitern in den neunziger Jahren mit ihren Musical-Ambitionen.

Am 18. April 1986 feiert das Musical »Cats« von Andrew Lloyd Webber im Hamburger Operettenhaus Deutschlandpremiere. Allein in der Hansestadt spielt die Produktion in fast 15 Jahren und 6100 Vorstellungen vor mehr als sechs Millionen Zuschauern. Produziert hat »Cats« Friedrich Kurz, der so das amerikanische System, ein festes Stück über einen längeren Zeitraum ohne Unterbrechung (»en suite«) im selben Theater zu spielen, auf Deutschland überträgt. 1988 wird der Stuttgarter Immobilienentwickler Rolf Deyhle Partner von Kurz. Beide bauen die Stella AG auf. Im gleichen Jahr expandieren sie ins Ruhrgebiet. In nur 13 Monaten Bauzeit hat die Stadt Bochum die Starlight-Halle, das erste kommerzielle Musicaltheater im Ruhrgebiet, für etwa 12 Millionen DM für die Stella AG errichtet. Die 1682 Sitzplätze sind um eine Rollschuhbahn und die Hauptbühne gruppiert. Sie garantieren ein hautnahes Erleben des »rasantesten Musicals aller Zeiten«.

Die Stella AG hält die Deutschlandlizenzen für die Stücke von Andrew Lloyd Webber. 1991 kommt es zum Streit zwischen den Partnern. Deyhle zahlt Kurz aus. Zur leichteren Finanzierung des Baus von Musicaltheatern legt Deyhle einen Immobilienfonds auf. Stella läßt die Musicaltheater bauen und verkauft diese an den Fonds. In Stuttgart versucht Deyhle 1994 in seinem rund 400 Millionen DM teuren SI-Centrum Erlebnisgastronomie mit Themenrestaurants, Casinos, Freizeitbädern, Kinos und Musicaltheater zu kombinieren. Das Broadway-Stück »Miss Saigon«, das die Menschen anziehen soll, floppt. Fünf Jahre nach der Premiere ist 1999 Schluß. Stella-Produktionen wie »Das Phantom der Oper«, »Cats« und »Starlight Express« sind sehr erfolgreich, während Shows in Essen und Duisburg den erhofften wirtschaftlichen Erfolg nicht schaffen. Schon 1998 steckt die Stella AG in einer Krise. Der Börsengang scheitert. Deyhle ist gezwungen, die Stella und alle Anteile an seiner Immobilienfirma zu verkaufen. Die Insolvenz der Stella erfolgt ein Jahr nach Deyhles Ausstieg.

vor »Plänen« warnen, »die darauf hinauslaufen, in der SED Fuß zu fassen und in ihr allmählich einen sozialdemokratischen Wandlungsprozeß zu erreichen«.

1987, zwei Jahre vor dem Zusammenbruch des Ostblocks und dem definitiven Ende des kalten Krieges, befaßte sich mancher bereits mit der Ahnung neuer und ganz anderer Konfliktherde als dem Ost-West-Konflikt. Zum Beispiel Helmut Schmidt. Was ihn sehr beunruhige, so der Altbundeskanzler bei einem Treffen mit Honecker am 9. September 1987 in Düsseldorf, sei »die Rolle des Islam in der heutigen Welt«. Es sei zu befürchten, daß sich dort Kräfte herausbilden würden, die eines Tages »gegen uns losschlagen«. Gegen uns. Das waren prophetische Worte, die schon weit über die Wegmarke 1989 hinauswiesen. Im November 1986 hatte das Politbüro der KPdSU zwar den Rückzug aus Afghanistan beschlossen, doch das Problem der islamistischen Bedrohung, das, so Schmidt zu Honecker, schon Breschnew beunruhigt hatte und für das er nur die desaströse Lösung einer gescheiterten militärischen Aktion am Hindukusch finden konnte, blieb bestehen.

Konkrete Ergebnisse brachte der Bonn-Besuch Honeckers kaum. Seine Bedeutung war in erster Linie symbolischer Natur, besonders für Honeckers SED-Regime. Bonn sollte die Tür sein,

Daß sich die DDR in einer tiefen Krise befindet, wird am 19. Juli 1988 auch während des Konzerts von Bruce Springsteen vor 250 000 Jugendlichen in der Ost-Berliner Wuhlheide deutlich. Der Sänger von »Born in the USA« wird gefeiert, und die anwesende Eisprinzessin der DDR Katarina Witt gnadenlos ausgebuht.

In den späten Achtzigern ist die Bahn ein Unternehmen mit Mitarbeitern im Beamtenstatus. Der Umbau zu einem Logistikunternehmen beginnt unter der Regierung von Helmut Kohl.

die ihm den Weg auch in andere Hauptstädte des Westens öffnete. Der Besuch, so Honecker nach seiner Rückkehr in einer Vorlage für das Politbüro, sei von »weitreichender Wirkung und historischer Bedeutung« gewesen, denn er habe »vor aller Welt« die »Unabhängigkeit und Gleichberechtigung beider deutscher Staaten« demonstriert. Kaum mehr als zwei Jahre später sollte die DDR aufhören zu existieren. Doch tektonische Vorbeben der großen Erosion von 1989 waren zu dieser Zeit kaum zu spüren. Niemand hatte auch nur die leiseste Ahnung eines bevorstehenden revolutionären Zusammenbruchs der alten Fronten des kalten Krieges.

In Genf rangen die USA und die UdSSR nach mehreren Treffen zwischen Präsident Ronald Reagan und Michail Gorbatschow um tragfähige Formeln für eine weitreichende Abrüstung ihrer nuklearen und konventionellen Potentiale. Das Jahr 1988 war eine Zeit erbittert geführter Auseinandersetzungen über die von Bundeskanzler Kohl befürwortete Modernisierung amerikanischer Lance-Kurzstreckenraketen. Das, nach Kohl, »gefahrverheißende« Gespenst einer Denuklearisierung Europas ging erneut um. »Neues Denken«, schrieb da Hans-Dietrich Genscher im November in der »Zeit«, bewußt ein geflügeltes Wort Gorbatschows aufnehmend, erfordere, »daß über das Netz der Abschreckung ein zusätzliches Netz von neuen, kooperativen Strukturen militärischer Sicherheit gespannt wird, das die Risiken reduziert, die sich aus einer ausschließlichen Abstützung auf Ab-

Nicola Lunemann und Eva Lausmann beginnen am 1. April 1986 als erste Frauen bei Lufthansa ihre Pilotinnenausbildung in der Verkehrsfliegerschule Bremen. Im Jahr 1987 erhalten sie eine Anstellung als Kopilotinnen.

schreckung ergeben«. Nun gehe es darum, eine »Architektur für das ganze Europa« zu entwerfen und »die Spaltung Europas Schritt für Schritt zum Anachronismus werden zu lassen durch Kooperation«. Das Mißtrauen war jedoch auch in den ersten Monaten des Jahres 1989 noch nicht verschwunden. Der amerikanische Verteidigungsminister Dick Cheney behauptete beispielsweise im April, eines der strategischen »Hauptziele der Sowjets« sei nach wie vor die »Entnuklearisierung Europas«. Schließlich wurde die Lance-Entscheidung während eines NATO-Gipfels in Brüssel Ende Mai auf das Jahr 1992 vertagt und damit von den Ereignissen überrollt. Ausschlaggebend war, daß die neue Regierung unter George Bush, die anfangs skeptischer war als Reagan in seiner zweiten Amtszeit, letztlich doch die Chance möglicher historischer Veränderungen im Osten erkannt hatte. Den Amerikanern wurde dabei auch sofort klar, daß Deutschland für diesen Fall eine tragende Rolle spielen müßte. Zumal, wie Außenminister James Baker schon vor dem Brüsseler NATO-Gipfel erkannt hatte, damit auch die deutsche Vereinigung bald auf der Tagesordnung stehen könnte. Die Deutschen wären, schon um amerikanische Interessen in Europa zu wahren, bei den zu erwartenden Umbrüchen im sozialistischen Lager als *partners in leadership* gefordert, wie Bush es während seines Besuchs in der Bundesrepublik nach dem Brüsseler NATO-Gipfel formulierte. Kohl hat die Offerte Bushs zu diesem Zeitpunkt jedoch kaum in ihrer ganzen

Bis 1995 findet die Love Parade auf dem Kurfürstendamm statt. Dann ziehen die Raver in den Tiergarten .

Die Love Parade: Die erste »House-Musik-Demonstration«

1989 kommt der Spandauer Techno-DJ Matthias Roeingh auf die Idee, seine Geburtstagsfeier aus den eigenen vier Wänden auf den Kurfürstendamm zu verlegen. Er meldet eine Veranstaltung für »Friede, Freude, Eierkuchen« oder ausführlicher für »Abrüstung, Völkerverständigung durch Musik und die gerechte Verteilung von Lebensmitteln« als »Love Parade« an. Vier Monate vor dem Mauerfall zieht der gelernte Betonbauer, der sich den Künstlernamen Dr. Motte zugelegt hat, mit 150 Gleichgesinnten über den Kurfürstendamm. Dr. Motte: »Es war unglaublich trostlos. Grau. Wie an einem herbstlichen Regentag. Regen, Regen, Regen, einfach eklig.« Die erste »House-Musik-Demonstration« hat ein kleines und ein großes Manko. Die wenigen Demonstranten feiern weitgehend unbemerkt von der Öffentlichkeit mit Dr. Motte. Und: »Die Anlage war einfach zu klein, als daß man uns hätte megaweit hören können. Ich glaube, wir sind deshalb auch gar nicht so groß aufgefallen, höchstens durch das Polizeiaufgebot.« Auffallen wird die Love Parade in den nächsten Jahren – optisch und akustisch. Viele Teilnehmer sind bei häufig gutem Wetter nur leicht bekleidet. Und die Anlagen auf den großen Trucks, aus denen aus riesigen Lautsprechern die DJs, begleitet von wild kostümierten Tänzern, ihre Technomusik erschallen lassen, sind unüberhörbar. Die Teilnehmerzahl nimmt in den Jahren kontinuierlich zu. 1993 folgen bereits 30 000 Techno-Fans aus aller Welt mehreren buntgeschmückten Wagen. 1995 tanzen 300 000 Menschen mit. Aus einer kleinen Gruppe ist in kurzer Zeit eine Massenbewegung geworden. Der Kurfürstendamm ist inzwischen zu eng für die Parade. Der Senat stimmt einem Umzug auf die Straße des 17. Juni zu.

Der Umzug heizt das weltweite Interesse an. Die Teilnehmerzahlen erreichen schwindelerregende Höhen. 1997 zieht die Love Parade mit jetzt 39 Paradewagen erstmals mehr als eine Million Raver aus aller Welt an. 1999 ist der Höhepunkt. Die Veranstalter melden mehr als 1,5 Millionen Teilnehmer. Seitdem erreicht die Technoparty diesen Rekord nicht mehr.

Tragweite wahrgenommen. In bestimmten kühnen Gedankenspielen der *Think tanks* am Potomac ging es dabei schon nicht mehr nur um die Frage, wie man den kalten Krieg und die Spaltung Europas beenden könnte. Es ging bereits um die künftige Rolle Rußlands in einem neuen, nun stärker von den USA bestimmten gesamteuropäischen Konzert. Zu dieser Zeit hatte die Bundesrepublik in erster Linie mit wachsenden innenpolitischen Problemen zu kämpfen. Die Zahl der Arbeitslosen, die 1982 bei 1,83 Millionen und 1985 bei 2,3 Millionen lag, hatte sich kaum verringert. 1984 hatten die Gewerkschaften mit harten Streiks vor allem in den Zulieferbetrieben der Automobilindustrie die Durchsetzung der 35-Stunden-Woche erzwingen wollen – in ihren Augen wegen einer gerechteren Verteilung der Arbeit auch ein Konzept gegen die Arbeitslosigkeit, ebenso wie die auf Initiative der Regierung nun oft praktizierte Frühverrentung. Die Schuldenquote war seit dem Abgang von Helmut Schmidt vor allem seit 1987 kontinuierlich angestiegen. »Im Inland läuft die Bundesregierung Gefahr«, so der Bundesverband der deutschen Industrie Ende November dieses Jahres, »die ihr bisher in wirtschafts- und finanzpolitischer Hinsicht zuerkannte Kompetenz ernsthaft zu verspielen.« Das »Modell Deutschland« war seit Mitte der achtziger Jahre ohnehin immer mehr in die Kritik geraten.

1989 stand Helmut Kohl vor der größten Führungskrise seiner gesamten Kanzlerschaft. Landtagswahlen gingen verloren, bei den Europawahlen Mitte Juni erreichte die CDU/CSU nur noch 37,7 Prozent. Die aktuellen Stimmungswerte lagen aber weit darunter. Nur noch 27 Prozent der Bundesbürger waren mit der Politik Kohls »im großen und ganzen« einverstanden. Auch in der Partei regt sich Opposition, und es mehren sich Stimmen, unter ihnen Heiner Geißler, Kurt Biedenkopf und Rita Süssmuth, die bei dem bevorstehenden Parteitag in Bremen Lothar Späth als Gegenkandidaten zu Kohl aufstellen wollen. »Der kann es nicht«, läßt Geißler seine Parteifreunde wissen. Nach seiner Rückkehr aus den Sommerferien am Wolfgangsee teilt Kohl ihm mit, er werde ihn nicht wieder als Generalsekretär nominieren. Er setzt sich in Bremen mit einem Gewaltakt noch einmal durch. Für ihn stimmen jedoch nur 72 Prozent der Delegierten. Es war das schlechteste Ergebnis seiner politischen Laufbahn. Ohne die Revolution im Osten hätte er möglicherweise die nächste Wahl verloren. Doch der Untergang der DDR war nicht sein Verdienst. »Daß der weitgehenden Eindämmung des Ost-West-Konflikts 1987/88 schließlich 1989/90 die Aufhebung des Ost-West-Gegensatzes folgte«, meint Wilfried Loth, »ist den Aktivisten der Demokratiebewegungen in den Ländern des sowjetischen Machtbereichs zu verdanken und den Demonstranten, die ihnen folgten.« Ohne sie hätte die Geschichte mit Sicherheit einen anderen Verlauf genommen.

40
PF 11-66

DER UNTERGANG DES OSTDEUTSCHEN STAATES

Opposition in der DDR

Am 25. November 1987, nur wenige Wochen nach dem Besuch Erich Honeckers in der Bundesrepublik, durchsucht die Staatssicherheit die Räume der Ost-Berliner Zionskirche und verhaftet fünf Personen wegen des Verdachts auf »Zusammenschluß zur Verfolgung gesetzwidriger Ziele«. Der Schlag unter dem Stasi-Codenamen »Aktion Falle« sollte eigentlich der Samisdat-Zeitschrift *Grenzfall* der nach DDR-Bestimmungen illegalen »Initiative Frieden und Menschenrechte« (IFM) gelten. 1986 gegründet, hatte die IFM in diesem Jahr durch eine Unterschriftenaktion wegen des GAUs im Atomkraftwerk Tschernobyl, durch umfangreiche Informationen über Menschenrechtsverletzungen in Rumänien und eine gemeinsame Erklärung mit 118 Menschenrechtlern aus Polen, Ungarn und der CSSR zum 30. Jahrestag des Ungarn-Aufstands von sich reden gemacht.

Darin hieß es unter anderem, man wolle gemeinsam »die Entschlossenheit bekräftigen, in unseren Ländern für politische Demokratie und für einen auf den Prinzipien der Selbstbestimmung gegründeten Pluralismus einzutreten sowie für eine friedliche Überwindung der Teilung Europas und für eine demokratische Integration auf diesem Kontinent, die die Rechte aller Minderheiten einschließt«. Seither war die Gruppe ins Visier der Staatssicherheit geraten. Warum die von langer Hand geplante »Aktion Falle« trotz der Einschleusung zahlreicher informeller Agenten in die IFM ein folgenschwerer Fehlschlag wurde, bleibt bis heute ein Rätsel.

Die Zionskirche auf dem Prenzlauer Berg ist ein 1873 eingeweihter Backstein-Terrakotta-Bau im Stil des Berliner Historismus, bei dem sich deutschtümelnde Neoromanik mit neugotischen Elementen mischt. Anfang der dreißiger Jahre war in diesem »Dom des Nordens« der damals 25jährige Dietrich Bonhoeffer als Stadtsynodalvikar beschäftigt. In den 1980er Jahren beherbergte er die Räume der Berliner Umweltbibliothek, die unter dem Dach des geschützten Raums Kirche verhältnismäßig unbehelligt arbeiten konnte. Gelegentlich fanden in der Zionskirche auch

Linke Seite: Stau der Trabbis, Wartburgs, Ladas und Skodas am Grenzübergang Gudow am 18. November 1989. Hier an der nördlichen Transit-Strecke von Berlin nach Hamburg noch neun Tage nach der Grenzöffnung dasselbe Bild wie überall entlang der Grenze. Die DDR-Bürger stimmen per Reisewelle über das zukünftige Deutschland ab.

Udo Lindenberg:
Ein Jodeltalent 1983 bei den Mädchen in Ost-Berlin

Schon 1973 hat Udo Lindenberg auf seinem Album »Alles klar auf der Andrea Doria« den Song »Wir wollen doch einfach nur zusammensein« veröffentlicht:

> *Stell dir vor, du kommst nach Ost-Berlin*
> *und da triffst du ein ganz heißes Mädchen*
> *so ein ganz heißes Mädchen aus Pankow*
> *und du findest sie sehr bedeutend*
> *und sie dich auch.*

Als »Mädchen aus Ost-Berlin« wird es bekannt. Zehn Jahre später will Lindenberg – es sind die Jahre der Friedensbewegung, in denen die DDR-Führung um die Opposition im Westen wirbt – unbedingt in Ost-Berlin auftreten. Er bewirbt sich mit dem Song »Sonderzug nach Pankow«:

> *Entschuldigen Sie, ist das der Sonderzug nach Pankow?*
> *Ich muß mal eben dahin, mal eben nach Ost-Berlin.*
> *Ich muß da was klären mit eurem Oberindianer:*
> *Ich bin ein Jodeltalent ...*
> *Und will da spielen mit 'ner Band.*

Die Musik leiht sich Lindenberg von dem Swing-Klassiker »Chattanooga Choo Choo« von Harry Warren und Mack Gordon aus dem Jahr 1941. In dem Song bittet Lindenberg darum, in der DDR ein Konzert geben zu dürfen, und betitelt dabei den Staatsratsvorsitzenden Erich Honecker als »Oberindianer« und »sturen Schrat«, umwirbt ihn aber auch mit dem Kosenamen »Honey«. Lindenbergs Song mit seiner eingängigen Melodie ist in kurzer Zeit ein Hit. Noch im gleichen Jahr, am 25. Oktober 1983, darf Lindenberg im Rahmen eines Konzerts unter dem Titel »Rock für den Frieden« im Palast der Republik auftreten. Die Frechheit hat gesiegt.
Beim Friedenskonzert, live im DDR-Fernsehen übertragen, wird Lindenberg deutlich. »Ich finde das total gut, daß wir jetzt hier sind, denn die Menschen im Westen wie im Osten wollen dasselbe. Sie wollen Frieden und keinen heißen Krieg. Aber sie wollen auch keinen kalten Krieg und keine deutsch-deutsche Eiszeit.« Das Publikum applaudiert. Doch die Funktionäre haben nicht weggehört. Die bereits vertraglich geregelte DDR-Tournee wird abgesagt.

Udo Lindenberg vor seinem Auftritt im Ost-Berliner Palast der Republik, 1983. Nur das Engagement des Sängers in der bundesdeutschen Friedensbewegung hat das Konzert, das im DDR-Fernsehen übertragen wird, ermöglicht. Aufgrund seiner kritischen Äußerungen während des Konzerts darf Lindenberg bis zur Wende in der DDR nicht mehr auftreten.

Rockkonzerte statt, so am 17. Oktober 1987 ein von 2000 Leuten besuchtes Gastspiel der West-Berliner Band *Element of Crime*. Es wurde jäh durch einen Überfall von Ost-Berliner Neonazis unterbrochen, die mit Rufen wie »Juden raus aus deutschen Kirchen« und »Kommunistenschweine!« in die Kirche eindrangen und wild um sich schlugen. Die Volkspolizei, die eigentlich zur Überwachung der Konzertbesucher aufmarschiert war, verhielt sich völlig passiv. Die FDJ jedoch, irritiert über den plötzlichen Ausbruch rechtsradikaler Gewalt, sprach von Brutalität, Neofaschismus und Ausländerhaß, neigte aber bald dazu, die Ursachen in bewährter Manier bei »Provokateuren« aus dem Westen zu suchen. In Wirklichkeit zeigte sich hier jedoch ein hausgemachter Rechtsextremismus, der bald nach der Wende 1989 gefährlich explodieren sollte und auf den eine von der evangelischen Konferenz der Kirchenleitungen publizierte Studie über die »Wurzeln des Rassismus« bereits 1983 aufmerksam gemacht hatte. Ende der achtziger Jahre hatten die Behörden der DDR die Jugendszenen besonders in den großen Städten nicht mehr im Griff, und mancher Stasi-Major sympathisierte sogar klammheimlich mit den militärisch interessierten Jugendlichen mit ihrem zackigen Kurzhaarschnitt. Den linksalternativen Aktivisten der Umweltbibliothek und der IFM mit ihrem »feindlich-dekadenten Äußeren« galten solche Sympathien nicht. Doch auf die »Umweltblätter«, als »innerkirchliche Information« gedruckt, hatte die Staatssicherheit keinen Zugriff. Anders stand es mit der Zeitschrift »Grenzfall«, die sich ausdrücklich als ein von der Kirche unabhängiges Organ zu erkennen gab. Sie wurde dennoch, wie der Stasi durch informelle Zuträger bekannt war, heimlich in den Räumen der Zionskirche gedruckt. Die »Aktion Falle« sollte dem ein Ende setzen und gleichzeitig die Kirche der Unterstützung illegaler Aktivitäten überführen. Um Mitternacht vom 24. auf den 25. November 1987 schlug die Staatssicherheit zu. Eine zehnköpfige Einsatzgruppe drang in Begleitung eines Staatsanwalts in die Räume der Umweltbibliothek ein, mußte aber bald feststellen, daß dort die »Umweltblätter«, aber keineswegs der »Grenzfall« vervielfältigt wurden. Der sollte erst in den frühen Morgenstunden gedruckt werden - eine für den angeblich perfekt funktionierenden gigantischen Überwachungsapparat peinliche Fehlleistung. Eigentlich wollte man, so eine Einsatzdirektive der Hauptabteilung IX/2 vom 20. November, »die Täter auf frischer Tat« ertappen, sie »zuführen« und »die Drucktechnik einschließlich der bis dahin hergestellten Vervielfältigungen« beschlagnahmen. Das war gründlich mißlungen und zeigte, wie Konrad Jarausch einmal bemerkt hat, wie schwer es in den letzten Jahren der DDR manchmal werden konnte, »die gefürchtete Geheimpolizei nicht zu karikieren«.

Die Mahnwachen, die nach dem Überfall auf die Umweltbibliothek vor der Zionskirche aufgestellt wurden, machten das besonders deutlich. In Ermangelung der eigentlich gemeinten Täter waren in der Nacht vom 24. auf den 25. November Mitarbeiter der kirchlichen Umweltbibliothek verhaftet und Druckmaschinen sowie Exemplare der »Umweltblätter« konfisziert worden. Die Malerin Bärbel Bohley organisierte daraufhin eine Mahnwache an der Zionskirche, die von der Staatsgewalt, als die Menschen dort aufzogen, mit ihren brennenden Kerzen in den Innenraum der Kirche zurückgedrängt werden sollte, wo man glaubte, sie weniger »öffentlichkeitswirksam« unter Kontrolle zu haben. Doch das Hausrecht des Zivilgesetzes der DDR schloß einen Streifen von einem Meter rund um die Gebäudemauer als geschützten Rechtsraum mit ein. So plazierte sich die Kette mit ihren Lichtern unter peinlicher Beachtung des gesetzlich zulässigen Abstands rund um die Kirche - und die »Staatsmacht« zeigte sich als machtloser Zaungast.

Die meisten Verhafteten kamen an diesem Tag, nachdem Erich Mielke den Fehlschlag bemerkt hatte, wieder frei. Die »Umweltblätter« meldeten daraufhin nicht ohne triumphierenden Unterton, die Herren von der Staatssicherheit hätten bei ihrer unbedachten Aktion vermutlich »das Jahrzehnt verwechselt«. Auf eine eindrucksvolle Weise bestätigte der Vorgang aber auch, daß der Macht in der DDR mittlerweile durch das Recht be-

Alltag in der DDR, Mitte der achtziger Jahre. In der Schönhauser Allee, der belebten Magistrale des Bezirks Prenzlauer Berg, sind Küchengeräte angeliefert worden. Der Bezirk wird in diesen Jahren zu einem Zentrum der Opposition und der Aussteigerszene.

stimmte Grenzen gesetzt waren, die man nicht mehr wahllos überschreiten konnte und wollte.

Im März 1987 war ein Strategiepapier der Berliner Staatssicherheit zu dem Ergebnis gekommen, das »Potential des auf dem Gebiet der PUT (politische Untergrundtätigkeit) eingesetzten IM-Netzes« sei »quantitativ und qualitativ sehr gut«. Die Staatssicherheit hatte in den achtziger Jahren ein flächendeckendes Überwachungssystem aufgebaut, das in der deutschen Geschichte seinesgleichen sucht. Auf 180 DDR-Bürger kamen statistisch gesehen ein hauptamtlicher und zwei inoffizielle Mitarbeiter der Stasi. Allein, die Öffnungspolitik gegenüber dem Westen und der Geist von Helsinki schränkten die Möglichkeiten offen repressiven Vorgehens immer mehr ein.

Zweifel am tschekistischen Auftrag wurden zunehmend auch in den eigenen Reihen laut. In den späten achtziger Jahren registrierte die Stasi-Bezirksverwaltung Neubrandenburg sogar einzelne Fälle von Mitarbeitern, die ohne zu fragen und mit sichtlichem Oppositionsgeist Gorbatschow-Porträts in ihren Dienstzimmern an die Wand hängten. Offiziere der für Kirche, Kultur und Opposition zuständigen Hauptabteilung XX verfielen zwar noch einmal kurzfristig auf die Idee, Oppositionelle wie Rainer Eppelmann und Ralf Hirsch zu ermorden, doch die langjährigen Haftstrafen, zu denen vier für den Tod des polnischen Priesters Jerzy Popieluszko verant-

Eine in die Ständige Vertretung der Bundesrepublik in Ost-Berlin geflohene junge Frau blickt am 27. Juni 1984 mit ihrem Kind aus einem Fenster.

Sehnsucht nach Freiheit: DDR-Bürger erzwingen die Ausreise

Am 25. Juli 1984 gibt Kanzleramtsminister Philipp Jenninger auf einer Pressekonferenz bekannt, daß die Deutsche Bank der DDR einen Kredit in Höhe von 950 Millionen DM zur Verfügung stellt. Die Bundesregierung habe für diesen Kredit eine Ausfallbürgschaft übernommen. Gleichzeitig habe die DDR – »in eigener Souveränität«, wie Jenninger betont – Maßnahmen beschlossen, die der Verbesserung und Erleichterung im innerdeutschen Reiseverkehr dienen. Wie nach dem ersten, unter maßgeblicher Mitwirkung des bayerischen Ministerpräsidenten Franz Josef Strauß 1983 zustande gekommenen Milliardenkredit an die DDR, erlaubt die SED-Führung deutlich mehr Übersiedlungen. Sind es im Jahr 1983 noch 8000, so werden in den westdeutschen Notaufnahmelagern bis zum Jahresende 1984 ca. 35000 Übersiedler aus der DDR eintreffen.

Das Jahr 1984 ist geprägt von Aktionen von DDR-Bürgern, die die internationale Anerkennung der DDR, die sich an der Etablierung zahlreicher Botschaften in Ost-Berlin zeigt, und den noch großzügigen Reiseverkehr innerhalb des Ostblocks nutzen, um ihre Ausreise zu erzwingen. Am 20. Januar bitten sechs DDR-Bürger in der US-Botschaft in Ost-Berlin um politisches Asyl. Am 22. Januar wird ihnen die Ausreise nach West-Berlin gewährt. Am 24. Januar dürfen zwölf DDR-Bürger, die in die Ständige Vertretung der Bundesrepublik geflüchtet sind, ebenfalls nach West-Berlin ausreisen. Im April verlassen 35 DDR-Bürger, die sich seit fünf Wochen in der bundesdeutschen Botschaft in Prag aufhalten, nach Zusicherung ihrer baldigen Ausreise die Botschaft. Am 27. Juni verschaffen sich wieder 55 DDR-Bürger Zutritt zur Ständigen Vertretung in Ost-Berlin. Die stoppt vorübergehend den Besucherverkehr. DDR-Bürger suchen auch in Warschau, Prag, Budapest und Bukarest in westlichen Botschaften Zuflucht.

Am 13. Dezember 1984 treten 40 ausreisewillige DDR-Bürger, die sich in der Botschaft der Bundesrepublik in Prag aufhalten, in den Hungerstreik. Sie brechen ihre Aktion ab, nachdem die DDR-Behörden ihnen eine wohlwollende Prüfung ihrer Ausreiseanträge zugesichert haben, und kehren im Januar 1985 in die DDR zurück.

wortliche Angehörige der polnischen »Bruderorgane« verurteilt worden waren, führten eher zu schreckhafter Zurückhaltung.

Major H. von der Abteilung XX/4 kam 1987 zu dem Ergebnis, daß »über einen längeren und letztlich noch nicht absehbaren Zeitraum« mit wachsenden Kräften zu rechnen sei, »die relativ offen eine oppositionelle politische Linie unter Mißbrauch kirchlicher Möglichkeiten« verfolgen würden – und daß die Staatssicherheit kaum etwas Wirksames dagegen unternehmen könne. »Nicht einmal mehr eine ordentliche Diktatur«, meint der in den Westen übergesiedelte Schriftsteller Klaus Schlesinger im Rückblick, hätten die Herrschenden in ihren letzten Jahren auf die Beine zu stellen vermocht.

Anfang der achtziger Jahre war die Staatsmacht dagegen noch mit ungeminderter Härte vorgegangen, als sie den Jenaer Friedens- und Menschenrechtsaktivisten Roland Jahn nach Monaten isolierter Einzelhaft einfach mit Handschellen gefesselt in ein geschlossenes Schlafwagenabteil verfrachtete und gegen seinen ausdrücklichen Willen in den Westen abgeschoben hatte. Die Maßnahmen eskalierten im Herbst 1983 und betrafen auch andere. Jahn war unter anderem 1982 mit einer polnischen Solidarnosc-Fahne auf seinem Fahrrad durch Jena gefahren, um gegen das Kriegsrecht im östlichen Nachbarland zu demonstrieren. Er kam aus dem Kreis der Jungen Gemeinde Stadtmitte, die Anfang der achtziger Jahre eine große Rolle bei der sich formierenden unabhängigen Friedensbewegung in der DDR spielen sollte. Nicht unbeeinflußt von parallelen Entwicklungen im Westen und bei den westdeutschen Grünen, entstanden unter dem Schutz der evangelischen Kirche damals überall Friedens-, Umwelt- und Menschenrechtgruppen, die sich von der offiziellen Friedenspropaganda des Staates mit eigenen Akzenten absetzten.

Neben der gefährlichen Hochrüstung in Ost und West war auch die zunehmende Militarisierung der DDR-Gesellschaft ihr großes Thema. Im September 1978 wurde die Wehrerziehung als obligatorisches Unterrichtsfach in den letzten Klassen der Polytechnischen Oberschulen eingeführt, möglichst alle Studenten sollten sich freiwillig als Reserveoffiziersanwärter verpflichten, und die Propagierung militärischer Leitbilder reichte von den Schulen bis in die Kindergärten. Die Friedensgruppen legten dagegen Protest ein.

Ihr Signet »Schwerter zu Pflugscharen«, nach einem Bibelspruch aus Micha 4, Vers 3, in über 100000 Exemplaren verteilt, sollte bald zu einem allseits bekannten Symbol werden. Es war nicht ungeschickt gewählt, denn es bezog seine Bildlichkeit aus der Vorlage einer Plastik des sowjetischen Bildhauers Jewgeni W. Wutschetitsch, die als Geschenk der Sowjetunion an die UNO das Ufer des New Yorker East River schmückt. 1980 hatte

Honeckers DDR sollte ein bescheidenes Konsumparadies werden, auch wenn das Versprechen nie konsequent eingelöst werden konnte. Hier eine Verkäuferin in der Kaufhalle am Ostbahnhof, Mitte der achtziger Jahre.

die Evangelische Kirche zudem, auf dem Höhepunkt der Nachrüstungsdebatte, unter der Losung »Frieden schaffen ohne Waffen« eine Friedensdekade verkündet, die in diesem Jahr am 9. November beginnen und zehn Tage später am Buß- und Bettag mit einer Friedensminute unter dem Läuten der Glocken von allen Kirchtürmen des Landes beendet werden sollte.

Am 25. Januar 1982 verfaßten Pfarrer Rainer Eppelmann und der marxistische Dissident Robert Havemann einen gemeinsamen »Berliner Appell«, in dem sie eine atomwaffenfreie Zone für ganz Europa und einen Friedensvertrag mit beiden deutschen Staaten fordern. Er fand bald eine ansehnliche Zahl von Unterzeichnern. Auch Aufnäher mit dem Symbol »Schwerter zu Pflugscharen« wurden immer häufiger an den Revers meist junger Leute gesehen, und sie konnten wegen der sowjetischen Urheberschaft kaum verboten werden. Im Rahmen der Kirche formierte sich eine zunächst zahlenmäßig kleine, aber öffentlichkeitswirksame Opposition, die sich im Laufe der achtziger Jahre deutlich politisierte und mit dem Nachlassen der Ost-West-Konfrontation zunehmend mehr das Thema Demokratie und Meinungsfreiheit in den Mittelpunkt stellte.

Die »Aktion Falle« gegen die Berliner Umweltbibliothek wirkte dabei wie ein Katalysator. Sie löste eine Kette von Oppositionsaktivitäten aus, die bis zum Herbst 1989 nicht mehr abreißen würden. Die Angst vor der all-

mächtigen Staatssicherheit hatte sichtlich Risse bekommen. Im Laufe der achtziger Jahre, meint Reinhard Schult, 1979/80 inhaftierter Dissident und späterer Mitbegründer des »Neuen Forums«, habe man feststellen können, daß »sich der Staat Stück für Stück auf dem Rückzug befand«. Das war ein entscheidender Faktor.

Eine ausgesprochene Mangelgesellschaft war die DDR in den achtziger Jahren nicht mehr. Hier ein Obst- und Gemüsegeschäft in der Berliner Boxhagener Straße. Die Ware ist frisch angeliefert.

Und es war darüber hinaus ein Faktor, der in den achtziger Jahren eine eher unpolitische Boheme zum Blühen brachte. Bei den billigen Mieten in den heruntergekommenen Altbauten und den hochsubventionierten Lebensmittelpreisen war mit wenig Aufwand vieles möglich. In der Dresdner Neustadt, im Leipziger Osten, um Burg Giebichenstein in Halle, in den verrauchten Räumen des Café Haider am Potsdamer Nauener Tor und vor allem am Berliner Prenzlauer Berg entstand eine Szene von Literaten, Musikern, Künstlern und Lebenskünstlern, denen es oft mehr um selbstbestimmte Zwanglosigkeit als um bewußte politische Opposition ging. Doch auch sie verkörperten mit ihren Latzhosen, langen Haaren und Bärten, ihren selbstgenähten Wildlederkostümen und ihrem selbstgeschmiedeten Schmuck einen Antientwurf zum Ordnungssystem von Erich Honeckers ostdeutschem Staat der Arbeiter und Bauern, gegen den die *arcana imperii* einer sklerotisch gealterten Staatssicherheit oft wie ein nahezu hilfloser Papiertiger wirkte. Die Auflösung der Loyalität zum SED-Staat vollzog sich etappenweise. Der Fall Biermann war ein großer Einschnitt, ebenso

Das ist das Foto von Markus Wolf, das »Der Spiegel« im März 1979 auf seiner Titelseite veröffentlicht. 1978 wird Wolf, bis dahin »der Mann ohne Gesicht«, bei einem Treffen in Stockholm observiert und 1979 von einem Überläufer identifiziert.

Markus Wolf: Der gute Rotgardist

Als der Zug der Trauernden am 25. November 2006 immer mehr Blumen auf das Grab des Verstorbenen häuft, erklingt aus der Ferne des Friedrichsfelder Zentralfriedhofs in Berlin das »Lied vom kleinen Trompeter«. In der ersten Strophe des Arbeiterkampflieds von 1925 heißt es:

»Von all unsern Kameraden
war keiner so lieb und gut
wie unser kleiner Trompeter,
ein lustiges Rotgardistenblut.«

Markus Wolf hat sich selbst stets als lustigen, lieben und guten Rotgardisten gesehen – persönliche Konsequenz einer Biographie, die 1923 im hohenzollernschen Hechingen beginnt. Dort wird Markus Johannes Wolf als Sohn des kommunistischen Arztes und Schriftstellers Friedrich Wolf (Cyankali, Prof. Mamlock) *geboren. Nach Hitlers Machergreifung emigriert die Familie – der Vater ist jüdischer Herkunft – zunächst in die Schweiz, 1934 in die Sowjetunion. Hier erhält Wolf seinen Spitznamen »Mischa«. Er wird sowjetischer Staatsbürger, besucht die Parteischule und arbeitet bei einem Moskauer Propagandasender.1945 kehrt Wolf nach Deutschland zurück. Bis 1949 ist er beim neu aufgebauten Berliner Rundfunk tätig. Nach der Gründung der DDR arbeitet Markus Wolf bis 1951 in der Diplomatischen Mission der DDR in Moskau. Ab August 1951 wird Wolf an das »Institut für wirtschaftswissenschaftliche Forschung« delegiert, der getarnte Außenpolitische Nachrichtendienst der DDR. Markus Wolf bleibt beim Geheimdienst. Als Leiter der Hauptverwaltung Aufklärung (HVA) im Ministerium für Staatssicherheit der DDR führt Wolf später mehr als 4000 Auslandsagenten. Seine Spionagestrategie ist vor allem auf das Eindringen in die Führungszentren der westdeutschen Politik, Verwaltung und Wirtschaft ausgerichtet.*

1986 scheidet Wolf im Rang eines Generaloberst aus dem Dienst der Staatssicherheit der DDR aus. Er hat sich als Sympathisant von Gorbatschows Politik zu erkennen gegeben. Nach der Wiedervereinigung wird Wolf zu zwei Jahren Haft auf Bewährung verurteilt. Er stirbt am 9. November 2006 in Berlin.

auch die Verhaftung und Ausweisung des marxistischen Regimekritikers Rudolf Bahro. Im Juni 1979 wurden die Autoren Kurt Bartsch, Adolf Endler, Stefan Heym, Karl-Heinz Jakobs, Klaus Poche, Klaus Schlesinger, Rolf Schneider, Dieter Schubert und Joachim Seyppel aus dem Berliner Schriftstellerverband ausgeschlossen. Für Christa Wolf war diese Versammlung im Roten Rathaus »eine der schlimmsten in meinem Leben« und ein Teil jener »heillosen Epoche«, von der ihr Kollege Franz Fühmann kurz zuvor gesprochen hatte. »Ausschlußverfahren«, schrieb sie in einem Brief an das Präsidium des Schriftstellerverbandes, seien »kein Mittel, Widersprüche zu erkennen und zu lösen«. Sie selbst werde »an einer solchen Versammlung nicht wieder teilnehmen«.

Das waren deutliche Worte der international berühmtesten Schriftstellerin der DDR, und sie zeugten von Widerspruch, der in den nächsten zehn Jahren nicht mehr verstummen würde und sich bei ihr mit zunehmendem Pessimismus vermischte. Wenig später legte sie mit *Kassandra* eine kritische Auseinandersetzung mit der modernen Zivilisation und ihrem Destruktionspotential vor und machte dabei kaum mehr einen Unterschied zwischen Ost und West. In den Monaten nach der Katastrophe von Tschernobyl schrieb sie die essayistische Erzählung *Störfall.* »Wie schwer, Bruder, würde es sein, von dieser Erde Abschied zu nehmen«, heißt es dort. 1961 hatte sie im *Geteilten Himmel* noch die Eroberung des Weltraums durch den russischen Bauernsohn Juri Gagarin gefeiert, doch jetzt kommen fast Untergangsstimmungen auf. *Störfall* wurde auf der Leipziger Buchmesse 1987 vorgestellt und war nach wenigen Tagen vergriffen, ebenso wie eine von der sowjetischen Presseagentur in deutscher Fassung verbreitete Broschüre mit der Glasnost-Rede Michail Gorbatschows vom 27. Januar 1987, in der die klassischen Worte vorkommen: »Wir brauchen die Demokratie wie die Luft zum Atmen.« Ähnlich hatte bereits Stefan Heym auf der Versammlung des Berliner Schriftstellerkongresses 1979, der zu seinem Ausschluß wegen angeblicher Devisenvergehen führen sollte, offensiv und anklagend das Recht auf uneingeschränkte Meinungsfreiheit eingefordert. Das war ein völlig neuer Ton, den Heym gewählt hatte, doch erst mit Gorbatschow wurde er in der DDR wirklich populär.

Erich Honecker ging ab Ende Oktober 1987 zunehmend dazu über, Reden und Verlautbarungen des Generalsekretärs und anderer leitender Genossen der KPdSU zu zensieren und um mißliebige Stellen kürzen zu lassen. Mit dem Verbot der deutschsprachigen sowjetischen Zeitschrift »Sputnik« jedoch hatte er den Rubikon überschritten. Das Blatt war eine Art russischer »Reader's Digest«, lange in der DDR trotz einer Auflage von 160 000 eher ein Ladenhüter, bis Mitte der achtziger Jahre plötzlich ein neuer Ton in den Seiten auftauchte. Wjatscheslaw Dachitschew, einer der

Berater Gorbatschows beispielsweise, machte sich in »Sputnik« Gedanken über Stalins Nachkriegspolitik und kam dabei zu dem Ergebnis, daß die Mauer ein »Relikt des kalten Krieges« sei, zu dessen Hauptursachen auch zählte, daß der sowjetische Diktator den osteuropäischen Staaten nach 1945 sein eigenes Gesellschaftsmodell gewaltsam verordnet hatte. Doch Honeckers Zorn erregten vor allem zwei Artikel im Oktoberheft 1988. Dabei ging es einmal um die Appeasement-Politik der KPD, die nach dem Pakt zwischen Hitler und Stalin 1939 jede antifaschistische Propaganda befehlsgemäß sofort einstellte – und um den Pakt der Diktatoren selbst, durch den die Sowjetunion zum ersten bedeutenden Kollaborateur des Dritten Reichs geworden war. Er verfügte das Verbot persönlich und im Alleingang.

»Wenn man der Auffassung ist, daß die Geschichte der kommunistischen Weltbewegung, insbesondere in den sozialistischen Ländern, eine Geschichte von Verbrechen ist«, beschwerte sich Honecker gegenüber dem rumänischen Hardliner Nicolae Ceauçescu, dem er im November 1988 gerade den Karl-Marx-Orden verliehen hatte, »so ist man damit nicht nur auf dem falschen Wege, sondern arbeitet sogar jenen in die Hand, die das Gesicht des Sozialismus entstellen, den Sozialismus beseitigen, die einen Schatten auf den Sozialismus werfen wollen.« Auf der 7. ZK-Tagung im Dezember 1988 nannte er die inkriminierten »Sputnik«-Artikel in seinem unverwechselbar holzigen Tonfall trotzig »das Gequake wildgewordener Spießer, die die Geschichte der KPdSU und der Sowjetunion im bürgerlichen Sinne umschreiben möchten«. So deutlich hatte er noch nie gegen den großen Bruder an der Moskwa Front bezogen.

Doch im eigenen Land wurde damit seine Götterdämmerung eingeleitet. Das Ministerium für Staatssicherheit kam zu der Einschätzung, zum ersten Mal stünde nicht nur die Bevölkerung, sondern auch die Mehrheit der 2,3 Millionen SED-Mitglieder fast geschlossen gegen die Auffassung der Parteiführung. Selbst die Parteikontrollkommission der Stasi mußte Fälle von Mitarbeitern registrieren, die gegen das Verbot mit Eingaben protestiert hatten. Einer von ihnen, ausgerechnet ein Sekretär für Agitation und Propaganda, meinte, die Partei müsse in den Massenmedien auch »uns unangenehme Standpunkte« zulassen, und während eines Stasi-Offizierslehrgangs wurde das »Sputnik«-Verbot Thema einer satirischen Einlage bei einer Abendveranstaltung, ohne daß Sanktionen folgten. Man beschränkte sich statt dessen auf »politische Stählung«. Meldungen über zahlreiche Gegenstimmen bei Offiziersschülern während der Parteiwahlen häuften sich. »Wovor haben wir eigentlich Angst?« fragte Genosse Horst K. vom Zentralen Medizinischen Dienst der Staatssicherheit in einer Eingabe an Honecker kurz nach dem Verbot des »Sputnik«. Ja, wovor?

Der Kollaps

Die DDR, behauptet Erich Honecker Ende Mai 1988 stolz gegenüber dem CDU-Politiker Alfred Dregger, werde »in kurzer Zeit« nach Japan, den USA und der Bundesrepublik das Land sein, »das im Bereich der Speicherrechnerproduktion über einen 1-Megabit-Rechner verfügen wird«. Man glaubte im Westen tatsächlich bis zum bitteren Ende, daß die DDR weltweit auf den Spitzenplätzen der leistungsfähigen Industrienationen rangierte. Während seines Bonn-Besuchs 1987 erzählte Honecker in einem Gespräch mit Helmut Kohl am 7. September unwidersprochen, in der DDR gebe es »eine stetige, dynamische wirtschaftliche Entwicklung«, das Nationaleinkommen wachse um 4 bis 4,5 Prozent jährlich und die Arbeitsproduktivität um 7 bis 8 Prozent. Die Modernisierung der Industrie werde zielstrebig durchgeführt, und die Vollbeschäftigung sei gesichert. Noch Ende Februar 1989 eröffnete er Hamburgs Erstem Bürgermeister Henning Voscherau, die DDR befinde sich in einem »stabilen, dynamischen Prozeß in Politik, Wirtschaft, Wissenschaft und Kultur«, und Mitte Juni wiederholte er gegenüber Walter Momper die gern verbreitete Behauptung, sein Land sei inzwischen auf Platz zehn unter den führenden Wirtschaftsnationen einzuordnen und in der Mikroelektronik »unter die ersten Länder der Welt« zu zählen.

Im dramatischen Herbst 1989 brach das potemkinsche Dorf jedoch wie ein Kartenhaus zu-

Willy Brandt hat im August 1986 vor der Mauer zwischen Reichstag und Brandenburger Tor Platz genommen. Im Reichstag findet eine Veranstaltung zum 25. Jahrestag des Mauerbaus statt.

Walter Momper (SPD), 1989 der Regierende Bürgermeister von Berlin, und Hans Modrow (SED) bei einer Pressekonferenz im November 1989. Noch gibt es die DDR, und noch regiert die SED.

DDR-Ministerpräsident Hans Modrow: Anti-Bonze und Wahlfälscher

Als die DDR in ihre letzte Krise schlittert, ist Dr. Hans Modrow seit 16 Jahren »Bezirksfürst« in Dresden – keine unbedeutende Aufgabe, aber doch weit weg vom Machtzentrum Berlin. Anders als die »Bonzen« Honecker, Stoph, Sindermann und Mielke lebt er bescheiden. Er besitzt nicht die Insignien der lokalen Macht wie viele seiner Genossen an der Spitze der anderen 14 DDR-Bezirke, keine einst herrschaftliche Villa oder ein Jagdrevier. Hans Modrow wohnt in einem Plattenbau zur Miete. Viele in Sachsen halten den SED-Mann im Prinzip für ehrlich und aufrichtig. Aber auch Modrow beteiligt sich an Wahlfälschungen. Das Landgericht Dresden wird Hans Modrow 1994 in drei Fällen wegen Wahlmanipulation verurteilen.

Hans Modrow wird 1928 im vorpommerschen Jasenitz in ärmlichen Verhältnissen geboren. Der Vater, der auch schon zur See gefahren ist, arbeitet als Bäcker. 1932 tritt der in die NSDAP ein. Hans Modrow besucht die Volksschule, ist Pimpf im Jungvolk und in der Hitlerjugend. Wie alle in seiner Generation holt ihn auch noch der Krieg in seinen letzten Wochen. Der 17jährige gerät als Volkssturmmann in sowjetische Kriegsgefangenschaft. Das gibt Modrows Leben die Richtung.

Als er 1949 entlassen wird, ist aus ihm ein überzeugter Kommunist geworden. Für kurze Zeit arbeitet er als Schlosser und macht dann Karriere in der Freien Deutschen Jugend (FDJ). Er wird deren Funktionär in Brandenburg und in Mecklenburg. In Moskau besucht er die Komsomol-Hochschule. 1966 promoviert er. 1973 wird er 1. Sekretär der Bezirksleitung der SED Dresden, schafft es aber nie in das Politbüro der SED, solange Erich Honecker im Amt ist. Zu dem hat er kein gutes Verhältnis. Seit 1985 sucht dieser nach Gründen, um Modrow ablösen zu können. Lange nur Eingeweihten bekannt, berichten Ende der achtziger Jahre einige Westkorrespondenten vom Funktionär aus Dresden, der ungewöhnlich beliebt zu sein scheint. Als die Bonzen abgewirtschaftet haben, traut man ihm zu, die Macht der SED zu retten. Man beruft ihn am 8. November 1989 ins Politbüro und macht ihn am 13. November als Nachfolger von Willi Stoph zum »Vorsitzenden des Ministerrats«.

sammen. »Genossen«, so Politbüromitglied Werner Jarowinsky auf der 10. Tagung des Zentralkomitees der SED am 10. November 1989 in einer hochemotionalen Abrechnungsrede, »der Speicherschaltkreis 64 Kilobit, unsere Hauptproduktion gegenwärtig, 8,9 Mio. Stück Produktion, der Betriebspreis 40 Mark, der Weltmarktpreis eine Mark bis eine Mark fünfzig; der Speicherschaltkreis 256 Kilobit, das ist der, der jetzt groß angekündigt in die Produktion gegangen ist, der kostet bei uns reine Kosten 534 Mark, der Weltmarktpreis beträgt gegenwärtig vier bis fünf Valutamark.« Technisch waren diese Produkte im Vergleich zum internationalen Standard ohnehin um Jahre veraltet, und überdies habe man statt der im Plan vorgesehenen 500 000 gerade einmal 90 000 Stück produziert, während allein das kleine Österreich eine Produktion von 50 Millionen vorweisen könne. Solche Projekte, so Jarowinsky weiter, »sollten die Zugpferde sein, um die Konsumtion, um die übrige Volkswirtschaft zu entwickeln. So sind die Wahrheiten.« Die Wahrheit über die ostdeutsche Mikroelektronik war ein bis dahin streng geheimgehaltenes Märchen vom Triumph des Willens über das Unmögliche, und es war nicht alles.

Der Niedergang der Produktivität hatte in anderen Bereichen dramatische Züge angenommen. Erzielte der westdeutsche Maschinenbau 1970 im Vergleich zur DDR das 1,8fache an Erlösen pro Einheit, so war es 1988 bereits das 5,3fache. 1970 übertraf die Wertschöpfung in bestimmten Bereichen der Feinmechanik und Optik sogar die Bundesrepublik. 1988 war sie auf zwanzig Prozent der westdeutschen Vergleichsdaten gefallen. In den achtziger Jahren wurden laut Jarowinsky vierzig Prozent der Staatsplanpositionen nicht erfüllt. Die Infrastruktur verrottete zunehmend, das Telefonnetz war veraltet und den Bedürfnissen moderner Kommunikation kaum noch gewachsen. Doch man betrieb nach wie vor Schönfärberei. Statistiken wurden bewußt gefälscht, Melkmaschinen darin als Industrieroboter ausgewiesen, Erfolge frei erfunden, fundamentale Fehlentwicklungen und die rapide wachsende Rückständigkeit verschwiegen und Mängel aller Art verharmlost. Niemand, auch niemand im Westen, konnte das nachprüfen. Es gab, wie Planungschef Gerhard Schürer im Rückblick schreibt, oft eher »Losungen statt Lösungen«. Die Westverschuldung der DDR nahm 1989 monatlich um 500 Millionen DM zu. Bereits am 16. Mai hatte Schürer im »Kleinen Kreis« der Wirtschaftsverantwortlichen des Politbüros erklärt, die DDR werde bei einer Fortsetzung ihrer bisherigen Wirtschaftspolitik ohne Kürzungen im Verbraucherbereich »1991 zahlungsunfähig« sein.

Das alles waren Eröffnungen, die viele Ähnlichkeiten mit der Erklärung aufwiesen, die Major von dem Bussche am 3. Oktober 1918 im Reichstag abgab, als er unverblümt die ausweglose militärische Lage schilderte, in die eine Gruppe von Hasardeuren in der Obersten Heersleitung das

In der DDR herrscht Arbeitskräftemagel, der durch sogenannte »Vertragsarbeiter« aus »befreundeten« Ländern ausgeglichen werden soll. Hier Vietnamesinnen 1984 in der Baumwollspinnerei Karl-Marx-Stadt.

Reich gebracht hatte, obwohl Generalstabschef Falkenhayn bereits im Herbst 1914 zu der nüchternen Einschätzung gekommen war, man könne den Krieg nicht mehr gewinnen. Die Reaktionen auf den Offenbarungseid waren in beiden Fällen die gleichen. Man fühlte sich über Jahre von dem Größenwahn einer verantwortungslos handelnden Führung betrogen. Das System war nicht mehr zu retten, eine Erfahrung, die die SED ebenso machen sollte wie der Kaiser. Der Herbst 1918 führte am 9. November zum Sturz der Monarchie, der Herbst 1989 am 9. November zum Zusammenbruch der SED-Diktatur. Deutsche Daten, die innerlich mehr miteinander verbindet, als die zufällige Koinzidenz von Tag und Monat vermuten läßt. Zwei Systeme kollabierten, weil sie bis zuletzt an unrealistischen Zielsetzungen festhielten und sich jeder rechtzeitigen Korrektur durch demokratische Kontrolle entzogen.

Die achtziger Jahre waren durch den vergeblichen Versuch gekennzeichnet, den absehbaren Kollaps hinauszuzögern. SED-Wirtschaftschef Günter Mittag wußte das. Honecker, verblendet durch seine mittlerweile fast grenzenlose Machtvollkommenheit, seine scheinbaren außenpolitischen Erfolge und eine sichtbare Arroganz gegenüber den wachsenden wirtschaftlichen Problemen der sowjetischen Führungsmacht, hatte jedoch immer mehr jede Bodenhaftung verloren. Günter Mittag war neben Honecker der wichtigste Mann in der DDR. Vielleicht war er in vielem noch

Kurz nach der Wende bricht der West-Berliner Fotograf Paul Glaser zu Reportagereisen in die DDR auf. Es gelingen ihm Hunderte von eindrucksvollen Porträts von DDR-Bürgern. Hier ein Arbeiter in den Kabelwerken Oberspree in Berlin.

wichtiger, denn er war es, der dem Generalsekretär und Staatsratsvorsitzenden die wesentlichen wirtschaftlichen Leitlinien vorgab und soufflierte. Er hatte ein gewisses Charisma und galt trotz schwerem Diabetes und Beinprothesen als überaus disziplinierter Arbeiter und als kompetenter Fachmann auf seinem Gebiet. Selbst japanische Geschäftsleute, Helmut Schmidt und Graf Lambsdorff waren von ihm tief beeindruckt. »Seinem Wesen nach war Mittag ein intrigierendes Organisationsgenie«, charakterisiert ihn Planungschef Gerhard Schürer gewiß nicht ganz ohne die persönliche Sicht eines von ihm nicht selten zur Seite Gedrängten, »und ich mußte oft an Goethes Mephisto oder noch besser an das boshafte Treiben des Jago in Shakespeares ›Othello‹ denken, wenn er im politischen und wirtschaftlichen Alltag der DDR seine Fäden zog. Oft waren Mittags Ideen richtig, aber sein extremes Denken ließen auch diese sehr oft zum Unsinn verkommen. Drei Millionen Tonnen Heizöl im Verbrauch der DDR einzusparen war nach der Kürzung der sowjetischen Erdöllieferungen und bedingt durch die steigenden Rohölpreise auf dem Weltmarkt lebensnotwendig. Aber dann weitere drei Millionen Tonnen zu streichen, war blanker Unsinn und teurer als die eingesparte Erdölmenge, weil die ballastreiche Braunkohle, die nun als Energieträger eingesetzt wurde, bis nach Rügen und in das letzte Dorf des Thüringer Waldes geliefert werden mußte. Kombinate zu bilden war richtig, aber die gesamte

Volkstum und Staatsbürgerschaft: Die Spätaussiedlerwelle beginnt 1987

Spätaussiedler warten im August 1988 vor der Kantine des Grenzdurchgangslagers Friedland. Im Jahr 1992 erreicht die Welle mit mehr als 230000 Umsiedlern ihren Höhepunkt, 195000 ziehen aus der Sowjetunion zu.

Mitte Juli 1987 treffen im Grenzdurchgangslager Friedland in einer Woche 1440 deutsche Übersiedler aus Ostblockstaaten ein. Seit Jahren ist das die höchste Zahl innerhalb einer so kurzen Frist. Bis auf die persönlichen Dinge müssen die Aussiedler, die vor allem aus den mittelasiatischen Republiken der Sowjetunion kommen, ihr gesamtes Hab und Gut für wenig Geld verkaufen oder verschenken.

Erst seit dem Amtsantritt des sowjetischen Präsidenten Michail Gorbatschow 1986 dürfen sich die Deutschen in der Sowjetunion organisieren. 1987, nach Inkrafttreten eines neuen Gesetzes zur Ein- und Ausreise, müssen ausreisewillige Sowjetbürger auch keine Repressalien mehr fürchten. Daraufhin reisen in großer Zahl Rußlanddeutsche als Spätaussiedler in die Bundesrepublik ein. Dies ist möglich, weil sie nach bundesdeutschem Recht »deutsche Volkszugehörige« sind. »Deutscher Volkszugehöriger« ist bis zur Reform des Gesetzes durch die Bundesregierung im Jahr 1993 gemäß § 6 Bundesvertriebenengesetz, wer sich in seiner Heimat zum deutschen Volkstum bekennt und dieses Bekenntnis durch bestimmte Merkmale wie Abstammung, Sprache, Erziehung und Kultur bestätigt hat. »Deutsche Volkszugehörige« besitzen, auch wenn sie nicht die deutsche Staatsbürgerschaft haben, dieselben Rechte und Pflichten, die nach dem Grundgesetz für Deutsche gelten. Der Erwerb der deutschen Staatsangehörigkeit erfolgt nur auf Antrag, auf den allerdings ein Rechtsanspruch besteht.

Zwischen 1950 und 1984 kommen pro Jahr durchschnittlich 36000 Aussiedler in die Bundesrepublik. 1988 ziehen bereits 203000 Spätaussiedler zu, im Jahr 1990 sind es fast 400000. Zwischen 1987 und 1999 werden insgesamt 2,7 Millionen Spätaussiedler, vor allem aus der ehemaligen Sowjetunion, Rumänien, Polen und der ehemaligen CSSR, aufgenommen. Ab dem Jahr 2000 liegen die jährlichen Aufnahmezahlen wieder deutlich unter 100000.

zentrale und örtliche Wirtschaft einheitlich in Kombinaten zusammenzuschließen, konnte nicht gutgehen. Die Hochtechnologien und besonders die Mikroelektronik in der DDR zu entwickeln war aufgrund der Lieferschwäche der UdSSR und wegen des westlichen Embargos notwendig, aber 40 bis 60 Prozent des gesamten Weltsortiments produzieren zu wollen und Chips mit höchstem Integrationsgrad in geringer Stückzahl zu fertigen, war für die DDR-Wirtschaft kommerzieller Wahnsinn.«

Tatsächlich setzte die DDR seit 1986 alles auf den Ausbau der Mikroelektronik. Das Derivategeschäft mit Erdölprodukten, seit den dramatischen Auseinandersetzungen mit Breschnew auf der Krim 1981 ohnehin nur noch durch den forcierten Ausbau der Braunkohleförderung aufrechtzuerhalten, hatte 1985 schlagartig aufgehört, ein bedeutender Devisenbringer zu sein. Die Weltmarktpreise für Erdöl waren plötzlich rapide gesunken, was der Bundesrepublik zu einer unerwarteten Konjunkturspritze verhalf, die DDR jedoch vor kaum noch lösbare Probleme stellte. Der Preis für das sowjetische Öl, in langfristigen Planverträgen ausgehandelt, lag nun um die Hälfte über dem Weltmarktpreis, doch die Erlöse für Erdölprodukte der DDR auf den internationalen Märkten mußten sich zwangsläufig nach unten anpassen. »Gestern standen wir noch vor einem Abgrund«, meinte Außenhandelsminister Gerhard Beil in dieser Situation sarkastisch, »aber heute sind wir schon einen großen Schritt weiter.« Die Schuldenspirale, Anfang der achtziger Jahre durch einen gewissen Exportüberschuß abgebremst, begann sich nun wieder unaufhaltsam zu beschleunigen.

Selbst die Sonderkonten von Alexander Schalck-Golodkowskis privatwirtschaftlich organisiertem Imperium »Kommerzielle Koordination« (KoKo), seit 1976 aus dem Regierungssystem ausgeklinkt und Günter Mittag direkt unterstellt, würden im Ernstfall drohender Zahlungsunfähigkeit als Polster nicht ausreichen. KoKo war im Grunde so etwas wie ein amtliches Dementi der Planwirtschaft, denn hier sollten soviel wie möglich notwendige Mittel für Devisen aus allen denkbaren Quellen beschafft werden, die außerhalb des regulären Wirtschaftssystems angesiedelt waren. Das reichte vom lukrativen Häftlingsverkauf, der zwischen 1963 und 1989 allein, nach Schalcks Aussage, 8 Milliarden DM einbrachte, über Waffenhandel, den Handel mit Kunst und Antiquitäten bis zur regulären Beteiligung an westlichen Privatfirmen und zu illegalem Technologietransfer von Embargogütern. KoKo war mit den 41 Milliarden Valutamark, die sie auf diese Weise einfuhr, ein wichtiger Geldbeschaffer der DDR-Wirtschaft, doch das kapitalistische Sonderunternehmen löste deren Probleme nicht und konnte sie nicht lösen. Die DDR mußte Anschluß an das Hightech-Zeitalter finden, um zu überleben. Durch den forcierten Ausbau der Mikroelektronik, der in der Art und Weise, wie er betrieben wurde, mehr einem voluntaristischen Kraftakt glich, wollte sich Günter Mittag mit einer Art Großen Sprung nach vorn zudem aus der Abhängigkeit von sowjetischen Rohstoffen lösen. Die DDR sollte zu einem Monopolanbieter von intelligenten Produkten im RGW-Handel aufgebaut und gewissermaßen über Nacht das künftige Japan des Ostblocks werden. Gelinge das nicht, so Mittag Mitte Januar 1986 bei einer Beratung im Kreis seiner engsten Mitarbeiter, »dann haben wir uns aus der Welt verabschiedet«. Es gehe um »Sieg oder Niederlage«. Die schonungslose Bilanz des Projekts legte Werner Jarowinsky dann im November 1989 vor. Milliardenbeträge flossen in das mikroelektronische Kombinat in Erfurt, zu Robotron nach Dresden oder zu Zeiss in Jena. Es wurde ein Faß ohne Boden. Der 1-Megabit-Chip, von dem Erich Honecker 1988 Alfred Dregger stolz erzählte und den er bei anderer Gelegenheit Michail Gorbatschow mit triumphaler Geste überreichte, kam nie über den Status von handgefertigten Mustern hinaus. Die DDR, die sich nach den Worten von Charles S. Maier in einem verzweifelten »Wettlauf zwischen Computerisierung und Zusammenbruch« befand, konnte das Rennen nicht gewinnen.

Planungschef Schürer warnte schon früh vor undurchdachten Aktionen. »Nicht was«, versuchte er Honecker nahezulegen, »sondern wie wir produzieren, mit welchen Kosten, mit welchem Gewinn und welchen Absatzchancen für eine rentable Massenproduktion ist entscheidend.« Damit hatte er sich den Ruf eines Bremsers eingehandelt. Im April 1988 bat er Honecker um eine Aussprache unter vier Augen. Er hatte dazu eine Vorlage ausgearbeitet, in der er unter anderem vorschlug, keine weiteren Betriebe der Mikroelektronik zu bauen, sondern sich bei Neuinvestitionen ganz auf die im Export rentablen Bereiche des Verarbeitungsmaschinenbaus zu konzentrieren. Das Papier enthielt eine ganze Liste weiterer Maßnahmen. Videorecorder sollten nicht in der DDR produziert werden, da der Import von Teilen, die man nicht selbst herstellen konnte, mehr kosten würde als der Import ganzer Geräte. Vor allem aber sollte mehr auf Energiesparmaßnahmen geachtet, Bauarbeiter aus Berlin sollten in die Provinz zurückgeführt werden, um dem Verfall des Altbaubestands entgegenzuwirken. Die Mietsubventionen für unterbelegten Wohnraum sollten abgeschafft und auch in anderen Bereichen der Verbrauchersubvention Kürzungen vorgenommen werden. »Die Zuwendungen für die Bevölkerung aus dem Staatshaushalt«, so Schürer in seiner Expertise, »liegen deutlich über dem Entwicklungstempo des Nationaleinkommens, des Warenfonds und des Lohnfonds. Hinzu kommt, daß sich auch beim Arbeitseinkommen das Verhältnis von Produktivitätssteigerung zur Lohnerhöhung rückläufig entwickelt hat.« Kurz gesagt, plädierte Schürer für eine volkswirtschaftlich notwendige Senkung des Lebensstandards.

Der Termin kam nicht zustande. Honecker ließ das Papier an Mittag weiterleiten, der Schürer dafür vor dem Politbüro eine Rüge erteilte. Sie gipfelte in dem Vorwurf, er wolle offensichtlich die von der Partei beschlossene »Einheit von Wirtschafts- und Sozialpolitik in Frage« stellen. Mittag wußte vermutlich ganz genau, daß Schürer im Prinzip recht hatte und daß seine Vorschläge nicht einmal radikal genug waren, um eine wirkliche Lösung für die verfahrene Lage liefern zu können. Er wußte aber auch, daß jeder Einschnitt in die Sozialpolitik auf dem Hintergrund des Traumas 17. Juni unwägbare politische Gefahren mit sich bringen konnte. Die Arbeitsdisziplin und Motivation in den Betrieben war ohnehin, Berichten des MfS zufolge, auf einem Tiefstand angelangt, die Anzahl der Gegenstimmen bei Gewerkschaftswahlen drastisch angestiegen. Ausreiseanträge und Parteiaustritte nahmen bedenklich zu. So setzte Mittag weiter alles auf eine Karte, in der Hoffnung – ja worauf? Daß der große mikroelektronische Sprung nach vorn doch noch Erfolge zeitigen würde? Daß es rechtzeitig zu Konföderationsverhandlungen mit der Bundesrepublik kommen könnte? Am Ende war er einer der wenigen klaren Köpfe im Führungskreis der SED, die genau wußten, daß der Anschluß an die Bundesrepublik früher oder später unvermeidlich werden würde.

Bereits 1986 ventilierte er im vertrauten Kreis die Möglichkeit einer Konföderation mit der Bundesrepublik, wagte sich dann aber mit solchen Ideen doch nicht an die Öffentlichkeit. »Niemals«, vertraute er nach der Wende 1991 dem »Spiegel« an, wäre die DDR-Industrie »aus eigener Kraft wieder auf die Beine gekommen. Sicher hätte ich keinen Konkursantrag eingereicht, aber wenn es nach mir gegangen wäre, den Vorschlag, stufenweise den Weg der Konföderation mit der BRD zu gehen.« 1987, anläßlich des Honecker-Besuchs in Bonn, meint er in diesem »Spiegel«-Gespräch, habe dazu eine historisch gebotene – und letzte – Chance bestanden. Spekulationen? Es hat nicht einmal die leisesten Ansätze eines Vorstoßes in diese Richtung gegeben. Mittag macht dafür die »Betonfraktion Stoph & Co.« verantwortlich. Viel wahrscheinlicher ist aber, daß sich in dem hermetischen Zirkel des Politbüros niemand traute, den machtvollkommenen Generalsekretär Erich Honecker in seinen sozialistischen Tagträumen zu stören, auch sein bester Jagdkamerad Günter Mittag nicht. So ließ der leitende Wirtschaftschef der DDR seinen Staat sehenden Auges und mit der Mentalität eines Hasardeurs in den Untergang taumeln, und er hatte dabei, nimmt man seine Lage ernst, nicht einmal große Handlungsspielräume. »Ohne die Wiedervereinigung wäre die DDR einer ökonomischen Katastrophe mit unabsehbaren sozialen Folgen entgegengegangen«, so Mittag weiter im »Spiegel«: »Unbeschreiblich. Da läuft es mir heiß und kalt über den Rücken. Mord und Totschlag, Elend, Hunger.«

Die deutsche Revolution

Am 19. Januar 1989 tagte das Thomas-Müntzer-Komitee in Ost-Berlin. Erich Honecker hielt eine Rede, mit der das Gedenkjahr zu Ehren des großen revolutionären Schwärmers der Bauernkriege von 1525 eröffnet werden sollte. Müntzer, der radikale Kritiker des »Sanftlebens zu Wittenberg«, war zwar in den letzten Jahren deutlich gegenüber dem für die Nationalgeschichte wichtigeren Martin Luther herabgestuft worden, doch dieses Jahr 1989 sollte ganz in seinem Zeichen und der mit seinem Namen verbundenen großen revolutionären Traditionen Deutschlands stehen. Anlaß war sein 500. Geburtstag, und den Höhepunkt der Inanspruchnahme seines Erbes sollte ein zentraler Festakt am 21. Dezember bilden. Ganz im Sinne der offiziellen Erbetheorie wollte sich Honeckers DDR an diesem Tag wieder einmal als die wahre Sachverwalterin der in ihrem Sinne besten Hinterlassenschaften der deutschen Geschichte präsentieren. Niemand ahnte, daß Honecker das heroische Datum nicht mehr als Generalsekretär und Staatsratsvorsitzender erleben würde.

Die Rede war nicht sonderlich bedeutsam. Doch eine Passage, die ganz der aktuellen Politik gewidmet war, ließ viele aufhorchen, als sie am 20. Januar im »Neuen Deutschland« veröffentlicht wurde. »Soviel sei aber jetzt schon gesagt«, erklärte Honecker da, ohne daß die bewußte Anspielung auf eine zeitgleiche Provokation der sowjetischen Politik sofort von allen verstanden wurde, »die Mauer« – und er sagte tatsächlich »Mauer« – werde »solange bleiben, wie die Bedingungen nicht geändert werden, die zu ihrer Entstehung geführt haben. Sie wird auch in fünfzig und auch in hundert Jahren noch bestehen bleiben, wenn die dazu vorhandenen Gründe noch nicht beseitigt sind.« Kaum jemand, auch kaum jemand im Westen, zweifelte daran, daß Honecker damit eine betrübliche Wahrheit ausgesprochen hatte.

Nur wenige bemerkten allerdings, daß der Staatsratsvorsitzende mit seinen scharfen Formulierungen auf eine Rede des sowjetischen Außenministers Eduard Schewardnadse vom Vortag reagiert hatte. In Wien tagte eine KSZE-Folgekonferenz, auf der die sowjetische Führung den für die Öffentlichkeit überraschenden Vorschlag machte, bald eine internationale Menschenrechtskonferenz in Moskau abzuhalten, mit dem Ziel, sich auf verbindliche humanitäre Prinzipien zu einigen, die für ganz Europa – Ost wie West – Gültigkeit haben sollten. Als Garantie dafür sollten in allen Ländern »Helsinki-Beobachtungsgruppen« eingerichtet werden. Die DDR sträubte sich, beugte sich dann dem sowjetischen Druck, gab aber gleichzeitig dem »Genossen Gorbatschow« unmißverständlich zu verstehen, daß sie die geforderten Auflagen »nicht erfüllen« werde. Denn diese würden,

Mitarbeiter der Stasi beobachten 1987 unverhohlen den Eingang der Zionskirche im Ost-Berliner Bezirk Prenzlauer Berg. Hier findet eine Protestversammlung wegen der Durchsuchung der Umweltbibliothek und der Verhaftung zweier Mitarbeiter statt.

so Honecker, nichts als eine »Legalisierung konterrevolutionärer Aktivitäten bedeuten«.

Kurz vor Honeckers Thomas-Müntzer-Rede war Schewardnadse noch einmal auf die historische Bedeutung der Wiener Vereinbarungen zurückgekommen. »Das Wiener Treffen«, ließ er verlautbaren, »hat den Eisernen Vorhang erschüttert, hat neue Breschen in ihn geschlagen und seine Korrosion beschleunigt. Es hat bewirkt, daß die Flüsse des kalten Krieges unter dem Druck warmer Ströme eintrocknen.« Dem stellte Honecker nicht nur im sprichwörtlichen Sinn die Macht des Betons entgegen. Vier Tage nach seiner Rede rief Stasi-Chef Erich Mielke die Leiter aller seiner Dienststellen zu »höchster Wachsamkeit« gegen »feindlich-negative Kräfte im Innern der DDR« auf.

Es sollte ein dramatisches Jahr werden. Bereits im Januar 1988, kurz nach den Vorfällen um die Umweltbibliothek der Zionskirche, hatten sich unter die traditionelle Liebknecht-Luxemburg-Demonstration der SED auch Regimekritiker gemischt. Sie trugen unter anderem ein Transparent mit Rosa Luxemburgs berühmt gewordenen, gegen Lenin gerichteten Satz »Freiheit ist immer die Freiheit des Andersdenkenden«. 120 Personen wurden verhaftet und zahlreiche Bürgerrechtler, unter ihnen der Liedermacher Stefan Krawczyk und die Theaterregisseurin Freya Klier, in den Westen abgeschoben. Für die Liebknecht-Luxemburg-Demonstration am 15. Januar 1989 hatte Mielke angeordnet, schon präventiv »jegliches Tätigwerden dieser Gruppen« zu verhindern, und dafür in Berlin ein massives Aufgebot an Sicherheitskräften bereitgestellt. Doch in Leipzig versammeln sich trotzdem 200 Personen vor dem Messehaus am Alten Markt. »Insgesamt 53 Personen«, so die Stasi, wurden der Festnahme »zugeführt«.

Wenig später allerdings wurde man nach den Worten des Ersten Sekretärs der SED in Ost-Berlin, Günter Schabowski, »erschrocken und hilflos« Zeuge eines Vorgangs, der ein sichtbares Zeichen dafür setzte, »wie der sozialistische Block in die Brüche« ging. Die Ungarn hatten am 2. Mai mit dem Abbau der elektronischen Sicherheitsanlagen und des Stacheldrahtverhaus an ihren Grenzen zu Österreich begonnen. Die »Korrosion« des Eisernen Vorhangs, von der Eduard Schewardnadse sprach, schritt weiter fort. »Wie im Jahre 1848«, faßt der britische Historiker Mark Mazower die Tragweite der Ereignisse des Jahres 1989 zusammen, »löste eine Erhebung die nächste aus, doch diesmal kam es nicht zum Gegenschlag der imperialen Macht, da niemand mehr an das Imperium glaubte.« Damals hatte der Zar als heimlicher Herrscher des Kontinents die demokratischen Bewegungen Europas noch im Zaum halten können. Die Führer der Sowjetunion konnten das jetzt nicht mehr. Sie wollten es auch nicht.

Es begann in Polen. Im Frühjahr und Sommer 1988 hatte wieder eine große Streikwelle das Land erfaßt, die Inflationsrate war auf tausend Prozent angestiegen. Die Kriegsrechtslösung hatte versagt. Mitte Dezember bildete sich um Solidarnosc in Warschau ein Bürgerkomitee, um Verhandlungen mit der Regierung vorzubereiten, am 6. Februar 1989 erkannten die Kommunisten Solidarnosc grundsätzlich als Verhandlungspartner an und nahmen mit ihr Gespräche am Runden Tisch auf. Aus diesen Verhandlungen und anschließenden halbdemokratischen Wahlen sollte im September mit Tadeusz Mazowiecki zum ersten Mal nach dem Krieg ein Nichtkommunist als Ministerpräsident hervorgehen. In Ungarn beschlossen Reformkommunisten Anfang des Jahres den allmählichen Übergang zu einem Mehrparteiensystem und schafften im April den demokratischen Zentralismus in ihrer Partei offiziell ab. Das alles hatte die Zustimmung Moskaus gefunden, wo in diesem Frühjahr bei den Wahlen zum Kongreß der Volksdeputierten zum ersten Mal mehrere Kandidaten zur Auswahl standen.

In der DDR sollte bei den Kommunalwahlen am 7. Mai 1989 jedoch nach wie vor das bewährte Muster der Einheitslisten Anwendung finden. Die Maiwahlen bedeuteten eine Zäsur. Die Staatssicherheit registrierte schon im Vorfeld besorgt, daß man die Wahlverfahren zunehmend häufiger miteinander verglich. Bürgerrechtler nutzten die Kandidatenvorstellungen im Februar und März dazu, öffentlich auf Mißstände aufmerksam zu machen oder gar eigene Kandidaten vorzuschlagen. 48 Pfarrer und Angehörige

Der Fotograf Paul Glaser fotografiert in einem Konsumladen in Bitterfeld 1989. Die zwei Verkäuferinnen tragen noch die geblümte Dederon-Kittelschürze. Millionen Frauen in der DDR trugen sie. Die Kittelschürze aus Treuen gehört zum Arbeiterinnen-und-Bäuerinnen-Staat wie der Dederon-Einkaufsbeutel.

von Friedens- und Umweltgruppen kündigten an, sie würden an den Wahlen nicht teilnehmen. 3585 Bewerber mußten nach ihrer Vorstellung wieder von den Listen gestrichen werden, ein Zeichen dafür, daß ein gewisser Widerspruchsgeist sich auch in Kreisen bemerkbar machte, die nicht zum engeren Zirkel der bisherigen Oppositionsgruppen zählten. Vor allem aber sorgte die Opposition dafür, daß in einer großen Anzahl von Wahllokalen unabhängige Wahlbeobachter die Auszählung kontrollierten. Dabei wurden, selbst im Rahmen der vorgeschriebenen Einheitslisten, massive Fälschungen und Korrekturen der Zustimmung nach oben festgestellt. Seitdem sollte es bis zum Herbst an jedem 7. des Monats Protestkundgebungen zur Erinnerung an die Wahlfälschung geben. Als das »Neue Deutschland« Anfang Juni nach dem Massaker auf dem Pekinger Platz des Himmlischen Friedens meldet, in China sei ein »konterrevolutionärer Aufstand« niedergeschlagen worden, verbindet sich der durch die Wahlfälschungen entstandene Loyalitätsverlust mit plötzlicher Angst und Torschlußpanik. Im Sommer stellen 120 000 DDR-Bürger einen Antrag auf Ausreise in die Bundesrepublik.

Vom 12. bis 15. Juni besucht Michail Gorbatschow auf dem Höhepunkt seiner internationalen Popularität Bonn und wird dort in einem regelrechten Ausbruch von »Gorbimanie« begeistert empfangen. Der Besuch entwickelt sich zu einem Höhepunkt in den sowjetisch-westdeutschen Beziehungen und gipfelt in einer gemeinsamen Erklärung, die das »Recht aller Völker und Staaten, ihr Schicksal frei zu bestimmen«, festschreibt. Während eines Spaziergangs mit Michail Gorbatschow im Park des Kanzleramts am Bonner Rheinufer spricht Helmut Kohl das deutsche Thema an. »Sie können diesen Fluß stauen, technisch ist das möglich«, so der Kanzler plötzlich zu seinem Gast aus Moskau, »doch dann wird er über die Ufer treten und sich auf andere Weise den Weg zum Meer bahnen. So ist es auch mit der deutschen Einheit.« War diese Bemerkung eine geschichtliche Sekunde, die bei Gorbatschow etwas in Bewegung brachte, wie Kohl glaubt? Vielleicht.

Die Berichte über den Besuch fallen in den DDR-Medien auffallend mager aus, doch der Staatssicherheit ist sofort klar, daß hier etwas Einschneidendes passiert war. »Die UdSSR«, heißt es in einem internen Stasi-Bericht vom 26. Juni, habe »sich in der BRD vom wissenschaftlich-technischen Höchststand überzeugen können, über den die DDR nicht« verfüge. Und ein späterer Bericht kommt zu dem Ergebnis, daß aus diesem Grund die DDR für das »nationale Interesse der UdSSR« in den »Hintergrund getreten« sei, was aber »nicht zur Folge« haben werde, »daß die DDR im Zuge eines Ausgleichs oder eines Angebots förmlich preisgegeben wird«. Diese Einschätzungen des MfS entsprachen ziemlich genau dem Stand der Dinge im Sommer 1989.

Ende Juni 1989, nach dem Gorbatschow-Besuch in Bonn, ist Erich Honecker in Moskau. Die »Prawda« berichtet darüber kaum mehr als in den üblichen diplomatischen Floskeln, und tatsächlich ist der Besuch bei Gorbatschow, wie Angela Stent schreibt, ein »Dialog von Gehörlosen«. Doch er hat auch etwas von einer Götterdämmerung an sich. Als wolle er Abschied von einer ganzen Epoche und von dem eigenen Lebensentwurf nehmen, fährt Honecker im Anschluß an die Moskauer Gespräche nach Magnitogorsk, wo er als junger Eleve der Lenin-Schule Anfang der dreißiger Jahre einmal in einer Brigade gearbeitet hatte. Das Stahlkombinat war ein bleibendes Denkmal des stalinistischen Industrialisierungsrauschs und der heroischen Erinnerungen, die Honeckers Generation von Kommunisten mit dieser Zeit des gewaltsamen Aufbruchs in die sowjetische Moderne verband. Honecker ist in diesen Tagen zutiefst beunruhigt über die Entwicklungen in Polen und Ungarn, und es ist fast so, als suche er Trost im Magnitogorsk seiner Jugend, obwohl er dort nur Klagen über die zunehmenden Versorgungsmängel in der Sowjetunion hört. Während dieser Reise beschließt er einen neuen Schulterschluß mit Moskau und versichert Gorbatschow, er unterstütze die Perestroika und werde in der DDR selbst einige Reformen durchführen. Man habe »in allen Fragen Klarheit geschaffen«, teilt er nach seiner Rückkehr in aufgeräumter Stimmung dem sowjetischen Botschafter Wjatscheslaw Kotschemassow mit.

Doch Anfang Juli, während eines Treffens der Staaten des Warschauer Pakts in Bukarest, auf dem Gorbatschow endgültig und öffentlich die Breschnew-Doktrin verabschiedet, erleidet der Staatsratsvorsitzende einen Zusammenbruch. Er wird nach Berlin zurückgeflogen, bleibt zwei Tage im Krankenhaus, wird dann zur Vorbereitung einer Operation aufs Land geschickt und liegt Mitte August auf einer Intensivstation der Charité. Während einer Gallenblasenoperation war sein Kreislauf kollabiert. Zwei gefährliche Tumore werden diagnostiziert. Die entscheidenden Ereignisse des späten Sommers erlebt Honecker nur mit gebremster Kraft und Aufmerksamkeit. Zu seinem Stellvertreter hat er für diese Zeit zu aller Überraschung Günter Mittag und nicht den bisher als Kronprinzen gehandelten Egon Krenz bestimmt. Ende Juli zeigen sich die ersten Anzeichen einer beginnenden großen Flucht über die nach wie vor bewachte, aber nicht mehr durch Stacheldraht gesicherte Grenze von Ungarn nach Österreich. Die Ständige Vertretung der Bundesrepublik in Ost-Berlin, die Botschaften in Budapest, Prag und selbst in Warschau füllen sich mit Ausreisewilligen. Das Politbüro ist wie gelähmt. Es dauert bis Anfang September, bevor Werner Krolikowski das heikle Thema zum ersten Mal anspricht. Doch Kurt Hager beendet die Debatte mit dem Hinweis, man solle erst einmal die Rückkehr Honeckers abwarten. FDJ-Chef

Ein Arbeiter 1989 vor Stahlrollen. Das Industrie-Anlagen und Rohrleitungs-Kombinat Bitterfeld stellt in seinem Werk Muldenstein widerstandsfähige Innenverkleidungen aus Kunststoff für Großrohre her, die zu Erdöl-Pipelines verschraubt werden.

Während des Honecker-Besuchs in der Bundesrepublik hat Helmut Kohl ihm im richtigen Moment die Zusage für einen Privatbesuch in Thüringen und Sachsen abringen können. Er wird in Ost und West streng geheimgehalten.

Helmut Kohl besucht die DDR: Privat und ohne Aufsehen

Eine Folge des glanzvollen und emotionalen Staatsbesuchs des Bundeskanzlers im Dezember 1989 in Dresden ist die schnelle Vereinigung der Bundesrepublik und der DDR. 18 Monate zuvor war Helmut Kohl jedoch schon einmal in Dresden. Kohl besuchte ein Oberligaspiel von Dynamo Dresden. Im Stadion sind nicht nur 13 000 Fußballfans, sondern auch über 900 Stasi-Mitarbeiter. Sie kümmern sich um eine stabile Strom-, Gas- und Wasserversorgung.

Im Mai 1988 unternimmt Bundeskanzler Helmut Kohl privat und ohne Aufsehen eine Reise in die DDR. Begleitet wird er von seiner Frau, seinem Sohn Peter, Regierungssprecher Friedhelm Ost und Wolfgang Bergsdorf vom Bundespresseamt. Von Friedhelm Ost stammt der Plan, gemeinsam ein Fußballspiel in Dresden zu besuchen. Im Frühherbst 1987 hatte der mehrfach verschobene Besuch Erich Honeckers in der Bundesrepublik stattgefunden. In der guten Stimmung des Besuchs trägt Kohl Honecker seinen Reisewunsch vor. Honecker ist in Geberlaune. Er stimmt zu. Und so macht sich die Privatreisegruppe am 27. Mai 1988 auf nach Gotha, Weimar, Erfurt, Dresden und Saalfeld. Die Staatssicherheit versucht mit einer gigantischen Operation die Bevölkerung vom Kanzler fernzuhalten. Hinter den Kulissen patrouillieren Hunderte von Stasi-Mitarbeitern durch die Innenstädte. Kohl kauft sich in Gotha ein Eis, besucht in Saalfeld das heruntergekommene Marktcafé, in Weimar die historischen Sehenswürdigkeiten, gibt Autogramme, vergleicht die Preise und unterhält sich mit Schülern. In den Geschäften gibt es an diesem Tag ein reichhaltiges Angebot. Kohl soll keinen Mangel vorfinden. Honecker erhält täglich geschönte Berichte, in denen steht, die DDR-Bürger hätten Helmut Kohl nicht erkannt. Am 28. Mai ist Kohl beim Fußball in Dresden, einen Tag später fährt er zurück in den Westen.

Nach der Wende, im Dezember 1989, ist der Bundeskanzler wieder in Dresden. Helmut Kohl schlägt eine Welle der Begeisterung entgegen. Vor seinem Hotel wird er mit »Helmut, Helmut«-Rufen und der Forderung nach »Deutschland, einig Vaterland« empfangen.

Eberhard Aurich drängt Egon Krenz, das Ruder zu übernehmen, doch der hat Skrupel, den kranken Mann so kurz vor dem 40. Jahrestag der DDR einfach zu stürzen. So schlingert die DDR in einem Zustand der Führungsdemenz in ihre finale Krise.

In der Nacht vom 10. auf den 11. September öffnen die Ungarn definitiv ihre Grenze für DDR-Bürger. Niemand, der sich beim illegalen Übertritt erwischt findet, wird mehr zurückgeschickt. Zehntausende, die auf keinen Fall in die DDR zurückwollen, halten sich inzwischen in Flüchtlingslagern auf, die für die Ungarn zunehmend zu einem Problem werden. Am 25. August waren Ministerpräsident Miklos Németh und Außenminister Gyula Horn deshalb nach Bonn geflogen und hatten in einem vertraulich gehaltenen Gespräch mit Bundeskanzler Kohl, seinem Berater Horst Teltschik und Außenminister Genscher auf Schloß Gymnich nach einer Lösung gesucht.

Am 10. September kündigt die ungarische Regierung ihren entscheidenden Schritt an. Ob Horn verstehe, »daß wir damit unter den beiden deutschen Staaten den westdeutschen wählen«, fragt ihn der ungarische Innenminister. Horn antwortet, er wähle Europa. Helmut Kohl allerdings, der auf Schloß Gymnich großzügige Hilfe an Budapest in Aussicht gestellt und um eine ihm genehme Terminierung der Bekanntgabe gebeten hat, verhilft er damit angesichts seiner schwersten innerparteilichen Krise zur Wiederwahl auf dem Bremer Parteitag der CDU. Der großherzige ungarische »Akt der Menschlichkeit«, kann der Kanzler den Delegierten zu Beginn des Parteitags unter Jubel mitteilen, sei »richtungsweisend und vorbildlich«. Jetzt ist er, lange mit dicken Fragezeichen versehen, plötzlich wieder der große Mann seiner Partei.

In den ersten 24 Stunden nutzen 10 000 DDR-Bürger die neuen Fluchtmöglichkeiten. Ende September sind es bereits 32 500. Das Fernsehen verbreitet die Bilder der in Österreich und Bayern eintreffenden Trabis über die Welt. Wurde die Revolution von 1848 zum ersten Mal durch Telegraphen beschleunigt, so waren es im revolutionären Herbst 1989 zum ersten Mal die Massenmedien, vor allem das Fernsehen, die als Beschleuniger wirkten. Die Ereignisse erreichen über die Bildschirme auch die Wohnzimmer der Daheimgebliebenen in der DDR und heizen die Krise weiter an.

Die DDR-Führung, immer noch kopflos durch Honeckers Abwesenheit, reagiert hilflos. Sie war von den Ungarn vorher informiert worden und hoffte auf sowjetischen Einspruch, der aber ausblieb. Am 12. September fordert Günter Mittag im Politbüro, »das Loch« zuzumachen, schreckt aber gleichzeitig vor drastischen Schritten zurück, um die Bevölkerung nicht zu »verärgern«. Reisende nach Ungarn, Bulgarien und Rumänien sollen in Zukunft lediglich besser »filtriert« werden. Stasi-Chef Erich Mielke zeigt

Montagsdemonstration in Leipzig am 6. November 1989, wenige Tage vor der überraschenden Öffnung der Mauer. Seit Wochen dauern diese Demonstrationen an, jeden Montag, und es zeigt sich immer deutlicher, daß die Staatsmacht hoffnungslos in die Defensive geraten ist.

sich irritiert, daß hier »keine isolierte Masse« das Weite suchte, sondern normale Bürger »aus der Bevölkerung raus«. An fast jedem Arbeitsplatz in den Betrieben wird die Abwanderung spürbar.

Am 10. September hatte sich im Haus Robert Havemanns in Grünheide als erste Oppositionsplattform das »Neue Forum« formell konstituiert, am 12. September veröffentlichen die Sozialdemokratische Partei und die Bewegung »Demokratie Jetzt« ihre Gründungsaufrufe, am 14. September der »Demokratische Aufbruch«. Sie waren nicht legal zugelassen, aber niemand konnte sie mehr verbieten. Alle, mit Ausnahme der Sozialdemokraten, die von Anfang an für eine soziale Marktwirtschaft und Demokratie nach westlichem Muster eintraten, forderten in erster Linie einen offenen Dialog mit der herrschenden SED und einen reformierten Sozialismus. Selbst der »Demokratische Aufbruch«, der später in der CDU aufging, wollte anfangs, wie es in seinem Gründungsaufruf hieß, »neu lernen, was Sozialismus für uns heißen kann«. Mit einer baldigen Auflösung der Blockbildung in Europa rechnete damals kaum jemand. Der Vorstellungshorizont der DDR-Opposition war noch ganz beherrscht von Gorbatschows »Neuem Denken« und seiner Vision eines auf den bestehenden Nachkriegsgrenzen einschließlich denen der beiden deutschen Staaten aufgebauten »europäischen Hauses«.

Am Tag nach der Neugründung der Sozialdemokratie berichten Konrad Elmer, Angelika Barbe, Stefan Hilsberg, Ibrahim Böhme (später als Stasi-Agent enttarnt) und Martin Gutzeit in einer evangelischen Kirche in der Ost-Berliner Albrechtstraße den Westmedien.

»Der Exodus ist nur ein Zeichen für angestaute Probleme in allen Bereichen der Gesellschaft«, erklärte der Berliner Schriftstellerverband am 14. September in einer Resolution, die unter anderen von Christa Wolf eingebracht wurde aus »Sorge um die weitere Entwicklung zum Sozialismus«. Schärfer geißelten 50 Rockmusiker und Liedermacher am 18. September im Berliner Maxim Gorki Theater die »unerträgliche Ignoranz der Partei- und Staatsführung«. Es kam etwas in Bewegung, auch im Inneren der DDR, nicht nur an der Grenze zu Österreich und in den Botschaften. Neben dem Drang zur Ausreise wurde immer stärker der Ruf nach Veränderung laut. »Dieses Land«, so erklärten die Musiker und brachten das auf ihren öffentlichen Veranstaltungen Zehntausenden von Zuhörern zur Kenntnis, »braucht die millionenfache Aktivierung von Individualität, die alten Strukturen sind offenbar kaum in der Lage dazu.«

Doch die überwältigendste Wirkung hatte der Aufruf des »Neuen Forums«. Er enthielt keine expliziten politischen Forderungen, verlangte jedoch in erster Linie den offenen gesellschaftlichen Dialog über die gegenwärtige Krise und die Zukunft, wohl wissend, daß die politische Macht bei seinen Gegenspielern lag. Selbst in der SED regte sich Widerspruch. »Zunehmend offener«, so ein Stasi-Bericht vom 12. September, »äußern Mitglieder und Funktionäre der SED Unwillen und Enttäuschung über die Informationspolitik.« Dabei ging es, sowohl bei den wachsenden kritischen Stimmen in der SED als auch bei der Opposition, nie um die deutsche Einheit, es ging um »unser Land«, die DDR.

Die Ausreisewilligen allerdings hatten sich bereits aus der DDR verabschiedet. Die Situation in den Botschaften, besonders in Prag, verschärfte sich Tag für Tag, und das Politbüro wollte um jeden Preis eine Lösung vor dem Beginn der Feierlichkeiten zum 40. Jahrestag der DDR. In Prag kletterten die Menschen über den Zaun auf das Gelände der Botschaft, und am Ende waren es Tausende, die sich dort auf engstem Raum und unter unvorstellbaren hygienischen Verhältnissen aufhielten. Die Warschauer Botschaft beherbergte achthundert Flüchtlinge. Mitte September tagte die Synode des Bundes der evangelischen Kirchen in der DDR und forderte erstmals in klaren Worten einen offenen gesellschaftlichen Dialog bis zur »Öffnung der bisherigen politischen Strukturen« und »demokratischer Parteienvielfalt« – Formulierungen, die das System offensichtlich als besonders gefährlich ansah. Günter Mittag sprach am 19. September vor dem Politbüro sogar von »konterrevolutionären Forderungen der Synode«, und das »Neue Deutschland« warf ihr vor, sie wolle »die DDR kapitalistisch und für die ›Wiedervereinigung‹ sturmreif« machen. Das war eine klare Absage an jeden Dialog, doch die Führung war sich uneins, wie sie vorgehen sollte.

Auf jeden Fall mußte man kurzfristig dafür Sorge tragen, daß bei den Jubelfeierlichkeiten zum 40. Jahrestag der DDR die Fassade gewahrt blieb. Das war der Hintergrund für die in ihren Konsequenzen fatale Entscheidung, die Botschaftsflüchtlinge in Sonderzügen über das Territorium der DDR in den Westen ausreisen zu lassen. Sie wurde noch fataler durch die öffentliche Äußerung Erich Honeckers vom 1. Oktober, mit der er sich zum ersten Mal nach seiner Krankheit zurückmeldete. Die Flüchtlinge hätten »sich selbst aus unserer Gesellschaft ausgegrenzt«, konnte man am 2. Oktober im »Neuen Deutschland« lesen, und man solle ihnen »keine Träne nachweinen«. So viel Altersstarrsinn war ein weiterer Tropfen, der das Faß zum Überlaufen brachte. Am 3. Oktober wurde der visafreie Reiseverkehr in die Tschechoslowakei außer Kraft gesetzt.

An diesem 3. Oktober beginnen am Dresdner Hauptbahnhof, den die »Freiheitszüge« aus Prag passieren müssen, gewaltsame Auseinandersetzungen mit Demonstranten, die davon gehört haben. Sie kommen aus allen Teilen der DDR angereist, und viele von ihnen hoffen, während der langsamen Fahrt durch den Bahnhof eine Gelegenheit zum Aufspringen zu finden. Andere wollen den Ausreisenden zuwinken und damit ihre Sympathie bekunden. Die Unruhen dauern bis zum 6. Oktober an. 1300 Personen werden in diesen Tagen verhaftet. Zum Jahrestag der Republik sollen um

Bei der Parade zur »40-Jahre-DDR-Feier« schaut der Staats- und Parteivorsitzende der Sowjetunion Michail Gorbatschow am 7. Oktober 1989 auf die Uhr. »Wer zu spät kommt, den bestraft das Leben«, hat er den neben ihm stehenden Erich Honecker am Tag zuvor orakelhaft gewarnt.

jeden Preis »Ordnung und Sicherheit« gewährleistet sein, doch in Wirklichkeit war durch die »Freiheitszüge« das ganze Land in Aufruhr geraten.

Am 6. und 7. Oktober 1989 treffen sich die Bischöfe und Verwaltungsleiter der evangelischen Kirche in Ost-Berlin. Einem Bericht des Ministeriums für Staatssicherheit zufolge spricht der Magdeburger Bischof Christoph Demke davon, daß die gegenwärtige Situation »psychopathische Züge« an sich habe. Sprachlosigkeit mache sich bei der Führung breit, und unter den Menschen wachse die Angst vor der Unberechenbarkeit der Zukunft. Diese Stimmung, so Demke, könne leicht »zur Gewalt führen«. Die »politische Diskussion« sei deshalb dringend erforderlich, »trotz der Demonstrationen«.

Die Gewalt eskaliert ausgerechnet am 7. Oktober während der Feierlichkeiten zum Republikgeburtstag in Ost-Berlin. Sie beginnen am 6. Oktober mit einem Festbankett für die ausländischen Staatsgäste, unter ihnen Michail Gorbatschow, der ursprünglich an dem Jubiläum gar nicht teilnehmen wollte. Dann steht er doch neben Honecker auf der Tribüne und sieht 70 000 ausgewählte FDJ-Mitglieder mit einem Fackelzug an sich vorbeidefilieren. Alle sind sie von der Staatssicherheit überprüft worden und viele von ihnen speziell instruierte Informelle Mitarbeiter, einige sogar in Blauhemden gesteckte Offiziere der Abteilung XX der Stasi. Gorbatschow weiß das. »Um so aufschlußreicher waren die Losungen und Sprechchöre

Sie hat mit ihrer Unbeugsamkeit die SED mit zu Fall gebracht. Bärbel Bohley nimmt 1992 Einsicht in ihre Stasi-Akte in der neu geschaffenen Gauck-Behörde in der Glinkastraße. Das sind viele Ordner mit Überwachungs-Protokollen, denn sie ist jahrelang überwacht worden.

Die Bürgerrechtlerin Bärbel Bohley: »Das Leben ist nicht nur Malerei«

»Wenn ich nur hätte malen wollen, dann wäre ich mit 30 aus der DDR weggegangen. Aber mein Leben ist halt nicht nur Malerei«, sagt die am 24. Mai 1945 in Berlin geboren Künstlerin Bärbel Bohley dem »Spiegel« am 8. August 1988 in einem Interview. Die Malerin ist fünf Tage zuvor, am 3. August 1988, nach einem erzwungenen sechsmonatigen Aufenthalt in Großbritannien in die DDR zurückgekehrt. Am 17. Januar des Jahres hat Bärbel Bohley mit 120 Bürgerrechtlern während der Demonstration zum 59. Jahrestag der Ermordung von Rosa Luxemburg und Karl Liebknecht in Ost-Berlin Plakate mit dem bekannten Luxemburg-Zitat »Freiheit ist immer die Freiheit des Andersdenkenden!« getragen. Sie wird am 25. Januar von der Staatssicherheit verhaftet und dann gegen ihren Willen aus dem Gefängnis Hohenschönhausen und aus der DDR abgeschoben.

Während ihrer Haft ist der Ost-Berliner Gregor Gysi einer ihrer Rechtsanwälte. Er ist auch daran beteiligt, daß Bärbel Bohley nach sechs Monaten mit juristischen Mitteln ihre Rückkehr in die DDR erzwingen kann. Einige Jahre später, nach Einsicht ihrer Stasi-Akten, wird Bohley Gysi als »Stasi-Spitzel« bezeichnen. Die Vorfälle um die Verhaftung, Abschiebung und Wiedereinreise von Bärbel Bohley gelten als Beginn der Wende in der DDR.

1982 hatte Bärbel Bohley die unabhängige Gruppe »Frauen für den Frieden« gegründet. Daraufhin wird sie wegen angeblicher »landesverräterischer Nachrichtenübermittlung« erstmals verhaftet. Mitte der achtziger Jahre ist sie auch Mitbegründerin der »Initiative Frieden und Menschenrechte«. 1989 ist Bärbel Bohley Mitverfasserin des Gründungsaufrufes »Die Zeit ist reif« der Bürgerbewegung Neues Forum. Am 15. Januar 1990 besetzt sie nach einem Aufruf des Neuen Forums zusammen mit anderen Aktivisten unter dem Motto »Die Akten gehören uns!« die Zentrale des Ministeriums für Staatssicherheit. Diese Aktion führt letztendlich zur gesetzlich geregelten Einsicht in die Stasi-Unterlagen.

in ihren Reihen«, schreibt er in seinen *Erinnerungen.* »Aufgeregt trat Mieczyslaw Rakowski (er und Jaruzelski standen ebenfalls auf der Ehrentribüne) an mich heran: ›Michail Sergejewitsch, verstehen Sie, was für Losungen sie da schreien?‹ Dann dolmetschte er: ›Sie fordern: Gorbatschow, rette uns!‹ Das ist doch das Aktiv der Partei! Das ist das Ende!« Es war zumindest der Anfang vom Ende. Gorbatschow nimmt Egon Krenz vor seiner Abreise beiseite und sagt zu ihm: Deistwuitje, handelt! Kaum vierzehn Tage später ist Erich Honecker aller seiner Ämter enthoben.

Am 7. Oktober schlägt »seine« Staatsmacht allerdings noch einmal mit aller Gewalt zu. An liebsten hätte er den Aufruhr ohnehin mit »chinesischen« Mitteln aus dem Weg geräumt. Er glaubte, wie Hans Modrow im Rückblick schreibt, tatsächlich, daß die Krise nur »eine kurze Episode« sei, die man mit entschiedenem Auftreten noch einmal bewältigen könne. Am Vormittag bereits kommt es zu ersten Festnahmen während eines Volksfests auf dem Alexanderplatz, aber erst ab dem späten Nachmittag eskaliert die Situation. Mehrere tausend Demonstranten bewegen sich in Richtung Palast der Republik, werden von der Polizei abgedrängt und ziehen in Richtung Gethsemanekirche auf dem Prenzlauer Berg. Dort sind etwa 5000 Menschen versammelt, als die Sicherheitskräfte gegen 22 Uhr mit unglaublicher Brutalität damit beginnen, die Menge auseinanderzutreiben. Es kommt zu fast 600 Verhaftungen. Die Auseinandersetzungen gehen am nächsten Abend weiter. Auch in anderen Städten wie Leipzig, Plauen, Karl-Marx-Stadt (Chemnitz), Potsdam und Magdeburg kommt es zu Demonstrationen. Die »unverhohlene Brutalität« von Polizei und Sicherheitskräften, so eine am 9. Oktober in der Gethsemanekirche verlesene Resolution des Berliner Verbands Bildender Künstler, habe »unverkennbar zu einem Klima von Angst, Panik und weiterem Vertrauensverlust« geführt.

An diesem Tag fällt in Leipzig die Entscheidung, nachdem es bereits am Vortag in Dresden zu ersten Ansätzen eines Dialogs zwischen der lokalen Staatsmacht und Bürgerrechtlern gekommen war. Seit geraumer Zeit demonstrierte in Leipzig eine wachsende Zahl von Bürgern jeden Montag für Veränderungen im Land. Am 4. September fordern 1200 Teilnehmer des montäglichen Friedensgebets in der Nikolaikirche ihre Ausreise. Drei Wochen später, am 25. September, rufen 8000 »Wir bleiben hier« und erheben ihre Stimme für Reformen in der DDR. Am Montag, dem 9. Oktober, sind es bereits 70 000. Ihnen steht ein regelrechtes Heerlager von Polizeikräften und Militär gegenüber. Doch der Tag verläuft zu aller Überraschung friedlich. Die Parteileitung in Berlin hatte keine klaren Anweisungen gegeben, und so entschied sich der zweite SED-Bezirkschef Helmut Hackenberg, eigentlich ein Hardliner, gegen die Eskalation und gab, als die Menge sich Richtung Hauptbahnhof bewegte, den Sicherheitskräften den Befehl,

Am 10. September 1989 rollt zwar schon eine Ausreisewelle über die CSSR und Ungarn in den Westen, aber das Politbüro-Mitglied Joachim Herrmann (links) und Erich Mielke (Mitte), Minister für Staatssicherheit, sitzen bei der Großkundgebung für die »Opfer des Faschismus« scheinbar noch fest auf ihren Plätzen.

sich zurückzuziehen und zur »Eigensicherung« überzugehen. Die »chinesische Lösung«, von vielen an diesem Montag befürchtet, blieb aus. Einen nicht unwesentlichen Anteil daran hatte ein Appell, der auf Initiative von Kurt Masur, dem Kapellmeister des Gewandhauses, zustande gekommen war und in dem auch drei SED-Sekretäre für einen friedlichen Ablauf der Demonstration plädierten.

Am 16. Oktober sollte in Leipzig erneut demonstriert werden. Erich Honecker spielte mit dem Gedanken, vor der Demonstration ein Panzerregiment durch die Stadt fahren zu lassen, doch erst nachdem ihm Generaloberst Fritz Streletz als Chef des Hauptstabes der Nationalen Volksarmee auseinandergesetzt hatte, es sei vollkommen unmöglich, gegen solche Massen »militärisch« vorzugehen, nahm er von seinem Vorhaben Abstand. Am 13. Oktober erließ der Nationale Verteidigungsrat unter dem Vorsitz Honeckers den Befehl, daß »der Einsatz der Schußwaffe im Zusammenhang mit möglichen Demonstrationen« grundsätzlich verboten sei. »Wir sind das Volk!« und »Keine Gewalt!« rufen die Menschen an diesem 16. Oktober in Leipzig. Es sind 120 000 gekommen, die unter anderem die Zulassung des »Neuen Forums«, freie Wahlen, Reise-, Presse- und Meinungsfreiheit fordern. Als Willi Stoph am nächsten Tag im Politbüro in Absprache mit Egon Krenz und anderen den Antrag stellt, den untrag-

bar gewordenen Honecker von der Funktion des Generalsekretärs und Politbüromitglieds »aus Gesundheitsgründen« zu entbinden, ist selbst Stasi-Chef Erich Mielke klar, daß jetzt »Schluß« ist. »Wir haben vieles mitgemacht«, so Mielke vor dem Politbüro. »Wir können doch nicht anfangen, mit Panzern zu schießen.« Er jedenfalls »akzeptiere das«.

In der Nacht vom 7. auf den 8. Oktober 1989 kommt es nach den offiziellen Feierlichkeiten zum 40. Jahrestag der DDR in Ost-Berlin zu einer spontanen Demonstration für demokratische Reformen. Die Staatssicherheit schlägt noch einmal hart zu.

Mielke wußte, daß die DDR in einer internationalen Lage wie im Herbst 1989 nicht mehr mit den gleichen Mitteln wie im Juni 1953 zu halten war. »Ohne Sowjetunion gab und gibt es keine DDR«, verkündet er am 21. Oktober vor 74 Generälen und Obersten der Staatssicherheit. »Davon können wir uns nicht abkapseln. Und schon gar nicht können wir uns leisten, auf Distanz zur Sowjetunion zu gehen.« Die Sowjetunion hatte diesmal, anders als am 17. Juni, ihre Panzer in den Kasernen belassen. Deshalb, so Mielke, seien jetzt »Besonnenheit« und »politische Klugheit« gefordert. Mielke setzt nun auf Egon Krenz, Honeckers Nachfolger, der noch am Abend seiner Ernennung im DDR-Fernsehen verspricht, daß »alle Probleme in unserer Gesellschaft politisch lösbar« seien. Mit ihm wolle die SED »eine Wende einleiten«, um die »politische und ideologische Offensive« wiederzuerlangen. Doch Krenz sollte nur ein glückloser Übergangskandidat sein, der nach den Worten Hans Modrows »auf eine echte Wende nicht vorbereitet und auch nicht eingestellt war«. Die Zeiten der SED-Herrschaft gingen ihrem Ende entgegen. Das war in diesen Tagen überdeutlich geworden. Am 13. Oktober ist Christa Wolf, die sich auf Einladung des Schriftstellers Dschingis Aitmatow in Moskau aufhält, zu einem Empfang anläßlich des 40. Jahrestages der DDR geladen. Der Kontrast zwischen den opulenten Büffetts und den leeren Geschäften der sowjetischen Hauptstadt sowie den kargen, fleischlosen Tischen ihrer russischen Schriftstellerkollegen hätte nicht größer sein können. Kurt Hager kommt auf sie zu und redet davon, daß nun »alles anders« werde, und auch Kulturminister Hoffmann, betrunken und etwas derangiert in einer Ecke sitzend, spricht mit schleppender Zunge von neuen Zeiten. »Zu spät«, ist ihre lakonische Antwort. Die Zeiten der SED-Diktatur waren vorüber. Und dennoch hat sie in diesen Tagen wie viele den Glauben an eine demokratisch erneuerte sozialistische DDR noch nicht verloren.

Am 4. November spricht sie auf dem Berliner Alexanderplatz. Mehr als eine halbe Million Menschen haben sich dort versammelt. Egon Krenz hat sich inzwischen bei seinem Antrittsbesuch in Moskau von Gorbatschow sagen lassen müssen, man dürfe »keine Angst vor dem eigenen Volk bekommen«. Doch er hat Gorbatschow auch ungeschminkt die desolate Wirtschaftslage der DDR gebeichtet und damit dessen Hoffnungen, in einer erneuerten DDR einen starken Partner für seine eigenen Reformen zu finden, einen erheblichen Dämpfer verpaßt. Der 4. November sollte, wie Jens Reich, einer der Mitbegründer des »Neuen Forums«, es später formuliert hat, »ein politisches Schlußfeuerwerk« der DDR werden. Noch einmal – und zum letzten Mal – setzen die demonstrierenden Massen und ihre Redner alle Hoffnungen auf eine Erneuerung des Sozialismus in ihrem Land.

Die Idee zu der Demonstration war am 14. Oktober in den Reihen des »Neuen Forums« entstanden. Organisiert wurde sie über die Infrastruktur der Berliner Theater. Kritische SED-Leute finden sich mit Oppositionellen wie Jens Reich, Marianne Birthler und Friedrich Schorlemmer zusammen. »Wir sind das Volk«, ruft Christa Wolf in die Menge, damit die populärste Losung dieser Tage aufgreifend, bevor sie mit einem Herzanfall ins Krankenhaus gebracht werden muß. Gregor Gysi spricht davon, daß »die beste Staatssicherheit immer noch die Rechtssicherheit« sei, und der Schriftsteller Stefan Heym plädiert für einen demokratischen Sozialismus. »Nicht der Stalinsche«, fordert er, »der richtige, den wir endlich erbauen wollen zu unserem Nutzen und zum Nutzen ganz Deutschlands.« Es ist ein Tag, an dem vielen die DDR noch einmal erhaltenswert und veränderbar erscheint. Einzig der Dramatiker Heiner Müller will sich als Redner mit der allgemeinen Euphorie des Aufbruchs nicht gemein machen. Er verliest, sichtlich schlecht vorbereitet, einen Aufruf zur Gründung freier Gewerkschaften und prophezeit dann lakonisch: »Die nächsten Jahre werden für uns kein

Zuckerschlecken.« Er wird ausgepfiffen. Doch er sollte recht behalten.

»Stasi in die Produktion« ist eine der Forderungen der Leipziger Demonstranten im Herbst 1989. Einige Stasi-Kader nehmen das wörtlich. Im Getriebewerk Brandenburg erscheint im Dezember 1989 eine ganze Stasi-Einheit in Uniform zur Arbeit. Sie wird vom Werksleiter eingewiesen.

Helmut Kohl versichert in diesen turbulenten Tagen Michail Gorbatschow, er sei an allem anderem als an Chaos in der DDR interessiert. Vielmehr wünsche er, daß sich die DDR dem sowjetischen Kurs der Reformen anschließe und die Menschen dort blieben. Am 6. November ist Alexander Schalck-Golodkowski in Bonn, um über künftige wirtschaftlich-technische Zusammenarbeit zu sprechen. Er deutet an, daß es in der SED eine Reihe von Leuten gebe, die sich kaum noch Illusionen über ihre wahre Lage machten. Substantielle Reformen seien im Gespräch, selbst freie Wahlen. Auch über einschneidende Änderungen der Reisebestimmungen werde nachgedacht, bis hin zu Schritten, mit denen die Mauer letztlich überflüssig gemacht werden könnte. Voraussetzung dafür seien allerdings weitere Milliardenkredite seitens der Bundesrepublik. Die DDR spielte also unter ihrer neuen Führung mit dem Gedanken, ihre wertvollste Immobilie, die Mauer, zum Bestandteil eines Geschäfts zu machen. Der Bundeskanzler erklärt am 8. November im Bundestag, er biete »der neuen SED-Führung« seine Bereitschaft an, »einen Weg des Wandels zu stützen, wenn sie zu Reformen bereit ist«. Man wolle keine unhaltbaren Zustände stabilisieren, aber »wir sind zu umfassender Hilfe bereit, wenn eine grundlegende Reform der politischen Verhältnisse in der DDR verbindlich festgelegt wird«. Das war noch eine Erklärung ganz im Geist der Schalck-Gespräche.

Doch die Mauer fiel einen Tag später ganz ohne Gegenleistung, eher beiläufig. Als am Abend des 9. November Günter Schabowski auf einer Pressekonferenz in Ost-Berlin zu einem neu erarbeiteten Reisegesetz Stellung nehmen sollte, war damit ursprünglich keineswegs eine generelle Reisefreiheit gemeint. Der Gesetzentwurf sah nach wie vor ein geregeltes bürokratisches Verfahren bei der Beantragung von Reisepaß und Visum vor. Schabowski aber war bei den Beratungen nicht zugegen gewesen und auch von Egon Krenz vor seinem Auftritt auf der Pressekonferenz weder über die komplizierte Regelung noch über eine eigentlich vorgesehene Sperrfrist zu deren Veröffentlichung informiert worden. So kam es nach der Frage des italienischen Korrespondenten Riccardo Ehrmann und einer gezielten Nachfrage zu den folgenschweren Worten, die neue Reisebestimmung trete seines Wissens »sofort, unverzüglich« in Kraft. Keine weiteren Zusätze, nur gelegentliches verlegenes Stottern angesichts der unerwarteten Fragen. Alles wurde live im Fernsehen der DDR übertragen.

In dieser Nacht öffnen sich die Schleusen an der Mauer unter dem Andrang der Massen, die an die Berliner Grenzübergänge drängen. Anfangs werden die Personalausweise noch gestempelt, was formell einer Ausbürgerung gleichkommt. Um 23 Uhr 14 jedoch stellt der leitende Offizier am Übergang Bornholmer Straße, der keine Instruktionen hat, aus eigener Kompetenz alle Kontrollen ein. »Wir fluten jetzt«, kündigt er an. Und dann werden die Schlagbäume geöffnet, kurze Zeit später auch anderswo. Hans Modrow, der zu später Stunde nach der Tagung des Zentralkomitees auf dem Weg in sein Hotel von einem Passanten mit der Frage konfrontiert wird, auf welchem Weg man die DDR am schnellsten verlassen könne, begreift plötzlich: »Hier muß etwas schieflaufen.« Modrow erfährt auf diese Weise, daß die Grenzübergänge bereits ohne besondere Papiere passierbar sind. Verhandlungen mit der Bundesregierung und dem West-Berliner Senat hatte es nicht gegeben, und auch die sowjetische Seite, deren Berlin-Interessen als Siegermacht in dieser Nacht empfindlich berührt wurden, war nicht informiert. Niemand war vorbereitet, doch der Einschnitt sollte unkorrigierbar werden. »Die Grenze wird uns nicht mehr trennen«, sagt West-Berlins Regierender Bürgermeister in der »Abendschau« des Senders Freies Berlin. Es würde, wie der unverzüglich an die Bornholmer Straße geeilte Chefreporter des amerikanischen Fernsehsenders NBC, Tom Brokaw, seinen Zuschauern aufgeregt mitteilt, »eine historische Nacht« werden.

Zehntausende, so konnte er da sehen, machten sich auf den Weg nach West-Berlin. Tausende kletterten auf die Mauer und veranstalteten Freudenfeste. Existenz und Souveränität des Staates DDR wurden einfach igno-

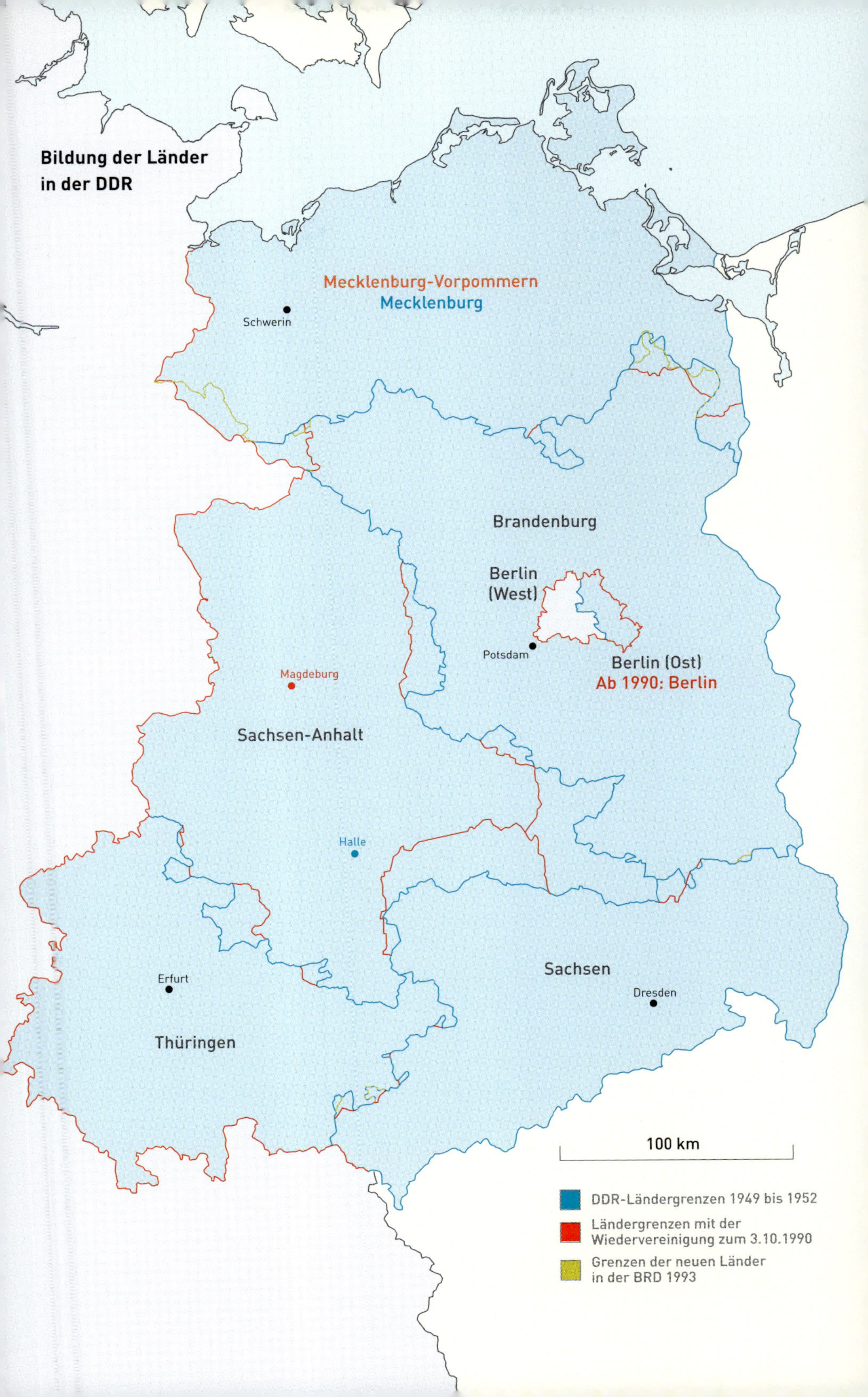
Bildung der Länder
in der DDR
Mecklenburg-Vorpommern
Mecklenburg
Schwerin
Brandenburg
Berlin
(West)
Potsdam
Berlin (Ost)
Ab 1990: Berlin
Magdeburg
Sachsen-Anhalt
Halle
Sachsen
Dresden
Erfurt
Thüringen
100 km
DDR-Ländergrenzen 1949 bis 1952
Ländergrenzen mit der Wiedervereinigung zum 3.10.1990
Grenzen der neuen Länder in der BRD 1993

Die Sitzung der DDR-Volkskammer am 13. November 1989 ist denkwürdig. Hans Modrow (SED) wird zum Ministerratsvorsitzenden gewählt. Und Stasi-Chef Mielke stammelt, unterbrochen von Gelächter, hilflos: »Ich liebe, ich liebe doch alle, alle Menschen. Ich setze mich doch dafür ein.«

Erich Mielke: Der Herr der DDR-Staatssicherheit

Die Beerdigung selbst soll geheim bleiben. Nur engste Freunde und Verwandte werden kurzfristig per Telefon zum Friedhof bestellt. Reporter der »Super Illu« haben aber von der Beerdigung erfahren. Sie berichten: »Eine rote Fahne schmückte den Urnentisch. Einer der ehemaligen Stellvertreter des Ministers für ›Staatssicherheit‹, Gerhard Neiber, salutierte am Grab ... Trauerredner Willi Opitz (71), Ex-Chef der MfS-Hochschule, pries Mielkes Disziplin, seinen Kampf für ›soziale Gerechtigkeit‹, seine ›Liebe zur Sowjetunion‹.« Beigesetzt wird an diesem Tag Erich Mielke, verstorben am 22. Mai 2000.

Das 1907 im Berliner Wedding geborene Arbeiterkind Erich Mielke bringt es bis zum Gymnasium. Er ist im Arbeitersport, dem Kommunistischen Jugendverband und schließlich in der KPD aktiv. Während seiner Tätigkeit beim Parteiselbstschutz Berlin-Nord wird er 1931 in zwei Morde verwickelt: Offenbar aus Vergeltung für den Mord an einem jungen Arbeiter tags zuvor werden am 9. August 1931 auf dem Berliner Bülowplatz zwei Polizeibeamte erschossen. Schon damals werden Mielke und sein Mitstreiter Erich Ziemer der Tat bezichtigt. Die beiden Verdächtigen fliehen in die Sowjetunion. An der Komintern-Schule erwirbt Mielke militärtechnische Kenntnisse, die er ab 1936 im Spanischen Bürgerkrieg unter dem Decknamen Fritz Leissner nutzen kann.

In der Sowjetischen Besatzungszone beginnt Erich Mielke 1945 eine Karriere bei den Sicherheitsorganen. 1946 wird er 2. Vizepräsident der »Deutschen Verwaltung des Innern für die Sowjetische Besatzungszone«. Nach Gründung der DDR und ihres Ministeriums für Staatssicherheit wechselt Mielke dorthin. 1957 übernimmt er die Leitung und behält sie bis zum Oktober 1989.

Nach der Wende versteht Erich Mielke die Welt nicht mehr. Noch zu DDR-Zeiten wird er 1989 verhaftet. Das Berliner Landgericht verurteilt ihn 1993 wegen der Polizistenmorde 1931 zu sechs Jahren Haft.

riert. Am nächsten Tag setzten sich fröhliche Anarchie und Grenzwanderungen fort. Ein unbedachter Zufall hatte die Welt über Nacht verändert. Doch die große historische Zäsur, der Übergang zu einer ganz neuen Zeit, war im Detail oft kurz und banal. »Vor den Grenzbaracken konnte man Bockwürste kaufen«, berichtet der Schriftsteller Günter de Bruyn von einem Spaziergang über die Berliner Oberbaumbrücke am 10. November 1989. »In den winkligen Gängen, wo man früher, vor Aufregung schwitzend, Gepäckkontrollen und Leibesvisitationen hatte erdulden müssen, wurde niemand mehr aufgehalten. Die Schalter waren geschlossen worden, die Grenzwächter dahinter aber noch immer vorhanden. Mit Türmen von Bierdosen hatten sie ein Plakat befestigt: Betriebsfeier, bitte nicht stören! war in großen Buchstaben darauf gemalt.« Sie waren funktionslos geworden.

Die Nacht des 9. November und der folgende Tag bedeuteten das Ende aller Träume von einer sozialistisch reformierten DDR. »Bedrohlich ist für autoritäre Regime nicht der Zusammenbruch der Legitimität«, meint der polnische Publizist Adam Przeworski, »sondern die Organisation von Gegenhegemonie.« Das ist der Hauptgrund, weshalb der Entwurf einer »anderen DDR«, die sich Bürgerrechtler und kritische SED-Mitglieder erträumten, nie wirklich eine Chance haben konnte. Denn die Gegenhegemonie hatte die Existenz der DDR während der ganzen vierzig Jahre ihres Bestehens in Gestalt der real existierenden Bundesrepublik wie ein permanenter diabolischer Schatten begleitet. Sie war Abend für Abend auf den Fernsehschirmen in den ostdeutschen Wohnzimmern zu besichtigen, sie war millionenfach zu Besuch, und sie löste die große Ausreisewelle des Sommers aus, mit der die letzten Tage des Regimes eingeleitet wurden. Dem konnten weder die subjektiv wie auch immer ernst gemeinten sozialistischen Reformversuche eines maroden Systems noch die Alternativentwürfe der oppositionellen Dissidentengruppen wirklich etwas entgegensetzen, so bedeutsam und unverzichtbar sie als Ferment zur Auflösung der Diktatur auch gewesen waren.

Wenn alle Bedingungen vorhanden seien, schrieb der Philosoph Georg Wilhelm Friedrich Hegel einmal, dann könne eine Sache Wirklichkeit werden. Unerwartet erfüllte sich in einer Novembernacht, was die Deutschen nach dem Krieg immer gehofft, in den letzten zwei Jahrzehnten aber zunehmend weniger für möglich gehalten hatten. Das System des »realen Sozialismus« in der DDR war kollabiert, die Nachkriegswelt im Zerfall, der kalte Krieg plötzlich kurz vor seinem Ende. Der Rest war eine Frage mehr oder weniger geschickter, mehr oder weniger verantwortlicher und weitsichtiger politischer Schachzüge. Es war die historische Stunde Helmut Kohls.

ZOLL

DEUTSCHLANDS NEUE ROLLE

Der Weg zur Einheit

An dem Abend, als Günter Schabowskis überraschende Mitteilung um die Welt ging, befand sich Helmut Kohl im Gästehaus Parkowka der polnischen Regierung in Warschau. Er wollte sich gerade auf den Weg ins Palais Radziwill begeben, als die Nachricht über die in seiner Suite eingerichtete Standleitung eintraf. Plötzlich erfaßt ihn eine innere Unruhe, wie sein außenpolitischer Berater Horst Teltschik beobachten kann, obwohl man sie seinem wie immer stoischen Gesichtsausdruck kaum ansieht. Kohl telefoniert aufgeregt mit Kanzleramtsminister Rudolf Seiters in Bonn, um Einzelheiten zu erfahren, bittet ihn, ständig mit ihm in Verbindung zu bleiben, und veranlaßt ihn, so bald wie möglich ein Treffen mit Egon Krenz zu vereinbaren. »Die Stimmung in der Kanzlersuite wechselt zwischen Hoffen und Bangen«, notiert Teltschik. »Hoffen, daß dies der Anfang vom Ende des SED-Regimes ist, Bangen, daß eine Massenflucht in die Bundesrepublik ausgelöst werden könnte.« Doch nun muß Kohl in aller Eile zu dem verabredeten Bankett mit Ministerpräsident Tadeusz Mazowiecki ins Palais Radiziwill.

In Bonn behandelt der Bundestag an diesem Abend den Entwurf eines Vereinsförderungsgesetzes. Der CSU-Abgeordnete Karl-Heinz Spieker steht am Rednerpult, als er plötzlich seine Stellungnahme unterbricht und eine erste dpa-Eilmeldung über Schabowskis unerwartete Erklärung verliest. Applaus, danach setzen die Abgeordneten ihre Debatte fort.

Doch um 20 Uhr 46 ergreift Kanzleramtsminister Seiters das Wort. Er verliest eine mit Kohl abgestimmte Erklärung. »Erstmals«, so Seiters, sei mit diesem Abend die »Freizügigkeit für die Deutschen in der DDR« hergestellt worden. Dann erinnert er an Kohls Erklärung vom Vortag, man wolle keine unhaltbaren Zustände in der DDR stabilisieren, sei aber zu umfassender Hilfe bereit, wenn eine grundlegende Reform der politischen Verhältnisse in der DDR verbindlich festgelegt werde. Die Erklärung war vorsichtig formuliert. Hans-Jochen Vogel von der SPD macht deutlich,

Linke Seite: Im Februar 1990 wird in der Kreuzberger Zimmerstraße, nicht weit vom Checkpoint Charly, beim Straßentrödel das offizielle Staatsporträt für die DDR-Amtsstuben verkauft. Das Porträt kostet Geld, ein Stück Mauer darf sich dagegen jeder kostenfrei aus dem einstigen antiimperialistischen Schutzwall herausmeißeln.

Angela Merkel, damals noch Mitglied der Neupartei »Demokratischer Aufbruch«, bei einer Pressekonferenz in der Berliner Mohrenstraße. Am 12. April 1990 wird sie stellvertretende Regierungssprecherin in der Regierung de Maizière.

Angela Merkel: Demokratischer Aufbruch

Im Jahr 2006 wird eine in der DDR aufgewachsene Protestantin, eine in zweiter Ehe verheiratete, kinderlose Frau im Alter von 52 Jahren, für die CDU Kanzlerin der Bundesrepublik Deutschland. Eine erstaunliche Karriere.

Angela Merkel wird als Angela Dorothea Kasner am 17. Juli 1954 in Hamburg geboren. Sie kommt mit acht Wochen in die DDR, zuerst in ein Dorf in der Prignitz, später nach Templin, einer Kreisstadt in der Uckermark. Ihr Vater Horst Kasner leitet dort ein Fortbildungszentrum mit angegliedertem Pflegeheim der evangelischen Kirche. 1961 wird seine Tochter in Templin eingeschult. Sie wird auf eigenen Wunsch Mitglied bei den Jungen Pionieren, tritt später der FDJ bei, weil sie »dazugehören wollte«. Auf der Erweiterten Oberschule in Templin ist sie die »absolut beste Schülerin«.

Zum Studium der Physik zieht sie nach Leipzig. Dort lernt sie Ulrich Merkel kennen, der ebenfalls Physik studiert. 1977 heiraten sie. Danach geht Angela Merkel an das Zentralinstitut für Physikalische Chemie der Akademie der Wissenschaften der DDR in Berlin. Sie forscht auf dem Gebiet der Quantenchemie und promoviert 1986 mit einer Arbeit zur Berechnung von Geschwindigkeitskonstanten von Reaktionen einfacher Kohlenwasserstoffe. In der FDJ-Kulturarbeit ist sie weiter aktiv. Die spätere gesamtdeutsche Ministerin: »Ich war keine Heldin. Ich habe mich angepaßt.« In ihrer Stasi-Opferakte wird sie 1984 jedoch der »politisch-ideologischen Diversion« bezichtigt. Angela Merkel und ihr Mann leben sich auseinander. 1982 wird die Ehe geschieden. Sie bezieht illegal eine leerstehende Wohnung. Um 1984 beginnt ihre Beziehung zu dem Chemiker Joachim Sauer, den sie 1998 heiratet.

Erst nach der Maueröffnung und dem Machtverlust der SED beginnt Angela Merkel sich politisch zu orientieren. Im Dezember 1989 schließt sie sich der oppositionellen Bewegung Demokratischer Aufbruch um Rainer Eppelmann an. In der letzten Regierung der DDR stellt Eppelmanns Kleinpartei einen Minister. Lothar de Maizière macht Angela Merkel zur stellvertretenden Regierungssprecherin. Das ist ihr Karrierebeginn.

daß dieser Abend eine historische Zäsur bedeutet. »Die Mauer«, so Vogel, habe »nach 28 Jahren ihre Funktion verloren.« Man müsse jetzt auf freie Wahlen in der DDR hinarbeiten, um die Menschen zum Dableiben zu motivieren. Das meint auch Wolfgang Mischnick von der FDP. Und dann erheben sich die Abgeordneten spontan und singen die Nationalhymne. Es ist kurz nach neun, und die Mauer ist noch nicht geöffnet.

Kohl erfährt von diesem Vorgang durch seinen Regierungssprecher Johnny Klein, der eigens aus diesem Grund ein Gespräch zwischen dem Bundeskanzler und Mazowiecki unterbricht. Wenig später meldet sich Kohls Berater Eduard Ackermann per Telefon in Warschau. »Ich sagte«, erinnert er sich später, »›Herr Doktor Kohl, halten Sie sich fest, die DDR-Leute machen die Mauer auf.‹ Er wollte es nicht glauben. ›Sind Sie sicher, Ackermann?‹« Der versichert, er habe es mit eigenen Augen im Fernsehen gesehen, worauf Kohl antwortet, das sei »unfaßbar«. Niemand, auch er nicht, hatte das erwartet.

Nach dem Bankett gibt Kohl im Warschauer »Marriott«-Hotel eine Pressekonferenz. Jetzt werde »Weltgeschichte geschrieben«, sagt er da. Das war kaum eine Übertreibung. Doch Kohl bleibt vorsichtig mit weiteren Prognosen. Man sei in einen Zeitabschnitt eingetreten, in dem sich die Dinge ungewöhnlich dynamisch entwickelten. Das »Rad der Geschichte« werde sich nun schneller drehen, aber sowohl im Osten als auch im Westen werde man nun mit Argusaugen darauf achten, was Deutschland aus der Geschichte gelernt habe. Besonnenheit sei das erste Gebot der Stunde. Danach sieht er sich im Hotel die ersten Fernsehbilder aus Berlin an.

Kohl ist klar, daß er den Besuch unterbrechen und auf dem schnellsten Weg nach Berlin eilen muß, um den Fehler Adenauers vom 13. August 1961, der Tage damit wartete, nicht zu wiederholen. »Meine Entscheidung führte zu einem veritablen Streit«, erinnert er sich später. »Der polnische Ministerpräsident wollte um jeden Preis verhindern, daß ich nach Berlin fahre. Es wäre ein Affront gegen Staatspräsident Jaruzelski, wenn ich das für den folgenden Tag vorgesehene Treffen mit diesem absagen würde, sagte Mazowiecki, der dann in meiner Gegenwart mit dem General telefonierte.« Jaruzelski aber zeigt Verständnis für Kohls Situation, nachdem dieser ihm zu verstehen gegeben hat, die Entwicklung in der DDR sei nur möglich gewesen, weil Polen und Ungarn vorangegangen seien.

Der polnische *Solidarnosc*-Führer Lech Walesa, den Außenminister Genscher am Morgen des 10. November vor Kohls Abreise trifft, ist verunsichert über die Ereignisse in Berlin. Doch sein außenpolitischer Berater Bronislaw Geremek erfaßt sofort die historische Tragweite. »Wenn die Mauer fällt, bedeutet das«, so Geremek, den Erinnerungen Genschers gemäß, »Deutschland wird vereint, und wenn Deutschland vereint wird, dann ist das auch ein großer Tag für Polen. Denn wenn Deutschland vereint sein wird, dann wird Polen Nachbar der Europäischen Gemeinschaft und der NATO.« Es würde aus der sowjetischen Zange befreit und hätte, künftig an der Grenze zu einem westlich orientierten Deutschland gelegen, endlich die historische Chance, sich selbst nach Jahrhunderten der Teilung und Umzingelung ganz dem Westen zu öffnen.

In Washington haben Präsident Bush und Außenminister Baker den Fall der Mauer vor dem Fernsehschirm verfolgt. Kurz nach 15 Uhr 30 Washingtoner Ortszeit begrüßt Bush die Entscheidung der DDR-Führung, hält sich in seinen Äußerungen aber auffallend zurück. *I didn't want to rub it in*, sagt er später. Er wollte auf keinen Fall durch Triumphalismus die sowjetische Führung zu unüberlegten und gefährlichen Schritten provozieren. Er gab lediglich zu verstehen, er sei mit der Entwicklung »sehr zufrieden«.

Noch am 7. November hatte Michail Gorbatschow mit dem sowjetischen Botschafter in der DDR, Wjatscheslaw Kotschemassow, über die Krise in Ostdeutschland telefoniert. Dabei war der Satz gefallen: »Das sowjetische Volk würde uns nie verzeihen, wenn wir die DDR verlieren würden.« In Moskau wußte man genau, welche tiefe emotionale Bedeutung die Kriegsbeute DDR für die sowjetische Bevölkerung hatte. Sie war das einzig verbliebene sichtbare Zeichen für den heroischen und verlustreichen Sieg über den Aggressor Deutschland, und ihr Fall konnte schnell zu einer unüberschaubaren innenpolitischen Krise in der Sowjetunion führen. Als die Mauer fiel, schlief Gorbatschow allerdings, und niemand weckte ihn.

Kotschemassow stellt am Morgen des 10. November Außenminister Oskar Fischer und Egon Krenz wegen der Grenzöffnung zur Rede, weil damit in Berlin ohne Absprache »die Interessen der Alliierten« berührt worden seien. Das war ohne Zweifel richtig. Doch Krenz bemerkt nur, das seien jetzt lediglich theoretische Fragen. »Das Leben«, so Krenz in neuer Gorbatschow-Diktion, »hat sie heute nacht beantwortet.« Anschließend schickt er ein Telegramm an den sowjetischen Generalsekretär. »Im Zusammenhang mit der Entwicklung der Lage in der DDR« sei die Entscheidung notwendig gewesen, »die Ausreise von Bürgern der Deutschen Demokratischen Republik auch nach Berlin (West) zu gestatten.« Eine Nichtzulassung hätte »zu schwerwiegenden politischen Folgen geführt, deren Ausmaß nicht überschaubar gewesen wäre«. Gorbatschow signalisiert sein Einverständnis.

Er mußte sich mit dieser Position gegen die Hardliner in Moskau durchsetzen. »Uns hat man ziemlich aktiv zur Anwendung von Gewalt gedrängt«, erinnert sich Eduard Schewardnadse 1991, um »nach den Szenarien von 1953, 1956 und 1968 zu handeln.« Gorbatschow wollte das auf keinen Fall, und er hatte schon bei seinem Besuch in der DDR Anfang

Schelmisch wird hier im Frühjahr 1990 Flagge gezeigt. Der Burger-Brater zeigt mehr Rot als die alte DDR-Staatsflagge.

Oktober die Weisung ausgegeben, daß die sowjetischen Streitkräfte auch während einer Krisensituation in den Kasernen zu bleiben hätten. Wie lange er sich noch würde durchsetzen können, weiß allerdings zu diesem Zeitpunkt niemand, und deshalb war das Zeitfenster der dynamischen Entwicklung, von der Helmut Kohl in Warschau sprach, für die kommenden Monate eine hohe Herausforderung an eine vollendete Diplomatie des Fingerspitzengefühls. Rückschläge waren immer denkbar, auch wenn die Absicht von DDR-Verteidigungsminister Heinz Keßler, am 10. November Panzer in Berlin-Mitte auffahren zu lassen, nur eine belanglose Fußnote der Geschichte blieb. Die eigene Generalität verweigerte ihm den Gehorsam, wie Wilhelm Groener dem Kaiser am 9. November 1918, als er ihm zu verstehen gab, das Heer stehe »nicht mehr hinter Eurer Majestät«.

Die Führungsspitze der DDR aber hatte andere Sorgen, wie sich auf dem Plenum des Zentralkomitees der SED, das an diesem Tag seine Sitzung vom 9. November fortsetzte, zeigen würde. Es sollte ein fast surreales Tag werden. Die Tagung begann am 10. November um 9 Uhr 05, und sie sollte laut Plan um 18 Uhr mit der Verabschiedung eines Aktionsprogramms zur politischen Neuorientierung beendet werden – freie Wahlen,

Was Egon Krenz in seiner Erinnerung zu entscheiden hatte: »Öffnen der Grenzen oder Gewalt?«

Am 17. Oktober 1989 fragt Erich Honecker routinemäßig zu Beginn der Sitzung des Politbüros: »Gibt es noch Vorschläge zur Tagesordnung?« DDR-Ministerpräsident Willi Stoph meldet sich und schlägt als ersten Punkt der Tagesordnung die »Entbindung des Genossen Honecker von seiner Funktion als Generalsekretär und Wahl von Egon Krenz zum Generalsekretär« vor. Wie Teilnehmer berichten, schaut Honecker zuerst regungslos, faßt sich dann aber: »Gut, dann eröffne ich die Aussprache.« Nacheinander äußern sich alle Anwesenden, von denen sich keiner für Honecker stark macht. Am Ende stimmt auch Honecker für seine eigene Abwahl. Am nächsten Tag verliest er im SED-Zentralkomitee seine Rücktrittserklärung »aus gesundheitlichen Gründen«.

Egon Krenz wird neuer SED-Generalsekretär, bald auch Vorsitzender des Staatsrates der DDR und Vorsitzender des Nationalen Verteidigungsrates. Ganze 50 Tage ist Egon Krenz Staats- und Parteichef der DDR. Demonstranten fordern schon bald auf Transparenten »Unbekrenzte Freiheit«. Am 3. Dezember 1989 tritt Krenz mit dem gesamten Politbüro des ZK der SED zurück. Am 6. Dezember gibt er den Vorsitz des Staatsrates ab. Am 8. und 9. Dezember wählt die SED, die sich in »Partei des demokratischen Sozialismus« umbenennt, Gregor Gysi zum Parteivorsitzenden und beschließt, sich nicht aufzulösen. Am 21. Januar 1990 wird Egon Krenz aus der SED-PDS ausgeschlossen. Bereits im April 1990 veröffentlicht Krenz seine Erinnerungen. Darin nimmt er für sich in Anspruch, den Fall der Berliner Mauer beschleunigt zu haben. Stasi-Chef Erich Mielke habe ihm am 9. November 1989 telefonisch von »großen Menschenansammlungen« an der Berliner Mauer berichtet und die Frage gestellt: »Öffnen der Grenzen oder Gewalt?« Er, Krenz, habe ein Schießverbot für den Fall angeordnet, daß Demonstranten ins Grenzgebiet eindringen. »Es gehört zu den größten Niederlagen meines Lebens, daß ich die menschliche Tragik, das nicht wieder gut zu machende Leid, das von den tödlichen Schüssen an der Grenze für zumeist junge Menschen, für ihre Familien und Freunde ausging, nicht verhindern konnte« schreibt Egon Krenz in seinem 1999 erschienenen Erinnerungsbuch Herbst '89.

In einem »Politbüroprozeß« wegen der Todesschüsse an der Mauer wird der 1937 in Kolberg (Pommern) als Sohn eines Schneiders geborene Egon Krenz später zu sechseinhalb Jahren Haft verurteilt. Er tritt die Haft im Dezember 1999 an. Am 18. Dezember 2003 wird er vorzeitig entlassen und der Rest der Strafe zur Bewährung ausgesetzt.

Am 3. November 1989 übt sich Egon Krenz in Parlamentarismus. In seiner Eigenschaft als Vorsitzender des Staatsrates muß er bohrende Fragen der Genossen und Nichtgenossen Parlamentarier beantworten.

Wirtschaftsreform, ein neues Straf- und Medienrecht sowie ein Gesetz zur Versammlungs- und Vereinigungsfreiheit. Zwar beherrschte die Öffnung der Grenze die Gespräche in der Frühstückskantine und im Foyer des Plenarsaals, doch als sich dessen Türen geschlossen hatten, war davon zunächst keine Rede mehr. Egon Krenz eröffnet die Sitzung, ohne ein einziges Wort zu den Ereignissen der letzten Nacht zu verlieren, und niemand widerspricht. Statt dessen setzt man tagesordnungsgemäß die am Vortag begonnene Debatte über die desolate Wirtschaftslage fort. Als erster kommt Planungschef Gerhard Schürer zu Wort, der den Genossen in ungeschminkten Worten klarmacht, daß die Talfahrt bereits mit dem sozialpolitischen Programm des VIII. Parteitags von 1971 begonnen hatte. »Von da an«, so Schürer, »fuhr der Zug von den Realitäten weg, und zwar immer schneller.« Als nächster Redner ergreift das Politbüromitglied Werner Jarowinsky das Wort. Er geißelt die »reine Kommando- und Abführungswirtschaft« und deckt zum Entsetzen der Anwesenden die Unsummen von Verschwendungen und Fehlinvestitionen in der angeblich so zukunftsträchtigen Mikroelektronikindustrie auf. Immer wieder kommt es während seiner Rede zu Unruhe und Zwischenrufen im Saal. Das Zentralkomitee ist ganz beherrscht von diesen unerwarteten wirtschaftlichen Hiobsbotschaften. Erst um 10 Uhr sieht sich Krenz zu einer Erklärung zur aktuellen Lage des Tages veranlaßt. Er hatte kurz zuvor den erwähn-

Gregor Gysi: Anwalt und brillanter Rhetoriker

Der gelernte Rinderzüchter Gregor Gysi beißt 1992 auf der Anuga, der weltgrößten Fachmesse der Ernährungswirtschaft und Nahrungsmittelindustrie, in ein Halberstädter Würstchen. Da ist er in der neuen Bundesrepublik schon der Politiker mit dem größten Unterhaltungswert.

Im Oktober 1989 sitzt Gregor Gysi als Anwalt der FDGB-Gewerkschaft Kunst während einer Podiumsdiskussion auf der Bühne des Deutschen Theaters, um Rechtsfragen zu beantworten. An diesem Tag beginnt seine Karriere. In einem Gespräch mit dem Theatermann Alexander Iljinski erinnert er sich: »Dabei habe ich so dahingesagt, es wäre doch interessant, mal eine legale Demonstration anzumelden und zu schauen, wie der Staat darauf reagiert. Daraufhin hat man mich beim Wort genommen, und ich habe geholfen, die Demonstration für Meinungsfreiheit und Versammlungsfreiheit beim Polizeipräsidium anzumelden.« So kommt es, daß er auf dieser Veranstaltung am 4. November 1989 auf dem Alexanderplatz seine erste politische Rede hält.

Gregor Gysi ist zwar seit 1967 Mitglied der SED, aber nie Mitglied einer Kreis- oder Bezirksleitung oder gar des Zentralkomitees. Mit ihm wählen am 9. Dezember 1989 die SED-Genossen einen politisch, kulturell und vom Auftreten her untypischen Anwalt zu ihrem Vorsitzenden. Gysi in einem Interview mit Jens König im Juli 2003 in der »taz«: »Der Anwalt war in der DDR – neben dem Pfarrer – der einzige, der legal einen gewissen Widerspruch äußern konnte. Das war sein Beruf. Ich mußte mich als Verteidiger gegen den Staatsanwalt stellen.«

Gregor Gysi, Jahrgang 1948, wächst in der DDR auf. Sein Vater Klaus Gysi, aus jüdischer Familie und verfolgt in der Nazi-Diktatur, macht im SED-Staat Karriere: 1957/58 wird er im Aufbau Verlag Nachfolger von Verlagsleiter Walter Janka, der als »Verschwörer« verhaftet worden ist. 1966, ein Jahr nach dem berüchtigten 11. Plenum des ZK der SED, übernimmt er den Posten des Kulturministers der DDR. Gysi im »taz«-Gespräch: »Ich war 18, und es war mir peinlich, daß mein Vater gerade zu diesem Zeitpunkt Kulturminister wurde.« 1979, die SED ringt um ein angemessenes Verhältnis zu den Kirchen, wird Klaus Gysi Staatssekretär für Kirchenfragen. Trotz seiner Herkunft sind Gregor Gysis Berührungen mit der Staats- und Parteispitze selten: »Das erste Politbüromitglied, das ich persönlich gesprochen habe, war Egon Krenz, und das war im Sommer 1989.«

ten barschen Anruf von Botschafter Kotschemassow erhalten. Krenz unterbricht die Debatte mit einem Klingelzeichen. »Genossen, ich bitte um Verständnis«, sagt er dann. »Ich weiß nicht, ob wir alle noch nicht oder viele, da will ich niemandem zu nahe treten, den Ernst der Lage erkannt haben.« Das war eigentlich eine Ohrfeige für das versammelte Zentralkomitee, doch Krenz beruhigt seine Genossen sofort, indem er »das besonnene Verhalten unserer Grenzsoldaten, unserer Genossen vom MdI (Ministerium des Innern), vom MfS (Ministerium für Staatssicherheit)« lobt und darauf verweist, daß »zwei Drittel derer, die heute nacht West-Berlin besucht haben«, inzwischen wieder an ihren Arbeitsplätzen seien. Das sei »ein positives Signal«, so Krenz. »Aber der Druck nimmt weiter zu.« Doch die Resonanz auf seine Bemerkungen ist eher verhalten. Zu sehr ist man mit der Entrüstung über die katastrophale Wirtschaftslage beschäftigt.

Der einzige, der den Ernst der Lage begriffen zu haben scheint, ist der langjährige Chefideologe der Partei, Kurt Hager. Eigentlich will er sich gar nicht zu Wort melden. Doch dann sagt er, die Lage sei heute »schärfer, ernster als 1953«. Hagers Einlassungen sind aber auch interessant, weil er genau begriffen hat, daß mit diesem Tag die Diktatur der SED in der DDR zu Ende gegangen ist. »Wir werden einen Wahlkampf führen müssen, in freien Wahlen, in dem sich zeigen wird, ob wir Vertrauen haben in der Bevölkerung und besonders in den Betrieben, in der Arbeiterklasse, ob wir es zurückgewinnen dort, wo wir es verloren haben. Aber wir werden um diese Situation nicht mehr herumkommen«, erklärt Hager an jenem denkwürdigen 10. November dem Plenum des Zentralkomitees. »Spätestens seit der heutigen Nacht hat sich die Lage in dieser Hinsicht, glaube ich, geändert.« Nur wenigen im Saal ist das so klar wie ihm, dem alten leninistischen Veteranen. Doch auch er weiß keine Antwort auf die verfahrene Situation. Niemand weiß sie, niemand stellt sich wirklich die Frage, was die Öffnung der Mauer für die Zukunft des SED-Staats bedeutet. Mit den hilflosen und nichtssagenden Worten, es habe »immer schwere Zeiten gegeben«, löst Krenz die Versammlung um 13 Uhr 10 auf.

Bundeskanzler Kohl ist zu dieser Zeit unterwegs von Warschau nach Berlin. Um 11 Uhr 30 hatte Kanzleramtsminister Seiters die Botschafter der Westmächte, Serge Boidevaix, Christopher Mallaby und Vernon Walters, darüber informiert. Seine Maschine muß wegen der komplizierten Luftrechte zunächst den Weg über Schweden nach Hamburg nehmen, wo bereits ein von Botschafter Walters bereitgestelltes amerikanisches Militärflugzeug auf ihn wartet, das ihn nach Berlin bringt. Um 16 Uhr trifft er auf dem Flughafen Tempelhof ein und fährt von dort mit Blaulicht zum Schöneberger Rathaus, wo er kurz vor Beginn einer mit Willy Brandt, Hans-Dietrich Genscher, Hans-Jochen Vogel und Walter Momper angesetzten

Kundgebung auf dem John-F.-Kennedy-Platz eintrifft. Dort waren allerdings vorwiegend Anhänger der SPD und der Alternativen Liste, beide damals Regierungsparteien in West-Berlin, angetreten. Jürgen Wohlrabe und Eberhard Diepgen hatten zwar auch CDU-Massen angekündigt, doch davon war, wie Kohl feststellen mußte, »keine Spur«. Gorbatschow hatte ihm zuvor die Botschaft zukommen lassen, er solle im gemeinsamen Interesse beruhigend auf die Menschen einwirken. Aber Kohl wäre auch sonst kaum anders als mit »Bedachtsamkeit«, wie er in seiner Rede sagte, vorgegangen. »Es lebe ein freies deutsches Vaterland«, sagt er zum Abschluß. »Es lebe ein freies, einiges Europa.« Immer wieder wird seine Rede, der manche auf dem Platz vor dem Schöneberger Rathaus etwas stark überzogen bedenkliche nationalistische Tendenzen unterstellen wollen, von Pfeifkonzerten unterbrochen.

Dieser »Pöbel«, meinte er später, sei »jedoch nicht das wirkliche Berlin gewesen«. Damit hatte er sicher recht, aber auf eine grob vereinfachende Weise auch wieder unrecht. Kohl hat die Angst vor einem wiedererstarkenden Deutschland des Nationalismus, die sich nicht nur unter einigen der Kundgebungsteilnehmer am Schöneberger Rathaus, sondern auch anderswo in Deutschland und im Ausland artikulierte, nie verstehen wollen. Solche Leute waren für ihn in erster Linie »Sympathisanten« des DDR-Regimes im Westen, bestenfalls Bedenkenträger. Dazu zählte er auch Walter Momper, der an diesem Spätnachmittag vor seinem Rathaus etwas unglücklich vom »Volk der DDR« redete. Im Ausland allerdings wirkte der unüberhörbare Mangel an deutschnationalem Enthusiasmus eher beruhigend.

Den stärksten Beifall auf dem John-F.-Kennedy-Platz erhält Willy Brandt. »Das Zusammenrücken der Deutschen verwirklicht sich anders, als es die meisten erwartet haben«, ruft er in die Menge, »und keiner sollte jetzt so tun, als wüßte er genau, in welcher konkreten Form die Menschen in den beiden Staaten in ein neues Verhältnis zueinander geraten können.« Und dann fällt der Satz: »Jetzt erleben wir, und ich bin dem Herrgott dankbar dafür, daß ich das miterleben darf: Die Teile Europas wachsen zusammen.« Die geflügelten und vielzitierten Worte »Jetzt wächst zusammen, was zusammengehört« hat er jedoch nicht hier, sondern am gleichen Tag mehrmals in Gesprächen mit dem »Deutschlandfunk« und der »Berliner Morgenpost« von sich gegeben. Die Worte wurden zur Losung des Tages.

Am Abend fliegt Helmut Kohl weiter nach Bonn. Es folgt ein schwieriges Gespräch mit Margaret Thatcher, die eine Sitzung des Europäischen Rats fordert, um die Lage wieder in den Griff zu bekommen. Präsident Bush dagegen gratuliert ihm mit den Worten, »daß die amerikanische Regierung sehr stolz darauf« sei, »wie er die Dinge« handhabe. François

Mitterrand spricht ihm gegenüber von einem großen Augenblick in der Geschichte, doch er ist sich da nicht so sicher. »Diese Menschen spielen mit einem Weltkrieg«, hatte er am Abend zuvor, als er die Fernsehbilder vom Mauerdurchbruch sah, sorgenvoll zu seinem Berater Jacques Attali gesagt. Die Lage war in der Tat, wenn man Gorbatschows Bedrängnis durch die Hardliner in Rechnung stellt, nicht ganz eindeutig. Für einige Stunden, meint Eduard Schewardnadse im Rückblick, habe man sich tatsächlich »am Rande eines Dritten Weltkrieges« befunden.

Am nächsten Tag, dem 11. November, ist Helmut Kohl wieder in Polen und trifft dort auf einen sorgenvollen Wojciech Jaruzelski. Der ist ein Mann, für den ein starkes Deutschland trotz des persönlich tragischen Schicksals, daß er von den Sowjets während des Krieges nach Sibirien deportiert wurde, immer zum *worst case* der europäischen Geschichte und besonders für Polen gehört hat. Kohl versucht ihn mit den Worten zu beruhigen, wenn es zur deutschen Einheit komme, dann werde das Ergebnis diesmal »kein deutscher Nationalstaat im Sinne des 19. Jahrhunderts« sein. Die deutsche Frage sei »nur unter einem europäischen Dach« zu lösen, »im Einvernehmen mit unseren Nachbarn«. Hier dachte Kohl ganz auf der Linie seines großen Vorbilds Konrad Adenauer, und mit dieser Richtungsvorgabe sollte er, dessen Kanzlerschaft so glanzlos

Am 10. November 1989 findet vor dem Schöneberger Rathaus die letzte große Versammlung der West-Berliner statt. Die abschließende Intonation der Nationalhymne will stimmlich nicht gelingen. Die »taz« preßt den Mißgesang auf Schallplatte, um so aufkommenden Nationalgefühlen vorzubeugen.

begonnen hatte, in den nächsten Monaten zu staatsmännischer Höchstform auflaufen. Mit dem Fall der Mauer war deutlich geworden, daß die weitere Entwicklung früher oder später auf die deutsche Einheit hinauslaufen würde. Zwei Tage nach dem gespenstischen ZK-Plenum vom 10. November war dies auch dem Politbüro der SED klar geworden. Falls das Brandenburger Tor geöffnet werde, heißt es in einer »Information für die Mitglieder des Politbüros« vom 12. November, bedeute dies »die Anerkennung der Einheit Deutschlands«. Dabei handelt es sich um ein internes Papier, das sich mehr mit dem Gedankenspiel beschäftigt, welcher »Preis« für die Öffnung der historisch symbolträchtigen Immobilie herausgeschlagen werden könnte, nachdem die Mauer als Verhandlungsgegenstand für finanzielle Gegenleistungen nichts mehr wert war, doch interessant ist, wie früh die SED sich offensichtlich mit dieser Option beschäftigt hat.

Die Optionen der DDR-Opposition waren zu dieser Zeit ganz andere. Am gleichen 12. November veröffentlicht das »Neue Forum« eine Erklärung. »Auf diesen Tag haben wir fast 30 Jahre gewartet! Mauerkrank haben wir an den Gitterstäben des Käfigs gerüttelt«, heißt es da, und an die Bürgerinnen und Bürger der DDR gewandt: »Ihr wurdet weder zum Bau der Mauer noch zu ihrer Öffnung befragt, laßt Euch jetzt kein Sanierungskonzept aufdrängen, das uns zum Hinterhof und zur Billiglohnquelle des Westens macht!« Das »Neue Forum« und andere Oppositionelle wollten die Einheit nicht, jedenfalls nicht in absehbarer Zeit. Es waren die ersten deutlichen Zeichen einer nachrevolutionären Melancholie, wie Charles S. Maier die Stimmung unter der Opposition nach dem 9. November genannt hat. Auch der Aufruf »Für unser Land« vom 26. November mit dem Plädoyer für eine erneuerte DDR als »solidarische Gesellschaft« und neben Bürgerrechtlern unterzeichnet von Schriftstellern wie Volker Braun, Stefan Heym und Christa Wolf, war von dieser Stimmung getragen. Doch bei den Demonstrationen, besonders in Leipzig, nahmen zu dieser Zeit die Rufe nach der deutschen Einheit spürbar zu. Viele stimmten gesamtdeutsch einfach mit den Füßen ab. Sechzig Prozent aller Bürger der DDR waren Ende November laut Meinungsumfragen für die Wiedervereinigung. Das verkannten auch Sozialdemokraten und Grüne in der Bundesrepublik.

Helmut Kohl hingegen verkannte es nicht. Die neue DDR-Regierung unter Hans Modrow, seit dem 13. November im Amt, hatte am 17. November den Vorschlag einer »Vertragsgemeinschaft« beider deutscher Staaten unterbreitet und gleichzeitig allen »ebenso unrealistischen wie gefährlichen Spekulationen über eine Wiedervereinigung« eine »klare Absage« erteilt. Doch Modrow hatte sich gleichzeitig auf eine jahrhundertealte gemeinsame Geschichte berufen und sich bereit erklärt, die Zusammenarbeit mit der Bundesrepublik umfassend auszubauen und auf eine neue

Der regierende Bürgermeister Walter Momper zahlt 1989 selbst Begrüßungsgeld aus. Die DDR-Bürger strömen nach dem Mauerfall nach West-Berlin. Aber sie haben kein Geld. Ihre DDR-Mark ist nichts wert. Die Landesbehörden zahlen überall einmalig im Auftrag des Bundes 100 DM »Begrüßungsgeld«, in Bayern sogar 140 DM.

Stufe zu stellen. Es war die Berufung auf eine Gemeinsamkeit ohne staatliche Einheit, die Gorbatschows damaligem Lieblingsprojekt, einem künftigen Dreiecksverhältnis zwischen Bundesrepublik, DDR und Sowjetunion, sehr nahe kam, von dem er zuletzt in einem Telefonat mit dem Bundeskanzler am 11. November gesprochen hatte. Das Projekt »Vertragsgemeinschaft« war dennoch mit den Sowjets nicht abgesprochen. Es war Modrows Idee.

In dem genannten Dreiecksverhältnis hätte die Sowjetunion, selbst wenn es eine deutsch-deutsche Dynamik entwickeln würde, eine prägende Rolle spielen können. Entsprechende Signale gab es am 21. November, als Nikolai Portugalow, ein außenpolitischer Mitarbeiter Gorbatschows, Horst Teltschik vom Bundeskanzleramt zu verstehen gab, in Moskau denke man über bisher Undenkbares nach, beispielsweise über eine wie auch immer geartete deutsche Konföderation. Teltschik war »elektrisiert«. Offenbar dachte man in Moskau beim Thema deutsche Einheit schon viel weiter als in Bonn. Er gab Helmut Kohl zu verstehen, nun müsse er in die Offensive gehen, um sich die Gestaltung der deutschen Zukunft nicht aus der Hand nehmen zu lassen.

Die Einheit kommt

Ein Jahr zuvor hatte Kohl in einem Interview prophezeit, die Vereinigung werde er vermutlich nicht mehr erleben, doch nun hatte sich die Situation geändert. Auch jetzt war er noch der Ansicht, wie Horst Teltschik festhält, es wäre »ein wirtschaftliches Abenteuer, wenn die Wiedervereinigung schon in zwei Jahren erfolgen würde«. Doch die Abwanderungsbewegungen aus der DDR wurden zunehmend zu einem Problem. Die Parolen auf den Demonstrationen in der DDR signalisierten einen rapiden Stimmungsumschwung. Und dann kam Portugalow mit seinen sibyllinischen Gedankenspielen. Sie hatten keinen offiziellen diplomatischen Status, und Gorbatschow behauptete später, er habe von den Aktivitäten Portugalows nichts gewußt. Doch sie lösten etwas aus. Kohl begriff sofort, daß er jetzt die Initiative ergreifen müsse, als Teltschik ihm davon Mitteilung machte. Er gab diesem den Auftrag, eine entsprechende Vorlage zu erarbeiten.

Das Ergebnis waren die »Zehn Punkte«, die Kohl am Dienstag, dem 28. November 1989, in seiner Haushaltsrede dem Bundestag vortrug. Niemand außer seinem engeren Mitarbeiterkreis war vorher davon in Kenntnis gesetzt worden, außer Präsident Bush. Nicht einmal das eigene Auswärtige Amt, sehr zur Verärgerung Hans-Dietrich Genschers. Kohl wollte bei dieser Initiative von vornherein alle »Bedenkenträger« ausschließen, zu denen er interessanterweise George Bush nicht zählte. Er griff Modrows Gedanken einer »Vertragsgemeinschaft« auf und erklärte, er wolle »einen entscheidenden Schritt« weitergehen, »nämlich konföderative Strukturen zwischen beiden Staaten in Deutschland« entwickeln »mit dem Ziel, eine Föderation, das heißt eine bundesstaatliche Ordnung in Deutschland zu schaffen«. Wie ein wiedervereinigtes Deutschland schließlich aussehen werde, das wisse heute niemand, doch die Einheit werde kommen, »wenn die Menschen in Deutschland sie wollen«, dessen sei er sich sicher. Wenn die Menschen in Deutschland sie wollen. Das war die zentrale Aussage. Die Deutschen sollten die Hauptrolle spielen, und sie sollte vom Willen des Volkes getragen sein.

Zustimmung erhielt Kohl von Karsten Voigt, dem außenpolitischen Sprecher der SPD. Er erklärte, sein Konzept stimme voll und ganz mit den Vorstellungen der Sozialdemokraten überein, die sich traditionell am meisten um die deutsche Einheit bemüht hatten. Ähnlich dachte Hans-Jochen Vogel. Doch es gab unter den Sozialdemokraten auch andere Stimmen, die zwischen Skepsis und Ablehnung schwankten. Noch stärker war die Ablehnung bei den Grünen. Tage zuvor hatte Joschka Fischer erklärt, in Deutschland 45 Jahre nach Auschwitz auf alles Nationale panisch zu reagieren, sei »kein Anlaß zur Scham und Kritik, sondern überlebensnotwen-

Am 18. November 1989 wird im DDR-Staatsratsgebäude die Koalitionsregierung Modrow durch den Staatsratsvorsitzenden der DDR, Egon Krenz, vereidigt. Statt einer Eidesformel erfolgt die Ernennung durch einfachen Handschlag.

dige Demokratenpflicht für mindestens weitere fünfundvierzig Jahre«. Kohl, notierte Teltschik befriedigt nach dem 28. November, habe »die Meinungsführerschaft in der deutschen Frage übernommen«.

Gorbatschow war über Kohls Vorstoß entsetzt. Der Bundeskanzler treibe an, er hetze, er sei nicht seriös, ließ er Tage später George Bush wissen. Und Genscher mußte sich am 5. Dezember von Schewardnadse anhören, »nicht einmal Hitler« hätte sich so etwas erlaubt. Die Deutschen, ergänzte Gorbatschow, sollten sich daran erinnern, wohin in der Vergangenheit schon einmal »eine Politik ohne Sinn und Verstand« geführt habe. Kohl spreche die DDR-Bürger an, als seien es »seine eigenen« Staatsbürger. Das sei nichts als übelster Revanchismus. Das Ergebnis war unter anderem, daß im Gefolge von Kohls »Zehn Punkten« Gedankenspiele kursierten, zur Stabilisierung der staatlichen Existenz der DDR in Zukunft stärker auf die Bürgerbewegungen zu setzen. Es war der Botschafter in Bonn, Juli Kwizinski, der diese Idee ins Spiel brachte, und sie sollte wenig später mit dem Runden Tisch Gestalt annehmen. Doch in Wirklichkeit gab es in Moskau überhaupt keine durchdachten Konzepte. Daher die Überreaktion, als man feststellen mußte, daß Kohl den Sowjets die Initiative abgenommen hatte.

Auch Margaret Thatcher war *not amused*. Mitterrand versuchte am 6. Dezember in Kiew, Gorbatschow als »Freund und Verbündeten« gegen die deutsche Einheit zu gewinnen. Der allerdings war schon wieder un-

Der Dramatiker Heiner Müller: Der letzte Held der DDR

Heiner Müller 1990 in der Akademie der Künste. Müller gilt zu dieser Zeit vielen als der neben Bertolt Brecht wichtigste deutsche Dramatiker der Nachkriegszeit.

Der Dramatiker Heiner Müller liegt auf dem Dorotheenstädtischen Friedhof in Berlin-Mitte begraben. Sein Grab an einer Birkenallee ist schlicht, rasenbedeckt und gekennzeichnet mit einer schmalen Metallstele, die aus Holz geschnitzt zu sein scheint. Die Grabsteineinfassung aus Naturstein hat an ihrer rechten unteren Ecke eine Aushöhlung, in der sich fast immer Zigarrenstummel befinden. Freunde und Kenner seiner Werke rauchen am Grab eine teure Zigarre und legen die Stummel hier ab. Auch die eine oder andere Flasche Whisky wird hier zu seinem Gedenken halb geleert, der Rest auf den Rasen des Grabes gegossen.

Am 30. Dezember 1995 ist Heiner Müller in Berlin an Krebs gestorben. Nach seinem Tod kreieren Schauspieler, Regisseure und Schriftsteller spontan ein Theaterereignis. Tausende Zuschauer kommen zu einem »Lesemarathon« im Berliner Ensemble zusammen. Für sie war Müller, wie der »Spiegel« formuliert, »der letzte Held der DDR«. Ab 1992 hat er als künstlerischer Direktor am Berliner Ensemble die Theaterpraxis geprägt. Mit Sex und Blut provozieren seine oft schwer verständlichen Stükke, die sich der Geschichte, Mythen und Moden bedienen. Für viele sind sie Pop, vor allem, seit der Amerikaner Robert Wilson 1986 in New York und Hamburg die »Hamletmaschine« inszeniert hat. Das Stück hat Heiner Müller 1977 in Bulgarien geschrieben. Die Biermann-Ausbürgerung und der Deutsche Herbst mit Schleyer-Entführung, Mogadischu und Stammheim-Selbstmorden sind der zeitliche Hintergrund des nur wenige Seiten langen Textes. Heiner Müller wird am 9. Januar 1929 in Eppendorf/Sachsen geboren. Noch Ende 1944 ist Müller im »Volkssturm« zum Reichsarbeitsdienst eingezogen worden. 1951 fliehen Müllers Eltern in den Westen. Noch 1986 hat die DDR den Dramatiker mit dem »Nationalpreis 1. Klasse« ausgezeichnet, obwohl in den fünfziger und sechziger Jahren die Veröffentlichung und Aufführung der Stücke »Die Korrektur«, »Die Umsiedlerin« und »Philoktet« von den DDR-Behörden untersagt wurde.

sicher geworden, wich aus und zog sich auf das allgemeine Prinzip der »Wahlfreiheit« zurück. Mitterrand war enttäuscht. Gorbatschow hatte sich offenbar mit der Wiedervereinigung abgefunden, und Mitterrands Berater Jacques Attali bemerkt im nachhinein, Kohl sei wohl der bessere Schachspieler gewesen. Bei den Franzosen leitete diese Begegnung ein Umdenken ein. Mitterrand setzte in Zukunft auf eine Deutschlandpolitik, die unwiderruflich in einen Prozeß verstärkter europäischer Einigungsbemühungen eingebettet sein sollte.

Nur in Washington gab es eine klare Linie. Die Amerikaner wollten auf jeden Fall auch nach dem Ende des kalten Krieges eine europäische Macht bleiben. Das konnten sie nur, wenn die NATO erhalten blieb, und die NATO hätte ohne die Deutschen keine Zukunft gehabt. George Bush hatte diese Option bereits im Frühjahr angedeutet, als er während seines Besuchs in der Bundesrepublik von *partners in leadership* sprach. Jetzt setzten die Amerikaner Zeichen. Gorbatschow hatte nach dem Mauerfall Viermächte-Beratungen über Deutschland vorgeschlagen, doch Bush machte ihm unmißverständlich klar, daß es solche Beratungen ohne die Deutschen nicht geben werde. Auch François Mitterrand und Margaret Thatcher erhielten entsprechende Signale aus Washington.

Am 29. November, einen Tag nach Helmut Kohls Erklärung im Bundestag, erwähnte George Bush während einer Rede »vier Prinzipien« zur deutschen Vereinigung, mit denen er seinem *partner* in Bonn nicht ganz uneigennützig sekundieren wollte. Er präzisierte sie wenige Tage später, am 4. Dezember, auf einer NATO-Tagung in Brüssel. »Ohne Vorwegnahme des Ergebnisses«, so Bush, sollte die weitere Entwicklung erstens auf dem Prinzip der »Selbstbestimmung« beruhen. Zweitens sollte die Einigung »im Zusammenhang von Deutschlands weiterem Engagement in der NATO und einer zunehmend integrierten Europäischen Gemeinschaft« bei angemessener Berücksichtigung der alliierten Rechte vonstatten gehen. Drittens sollte die Entwicklung »friedlich, allmählich« und Schritt für Schritt verlaufen und viertens die in der Schlußakte von Helsinki bekräftigten Nachkriegsgrenzen nicht in Frage stellen. Letzteres bezog sich in erster Linie auf die Grenze Deutschlands zu Polen. George Bush hatte unter allen Beteiligten, Helmut Kohl eingeschlossen, die klarsten Vorstellungen von der Zukunft. Sie sollten sich in sämtlichen Punkten erfüllen, einschließlich der darin enthaltenen Option, die Deutschen von nationalen Alleingängen abzuhalten. Sie sollten, wie Außenminister James Baker intern verlauten ließ, weiter »an den Anker gelegt« werden.

Am 19. Dezember ist der Bundeskanzler zu Besuch bei dem neuen DDR-Ministerpräsidenten Hans Modrow in Dresden. Modrow, der nach den Worten von Charles S. Maier »in vielerlei Hinsicht das Beste« repräsentierte, »was das Regime in vierzig Jahren hervorgebracht« hat, war seit dem 13. November im Amt. Einiges war mit seiner Regierung anders geworden. Es gab plötzlich kontroverse Debatten in der Volkskammer, die Blockparteien stellten die führende Rolle der SED in Frage, und Modrow machte von Anfang an klar, daß sich seine Regierung in Zukunft nur noch dem Parlament und nicht, wie bisher, dem Politbüro der SED verantwortlich fühlte. Die unterschiedlichen Funktionen von Legislative, Exekutive und Jurisdiktion sollten genau festgelegt und exakt voneinander abgegrenzt werden. Das bedeutete zwar noch keine Demokratie, denn die Abgeordneten der Volkskammer waren nach wie vor nicht frei gewählt, aber es waren unübersehbare Schritte zu einem »sozialistischen Rechtsstaat«.

Schon am ersten Tag seiner Regierungszeit setzte die Volkskammer eine Kommission zur Untersuchung von Amts- und Machtmißbrauch ein, und die Medien berichteten offen darüber. Als ein verhängnisvoller Fehler erwies sich jedoch, wie Modrow im Rückblick selbst zugibt, daß er die Staatssicherheit nicht auflöste, sondern sie nach dem Rücktritt Erich Mielkes als »Amt für Nationale Sicherheit« mit veränderter Zielsetzung der Regierungsverantwortung unterstellte. Immerhin war das Amt damit zumindest formell den Klauen der Partei entrissen. Am 3. Dezember war auch der Machtwechsel in der SED abgeschlossen. Das gesamte Politbüro einschließlich Egon Krenz und das gesamte Zentralkomitee mußten zurücktreten. Neuer Vorsitzender der sich nun SED-PDS nennenden Partei wurde der Rechtsanwalt Gregor Gysi. Modrow beabsichtigte, durch politische und wirtschaftliche Reformen die DDR für den Weg stark zu machen, den er mit seinem Vorschlag einer »Vertragsgemeinschaft« ankündigte. Dazu bedurfte es aber finanzieller Unterstützung seitens der Bundesrepublik.

Doch als Helmut Kohl am 19. Dezember auf der holprigen Betonpiste des Flughafens Dresden-Klotsche landete, waren seine ersten Gedanken: »Dieses Regime ist am Ende.« Tausende von Menschen erwarteten ihn, umgeben von schwarz-rot-goldenen Fahnen. Auf der Fahrt in die Stadt säumten Zehntausende die Straßen. Auf einem Transparent war zu lesen: »Kohl, Kanzler der Deutschen«. Aus der ganzen DDR, so Modrow, seien Sonderzüge auf dem Weg nach Dresden unterwegs gewesen. Es war ein Empfang nach Kohls Geschmack. Vor dem Hotel »Bellevue« hatte er Mühe, sich durch die dichte Menschenmenge zu drängen, die immer wieder »Helmut! Helmut!« rief und »Wir sind ein Volk!« skandierte.

Kohl einigte sich mit Modrow über eine gemeinsame Erklärung zur Vertragsgemeinschaft, über die Einführung des visafreien Verkehrs einschließlich eines gemeinsamen Reisedevisenfonds in Höhe von 2 Milliarden DM nach dem 24. Dezember und die Öffnung des Brandenburger Tors am 22. Dezember für Fußgänger. Auf Modrows Forderung nach einem

Im Dezember 1989 konstituiert sich in einem Kirchengebäude in Berlin-Mitte der »Zentrale Runde Tisch«. Das Gremium, in dem alle wichtigen politischen Gruppen vertreten sind, entwickelt sich zu einer Art Nebenregierung und -parlament.

»Lastenausgleich« von 15 Milliarden DM reagierte Kohl zurückhaltend. Modrow hatte dabei mit einem gewissen Recht den Umstand im Auge, daß die Bundesrepublik fast reparationsfrei in die Nachkriegszeit hatte starten können, während die DDR den Hauptteil der Reparationen an die Sowjetunion hatte tragen müssen. Doch Kohl fand den Begriff Lastenausgleich »ganz und gar unpassend« und sprach lieber von einem Solidaritätsbeitrag, ohne sich dabei jedoch festzulegen. Die DDR müsse dafür erst die Rahmenbedingungen schaffen.

Am Abend stand für ihn fest, daß nichts davon mehr mit einer Regierung Modrow geschehen würde. Er hatte zuvor auf Anregung von Oberbürgermeister Wolfgang Berghofer vor den Ruinen der Frauenkirche zu den Menschen gesprochen. Mehr als hunderttausend waren gekommen. »Wir respektieren, was Sie entscheiden«, ruft er ihnen zu. »Wir wollen vor allem auf dem Felde der Wirtschaft eine möglichst enge Zusammenarbeit mit dem klaren Ziel, daß die Lebensverhältnisse hier in der DDR so schnell wie möglich verbessert werden. Wir wollen, daß die Menschen sich hier wohl fühlen. Wir wollen, daß sie in ihrer Heimat bleiben und hier ihr Glück finden.« Immer wieder wird seine Rede von frenetischem Beifall unterbrochen. »Gott segne unser deutsches Vaterland!« ruft Kohl zum Abschluß.

Doch zuvor hatte er mit staatsmännischem Feingefühl an die Ängste der Nachbarn im Osten wie im Westen erinnert und seinen Zuhörern die Ermahnung mit auf den Weg gegeben, es mache »keinen Sinn«, dies »nicht zur Kenntnis« zu nehmen. Er war der ganz große Gewinner dieses Tages.

Die Zustimmung François Mitterrands zu seinem Fahrplan erhielt er Anfang Januar 1990. Der Franzose war am 20. und 21. Dezember 1989, noch einer Einladung Erich Honeckers folgend, auf Staatsbesuch in der DDR gewesen, was auch im Westen aufmerksam als Zeichen registriert wurde. Modrow empfand, seine Aufwartung sei ein »wohltuender Ausgleich für die erlebte Arroganz westdeutscher Politiker« gewesen, womit er vermutlich die Tonlage der damaligen Gespräche nicht ganz falsch charakterisiert. Ob die von Modrow ausgesprochene Hoffnung, der Besuch des Franzosen sei ein Zeichen der Hoffnung »auf einen gleichberechtigten Platz der DDR in der Völkergemeinschaft« gewesen, berechtigt war, ist allerdings eine andere Frage. Zu sehr war Mitterrand bereits durch die Unwägbarkeiten Gorbatschows während seines Besuchs in Kiew verunsichert worden. Warum, sagte er einmal zu Jacques Attali, hätte er sich mit Kohl überwerfen sollen, »wenn Gorbatschow mich drei Tage

Leitungskonferenz des VEB Rohrleitungs-Kombinat Bitterfeld 1989, auf der alle Probleme wie eingestürzte Fabrikhallen, kaputte Maschinen und Ersatzteilmangel für russische LKW besprochen werden. Der Generaldirektor des Kombinats, das u.a. Kraftwerke baut, ist ein SED-Mitglied, nimmt aber an den Leipziger Montagsdemonstrationen teil.

später fallen läßt«? Am 4. Januar 1990 fliegt Kohl vom amerikanischen Flughafen Ramstein nach Biarritz an der französischen Atlantikküste, um Mitterrand in dessen Landhaus südlich von Bordeaux zu besuchen. In einer umgebauten Schäferei, auf alten Ledersesseln am Kamin und umgeben von Mitterrands riesiger Bibliothek, kommen beide zur Sache. Wahrscheinlich, so Kohl, werde die Wiedervereinigung Jahre dauern, aber eins sei sicher: das künftige Deutschland werde ein westliches Land sein. Neutralisierung, darin waren sich beide einig, sei die »größte Gefahr« für alle. Mitterrand hat allerdings seine Zweifel, ob die Sowjetunion nachgeben würde. In einer abschließenden Pressekonferenz stellt er jedoch klar, die wichtigste Frage sei eine Intensivierung der europäischen Integration. Die deutsche und die europäische Frage müßten zusammen gelöst werden. Das meint auch Kohl.

Am 25. Januar berät sich Michail Gorbatschow zum ersten Mal seit dem Fall der Mauer intensiv mit seinen engsten Beratern über Deutschland. Mitte des Monats war die Zentrale der Staatssicherheit in der Berliner Normannenstraße ungehindert gestürmt worden – ein Höhepunkt der Anti-Stasi-Bewegung in der DDR. Die Ereignisse zeigten deutlich, daß die staatlichen Organe zu-

Diese Kumpel in Ronneburg bei Gera erfahren im Frühsommer 1990 von ihrem Gewerkschaftssekretär, daß ihre Grube geschlossen wird. Der Bergbaukonzern Wismut ist in der einmaligen Form einer sowjetisch-deutschen Aktiengesellschaft (SDAG Wismut) organisiert, an der die DDR 49 Prozent hält.

nehmend an Glaubwürdigkeit verloren. Man beobachtete in Moskau die Entwicklung in Ostdeutschland genau. Während dieses Treffens herrschten bei Gorbatschows Beratern unterschiedliche Ansichten und Optionen zu verschiedenen Themen vor, doch in einer Frage waren sie sich einig. Die Tage der SED seien »gezählt« und Modrow nur eine »Übergangsfigur«. Mehr oder weniger, so Gorbatschow pessimistisch in Erinnerung an das Jahr 1917, als das russische Imperium weite Teile an das Deutsche Reich abtreten mußte, sei man in die »Situation eines Friedensvertrags Brest Nr. 2« hineingeraten. Die Deutschlandpolitik würde sich in Zukunft ganz auf Westdeutschland konzentrieren müssen und die Vereinigung Deutschlands über kurz oder lang unvermeidlich werden.

Zu dieser Ansicht war inzwischen auch Hans Modrow gekommen. Aus eigener Kraft, meint er im Rückblick auf Gedanken, die ihn in diesen Tagen beschäftigten, hätte die DDR bestenfalls »noch das Jahr 1991 erreichen können«. Am 28. Januar beschloß seine Regierung, den Termin für die ersten freien, demokratischen Wahlen in der DDR auf den 18. März vorzuverlegen.

Am 1. Februar stellte er seinen Entwurf für eine stufenweise Vereinigung Deutschlands mit Berlin als Hauptstadt unter dem beziehungsreichen Titel »Deutschland, einig Vaterland« der Öffentlichkeit vor. Er bezog sich auf einen Satz in Johannes R. Bechers DDR-Nationalhymne, deren Text lange wegen des Verweises auf die deutsche Einheit auf dem Index gestanden hatte. Modrow wollte damit die Bundesregierung an ihre Dresdner Willenserklärung binden, aus der bisher nichts konkret gefolgt war, und gleichzeitig Schritte darüber hinaus anbieten. Die Vertragsgemeinschaft sollte zu einer Wirtschafts-, Währungs- und Verkehrsunion sowie zu einer Rechtsangleichung führen, und im Ergebnis sollte ein »Deutscher Bund« durch Wahlen in beiden Teilen mit einem einheitlichen Parlament, einer einheitlichen Verfassung und einer einheitlichen Regierung mit Sitz in Berlin daraus entstehen. Die DDR hätte sich so mit der Bundesrepublik vereinigt, ohne in ihr aufzugehen, was Modrows Plan gewisse Sympathien bescherte.

Er hatte sich den Plan vorher in Moskau absegnen lassen. Die grundsätzliche Zustimmung Moskaus zur deutschen Vereinigung wurde, was man später gern vergaß, auf einem Treffen zwischen Modrow und Gorbatschow am 30. Januar 1990 verabredet. Niemand, so die deutlichen Worte Gorbatschows auf der Pressekonferenz dieses Tages, stelle »prinzipiell die Wiedervereinigung der Deutschen in Frage«. Allerdings müsse bei diesem Prozeß die Neutralität Deutschlands gewährleistet sein, ein Gedanke, den Modrow tags darauf in Berlin vor Journalisten schon wieder relativierend als »Dialogangebot« bezeichnete. Im Kern, so Modrow, müsse bedacht werden, »daß im Rahmen einer Konföderation die Grenzen zwischen der DDR und der BRD aufhörten, Trennlinien der beiden Militärblöcke mit allen daraus resultierenden Folgen zu sein«. Das waren etwas schwammige Vorstellungen, doch Kohl wollte ohnehin nicht mehr mit einer Regierung Modrow verhandeln.

Anfang Februar kam in Moskau vieles in Bewegung, als der amerikanische Außenminister James Baker dort zu Besuch war. Baker ging dabei nicht ungeschickt vor. Er zeichnet Gorbatschow das Schreckgespenst eines frei und bindungslos in Mitteleuropa schwebenden neutralen Gesamtdeutschland vor, mit allen denkbaren Konsequenzen, die sich daraus für eine Wiederholung geschichtlicher Katastrophen ergeben könnten. Man müsse sich keine Illusionen machen, gab Baker zu bedenken. Ein neutrales Deutschland werde »nicht notwendigerweise antimilitaristisch« sein. Das blieb nicht ohne Eindruck. »Wir wollen ganz gewiß keine Wiederholung von Versailles«, erwiderte Gorbatschow, »als die Deutschen sich unabhängig wiederbewaffnen konnten.« Es war diese zentrale Aussage und Lehre aus der Geschichte, durch die viel Bewegung in die Verhandlungen kam. Allerdings sagte Baker zweimal verbindlich zu, daß man nicht die Absicht habe, die NATO auch nur einen Zoll in östliche Richtung auszudehnen. Diese Zusage war für Gorbatschow von entscheidender Bedeutung.

Helmut Kohl mußte, als er am 10. Februar 1990 in Moskau weilte, nur noch die reifen Früchte vom Baum pflücken. George Bush hatte ihm zuvor seine Genugtuung für die Ablehnung von Modrows Neutralitätskonzept zum Ausdruck gebracht. Gorbatschow gegenüber kommt Kohl noch einmal darauf zurück. Es wäre »eine historische Dummheit«, sagt er, heute den Fehler von 1918 zu wiederholen, und Gorbatschow widerspricht ihm nicht. An diesem 10. Februar wurde die sowjetische Zustimmung zur deutschen Vereinigung endgültig offiziell. Zum Abschluß der Verhandlungen kann der Bundeskanzler vor den versammelten Journalisten auf der Pressekonferenz in Moskau erklären: »Generalsekretär Gorbatschow und ich stimmten darin überein, daß es das alleinige Recht des deutschen Volkes ist, die Entscheidung zu treffen, ob es in einem Staat zusammenleben will. Generalsekretär Gorbatschow hat mir unmißverständlich zugesagt, daß die Sowjetunion die Entscheidung der Deutschen, in einem Staat zu leben, respektieren wird; und daß es die Sache der Deutschen ist, den Zeitpunkt und den Weg der Einigung selbst zu bestimmen.« Die Vertreter der deutschen Medien bleiben merkwürdig unbeeindruckt, als hätten sie die Tragweite der Erklärung nicht verstanden. Erst als Teltschik ihnen im Flugzeug den Abdruck der entscheidenden Sätze in der »Prawda« zeigt, wird vielen klar, daß sie eine historische Stunde erlebt haben. Auf dem Rückflug nach Bonn knallen dann die Sektkorken.

Allianzen für Deutschland

Nach den Wahlen vom 18. März hatte sich die Situation schlagartig verändert. Michail Gorbatschow ging Ende Januar, Anfang Februar noch davon aus, daß sich die Mehrheit der Wähler für die weitere Existenz der DDR und damit für einen stufenweisen Vereinigungsprozeß aussprechen würde. Der SPD, die dafür die besten Voraussetzungen geboten hätte, räumte er gegenüber Modrow die größten Chancen ein. Viele sahen das damals so, auch im Westen. Doch es sollte ganz anders kommen. Helmut Kohls »Allianz für Deutschland«, ein Bündnis aus dem verbliebenen Kern der ehemaligen Ost-CDU, dem Demokratischen Aufbruch und der Deutschen Sozialen Union, erzielte entgegen allen Erwartungen mit 48,15 Prozent einen Erdrutschsieg. Die SPD kam mit 21,84 Prozent auf weniger als die Hälfte, die PDS unter der Führung von Gregor Gysi auf 16,33 Prozent, die Liberalen auf 5,28. Bündnis 90, ein Zusammenschluß der Bürgerrechtler, die in der Revolution des vergangenen Herbstes die entscheidende Rolle gespielt hatten, landete mit 2,9 Prozent weit abgeschlagen auf dem letzten Platz. Das Wahlergebnis war der vollendete Ausdruck einer bereits seit langem existierenden Hegemonie der Bundesrepublik über die ostdeutschen Köpfe. Rainer Eppelmann vom Demokratischen Aufbruch, selbst überrascht von dem Ausgang der Wahl, meinte später einmal, er habe die Wirkung von vierzig Jahren DDR auf die Menschen wohl überschätzt und die Wirkung der Medien unterschätzt. »Die meisten DDR-Bürger«, so Eppelmann, »haben sich immer schon abends die Bundesrepublik reingezogen und in Kategorien von SPD, CDU und FDP gedacht und gelebt.« Das erklärt das Ergebnis aber nur teilweise.

Alle Umfragen waren von einem überwältigenden Wahlsieg der SPD ausgegangen. Doch sie taugten nichts. In einem hatten die vierzig Jahre DDR allerdings etwas bewirkt. Sie hatten die besonders in Sachsen, Sachsen-Anhalt und Thüringen traditionell starken Milieubindungen an die Sozialdemokratie, die selbst das Dritte Reich überlebten, vollends zum Erliegen gebracht. Die Wahl stand ganz im Zeichen der Endzeitkrise der DDR und der an Helmut Kohl gebundenen Hoffnungen auf einen schnellen Weg in eine bessere Zukunft. Die SPD mit ihrer Leitfigur Oskar Lafontaine, der immer wieder vor den unabsehbaren finanziellen Risiken einer raschen Vereinigung warnte und einen Stopp des Übersiedlerstroms forderte, hatte da nichts zu bieten. »Wenn die SPD gewinnt«, kolportiert die »Zeit« die Stimme eines ungenannten DDR-Bürgers, »dann bleibt das Großkapital draußen, und Helmut Kohl läßt uns am ausgestreckten Arm verhungern.« Kohl selbst setzte mit dem Wahlkampfmotto »Freiheit und Wohlstand – nie wieder Sozialismus« ganz auf die durchschlagende

Wahlergebnisse der Grünen 1990
Kiel
Schleswig-Holstein
2,9%
Hamburg
7,0%
Bremen
10,2%
Niedersachsen
7,1%
Hannover
Nordrhein-Westfalen
4,6%
Düsseldorf
Bundesrepublik Deutschland
Hessen
9,4%
Wiesbaden
Mainz
Rheinland-Pfalz
5,9%
Saarland
2,6%
Saarbrücken
Stuttgart
Baden-Württemberg
7,9%
Bayern
7,6%
München
Rostock
4,6%
Schwerin
4,9%
Neubrandenburg
3,4%
Potsdam
5,9%
Berlin (Ost)
9,0%
Berlin (West)
11,8%
Frankfurt/Oder
5,4%
Magdeburg
3,9%
Halle
4,0%
Cottbus
4,7%
Deutsche Demokratische Republik
Leipzig
5,2%
Erfurt
3,9%
Dresden
5,4%
Gera
4,6%
Karl-Marx-Stadt
3,7%
Suhl
4,2%
100 km
3% – 5%
5% – 9%
9% und mehr
DDR: Ergebnisse der 10. Volkskammerwahl am 18. März 1990 in den 15 Bezirken der DDR
(Werte setzen sich aus Bündnis 90 und Die Grüne Partei der DDR zusammen)
0,5% – 5%
5% – 7%
7%–10%
10% und mehr
BRD: Stand zum 18. März 1990 nach den letzten Landesparlamentswahlen
In Berlin (West) traten die Grünen zu den Abgeordnetenhauswahlen nicht an. Dort kandidiert die Alternative Liste (AL).

Lothar de Maizière wird am 12. April 1990 als Ministerpräsident der DDR gewählt. Er nimmt auf der Regierungsbank Platz. Erst jetzt werden die Minister seines Kabinetts ernannt.

Lothar de Maizière: Ein frei gewählter Regierungschef der DDR

Lothar de Maizière wird am 2. März 1940 in Nordhausen geboren. Er entstammt einer Hugenottenfamilie, die im 17. Jahrhundert aus der Nähe des lothringischen Metz nach Preußen ausgewandert ist. Sein Vater Clement de Maizière ist in der DDR ein einflußreicher Rechtsanwalt und Mitglied der Synode der Berlin-Brandenburgischen Kirche. Er ist zudem führendes Mitglied der Ost-CDU. Er wird nach der Wende als langjähriger Mitarbeiter des Ministeriums für Staatssicherheit der DDR enttarnt. Lothar de Maizières Onkel Ulrich de Maizière ist von 1966 bis 1972 Generalinspekteur der Bundeswehr und damit der ranghöchste westdeutsche Soldat.

Um den in der DDR üblichen Weg des Eintritts in die FDJ zu umgehen, tritt Lothar de Maizière schon als Schüler mit 16 Jahren in die Ost-CDU ein. Er studiert zunächst an der Musikhochschule in Ost-Berlin Viola. Eine Nervenerkrankung des linken Armes läßt 1969 einen Berufswechsel ratsam erscheinen. Parallel zur Tätigkeit als Musiker absolviert er daher von 1969 bis 1975 ein juristisches Fernstudium an der Berliner Humboldt-Universität. Lothar de Maizière, spezialisiert auf das Gebiet des Wirtschaftsrechts, betreut auch engagierte DDR-Bürger, die mit dem SED-Staat in Konflikt geraten sind. Leitende Funktionen in der Ost-CDU nimmt er bis zur Wende 1989 nicht ein. Da wählt der Hauptausschuß der Ost-CDU ihn als Zeichen eines Neuanfangs zum Parteivorsitzenden. In die Modrow-Regierung tritt er als stellvertretender Vorsitzender des Ministerrates und als Minister für Kirchenfragen ein. Er ist weitgehend unbekannt, als er die Volkskammerwahl im März 1990 als Spitzenkandidat der »Allianz für Deutschland« überraschend gewinnt. Nach der Wahl wird er am 12. April 1990 zum ersten und einzigen frei gewählten Ministerpräsidenten der DDR. In der ersten gesamtdeutschen Regierung hat Lothar de Maizière das Amt eines Bundesministers für besondere Aufgaben inne. Nach der Bundestagswahl 1990 veröffentlicht der »Spiegel« Vorwürfe, wonach de Maizière bei der Stasi als inoffizieller Mitarbeiter unter dem Decknamen »Czerni« geführt worden sei. 1991 erklärt CDU-Generalsekretär Volker Rühe, daß sich die Vorwürfe gegen de Maizière nicht bestätigt hätten.

Wirkkraft einer sofortigen Einführung der D-Mark in der DDR. Er stellte sich im Wahlkampf in eine Traditionslinie mit Otto von Bismarck und ließ die Ostdeutschen wissen, die Sozialdemokraten verstünden »nichts von der Wirtschaft« und auch »nichts von der Geschichte«.

An seiner Wahlkampfrede vom 20. Februar in Erfurt ist er später immer wieder gemessen worden. »Ich habe heute früh«, ruft er da der versammelten Menge zu, »in einer über dreistündigen Konferenz mit mehr als fünfzig der wichtigsten Repräsentanten der deutschen Wirtschaft aus der Bundesrepublik gesprochen. Wir haben gemeinsam überlegt, was wir tun können. Was ich jetzt sage, ist nicht nur meine Botschaft: Wenn die Rahmenbedingungen gesetzt sind, wenn die notwendigen gesetzgeberischen Maßnahmen getroffen sind, dann werden nicht nur Hunderte, sondern Tausende von investitionsbereiten Unternehmern - von Großunternehmen bis zum Handwerk - aus der Bundesrepublik hierherkommen, und gemeinsam mit Ihnen werden wir hier in kürzester Zeit ein blühendes Land schaffen.« Das kam an und sicherte Kohls »Allianz für Deutschland« den Sieg, auch wenn das Versprechen auf Sand gebaut war. Der Bundeskanzler war in diesen Ta-

Kundgebung der CDU im Ostteil Berlins. Im Jahr 1991 sind die Bürger aus den Neuen Ländern dem Kanzler der Einheit noch dankbar. Sie glauben noch an die blühenden Landschaften. Die CDU gewinnt Landtagwahlen und regiert mit Ausnahme von Brandenburg in allen Neuen Ländern.

Die Wahl zur 10. Volkskammer der DDR am 18. März 1990

Die Wahl zur 10. Volkskammer der DDR ist die erste und zugleich letzte freie Wahl in der DDR, die demokratischen Wahlgrundsätzen entspricht. Das Wahlbündnis »Allianz für Deutschland« (DDR_CDU, DSU und DA) geht als Sieger aus der Wahl hervor. Insgesamt werden 400 Mandate vergeben. Gewählt wird nach reinem Verhältniswahlrecht ohne Sperrklausel. Die Wahlbeteiligung liegt bei 94 Prozent. Mit dem Beitritt der DDR zur Bundesrepublik am 3. Oktober 1990 löst sich die DDR-Volkskammer auf.

	DDR-CDU	SDP/SPD	PDS	DSU	Liberale	Bündnis 90	DBD	Grüne Partei der DDR/UFV	DA	NDPD	DFD	AVL
Neubrandenburg	36,0	21,2	25,8	2,0	3,0	1,6	6,3	1,8	0,5	0,7	0,6	0,2
Karl-Marx-Stadt	45,0	15,6	11,3	14,8	6,0	2,1	1,1	1,6	1,0	0,3	0,4	0,2
Magdeburg	44,2	27,5	14,2	2,0	4,4	1,9	1,8	2,0	0,7	0,4	0,5	0,1
Erfurt	56,3	18,7	9,9	2,5	4,5	1,8	1,4	2,1	1,9	0,3	0,3	0,1
Halle	45,1	20,8	13,8	2,8	10,0	2,4	1,8	1,6	0,6	0,3	0,4	0,2
Suhl	50,6	16,1	12,6	8,9	4,1	1,9	1,4	2,3	1,0	0,4	0,4	0,1
Rostock	34,3	24,8	23,2	2,8	3,4	2,7	4,4	1,9	0,7	0,4	0,5	0,2
Gera	48,9	16,5	12,5	8,2	5,1	2,6	1,4	2,0	1,7	0,4	0,4	0,2
Cottbus	42,8	19,3	17,9	4,8	5,2	2,7	3,4	2,0	0,8	0,7	-	0,2
Schwerin	39,8	25,4	17,8	2,0	4,5	2,5	4,0	2,4	0,6	0,5	-	0,2
Leipzig	39,6	21,5	14,5	10,1	5,4	3,3	1,6	1,9	0,7	0,3	0,4	0,1
Dresden	45,0	9,7	14,8	13,8	5,5	3,7	2,8	1,8	1,1	0,5	0,4	0,1
Frankfurt/Oder	27,8	31,9	22,1	3,5	4,2	3,2	2,9	2,2	0,7	0,4	0,5	0,2
Potsdam	31,2	34,4	16,6	2,9	4,9	3,8	2,2	2,1	0,8	0,4	-	0,2
Berlin (Ost)	18,3	34,9	30,2	2,21	3,0	6,3	0,5	2,7	1,0	0,2	-	0,3
DDR gesamt in %	**40,8**	**21,9**	**16,4**	**6,3**	**5,3**	**2,9**	**2,2**	**2,0**	**0,9**	**0,4**	**0,3**	**0,2**

gen, wie die »Süddeutsche Zeitung« schrieb, zu einem Denkmal »monumentaler Unbeirrbarkeit« geworden.

Am 12. April wurde Lothar de Maizière von der CDU durch die erste frei gewählte Volkskammer der DDR mit 265 zu 108 Stimmen bei drei Enthaltungen zum neuen Ministerpräsidenten gewählt. Parlamentspräsidentin Sabine Bergmann-Pohl verlas noch vor der Wahl eine Erklärung aller Fraktionen, auch der PDS, in der von der »Verantwortung der Deutschen in der

DDR für ihre Geschichte und Zukunft« die Rede war, von den deutschen Verbrechen an den Juden, an den Völkern der Sowjetunion, am polnischen Volk und an den Sinti und Roma sowie von der Mitschuld der DDR an der Niederschlagung des Prager Frühlings von 1968. Die im Ergebnis des Zweiten Weltkriegs entstandenen deutschen Grenzen, insbesondere die Oder-Neiße-Grenze zu Polen, wurden bedingungslos anerkannt.

De Maizière bildete eine Koalitionsregierung gemeinsam mit den Partnern seiner Allianz und der SPD. Sie sollte laut Koalitionsvertrag »Wohlstand und Gerechtigkeit für alle Bürger der DDR« sichern, »Freiheit und Rechtsstaatlichkeit« durchsetzen und »die Einheit Deutschlands nach Verhandlungen mit der BRD auf der Grundlage des Artikels 23 GG« verwirklichen. Faktisch bedeutete dies den Beitritt der DDR und ihrer neu zu bildenden Länder zum Geltungsbereich des Grundgesetzes nach dem Modell der »kleinen Wiedervereinigung« des Saarlandes mit der Bundesrepublik 1956. Schon zum 1. Juli, so de Maizière, sollten eine Wirtschafts-, Währungs- und Sozialunion mit der Bundesrepublik und die Umstellung der Löhne und Gehälter im Verhältnis 1:1 erfolgen. De Maizière ging es dabei auch um die Würde seiner Bürger. »Wir bringen unsere bitteren und stolzen Erfahrungen an der Schwelle zwischen Anpassung und Widerstand ein«, sagte er in seiner Regierungserklärung. »Wir bringen unsere Identität ein und unsere Würde. Unsere Identität, das ist unsere Geschichte und Kultur, unser Versagen und unsere Leistung, unsere Ideale und unsere Leiden. Unsere Würde, das ist unsere Freiheit und unser Menschenrecht auf Selbstbestimmung.« Solche Worte fanden allerdings im Westen nur wenig Gehör.

Doch mit der Regierung de Maizière war klar, daß die Einheit Deutschlands nun sehr schnell kommen würde, auch wenn die internationalen Rahmenbedingungen des Einigungsprozesses erst noch ausgehandelt werden mußten. Noch hätten die Dinge anders laufen können, als sie dann gelaufen sind. Doch die Währungseinheit war ein Präjudiz von großer Wichtigkeit. Sie würde die Deutschen in Ost und West, wie Helmut Kohl es in einer Fernsehansprache sagte, wieder »unauflöslich« miteinander verbinden. Ein Lastwagenkonvoi hatte Ende Juni 460 Tonnen Banknoten und 600 Tonnen Münzen im Wert von 27,5 Milliarden DM von West nach Ost geschafft und heimlich in Kasernen der Nationalen Volksarmee und den Kellern der ehemaligen Reichsbank eingelagert. Seit dem 1. Juli 1990, Monate vor der staatlichen Einheit, beherrschte die Bundesbank in Frankfurt a. M. die Geldpolitik in der DDR. Der ostdeutsche Staat hat in diesen Monaten rapide an Bedeutung und politischem Gewicht verloren, schon bevor er verschwand. Auch Gorbatschow verhandelte nach dem Märzwahlen fast nur noch mit der Bundesrepublik. Innerhalb kürzester Zeit wurden

Am 10. Juli 1990 macht Lothar Matthäus während der Fußball-WM in Italien beim 4:1-Sieg der deutschen Nationalmannschaft über Jugoslawien das beste Spiel seiner Karriere. An diesem Tag schießt er zwei Tore, eines davon mit einem fulminanten Weitschuß. Mit ihm jubelt Jürgen Klinsmann.

... und am Ende gewinnt immer Deutschland: 1/2 Deutschland wird 1990 Weltmeister

Deutschland spielt in der WM-Qualifikation am 15. November 1989 in Wien gegen Österreich. Österreich gewinnt mit 3:0. Für Ostdeutschland laufen Spieler aus Magdeburg, Leipzig, Dresden, Ost-Berlin, Karl-Marx-Stadt und Erfurt auf. Es ist das letzte Pflichtspiel der DDR-Nationalmannschaft. Mit der Niederlage ist die DDR in der WM-Qualifikation gescheitert. Bei der Weltmeisterschaft in Italien 1990 tritt eine bundesdeutsche »Nationalmannschaft« an. Ihre Spieler kommen aus Bremen, Kaiserslautern, Köln, München und Stuttgart. Sie spielen dort gegen Länder wie Jugoslawien und die Tschechoslowakei, die, während sich Deutschland vereinigt, bald zerbrechen werden. Weil sich der Vereinigungsprozeß schnell vollzieht, meldet der Fußballverband der DDR seine Mannschaft aus der Qualifikation für die Europameisterschaft 1992 ab.

Die Bundesdeutschen werden Weltmeister dank Lothar Matthäus. Er hat dem Turnier mit seinem unbedingten Willen zum Sieg seinen Stempel aufgedrückt. Das 4:1 über die hoch gehandelten Jugoslawen gilt als das beste Spiel seines Lebens. Mit einem 5:1 gegen die Vereinigten Arabischen Emirate und einem 1:1 gegen Kolumbien zieht Deutschland locker ins Achtelfinale ein. Da treffen die Bundesdeutschen auf die Niederländer. Sie gewinnen 2:1, verlieren aber ungerechtfertigt ihren Stürmer Rudi Völler durch Platzverweis. Das folgende Viertelfinale gegen die Tschechoslowakei gewinnt die DFB-Mannschaft trotz des schlechtesten Spiels des Turniers. Das Halbfinale hat die für ein Spiel gegen England üblichen Qualitäten: Die Deutschen gewinnen im Elfmeterschießen. An diesem Abend sagt der englische Stürmer Gary Lineker den zwischen Oder und Rhein bald gern zitierten Satz: »Fußball ist ein Spiel von 22 Männern ... und am Ende gewinnt immer Deutschland.«

Deutschland-West steht im Finale gegen Argentinien. Das wird die Krönung für einen Kaiser: Franz Beckenbauer. Er hat eine Mannschaft ins Rennen geschickt, deren Spieler harmonieren und die Lothar Matthäus mit physischer und mentaler Kraft zum 1:0-Endspielsieg treibt.

nun die Ergebnisse des Zweiten Weltkrieges revidiert und die Karten neu gemischt. Angesichts der Tragweite der Ereignisse bleibt es im nachhinein erstaunlich, daß die Entwicklung in geordneten diplomatischen Kanälen und ohne jede Gewalt ablief. Sie führte nicht einmal zu ernsthaften Krisen. Daran hatte das diplomatische Feingefühl Helmut Kohls, der immer wieder die internationale und europäische Einbettung des deutschen Einheitsprozesses deutlich machte, keinen unwesentlichen Anteil.

Am 31. August wurde der Einigungsvertrag unterschrieben. Am 23. August hatte die Volkskammer mit 294 gegen 62 Stimmen den »Beitritt der Deutschen Demokratischen Republik zum Geltungsbereich des Grundgesetzes der Bundesrepublik Deutschland gem. Art. 23 des Grundgesetzes mit Wirkung vom 3. Oktober 1990« erklärt. Schon am Abend des 2. Oktober versammelte sich eine riesige Menschenmenge auf dem Platz der Republik vor dem Berliner Reichstag. Um Mitternacht läutete, von Lautsprechern ins Zentrum übertragen, die Freiheitsglocke am Schöneberger Rathaus. »Die Einheit Deutschlands ist vollendet«, ruft Bundespräsident Richard von Weizsäcker den versammelten Menschen zu. »Wir wollen in einem vereinten Europa dem Frieden der Welt dienen.« Dann leuchtet der Himmel über dem Reichstag bei einem riesigen Feuerwerk.

Die Feierlichkeiten zur Wiedervereinigung beginnen am 3. Oktober mit einem letzten Staatsakt der DDR im Konzerthaus am Berliner Gendarmenmarkt. Kurt Masur, der für den gewaltfreien Verlauf der Demonstration in Leipzig am 9. Oktober des Vorjahres eine so herausragende Rolle gespielt hatte, dirigiert das Leipziger Gewandhausorchester mit Beethovens neunter Symphonie. De Maizière spricht von einem »Abschied ohne Tränen«. Auf dem Platz der Republik vor dem Reichstag warten unterdes über eine halbe Million Menschen, die Beethovens Neunte über Lautsprecher mithören können, auf die Ankunft der Staatskarossen. Helmut Kohl, immer wieder mit »Helmut! Helmut!«-Rufen gefeiert, ist der Mann dieses Tages. Es sollte mehr ein fröhliches Familienfest werden als ein Tag des nationalen Überschwangs. Für Europa und die Welt war das eine beruhigende Nachricht.

Zwei plus Vier

Die größte Gefahr, die Helmut Kohl bei den Verhandlungen über die internationalen Rahmenbedingungen der deutschen Einheit sah, war eine Wiederholung des »Stalin-Tricks von 1952«, wie er James Baker schon Ende 1989 zu verstehen gab, also das Angebot einer Vereinigung um den Preis der Neutralisierung. Man hätte beispielsweise, wie der sowjetische

Der Sozialdemokrat Detlev Carsten Rohwedder wurde 1969 von Karl Schiller als Staatssekretär ins Wirtschaftsministerium berufen. Er behielt diese Position auch unter den FDP-Ministern Hans Friedrichs und Otto Graf Lambsdorff.

Detlev Carsten Rohwedder: Das letzte Opfer der RAF

1. April 1991, ein Ostermontag, kurz vor 23.30 Uhr im Düsseldorfer Stadtteil Oberkassel. Hier wohnt der Vorsitzende der Treuhandanstalt, Detlev Carsten Rohwedder. Jetzt steht er an seinem Schreibtisch im hell erleuchteten Arbeitszimmer. In den Kleingärten auf der anderen Straßenseite lauern die Mörder. Sie profitieren davon, daß Rohwedder nicht einmal nachts die Gardinen in seinem Arbeitszimmer in der ersten Etage zuzieht. Seine Mörder nutzen die Arglosigkeit aus, mit der er sich in Düsseldorf bewegt. Um 23.30 Uhr fallen drei Schüsse. Der erste trifft Rohwedder. Der Treuhandchef ist sofort tot. Die Täter lassen Patronenhülsen, einen Plastikstuhl und ein blaues Handtuch zurück. Die Polizei findet am Tatort ein Bekennerschreiben der Roten Armee Fraktion. Die RAF begründet den Mord in einem mehrseitigen Pamphlet. Im RAF-Jargon heißt es: »Wir haben am 1. 4. 1991 mit dem Kommando Ulrich Wessel den Chef der Berliner Treuhandanstalt Detlev Carsten Rohwedder erschossen. Rohwedder saß seit 20 Jahren in Schlüsselpositionen in Politik und Wirtschaft.« Das Attentat ist der letzte politische Mord der Roten Armee Fraktion. Zunächst führen die Spuren nicht zu den Tätern. Aber an dem Handtuch werden Haare entdeckt. Nach zehn Jahren, 2001, entschlüsseln die Ermittler dank der Möglichkeiten der DNA-Analyse: Eines der Haare stammt von dem RAF-Terroristen Wolfgang Grams. Man weiß nun, daß Grams an der Tat beteiligt war. Dazu befragt werden kann er nicht mehr. Grams ist 1993 bei einem Schußwechsel mit der Polizei auf dem Bahnhof im mecklenburgischen Bad Kleinen getötet worden.

*Das SPD-Mitglied Detlev Carsten Rohwedder (*1932) hat im Spätsommer des Jahres 1990 auf Wunsch von Helmut Kohl den Vorstandsvorsitz der Treuhand übernommen. 1969 ist der Jurist von Karl Schiller als Staatssekretär ins Wirtschaftsministerium berufen worden. Ende 1978 verläßt er den Staatsdienst unter Verzicht auf alle Versorgungsbezüge. In den folgenden Jahren saniert er den Stahlkonzern Hoesch. Nicht zuletzt damit empfiehlt er sich Kohl und der letzten DDR-Regierung.*

Außenpolitikexperte Nikolai Portugalow im Rückblick einmal sagte, »den Dicken«, also den Bundeskanzler, »auf die Folterbank« spannen können, »sich zwischen Einheit und Westbindung zu entscheiden«. In seinem Zehn-Punkte-Plan vom 28. November 1989 hatte Kohl deshalb den Prozeß der Wiedergewinnung der deutschen Einheit von vornherein in einen unauflösbaren Zusammenhang mit der europäischen Integration gestellt. Die Europäische Gemeinschaft, so Kohl, dürfe nicht an der Elbe enden, sondern müsse ausdrücklich ihre Offenheit auch nach Osten deutlich machen. Mit den Amerikanern war er sich einig, dies würde zwingend bedeuten, daß Deutschland nicht um den Preis seiner Einheit aus der NATO ausscheren durfte.

Die Motive der Beteiligten waren unterschiedlich gelagert. Kohl wollte die Unterstützung der Amerikaner, und er handelte aus alter Adenauer-Tradition heraus auch mit einem gewissen Mißtrauen vor bindungsloser deutscher Größe. Die USA wollten ein europäischer Machtfaktor bleiben, was ohne das Bündnis mit Deutschland unmöglich war. Die Sowjetunion hätte Deutschland am liebsten neutralisiert und in ein blockübergreifendes europäisches Sicherheitssystem eingebunden. Doch der Warschauer Pakt befand sich 1990 bereits im Stadium seiner Auflösung.

Lange Zeit geisterte die Idee einer gemeinsamen Mitgliedschaft Deutschlands in beiden Blöcken durch den Raum. Sie war undurchführbar und von vornherein absurd, und sie war für Gorbatschow vermutlich in erster Linie eine psychologisch bedeutsame Absicherung, jedenfalls so lange, bis er sich auf dem 28. Parteitag der KPdSU Mitte Juli 1990 vorläufig gegen seine Kritiker durchgesetzt hatte. Gorbatschow rechnete aber offenbar schon früh mit allen Eventualitäten. Bereits Ende Januar wies er Marschall Achromejew an, Pläne für einen Abzug der sowjetischen Truppen aus der DDR auszuarbeiten. Die Debatten über eine künftige Bündniszugehörigkeit Deutschlands beschäftigten in den entscheidenden Monaten des Jahres 1990 die internen Führungszirkel der Sowjetunion ebenso wie die sowjetische Öffentlichkeit. Wladimir Lobow, der Stabschef und Stellvertretende Oberkommandierende des Warschauer Pakts, konnte sich zu keinem Zeitpunkt vorstellen, zu »zwei Göttern zu beten«, und Generalmajor Geli Batenin, ein Reformer, sprach sogar offen aus, daß er in der NATO-Mitgliedschaft eines vereinten Deutschlands keine Gefahr für die sowjetische Sicherheit erkennen könne.

Das waren zwar vorläufig nur vereinzelte Stimmen, doch sie bildeten so etwas wie den Generalbaßhintergrund der sowjetischen Debatten, sekundiert von Beiträgen beispielsweise in der »Iswestija«, die immer wieder mehr Flexibilität gegenüber der NATO-Mitgliedschaft eines vereinten Deutschlands anmahnte. Am eindeutigsten war die Position des Scheward-

Für Wahlkampfzwecke hat der Orkan »Wiebke« noch genug Bäume stehen lassen, so daß Anfang März noch für die Volkskammerwahl am 18. März 1990 plakatiert werden kann. Nicht hier im weitgehend flachen Brandenburg hat der Orkan die größten Schäden angerichtet, sondern in den Mittelgebirgsregionen eine große Anzahl von Bäumen, besonders Fichten-, Douglasien- und Buchenbestände, umgeworfen.

Starker Holzanfall: Der Orkan »Wiebke«

In der Nacht vom 28. Februar auf den 1. März 1990 fegt ein schwerer Orkan über Deutschland, Teile der Schweiz und Österreichs hinweg. »Wiebke« erreicht Windgeschwindigkeiten von 130 bis 200 km/h. Am Jungfraujoch in der Schweiz werden sogar Orkanböen von 285 km/h gemessen. Er ist der letzte einer Reihe schwerer Orkane, die im Spätwinter 1990 West- und Mitteleuropa heimsuchen. In Mitteleuropa fordert der Sturm 35 Todesopfer. Allein an Dächern entstehen Schäden in Höhe von 600 Millionen DM.

Der Sturm trifft wirtschaftlich vor allem die deutsche Forstwirtschaft. Im deutschen Forst legt »Wiebke« 120 Millionen Waldbäume um. Hochrechnungen gehen von 60 bis 70 Millionen Festmetern Sturmholz aus, die in dieser Nacht anfallen. Es ist hauptsächlich der deutsche Nutzholzforst, die flachwurzelnde deutsche Fichtenmonokultur, die an diesem Tag einknickt und zersplittert. Der Holzanfall entspricht dem Einschlag von zwei Jahren. Die Schäden im Forst sind vielerorts hausgemacht, weil Durchforstungmaßnahmen von den Waldbesitzern aufgeschoben wurden. Für die Versäumnisse zahlt die deutsche Forstindustrie einen hohen Preis. Das kurzfristig in hohen Mengen anfallende Sturmholz führt zu einem Preisverfall auf dem Markt. Wie auch nach anderen Stürmen häufig, entsteht ein Mangel an Transportkapazitäten für Langholz. Das anfallende Holz kann nicht schnell abtransportiert werden und verliert deshalb an Wert. Forstfirmen und Holztransportunternehmen aus Skandinavien und dem Nordwesten der USA müssen zu Hilfe geholt werden. Durch den schnellen Betrieb von Naßlagern für die Haltbarmachung des geborgenen Nadelholzes kann jedoch die Ausbreitung von Borkenkäfern verhindert werden. In vielen Regionen wird jahrelang kein weiteres Nadelholz mehr eingeschlagen. Nachfolgekosten entstehen durch die kostenintensive Wiederaufforstung von vor dem Sturm nicht standortgerecht gepflanzten Nadelholzbeständen mit Laubholz.

nadse-Beraters Wjatscheslaw Dachitschew, der sich bereits am 15. März, drei Tage vor den Volkskammerwahlen, in der »Komsomolskaja Prawda« vorbehaltlos für eine NATO-Mitgliedschaft Gesamtdeutschlands einsetzte. Insgesamt, so Dachitschew im Rückblick, herrschte nach dem 9. November 1989 »ein absoluter Mangel an Konzepten für die sowjetische Deutschlandpolitik« vor.

Erst berief Moskau ein Viermächtetreffen der Botschafter im Berliner Kontrollratsgebäude ein, dann versicherte Gorbatschow Gregor Gysi Mitte Dezember 1989, die Sowjetunion werde die DDR »schon aus eigenem Interesse nicht im Stich lassen«. Auf der Deutschlandberatung im engsten Kreis seiner Mitarbeiter am 26. Januar 1990, der ersten nach dem Mauerfall überhaupt, entstand der Vorschlag, ein Forum mit den zwei deutschen Staaten und den vier Siegermächten zu schaffen. Er fand schließlich auch Gorbatschows Zustimmung. Parallel dazu verfolgte man ähnliche Ideen auf der Grundlage von Entwürfen der Baker-Berater Dennis Ross und Robert Zoellick auch im amerikanischen Außenministerium. Nicht ganz ohne den Einfluß von Hans-Dietrich Genscher, der Baker klarmachte, daß die Deutschen dabei ungern am »Katzentisch« sitzen wollten, einigte man sich

Zu einem letzten Foto versammeln sich Offiziere der sowjetischen Garnison 1994 vor dem Sowjetischen Ehrenmal im (einst West-Berliner) Tiergarten. Die Bundesrepublik hat sich in den Zwei-plus-Vier-Gesprächen verpflichtet, den Bestand jedes sowjetischen Ehrenmals »auf ewig« zu gewährleisten. Jedwede Veränderungen der Denkmale bedürfen seitdem der Zustimmung der rußischen Föderation.

schließlich auf das Konzept der »Zwei-plus-Vier-Gespräche«. Die Sowjets wollten anfangs lieber »Vier-plus-Zwei« sehen, aber James Baker konnte Gorbatschow Anfang Februar 1990 in Moskau von dieser Vorgehensweise überzeugen.

Einen Tag vor Bakers Moskau-Reise hatte George Bush Helmut Kohl zu verstehen gegeben, daß die USA »nichts unternehmen« würden, »was Ihren Landsleuten die Annahme nahelegen könnte, daß wir ihre Entscheidung für die Zukunft ihrer Nation nicht respektieren werden«. Bush war daran gelegen, die Deutschen bei dieser für die Zukunft Europas und der Welt entscheidenden Frage unbedingt als *partners in leadership* mit im Boot zu wissen. »Unnatürliche Teilungen«, meinte er später einmal, seien »keine Katalysatoren für den Frieden«. Vor allem aber ging es ihm um die Zukunft der NATO.

Am 11. Februar 1990, einen Tag nach Helmut Kohls Besuch in Moskau, begann im kanadischen Ottawa die sogenannte *Open-Skies*-Konferenz von NATO und Warschauer Pakt, auf der im Rahmen der laufenden Abrüstungsgespräche über Inspektionsflüge und Luftaufnahmen in den jeweils anderen Lufträumen verhandelt werden sollte. Am Rande dieser Konferenz wurde der »Zwei-plus-Vier«-Mechanismus fest verabredet. Nicht ohne Widerspruch, denn wieder, wie in Jalta und Potsdam 1945, war es der exklusive Kreis der »Großen Vier«, diesmal erweitert um die beiden deutschen Staaten, der über die deutsche Frage verhandeln sollte. Als die Sache im NATO-Rat bekanntgegeben wurde, so erinnert sich James Baker, »brach die Hölle los«. Auch die »kleineren« europäischen Siegerstaaten wollten dabei sein. Doch Genscher gab deutlich zu verstehen, daß die exklusive Runde bereits eine ausgemachte Sache sei. *You are not part of the game*, beschied er die Kritiker zur Zufriedenheit Bakers. Dabei blieb es.

Nichts deutet darauf hin, daß die DDR bei den Vorbereitungen der »Zwei-plus-Vier«-Verhandlungen von der sowjetischen Führung einbezogen worden wäre. Nach den Wahlen vom 18. März galt sie ohnehin als ein Anhängsel Bonns. Die Sowjetunion setzte ihre Hoffnung ganz auf Westdeutschland, was Gorbatschows außenpolitischer Berater Anatoli Tschernajew interessanterweise später mit historischen Überlegungen begründete. Der Schriftsteller Fjodor Dostojewski, so Tschernajew, habe einmal gesagt: »Ganz gleich, wie wir uns bemühen, dem Westen zu gefallen, lieben wird man uns nicht.« Diese Tradition sei bis heute ungebrochen, doch was die Deutschen anbelangt, meint Tschernajew weiter, lägen die Dinge anders, »denn wir haben zu ihnen trotz allem« – und damit spielte er auf die beiden verheerenden Kriege des 20. Jahrhunderts an – »besondere Beziehungen entwickelt über dreihundert Jahre hinweg«. Die Deutschen seien gewiß »nicht gegen eine Integration Rußlands in Europa«. Die

Markus Meckel, Mitbegründer der Sozialdemokratischen Partei der DDR (SDP), 1990 während einer Sitzung des Zentralen Runden Tisches der DDR. Hinter ihm der SDP-Vorsitzende Ibrahim Böhme, der im März als Stasi-Mitarbeiter enttarnt werden wird. Gemeinsam mit Bundesaußenminister Genscher vertritt Meckel die beiden deutschen Staaten bei den Zwei-plus-Vier-Gesprächen.

Amerikaner waren da anderer Ansicht. Moskaus Hoffnungen waren, wie man heute weiß, auch aus diesem Grund überzogen, doch sie sind ein Teil der Erklärung dafür, weshalb sich die Sowjetunion während der Debatten um die Einheit auf keinen Fall mit den Deutschen überwerfen wollte. Kohl war der Ansicht, wie er George Bush bei einem Treffen in Camp David Ende Februar mitteilte, die Sowjetunion habe »mit der NATO-Mitgliedschaft des vereinten Deutschlands kein Problem«, sie verlange aber »einen Preis«. Deshalb sei in den kommenden Monaten mit einem gewissen »Verhandlungspoker« zu rechnen.

Am 4. Mai, einen Tag vor dem Beginn des ersten Außenministertreffens der »Zwei-plus-Vier«-Gespräche, kam Eduard Schewardnadse tatsächlich auf die Frage einer Finanzhilfe für die Sowjetunion zu sprechen. Frühere sowjetische Berechnungen eines profitablen Dreiecks Sowjetunion, Bundesrepublik und DDR hatten sich zu diesem Zeitpunkt längst überholt. Schlimmer noch, wie Botschafter Juli Kwizinski später zu Protokoll gab – die Sowjetunion stand »am Rande eines Staatsbankrotts«, und niemand in Moskau hatte ein Konzept, wie man »das Land aus der Krise herausführen« oder »wenigstens den Export entwickeln und Valuta beschaffen sollte«. Kohl, auf die Anfrage nicht ganz unvorbereitet, gab sofort eine positive Antwort und richtete an Hilmar Kopper und Wolfgang Röhler von

Eine Kombination aus Telefon und reinem Btx-Terminal ist das »Multifunktionale Telefon 12« der Deutschen Bundespost.

Mit 24 Zeilen zu je 40 Zeichen ins Web: Wie mit Btx das Internet beginnt

Der Bildschirmtext sieht ursprünglich so aus wie Videotext noch zur Jahrtausendwende. Eigentlich ist Btx nur ein Fernseher, der mittels reiner Textseiten von 24 Zeilen zu je 40 Zeichen und mit einer Übertragungsrate von 1200 bit/s online informiert. Aber dennoch ist der 24-Zeiler der Anfang vom Internet in Deutschland.

Auf der Funkausstellung 1977 werden Btx und Videotext der Öffentlichkeit mit sensationellem Erfolg vorgestellt, um dann für drei Jahre in internen technischen Versuchen mit 344 Anbietern zu verschwinden. Zwei Landesgesetze genehmigen ab 1. Juli 1980 jeweils 3000 Berlinern und Düsseldorfern die Teilnahme an einem Feldversuch. Feldversuchsteilnehmer, Teleleser genannt, gehören zu einer Informationselite. Zahlreiche Onlineredaktionen von Zeitungen versorgen sich über Btx mit aktuellen Nachrichten. Schon im November 1980 werden Rechnerverbund, Onlinebanking (Verbraucherbank), Onlineshopping (Neckermann, Otto und Quelle) sowie die Online-Reisebuchung (TUI) weltweit erstmalig praktiziert.

Bis 1983 hat sich die Medienpolitik verständigt, daß Btx Rundfunk und damit Ländersache ist. Ein Staatsvertrag der Bundesländer gestattet die bundesweite Einführung und schränkt die Bundespost auf die Netzbetreiber-Funktion ein. Bundesweit erfolgt der Start am 3. September 1983 noch mit Feldversuchstechnik, denn die Firma IBM hatte sich verhoben mit ihrem »Client-Server-Konzept mit Leitzentrale, Datenbankrechnern, B-Rechnern, Leitungsrechnern und Konzentratoren, so kompliziert wie die Mondlandung«, wie das Unternehmen später eingesteht. Im März 1984 ist auch IBM bereit. Für die Deutsche Bundespost ist der Bildschirmtext zunächst eher ein Mißerfolg. Die Nutzerzahlen bleiben weit hinter den Erwartungen zurück. In den neunziger Jahren überlegt die Deutsche Bundespost sogar, den Dienst Btx komplett einzustellen. Dann kommt das Internet. Und aus der Bundespost wird im Netz »t-online«.

Im Jahre 1989/90 entwickelt der Brite Tim Berners-Lee am CERN-Institut in der Schweiz das World Wide Web (WWW), um die Fülle von Informationen im Internet besser nutzen zu können. In kürzester Zeit wird das WWW der wichtigste Internet-Dienst.

Zwei DDR-Anwälte im Gespräch. Der PDS-Vorsitzende Gregor Gysi (rechts) spricht nach der Wahl von Lothar de Maizière mit Peter Michael Diestel (links).

der Deutschen und der Dresdner Bank die Bitte, Details auszuarbeiten. Horst Teltschik wurde am 13. Mai mit den beiden auf geheime Mission nach Moskau geschickt.

Am 22. Mai unterbreitet Kohl Gorbatschow sein Angebot: 5 Milliarden DM Kredit zu günstigen Bedingungen als Bestandteil einer gesamtdeutschen Regelung und die Option, mit seinen westlichen Partnern über weitere Kreditmöglichkeiten zu sprechen. Es war das größte Darlehen, das der Sowjetunion je gewährt wurde, und es war für Moskau um so wichtiger, als wegen der gewaltsam eskalierten Krise um die Unabhängigkeit Litauens zu diesem Zeitpunkt von Washington nichts zu erwarten war. Nach der Vereinigung, ließ Kohl Gorbatschow über Teltschik wissen, sei er bereit, einen allgemeinen Vertrag mit der Sowjetunion zu schließen, der die Grundlage für ein neues, friedliches Europa bilden sollte. Für Mitte Juli wurde ein gemeinsames Treffen im Kaukasus vereinbart.

Der Start der »Zwei-plus-Vier«-Verhandlungen war allerdings keineswegs ermutigend. Die Sowjetunion trat in Bonn mit der Forderung auf, daß die Rechte der vier Mächte bestätigt werden müßten, eine deutsche Mitgliedschaft in der NATO nicht in Frage käme und die KSZE mit Befugnissen zur Überwachung der militärischen Lage und sogar der Politik in Deutsch-

Soldaten eines Garderegiments der sowjetischen Armee exerzieren 1990 auf dem Gelände ihrer Kaserne in Berlin-Karlshorst. 1991 sind noch 338000 sowjetische Soldaten in den Neuen Ländern stationiert. Dazu kommen noch etwa 208000 Familienangehörige sowie Zivilangestellte.

land ausgerüstet werden sollte. Das waren maximale Forderungen, doch es handelte sich, wie Kohl es vorausgesehen hatte, tatsächlich nur um »Verhandlungspoker«, während im Hintergrund die Wirtschaftsgespräche liefen und als weiteres Entgegenkommen an einer Neuformulierung der NATO-Doktrin gearbeitet wurde. Im Juli beschloß die NATO auf einem Sondergipfel in London einen Wandel des Bündnisses. Mittel- und Osteuropa wurde die »Hand zur Freundschaft« gereicht und erklärt, »daß wir uns nicht länger als Gegner betrachten« und »uns der Androhung oder Anwendung von Gewalt enthalten«.

Doch bereits Ende Mai hatte Gorbatschow bei einem amerikanisch-sowjetischen Gipfel in Washington der NATO-Mitgliedschaft eines vereinten Deutschland im Prinzip zugestimmt. Zumindest hatte er sein Einverständnis mit Bushs Berufung auf Passagen der Schlußakte von Helsinki erklärt, in denen davon die Rede ist, daß jeder Staat das Recht habe, seine Bündniszugehörigkeit frei zu entscheiden. Er würde folgendes vorschlagen, sagte Bush bei dem entscheidenden Gespräch am 31. Mai: »Die USA sprechen sich eindeutig für eine Mitgliedschaft des vereinten Deutschland in der NATO aus, allerdings werden wir, falls es sich anders entscheiden sollte, die Entscheidung nicht anfechten, sondern tolerieren.« Und Gorbatschow

24 Monate ohne jeden Heimaturlaub dienen die Rekruten der Gruppe der sowjetischen Streitkräfte in Deutschland. Die fünf Landarmeen und die Luftarmee der GSSD werden nach den Vereinbarungen des Zwei-plus-Vier-Vertrages bis August 1994 aus Deutschland abgezogen.

antwortete: »Einverstanden. Ich akzeptiere Ihre Formulierung.« Bush war sich natürlich sicher, daß die Deutschen in seinem Sinne entscheiden würden. Gorbatschow hoffte möglicherweise noch auf eine andere Wendung, vielleicht durch ein Referendum. Doch im Prinzip waren damit die Würfel gefallen. Die Frage, ob Deutschland tatsächlich in der NATO bleiben sollte, wurde am Ende allerdings bilateral von Kohl und Gorbatschow Mitte Juli in Moskau und im Kaukasus entschieden. Das Treffen brachte den Durchbruch.

Am Vormittag des 15. Juli 1990 wird der Bundeskanzler von Michail Gorbatschow auf der Freitreppe der neugotischen Villa Morosow in Moskau empfangen. Er war am Abend zuvor mit einer Boeing der Bundesluftwaffe auf dem Regierungsflughafen Wnukowo II gelandet. Im Salon der Villa geht es dann schnell zur Sache. Man habe »am Ende dieses Jahrhunderts noch einiges in Ordnung zu bringen«, beginnt Kohl das Gespräch, um anschließend den Reichsgründer und Rußlandfreund Otto von Bismarck mit den Worten zu zitieren: »Man kann nicht selbst etwas schaffen, man kann nur abwarten, bis man den Schritt Gottes durch die Ereignisse hallen hört; dann den Zipfel des Mantels fassen – das ist alles.« Die politische Poesie verfehlte ihre Wirkung nicht. Gorbatschow stimmte dem zu, verwies aber anschließend nüchtern darauf, daß besonders die Londoner Erklärung der

NATO ein Schritt in die richtige Richtung gewesen sei. Der Sache nach ging es bei diesem Besuch um die Mitgliedschaft eines vereinten Deutschlands in der NATO, die Zukunft der sowjetischen Truppen in Deutschland und die künftige Stärke einer gesamtdeutschen Armee.

Gorbatschow hatte sich offenbar vorgenommen, diese Fragen in einer intimeren Atmosphäre einer endgültigen Klärung zuzuführen, um damit einen baldigen Abschluß der »Zwei-plus-Vier«-Verhandlungen und die Vorbereitung eines bilateralen Vertrags mit Deutschland, von dem er sich viel versprach, möglich zu machen. Die Bilder, auf denen man Helmut Kohl in einer Strickjacke Hand in Hand mit dem sowjetischen Generalsekretär im Pullover am Ufer der reißenden Wasser des Flusses Selemtschuk bei Archys im Kaukasus stehen sieht, sind um die Welt gegangen. Hier, in einer umgebauten Oberförsterei, ging an einem langen Lärchentisch die letzte Runde des Deutschlandspiels der vergangenen Monate zu Ende. Die Schlüsselfrage, die NATO-Mitgliedschaft Deutschlands, wurde ganz zu Kohls Zufriedenheit – und zum Entsetzen beteiligter sowjetischer Diplomaten wie Walentin Falin – gelöst. Gorbatschow war sich im klaren darüber, wie er Falin vor der entscheidenden Sitzung ins Ohr flüsterte, daß »der Zug schon abgefahren« war. Teltschik war überwältigt. »Der Durchbruch ist erreicht!« notierte er ins Tagebuch. »Welch eine Sensation! So klare Zusagen Gorbatschows hatten wir nicht erwartet.«

Sie sollten auf einer gemeinsamen Pressekonferenz im Kurort Schelesnowodsk bei Mineralnyje Wody der internationalen Presse bekanntgemacht werden. Deutschland, so konnte Kohl dort das Ergebnis zusammenfassen, werde in Zukunft die Bundesrepublik, die DDR und Berlin umfassen. Es werde zum Zeitpunkt seiner Vereinigung die volle und uneingeschränkte Souveränität erhalten und auch über seine Bündniszugehörigkeit frei entscheiden können. Innerhalb der nächsten drei bis vier Jahre würden die sowjetischen Truppen aus Deutschland abgezogen, bis dahin aber die NATO-Strukturen nicht auf diesen Teil Deutschlands ausgedehnt. Das vereinte Deutschland würde die Personalstärke der Bundeswehr auf 370 000 Mann reduzieren, auf die Herstellung, den Besitz und die Verbreitung von ABC-Waffen weiterhin verzichten sowie Mitglied des Nichtverbreitungsvertrages bleiben. Durch die Schar der versammelten Journalisten ging bei jedem Punkt, wie Teltschik berichtet, ein erstauntes Raunen.

Im Sommer des nächsten Jahres sollte Gorbatschow nach einem Putschversuch seiner konservativen Gegner nicht mehr im Amt sein. Die einst mächtige Sowjetunion zerfiel. Nur vierzehn Tage nach dem Durchbruch im Kaukasus Mitte Juli 1990 überzog Saddam Husseins Irak das Ölscheichtum Kuwait am Persischen Golf mit einem Angriffskrieg. Die künftigen Probleme einer neuen Weltordnung deuteten sich schon an, während über

das Ende des kalten Krieges in den letzten Zügen verhandelt wurde, und die amerikanische Politik fand sich schnell auf andere Problemfelder umgelenkt. James Baker und Eduard Schewardnadse standen an diesem 3. August 1990 auf dem Moskauer Flughafen und verurteilten beide unisono den Überfall. »Das war das erste Mal seit dem Ende des Zweiten Weltkriegs«, so Baker, »daß die Außenminister der Sowjetunion und der Vereinigten Staaten so gehandelt hatten.«

Westdeutsche Gebrauchtwagenhändler im Juni 1990 in Cottbus. Hier bieten sie ihre »Schätze« mit dem Angebot »Jetzt fahren, am 2. Juli zahlen« an. Das ist der Tag nach der Einführung der D-Mark.

Am 12. September 1990 unterzeichneten die beteiligten sechs Staaten den »Zwei-plus-Vier«-Vertrag in Moskau. Am 3. Oktober, mehr als 45 Jahre nach dem Ende der Verwüstungen des Zweiten Weltkriegs, wurde das vereinte Deutschland wieder in die Souveränität entlassen. »Eines der Hauptresultate der Nach-Jalta-Ära ist, daß Deutschland endlich seinen Platz in Europa gefunden hat – in einem Europa, von dem man hoffen kann, daß es schnell und insgesamt aus Demokratien bestehen möge«, schrieb der französische Außenminister Roland Dumas bereits im Sommer 1990. Dabei sei es »von entscheidender Bedeutung« gewesen, »daß sich die DDR bereits vor der Vereinigung in einen demokratischen Staat verwandelte«. Das sollte die bleibende Botschaft des 3. Oktober 1990 werden.

Arno Funke ist seit seiner Entlassung auf Bewährung als Karikaturist unter anderem für das ehemalige DDR-Satiremagazin »Eulenspiegel« tätig. Im Jahr 2000 besucht er TV-Talkshows wie die von Alfred Biolek.

Der Kaufhauserpresser Dagobert: Ende in Köpenick

Beim ersten Mal erhält er richtiges Geld: 500 000 DM. Im Mai 1988 hat der gelernte Schilderhersteller und Lackierer in der Kinderwarenabteilung des Berliner »Kaufhaus des Westens« eine Bombe mit Zeitzünder deponiert. Der Erpresser fordert eine halbe Million Mark. Die erste Geldübergabe scheitert. Da legt er eine weitere Bombe. Die explodiert und richtet beträchtlichen Schaden in der Glasabteilung des Kaufhauses an. Die Erpressung zeigt Wirkung: Am 2. Juni wirft ein Geldbote die geforderte Summe auf ein Signal hin aus dem Fenster eines fahrenden Zuges. Ohne entdeckt zu werden, kann Arno Funke das erpreßte Geld einsammeln.

Nach vier Jahren hat er das Geld aufgebraucht. Zwischen 1992 und 1994 fordert Arno Funke deshalb 1,4 Millionen vom Karstadt-Konzern, damit dessen Filialen vor Sprengstoffanschlägen sicher sind. Sechsmal läßt er nachts in Kaufhäusern selbstgebaute Bomben explodieren. Nur durch glückliche Umstände werden bei diesen Explosionen nie Personen verletzt. Das hätte der Täter in Kauf genommen.

Einen originellen Namen erhält der Erpresser durch die Kleinanzeige, mit der Karstadt 1992 seine Verhandlungsbereitschaft signalisiert: »Dagobert grüßt seine Neffen« ist die Botschaft des Karstadt-Konzerns. Arno Funke wird zum Phantom »Dagobert«. Und bald berühmt. Als Daniel Düsentrieb der Schwerverbrecherszene. Einmal bastelt er eigens für eine Übergabe ein Mini-U-Boot. Dann konstruiert er eine ferngesteuerte Lore oder plaziert eine Streusandkiste genau über einem offenen Kanalisationsschacht, in dem er hockt und auf den Geldbriefträger wartet. Aber auf der Flucht vor der Polizei hat der Erpresser zwei Jahre oft mehr Glück als Verstand. Einmal kann er sich noch von einem Polizisten losreißen, weil dieser ausrutscht. Manche Quellen sagen: auf einer Bananenschale. Andere behaupten: auf Hundekot. Obwohl er mit technisch aufwendigen Geräten die Polizei austrickst, bedient die ihn nur mit »Blüten« und Zeitungspapierschnitzeln. Nach insgesamt 40 gescheiterten Geldübergaben wird Funke nachlässig. Fahnder orten den Erpresser per Fangschaltung in einer Köpenicker Telefonzelle. Die Polizei schlägt am 14. August 1994 zu, als Dagobert eine neue Anweisung für eine Geldübergabe übermittelt.

Angst vor Deutschland?

Am 24. März 1990 hatte die britische Premierministerin Margaret Thatcher einen erlesenen kleinen Kreis international angesehener Historiker und Publizisten, unter ihnen Gordon A. Craig, Hugh Trevor-Roper, Fritz Stern und Timothy Garton Ash, auf ihren Landsitz Chequers eingeladen. Sie hatten sich alle als Deutschlandexperten einen Namen gemacht. Die Ängste der britischen Regierung vor einem wiedererstarkenden Deutschland waren bekannt. Unvergeßlich ist die Minute, in der Thatcher bei einem Treffen mit François Mitterrand plötzlich eine Landkarte aus ihrer Handtasche zog, auf der Deutschland in seinen vielfältigen Konfigurationen der Vergangenheit abgebildet war. »Diese Veränderungen«, schreibt sie in ihren Memoiren, »waren im Hinblick auf die Zukunft nicht sonderlich beruhigend.« Deutschland habe stets »auf unberechenbare Weise zwischen Aggression und Selbstzweifel geschwankt«. Hinzu kam, daß sie wie viele Briten besonders gern dazu neigte, allen Völkern einen besonderen »Nationalcharakter« zu unterstellen. Doch jetzt, in Chequers, wollte sie es genauer wissen. Ihr Privatsekretär versandte im Februar die einschlägigen Einladungsbriefe. Es sollte ein informelles Treffen werden. Als Thema schlug sie vor, »über die Lehren« zu sprechen, »die aus der Geschichte Deutschlands für die Behandlung der deutschen Vereinigung und des vereinigten Deutschland, mit dem wir es zu tun haben werden, gezogen werden können«. Grundsätzlich, meinte später einer der Teilnehmer des Chequers-Treffens, Gordon A. Craig von der amerikanischen Universität Stanford, demonstrierte sie damit Offenheit und Lernbereitschaft.

Tatsächlich war nach der Runde eine Änderung ihrer Positionen deutlich bemerkbar. In einem Interview, das am 25. März im »Sunday Telegraph« und einen Tag später auch in der »Times« erschien, gab sie zu verstehen, daß sie sich über die deutsche Vereinigung nun keine Sorgen mehr mache. Sie habe ihre Ansichten revidiert, »daß die Deutschen ohne Rücksicht auf die internationalen Konsequenzen vorwärtsdrängten«. Offensichtlich bestand das Hauptergebnis der ländlichen Zusammenkunft für sie in dieser Umkehr. Die Medien nahmen das jedoch nur am Rande wahr.

Zu aufgeregt war das Klima. Bereits am 31. Oktober 1989, noch vor dem Fall der Mauer, hatte die »Times« unter der Überschrift *Beware a Reich resurging* vor einem kommenden »Vierten Reich« gewarnt, das »die natürliche Tendenz« haben werde, »seinem Vorgänger ähnlich zu sehen«. Mehr oder weniger war das bis zu dem Treffen von Chequers auch die Meinung von Margaret Thatcher gewesen. Wieso sollte sie ihre Ansichten geändert haben? Chequers erschien plötzlich in neuem Licht, als Handelsminister

VW-Vorstandsvorsitzender Carl Hahn und der Generaldirektor der Trabant-Werke Dieter Voigt stellen sich am Rande einer Tagung des Bundesverbandes der deutschen Industrie in Berlin-Rahnsdorf für den Fotografen vor einen Normal-Trabi.

Trabanten der Wende: Die Brüder Rittinghaus kaufen Sachsenring

Erst 1984 deutet sich im traditionsreichen sächsischen Automobilbau ein Fortschritt an: Die IFA, die Industrievereinigung Fahrzeugbau der DDR, erwirbt von der Volkswagen AG die Lizenz zum Bau des VW-Polo-Motors. Er soll ab 1988 bei den VEB Barkas-Werken Karl-Marx-Stadt in Serie gefertigt werden. Gleichzeitig wird im VEB Automobilwerk Zwickau die Entwicklung eines neuen Trabant vorangetrieben, der in einem neuen Sachsenring-Werk im Stadtteil Mosel gefertigt werden soll. Noch vor der Wende im November 1989 wird der Viertaktmotor dann in ein Auto eingebaut, dessen Karosserie abgesehen von Äußerlichkeiten wie Motorhaube, Frontgrill, Stoßstangen und Heckleuchten im wesentlichen aus den sechziger Jahren stammt. Die im Juli 1990 von der Treuhand gegründete Sachsenring Automobilwerke GmbH versucht erfolglos, den Trabant mit Viertaktmotor zu verkaufen – zuletzt für einen Preis von unter 6000 DM. Am 30. April 1991 verläßt in Zwickau der letzte Trabant, angetrieben von einem VW-Viertaktmotor, das Werk. Die Treuhand beschließt die Liquidation bis zum Dezember 1993.

Die Entwicklungsabteilung von Sachsenring ist bereits 1992 als FES GmbH Fahrzeugentwicklung Sachsen privatisiert worden. Sie wird 1993 mitsamt Namensrechten an die Brüder Rittinghaus aus Hemer im Sauerland verkauft. Sie etablieren unter dem Namen Sachsenring Automobiltechnik GmbH einen Automobilzulieferer, der vor allem Aufträge aus einer Produktionsverlagerung von VW erledigt. Bereits 1996 erfolgt die Umwandlung in eine Aktiengesellschaft. Die ehemalige Trabi-Schmiede geht am 2. Oktober 1997 als erstes Ostunternehmen an den Neuen Markt. Die Brüder Rittinghaus verfolgen das Konzept, mit dem durch den Börsengang verdienten Geld kleinere Firmen aufzukaufen. So wollen sie schnell expandieren. In schneller Folge kündigen die beiden Zukäufe an. »Prestige ist das, wonach sie sich sehnen. Sie treibt der Traum vom Großunternehmen«, beschreibt das Düsseldorfer »Handelsblatt« die Brüder. Doch ihr Konzept scheitert. Im Mai 2002 stellt die Sachsenring AG einen Insolvenzantrag. Die Staatsanwaltschaft ermittelt in der Folge u .a. wegen Insolvenzverschleppung.

Nicolas Ridley dem »Spectator« ein Interview gab, das am 14. Juli veröffentlicht wurde. Eigentlich ging es dabei um die künftige gemeinsame europäische Finanzpolitik. Die Franzosen, meinte Ridley, führten sich neuerdings gegenüber den Deutschen »wie Pudel« auf, und das sei »absolut unerträglich«. Sie verstünden überhaupt nicht, daß hinter der beabsichtigten europäischen Währungsunion nichts als ein teuflischer deutscher Plan stehe, »ganz Europa in die Hand zu bekommen«.

Das Interview war eine Katastrophe. Auf niederstem britischem Stammtischniveau faselte Ridley über den »Nationalcharakter« der Deutschen Mark und behauptete zum Schluß sogar, dann könne man doch gleich »alles ohne Umschweife Adolf Hitler in die Hand geben«. Die Presse nahm diese Äußerungen natürlich begierig auf – und brachte sie sofort in einen Zusammenhang mit dem Treffen in Chequers, mit dem sie gar nichts zu tun hatten. Einen Tag später meldete der »Independent«, bei einem »vertraulichen Treffen« in Chequers seien »die Fehler des deutschen Nationalcharakters festgestellt« worden. Kurz darauf war im »Spiegel« daraus ein »geheimes Seminar« geworden, auf dem sich die Teilnehmer »über die unheimlichen Deutschen« Sorgen machten. Davon konnte natürlich überhaupt keine Rede sein.

Es gab in diesen Monaten tatsächlich eine »Angst vor Deutschland«, und sie war angesichts des Verlaufs der deutschen Geschichte im 20. Jahrhundert nur allzu nachvollziehbar. »Pflanzte die Bundesrepublik Deutschland de-

Die Ehefrau eines in Deutschland stationierten US-Soldaten verfolgt 1991 die CNN-Nachrichten.
Ein Viertel der Welt, 35 Nationen, sind auf Beschluß der Vereinten Nationen im Krieg mit dem Irak – Deutschland nicht.

Das A B C D des Mobilfunks: Analog und digital

Schon 1958 wird das erste öffentliche Mobiltelefonnetz in Deutschland eingeführt. Einer der ersten Nutzer ist der damalige Bundeskanzler Konrad Adenauer in seinem Mercedes 300. Da ein Selbstwahlbetrieb nicht möglich ist, sind für die ca. 11 000 Teilnehmer im A-Netz rund um die Uhr 600 »Fräuleins vom Amt« in der Handvermittlung im Einsatz. Das A-Netz bleibt bis zum Jahr 1977 erhalten. Mit der Einführung eines neuen B-Netzes im Jahr 1977 kann man selbst wählen. Voraussetzung dafür ist aber das Wissen um den jeweiligen Aufenthaltsort des Mobiltelefonierers. Die Bundespost hat im B-Netz bis zu ca. 27 000 Kunden. In Deutschland wird das Netz im Dezember 1994 offiziell abgeschaltet.

Das Funktelefonnetz-C (C-Netz) wird am 1. September 1985 auf der Internationalen Funkmesse vorgestellt. Es wird wie die Vorgänger von der Deutschen Bundespost betrieben, die sich jetzt den Zusatz TELEKOM gegeben hat. Aktivierte Verbindungen werden beim Wechsel der Funkzelle mit dem sogenannten Handover weitergereicht. Der C-Netz-Teilnehmer ist unter einer einheitlichen Zugangskennzahl (0161) und Funkrufnummer erreichbar. Das C-Netz ist zum Ende bei einer Netzabdeckung von annähernd 100 Prozent angelangt. Neben der begrenzten Teilnehmeranzahl von 850 000 ist auch die Sprachqualität ein Schwachpunkt, da ein starkes Rauschen bei der Übertragung nicht zu vermeiden ist. Der Betrieb wird am 31. Dezember 2000 eingestellt.

1982 wird auf Betreiben der Deutschen Post TELEKOM die »Groupe Spécial Mobile« (GSM) gegründet, die für Europa ein einheitliches digitales Mobilfunksystem entwickelt. Als der Standard Ende der achtziger Jahre einsatzfähig ist, wird von dem damaligen Postminister Christian Schwarz-Schilling entschieden, daß neben der Bundespost auch ein privater Anbieter eine Lizenz für den Betrieb eines Netzes des GSM-Standards erhält. Insgesamt zehn Firmen bewerben sich, den Zuschlag erhält schließlich ein Konsortium unter Führung des Mannesmann-Konzerns.

Der Probebetrieb der ersten digitalen Mobilfunknetze beginnt 1991. Das größte Problem ist, daß es kaum Geräte auf dem Markt gibt. Daher gehen D1 Deutsche Telekom und D2 Mannesmann nach einjährigem Probebetrieb erst im Sommer 1992 an den Start. Die Netze haben Kapazitäten von jeweils bis zu vier Millionen Teilnehmern. Niemand kann sich in jenen Jahren vorstellen, wie viele Menschen bald mobil telefonieren werden und daß das Mobiltelefon in 15 Jahren die Festnetztelefonie immer mehr ersetzen wird.

In Anwesenheit der Außenminister der Zwei-plus-Vier-Verhandlungen Douglas Hurd, James A. Baker, Roland Dumas, Hans-Dietrich Genscher und Eduard Schewardnadse wird der alliierte Checkpoint Charlie in Berlin am 22. Juni 1990 aufgehoben. Am Rednerpult DDR-Außenminister Markus Meckel.

mokratische Gefühle in die Herzen ihrer Bürger«, fragte sich im Sommer 1990 der amerikanische Schriftsteller Arthur Miller, »oder ist sie schlichtweg ein System historischer Bequemlichkeiten, das von Ausländern erfunden wurde?« Er war sich da nicht so sicher. Günter Grass ließ Erinnerungen an Nietzsche aufkommen, als er in seiner *Kurzen Rede eines vaterlandslosen Gesellen* vor der Evangelischen Akademie in Tutzing zur gleichen Zeit – bewußt oder unbewußt – dessen 1871 ausgesprochenes Verdikt von der »Exstirpation des deutschen Geistes zugunsten des deutschen Reiches« zumindest sinngemäß wiederholte. »Der deutschen Einheit Pate heißt Freudlosigkeit«, so Grass. »Geld muß die fehlende, übergreifende Idee ersetzen.«

Ganz so war es nicht. Der österreichische Sozialdemokrat Günter Nenning sprach zu Recht von einer regelrechten »Angstlust vor Deutschland«. Bei allem taktischen Pragmatismus, bei allen Improvisationen, Fehleinschätzungen und auch gravierenden Fehlleistungen dieser Zeit blieb diesmal, anders als zu Zeiten des »unruhigen Reiches«, die deutsche Einigung in eine übergeordnete demokratische Idee von Europa eingeordnet.

Ein Faktor, der allerdings nicht unwesentlich zu der Angst vor neuen deutschen *incertitudes* beigetragen hat, war die Haltung Helmut Kohls zur Frage der Oder-Neiße-Grenze. »Sobald man sie ansprach«, schreibt der

Ergebnisse der ersten Bundestagswahl in den neuen Ländern und Berlin am 2. Dezember 1990

In der ersten gesamtdeutschen Bundestagswahl 1990 gelten die alte Bundesrepublik und die ehemalige DDR als getrennte Wahlgebiete. Die kandidierenden Parteien müssen nur in einem Gebiet mit ihren Stimmen die Fünfprozentmarke überschreiten, um in den Bundestag einziehen zu können. Dank dieser Regelung zieht die PDS in den Bundestag ein. Da Bündnis 90/Die Grünen aus Ost und die Grünen West keine Listenverbindung eingegangen sind und die West-Grünen die Fünfprozenthürde nicht bewältigen, ist im ersten gesamtdeutschen Bundestag nur die Partei Bündnis 90/Die Grünen aus den Neuen Ländern vertreten.

Länder	CDU/CSU	SPD	FDP	Grüne*	Bündnis 90/Grüne*	PDS
Mecklenburg-Vorpommern	41,2 %	26,5 %	9,1 %	-	5,9 %	14,2 %
Brandenburg	36,3 %	32,9 %	9,7 %	-	6,6 %	11,0 %
Sachsen-Anhalt	38,6 %	24,7 %	19,7 %	-	5,3 %	9,4 %
Sachsen	49,5 %	18,2 %	12,4 %	-	5,9 %	9,0 %
Thüringen	45,2 %	21,9 %	14,6 %	-	6,1 %	8,3 %
Berlin	39,4 %	30,6 %	9,1 %	3,9 %	3,3 %	9,7 %

* Ergebnis bezogen auf Ost- und West-Berlin
Quelle: Zusammenstellung der Autoren aus: Der Bundeswahlleiter, Statistisches Bundesamt Deutschland (www.bundeswahlleiter.de).

damalige EU-Kommissionspräsident Jacques Delors in seinen *Erinnerungen eines Europäers*, »sah man, wie seine Stirn sich in Falten legte.« Kohl erzeugte mit seiner Haltung zur polnischen Westgrenze Anfang 1990 tatsächlich zeitweilig eine größere Krise. Die Frage war auf den Konferenzen von Jalta und Potsdam 1945 offen geblieben, und gewisse nationalistische Kreise in der Bundesrepublik witterten plötzlich die Gunst der Stunde. Der Bundeskanzler wollte ihnen durch das Aussitzen der Frage offenbar innenpolitisch den Wind aus den Segeln nehmen. Obwohl beide deutsche Staaten die Oder-Neiße-Grenze anerkannt und diese Anerkennung durch die Unterzeichnung der Schlußakte von Helsinki noch einmal bekräftigt hatten, weigerte er sich nun, für seine westlichen Partner und die Polen überraschend, vor der Vereinigung Deutschlands eine verpflichtende Erklärung zu diesem Thema abzugeben. »Nicht nur in Polen gab es Angst«, meinte damals der französische Politikwissenschaftler und Publizist Alfred Grosser. »Helmut Kohl scheint nicht gesehen zu haben, welches Porzellan er zerschlug, auch das des französischen Glaubens an die endgültige Verankerung der Bundesrepublik in der Europäischen Gemeinschaft.«

Die polnische Angst war bereits aufgekommen, als Kohl während seines ersten Besuchs im östlichen Nachbarland ausgerechnet im Franziskanerkloster auf dem oberschlesischen Annaberg eine deutschsprachige Versöhnungsmesse ausrichten wollte. Hier hatten nach dem Ersten Weltkrieg heftige Kämpfe zwischen Polen und Deutschen stattgefunden, und der Ort, nach den Worten von Marion Gräfin Dönhoff von allen denkbaren Plätzen »der optimal ungeeignetste«, war mit hohen Emotionen besetzt. Über die Hälfte der Polen fürchtete sich vor der Wiedervereinigung, und jeder fünfte glaubte, sie würde zu einem neuen Krieg führen. Die Irritationen lösten sich erst auf, als nicht ohne Druck aus Washington Kohl zu der Initiative veranlaßt wurde, beide deutsche Parlamente nach den Volkskammerwahlen vom 18. März entsprechende eindeutige Erklärungen zur deutsch-polnischen Grenze abgeben zu lassen. Den Vertriebenen aber, auf die er anfangs durch seine Zurückhaltung glaubte Rücksicht nehmen zu müssen, konnte er nun erklären, ohne den Verzicht sei die Einheit nicht zu haben, und sie damit entwaffnen.

Am 21. April verständigten sich die Außenminister der Europäischen Gemeinschaft in Dublin auf eine Eingliederung der DDR in die EG zum Vereinigungsdatum. Gleichzeitig legten die beiden Außenminister Roland Dumas und Hans-Dietrich Genscher einen Plan auf den Tisch, der zwei Regierungskonferenzen vorsah. Auf der einen sollte die baldige Einführung einer euro-

Am 4. Oktober 1990 sind die 497 in der alten Bundesrepublik, die 19 vom (West-)Berliner Abgeordnetenhaus und die 144 von der DDR-Volkskammer gewählten Abgeordneten des Deutschen Bundestags im Berliner Reichstag zusammengekommen, um die deutsche Einigung zu besiegeln. Am 3. Oktober ist die Einigung formell in Kraft getreten.

Das Asylantenheim in Rostock-Lichtenhagen am 23. August 1992 – einen Tag, nachdem es in Brand gesetzt wurde.

Das Drei-Tage-Pogrom: Rostock-Lichtenhagen im August 1992

Rostock-Lichtenhagen ist ein Plattenbaugebiet. Hier liegt die Zast, die Zentrale Aufnahmestelle für Asylbewerber in Mecklenburg-Vorpommern. Wenn die Zast überbelegt ist oder die Menschen nach den Öffnungszeiten ankommen, müssen sie vor der Tür übernachten, ohne daß sich jemand um Sanitäranlagen und sonstige Versorgung kümmert. Neben dem Asylbewerberheim leben etwa 150 Vietnamesen in Neubauwohnungen. Die Verhältnisse rund um die Rostocker Zast empören die Anwohner. Ihre Empörung richtet sich aber nicht gegen die Zustände, sondern gegen deren Opfer. Am Abend des 22. August versammeln sich zwischen 1000 und 2000 Menschen und feuern etwa 500 Täter an, beginnen, das Haus mit Steinen und Molotowcocktails anzugreifen. Unter den Tätern sind viele Neonazis, aber auch Jugendliche aus dem Viertel. Am Sonntag kommt es zu ähnlichen Szenen. Fast ganz Lichtenhagen hat sich versammelt. Jetzt beginnt am hellichten Tag eine hundertköpfige Gruppe mit den ersten Angriffen auf das Haus. Das Flüchtlingsheim Zast wird am Montagnachmittag auf Veranlassung der Heimleitung evakuiert. Sowohl der Ausländerbeauftragte von Rostock als auch PDS-Abgeordnete informieren die Polizei darüber, daß sich im Nachbargebäude noch die Vietnamesen in ihren Wohnungen aufhalten. Die Polizei erklärt, davon sei ihr nichts bekannt.

Am Montagabend erreichen die Angriffe ihren Höhepunkt. Hundertschaften der Polizei sind aus Hamburg als Verstärkung eingetroffen. Die bitten um 16 Uhr dringend um Verstärkung. Die Bitte wird von der Einsatzleitung nicht weitergeleitet. Gegen 21 Uhr werden sogar sämtliche vor dem bewohnten Haus eingesetzte Beamte abgezogen. Die Hamburger fragen mehrfach bei der Einsatzleitung nach, ob sie sich wirklich zurückziehen sollen. Kurz darauf werden von ca. 800 Angreifern die ersten Brandsätze in das ungeschützte Haus geschleudert. Rechtsradikale dringen in das Gebäude ein. In dem sind neben den Vietnamesen auch der Ausländerbeauftragte und ein ZDF-Team eingeschlossen. Den Eingeschlossenen gelingt es, über die Dächer zu fliehen. Die Vietnamesen werden noch in der Nacht mit Bussen in eine Turnhalle gebracht, wo sie tagelang bleiben müssen.

päischen Währungsunion beschlossen, auf der anderen über die Schaffung einer europäischen politischen Union beraten werden. »Noch nie«, meinte Genscher im Sommer 1990, »waren die Deutschen so durch und durch demokratisch wie heute, noch nie waren sie so europäisch wie heute.« Und Dumas stimmte ihm zu, indem er schrieb: »Deutschland ist und wird europäisch sein.« Mit diesen Klarstellungen war der gordische Knoten durchschlagen.

Dennoch waren die ersten Jahre nach der Einheit von vielfältigen Irritationen begleitet. Am 11. September 1990, drei Wochen vor dem für die Deutschen entscheidenden 3. Oktober, verkündete George Bush vor dem amerikanischen Kongreß den Beginn einer »neuen Weltordnung«. Die Rede war sowohl eine Antwort auf das Ende des kalten Krieges als auch auf die neue Krise im Persischen Golf. Die »Herrschaft des Rechts«, so Bush, müsse in Zukunft »die Herrschaft des Dschungels ersetzen«. Am 29. November verabschiedete der UN-Sicherheitsrat die Resolution 678, die den Einsatz aller notwendigen Mittel vorsah, sollte sich der Irak nicht bis zum 15. Januar 1991 aus Kuwait zurückziehen. Er tat es nicht. Am 17. Januar begann unter der Beteiligung von 27 Nationen die Operation *Desert Storm* unter dem Kommando des amerikanischen Generals Norman Schwarzkopf. Saddam Hussein antwortete einen Tag später mit Raketenangriffen auf Israel.

Obwohl Deutschland der erste Nutznießer der neuen Weltordnung geworden war und die USA von ihrem *partner in leadership* eine stärkere Unterstützung erwarteten, betrieb Bonn fast ausschließlich eine Scheckbuchdiplomatie zur Mitfinanzierung der amerikanischen Kriegskosten. Die Zurückhaltung – immerhin wurden 18 »Alpha«-Jets und 49 Soldaten mit »Hawk«-Raketen in die Türkei verlegt – hatte historische Gründe, und es gab auch verfassungsrechtliche Bedenken. Ein weiterer Grund war, daß der Oberste Sowjet im Januar 1991 den »Zwei-plus-Vier«-Vertrag noch nicht ratifiziert hatte. Der Krieg mobilisierte unter der deutschen Linken einen pazifistischen Antiamerikanismus, der völlig in Vergessenheit geraten ließ, welche Rolle die USA gerade erst bei der Wiedervereinigung des Landes gespielt hatten – und in welchem Maße deutsche Firmen für die Ausrüstung der auf Israel gelenkten irakischen »Scud«-Raketen mitverantwortlich waren. So wenig man in den entscheidenden Monaten des Vereinigungsprozesses »national« sein wollte, so wenig wollte man nun mit Verweis auf die eigene Vergangenheit einem militärischen Engagement im Ausland die Tür öffnen. Vor allem wollte niemand »Blut für Öl« vergießen. Allein der Schatzmeister der SPD, Hans-Ulrich Klose, hielt das für einen Versuch, »sich vor den Realitäten zu verstecken«, und die Publizistin Cora Stephan attestierte ihren Landsleuten in der »Süddeutschen Zeitung«, ihre

Maria Jepsen:
Die erste Bischöfin in Deutschland

In den letzten zwei Jahrzehnten des 20. Jahrhunderts nimmt der Duden über 5000 weibliche Personenbezeichnungen auf, die zuvor nur in männlicher Form vorkommen, darunter die Erbsenzählerin und die Leichenfledderin. 1993 muß der Duden das Wort »Bischöfin« nachweisen.

Am 4. April 1992 wählt die Synode der Nordelbischen Kirche die damals 47jährige Maria Jepsen zur Bischöfin für den Sprengel Hamburg. Sie ist die erste evangelisch-lutherische Bischöfin der Welt. »Die Kirche muß sich einmischen in Politik, muß wieder lebendiger werden und den Glauben im Alltag lebbar machen«, lautet ihr Motto bei der Wahl 1992. Vor Maria Jepsen hatte es schon zwei Kandidatinnen für ein Bischofsamt innerhalb der evangelischen Kirche gegeben. Diese hatten aber gegen die männlichen Kandidaten verloren. Einige konservative Theologen zitieren damals den Bibel-Satz »Das Weib schweige in der Gemeinde« und werfen der neuen Bischöfin eine »einseitige feministische theologische Position« vor. 2002 sind ihre Kritiker verstummt. Sie wird mit einer überwältigenden Mehrheit für weitere zehn Jahre von den Kirchenparlamentariern im Amt bestätigt. Die Erfahrungen ihres Amtes faßt sie so zusammen: »Frauen auf dem Weg nach oben rate ich, sich nicht zu verbiegen, um irgendeine Position zu erreichen, sondern so zu bleiben, wie man/frau ist, mit allen Ecken und Kanten.«

Maria Jepsen steht der Nordelbischen Evangelisch-Lutherischen Kirche vor, die im Januar 1977 gegründet wurde.

Maria Bregas wird am 19. Januar 1945 in Bad Segeberg geboren und besucht dort die Schule. Nach dem Abitur 1964 studiert sie in Tübingen, Kiel und Marburg Altphilologie und Evangelische Theologie. 1970 beendet sie ihr Universitätsstudium mit dem Ersten Theologischen Examen in Kiel und geht ins Vikariat an den Stadtrand Hamburgs. Sie heiratet den Vikar Peter Jepsen. 1972 legt sie in Kiel ihr Zweites Theologisches Examen ab. Mit ihrem Mann geht sie 1972 als Gemeindepastorin nach Meldorf in Dithmarschen. 1977 wechseln sie nach Leck in Schleswig, wo sie bis 1990 bleiben. 1991 wird Maria Jepsen Pröpstin im Kirchenkreis Hamburg-Harburg.

Schnappschuß in Berlin, 1990.
Die Bratwurst schätzen die Deutschen in Ost und West. Seit der Währungsunion vom 1. Juli des Jahres ist auch klar, was für eine Mark gemeint ist: die harte bundesdeutsche D-Mark.

Abwehrgesten von heute ließen darauf schließen, »daß mehr als vierzig Jahre geschenkter Demokratie noch immer nicht ausgereicht haben, die Deutschen politikfähig zu machen«. Tatsächlich war die Bundesrepublik weder militärisch noch politisch und psychologisch auf die von ihr erwartete neue Rolle in der Weltpolitik vorbereitet. Die Deutschen waren mit sich selbst beschäftigt. Sie waren kaum wieder »ein Volk«, da machte sich an einigen Orten militante Fremdenfeindlichkeit bemerkbar. Im September 1991 überfielen sächsische Rechtsextremisten in Hoyerswerda, einst wie Eisenhüttenstadt ein Aushängeschild des sozialistischen Aufbaus, vietnamesische Gastarbeiter, prügelten sich anschließend mit der Polizei und zogen dann unter dem Beifall der Anwohner gegen ein Asylbewerberheim los, das sie mit Molotowcocktails und Stahlkugeln angriffen. Im August 1992 wiederholte sich ein ähnlicher Vorfall in einem Vorort von Rostock. Jetzt brannte ein ganzer Wohnblock, in dem vor allem Vietnamesen lebten. Sie waren zu DDR-Zeiten wegen Arbeitskräftemangels, begleitet von internationalistischen Parolen, als Gastarbeiter ins Land geholt worden, doch nun wollte man sie gewaltsam wieder loswerden. Erneut versammelte sich eine johlende Menge, die Beifall klatschte. Ende September wurde ein Brandanschlag auf das ehemalige KZ Sachsenhausen verübt. In der schleswig-holsteinischen Kleinstadt Mölln kamen im November bei einem Brandanschlag drei Türkinnen ums Leben, sieben Menschen wurden verletzt, 1993 starben in Solingen fünf Türken in einem brennenden Haus. Das vereinte Deutschland erlebte eine Welle von Gewalttaten gegen Ausländer und zum ersten Mal seit der sogenannten Reichskristallnacht vom 9. November 1939 pogromartige Situationen, allein 1992 mit 17 Toten und 452 Verletzten. Die plötzliche Zunahme der Gewalttaten verdeutlichte auf einmal, wie der Schriftsteller Peter Schneider 1993 schrieb, »daß es das Böse gibt und daß es jederzeit wieder unter dem dünnen Firnis der Zivilisation hervorbrechen kann«. Hunderttausende demonstrierten vor allem im Westen des Landes mit Lichterketten gegen die Gewalt.

Die Vorfälle, die durch die Presse gingen, waren nur die Spitze eines Eisbergs. Zwar hatte, wie Studien nachwiesen, die Realisierung der deutschen Einheit zu einem vorläufigen Niedergang des traditionellen, parteiförmig organisierten Rechtsextremismus geführt. Die Anschläge und Pogrome gingen meist von einer unorganisierten jugendlichen Szene aus, die es seit den achtziger Jahren auch in der DDR gab. »Proletarische« Gewalt, die auch das Regime zuzeiten propagierte, mischte sich mit einer »völkischen« Subkultur gegen den »undeutschen« Staat. Sie nahm bereits 1989 explosionsartig zu. Es war nicht das einzige Mal in der Geschichte, daß eine gesellschaftliche Krisensituation ihre Gewaltspur hinterließ. Auch die Französische Revolution, von dem Philosophen Georg Wilhelm Friedrich Hegel damals als »herrlicher Sonnenaufgang« begrüßt, hatte ihr blutiges schwarzes Herz. Doch in den Jahren 1989/90, als plötzlich Schwarze und Vietnamesen von jugendlichen Randalierern durch DDR-Städte gejagt wurden, geschah dies auf dem Hintergrund einer – selbst durch den offiziellen Antifaschismus der DDR – bewältigt geglaubten deutschen Geschichte. Auf einmal waren die Mörder, wie es in einem berühmt gewordenen Filmtitel der Nachkriegszeit hieß, wieder »unter uns«.

Die Bilder der gaffenden Menge in Rostock-Lichtenhagen koinzidierten auf eigentümliche Weise mit den Debatten, die 1995 durch die Hamburger Wehrmachtsausstellung ausgelöst wurden. In beiden Fällen ging es um die Gewaltbereitschaft »normaler« Deutscher. Insgesamt 900000 Menschen besuchten die am 5. März 1995 in Hamburg eröffnete und anschließend in 33 deutschen und österreichischen Städten gezeigte Ausstellung »Vernichtungskrieg. Verbrechen der Wehrmacht 1941 bis 1944«, in der, wie die »Zeit« schrieb, eine »fürchterliche Wahrheit« offenbar wurde. »Bis in die untersten Dienstränge«, so »Die Woche« kurz nach der Ausstellungseröffnung, war die Wehrmacht offenbar »auf die Beteiligung an der Endlösung bestens eingestellt«. Die lange sorgsam gehütete Legende von der »sauberen« Wehrmacht zerbrach, oft gegen heftige und aggressive Widerstände. Als der SPD-Abgeordnete Otto Schily in einer der spannendsten

Dresden 1991. Jahrelang können die »Skinheads Sächsische Schweiz (SSS)« in der Umgebung von Dresden Terror verbreiten. Bei den Landtagswahlen 2004 wird die NPD in Sachsen 12,3 Prozent der Stimmen erringen.

Bundestagsdebatten der Nachkriegszeit 1997 im Hinblick auf die Wehrmachtsausstellung davon sprach, es seien »noch viele Aufräumungsarbeiten im Bewußtsein unseres Volkes zu leisten« und die Deutschen sollten sich »endlich zu der Einsicht durchringen, daß Deutschland nur dadurch zur Demokratie geworden ist, daß Nazi-Deutschland den Krieg verloren hat«, applaudierten ihm allerdings auch viele Kollegen aus dem konservativen Lager.

1993 hatte selbst Willy Brandts Witwe Brigitte Seebacher anläßlich des Volkstrauertages noch auf dem fundamentalen Unterschied zwischen Hitler und seiner Armee bestanden. Die Schlagworte des Jahres hießen Identität, Versöhnung, Einordnen, Historisieren. Vor allem der Nationalsozialismus sollte, in Fortsetzung von Ernst Noltes Impuls, der in den achtziger Jahren den sogenannten Historikerstreit ausgelöst hatte, »historisiert« und damit in die Aktenschränke der Geschichtsschreibung eingeordnet werden. Mit der »Verhöhnung des Soldaten« und dem »verklemmten deutschen Selbsthaß«, so der Schriftsteller Botho Strauß im Februar 1993 im »Spiegel«, müsse ein für alle Mal Schluß gemacht werden. Das waren auch Reaktionen auf Überreaktionen wie beispielsweise diejenige von Günter Grass, der kurz nach der Wende das Verdikt ausgesprochen hatte, Auschwitz, »das bleibende Trauma«, schließe »einen zukünftigen deut-

Petra Kelly und Gert Bastian sind am 29. Januar 1989 Gast bei der Gründung des »Neuen Forums«, dem Sammelbecken der DDR-Opposition.

Petra Kelly: Ihre tödliche Liebe zu Gert Bastian

Niemand hatte sie offenbar vermißt. Die Leiche von Petra Kelly wird erst drei Wochen nach ihrem Tod in ihrer Wohnung entdeckt. Die bekannte Ökologin ist im Schlaf von ihrem Lebensgefährten Gert Bastian erschossen worden. Nach der Tat hat sich der Siebzigjährige nach den Ermittlungen der Polizei selbst gerichtet. Motiv und Hintergründe des Todes sind bis heute nicht abschließend geklärt. Petra Kelly, zum Zeitpunkt ihres Todes im Oktober 1992 45 Jahre alt, wird in ihren letzten beiden Lebensjahren von Ängsten gequält. Sie ist angewiesen auf die Anwesenheit Bastians, ohne den sie keinen Schritt aus dem Haus macht. Untersuchungen haben ergeben, dass Petra Kelly nicht freiwillig aus dem Leben geschieden ist. Petra Kelly wird als Karin Lehmann 1947 in Günzburg geboren. Den Nachnamen Kelly erhält sie durch ihren Stiefvater, einen US-Amerikaner. Im Alter von 13 Jahren siedelt Petra Kelly mit ihrer Familie in die USA über. Sie studiert Politische Wissenschaften in Washington und schließt 1971 ihr Studium in Amsterdam ab. Danach wird sie Verwaltungsrätin bei der Europäischen Kommission in Brüssel. Sie engagiert sich in der Antiatombewegung und wird 1979 in den Bundesvorstand des Bundesverbands Bürgerinitiativen Umweltschutz (BBU) gewählt. Bis 1983 ist sie eine der drei Vorsitzenden der neuen Partei Die Grünen.

Der 1922 geborene Gert Bastian bringt es in der Bundeswehr bis zum Brigadegeneral. Der NATO-Nachrüstungsbeschluß veranlaßt ihn 1980, aus der Bundeswehr auszuscheiden. In diesem Jahr begegnet er Petra Kelly und tritt den Grünen bei. Bei deren Einzug in den Deutschen Bundestag ist Petra Kelly unter den Abgeordneten. Auch Gert Bastian sitzt von 1983 bis 1987 für die Grünen im Parlament. 1985 beziehen Kelly und der 25 Jahre ältere Bastian in Bonn eine gemeinsame Wohnung. Im Januar 1987 wird Petra Kelly erneut Bundestagsabgeordnete. Aber ihre Art einer Politik der Betroffenheit ist Ende der achtziger Jahre auch bei den Grünen einem sachlichen Politikverständnis gewichen. Bei den ersten Wahlen nach der Wiedervereinigung bemüht sie sich erfolglos um eine weitere Bundestagskandidatur. Zu diesem Zeitpunkt lassen ihre Kräfte nach und nimmt die Abhängigkeit von ihrem Lebensgefährten zu.

schen Einheitsstaat aus«. Aber es war teilweise weit mehr. Das Bekenntnis der Bundesrepublik zur westlichen Wertegemeinschaft, so das Vorwort zu einem voluminösen Buch mit dem Titel *Westbindung. Chancen und Risiken für Deutschland*, sei nichts als eine »auf die totalitäre Durchdringung der gesamten Gesellschaft gerichtete politische Utopie«, eine »politische Religion«. Ende 1993 kam die Zeitung »Die Woche« zu dem Ergebnis, durch einen »neuen Frühling des deutschen Mandarinentums« habe sich »der anarchische konservative Kanon« offenbar im Laufe des Jahres »auf einmal zu einem geordneten mehrstimmigen Chor organisiert«.

Hatte sich der Wind gedreht? Waren die Zeiten »linker« Hegemonie vorüber? Es gab einen gewissen nationalkonservativen Pendelausschlag in diesen Jahren, aber keiner konnte wissen, daß im Ergebnis mit den Jahren eher eine Liberalisierung der Geisteshaltungen dabei herauskommen würde, ohne daß allerdings die im engeren Sinn Liberalen politisch davon hätten profitieren können. Sozialdemokraten und Grüne, die während des deutschen Vereinigungsprozesses und der neuen außenpolitischen Herausforderungen teilweise ins Abseits zu geraten drohten, lernten Verantwortungsethik, Konservative das befreiende Moment individueller Besonderheiten und Eigenarten sowie eine größere Akzeptanz der dunklen Seiten deutscher Geschichte.

Zugegriffen wird im März 1990 auf dem Leipziger Marktplatz von der Männerwelt beim erotischen »Zubehörhandel« Beate Uhse.

Im Juni 1993 demonstrieren auch die Schauspieler Angelica Domröse und Hilmar Thate für den Erhalt des Schiller-Theaters. Aber nach der Wiedervereinigung hat Berlin vieles doppelt und damit zuviel: z.B. Beamte, Theater und Orchester.

Schiller-Killer: Berlin schließt 1993 sein Schiller-Theater

*Bis zur Eingemeindung nach Groß-Berlin im Jahr 1920 ist Charlottenburg eine selbständige Großstadt. Charlottenburg leistet sich das Schiller-Theater, das am 1. Januar 1907 eröffnet wird. Damals schafft sich jede Großstadt ein in der Regel großzügig dimensioniertes Stadttheater an. Die Teilung Berlins nach 1945 weist dem Charlottenburger Theater eine neue Rolle zu. Dem Westteil der Stadt fehlt nach der Teilung ein repräsentatives und zentral gelegenes Theater. Das im Krieg zerstörte Schiller-Theater wird wiederaufgebaut. Am 6. September 1951 wird es als Haus der »Staatlichen Schauspielbühnen Berlin« neueröffnet. Unter der Intendanz von Boleslaw Barlog (*1906, †1999) gilt das Ensemble als eines der besten in Deutschland.*

Die künstlerischen Hochzeiten des Hauses sind bereits vorbei, als 1990 West- und Ost-Berlin zusammenwachsen. Die Stadt hat jetzt zu viele staatliche Bühnen. Robin Detje beschreibt im Juni 2003 in der »Zeit« die Lage: »Gleichzeitig hatten sich auch die Hauptstadtkünstler mächtig ans Abzocken gewöhnt. Das Subventionstheatersystem erlaubte hohe Gewinnmitnahmen. So traf politische Inkompetenz, die sich in den Zeiten des Wohlstands hatte verschleiern lassen, auf die Empfindlichkeiten eines Künstlerstandes, der sich mit seinem eigenen Fehlverhalten auch nur sehr ungern auseinandersetzte.« Am 22. Juni 1993 faßt der Berliner Senat den Beschluß, im Zuge von Sparmaßnahmen das Schiller-Theater zu schließen. Robin Detje: »Hinter dem Schließungsbeschluß steckte kein politisches Konzept, nicht einmal künstlerische Weitsicht, nur die Ratlosigkeit einer Runde von Provinzpolitikern bei Kaffee und Schnittchen, die vor ihren Aktenbergen in Entscheidungsnot geraten waren.« Der in der Presse bald »Schiller-Killer« genannte parteilose Kultursenator Ulrich Roloff-Momin in seinen Erinnerungen: »Ich mußte mir insgeheim eingestehen, daß die Befürworter der Schließung den einzigen Invaliden im Berliner Theaterleben getroffen hatten: Das Schiller-Theater war ... jahrzehntelang immer weiter heruntergekommen und befand sich buchstäblich auf dem Hund.«

Tag der offenen Tür 1991 bei einer Bundeswehreinheit im nordbrandenburgischen Gransee. Die Bundeswehr nutzt hier eine ehemalige NVA-Kaserne.

Spürbarer als in Deutschland hatte die Rückkehr des Nationalismus in anderen Teilen Europas nach dem Zusammenbruch des Kommunismus zu Verwerfungen geführt. Er glaube nicht, schrieb 1992 der nach dem Krieg in die USA emigrierte ungarische Historiker John Lukacs, daß er heute zufrieden in Budapest leben könne. Zu sehr würde er sich über die verschärften nationalistischen Töne in seinem ehemaligen Heimatland aufregen. Osteuropa sei, im Gegensatz zu der modischen These des Amerikaners Francis Fukuyama vom »Ende der Geschichte« nach dem Zusammenbruch des Kommunismus, erneut voller Geschichte. »Leider«, wie Lukacs feststellen mußte, und mehr, »als sie am Ort verzehren können«.

Deutlicher als seine alte Heimat und mit mörderischen Konsequenzen betraf dies das benachbarte Jugoslawien. Die Hauptschuld für die fünf jugoslawischen Kriege, die 1991 mit den Unabhängigkeitserklärungen Sloweniens und Kroatiens begannen, trug der anwachsende großserbische Nationalismus der Belgrader Führung unter Slobodan Milosevic. Die Rolle der Bundesrepublik war dabei alles andere als glücklich. Washington hatte sich aus der Befürchtung heraus, die jugoslawische Krise könne sich zu einem Präzedenzfall für die gefährdete Sowjetunion erweisen, öffentlich gegen alle Sezessionsbestrebungen ausgesprochen. Bonn allerdings zeigte hier weniger Zurückhaltung als im Golfkrieg und erkannte Slowenien und Kroatien als erstes Land der Welt am 23. Dezember 1991 offiziell an. Der

Schritt war zwar nicht die Ursache der Krise, aber er machte Freund und Feind auf dem Balkan nun deutlicher sichtbar. Als die Kriege in Jugoslawien eskalierten, meinte der luxemburgische Außenminister Jacques Poos, dies sei »die Stunde der Europäer, nicht die Stunde der Amerikaner«. Das waren große Worte. In Wirklichkeit zeigten sich auch die übrigen Europäer, nicht nur die Deutschen, der Krise nicht gewachsen. Die jugoslawische Krise wurde zur Stunde der Wahrheit. Erst Bill Clintons von moralischen Impulsen getragene Entscheidung, 1994 das von serbischen Truppen umzingelte und unter Beschuß genommene Sarajevo durch begrenzte Luftangriffe auf serbische Stellungen zu entlasten, brachte eine gewisse Wende. Deutschland hatte sich bereits seit April 1993 an AWACS-Aufklärungsflügen zur Überwachung des von den Vereinten Nationen verhängten Flugverbots über Bosnien-Herzegowina beteiligt. Deutsche Blauhelme waren 1993 im Rahmen der UN-Aktion »Neue Hoffnung« in Somalia stationiert. Am 12. Juli 1994 entschied das Bundesverfassungsgericht, daß militärische Einsätze der Bundeswehr in bestimmten Fällen mit Zustimmung des Bundestages auch *out of area*, also außerhalb des NATO-Gebiets, zulässig sein konnten, wenn sie im Rahmen der UNO, der Westeuropäischen Union oder der NATO stattfinden würden. Langsam und zögernd wuchsen die Deutschen in ihre neue Rolle weltpolitischer Verantwortung hinein.

Am 1. November 1993 trat der Maastrichter Vertrag über die Schaffung einer Europäischen Union in Kraft. Neben konkreten Schritten zur Einführung einer einheitlichen europäischen Währung mit Wirkung vom 1. Januar 1999 wurden Wege zu einer gemeinsamen europäischen Außen- und Sicherheitspolitik sowie Angleichungen im Bereich der Innen- und Rechtspolitik und die Einführung einer Unionsbürgerschaft vereinbart. Der Vertrag von Maastricht, meint Jacques Delors im Rückblick, habe »eine stimulierende Verpflichtung« dargestellt, »die zur Überwindung der Schwierigkeiten beitrug, die mit der jugoslawischen Tragödie und dann mit der deutschen Wiedervereinigung verbunden waren«. Die deutsche Einheit hatte diese Entwicklung forciert. Das Land würde durch die gemeinsame Währung fester in Europa eingebunden sein als je zuvor und einen Teil seiner neu gewonnenen Souveränität an die Union abgeben.

Zwei zusammenhängende »Jahrhundertentscheidungen«, wie Helmut Kohl es formulierte, waren in den letzten Jahren getroffen worden: die deutsche Einheit und die politische Einigung Europas. Deutschland gewann dabei auch an Souveränität. Am 31. August 1994 verließen die letzten Soldaten der ehemaligen Sowjetarmee das Land. Eine Woche später wurden die westalliierten Streitkräfte feierlich verabschiedet. Die »Angst vor Deutschland«, die Wende und Vereinigungsprozeß begleitet hatte, hatte sich weitgehend gelegt.

Blühende Landschaften?

»Weil Kanzler Kohl bis heute einen leichtfertigen Optimismus propagiert und einen kurzfristigen, leicht erschwinglichen Erfolg verspricht, sind inzwischen bei ›Wessis‹ und ›Ossis‹ große Enttäuschungen eingetreten«, schrieb sein Vorgänger Helmut Schmidt am 3. Oktober 1991, zum Jahrestag der Vereinigung, in der »Zeit«. »Es wäre gewiß viel besser und jedenfalls moralisch geboten gewesen, am 3. Oktober 1990 an die Solidarität der Westdeutschen zu appellieren, ihnen zu sagen, daß wir ein Jahrzehnt der Einschränkung vor uns haben, und den Bürgern im Osten des Vaterlandes ebenso deutlich zu sagen, daß ihnen ein Jahrzehnt schwieriger Anpassung bevorsteht.« Kohl hätte, meint Schmidt, nach dem Vorbild Winston Churchills vom Mai 1940 eine Art »Blut-, Schweiß- und Tränenrede an das deutsche Volk« richten müssen.

Schmidt wußte, wovon er redete. 1958 hatte er auf Anregung Herbert Wehners eine Studie über »Mögliche Stufen eines wirtschaftlichen und sozialen Wiedervereinigungsprozesses« ausgearbeitet. Er rechnete schon damals mit einer stufenweisen Entwicklung von fünf Jahren, bei der es zu einer beträchtlichen Entlassungswelle kommen würde, die durch sozialpolitische Maßnahmen und große Infrastrukturinvestitionen aufgefangen werden sollte. Auch Ludwig Erhard hatte unter dem Titel »Wirtschaftliche Probleme des Einheitsprozes-

Demontage der Großkokerei in Lauchhammer in der Niederlausitz 1992. Der Braunkohleabbau hat die Landschaft zerstört, jetzt zerstören die weltweite Konkurrenz und der Wegfall der Märkte in Osteuropa die Industrie der Neuen Länder.

Der Bauunternehmer Jürgen Schneider in der Leipziger Mädler-Passage 1993.

Jürgen Schneider: Der Baulöwe, der Bankkonten räumt

Bei den Großbanken gibt es eine eigene Zeitrechnung. Die datiert auf die Zeit »vor Schneider« und »nach Schneider«. »Hereinspaziert, wenn's kein Schneider ist«, ist seitdem ein abgestandener Scherz in Bankerkreisen. Ende der achtziger Jahre gibt es eine Immobilienhausse ohnegleichen. Die wird durch die Wiedervereinigung noch angeheizt. In dieser Zeit ist Dr. Utz Jürgen Friedrich Schneider bald der größte deutsche Bauherr und größte private Kreditnehmer.

Schneiders Bankschulden belaufen sich im Jahr 1994 auf über 5 Milliarden D-Mark, knapp ein Viertel davon hat ihm die Deutsche Bank geliehen. Die imposante Summe hat sich der Frankfurter Immobilienentwickler Schneider von mehr als 50 Geldhäusern mit meist »frisierten« Unterlagen über seine Bauprojekte verschafft. Die sind immer gediegen und liegen in besten Lagen. Er erhält jeden Kredit, für dessen Gewährung er auch bereit ist, die Flächenangaben in den Unterlagen mit Tipp-Ex und Bürokopierer zu frisieren. Ein klarer Fall von Betrug. Bedeutsam ist Jürgen Schneiders Bautätigkeit für das Frankfurter Stadtbild, vor allem aber für das Wiederauferstehen von Leipzig nach der Wende. Ende Februar 1994 erscheint ein kritischer Beitrag über Probleme mit Mietern der Schneider-Immobilien in der »Frankfurter Allgemeinen Zeitung«. Schneiders Schneeball-Finanzierungssystem, in dem er den Banken als Sicherheit nur ihr eigenes Geld gezeigt hat, rollt nicht mehr. Nur solange Schneiders Liquidität sicher ist und durch Verkäufe oder neue Kredite Geld hereinkommt, kann er weiter Prachtbauten zu Kosten sanieren, die niemals kostendeckend sein werden. Als Schneider Anfang April die Deutsche Bank über die drohende Zahlungsunfähigkeit informiert, kollabiert das System. Am 14. April 1994 stellt die Deutsche Bank Strafanzeige. Da ist Schneider schon mit seiner Frau Claudia in Florida untergetaucht. Die internationale Fahndung endet erst am 17. Mai 1995, als die beiden in Miami festgenommen werden. Durch die Insolvenz ist rund 1000 Gläubigern ein Schaden von 2,4 Milliarden D-Mark entstanden. Am 30. Juni 1997 beginnt der spektakulärste Wirtschaftsstrafprozeß, den Deutschland bis dahin erlebt hat. Mit einer milden Strafe von sechs Jahren und neun Monaten, die er nur zu zwei Dritteln absitzt, kommt Schneider davon.

ses« von 1953 eine Blaupause für den »Tag X« hinterlassen, deren Kerngedanken um die Frage kreisten, wie und mit welchen Mitteln der damals bereits vorhandene »betrübliche, ja vielfach erschütternde« Produktivitätsrückstand in Ostdeutschland wieder aufzuholen wäre, um durch Leistungsangleichung zu gleichen Lebensverhältnissen zu kommen. 1990 gab es solche Pläne nicht.

In diesem Jahr war die offenkundige Tatsache, daß die DDR-Wirtschaft selbst ohne Wiedervereinigung kurz vor dem Kollaps stand, in Bonn kein Thema. Man habe, räumte Finanzminister Theo Waigel 1994 entschuldigend ein, »fast nichts in der Hand« gehabt, »was die ökonomische Lage der DDR betraf«. Dabei zeigte beispielsweise der am 6. Dezember 1989 in die Bundesrepublik übergewechselte Alexander Schalck-Golodkowski in 31 langen Sitzungen beim Bundesnachrichtendienst keine Scheu, alles über den »sich auflösenden Staat«, wie er es formulierte, detailliert mitzuteilen. Kaum jemand wußte mehr. Auch das Sondergutachten eines von der Bundesrepublik eingesetzten Sachverständigenrats kam Ende Januar 1990 zu keinem ermutigenden Ergebnis, ebensowenig die Bundesbank.

Helmut Kohl hatte die ersten gesamtdeutschen Wahlen am 2. Dezember 1990 unter anderem mit dem Versprechen haushoch gewonnen, niemand müsse »wegen der Vereinigung auf etwas verzichten« und es werde »keine Steuererhöhungen zum Zwecke der deutschen Einheit« geben. Die Sachverständigen waren da bereits zu Jahresbeginn zu ganz anderen Prognosen gekommen. Durch die Einführung der D-Mark in der DDR, meinten sie, kämen »riesige Belastungen«

Bundestagswahlkampf in den neuen Ländern, 1984. An der Seebrücke im Ostseebad Binz auf der Insel Rügen kündigen Plakate das Kommen des Bundeskanzlers Helmut Kohl an. Er wird diese Wahl noch einmal gewinnen.

Entwicklung der Einwohnerzahlen in den Neuen Ländern (inkl. West-Berlin) 1990 bis 2005

Zwischen 1990 und 2005 geht überall in den Neuen Ländern und West-Berlin die Bevölkerungszahl kontinuierlich zurück, am stärksten im Land Sachsen-Anhalt. Hier geht sie um 14 Prozent zurück. Zwischen Erzgebirge und Ostsee sinkt die Bevölkerungszahl um mehr als 1,4 Millionen Menschen (8 Prozent).

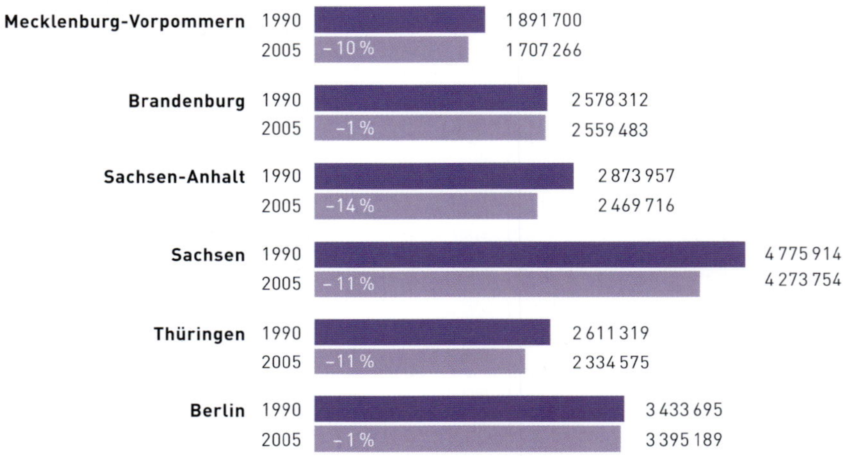

Quelle: eigene Zusammenstellung der Autoren aus den Inhalten der Statistischen Ämter der jeweiligen Länder.

auf die öffentlichen Haushalte zu. »Erhebliche Steuererhöhungen« seien unvermeidlich, und zudem sei davon auszugehen, daß die öffentlichen Mittel »in Transfers für konsumtive Verwendungen«, also in den Verbrauch, gehen würden und deshalb »bei der Finanzierung von Maßnahmen zur Verbesserung der Infrastruktur« nicht mehr zur Verfügung stünden.

Die EU-Kommission schätzte die Kosten der Einheit im Frühjahr 1990 auf 190 Milliarden DM pro Jahr, und der Internationale Währungsfonds errechnete nur wenig später einen Gesamtbetrag von 1500 bis 2000 Milliarden. Doch es sollte sich bald herausstellen, daß selbst diese Schätzungen auf einem kaum begründeten Optimismus beruhten. Zum 1. Juli 1991 erhöhte die Bundesregierung mit dem sogenannten Solidaritätszuschlag die Lohnsteuer um 7,5 Prozent und die Einkommensteuer um 3,75 Prozent. 1995 wurde der »Solidarpakt I« aufgelegt, und die jährlichen Zahlungen daraus wurden für die nächsten zehn Jahre auf 210 Milliarden DM nach oben korrigiert. Am Ende flossen bis 2005 1,4 Billionen Euro, die fünffache Summe des Bundeshaushalts vom gleichen Jahr. Das bedeutete einen Nettobeitrag von rund 100 000 Euro pro Einwohner der neuen Bundesländer, und dennoch sahen 88 Prozent der Ostdeutschen laut Umfragen vom Mai 2004 den Aufbau Ost als gescheitert an.

Es war voraussehbar, daß sich mit der Einführung der D-Mark kein neues Wirtschaftswunder mit »blühenden Landschaften« in kürzester Zeit ereignen würde. Die Bundesregierung, die mit so viel Bravour und geschickter Diplomatie den komplizierten Weg der politischen Vereinigung gemeistert hatte, war auf die wirtschaftliche Vereinigung überhaupt nicht vorbereitet. Sie hat die damit verbundenen Schwierigkeiten vollkommen unterschätzt. Sie hätte die weitere Talfahrt der ostdeutschen Wirtschaft unter den gegebenen Rahmenbedingungen aber auch anders kaum aufhalten, bestenfalls bremsen können. Aber sie hätte sehr wohl darauf verzichten können, jene Illusionen zu verbreiten, die binnen kürzester Zeit in Enttäuschung und Defätismus umschlugen. 1991 war die Zahl der Erwerbstätigen in den neuen Ländern von 9,64 auf 6,52 Millionen gesunken und das Bruttoinlandsprodukt um vierzig Prozent geschrumpft. Im März 1991 gab es in Leipzig zum ersten Mal seit der Wende wieder Montagsdemonstrationen mit bis zu 60 000 Teilnehmern. Sie skandierten nicht mehr »Wir sind ein Volk«, sondern »Von Honecker belogen, von Kohl betrogen«. Zum Wort des Jahres 1992 wurde, wenig überraschend, »Politikverdrossenheit«.

Als erstes entwickelte sich mit der Währungsunion vom Juli 1990 der bis dahin heißbegehrte Trabant zu einem Ladenhüter, bestenfalls zu einem gehätschelten Nostalgieprodukt. Die Auto-hausse billiger Gebrauchtwagen aus dem Westen war aber nur ein Vorgeschmack auf alles Kommende. Westprodukte überschwemmten den Markt, von Südfrüchten bis zu Yellow-Press-Illustrierten, die auf einmal neben Klassikerausgaben in den Buchläden auslagen. Selbst Gurken aus dem Westen schienen begehrter als die bislang durchaus geschätzten Heimerzeugnisse aus dem Spreewald. Die D-Mark-Illusion ruinierte die eigene Wirtschaft. Dabei sollte der Konsumrausch nicht einmal der entscheidende Faktor sein.

Viel wichtiger war, daß die D-Mark-Einführung mit allen ihren Konsequenzen die DDR-Wirtschaft als Produktionsstandort über Nacht konkurrenzunfähig machte. Sie führte zu einem unauflösbaren Widerspruch. Als Anfang April 1990 Pläne der Bundesbank durchsickerten, wonach ein Umtauschkurs von 2:1 erwogen wurde, kam es zu massiven Demonstrationen in der DDR. Die Währungsumstellung, wie sie dann tatsächlich erfolgte – 1:1 für Löhne und Gehälter, 2:1 für Betriebsschulden sowie Spar- und Bargeld über 4000 Mark –, wurde politisch unter dem Druck der Straße ertrotzt. Anders, so Bundesarbeitsminister Norbert Blüm zu Bundeskanzler Kohl, werde es »zu tiefgreifenden sozialen Verwerfungen sowie zu destabilisierenden politischen Folgewirkungen« kommen. Doch »je näher der

Auf dem SPD-Parteitag in Mannheim Anfang November 1995 stürzt Oskar Lafontaine (rechts neben Johannes Rau) den bisherigen Parteivorsitzenden Rudolf Scharping nach einer emotional wirksamen Rede. Lafontaine wird die SPD drei Jahre später als Vorsitzender in den Wahlsieg führen, sich aber schon bald mit Bundeskanzler Gerhard Schröder überwerfen.

Oskar Lafontaine: Der Schröder-Macher

Das »Deutsche Allgemeine Sonntagsblatt« fällt ein hartes Urteil: »Rhetorik siegte gegen Redlichkeit, Charisma gegen Charakter.« Und Hamburgs Erster Bürgermeister Henning Voscherau spricht von einem »moralischen Makel«, mit dem der neue SPD-Vorsitzende leben müsse. Der heißt auf dem Mannheimer Parteitag der SPD 1995 Oskar Lafontaine. Auf dem Parteitag in Mannheim haben sich der Saarländer Oskar Lafontaine und der Niedersachse Gerhard Schröder gegen den SPD-Vorsitzenden Rudolf Scharping verbündet, um die SPD für die Bundestagswahl 1998 schlagkräftig zu machen. Sie wiegen Scharping zunächst in dem sicheren Gefühl, er könne SPD-Vorsitzender bleiben. Doch dann tritt Oskar Lafontaine 16. November 1995 überraschend zu einer flammenden Kampfrede gegen Rudolf Scharping an. Als Lafontaine für das Amt des SPD-Vorsitzenden kandidiert, wird er von den Delegierten gewählt.

Oskar Lafontaine tritt 1966 in die SPD ein. Schon mit 27 Jahren ist der Diplomphysiker Landtagsabgeordneter. 1976 wird er Oberbürgermeister von Saarbrücken. Im März 1985 erringt Lafontaine bei der Landtagswahl im Saarland knapp die absolute Mehrheit und wird Ministerpräsident. Im Jahr 1990 holt er ein Rekordergebnis: 54,4 Prozent. Danach wird er zum Kanzlerkandidaten der SPD ausgerufen. Als Kanzlerkandidat scheitert Lafontaine in der ersten gesamtdeutschen Bundestagswahl 1990 gegen Helmut Kohl. Am 1. März 1998 trägt Lafontaine Schröder nach einem Landtagswahlsieg die Kanzlerkandidatur an. Nach dem Wahlsieg 1998 erhält Lafontaine als der »starke Mann neben Gerhard Schröder« das mit der Zuständigkeit für Grundsatzfragen der Wirtschaftspolitik, Konjunktur und Europa erweiterte Finanzministerium. Im März 1999 kommt es nach internen Streitigkeiten in der rot-grünen Regierung über Lafontaines Finanz- und Wirtschaftspolitik zu einem internen Machtwort des Bundeskanzlers. Daraufhin tritt Lafontaine verbittert nicht nur als Finanzminister, sondern auch als SPD-Chef zurück.

Umstellungskurs von DDR-Mark zu D-Mark bei der Parität liegen würde«, so der Konstanzer Politikwissenschaftler Wolfgang Seibel in einer Studie über die Privatisierung der DDR-Wirtschaft, »desto höher würden einerseits Löhne und Transferleistungen (insbesondere Renten) ausfallen, um so höher aber auch Erzeugerpreise, Unternehmens- und Staatsschulden«. Mit anderen Worten: um so schneller würde die ostdeutsche Wirtschaft in den Ruin getrieben.

Tatsächlich bewirkte die Währungsunion in Ostdeutschland über Nacht eine Depression, die in der Wirtschaftsgeschichte der Industriestaaten ihresgleichen sucht. Für sich genommen, ohne die soziale Abfederung und Gesamthaftung durch den Westen, war sie weit schlimmer als die Krise Anfang der dreißiger Jahre, die den Untergang der Weimarer Republik mitverursacht hatte. Damals, zwischen 1928 und 1933, fiel die Industrieproduktion in Deutschland um vierzig Prozent, nach der Wende in der ehemaligen DDR bis 1992 um fast siebzig Prozent. Die Arbeitslosigkeit und die verdeckte Arbeitslosigkeit auf dem sogenannten Zweiten Arbeitsmarkt nahmen ungeahnte Ausmaße an.

Zur schnellen Einführung der D-Mark mit dem dann festgelegten Kurs gab es wahrscheinlich, politisch gesehen, kaum eine Alternative – es sei denn, man hätte die Grenzen wieder geschlossen. Das Prinzip »Rückgabe vor Entschädigung« sollte sich allerdings als ein ausschließlich ideo-

Im August 1990 demonstrieren DDR-Bauern auf dem Alexanderplatz gegen die Landwirtschaftspolitik der Regierung Modrow. Nach der Wende erfolgt ein Umbruch der Landwirtschaft in den Neuen Ländern. Die LPG lösen sich entweder in bäuerliche Einzelbetriebe auf oder werden in GmbH oder Genossenschaften umgewandelt.

Birgit Breuel ist seit 1991 Chefin der Treuhandanstalt, bevor sie 1995 Generalkommissarin der Weltausstellung Expo 2000 in Hannover wird. Sie bekommt die organisatorischen Probleme und die Kosten der Expo in den Griff, kann aber die ambitionierten Besucherprognosen nicht erreichen.

Birgit Breuel:
»Ich war die ›bestgehaßte‹ Person«

Birgit Breuel wird am 7. September 1937 als zweites von fünf Kindern in Hamburg als Tochter von Alwin Münchmeyer, Inhaber des Hamburger Handels- und Bankhauses Münchmeyer und Co., geboren. Nach ihrem Abitur 1956 und einem Praktikum in der Vereinsbank Hamburg studiert Birgit Münchmeyer bis 1959 Politische Wissenschaften in Hamburg, Oxford und Genf. Die 21jährige heiratet den Verlagskaufmann Ernst Jürgen Breuel und geht ohne Abschluß von der Universität ab. Statt dessen macht sie 1965 die Prüfung zur Einzelhandelskauffrau und arbeitet als Direktionsassistentin zunächst im Hamburger Weltwirtschaftsarchiv, dann 1961/62 beim »International Report« in New York. Sie bringt bis 1965 drei Söhne zur Welt.

Als ihr ältester Sohn eingeschult wird, engagiert sie sich im Elternbeirat und streitet gegen die Schulpolitik der Hamburger SPD. 1966 tritt sie in die CDU ein. Ministerpräsident Ernst Albrecht holt Breuel 1978 in sein niedersächsisches Kabinett. Sie wird Wirtschaftsministerin. Sie sagt über ihre politische Karriere: »Ich wurde Ministerin, weil ich eine Frau bin, und bin Ministerin geblieben, obwohl ich eine Frau bin.« Birgit Breuel geht 1990 in den Vorstand der Treuhandanstalt. Als der Präsident der Treuhand, Detlev Carsten Rohwedder, einem Attentat zum Opfer fällt und »alle Männer kniffen« – so ihr Förderer Helmut Kohl –, wird Breuel am 13. April 1991 gegen den Widerstand vor allem der SPD zur Präsidentin der Treuhandanstalt berufen. In einem Interview mit Viola Roggenkamp in der »Zeit« im Jahr 1999 sagt sie: »Die Treuhand war die bestgehaßte Institution. Ich war die bestgehaßte Person.« Ihr Motto ist »Schnelle Privatisierung, entschlossene Sanierung, behutsame Stillegung«. Nach einem Monat hat die Treuhand-Chefin 600 Betriebe verkauft. Ende 1991 sind es 5000, im Juli 1992 6500. Als sie am 30. Dezember 1994 die Abschlußbilanz der Treuhandanstalt vorlegt, gibt es kein Bankett und keinen festlichen Empfang. Am 1. April 1995 übernimmt Birgit Breuel das Amt der Expo-Generalkommissarin für die Weltausstellung 2000.

logisch begründetes Investitionshemmnis erster Güte herausstellen. Die ursprünglichen Eigentümer und ihre Rechtsnachfolger konnten oft erst nach langwierigen und komplizierten Verfahren namhaft gemacht werden. In einigen Fällen erwies sich der Nachweis als aussichtslos. So entstanden Verzögerungen im Aufbau der Städte und Unsicherheiten bei Investoren auch im industriellen Bereich, die bei anderen gesetzlichen Rahmenbedingungen hätten vermieden werden können.

Seit dem »Gesetz zur Privatisierung und Reorganisation des volkseigenen Vermögens«, das die Volkskammer am 17. Juni 1990 verabschiedete, stand fest, daß die DDR-Wirtschaft durch die noch von der Regierung Modrow ins Leben gerufene Treuhandanstalt nun nach dem westdeutschen Modell restrukturiert werden sollte. Der zweite Chef der Treuhandanstalt, der Anfang April 1991 von der »Roten Armee Fraktion« ermordete Detlev Carsten Rohwedder, hatte dazu die Devise ausgegeben: »Schnell privatisieren, entschlossen sanieren und behutsam stillegen.« Die Formel »Rückgabe vor Entschädigung« widersprach dem in gewisser Weise. Andererseits wurde das Tempo der Privatisierung sehr schnell durch die Folgen der Währungsunion diktiert, die durch eine De-facto-Aufwertung um das Dreifache zu einer rapiden Entwertung des Industrievermögens führte, was wiederum eine Politik der schnellen Privatisierung um jeden Preis begünstigte.

Hätte es dazu eine Alternative gegeben? Wie, meint im Rückblick Klaus von Dohnanyi, selbst einige Zeit Sonderbeauftragter der Treuhand, hätte man es denn anders machen sollen? Erst sanieren, dann privatisieren? Wer hätte bei den mangelhaften Bilanzen, die oft erst 1992 vollständig vorlagen, und bei den unvollständigen Bestandsaufnahmen den entsprechenden Sachverstand dazu aufbringen können? »Wer«, so Dohnanyi, »sollte das Sanierungsziel vorgeben? Welche Fristen wären im Einzelfall realistisch gewesen?« In seinen Augen gab es zu Rohwedders Grundkonzept der Treuhand keine Alternative. Allerdings habe sich die Entscheidung der Regierung Kohl, die Treuhand weisungsgebunden an das Finanzministerium anzubinden, als »fatal« erwiesen. Dadurch wurden zutiefst unternehmerische Fragen immer wieder vorrangig nach fiskalischer Opportunität entschieden. Tragfähige unternehmerische Konzepte waren manchmal weniger wichtig als der kurzfristige Veräußerungsgewinn.

Zu dem Ergebnis, daß die Treuhand aus diesem Grund »falsch programmiert« war, kommt auch der »Welt«-Reporter Uwe Müller in seinem Buch *Supergau Deutsche Einheit*. Weil ihr Auftrag durch die Bindung an das Finanzministerium nicht im Aufbau moderner Wirtschaftsbetriebe, sondern in der schnellen Verwertung des DDR-Vermögens bestand, »mußten die Privatisierungen im Hauruck-Verfahren durchgezogen werden«, so

Der Potsdamer Platz: Eine kritische Rekonstruktion

Architektonisches Detail am Potsdamer Platz. Hier darf sich die Postmoderne im Detail zeigen. Architekturkritiker finden den Neuen Potsdamer Platz furchtbar, die vielen Besucher aus aller Welt lieben ihn.

Während der neunziger Jahre ist der Potsdamer Platz in Berlin die »größte Baustelle Europas«. Die Wiederbebauung der innerstädtischen Brache soll die östlichen und westlichen Zentren Berlins miteinander verbinden. Deshalb veräußert der Senat die Grundstücke zügig an die Großinvestoren Sony, DaimlerChrysler und ABB/Terreno/Roland Ernst und Otto Beisheim. Der charismatische Berliner Senatsbaudirektor Hans Stimmann setzt für die Bebauung gegen viele Widerstände seine Idee der »europäischen Stadt« durch. Die komplett neue städtebauliche Anlage soll auch an diesem markanten Punkt der von Stimmann gewollten »kritischen Rekonstruktion«, die sich am historischen Stadtgrundriß und an der lokalen Bautypologie orientiert, entsprechen. Nach intensiven Planungen werden die Projekte ab 1994 realisiert. Auf den an den ehemaligen Potsdamer Platz angrenzenden Brachen entstehen vier Komplexe. Den größten Anteil an der Gesamtbebauung des Potsdamer Platzes hat mit rund 70 000 m² das DaimlerChrysler-Quartier. Das nordwestliche, zwischen der neu erbauten Entlastungsstraße und dem Potsdamer Platz liegende, 27 000 m² umfassende Sony Center wird von dem US-Amerikaner Helmut Jahn gestaltet. Nach dem Mauerfall stehen hier noch erhaltene Säle des Grandhotels »Esplanade«. Die unter Denkmalschutz stehenden Teile müssen für die Neuplanung technisch aufwendig versetzt werden. Der 1300 Tonnen schwere »Kaisersaal« wird in einer spektakulären Aktion auf Luftkissen um 75 Meter verschoben, andere dekorative Bereiche werden sorgfältig abgenommen und am neuen Standort rekonstruiert. Am 2. Oktober 1998 wird das DaimlerChrysler-Areal als erstes fertiges Projekt eröffnet, 2004 als letztes Großprojekt das Beisheim-Center. Obwohl Firmenhochhäuser, Geschäfts- und Bürobauten das Bild am neuen Potsdamer Platz bestimmen, gibt es auf 20 Prozent der Fläche Wohnungen. Selbst die Kritiker der entstandenen Architektur räumen ein, daß durch die Neubebauung städtisches Leben an den Potsdamer Platz zurückgekehrt ist.

Müller. Man habe ausschließlich einzelne Betriebe im Auge gehabt, während eine »übergeordnete Industriepolitik fehlte. Strategisch wichtige Unternehmen wurden nicht an die Börse gebracht, sondern an westdeutsche oder internationale Konzerne verkauft, womit sie zum Anhängsel degradiert wurden. Eine Abstimmung mit der Förderpolitik der ostdeutschen Länder, die ihrerseits kaum kooperierten, gab es praktisch nicht.« Auch die verfehlte Lohnpolitik – durch die Währungsunion stiegen die Ostlöhne von sieben Valuta-Prozent des Westniveaus über Nacht auf 35 Prozent mit der Tendenz der Angleichung – führte zu horrenden Verlusten. Für Investitionen in neue Märkte fehlte deshalb das Geld.

Doch die Politik der schnellen Privatisierung war eben auch eine zwangsläufige Folge der rapiden Entwertung des Industrievermögens. Mit ihren veralteten Maschinen und Anlagen erreichten die ostdeutschen Betriebe oft ohnehin nur einen Bruchteil der westdeutschen Produktivität. Die osteuropäischen Märkte brachen weg. Durch die Währungsumstellung potenzierten sich nun auch noch die Arbeitskosten, Erzeugerpreise und Schulden. Hätte man, so der Exbundesbankpräsident Karl Otto Pöhl leicht polemisch überspitzt vor dem Treuhand-Untersuchungsausschuß des Bundestages 1993, beispielsweise die D-Mark in Österreich eingeführt und den Schilling 1:1 umgestellt, wären die Ergebnisse kaum andere gewesen.

Arbeiter demonstrieren 1992 vor der Treuhandanstalt. Die erlöst im ganzen ca. 60 Mrd. Euro aus ihren Verkäufen, dem stehen aber Abwicklungskosten von ungefähr 300 Mrd. Euro gegenüber. Die Differenz wird weitgehend im Erblastentilgungsfonds allein durch den Bund verzinst und getilgt.

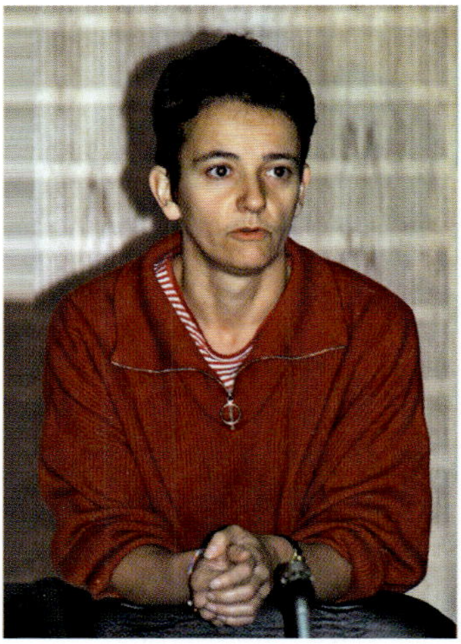

Die Terroristin Birgit Hogefeld wird am 5. November 1996 vom Oberlandesgericht Frankfurt a. M. u. a. wegen dreifachen Mordes zu einer lebenslangen Freiheitsstrafe verurteilt.

Der GSG-9-Zugriff in Bad Kleinen: Zwei Tote auf dem Bahnhof

Dem Verfassungsschutz gelingt es im Februar 1992, einen Spitzel an die Kommandoebene der RAF heranzuführen. Der V-Mann Klaus Steinmetz ist bereits seit 1982 tief in der Szene verwurzelt. Er macht bei militanten Aktionen wie Einbrüchen oder gewalttätigen Demonstrationen mit. 1991 tritt er in Kontakt zum näheren Umfeld der RAF. Am 26. Februar 1992 trifft er zum ersten Mal Birgit Hogefeld. Es folgen zwei weitere Zusammenkünfte. Dabei ist noch eine dritte Person zugegen, die Steinmetz später als Wolfgang Grams identifiziert. Die drei vereinbaren ein Treffen auf dem Bahnhof von Bad Kleinen bei Schwerin.

Dort kommen Steinmetz und Hogefeld am 24. Juni 1993 an und fahren dann weiter nach Wismar, wo sie sich ein Zimmer mieten. Die ganze Zeit über trägt Steinmetz einen Peilsender der Polizei bei sich. Mit einem »Personenschutzsender« werden zudem alle Gespräche zwischen Hogefeld und Steinmetz von der Polizei abgehört. Am 27. Juni 1993 um 12.58 Uhr kehren beide nach Bad Kleinen zurück. Sie warten in der Bahnhofsgaststätte. Um sie herum sind fast hundert BKA-Leute, GSG-9-Männer und weitere Beamte im Einsatz. Um 14 Uhr holt Hogefeld den angekommenen Wolfgang Grams ab und kommt mit ihm in das Café. Um 15.15 Uhr verlassen alle drei die Gaststätte und gehen durch die Bahnhofsunterführung. Hier erfolgt der Zugriff durch sieben vermummte GSG-9-Beamte. Während Hogefeld und Steinmetz überwältigt werden, versucht Grams, sich den Weg freizuschießen, und tötet dabei den 26jährigen GSG-9-Mann Michael Newrzella. Die gesamte Schießerei dauert sechs Sekunden. Dann liegt der 40jährige Grams tödlich getroffen auf den Gleisen. Nach den Ermittlungen der Staatsanwaltschaft Schwerin hat sich der RAF-Terrorist Grams mit hoher Wahrscheinlichkeit selbst erschossen. Dafür spricht der Einschuß in der rechten Schläfe. Eine Woche nach dem tödlichen Polizeieinsatz erklärt Bundesinnenminister Rudolf Seiters (CDU) seinen Rücktritt: »Es gibt in Deutschland zu Recht den Begriff der politischen Verantwortung. Wer soll diese politische Verantwortung übernehmen, wenn nicht ein Minister.«

Die Ostdeutschen traf diese Entwicklung hart, und sie traf sie vor allem unvorbereitet. Ohnehin war die Umstellung auf eine neue Lebenswelt mit erheblichen Anstrengungen verbunden. Alles sollte sich ändern. Nicht nur das Geld, auch die Politik, die Öffentlichkeit, das Rechtssystem, das Steuerwesen, die Versicherungen, Schule und Ausbildung, Arbeit und Lebensrhythmus. Das Tempo der Zeit wurde schneller, Kollektivität, wie auch immer verordnet, durch Konkurrenz ersetzt. Ganze Biographien wurden entwertet, nicht zuletzt, weil man im Westen nach den Worten der früheren FDJlerin und späteren Bundeskanzlerin Angela Merkel gern übersah, »daß das Leben in der DDR nicht nur aus Politik bestand«. Das schlimmste aber war die ungewohnte Arbeitslosigkeit.

Selbst in Bereichen, die zu den Erfolgsgeschichten zählen, war der Abbau der Beschäftigung enorm. Die Landwirtschaft beispielsweise, die heute in manchen Bereichen wettbewerbsfähiger ist als in den alten Bundesländern, stellt eine solche Erfolgsgeschichte dar. Sie ist als einziger Wirtschaftszweig immer noch weitgehend in ostdeutscher Hand, doch Arbeit findet dort nur noch ein Fünftel der ehemals 850 000 Beschäftigten. Bis 1995 erlebte der Osten einen enormen Bauboom mit einem jährlichen Wachstum von 18,4 Prozent. Vieles, was sonst dem Verfall anheimgefallen wäre, wurde saniert, Neues gebaut. Die Städte und Dörfer erhielten wieder ein ansehnliches Gesicht, doch in den Außenbezirken wucherten bald auch riesige Shopping Malls wie in amerikanischen Vorstädten. Schnäppchen wurden gemacht. Bereits im Juli 1990 brachte die westdeutsche Steigenberger GmbH 34 Interhotels zu überaus günstigen Konditionen in ihren Besitz. Bei der Leuna-Raffinerie und der Privatisierung des DDR-Tankstellennetzes sollen erhebliche Schmiergelder geflossen sein. Die Bremer Vulkan AG geriet in Verruf, weil Subventionen für die Modernisierung der Werften in Wismar und Stralsund zweckentfremdet wurden.

Fehler, die man hätte vermeiden können, wurden begangen. »Warum«, fragt Klaus von Dohnanyi 1999 in einem Beitrag für die »Zeit«, »mußte man zum Beispiel die Handelsorganisationen nach Westen privatisieren, wo doch mit den Westhändlern fast zwangsläufig auch die dort üblichen Westwaren kamen? Warum mußte man Grundstücke für Produktionsstätten so teuer – in der Regel weit über den heutigen Verkehrswerten – bewerten? Warum die oft tüchtigen Ostmanager aus politischen Gründen ablösen?«

1992 entschied sich die Bundesregierung, in Abkehr von ihrem bisherigen Glauben an die allein heilsamen Kräfte des Marktes, zur Rettung »industrieller Kerne« in Ostdeutschland. Ganze Landstriche waren von der Deindustrialisierung bedroht, als Helmut Kohl in einer Rede in Schkopau am 10. Mai 1991 zum ersten Mal eine Bestandsgarantie für die ostdeutsche Chemieindustrie abgab. Nur durch eine Intervention der Politik waren die

Alexander Kluge im Jahr 1993. Er ist mit 37,5 Prozent an der Development Company for Television Program mbH (dctp) beteiligt, die mit zu den Initiatoren des Senders Vox gehört.

Außer Kontrolle geraten: Das Fernsehexperiment Vox mißlingt

Die Optik des Senders, die den »Eindruck machte, als sei ein Haufen Designstudenten nach einer durchzechten Nacht außer Kontrolle geraten« (»Spiegel online«), ist zukunftsweisend. Der Sender, der im Januar 1993 auf Sendung geht, animiert Schriften und bewegt farbige Grundflächen, wie es die Intros des erst gut fünf Jahre später beginnenden breitbandigen Internetzeitalters tun werden. Das »Ereignisfernsehen« Vox will ganz anders sein als das damalige Privatfernsehen – »Infotainment«, eine Kombination aus Reportagen, Dokumentationen, aktueller Berichterstattung und Talkrunden. Den Sendestart begleitet eine Kampagne, die mit dem Spruch »Täglich sterben Tausende Gehirnzellen. Retten Sie den Rest« gegen die private Konkurrenz polemisiert. Der Sender ist als »Westschiene« von Medienpolitikern aus SPD-regierten Ländern und liberalen Verlagshäusern als dritter großer Privatsender geplant worden. Den öffentlich-rechtlichen Sendern soll mit Pep auf ungewöhnlich hohem Niveau Konkurrenz gemacht werden. Von ihnen werden auch die meisten Macher abgeworben. Im Gesellschafterkreis befindet sich kein Rechteinhaber eines großen Spielfilmpools, aber Alexander Kluges dctp (Development Company for Television Program mbH), das mit seinen Programmen die Zuschauer nicht gerade anlockt.

Hat die deutsche Werbeszene Vox zunächst unterstützt, bleiben Anzeigenschaltungen aus, als die Zuschauerzahlen nicht wachsen. Den Verantwortlichen laufen wegen der vielen Live-Sendungen die Kosten aus dem Ruder. Im Herbst 1993 kriselt es. Peer Schader in »Spiegel online«: »Die Zuschauer hatten keine Lust auf ein Programm, das nicht richtig ARD-seriös und nicht richtig RTL-unterhaltsam war.« Außer Bertelsmann ist keiner der Gesellschafter bereit, die hohen Programmkosten weiter zu finanzieren. Nach dem Ausstieg der »Süddeutschen Zeitung« wird das Programm abgespeckt, mit Wiederholungen und billig eingekauften Filmen die Sendelizenz gesichert, bis sich Rupert Murdoch bei Vox einkauft. Im Jahr 2000 steigt Murdoch wieder aus, und Bertelsmann übernimmt die Mehrheit.

Werftindustrie an der Ostseeküste, der Chemiestandort Leuna-Bitterfeld, der Braunkohleabbau in der Lausitz und die Stahlindustrie in Eisenhüttenstadt zu halten. Es handelte sich um politische Entscheidungen, ohne die der Ausblutungsprozeß des Ostens noch weitergegangen wäre, doch sie kosteten enorme Beträge, in Einzelfällen 4,5 Millionen DM pro Arbeitsplatz. Am Ende konnte die Treuhand 1994 mit 30000 Privatisierungsvereinbarungen und einem Schuldenberg von 250 Milliarden DM aufwarten. In dieser Zeit gab es allerdings auch zum ersten Mal positive Nachrichten. Die ostdeutsche Wirtschaft expandierte 1993 und 1994 mit Traumraten von 11,9 und 11,4 Prozent. Doch das war 1995 wieder vorbei. Der Aufbau Ost gestaltete sich weit schwieriger, als sich das irgend jemand zu Wendezeiten vorstellen konnte.

Von psychologisch nicht zu unterschätzender Bedeutung für das Zusammenwachsen der Deutschen war der Beschluß des Bundestags, Parlament und Regierung des vereinten Deutschland nach Berlin zu verlegen. Die Entscheidung fiel am 20. Juni 1991 knapp, mit nur 338 gegen 320 Stimmen. Zu den prominentesten Befürwortern zählten Helmut Kohl, Willy Brandt und Wolfgang Schäuble, während Bundestagspräsidentin Rita Süssmuth und der Chef der NRW-Staatskanzlei, Wolfgang Clement, lieber bescheiden am Rhein

Schon im September 1990 haben sich wie hier in Leipzig die Flure der Arbeitsämter gefüllt. Nach dem Beitritt der DDR zum Bundesgebiet sinkt die Industrieproduktion in den Neuen Ländern um 70 Prozent. Die Arbeitslosigkeit ist doppelt so hoch wie in den alten Ländern.

geblieben wären. Wolfgang Thierse, später Süssmuths Nachfolger im Amt des Bundestagspräsidenten, sprach den ostdeutschen Abgeordneten aus dem Herzen, als er 1991 in der einschlägigen Bundestagsdebatte für Berlin mit den Worten votierte, hier werde ein entscheidender Schritt zur Vollendung der Einheit Deutschlands vollzogen. Für Bundeskanzler Kohl war Berlin von nun an Chefsache, ein Schritt, zu dem ihn unter anderem François Mitterrand mit dem Argument ermuntert hatte, die Sache sei aus Gründen der politischen Erweiterung Europas wichtig, aber auch aus Gründen nationaler Repräsentation. Kohl wurde, wie vor ihm sein französischer Partner in Paris, zum Bauherrn im neuen Berlin. Mit dem »Band des Bundes« zwischen Dorotheenstraße und Spreeufer wurde der Architekt Axel Schultes beauftragt, der einen Riegel von Amtsbauten neben den Reichstag setzte, der ausdrücklich als demokratische Antithese zu Albert Speers gigantischer Nord-Süd-Achse geplant war und das Kanzleramt auf paritätische Augenhöhe mit dem gegenüberliegenden Parlament versetzte.

Ende Juni 1995 zeigte sich der Reichstag als verpacktes Kunstwerk. Dem ausgefallenen Projekt des international renommierten bulgarischen Künstlers Christo und seiner Frau Jeanne-Claude konnte der bodenständige Kohl nichts abgewinnen. Doch der Bundestag hatte im Februar 1994 so entschieden. Die Verpackung, so Charles S. Maier, wirkte auf die Zuschauer wie eine Erlösung des Gebäudes von seiner bisherigen Geschichte. Es konnte nun »wiedergeboren wer-

1993 kann man noch vor dem Reichstag Fußball spielen. Der Bundestag hat zwar den Beschluß gefaßt, Berlin nicht nur zur Hauptstadt, sondern auch zum Sitz von Regierung und Parlament zu machen, ihn aber noch nicht umgesetzt.

den«. Während des Umbaus gab es einen vorübergehenden Streit um die Reichstagskuppel. Würde sie, wenn man sie wiederaufrichtete, nicht erneut den unseligen Geist des Wilhelminismus beschwören? So, wie sie heute das Parlamentsgebäude krönt, ist sie aber eher ein Symbol demokratischer Transparenz. Das gläserne Gebilde gewährt dem Besucher jederzeit Einblick in das Geschehen der unter ihm tagenden Volksvertretung.

Im Juli 1999 zog der Bundestag endgültig nach Berlin um. Im Frühjahr 2001 wurde das Kanzleramt fertiggestellt. Mit hoher Symbolik vereint nun das »Band des Bundes« die einst durch die Mauer getrennten Teile Berlins, Mitte und Tiergarten.

Mitte November 1991 verabschiedete der Bundestag das »Gesetz über die Unterlagen des Staatssicherheitsdienstes der ehemaligen Deutschen Demokratischen Republik«. Es sollte die politische, historische und juristische Aufarbeitung der Aktivitäten der entscheidenden Repressionsmaschine der DDR-Diktatur regeln und jedem Betroffenen die Möglichkeit eröffnen, Einsicht in die zu seiner Person geführten Unterlagen zu nehmen. Unabhängig davon leitete die beim Berliner Kammergericht auf Initiative der Justizminister der Länder errichtete »Arbeitsgruppe Regierungskriminalität« 30000 Ermittlungsverfahren ein. Es kam zu 300 Verurteilungen, darunter einige Todesschützen an der Mauer. Die spektakulärsten Prozesse waren die gegen Erich Honecker, dem im Januar 1993 wegen eines fortgeschritte-

1992 zieht der Bundestag aus einem Provisorium im ehemaligen Bonner Wasserwerk aus und in den modernen gläsernen Parlamentsneubau des Architekten Günther Behnisch. Da ist der Umzug des Hohen Hauses nach Berlin, der 1999 erfolgt, schon beschlossen.

Am 17. April 1994 empfängt Bundespräsident Roman Herzog (rechts) US-Präsident Bill Clinton. Seit 1994 residiert der Bundespräsident im Schloß Bellevue im Berliner Bezirk Tiergarten.

Bundespräsident Roman Herzog: »Durch Deutschland muß ein Ruck gehen«

Am 26. April 1997 hält Bundespräsident Roman Herzog im neu eröffneten Hotel Adlon am Pariser Platz seine »Berliner Rede«, von der am folgenden Tag vor allem der Appell »Durch Deutschland muß ein Ruck gehen!« zitiert wird. Die Rede kritisiert Politik und Lobbyisten-Gruppen, vor allem aber die mentale Befindlichkeit im geeinten Deutschland: »Unser deutsches Wort ›Angst‹ ist bereits als Symbol unserer Befindlichkeit in den Sprachschatz der Amerikaner und Franzosen eingeflossen. ›Mut‹ oder ›Selbstvertrauen‹ scheinen dagegen aus der Mode gekommen zu sein. Unser eigentliches Problem ist also ein mentales: Es ist ja nicht so, als ob wir nicht wüßten, daß wir Wirtschaft und Gesellschaft dringend modernisieren müssen. Trotzdem geht es nur mit quälender Langsamkeit voran. Uns fehlt der Schwung zur Erneuerung, die Bereitschaft, Risiken einzugehen, eingefahrene Wege zu verlassen, Neues zu wagen. Ich behaupte: Wir haben kein Erkenntnisproblem, sondern ein Umsetzungsproblem.« Herzog schildert Eindrücke aus Staaten, die er in seiner Amtszeit besucht hat und die nach seiner Meinung die Risiken der Globalisierung durch selbstbewußtes Handeln in Chancen verwandelt haben: »Durch Deutschland muß ein Ruck gehen. Wir müssen Abschied nehmen von liebgewordenen Besitzständen. Alle sind angesprochen, alle müssen Opfer bringen…« Am Ende der Rede ist Herzog optimistisch: »Das Ergebnis dieser Anstrengung wird eine Gesellschaft im Aufbruch sein, voller Zuversicht und Lebensfreude, eine Gesellschaft der Toleranz und des Engagements. … Glauben wir wieder an uns selber. Die besten Jahre liegen noch vor uns.«

Der 1934 in Landshut geborene Staatsrechtler Roman Herzog wird im Mai auf Vorschlag von Bundeskanzler Kohl als Nachfolger von Richard von Weizsäcker zum siebten Bundespräsidenten der Bundesrepublik Deutschland gewählt. Das CDU-Mitglied ist zuvor Präsident des Bundesverfassungsgerichts, Innenminister und Minister für Kultur und Sport des Landes Baden-Württemberg gewesen. Da CDU und FDP 1999 keine Mehrheit in der Bundesversammlung mehr haben, kandidiert Herzog 1999 nicht für eine weitere Amtszeit.

nen Krebsleidens die Ausreise nach Chile gestattet wurde, und Stasi-Chef Erich Mielke, den man wegen zwei Morden als Mitglied des Rotfrontkämpferbundes 1931 zu sechs Jahren Haft verurteilte. Wissenschaftlich setzte sich die durch eine Initiative des SPD-Abgeordneten Markus Meckel entstandene Enquete-Kommission des Deutschen Bundestags bis 1994 in 44 ganztägigen öffentlichen Anhörungen von 186 Wissenschaftlern mit der DDR-Vergangenheit und ihren Folgen auseinander. Die Fehler des Verschweigens, die man nach 1945 aus Opportunitätsgründen begangen hatte, sollten sich im Fall der »zweiten deutschen Diktatur« nicht wiederholen. Doch die Katerstimmung im Land nahm nicht ab. Im Februar 1996 wurde mit 4,16 Millionen der Höchststand an Arbeitslosen in der Geschichte der Bundesrepublik erreicht. 1997 brach der Osten weg. »Seit 1996 ist der Aufholprozeß der östlichen Bundesländer unterbrochen«, schrieb Helmut Schmidt am 12. März 1998 in der »Zeit«. »1997 ist das wirtschaftliche Wachstum im Osten erstmals kleiner gewesen als im Westen.«

Für Helmut Kohl häuften sich die Probleme. Die Staatsverschuldung erreichte ungeahnte Rekordhöhen. Nicht zuletzt, aber nicht nur wegen der deutschen Einheit war sie im Laufe seiner bisherigen Amtszeit um 240 Prozent gestiegen. Das Wirtschaftswachstum hatte, auch begründet durch hohe Arbeits- und Sozialkosten sowie starre Reglementierungen, keinen Wind mehr in den Segeln. »Das Ausmaß der Reformen, die Deutschland jetzt braucht, hat viel mit dem Regierungsstil Kohls zu tun«, meinte der britische »Economist«. »Reformstau« wurde zum geflügelten Wort.

Es war nicht der Bundeskanzler, sondern Bundespräsident Roman Herzog, der im April 1997 die Initiative ergriff. »Uns fehlt der Schwung zur Erneuerung«, so Herzog in einer Berliner Rede, »die Bereitschaft, Risiken einzugehen, eingefahrene Wege zu verlassen, Neues zu wagen.« Durch Deutschland müsse »ein Ruck gehen«. Sein Vorgänger Richard von Weizsäcker griff den Bundeskanzler sogar offen an, in dessen Person auch Kurt Biedenkopf zunehmend ein Risiko für die CDU erblickte. »Die Konzentration der Kräfte zur Machterhaltung«, so Weizsäcker in einem Interview mit dem »Spiegel«, »übersteigt bei weitem die offene konzeptionelle Pionierarbeit, von geistiger Führung ganz zu schweigen.« Im Februar des Wahljahres 1998 äußerten laut Umfragen 83 Prozent der Bundesbürger ihre Unzufriedenheit mit der Regierung. Der Bundeskanzler jedoch verbreitete wie gewohnt Optimismus. »Wir werden die Wahl gewinnen«, behauptete er immer wieder. Es sollte anders kommen. Helmut Kohl, meint der ihm politisch nahestehende Publizist Johannes Gross im Rückblick, sei ein »großer Kanzler« gewesen, der für sein Land mehr erreicht habe als alle seine Vorgänger. Doch sein »Regiment« könne man nicht in jeder Hinsicht als »stilbildend« bezeichnen.

Alltagsleben 1990 bis heute:
Die Fernsehnation

Die Deutschen, vor allem die Jüngeren, sind im Medienzeitalter angekommen. Medien sind ständige Begleiter im Alltag. Das Forschungsunternehmen »Forsa« hat im Auftrag von »SevenOne Media« für das Jahr 2005 in der für die Werbung relevanten Zielgruppe der 14- bis 49jährigen ermittelt, daß jeder Deutsche in dieser Altersgruppe täglich über neun Stunden mit der Nutzung von Medien verbringt. 1999 waren es noch 6,5 Stunden. Jeder erwachsene Bundesbürger nutzt im Jahr 2005 statistisch täglich sogar zehn Stunden Medien. Zur Jahrtausendwende waren es noch knapp achteinhalb Stunden.

Mehrere repräsentative Erhebungen kommen zum gleichen Ergebnis: Die Deutschen sind zu Beginn des dritten Jahrtausends mediensüchtig. Aber nicht unbedingt nach den alten analogen Medien Buch und Zeitung/Zeitschrift. Die meiste Zeit widmen die Deutschen dem Radio und dem Fernsehen. Jeder Erwachsene ab 14 Jahren hört täglich drei Stunden und 41 Minuten Radio und sieht drei Stunden und 40 Minuten fern. Das Internet kann mit diesen beiden Medien noch nicht mithalten. 44 Minuten täglich ist der Durchschnittsdeutsche im Jahr 2005 im Netz. Fast genauso lange (45 Minuten) wird Musik von CD oder MP3 gelauscht. Die Tageszeitung wird täglich 28 Minuten, Zeitschriften werden zwölf Minuten lang gelesen. Der Buchlektüre widmen die Deutschen im Jahr 2005 nur 25 Minuten.

Nach einer Focus-Studie verbringen Arme, Alte und Menschen mit einfacher Schulbildung deutlich mehr Zeit vor dem Fernseher als Reiche, Junge und Gutgebildete. Nach den Zahlen der Gesellschaft für Konsumforschung (GfK) für das Jahr 2005 beträgt der durchschnittliche Fernsehkonsum täglich drei Stunden 31 Minuten. Menschen mit einem Haushaltsnettoeinkommen von maximal 1000 Euro sehen fünf Stunden 16 Minuten fern. Zuschauer, die mehr als 4000 Euro zur Verfügung haben, sitzen nur zwei Stunden und 20 Minuten vor dem Fernseher.

In den neuen Ländern ist man ärmer. Auch deshalb wird hier mehr ferngesehen. Mit vier Stunden und 38 Minuten sind die Bewohner des wirtschaftlich schwachen Sachsen-Anhalts mit deutlichem Abstand Spitzenreiter. In Bayern ist man wohlhabender – und mit drei Stunden 22 Minuten Tagesnutzung TV-resistenter.

Fast alle gesellschaftlichen Gruppen sehen im Jahr 2005 mehr fern als zehn Jahre zuvor. Denn noch hat sich die digitale Revolution des Internet nicht allgemein durchgesetzt. Nach den Erhebungen des Statistischen Bundesamtes sind im Jahr 2004 zwar 61 Prozent aller Haushalte in Deutsch-

land mit einem PC ausgestattet. Täglich wird der PC aber nur von 13 Prozent genutzt. Die TV-Einschaltquoten bleiben stabil, aber die neuen Medien kommen zusätzlich hinzu. Zu den regelmäßigen Freizeitbeschäftigungen gehören nach wie vor Fernsehen (97 Prozent), Radiohören (91 Prozent) und Zeitunglesen (84 Prozent). 53 Prozent der Deutschen geben im Jahr 2004 zu, den PC »vielleicht einmal jährlich«, seltener oder gar nie zu Hause zu nutzen.

Die Freizeitforscher konstatieren zu Beginn des dritten Jahrtausends eine »digitale Spaltung« der bundesrepublikanischen Gesellschaft. Die intensivsten Internet-Nutzer finden sich bei der Altersgruppe der bis 34jährigen bis (zu 73 Prozent). Dagegen sind es bei den über 55jährigen nur 18 Prozent. Ähnlich deutlich wirken sich auch Bildungsunterschiede aus. Gerade einmal sechs Prozent der Hauptschulabsolventen machen vom Homebanking regelmäßig Gebrauch. Bei Befragten mit Gymnasialbildung ist der Anteil mehr als viermal so hoch. »Die digitale Spaltung ist vor allem ein Bildungsproblem und weniger eine Frage des Netzanschlusses oder der technischen Fertigkeiten. Mit dem Internet-Zugang lassen sich Bildungsmängel,

Computeralltag bei Siemens im Ausbildungszentrum für Metallberufe in Berlin, November 2001. Auszubildende zum Beruf des Zerspanungsmechanikers programmieren Werkzeugmaschinen.

also Defizite in Schule und Ausbildung, nicht ausgleichen«, stellt Horst W. Opaschowski fest. Bei Befragungen Jugendlicher nach den Tätigkeiten, die sie besonders gern ausführen, sind die Antworten eindeutig. An erster Stelle steht mit großem Abstand »Sport treiben«. Dies gaben in einer Studie des »Internationalen Zentralinstituts für das Bildungs- und Jugendfernsehen« (IZI) des Bayrischen Rundfunks 60 Prozent der Zwölf- bis 19jährigen an. Es folgen mit 24 Prozent »mit Freunden etwas unternehmen/spielen«, an dritter Stelle mit 15 Prozent Musik auf »LPs, MCs, CDs hören«. Erst an vierter Stelle und mit 14 Prozent kommt »fernsehen«, an fünfter mit 13 Prozent »Bücher lesen«, an sechster mit acht Prozent »Beschäftigung mit dem PC«.

Das Alltagsverhalten der Deutschen weicht allerdings stark von diesen ermittelten Vorlieben ab. Bei der Überprüfung, was die Zwölf- bis 19jährigen wirklich unternehmen, zeigt sich, daß – statt aktiv Sport zu treiben – 82 Prozent lieber passiv vor dem Fernsehen sitzen, 74 Prozent Musik und 70 Prozent Radio hören. Die Mittelgruppe wird mit 47 Prozent von »mit Freunden täglich/fast täglich zusammen sein«, »etwas unternehmen« angeführt, gefolgt von »sich ausruhen, träumen, nichts machen« mit 43 Prozent, »Zei-

Die Serie »Gute Zeiten – Schlechte Zeiten« (GZSZ) läuft seit 1992 beim Privatsender RTL werktags um 19.40 Uhr. Im GZSZ-Fanshop im Studio in Potsdam Babelsberg kann man alles erwerben, was der Identifikation mit den Stars und Sternchen der Serie dient.

tungen/Zeitschriften lesen« mit 37 Prozent, »Sport treiben« mit 29 Prozent, »Bücher lesen« mit 28 Prozent, »durch die Gegend fahren, herumlaufen in der Stadt« mit 21 Prozent, die »Beschäftigung mit dem Computer« mit 18 Prozent und »Video- und Computerspiele spielen« mit 17 Prozent.

Anders sieht es drei Jahre später, im Jahr 2006, bei Jugendlichen und jungen Erwachsenen im Alter zwischen 14 und 23 Jahren aus. Ihre Hauptfreizeitbeschäftigung stellt mit 86 Prozent das Treffen mit Freunden und Bekannten dar, gefolgt von Sporttreiben mit 72 Prozent und Faulenzen und Ausruhen mit 48 Prozent. Aber fast 80 Prozent von ihnen gehen mindestens viermal pro Woche ins Internet. Hier haben mehr als die Hälfte der befragten Jugendlichen wenigstens ein Mitgliederkonto bei einer Online-Community wie »StudiVZ« und »knuddels.de«. Nach eigener Einschätzung verbringen die von der Hamburger Agentur »Komjuniti« in einer Studie befragten Jugendlichen pro Tag rund 116 Minuten am Computer und davon schon durchschnittlich 22 Minuten in Online-Communities. Traditionelle Medien wie das Fernsehen werden in dieser Zielgruppe im Durchschnitt nur 124 Minuten am Tag genutzt. In der Gruppe der unter 23jährigen stagniert die TV-Nutzung.

Penner Harry und Jack in der Lindenstraße. Obwohl die Serie in einem Münchener Vorort spielt, sprechen nur zwei der 35 Charaktere bayerisch. Deshalb können sich auch Nordlichter mit den großen und kleinen Problemen der Serie identifizieren.

DIE BERLINER REPUBLIK

Rückkehr der Geschichte

Das Ende der Ära Kohl wurde mehrmals vorausgesagt. Das war schon vor der Wiedervereinigung 1989 der Fall gewesen, als Kohl sich nur mit einem enormen Kraftakt gegen seine innerparteilichen Widersacher, darunter Heiner Geißler, Kurt Biedenkopf und Rita Süssmuth, auf dem Bremer Parteitag der CDU als Vorsitzender hatte durchsetzen können. Die Wahlprognosen für die Bundestagswahl 1990 sahen dann anfangs den sozialdemokratischen Kandidaten Oskar Lafontaine im Aufwind, und es hätte möglicherweise bereits in diesem Jahr eine rot-grüne Koalition geben können, wenn nicht die Revolution in der DDR und der schnelle Einigungsprozeß die Dinge in eine andere Richtung gelenkt hätten. Lafontaine und die Grünen hatten dafür kein Konzept, und so erzielte die SPD im Dezember 1990 mit 33,5 Prozent ihr schlechtestes Wahlergebnis seit 1957. Bündnis 90/Die Grünen blieben unter der Fünf-Prozent-Hürde.

Doch mit der Einheit, so die britische Korrespondentin Patricia Clough, war Kohls Potential an staatsmännischem Verhalten plötzlich »erschöpft«. Er sei in die Rolle eines Politikers zurückgefallen, »dessen vordringliche Aufgabe es ist, Wahlen zu gewinnen. Anstatt Courage und Führungsqualität zu zeigen, gab er seinem Bedürfnis nach, den Menschen zu sagen, was sie hören wollten«. Er machte Fehler über Fehler, nicht nur in seinem wiederholten Versprechen bald blühender Landschaften im Osten. Landtagswahlen gingen für die CDU verloren. Bundesverkehrsminister Günther Krause mußte wegen eines Skandals zurücktreten. Der Vorschlag, den Ostdeutschen Steffen Heitmann für das Amt des Bundespräsidenten kandidieren zu lassen, geriet zu einem Fauxpas von Bitburg-Format. Der Kandidat katapultierte sich ins Aus, als er in einer Zeit zunehmender neonazistischer Gewalttaten vor »Überfremdung« warnte und forderte, daß sich die Bundesrepublik nicht für immer von der NS-Vergangenheit drangsalieren lassen dürfe. Kohl allerdings hielt unbeirrbar an ihm fest, bis Heitmann selbst das Handtuch warf.

Linke Seite: Am 11. August 1999 soll sich der Mond genau vor die Sonne schieben und das seltene Naturspektakel einer totalen Sonnenfinsternis liefern. Millionen Deutsche kaufen sich für 4 D-Mark eine »Sofi«-Brille, auch Bayerns Ministerpräsident Edmund Stoiber (CSU) und seine Frau Karin sowie Bundestagspräsident Wolfgang Thierse.

Der Düsseldorfer Flughafenbrand von 1996: Nachlässig ins Inferno

Unbemerkt hat sich am frühen Nachmittag des 11. April 1996 ein Schwelbrand im Rhein-Ruhr-Flughafen Düsseldorf entwickelt. Als er durch die Decke dringt, wälzt sich eine riesige Feuer- und Rauchwalze durch die Halle der Ankunftsebene und erreicht die Lounge der Fluggesellschaft Air France, in der sich neun Menschen befinden.

Der einzige Überlebende, ein 48jähriger Franzose, erinnert sich im WDR-Fernsehen: »Ich kam mir vor wie in einer Gaskammer, als der Rauch durch die Klimaanlage eindrang. Um besser Luft zu bekommen, versuchte ich ein paar Stücke Papier zu durchfeuchten und mir vor den Mund zu halten. Und so wenig wie möglich zu atmen, nur einmal in der Minute. Dann sah ich, wie die Menschen um mich herum starben. Es wurde schließlich ganz still im Raum. Als meine Luftvorräte zu Ende gingen, griff ich nach einem schweren Sessel, der neben mir stand, nahm Anlauf, um das Fenster zu zertrümmern, und beschloß zu springen.« Mit schweren Schädelverletzungen überlebt François Feuillet den Sprung.

Gegen Mittag des Tages hatten Arbeiter eines Subunternehmers mit Schweißarbeiten an der Flughafenzufahrt begonnen. Sie halten dabei die Brandschutzvorschriften nicht ein. Am Nachmittag nimmt die Katastrophe ihren Lauf: Bei den Schweißarbeiten sind Funken entstanden. Schlacke und Metallteile haben Bitumen zum Schmelzen gebracht. Das heiße Bitumen ist in die Zwischendecke über der Ankunftshalle eingedrungen. Zur Isolierung hat man hier verbotenerweise Styropor verwendet. Das Styropor und Kabelumhüllungen aus PVC entzünden sich. Es kommt zu einem Schwelbrand. Das Feuer breitet sich in der Zwischendecke mit rasender Geschwindigkeit aus und bricht schließlich in der Ankunftsebene durch. Die Menschen in der Air France Lounge sterben auch, weil die Männer der Flughafenfeuerwehr Düsseldorf nicht wissen, wo sich die Air-France-Lounge befindet. In der 21 seitigen Anzeige wird der Flughafenfeuerwehr später vorgeworfen, sie hätte sich im eigenen Gelände nicht ausgekannt. Im Inferno sterben 16 Menschen – sieben Deutsche, sechs Franzosen, zwei Italiener und ein Brite –, 89 werden verletzt. Eine Frau stirbt Wochen später an den Folgen der Rauchvergiftung. Der Schaden beträgt 225 Millionen Mark.

Die Staatsanwaltschaft klagt elf Verantwortliche an. Schwerpunkt der Anklage ist der verbotene Einbau brennbarer Materialien. Fünfeinhalb Jahre nach der Katastrophe wird der Prozeß gegen die mutmaßlich Verantwortlichen eingestellt. Die Angeklagten müssen lediglich Geldbußen zwischen 6000 und 40000 Mark zahlen.

Szene während des Berlin-Marathons 1998. Die SPD plakatiert, was viele wünschen. Und die Deutschen wählen mit 48,1 Prozent eine rot-grüne Regierung unter dem Kanzler Gerhard Schröder.

Im Osten profitierte die SED-Nachfolgepartei PDS von der Enttäuschung über die wirtschaftlichen Folgen der Einheit. Kohl jedoch demonstrierte unerschütterlich Optimismus und legte, so die »Süddeutsche Zeitung«, »eine Selbstsicherheit« an den Tag, »die angesichts der Lage im Land fast erschrecken kann«. Zu Beginn des Wahljahrs 1994 lagen die Regierungsparteien in den Umfragen zehn Prozent hinter der Opposition, und Rudolf Scharping von der SPD, obwohl kein besonders starker Kandidat, war wegen der ihn umgebenden Aura von mehr Ehrlichkeit und sozialem Engagement beliebter als der Bundeskanzler. Die christlich-liberalen Koalitionsparteien gewannen die Wahl aber schließlich doch, gestärkt durch das Nachlassen einer Rezession, mit einem knappen Vorsprung von nur 0,3 Prozent.

Jan Philipp Reemtsma hat das Hamburger Institut für Sozialforschung gestiftet und leitet es als Geschäftsführender Vorstand.

Die Entführung des Jan Philipp Reemtsma: Und die Presse schweigt dazu

Der Sozialwissenschaftler und Millionenerbe Jan Philipp Reemtsma sieht am Abend des 25. März 1996 gemeinsam mit seiner Frau die »Tagesschau«. Um 20.15 Uhr geht er vom Wohnhaus seines Anwesens am Elbhang in Hamburg-Blankenese in sein Arbeitshaus, um sich ein Buch zu holen. Jan Philipp Reemtsma wird auf diesem Weg überwältigt und in einem Kastenwagen entführt. Auf dem Rasen hinterlassen die Täter eine Lösegeldforderung von 30 Millionen D-Mark. Der Brief ist mit einer Handgranate beschwert. Am 27. März trifft die erste Nachricht der Erpresser ein. Sie enthält ein Foto, das Reemtsma mit verletzter Nase zeigt. Schon kurz nach Beginn der Entführung sind Medienvertreter eingeweiht. Doch es beginnt die längste konspirative Kooperation zwischen Polizei und bundesdeutscher Presse. Die Polizei bittet die Redaktionen darum, auf Berichte zu verzichten, um das Leben des Opfers nicht zu gefährden. Die Presse folgt der Bitte.

33 Tage und Nächte verbringt Reemtsma angekettet im dunklen Keller eines Hauses bei Garlstedt in der Nähe von Bremen. Kopf der Entführer ist der 37jährige Kölner Thomas Drach. Er hat zusammen mit einem 32jährigen Polen Reemtsma in das Geiselverlies verschleppt. Bis zum 15. April sind zwei Geldübergabeversuche gescheitert. Dann nehmen die Entführer Kontakt zu Bekannten von Reemtsma auf. Dieser dritte Versuch der Geldübergabe erfolgt am 25. April. Die Freunde werden im Auto über Funktelefon nach Krefeld gelotst. Dort müssen sie aussteigen und den Entführern das Auto samt Lösegeld überlassen. Am 26. April wird Jan Philipp Reemtsma unverletzt in Hamburg freigelassen. Jetzt erst erfährt die Öffentlichkeit von der Entführung, in der das höchste je in Deutschland erpreßte Lösegeld gezahlt worden ist. In den nächsten zehn Jahren werden nach und nach die Täter gestellt, darunter viele, die sich an der Geldwäsche beteiligt haben. Große Teile des Rekordlösegeldes bleiben verschwunden. Jan Philipp Reemtsma schreibt die Erinnerung an die entwürdigende Tortur seiner Entführung in seinem Buch Im Keller *nieder, auch, wie er sagt, um die Kontrolle über die Geschehnisse wiederzuerlangen.*

Bei den nächsten Wahlen vom 27. September 1998 verloren sie jedoch haushoch. Die CDU/CSU fiel von 41,4 auf 35,2 Prozent. Das war ihr schlechtestes Ergebnis seit 1949. Besonders dramatisch war der Abstieg in den neuen Bundesländern. Hier erreichte die CDU gerade einmal 28, im Osten Berlins sogar nur 15 Prozent. Die PDS zog mit 5,1 Prozent zum ersten Mal in Fraktionsstärke in den Bundestag ein. Bündnis 90/Die Grünen kamen auf 6,7 Prozent. Der große Gewinner war jedoch die SPD mit fast 41 Prozent. Zum ersten Mal in der Geschichte der Bundesrepublik war ein Kanzler direkt abgewählt worden. Helmut Kohl hatte vor den Wahlen im Bundestag die Deutschen noch einmal aufgefordert, darüber nachzudenken, wo sie jetzt stehen würden, »wenn Schröder und Lafontaine 1990 das Sagen gehabt hätten«. Ob dann, stellte er in den Raum, »nachdem beide gegen die Währungsunion gestimmt hatten, die Einheit überhaupt möglich gewesen wäre, wage ich zu bezweifeln«. Doch der Bonus des Einheitskanzlers hatte 1998 in der Gunst der Wähler dramatisch an Wert verloren. Der »Ruck«, der durch das Land gehen sollte, wie Bundespräsident Roman Herzog angemahnt hatte, war ausgeblieben, die Arbeitslosenzahlen hatten in der letzten Amtszeit die 4-Millionen-Grenze überschritten, die Staatsfinanzen waren durch einen billionengroßen Schuldenberg gefährdet. Als Herzog dem neuen Bundeskanzler Gerhard Schröder die Ernennungsurkunde überreichte, machte er konsequenterweise auch deutlich, daß dessen Regierung von großen Erwartungen begleitet werde. Das Land, so der Bundespräsident, brauche dringend Reformen und habe dafür nicht mehr viel Zeit.

Schröder hätte unter Umständen eine große Koalition bevorzugt. Das wäre auch der Wunsch der Mehrheit der Wähler gewesen. Der »Berg von Problemen«, den die Kohl-Regierung hinterlassen hatte, meint Schröder im Rückblick, und die Notwendigkeit stabiler Mehrheiten für einschneidende Reformen hätten diesen Gedanken sogar nahegelegt. Allerdings hatte er als Ministerpräsident von Niedersachsen auch bereits rot-grüne Erfahrungen sammeln können, und dem Parteivorsitzenden Oskar Lafontaine, der die SPD mit großer Geschlossenheit in den Wahlkampf geführt hatte, war ohne Zweifel die rot-grüne Option lieber. Wie die Dinge lagen, meinte Schröder zwei Tage nach der Wahlentscheidung gegenüber der »Frankfurter Allgemeinen Zeitung«, sei die Bildung einer rot-grünen Koalition nun eine »logische Folge« des Wahlergebnisses.

Er war am Nachmittag des 27. September etwas nervös mit einer kleinen Propellermaschine von Hannover nach Bonn in die SPD-Baracke geflogen. Doch schon die ersten Prognosen nach 18 Uhr machten deutlich, daß die Republik vor einer in diesem Ausmaß unerwarteten Zäsur stehen würde. Es war, schwärmt er in der Erinnerung, wie 1969 und 1972, »als

Bei einem der größten Aufmärsche von Neonazis in der Geschichte der Bundesrepublik demonstrieren 5000 Rechtsextreme am 1. März 1997 in München gegen die Wehrmachtsausstellung.

Die Wehrmachtsausstellung: Fotografien aus der Brieftasche

Sie ist die zeitgeschichtlich und politisch bedeutendste Ausstellung in Nachkriegsdeutschland. 700 000 Menschen sehen sie. Sie löst heftige Diskussionen aus: die Wehrmachtsausstellung. Die oft privaten Aufnahmen zeichnen ein weitgehend authentisches Bild der von der Wehrmacht während des Vernichtungskriegs im Osten verübten Verbrechen. Die Fotos sollen die Dokumente visualisieren, in denen nachgewiesen wird, daß sich nicht nur die NS-Schergen der SS am Morden beteiligt haben, sondern auch die normalen Soldaten der regulären Armee.

Am 5. März 1995 wird die Ausstellung in der Hamburger Kampnagelfabrik erstmals gezeigt, dann wandert sie zwischen 1995 und 1999 durch 33 Städte. »Vernichtungskrieg. Verbrechen der Wehrmacht 1941 bis 1944« ist ihr offizieller Titel. Unter der Leitung des Historikers Hannes Heer haben vier Wissenschaftler die Ausstellung erarbeitet. Von den 1400 Fotografien der Ausstellung stammen viele aus osteuropäischen Archiven, in die sie als Beutestücke der Roten Armee gelangt sind. Die Ausstellungsmacher haben sie dort suchen müssen, weil die »öffentlichen Archive der Bundesrepublik an einer Sammlung und Erschließung dieser privaten Soldatenfotos aus politischen Gründen nie interessiert waren« (H. Heer) und die Fotoalben der ehemaligen Landser von diesen oft vernichtet wurden.

1997 weisen die beiden Historiker Bogdan Musial und Krisztian Ungvary den Ausstellungsmachern Fehler bei der Titulierung und Zuordnung von Fotos nach. Jetzt haben Kritiker stichhaltige Argumente, um die ganze Ausstellung zu diskreditieren.

Angesichts der massiven Kritik zieht Jan Philipp Reemtsma die Schau zurück. Der Bericht einer Historikerkommission, die die Exponate überprüft, stellt fest, die Ausstellung enthalte zwar sachliche Fehler und Ungenauigkeiten, aber »keine Fälschungen im Sinne der leitenden Fragestellungen und Thesen«. Reemtsma läßt die Ausstellung überarbeiten. Am 27. November 2001 wird sie unter dem Titel »Verbrechen der Wehrmacht. Dimensionen des Vernichtungskriegs 1941 bis 1944« in Berlin neu eröffnet.

wir mit Fackeln am selben Ort standen und die Wahlsiege von Willy Brandt gefeiert hatten«. Jacques Chirac gratulierte ihm als erster, wenig später Bill Clinton, und kurz nach Mitternacht erschien auch Joschka Fischer, um erste Termine zu vereinbaren.

Schon 1997 hatte Schröder deutlich gemacht, im Fall einer rot-grünen Koalition müsse allerdings klar sein, wer den »Koch« und wer den »Kellner« spiele. Entsprechend schwierig gestalteten sich die Koalitionsverhandlungen. Am Ende waren die Vereinbarungen wirtschaftspolitisch klar von der SPD bestimmt, während die Grünen in der Umwelt- und Gesellschaftspolitik mit Themen wie Atomausstieg, Ökosteuer, Energiewende und Reform des Staatsbürgerrechts ihr Profil schärften. Vizekanzler und Außenminister wurde der Grüne Joschka Fischer, ein überzeugter Europäer. Für ihn waren der Erdrutschsieg und die Abwahl Kohls so etwas wie »eine demokratische Revolution mit dem Wahlzettel«. Das, so Fischer auch mit Blick auf das zivilgesellschaftliche Profil seiner eigenen Partei, werde »die Republik dauerhaft verändern«.

Gerhard Schröder versprach in seiner Regierungserklärung am 10. November 1998 eine »bessere Politik« für Deutschland. »Wir wissen«, sagte er, daß »ökonomische Leistungsfähigkeit« nur der »Anfang von allem« ist. »Wir müssen Staat und Wirtschaft modernisieren, soziale Gerechtigkeit wiederherstellen und sie sichern, das europäische Haus wirtschaftlich, sozial und politisch so ausbauen, daß die gemeinsame Währung ein Erfolg werden kann. Wir müssen die innere Einheit Deutschlands vorantreiben; und vor allem und bei allem: Wir müssen dafür sorgen, daß die Arbeitslosigkeit zurückgedrängt wird, daß bestehende Arbeitsplätze erhalten bleiben und neue Beschäftigung entsteht.« Für 95 Prozent war laut Umfragen von Infratest bei diesen Wahlen die Arbeitslosigkeit das Thema Nummer eins, und nur noch 28 Prozent trauten Helmut Kohls CDU eine Lösung dieses Problems zu. Gerhard Schröders rot-grüne Koalition stand von Anfang an unter einem hohen Erwartungsdruck.

Ein gravierender Politikwechsel sollte schon unmittelbar nach der Wahl bevorstehen, und er hatte am wenigsten etwas mit Parteipolitik und den anstehenden innenpolitischen Reformnotwendigkeiten zu tun. »Die Wirklichkeit holte uns schneller ein, als es uns lieb war«, schreibt Schröder in seinen Erinnerungen mit dem Titel *Entscheidungen. Mein Leben in der Politik.* »Aber vorausgesehen hatte das niemand, und es ließ sich wohl auch nicht voraussehen, was sich seit dem Wahltag im Oktober 1998 an Veränderung und dramatischer Neuordnung in der Welt herauszuschälen begann. Wir wurden unmittelbar aus unserer weltabgewandten Provinzialität gerissen und standen gleich zu Beginn vor einer Entscheidung, die – das war wohl jedem politisch denkenden Menschen in diesem Moment bewußt – das westliche Bündnis erhalten oder sprengen würde: dem Eintritt in den Kosovo-Krieg.« Es war nicht Madeleine Albrights Krieg, wie manche Medien im Westen behaupteten, doch die amerikanische Außenministerin drängte nach Massenvertreibungen von Kosovo-Albanern aus ihrer Heimat seit dem Sommer 1998 auf entschiedene Maßnahmen. Ihr war es zu verdanken, daß der UN-Sicherheitsrat die Resolution 1199 verabschiedete, mit der ein sofortiger Waffenstillstand im Bürgerkrieg mit der kosovarischen Untergrundarmee UCK und ein Abzug der serbischen Armee und Sonderpolizei aus dem Kosovo eingeleitet werden sollten.

Um dem Nachdruck zu verleihen, verabschiedete der NATO-Rat am 13. Oktober eine vorsorgliche *Acitivation Order* für eventuelle Luftschläge gegen Jugoslawien, und der Bundestag hatte der Anordnung am 16. Oktober noch in alter Besetzung zugestimmt. Der Konflikt um das mehrheitlich von muslimischen Albanern bewohnte Kosovo schwelte seit 1989. Damals spielte Slobodan Milosevic auf dem kosovarischen Amselfeld in einer Ansprache vor einer Million Serben zum ersten Mal die militante nationale Karte aus und brachte die Gemüter der dort Versammelten mit der Erinnerung an ein altes Trauma erneut zum Kochen. Es war der 28. Juni 1989. Genau an diesem Tag hatte Sultan Murad I. im Jahre 1389 hier die Serben unter ihrem Fürsten Lazar I. besiegt und sie unter eine Jahrhunderte anhaltende osmanische Vasallenherrschaft gezwungen. »Nach sechs Jahrhunderten«, so Milosevic, sei man nun »abermals in Kämpfe und Streitigkeiten verwickelt«, die schnell zu bewaffneten Auseinandersetzungen führen könnten. Die muslimischen Kosovaren galten ihm als Nachfahren der türkischen Osmanen, obwohl sie das nicht wirklich waren. Milosevic hob im September 1990 ihre unter Tito verfügte Autonomie auf und provozierte damit jenen letzten Konflikt aus der Pandorabüchse der alten Balkankriege, der Ende der neunziger Jahre blutig eskalierte.

Der Serbenführer schien unter dem Druck der *Activation Order* zunächst einzulenken. Wenig später jedoch entdeckte die OSZE im kosovarischen Racak die Leichen von 45 Kosovo-Albanern, die von Serben umgebracht worden waren. Auf amerikanischen Druck hin sollten daraufhin Serben und Kosovo-Albaner während einer Konferenz auf Schloß Rambouillet zur Annahme eines Friedensplans gezwungen werden. Er sah die fast vollständige Selbstverwaltung des Kosovo innerhalb der Bundesrepublik Jugoslawien, freie Wahlen und die Entsendung einer NATO-Friedenstruppe vor. Doch Milosevic verweigerte die Unterschrift. Nachdem Sonderbotschafter Richard Holbrooke ihn am 22. März noch ein letztes Mal vergeblich zu überreden versucht hatte, erteilte NATO-Generalsekretär Javier Solana noch am selben Abend den Einsatzbefehl für die Operation *Allied Force*.

Das Bombardement Serbiens beginnt am 24. März unter Beteiligung von ECR-Tornados der Bundeswehr. »Die Bundesregierung hat sich ihre Entscheidung nicht leicht gemacht«, so Kanzler Schröder in einer Fernsehansprache am gleichen Abend, »schließlich stehen zum ersten Mal nach dem Ende des Zweiten Weltkrieges deutsche Soldaten im Kampfeinsatz.« Doch das Bündnis habe keine andere Möglichkeit mehr gesehen, »weite-

Grundausbildung von Pionieren in Ingolstadt, 1997. Im Zwei-plus-Vier-Vertrag ist die Personalstärke der deutschen Streitkräfte auf 370 000 Personen festgelegt und erklärt worden, daß Deutschland auf die Herstellung, die Verfügung über und den Besitz von ABC-Waffen sowie auf das Führen von Angriffskriegen verzichtet.

Die Fotografie eines Helfers vom Unglücksort Eschede zeigt das Ausmaß der Zerstörungen.

Das ICE-Unglück von Eschede: Apokalypse einer High-Tech-Fahrt

Die Fahrt des ICE 884 »Wilhelm Conrad Röntgen« beginnt am 3. Juni 1998 um 5.47 Uhr in München. In Würzburg muß der ICE auf einen verspäteten Anschlußzug warten, in Hannover hat er die Verspätung fast wieder aufgeholt. Das dann folgende Geschehen ist sekundengenau rekonstruiert worden. 10.35:00 Uhr: Der ICE 884 fährt aus Hannover in Richtung Hamburg ab. 10.56:24 Uhr: Einige der mehr als 400 Reisenden hören einen lauten Knall. In Wagen 1 ist bei 198 km/h ein Radreifen gebrochen. Der durchbohrt den Fußboden und dringt zwischen zwei Sitzen in den Fahrgastraum. Ein Reisender alarmiert den Zugbegleiter, der es jedoch nicht mehr schafft, den Zugführer zu informieren. 10.59:08 Uhr: Der zerstörte Radreifen reißt kurz vor Eschede eine Weiche mit. Metallstücke bohren sich in Wagen 1 und den Durchgang zu Wagen 2. Ein erster Radsatz entgleist. An der dritten Weiche stellt das entgleiste Rad die Weiche um. Wagen 2 wird auf das Nebengleis gezogen. Doch erst Wagen 4 rammt den Pfeiler der Rebberlaher Brücke in Eschede. 10.59:21 Uhr: Durch den Ruck trennen sich die Wagen vom Triebkopf. Wagen 4 überschlägt sich. Das 200 Tonnen schwere Brückenbauwerk fällt in sich zusammen. Der fünfte Wagen wird von Brückenteilen in der Mitte auseinandergerissen. Die Waggons 6 bis 12 schieben sich in knapp vier Sekunden im Ziehharmonika-Effekt zu einem riesigen Trümmerhaufen zusammen.

Die Anwohner von Eschede sind wenige Minuten danach die ersten Helfer. Später wird Bundespräsident Roman Herzog in einer Rede in Eschede sagen, daß die Menschen vor Ort, darunter sehr viele junge Menschen, in den Stunden und Tagen nach dem Unglück über sich hinausgewachsen seien. Die Todeszahlen werden mehrmals korrigiert – zuerst nach oben, bis die Zahl einen Höchststand von 102 erreicht. Dann werden die Opferzahlen auf 92 Tote herunterkorrigiert. 68 Stunden nach dem Unglück wird die Suche nach Opfern offiziell beendet. Doch dann wird vor dem Abtragen der letzten Betonteile der Brücke ein Hohlraum entdeckt, in dem der Notarzt zwei weitere Leichen findet. 96 Menschen sterben in den Trümmern, fünf weitere in den folgenden Tagen in den Krankenhäusern. 88 werden schwer verletzt.

re schwere und systematische Verletzungen der Menschenrechte« im Kosovo zu unterbinden »und eine humanitäre Katastrophe zu verhindern«. Nach 79 Tagen kapituliert die jugoslawische Armee. Wenig später werden 50 000 Soldaten der KFOR-Schutztruppe ins Kosovo versetzt, unter ihnen Einheiten der Bundeswehr. Auch Rußland, dem manche im Westen anfangs panslawische Sympathien gegenüber Milosevic unterstellen wollten, ist daran beteiligt. Außenminister Fischer hatte den russischen Jugoslawien-Beauftragten Wiktor Tschernomyrdin bei einem Außenminister-Treffen der G-8 auf dem Petersberg bei Bonn davon überzeugen können, es sei besser, wie es Tschernomyrdin dann selbst ausdrückte, »daß uns diese Verrückten nicht auf der Nase herumtanzen«.

Das entschiedene Eingreifen der NATO in den Kosovo-Konflikt war das Ergebnis einer neuen Moralisierung der Außenpolitik, die besonders in Bill Clinton und Madeleine Albright ihre entschiedensten Fürsprecher gefunden hatte. 1993 hatte Clinton dem ersten demokratisch gewählten Präsidenten Haitis, Jean-Bertrand Aristide, mit Hilfe eines Landungsunternehmens auf der Insel zur legitimen Macht verholfen, 1995 die bosnischen Serben durch Bombenschläge vom weiteren Beschuß Sarajevos abgehalten und den Frieden von Dayton erzwungen. Auch Tony Blair, seit 1997 im Amt, meinte ganz in der Tradition des großen britischen Liberalen William Ewart Gladstone, des geistigen Vaters der humanitären Intervention, »daß Politik eine ethische Dimension hat«.

Nichts hat die Wendung zu ethischen Dimensionen in der Außenpolitik so sehr befördert wie das Massaker von Srebrenica 1995, als bosnisch-serbische Truppen 8000 bosnische Muslime unter den Augen von niederländischen UN-Soldaten niedermetzelten, ohne daß diese eingriffen. »War in Srebrenica die UNO gescheitert?« fragte sich damals der Grüne Daniel Cohn-Bendit. Und waren nicht allein die NATO und die Amerikaner in der Lage, solchen mörderischen Ausschreitungen wirkungsvoll zu begegnen? Der Luftkrieg gegen Serbien war durch die UN-Resolution 1199 nicht gedeckt, doch seine Begründung als humanitäre Intervention hat den Deutschen die Entscheidung zur Beteiligung an ihrem ersten Kampfeinsatz nach dem Ende des Zweiten Weltkriegs zweifellos erleichtert.

Im Kosovo sollte ein neues Srebrenica verhindert werden. Bei diesem Krieg ging es, wie Gerhard Schröder im Rückblick noch einmal betont hat, »ausschließlich um humanitäre Ziele« und darum, »ob das integrierte Europa gemeinsam Lehren aus der blutigen Geschichte des 20. Jahrhunderts zu ziehen bereit war«. Das allerdings bedeutete mehr als nur die Beendigung eines aktuellen mörderischen Konflikts. Strategisch war damit die politische Absicht verbunden, Europa nicht wieder friedensgefährdenden Rivalitäten unter Volksgruppen wie in den Jahren zwischen den beiden

Wehrpflichtige Soldaten der Bundeswehr beim Einsatz während der Oderflut im Sommer 1997. Die Leistungen der Soldaten in den Katastropheneinsätzen an Oder und Elbe haben das Ansehen der deutschen Streitkräfte in der Bevölkerung deutlich erhöht.

Weltkriegen auszuliefern. »Nach den Maßstäben, die für das Kosovo angewendet wurden«, meint der »Zeit«-Autor Michael Schwelien, »hätte die NATO auch in ihrem Partnerland Türkei intervenieren müssen, um dort die Verfolgung von Kurden zu unterbinden.« Dem kann man kaum widersprechen. Doch bei der jugoslawischen Krise ging es, wie Joschka Fischer später zugab, auch um anderes, nämlich um »höchst realpolitische Gefahren für die europäische Ordnung«. Mit der Intervention im Kosovo, schreibt er in seinem Buch *Die Rückkehr der Geschichte,* sei »zugleich die Ankoppelung Südosteuropas an den arabisch-islamischen Krisengürtel unterbrochen« worden, was »zumindest seit dem 11. September 2001 für Europa von überragender Bedeutung war«. Gerhard Schröder urteilte da zuweilen zurückhaltender. Ein europäischer Einigungskrieg? »Das ist übertrieben«, meinte der Kanzler. Doch im Grunde teilte er Fischers Meinung, auch wenn sein Naturell weniger zu historischem Pathos neigte als das seines Außenministers.

Die Oderflut von 1997:
Deichverteidigungskräfte im Einsatz

Am 30. und 31. Juli 1997 scheint das Schicksal des Oderbruchs besiegelt zu sein. Gering sind die Chancen, daß beim Dorf Hohenwutzen der Deich gehalten werden kann. Die Böschung ist durch zwei Brüche zusammengestürzt. Auf 150 Meter Länge sind tiefe und breite Löcher entstanden. Im nördlichen Oderbruch beginnt die Evakuierung von 6500 Menschen. Wäre der Damm gebrochen, hätten die Fluten der Oder in Brandenburg eine Fläche von der Größe des Bodensees bedeckt.

In einem Dauereinsatz wird der Deich gehalten. Das »Wunder von Hohenwutzen« ist vor allem ein Werk der Bundeswehr. Aus ganz Deutschland beordert die Bundesregierung Einheiten an die östliche Grenze der Bundesrepublik.

Bis zu 30000 Mann sind im Einsatz. Sie bewegen 177000 Tonnen Sand und mehr als acht Millionen Sandsäcke zur Sicherung der Deiche. Ununterbrochen fliegen Hubschrauber die Sandsäcke zu den Soldaten, die diese mit Faschinen (Reisigbündeln) in der Bruchstelle aufschichten. Von der Wasserseite wird der Deich von Tauchern mit Folien abgedeckt. Ein starker mehrtägiger Regenguß von 500 Litern pro Quadratmeter am polnischen Oberlauf der Oder hat die Flutwelle ausgelöst.

Schon am 15. Juli werden im Grenzoderabschnitt im Raum Schwedt die Polder geflutet. Die Flut selbst erreicht Brandenburg am 17. Juli in Ratzdorf am Zusammenfluß von Oder und Neiße. Vom 18. bis 21. Juli verursachen im oberen Odereinzugsgebiet weitere starke Niederschläge eine zweite Hochwasserwelle. Der Regen weicht die Deiche langsam auf. Am 23. Juli hält bei Brieskow-Finkenheerd der Deich auf einer Breite von 70 Meter dem Wasser nicht mehr stand. Die Bruchstelle erweitert sich auf über 200 Meter. Die Ziltendorfer Niederung läuft voll. Die Deichverteidigungskräfte ziehen sich aus dem gefährdeten Bereich zurück, um nicht von den Wassermassen eingekesselt zu werden. Soldaten bauen einen rückwärtigen Ruhedeich an der alten Oder aus. Am 27. Juli erreicht der Pegel mit 6,56 Meter Rekordhöhe in Frankfurt/Oder.

Die Oderflut löst eine in Deutschland bis dahin nicht gekannte Hilfswelle aus. 135 Millionen D-Mark spenden die Bundesbürger, um den ostdeutschen Opfern in ihren von der Flut beschädigten 178 Häusern zu helfen. Das ist weit mehr, als nötig ist, um alle beschädigten Häuser neu zu errichten. Deshalb werden 75 Millionen D-Mark der Spendengelder in die weit schwerer betroffenen Länder Polen und Tschechien überwiesen.

Sportliche Geste. Bei der Tour de France 2003 feiert Jan Ullrich im Trikot von Bianchi ein Comeback. In Luz Ardiden stürzt der führende Lance Armstrong. Jan Ullrich wartet und wird im Ziel um 40 Sekunden vor dem wie entfesselt fahrenden Amerikaner geschlagen.

Jan Ullrich steigert 1997 seine Leistung: »Quäl dich, du Sau« schreit Bölts

Vor der Saison 1996 holt das Team Telekom einen echten Star in seine Mannschaft. Der Däne Bjarne Riis ist im Jahr zuvor Dritter bei der Tour de France geworden. Die Investition macht sich für die Deutschen bezahlt. Riis kann 1996 den fünfmaligen Sieger Miguel Indurain aus Spanien schlagen und in Paris als Sieger auf das Treppchen steigen. Bei der Tour kommt ein junger Teamkollege von Riis auf den 2. Platz des Gesamtklassements: Jan Ullrich.

Der Rostocker Jan Ullrich gewinnt 1988 die DDR-Jugendmeisterschaft im Straßenradfahren. Nach der Wende folgt er seinem Trainer nach Hamburg. 1994 belegt der 20jährige den dritten Platz bei der Zeitfahrweltmeisterschaft. Jetzt nimmt ihn das Team Telekom unter Vertrag. Bei der Tour des Jahres 1997 entscheidet sich das Team Telekom für eine Doppelspitze. Doch schon beim Prolog zieht Ulrich dem Dänen Riis davon und wird Zweiter. In den Pyrenäen setzt sich Ullrich an die Spitze. Beim Einzelzeitfahren distanziert er das Feld. In den Alpen trauen die Fachleute dem Italiener Marco Pantani zu, an die Spitze des Gesamtklassements zu klettern. Bei der Etappe hinauf nach L'Alpe d'Huez triumphiert der Italiener mit knappem Vorsprung vor Ullrich. Auf der Etappe nach Courchevel quälen sich Ullrich und Virenque Seite an Seite den Schlußanstieg hinauf. Ullrich überläßt dem Verfolger Virenque den Tageserfolg. Pantani verliert aber über drei Minuten auf ihn. Auf der 18. Etappe wird es für Jan Ullrich noch einmal gefährlich. Er ist leicht erkältet und scheint angreifbar. Am Col du Hunsruck verliert Ullrich den Anschluß an den Franzosen Virenque. Sein Mannschaftskamerad Udo Bölts zieht ihn in seinem Windschatten wieder an die Spitze heran. Hier schreit Bölts dem schwächelnden Rostocker das legendäre »Quäl dich, du Sau« ins Ohr. Virenque, Ullrich und Bölts fahren schließlich in einer Gruppe ins Ziel – die Tour ist entschieden. Zehn Jahre später sieht sich Jan Ullrich massiven Doping-Vorwürfen ausgesetzt, die auch die sensationellen Ergebnisse des Teams Telekom und Ullrichs in den frühen Jahren in Frage stellen. Im Februar 2007 beendet Jan Ullrich seine Karriere und zieht sich vom Radsport zurück.

Wege nach vorn?

Überhaupt war Schröder im rot-grünen Gespann eher der Pragmatiker. Wie die von Helmut Schmidt war auch seine Regierung innenpolitisch zum Krisenmanagement berufen. Darauf zeigte sie sich anfangs allerdings kaum vorbereitet. Ging es zu Beginn der siebziger Jahre um die Bewältigung gefährlicher Turbulenzen in der Weltwirtschaft, so stand Ende der neunziger Jahre die Konkurrenzfähigkeit des »Standorts Deutschland« und damit die Bewältigung der chronischen Arbeitslosigkeit auf dem Prüfstand. Er werde, so der Bundeskanzler, sich »jederzeit«, und nicht erst in vier Jahren, »daran messen lassen, in welchem Maße wir zur Bekämpfung der Arbeitslosigkeit beitragen«. Aber war seine Regierung, waren die Deutschen tatsächlich in der Lage und bereit, die damit verbundenen Herausforderungen zu erkennen und zu meistern? Deutschland befand sich, nicht nur wegen der enormen Kosten des Vereinigungsprozesses, seit langem in einer offensichtlich strukturell bedingten Krise. Reichte es da aus, wie der Kanzler verkündete, nur weniges anders, aber vieles besser zu machen? Mußte nicht das gesamte »Modell Deutschland« einer kritischen Revision unterzogen werden?

Die Zeiten hatten sich geändert, und die Zäsur war bereits im Krisenjahr 1973 spürbar gewesen, auch wenn sie damals noch nicht in ihrer ganzen Tragweite erkannt werden konnte. »Nach 1973 war nichts mehr wie zuvor«, meinte der Bremer Historiker Paul Nolte 2004. »Der Traum von der immerwährenden Prosperität ging zu Ende, und mit ihm verschwand auch die Vision vom allgemeinen Fortschritt und seiner politischen Steuerbarkeit.« Doch diese Sicht ist erst in den letzten Jahren zum Allgemeingut größerer Kreise geworden.

Die neue Bundesregierung stand vor dem Problem, den Deutschen die Zukunft wiederzugewinnen. Eine Lösung hatte sie aber anfangs so wenig zu bieten wie ihre Vorgängerin. Mit bemerkenswerter Offenheit gab Gerhard Schröder bald zu erkennen, daß auch er »das alleinseligmachende Programm« zur Behebung des Arbeitslosenproblems nicht kenne. »Aber die Richtung«, vertraute er seinem Biographen Jürgen Hogrefe kurz vor Ende der ersten Legislaturperiode an, »die kennen wir: das Verbandsgeschrei nicht so ernst nehmen, sich an den betrieblichen Wirklichkeiten und Möglichkeiten orientieren, in die Köpfe der Menschen investieren und ihnen flexible Gestaltungschancen geben, ohne ihnen jede Art von Sicherheit zu nehmen.« In seiner eigenen Partei hörten einige solche Aussagen, die er bei anderer Gelegenheit in die Worte faßte, er stehe weder für eine rechte noch für eine linke Wirtschaftspolitik, sondern für eine »moderne Politik der sozialen Marktwirtschaft«, nicht gern. 1995 hatten ihn solche

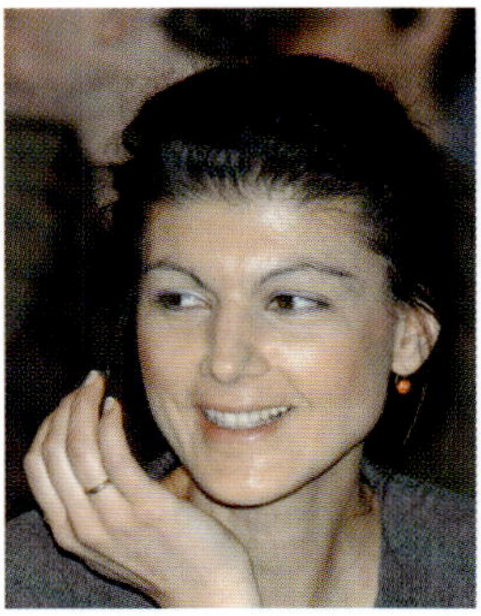

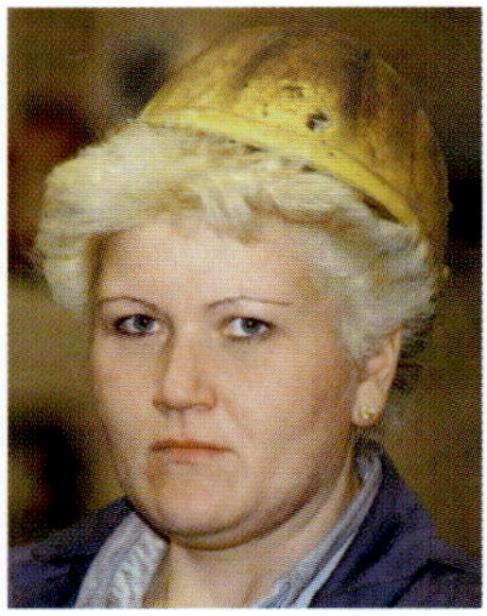

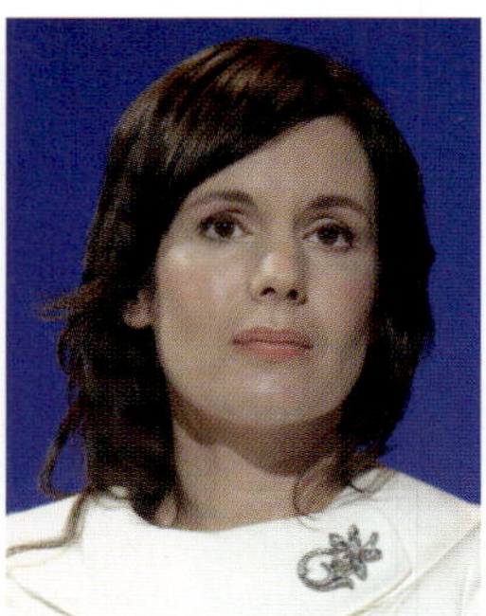

Aussagen sogar den Posten als SPD-Wirtschaftssprecher gekostet. Jetzt, nach den Wahlen 1998, hoffte besonders die Parteilinke, die Richtlinien für die Wirtschaftspolitik würden im Kabinett nicht von ihm, sondern von dem Parteivorsitzenden Oskar Lafontaine vorgegeben.

Mit Lafontaine hatte die SPD seit Jahren zum ersten Mal wieder einen starken Parteivorsitzenden, und er verfügte als ehemaliger Oberbürgermeister von Saarbrücken und saarländischer Ministerpräsident über erhebliche politische Erfahrungen. Seit er auf dem Mannheimer Parteitag 1995 nach einer kämpferischen Rede den glücklosen Rudolf Scharping beerbt hatte, zeigte die in sich zerstrittene SPD zunehmend jene Geschlossenheit, die man lange an ihr vermißte und mit der sie dann 1998 die Wahlen gewann. Die SPD versprach »Innovation und Gerechtigkeit«, wobei Gerhard Schröder, der sein Profil als niedersächsischer Ministerpräsident durch gute Beziehungen zur Industrie geschärft hatte, eher für »Innovation« stand, während Lafontaine den sozialdemokratischen Kernbereich der »Gerechtigkeit« für sich beanspruchte.

Die Mesalliance sollte sich allerdings schon bald als Fehlkonstruktion erweisen. Am 11. März 1999 schmiß Lafontaine das Handtuch. Er sei davon ausgegangen, sagte er später, daß Schröder ihm als Parteivorsitzendem die Möglichkeit eröffnen werde, »unbeschadet der Richtlinienkompetenz des Bundeskanzlers die politischen Entscheidungen der Regierung und der Koalition wesentlich mitzubestimmen«. Das konnte kaum gutgehen, zumal Lafontaine meinte, daß nur seine eigenen nachfrageorientierten wirtschafts- und finanzpolitischen Konzepte »einen wirklichen Politikwechsel« darstellen würden, obwohl er von Anfang an wußte, daß der Kanzler sie nicht teilte. Auch seitens des grünen Koalitionspartners wurden bald kritische Stimmen laut, die dem »Umverteiler« Lafontaine vorwarfen, er werde mit seinem »Vulgärkeynesianismus« das Land ins Unglück stürzen. Fritz Kuhn munkelte, man habe wohl mit einer »strukturkonservativen Partei« verhandelt.

Lafontaine glaubte anfangs tatsächlich, durch seine Doppelfunktion als Parteivorsitzender und Finanzminister mit erweiterten wirtschaftspolitischen Kompetenzen »sicherstellen« zu können, »daß die im Regierungsprogramm gegebenen Versprechungen auch umgesetzt würden«. Aber er war nicht der Chef eines Politbüros, das über der Regierung stand. »Schröders roter Schatten«, wie ihn der »Spiegel« nannte, mußte

Linke Seite: Bundesdeutsches Frauenbild zu Beginn des neuen Jahrtausends. Zwischen Karnevalistinnen, Rentnerinnen, Migrantinnen und Angehörigen der nationalen Minderheiten hat sich Prominenz gemischt: Sarah Wagenknecht (o.l.) sitzt für die Partei »Die Linke« im Europaparlament und gehört der Kommunistischen Plattform an. Ursula von der Leyen (z.R.v.u.M.) ist Bundesfamilienministerin, Julia Holofernes (u.l.) Sängerin der Gruppe »Wir sind Helden«, Catherine Mühlemann (u.M.) Managing Director beim Musiksender »MTV Networks« und Angela Merkel Kanzlerin der Bundesrepublik Deutschland.

Gerhard Schröder nimmt die Sache mal wieder selbst in die Hand. Im April 1998 stakt er während eines Urlaubs im Spreewald mit einem Kahn Gäste zum Hotel »Zur Bleiche«.

Der Bundeskanzler Gerhard Schröder: Zweiter Bildungsweg ins Kanzleramt

Gerhard Fritz Kurt Schröder kommt in Mossenberg im westfälischen Lipperland zur Welt. Sein Vater, zu dieser Zeit Gefreiter bei den Pionieren, fällt nur wenige Tage nach seiner Geburt in Rumänien. Die Mutter Erika Schröder ist mit zwei Kindern auf sich allein gestellt. In den ersten Nachkriegsjahren geht sie auf Bauernhöfen arbeiten, um sich und ihre Kinder zu ernähren. Auch als sie später wieder heiratet, ändert sich an den beengten finanziellen Verhältnissen wenig, da der Stiefvater schon bald an Tuberkulose erkrankt. Die Mutter arbeitet 14 bis 16 Stunden am Tag als Putzfrau. Nach eigenen Aussagen ist Schröders politische Einstellung von dem Vorbild der Mutter geprägt, die er als eine »geborene Sozialdemokratin« bezeichnet. Die Familie wohnt mittlerweile in einem Behelfsheim in Bexten. Nach achtjährigem Besuch der Volksschule beginnt Gerhard Schröder eine Lehre zum Einzelhandelskaufmann in Lemgo. Während der Lehrzeit wächst der Wunsch nach einem »zweiten Bildungsweg«. Der 17jährige zieht nach Göttingen. Er arbeitet zunächst in einer Eisenwarenhandlung und macht abends die Mittlere Reife nach. Im Alter von 19 Jahren beginnt Schröder sein politisches Engagement bei den Jungsozialisten in der SPD. Zu diesem Zeitpunkt erhält er als Halbwaise monatlich 200 Mark und kann so am Siegerland-Kolleg in Weidenau und ab 1965 am Westfalen-Kolleg in Bielefeld das Abitur machen. 1969 nimmt Schröder ein Jurastudium an der Georg-August-Universität Göttingen auf, das er durch Arbeit am Bau weitgehend selbst finanziert. 1971 legt er das erste juristische Staatsexamen ab. Im selben Jahr erfolgt seine Wahl zum Vorsitzenden der Jusos im SPD-Bezirk Hannover. Nach dem zweiten juristischen Staatsexamen 1976 wird er in Hannover zum Rechtsanwalt zugelassen. Seit 1978 ist Gerhard Schröder Bundesvorsitzender der Jungsozialisten. 1980 zieht er in den Bundestag ein. Nach der Wahlniederlage der SPD 1982 beschließt Gerhard Schröder, seinen politischen Schwerpunkt in Niedersachsen zu setzen. Über die Oppositions- und später die Regierungsbank in Hannover führt sein Weg ins Kanzleramt.

Die zweite Troika aus den damals als Ministerpräsidenten amtierenden Oskar Lafontaine (links), Rudolf Scharping (Mitte) und Gerhard Schröder (rechts) ist die Neuauflage derjenigen, die Ende der sechziger Jahre von Willy Brandt, Helmut Schmidt und Herbert Wehner gebildet worden war und die SPD schon einmal an die Macht gebracht hatte.

konsequenterweise auch sein Amt als Parteivorsitzender zur Verfügung stellen, als er im März 1999, kurz nachdem die Wahl Johannes Raus zum zweiten sozialdemokratischen Präsidenten der Republik beschlossene Sache war, fast kommentarlos aus der Regierungsverantwortung verschwand.

Einen Tag zuvor hatte Gerhard Schröder im Kabinett ein Machtwort gesprochen, als er deutlich verkündete, man könne ein Land nicht gegen die Wirtschaft regieren. Er hatte sich lange zurückgehalten, wohl wissend um die prekäre Balance mit seinem Gegenspieler, und Schritte zugelassen, die ihm eigentlich gegen die Strich gehen mußten. Dazu zählten umstrittene Maßnahmen zu Scheinselbständigkeit und geringfügigen Beschäftigungsverhältnissen ebenso wie Lafontaines Pläne einer Steuerreform, mit denen er eine Gerechtigkeitslücke nach unten schließen wollte. Die Hundert-Tage-Bilanz der Regierung Schröder fiel ernüchternd aus. Eine klare Linie war nicht erkennbar. Dabei erwiesen sich einzelne Ideen und Konzepte Lafontaines als durchaus erwägenswert. Wahrscheinlich wäre es tatsächlich sinnvoll gewesen, wie der amerikanische Wirtschaftswissenschaftler Lester Thurow meint, wenn die Europäische Zentralbank zur Ankurbelung der Konjunktur rechtzeitig die Leitzinsen gesenkt hätte, trotz schlechter Presse für dieses Thema. Auch Lafontaines Grundanliegen einer effektiveren Kontrolle der internationalen Finanzmärkte konnte Schröder einiges abgewinnen. Doch seine Alleingänge mit dem französischen Wirtschafts- und Finanzminister Dominique Strauss-Kahn und seine großspurigen Ankündigungen, der Welt gemeinsam mit den USA und Japan »eine neue Finanzarchitektur« geben zu wollen und eine Ära der »Weltinnenpolitik« einzuleiten, zeugten von wenig Realitätssinn und taktischem Gespür. Lafontaine polarisierte. In Großbritannien galt er bald als der »gefährlichste Mann Europas«, in Deutschland als eine Art Gegenkanzler. Oskar Lafontaines Rücktritt war für Schröder so etwas wie ein Befreiungsschlag. Sein Nachfolger im Amt des Finanzministers wurde Hans Eichel. Die von ihm angekündigte rigide Sparpolitik rief allerdings heftige innerparteiliche Proteste hervor und wurde als sozial ungerecht kritisiert. Die größten Einsparungen waren nämlich im Bereich der Renten- und Arbeitslosenversicherung vorgesehen. Fast zur gleichen Zeit erblickte ein seit längerem vorbereiteter gemeinsamer Vorschlag Gerhard Schröders und Tony Blairs über den »Weg nach vorn für Europas Sozialdemokraten« das Licht der Öffentlichkeit. Die meisten Menschen, liest man in dem »Schröder-

Altes Deutschland: katholische Trachtenwallfahrt in Siegsdorf (Chiemgau) zum Wallfahrtsort Maria Eck. Jährlich besuchen etwa 100 000 Pilger und Touristen den Wallfahrtsort im Chiemgau. Trotz der Wiedervereinigung gibt es in der Bundesrepublik im Jahr 2003 fast 300 000 mehr Katholiken als evangelische Christen (ca. 25 836 000).

Lange Schlange vor der Asylstelle des Sozialamts im Berliner Bezirk Wedding, 1992. Im August 2001 legt die rot-grüne Bundesregierung den Entwurf eines neuen, liberaleren Zuwanderungsgesetzes dem Bundestag vor. Es scheitert aber zu Teilen am Bundesverfassungsgericht und der Mehrheit von CDU und CSU im Bundesrat.

Blair-Papier«, hätten sich schon lange von einem Weltbild verabschiedet, das bisher durch dogmatische Lehren von links oder rechts repräsentiert wurde. Die Sozialdemokraten hätten bisher die Schwächen der Märkte überschätzt und ihre Stärken unterschätzt. »Wir brauchen flexible Güter-, Kapital- und Arbeitsmärkte«, um neue Arbeitsplätze schaffen zu können, so die Schlußfolgerung. Es war ein ungewöhnlich deutliches Plädoyer für Deregulierung und Liberalisierung und traf auf entsprechenden Widerstand. Der Deutsche Gewerkschaftsbund sprach von einer »historisch blinden Diffamierung des Sozialstaats«, und die »Arbeitsgemeinschaft für Arbeitnehmerfragen in der SPD« sah darin kaum mehr als ein Zerrbild der Sozialdemokratie. Linke Sozialdemokraten machten in einer »Berliner Erklärung« deutlich, daß in ihren Augen »eine Sozialdemokratie, die Weltmarktorientierung, Marktliberalisierung und Sozialstaatsprivatisierung zum Maßstab nimmt, an ihren selbstgesetzten Ansprüchen scheitern« müsse. Eine Lösung für die gravierenden Probleme, vor allem die anhaltend hohe Arbeitslosigkeit, konnten sie aber auch nicht bieten. Die nationalen Rahmenbedingungen der Wirtschaft hatten sich in den neunziger Jahren entscheidend geändert. Die meisten der großen europäischen und amerikanischen Firmen waren vor dem Ersten Weltkrieg gegründet worden und hatten sich bis 1990 weitgehend behaup-

Let's Buy It: Die Aktiensause am Neuen Markt

Meeting in einem Unternehmen in München, 1997. Das ist das Jahr der »New Economy« aus den neuen, innovativen Unternehmen der Zukunftsbranchen Informationstechnologie, Multimedia, Telekommunikation und Biotechnologie.

Am 10. März 1997 wagt sich der Mobilfunkanbieter Mobilcom als erster an den »Neuen Markt«. Das Ziel des neuen Börsensegments ist es, mittelständische Unternehmen, besonders aus den Branchen Telekommunikation, Internet, Multimedia, Umwelt- und Biotechnologie, mit Kapital zu versorgen.

Zunächst geht alles gut. Zum Jahresende sind 17 Firmen gelistet. Mobilcom steigert seinen Unternehmenswert im ersten Börsenjahr um 2800 Prozent.

In Deutschland macht sich eine Goldgräberstimmung breit. Eine gut klingende Geschäftsidee reicht oft zur Börsenzulassung aus. Die Anleger reißen sich darum, Aktien von Unternehmen wie FortuneCity.com, InfoGenie, e.multi und LetsBuyIt.com zugeteilt zu bekommen. Der Neue Markt entwickelt sich zur führenden Plattform für Neuemissionen in Europa. Besonders Internetfirmen treiben die Kurse in die Höhe.

Spitzenreiter in der Wertsteigerung aber ist der Filmrechtehändler EM.TV der Brüder Haffa, der sich 1997 als zwölftes Unternehmen am Neuen Markt listen läßt. 24 Monate später kann er rund 15 000 Prozent Wertsteigerung verzeichnen. Ende März 2000 erreicht er einen Börsenwert, der über dem der Lufthansa liegt. »Die Kurse sind jenseits von Gut und Böse«, stellt der »Spiegel« fest. Am 10. März 2000, am dritten Geburtstag des Neuen Marktes, liegt die Marktkapitalisierung der 229 Unternehmen im Index Nemax All Share bei 234,25 Milliarden Euro.

Nur einen Tag später beginnt im Gefolge der US-Technologiebörse Nasdaq Composite die Talfahrt des neuen Marktes. Die Gier der Anleger schlägt in Panik um. Der Kursverfall der Werte nimmt rasante Fahrt auf, als immer mehr Nachrichten von Unregelmäßigkeiten in den gelisteten Unternehmen auftauchen. Am 6. März 2002 geht als letzte Neuemission der Hamburger Windenergiespezialist Repower Systems an den Neuen Markt. Der Nemax erreicht am 9. Oktober 2002 einen Wert von nur mehr 318 Punkten und hat damit in nur 31 Monaten über 96 Prozent seines einstigen fiktiven Wertes eingebüßt. Am 26. September 2002 kündigt die Deutsche Börse das Ende des Neuen Marktes bis Dezember 2003 an.

ten können. Doch schon ein paar Jahre später sah alles anders aus. Ein weltweiter Boom von Fusionen und Akquisitionen hatte eingesetzt. Daimler-Benz übernahm Chrysler, Hoechst und Rhone-Poulenc schlossen sich zu Aventis zusammen, Vodafone schluckte Mannesmann. Der Börsengang der Telekom erzeugte einen für Deutschland neuen Aktienboom. Öffentliches Eigentum wurde privatisiert. Vieles geriet in Bewegung. Insgesamt sieben regionale Krisen, darunter in Mexiko, Südkorea, Rußland und Argentinien, erschütterten die internationalen Finanzmärkte. Die grenzenlose Jagd nach Spekulationsgewinnen nahm ein bis dahin unbekanntes Ausmaß an. Wie nie zuvor hat in diesen Jahren die Öffnung der Märkte für Kapital, Güter und Dienstleistungen und die globalisierte Konkurrenz um Standortvorteile die Fähigkeit der Einzelstaaten vermindert, regulierend in die Wirtschaft einzugreifen und eigene soziale Standards beizubehalten oder durchzusetzen. Margaret Thatcher fand für diese Entmächtigung

Verbreitung von Mobiltelefonen in Deutschland 1990 bis 2005

Im Frühjahr 2005 besitzen in Nordrhein-Westfalen neun von zehn Jugendlichen im Alter von 14 bis 17 Jahren ein eigenes Mobiltelefon. Auch zwei Drittel der 10- bis 13jährigen Kinder besitzen in diesem Land ein Handy. Etwa jedes zehnte Kind im Grundschulalter (6 bis 9 Jahre) in NRW telefoniert mobil. Insgesamt haben 92 Prozent der Jugendlichen (12 bis 19 Jahre) in Deutschland ein eigenes Mobiltelefon.

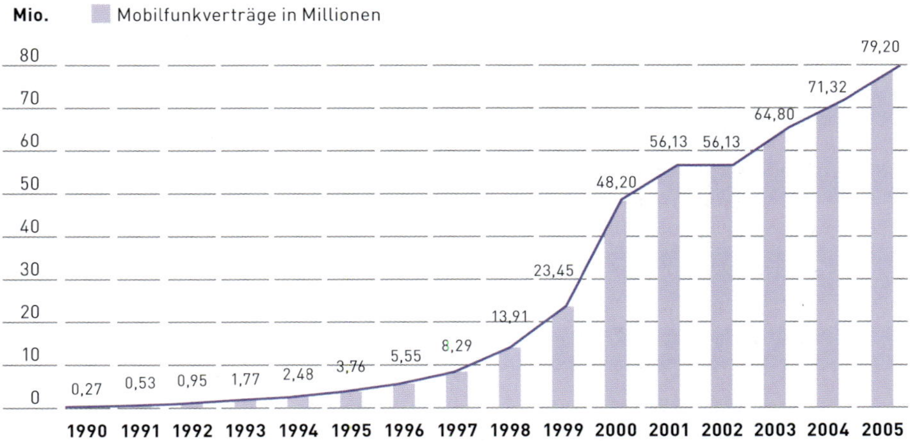

Quelle: Statistisches Bundesamt Deutschland: Statistiken zu Informations- und Kommunikationstechnologien, Band 1, Wiesbaden 2005

der Politik ihre berühmt gewordene TINA-Formel: *There Is No Alternative*, es gibt keine Alternative. Das wollten die Deutschen nicht akzeptieren, und es war in dieser Ausschließlichkeit, wie beispielsweise Lester Thurow meint, auch kaum akzeptabel. Denn wieso sollte man nicht gleichzeitig spazierengehen und Kaugummi kauen oder antizyklische mit strukturellen Maßnahmen verbinden können? Einstweilen allerdings verharrte die Regierung Schröder in tatenloser Unentschlossenheit, auch weil seitens der Gewerkschaften erhebliche Widerstände gegen jede Änderung des angestammten Besitzstands aus der Zeit von Bismarcks Sozialstaat zu erwarten waren.

Bei den Europawahlen am 13. Juni 1999 erzielte die Union Rekordgewinne, doch im Jahr 2000 hatte sich die Regierung Schröder einigermaßen erholt. Angetrieben durch den plötzlichen, aber fragilen Boom der *New Economy*, war die Zahl der Arbeitslosen im Oktober auf 3,6 Millionen gesunken. Im Sommer des nächsten Jahres war sie allerdings schon wieder angestiegen. Von der PISA-Studie der OECD gingen Ende 2001 alarmierende Nachrichten über das Qualifikationsniveau deutscher Schüler und Schulen aus. Im Winter lag die Bundesrepublik im EU-Vergleich wirtschaftlich an letzter Stelle. Das war kaum allein auf die Konjunkturschwäche der Weltwirtschaft, besonders in den USA und Japan, zurückzuführen, wie der Bundeskanzler im Sommer 2001 behauptete. Die Flaute, meinte die »Frankfurter Allgemeine Zeitung«, decke nur auf, woran es Deutschland wirklich fehle, nämlich »an strukturellen Reformen«.

Eine erste Reaktion darauf war bereits das Schröder-Blair-Papier gewesen. Es war vielleicht wirklich, wie manche seiner Kritiker behaupten, ein unausgereifter Vorstoß. Aber es erzeugte eine neue Grundsatzdebatte in der SPD, die sich hauptsächlich um eine zeitgemäße Neubestimmung des Begriffs »Gerechtigkeit« drehte. Plötzlich war von »produktivitätssteigernder Ungleichheit« die Rede, die gerecht sein könne, wenn dadurch und durch eine Deregulierung des Arbeitsmarkts eine wirtschaftliche Dynamik ausgelöst und bisher Arbeitslose in das Erwerbsleben eingebunden würden. Gerhard Schröder machte deutlich, es sei eine Illusion gewesen zu glauben, mehr Staat sei die beste Rahmenbedingung für Gerechtigkeit. Für Sozialdemokraten waren die damit verbundenen Ideen in Richtung eines »aktivierenden« Sozialstaats, der die Menschen weniger vor dem Markt schützen als sie dazu befähigen sollte, auf ihm zu agieren, ein großer Schritt, mindestens so groß wie der Abschied vom Marxismus im Godesberger Programm. Regierungspolitik waren sie einstweilen noch nicht. Die einzige Sozialreform der ersten rot-grünen Legislaturperiode war die sogenannte Riester-Rente, eine kapitalgedeckte und vom Staat geförderte private Alterszusatzvorsorge. Im Mittelpunkt der Politik dagegen

Mit dem Gesetz gegen den Rinderwahn: Das Auftreten von BSE in Deutschland

Am 24. November 2000 kommt es im Rahmen eines von einer Handelskette in Auftrag gegebenen Zufallstests in Deutschland zum ersten nachgewiesenen BSE-Fall. Der Test ergibt für ein in Deutschland geborenes Rind aus Hörsten in Schleswig-Holstein einen positiven Befund. Nur einen Tag später wird bei einer Kuh in Portugal, die aus Sachsen-Anhalt stammt, dieselbe Diagnose gestellt. Bei beiden Rindern, die bereits krankheitsspezifische Auffälligkeiten gezeigt haben, wird BSE diagnostiziert. Der BSE-Ausbruch in Deutschland ist nach Meinung des Bundesverbands der Tierärzte durch infizierte Milchaustauscher, mit denen Kälber aufgezogen werden, ausgelöst worden.

Ende 2004 wirtschaften in Deutschland 20 909 Unternehmen (inkl. verarbeitende Betriebe, Futtermittel aufbereitende Betriebe und Importeure) im Bereich der biologischen Landwirtschaft. Das sind 3,9 Prozent der landwirtschaftlichen Betriebe insgesamt.

Bundeskanzler Gerhard Schröder setzt einen Krisenstab ein, der einen Gesetzentwurf über ein Verbot für die Ein- und Ausfuhr von Tiermehl sowie für die Fütterung von Nutztieren mit Tiermehl beschließt. Das Gesetz tritt acht Tage später in Kraft – das schnellste Gesetzgebungsverfahren in der bundesdeutschen Geschichte. Beschlossen wird zusätzlich der Einsatz von BSE-Schnelltests.

BSE ist die Abkürzung der Bezeichnung »Bovine spongiforme Enzephalopathie«. Sie steht für eine Erkrankung bei Rindern mit einer schwammförmigen Veränderung des Gehirns (»spongiform« = schwammförmig). In Deutschland wird die Krankheit als »Rinderwahnsinn« bekannt. Die erkrankten Rinder magern schnell ab, werden aggressiv und verlieren die Kontrolle über ihre Muskeln. Sie taumeln, und die Vorderläufe knicken ein. Die Tiere erkranken in der Regel im Alter von vier bis fünf Jahren und sterben innerhalb weniger Monate. Verursacht wird Rinderwahn durch die 1987 entdeckten Prionen. Im Gegensatz zu anderen Krankheitserregern wie Bakterien oder Viren bestehen Prionen lediglich aus Eiweiß und besitzen keine Erbsubstanz. Man nimmt an, daß sich Prionen nach dem Eindringen in das Gehirn an die körpereigenen, prionenähnlichen Hirn-Eiweiße anlagern und diese so verändern, daß sie den krankmachenden Prionen gleichen. Werden die Prionen auf den Menschen übertragen, kann eine neue Variante der Creutzfeldt-Jakob-Krankheit entstehen.

Die Zoohandlung in der Arminius-Markthalle im Berliner Bezirk Tiergarten im Juli 2004.

Neue Ladenschlußgesetze: Immer offener

Einst hatten die Geschäfte geöffnet, solange es im Sommer hell ist, in der Regel zwischen 5 und 23 Uhr, sieben Tage die Woche. Am 1. Oktober 1900 tritt im Deutschen Reich ein erstes Ladenschlußgesetz in Kraft. Der Einzelhandel darf jetzt nur noch von 5 bis 21 Uhr an Werktagen öffnen. Eine neue gesetzliche Regelung führt nach der Revolution ab 1919 die Sonntagsruhe und eine nun beschränkte Ladenöffnungszeit an Werktagen von 7 bis 19 Uhr ein.

Ab 1957 gilt in der Bundesrepublik das »Gesetz über den Ladenschluß«. Geschäfte durften nun nur montags bis freitags von 7 bis 18.30 Uhr und sonnabends bis 14 Uhr geöffnet sein; ausgenommen sind Einrichtungen wie Kioske, Bahnhofsgeschäfte, Apotheken und Gaststätten. Im selben Jahr wird auch der »Lange Samstag« eingeführt. An ihm kann man zusätzlich am ersten Sonnabend im Monat bis 18 Uhr einkaufen. Im Jahr 1960 wird das Öffnen an den vier Adventssonnabenden bis 18 Uhr erlaubt. Danach verändert sich knapp 30 Jahre lang nichts. Im Oktober 1989 wird ein »Dienstleistungsabend« bis 20.30 Uhr genehmigt.

1996 werden die Ladenöffnungszeiten erneut gelockert. Wochentags darf zwischen 6 Uhr und 20 Uhr, sonnabends bis 16 Uhr verkauft werden. Die Globalisierung, der freie Reiseverkehr in der Europäischen Union, die Anfänge des Online-Handels und nicht zuletzt die Krise auf dem Arbeitsmarkt führen Ende der neunziger Jahre zu Druck aus der Wirtschaft, auf jede Regelung der Öffnungszeiten zu verzichten. Die Kirchen melden sich zu Wort. In einer gemeinsamen Erklärung der Evangelischen Kirchen in Deutschland und der katholischen Deutschen Bischofskonferenz heißt es 1999: »Der Sonntag gehört zu den wichtigen Beiträgen des Christentums zur Kultur unserer Gesellschaft.« Im März 2003 verlängert der Bundestag die Samstagsöffnungszeiten. Geschäfte müssen aber an Sonn- und Feiertagen geschlossen bleiben. Etwa ein Drittel der Betriebe macht von den neuen Möglichkeiten Gebrauch. Die beschäftigungspolitischen Hoffnungen erfüllen sich nicht. Anfang 2007 verlängern bis auf Bayern alle Länder die Ladenöffnungszeiten von Montag bis Samstag auf 22 Uhr oder geben sie ganz frei.

standen eher klassische Themen der gesellschaftlichen Liberalisierung, darunter die gesetzliche Regelung gleichgeschlechtlicher Lebenspartnerschaften, eine Neufassung des seit 1913 geltenden und auf dem antiquierten Abstammungsprinzip beruhenden Staatsbürgerschaftsrechts und schließlich, nach heftigen innenpolitischen Auseinandersetzungen, ein Einwanderungsgesetz. Innenminister Otto Schily hatte im Juni 2000 eine »Unabhängige Kommission Zuwanderung« unter Leitung der CDU-Politikerin und ehemaligen Bundestagspräsidentin Rita Süssmuth ins Leben gerufen, die ein Jahr später ihren Bericht vorlegte. »Deutschland braucht Zuwanderinnen und Zuwanderer«, so das deutliche Fazit der Kommission, das von allen Spitzenverbänden der Wirtschaft umgehend begrüßt wurde. Das Gesetz passierte Ende März 2002 den Bundesrat mit einer rechtlich nicht sauberen Zustimmung des in dieser Frage zwischen den regierenden Parteien SPD und CDU gespaltenen Landes Brandenburg und wurde daraufhin vom Bundesverfassungsgericht für nichtig erklärt. Es konnte erst im Juni 2004 endgültig ausgehandelt werden. Seitdem bestimmt das Thema Integration, anfangs flankiert von etwas fragwürdigen nationalistischen Verweisen auf eine deutsche »Leitkultur«, zunehmend die Einbürgerungsdebatte.

In der Atompolitik bewirkte die rot-grüne Regierung eine fundamentale Wende. Sie beschloß den Ausstieg, für den Mitte Juni 2000 die Rahmenbedingungen ausgehandelt waren. Die Regellaufzeit für Reaktoren würde sich in Zukunft »entschädigungsfrei« auf 32 Jahre belaufen. Es war ein Kompromiß, an dem neben Umweltminister Jürgen Trittin auch der aus der Energiewirtschaft stammende Wirtschaftsminister Werner Müller beteiligt war. Es sollte dennoch ein *point of no return* sein, ganz im Sinne der Koalitionsvereinbarung von 1998, nach der Deutschland bei der ökologischen Modernisierung eine Vorreiterrolle zugedacht war. Erneuerbare Energien sollten, auch als Wirtschaftsfaktor, gefördert, Nachhaltigkeit als Prinzip festgeschrieben werden. Bereits Anfang April 1999 war das »Gesetz zum Einstieg in die Ökologische Steuerreform« in Kraft getreten. Die sogenannte Ökosteuer diente in erster Linie der Senkung der Lohnnebenkosten, doch sie brachte auch spürbare Umwelteffekte mit sich. Im ersten Halbjahr 2001 lag der Benzinverbrauch um zwölf Prozent niedriger als zum Zeitpunkt der Einführung der Steuer. Eine andere politische Wende war krisenbedingt. Als Landwirtschaftsminister Heinz Funke im Gefolge der europäischen BSE-Epidemie zurücktreten mußte, übernahm die Grüne Renate Künast das Ministerium und gab ihm eine neue Ausrichtung. In Zukunft sollten in der Agrarpolitik weniger die Interessen der Landwirte als diejenigen der Verbraucher im Vordergrund stehen. Das bedeutete, in historischer Perspektive, eine kleine deutsche Revolution.

Daniel Libeskinds Neubau des Jüdischen Museums in der Berliner Lindenstraße. In ihm lädt in 13 Epochenbildern vom Mittelalter bis zur Gegenwart eine historische Dauerausstellung zu einer Entdekkungsreise durch zwei Jahrtausende deutsch-jüdischer Geschichte ein.

Das Jüdische Museum in Berlin: Die gebaute Leere

Daniel Libeskinds Jüdisches Museum ist der von der Architekturkritik am positivsten aufgenommene Neubau der neunziger Jahre in Deutschland. »Die Idee ist sehr einfach: ein Museum um eine Leere zu bauen, die durch dieses hindurchläuft, eine Leere, die vom Publikum zu erfahren ist.« Ein in Gelb gehüllter Barockbau, das von 1734 bis 1735 nach Plänen von Philipp Gerlach entstandene Kammergericht, dient als Eingang zum Neubau des Jüdischen Museums in Berlin. Neben dem barocken Bau steht ohne sichtbare Verbindung – der Übergang erfolgt durch einen Tunnel – ein unregelmäßiger, silbern glänzender Solitär. Libeskinds Museum ist eine begehbare Skulptur. Der Grundriß des Neubaus ist ein zuckender Blitz. Manche sehen in ihm einen zersprungenen Davidstern. Von außen ist das Gebäude mit Titanzink verkleidet. Die Außenhaut ist teilweise diagonal aufgeschlitzt, damit an einigen wenigen Stellen natürliches Licht in das Gebäude fallen kann. Die Wände der Gänge im Innern bestehen aus unverputztem Sichtbeton. Das Zentrum des im Januar 1999 eröffneten Jüdischen Museums bildet ein Raum, der vollkommen leer ist. Er kann weder betreten noch wirklich eingesehen werden. Er steht für die Abwesenheit jüdischer Kultur und jüdischen Lebens nach dem Holocaust.

Daniel Libeskind wird 1946 in Lodz, Polen, geboren. 1965 nimmt er die amerikanische Staatsbürgerschaft an. Er studiert zunächst Musik, wird auch professioneller Musiker, wechselt dann aber zur Architektur. 1970 schließt er sein Architekturstudium an der Cooper Union for the Advancement of Science and Art in New York City ab. 1972 macht er zusätzlich einen Postgraduierten-Abschluß in Architekturgeschichte und -theorie.

Sein Entwurf geht als Sieger unter 165 Einreichungen aus dem Wettbewerb für einen Erweiterungsbau des »Berlin Museums« hervor, der auch die Jüdische Abteilung des Museums beherbergen soll. Es ist der erste Entwurf des Architekten, der auch realisiert wird.

Deutschland und Europa

»Es gibt keinen Grund anzunehmen, daß sich pünktlich zum Ende eines willkürlich festgelegten Zeitraums die neue Ordnung einstellt«, meinte der britische Zeithistoriker Timothy Garton Ash 1999 in seinem Buch *History of the Present* (dt.: *Zeit der Freiheit*), »und doch scheinen sich die Konturen einer neuen Ordnung rechtzeitig zum Ablauf des Jahrzehnts und des Jahrtausends abzuzeichnen. Die meisten westeuropäischen Staaten, die in einer erweiterten Europäischen Union zusammengeschlossen sind, haben den großen Schritt zu einer gemeinsamen Währung getan. Dies wird, im Guten oder im Schlechten, die weitere Entwicklung Westeuropas auf Jahre hinaus bestimmen. Deutschland hat die frühere DDR absorbiert, ohne daß sein politisches System ernsthaft erschüttert worden wäre. Seine Hauptstadt wird nach Berlin verlegt, kurz nachdem erstmals in der Nachkriegsgeschichte eine deutsche Regierung durch Wahlentscheid vollständig ausgewechselt wurde. Die Kernstaaten Mitteleuropas haben auf ihrem Weg von kommunistischer Diktatur zu kapitalistischer Demokratie die Talsohle bereits durchschritten und bewegen sich auf den Westen zu. Drei von ihnen sind schon der NATO beigetreten. Und auch wenn es mit der Mitgliedschaft in der EU noch dauern wird, so wissen wir jedenfalls, in welche Richtung die Reise geht.«

Deutschland in der Antarktis – die Mannschaft, die im Jahr 2002 in der deutschen Neumayer-Station überwintert. Diese liegt in der Atka-Bucht des Ekström-Schelfeises im nordöstlichen Weddell-Meer auf der Position 70°39'S, 08°15' W.

Eine neue europäische Ordnung war nach dem Zusammenbruch des Systems von Jalta im Entstehen begriffen, für die es bisher keinen Namen gab und deren Konturen in weiten Teilen noch Unschärfen aufwiesen. Welche Rolle würde darin die Berliner Republik spielen? Immerhin war das vereinte Deutschland, trotz aller inneren Probleme, nicht nur die größte Volkswirtschaft Europas, sondern auch die alles bestimmende. Würde die Macht des kollektiven Gedächtnisses an vergangene Katastrophen ausreichen, um neuen Versuchungen zu widerstehen? Außenminister Joschka Fischer hatte auf diese Frage im Jahr seines Amtsantritts eine klare Antwort. Für Deutschland, meinte er, gebe es »zu Europa keine andere Alternative als eine erneute Niederlage«.

Gerhard Schröder war zwar nicht grundsätzlich anderer Meinung, aber er neigte eher dazu, die Karte der neugewonnenen deutschen »Normalität« auszuspielen, oft ohne sich über die zu erwartende Resonanz allzuviele Gedanken zu machen. Im Wahlkampf hatte er verkündet, die Achse Paris–Bonn zu einem künftigen Dreieck Paris–Berlin–London ausbauen zu wollen. Die Dritte-Weg-Debatte, die auch Grundlage des Schröder-Blair-Papiers war und in der er einen Ansatz sah, Europa als gesellschaftspolitisches Modell zu begründen, spielte dabei eine gewisse Rolle.

Doch die Idee war, wie Schröder später zugab, von Anfang an »illusionär«. Die Briten würden kaum ihre Rolle als Juniorpartner der USA in Frage stellen wollen. Sie hatten darüber hinaus nach den Worten des Historikers Geoffrey Hosking ein Problem, das außer ihnen in Europa nur die Russen kannten. Über Jahrhunderte nämlich war ihre nationale Identität mit einer imperialen Idee verbunden gewesen, die über Europa hinauswies. Frankreich wiederum sah in einem integrierten Europa die einzige Chance, um Reste seiner alten Großmachtstellung beizubehalten. Schröders Flirt mit London und seine flapsige Bemerkung, Deutschland könne nicht länger den Zahlmeister Europas spielen, führten in Paris zu ernsthaften Verstimmungen, die erst während einer langen Nachtsitzung im Berliner »Inter-Conti-Hotel« im März 1999 beigelegt werden konnten. In dieser Nacht, meint Joschka Fischer, sei der außenpolitische Novize Gerhard Schröder, der noch 1997 öffentlich mit dem Gedanken gespielt hatte, die Einführung des Euro zu verschieben, endgültig »zum Europäer geworden«. Er hatte sich, wie sein Biograph Jürgen Hogrefe meint, wieder einmal als »lernfähiges System« erwiesen.

Europa stand in diesen Jahren vor einigen entscheidenden Weichenstellungen. Frankfurt a. M. war seit 1998 Standort der Europäischen Zentralbank, und die Einführung des Euro in zwölf der fünfzehn EU-Mitgliedsstaaten stand unmittelbar bevor. Der Kopenhagener EU-Gipfel von 1993 hatte einigen osteuropäischen Reformländern sowie Malta und Zypern

Andy Warhols Gemälde »The Last Supper« wird 1998 für eine Sonderausstellung in München aufgehängt. Dank Ausstellungs-Großevents, Kasseler documenta und der öffentlich wirksamen Persönlichkeit eines Joseph Beuys haben die neuen Bundesdeutschen ein gutes Verständnis der zeitgenössischen Kunst.

eine konkrete Perspektive zum Beitritt eröffnet und dabei klare Bedingungen wie Garantien für die demokratische und rechtsstaatliche Ordnung sowie die Wahrung der Menschenrechte und die Achtung und den Schutz von Minderheiten formuliert. Im März 1999 wurde mit der »Agenda 2000« die Grundlage für die Erweiterung der Gemeinschaft gelegt.

Es ging um nichts mehr und nichts weniger als um die politische und wirtschaftliche Neugestaltung des Kontinents, doch die Situation war eine andere als nach dem Zweiten Weltkrieg. Die Frontenbildung des Ost-West-Konflikts und das gemeinsame Interesse an einem wirtschaftlichen Wiederaufbau hatten damals die Westeuropäer zusammengeschweißt. Jetzt hingegen war die Hauptsorge der jungen Demokratien in Ost- und Mitteleuropa, wie Günter Verheugen, für die Osterweiterung der EU zuständiger Kommissar in Brüssel, meint, »nicht die europäische Integration«, sondern in erster Linie »die Garantie ihrer Sicherheit«. Zudem wurden sie nicht unerheblich mit der Drohung, der amerikanische Senat werde andernfalls ihren NATO-Beitritt nicht ratifizieren, unter europäischen Druck gesetzt. Nationalismus oder nationale Eigenwilligkeiten konnten plötzlich wieder zu Problemen werden. Die Interessen- und Gefühlslage gegenüber Rußland war im »alten« und »neuen« Europa

Jil Sander, Anfang der siebziger Jahre.

Die Modewelt der Jil Sander: Schlicht luxuriös

»Ich konnte es doch nicht ›Heidi Sander‹ nennen, das klingt so deutsch, so süß«, soll sie bei der Eröffnung ihrer ersten Boutique in der Milchstraße im Hamburger Nobelstadtteil Pöseldorf gesagt haben. Und so gab sie dem Laden den Namen »Jil Sander«.

Heidemarie Jiline Sander wird 1943 in Wesselburen im Kreis Dithmarschen geboren. In Krefeld wird sie zur Textilingenieurin ausgebildet. Sie studiert zwei Jahre am University College in Los Angeles und arbeitet zunächst als Moderedakteurin, u.a. bei der Zeitschrift »Constanze«. Ihr Modehaus gründet die Boutique-Besitzerin 1975 in Hamburg. In diesem Jahr versucht sie den Sprung nach Paris. Und scheitert erst einmal. Aber im Laufe der siebziger Jahre entwikkelt Jil Sander den Stil, der sie weltberühmt machen wird. Sie liefert der ersten erfolgreichen Generation berufstätiger Frauen einen eigenen »New Look«, eine strenge Mode, die auf alles typisch Weibliche verzichtet. Sie verschafft dem perfekt geschnittenen Hosenanzug einen Platz im Kleiderschrank jeder Frau. Die Kundschaft identifiziert sich nicht nur mit ihrem Produkt und ihrem Anspruch an Qualität, sondern auch mit der Person. Jil Sander selbst ist die Verkörperung ihrer Marke. Sie ist den Trägerinnen ihrer Mode ein Vorbild an Schlichtheit. Die Hamburgerin tritt fast immer in Dunkelblau, Schwarz, Weiß oder Cremefarbenem auf. Den von ihr propagierten Stil ändert sie in mehr als drei Jahrzehnten wenig. Ende der siebziger Jahre verschafft ihr ein Vertrag mit der Kosmetikfirma Lancaster den finanziellen Durchbruch. Lancaster lanciert das Parfum »woman pure« mit einer Imagekampagne, die mit dem Konterfei Jil Sanders wirbt – eine damals völlig neue Art der Werbung. Das Geld für eine Globalisierung holt sich die Modemacherin 1989 an der Börse. Das Kapital nutzt sie für die Expansion nach Amerika und Asien. Ab Mitte der Neunziger sinken die Erträge. Schuld sind die Asienkrise und eine neue Herrenlinie, deren Start sie 1997 mehrfach verschoben hat. 1999 verkauft Jil Sander die Mehrheit der Aktien an die italienische Modefirma Prada. Die Marke macht seitdem eher durch Absatz- und Ertragsprobleme als durch modische Erfolge von sich reden.

unterschiedlich gelagert. Der Kosovo-Krieg hatte die Frage einer gemeinsamen europäischen Außen- und Sicherheitspolitik noch einmal auf die Tagesordnung gehoben, nicht zuletzt aufgrund des starken persönlichen Engagements von Außenminister Joschka Fischer. Im Juni 1999 wurde der Spanier Javier Solana zum ersten Außenbeauftragten der Union ernannt und im Dezember die Bildung einer europäischen Eingreiftruppe für auswärtige Krisensituationen beschlossen. Doch im gleichen Jahr hatte die EU auch mit ihrer größten inneren Krise zu kämpfen. Im März 1999 mußte die gesamte Kommission unter ihrem Präsidenten Jacques Santer wegen Vorwürfen von Mißwirtschaft und Korruption zurücktreten. Santers Nachfolger wurde der Italiener Romano Prodi, der bald zu der Ansicht kam, Europa verfüge zwar über das Potential zu einer politischen Macht, aber kaum über den dazu erforderlichen politischen Willen. Eine mit den Franzosen abgesprochene Rede Joschka Fischers an der Berliner Humboldt-Universität über die »Finalität der europäischen Integration« am 12. Mai 2000 sollte dem Europa-Gedanken neue Impulse verleihen. »Was machen wir mit einer Gemeinschaft von dreißig?« hatte der französische Außenminister Hubert Védrine Fischer schon kurz nach dessen Amtsantritt gefragt. Bei einem gemeinsamen Abendessen im Elsaß entstand dann die Idee, Fischer solle eine Rede halten und damit eine öffentliche Debatte entfachen. Es ging dabei, wie der in den Plan eingeweihte frühere EU-Kommissionspräsident Jacques Delors in seinen *Erinnerungen* schreibt, um das Prinzip der »Differenziation«, um Fragen der »Erweiterung und Vertiefung«, kurz um »die Notwendigkeit einer Avantgarde im Rahmen des auf fünfundzwanzig, morgen auf achtundzwanzig und dann – mit den Ländern des ehemaligen Jugoslawien – auf dreißig Mitglieder erweiterten Europa«. Fischer plädierte in Absprache mit Delors für ein Gravitationszentrum, das eine »Vollparlamentarisierung« Europas mit einem Parlament aus zwei Kammern und einem gewählten Präsidenten vorantreiben und so den Weg zu einer politischen Union öffnen sollte.

»Le Monde« erhielt die Rede vorab und verbreitete sie in Frankreich an dem Tag, als sie in Berlin gehalten wurde. Der Bundeskanzler war skeptisch, Präsident Chirac dagegen frühstückte demonstrativ mit Fischer in Berlin. Die Rede fand eine beträchtliche Resonanz, doch sie erfuhr auch Kritik. Sie war aber ohnehin als Zukunftsvision angelegt, um Europa eine Zielsetzung zu geben, und nicht unbedingt als ein Beitrag zur Tagespolitik gedacht. Jacques Delors meint allerdings heute noch, für den »Notfall« einer schweren Krise der europäischen Integration liege der Fischer-Plan »weiterhin auf dem Tisch«. Das Ergebnis des EU-Gipfels von Nizza im Dezember 2000 sah dagegen eher ernüchternd aus. Man habe, meinte der »Rheinische Merkur« nach den vier Tage und eine Nacht dauernden Mam-

Das vom Designbüro QWER entwickelte Logo der Expo 2000, auch Impuls genannt.

Die Expo2000: Die Welt exponiert in Hannover

Nachdem die 1996 in Wien/Budapest vorgesehene Weltausstellung 1993 von Wien, 1994 von Budapest abgesagt wird und auch Japan 1998 die Expo in Tokio hat ausfallen lassen, findet im Jahr 2000 eine Expo, die man sonst in Metropolen wie London, Paris und Barcelona Station machen sah, im niedersächsischen Hannover statt. Noch nie ist eine Expo so tief in der Provinz veranstaltet worden. Die Stadt will durch die Expo2000 ihr provinzielles Image ablegen, das Land Niedersachsen in Zukunft mit High-Tech assoziiert werden.

Die Veranstalter belügen sich bei der Berechnung der Kosten von Anbeginn selbst. Die Expo-Gesellschaft erwartet 40 Millionen Besucher, die 1,8 Milliarden DM an Eintrittsgeldern einbringen sollen. Sie will damit und mit Sponsorengeldern ohne Zuschüsse auskommen. An der Expo2000 in Hannover nehmen schließlich 155 Nationen und 27 internationale Organisationen teil. Vielen Teilnehmerländern muß die Expo-Gesellschaft die Kosten erstatten. Die Ausstellung ist ein Mix aus Infotainment, visionären Erlebniswelten und Multimedia-Spektakel, teilweise mit beträchtlichem technischen Aufwand in Szene gesetzt. Die Macher der meisten Ausstellungspavillons setzen auf Bilder, Filme, Töne, Inszenierungen und Architektur. Neben der Einführung des für alle Teilnehmer verbindlichen Leitthemas »Mensch-Natur-Technik« gehört auch das Konzept »Weltweite Projekte« zu den Neuerungen der Expo2000. Insgesamt 767 praxisorientierte und beispielhafte Lösungen werden aus ca. 3000 weltweiten Bewerbungen ausgewählt.

Der Kartenverkauf für das Expo-Gelände läuft ab April 2000 zunächst nur schleppend. Eine Tageskarte für Erwachsene kostet 69 D-Mark. Nach einigen Wochen ohne Besucherandrang gibt die Expo-Gesellschaft Spezialtickets für den Abend für 15 D-Mark heraus, die mit dem Beginn der Sommerferien einen Besucherstrom auslösen. Am Ende besuchen an 153 Tagen 18 Millionen Menschen das Ausstellungsgelände. Mehr als 2,4 Milliarden D-Mark Verlust schreibt die Veranstaltung trotzdem am Ende, wovon die Stadt Hannover 1,1 Milliarden tragen muß. Den Rest teilen sich das Land Niedersachsen und der Bund. Immerhin haben nie zuvor so viele Menschen eine Weltausstellung besucht.

mutsitzungen, dort wie »die Teppichhändler« gefeilscht, ohne bei dem wichtigen Thema der Mehrheitsentscheidungen in der Union sichtbare Fortschritte zu erzielen. Ein Jahr später wurde dann auf dem belgischen Königsschloß Laeken endlich ein Verfassungskonvent unter der Leitung des ehemaligen französischen Staatspräsidenten Giscard d'Estaing eingesetzt, der den Auftrag hatte, »die wesentlichen Fragen zu prüfen, welche die künftige Entwicklung der Union aufwirft«. Vor allem müsse die EU »demokratischer, transparenter und effizienter« werden.

Picknick einer türkischen Großfamilie im Berliner Tiergarten im Jahr 2001. Über die Frage, ob die Türkei Mitglied der Europäischen Union werden soll und ein europäisches Land werden kann, ist die bundesrepublikanische Gesellschaft ebenso wie die Parteienlandschaft zerstritten.

Seit 2004 gibt es nun einen Verfassungstext. Er sieht vor, daß die Mitglieder der Kommission in Zukunft vom europäischen Parlament gewählt und der Präsident des Europäischen Rats auf eine Amtszeit von zweieinhalb Jahren bestellt und damit die bisherige halbjährliche Rotation ersetzt wird. Grundlage der Beschlüsse soll eine qualifizierte doppelte Mehrheit von 55 Prozent der Staaten bilden, die gleichzeitig 65 Prozent der EU-Bevölkerung repräsentieren müssen. Zweifellos ist der Verfassungstext ein wesentlicher Schritt zu einer Demokratisierung des europäischen Gebildes. Er wurde am 29. Oktober 2004 von 25 Staats- und Regierungschefs

Der in Berlin als Helmut Neustädter geborene Fotograf Helmut Newton vor einer seiner Fotografien. Durch seine erotischen Fotos gelangte er später zu Weltruhm.

Der Fotograf Helmut Newton: Ein Junge aus Berlin

Er gilt als einer der bedeutendsten Mode- und Porträtfotografen des 20. Jahrhunderts. Er ist der zu Lebzeiten teuerste Fotograf der Welt. Er revolutioniert mit seinem erotischen Stil die Modefotografie wie kein anderer seiner Zeit. Helmut Newton gibt seinen unbekleideten weiblichen Modellen das Gefühl, nie unterlegen, sondern immer beherrschend zu wirken. Den Betrachter ziehen seine Fotografien in eine vertrackte Inszenierung aus Blicken, Obsessionen und Begierden. »He was a Berlin boy« sagt seine Frau June über ihn. Gleich zweimal ist er in seine Heimatstadt zurückgekehrt. Nach seinem Tod durch einen Autounfall wird er am 23. Januar 2004 in Berlin beigesetzt. Sein Werk zeigt seit dem 4. Juni 2004 ein neueröffnetes Museum, das neben einer Stiftung, die seinen Namen trägt, auch das Museum für Fotografie als eine Abteilung der Kunstbibliothek der Staatlichen Museen zu Berlin aufnimmt.

Helmut Newton wird 1920 in Berlin-Schöneberg als Helmut Neustädter als Sohn eines jüdischen Knopffabrikanten geboren. Von 1934 bis 1938 besucht er hier die Amerikanische Schule. Von 1936 bis 1938 erhält er bei der jüdischen Porträt-, Akt- und Modefotografin Yva eine Ausbildung. 1938 verläßt er Berlin und geht ins Exil. Über Triest gelangt er nach Singapur, wo er eine Anstellung bei der »Singapore Straits Times« erhält. Noch bevor die Japaner in Singapur einmarschieren, kommt er 1940 nach Australien. Er dient fünf Jahre in der australischen Armee und wird 1946 australischer Staatsbürger. Zu der Zeit betreibt er ein kleines Fotostudio in Melbourne. Er nennt sich jetzt Helmut Newton. In Melbourne lernt er 1947 June Browne kennen. Sie heiraten ein Jahr später. Sie ziehen nach London, wo Newton 1956 einen Jahresvertrag von der britischen »Vogue« erhält. 1961 geht das Ehepaar nach Paris. Hier bereichert Newton die Modefotografie um eine neue Ästhetik Er nennt sie nicht zurückhaltend »Erotik«, sondern »Sex«. Seit den siebziger Jahren fotografiert er auch für den »Playboy«. 1971 erleidet Helmut Newton im Alter von 51 Jahren einen Herzinfarkt. Seitdem macht er nur noch das, was ihn interessiert. 1982 wird er mit dem Fotoband »Big Nudes« zum Star.

unterzeichnet, doch bei Abstimmungen im Jahr 2005 weder von den Franzosen noch von den Niederländern ratifiziert. Seitdem befindet sich Europa im Zustand einer abwartenden »Denkpause«.

Deutschland dagegen sortierte sich neu. Regierung und Parlament der Bundesrepublik waren im Sommer 1999 von Bonn nach Berlin umgezogen. Das renovierte und umgebaute Reichstagsgebäude konnte seiner Bestimmung übergeben werden, die Regierung Schröder residierte jedoch einstweilen im ehemaligen Staatsratsgebäude der DDR. Sie war kaum ein Jahr im Amt, als sie in Berlin ankam. Im Mai 2001 konnte sie das neue Bundeskanzleramt am Spreebogen beziehen. Es war eine Rückkehr ins Zentrum der deutschen Geschichte, und sie hatte sich mit der exponierten Lage des Regierungssitzes am Rand des Tiergartens ein bewußtes Zeichen gesetzt. »Steht man auf der schmalen Terrasse über den Dächern der Hauptstadt oben im achten Stock des Kanzleramts«, beschreibt Gerhard Schröder sein neues Umfeld, »blickt man auf den Reichstag. Dahinter das Brandenburger Tor, gleich daneben das Mahnmal für die ermordeten europäischen Juden und wiederum nicht weit entfernt, nur ein paar Schritte durch das Brandenburger Tor und vielleicht hundert Meter die Straße des 17. Juni hinunter, das Ehrenmal der Roten Armee.« Deutsche Politik, und zumal Außenpolitik, mußte für immer von solchen Erinnerungen an die eigene Geschichte bestimmt und geprägt bleiben.

Doch eine deutsche Frage gab es nicht mehr. »Die Geschichte Europas im 20. Jahrhundert könnte man anhand von einigen wenigen, unvergeßlichen Fotografien erzählen«, meinte Timothy Garton Ash 1999. »Der Zweite Weltkrieg, das ist jener kleine polnisch-jüdische Junge mit erhobenen Händen, Verwirrung in dem schönen, unschuldigen Gesicht, wie er von deutschen Soldaten aus dem Warschauer Ghetto getrieben wird. Der sowjetische Einmarsch in der Tschechoslowakei 1968 ist jener Mann, der vor einem Panzer am Wenzelsplatz in Prag steht und sein Hemd aufreißt. Dazu kommt nun ein Foto aus Prizren, Juni 1999. Ein deutscher Offizier, unbewaffnet außer seiner Pistole, ziemlich unmartialisch aussehend (so wie die ›Bürger in Uniform‹ nun einmal sind), geht auf einen bewaffneten serbischen Soldaten zu. Er will ihm das Gewehr aus der Hand reißen. Die Kameraden des Serben stehen herum, wütend, aber tatenlos, und unter ihren Stahlhelmen sehen sie aus wie die deutschen Soldaten auf dem Bild aus dem Warschauer Ghetto. Eine alte Geschichte ist zu Ende, eine neue beginnt.« Im Juni 2004 wurde der Bundeskanzler zum sechzigsten Jahrestag der alliierten Landung in die Normandie eingeladen, am 1. August 2004 zu den Feierlichkeiten anläßlich des Warschauer Aufstands von 1944. Anfang Mai 2005 nahm er in Moskau am Gedenken zum sechzigsten Jahrestag des Kriegsendes teil. Die alte Geschichte war zu Ende.

Die Krise der CDU

Kaum war die Regierung nach Berlin umgezogen, durchlebte die Republik ihren bisher größten Skandal. Am 5. November 1999 erließ das Amtsgericht Augsburg einen Haftbefehl wegen Steuerhinterziehung gegen den ehemaligen Schatzmeister der CDU, Walther Leisler Kiep. Die Angelegenheit löste eine Lawine aus, in deren Folge die gesamte Finanzpraxis der CDU während der neunziger Jahre ins Zwielicht geriet. Ein »Unheil« nahm damit nach den Worten Wolfgang Schäubles seinen Lauf, »dessen Dimensionen sich niemand in der Parteiführung selbst in seinen schlimmsten Träumen hätte vorstellen können«. Unter anderen Umständen hätte daraus leicht eine Staatskrise entstehen können. Es ging um Millionenbeträge, die in den Rechenschaftsberichten der CDU nicht verbucht waren. Helmut Kohl mußte am 16. Dezember in einem Fernsehinterview zugeben, daß er zwischen 1993 und 1998 über zwei Millionen Mark Schwarzgeld entgegengenommen und an die Partei weitergeleitet hatte. Er weigerte sich vehement, unter Verweis auf sein persönliches »Ehrenwort«, die Namen der Spender zu nennen. Der Waffenhändler Karl-Heinz Schreiber hatte im August 1991 dem ehemaligen Steuerberater der CDU, Horst Weyrauch, in Anwesenheit Leisler Kieps eine Million Mark in bar ausgehändigt. Sie tauchten nirgendwo wieder auf. Handelte es sich dabei um Bestechungsgelder für Waffenlieferungen an Saudi-Arabien? Schreiber hatte auch Wolfgang Schäuble 100 000 Mark für die Partei gespendet, was dieser anfangs bestritt. Mindestens 17 Millionen Mark waren über den hessischen CDU-Landesverband von geheimen Schweizer Konten abgehoben und falsch deklariert worden.

Es stellte sich heraus, daß die Partei seit den 60er Jahren Geheimkonten in Zürich und Geldwäscheanlagen in Vaduz unterhielt. Der Verdacht, daß Großspenden und persönliche Zuwendungen Regierungshandeln beeinflußt hätten, stand plötzlich im Raum. Wie kam das Spenderehepaar Ehlerding 1998 an den Zuschlag für 112 000 bundeseigene Eisenbahnerwohnungen, obwohl ein japanischer Konkurrent dafür eine Milliarde Mark mehr geboten hatte? Nach Ermittlungen in der Schweiz und Frankreich waren beim Verkauf des Leuna-Komplexes an Elf-Aquitaine Schmiergelder in Millionenhöhe nach Deutschland geflossen.

Die Republik hatte ihre Affäre, die ähnliche Kreise zu ziehen drohte wie die Korruptionsskandale in Italien Jahre zuvor, die das gesamte Parteiengefüge der Nachkriegszeit zum Einsturz gebracht hatten. »Vielleicht war es ein Glück für Deutschland, daß die Regierung Kohl 1998 durch den Souverän abgelöst wurde«, meint der Historiker Edgar Wolfrum. »Ein Jahr später kam die CDU-Spendenaffäre ans Licht und hätte, falls die Uni-

on noch an der Macht gewesen wäre, das Land womöglich in eine der schwersten Krisen seiner Geschichte gestürzt.« Das ist keine ganz abwegige Vermutung. Was wäre passiert, wenn Helmut Kohl zu diesem Zeitpunkt noch Kanzler gewesen wäre? Vermutlich hätte Wolfgang Schäuble Kohl abgelöst und wäre anschließend selbst gestolpert. So aber war vieles im nachhinein nicht mehr zu klären, unter anderem deshalb, weil vor dem Regierungswechsel 1998 im Kanzleramt gezielt Akten vernichtet worden waren. Es kam nur zu einer Krise der CDU.

Bundessozialminister Norbert Blüm 1997 auf dem Rücken eines Haflingers auf der Düsseldorfer Messe »Rehacare«. »Denn eins ist sicher: die Rente« – mit diesem Slogan hatte die CDU 1986 geworben. Nach 16 Jahren CDU-Regierung sind die Sozialsysteme 1998 sanierungsreif. Von der gesetzlichen Rente allein könne »der Lebensstandard im Alter nicht mehr gehalten werden«, wird der neue SPD-Sozialminister Franz Müntefering verkünden müssen.

Dabei hatte sich Helmut Kohl im Angesicht seiner Niederlage im Herbst 1998 äußerst souverän gezeigt. Als am Abend des 27. September das Ausmaß der Verluste deutlich wurde, stand sein Entschluß fest. Er wollte in Würde abtreten. »Jetzt«, sagte er zu seinen Parteifreunden mit etwas belegter, aber bestimmter Stimme, »werden wir uns wie Demokraten verhalten.« Einen Monat später, als Gerhard Schröder vom Bundestag zu seinem

Johannes Rau auf dem SPD-Bundesparteitag, 1998 in Bonn.

Johannes Rau: Ein Landesvater

Johannes Rau wird am 16. Januar 1931 in Wuppertal-Barmen geboren. Sein Vater ist pietistischer Evangelist und Prediger. Schon der 14jährige Schüler engagiert sich in dieser Kirche.

Raus politischer Werdegang beginnt im Jahre 1952. Gustav Heinemann, damals Innenminister im Kabinett Adenauer, ist wegen der einseitigen Westorientierung Konrad Adenauers und der drohenden Wiederaufrüstung aus der CDU ausgetreten und hat die »Gesamtdeutsche Volkspartei« gegründet. Der damals 21jährige Verlagsbuchhändler und Journalist Johannes Rau schließt sich Heinemann an. Die GVP bleibt eine erfolglose Splitterpartei und löst sich 1957 auf. Danach folgt Rau Heinemann in die SPD. 1958 ist Rau mit 26 Jahren jüngstes Mitglied des Landtages von Nordrhein-Westfalen. 1967 wird er Vorsitzender der Landtagsfraktion, 1970 Hochschulminister im SPD/FDP-Kabinett des Ministerpräsidenten Heinz Kühn. 1977 wird er nach einer Kampfabstimmung Vorsitzender der SPD Nordrhein-Westfalens. Obwohl sich der einflußreiche Ministerpräsident Heinz Kühn die Kabinettsmitglieder Diether Posser oder Friedhelm Farthmann zum Nachfolger wünscht, wird Rau 1978 Ministerpräsident des nach der Einwohnerzahl größten deutschen Landes. Dieses Amt übt Rau schon fast präsidial aus, was ihm den Ruf eines »Landesvaters« einbringt. Seine »Landeskinder« bestätigen ihn viermal bei Wahlen im Amt. In der Rau-Ära wird Nordrhein-Westfalen zur SPD-Hochburg. Bei den Landtagswahlen 1980 holt Rau die absolute Mehrheit. Der Erfolg in NRW befördert Raus Bundeskarriere. 1982 wird er zum stellvertretenden Bundesvorsitzenden der SPD gewählt. 1987 ist Johannes Rau der Kanzlerkandidat seiner Partei. 1994 unterliegt er Roman Herzog bei der Wahl zum Bundespräsidenten. Bei der Wahl hat die SPD, die gemeinsam mit den Grünen keine Mehrheit in der Bundesversammlung hat, auf Überläufer der FDP gesetzt. 1998 tritt er als Ministerpräsident zurück. 1998 gewinnt die SPD die Bundestagswahlen. SPD und Grüne haben jetzt eine Mehrheit in der Bundesversammlung. Im Mai 1999 wird Rau im zweiten Wahlgang zum Bundespräsidenten gewählt und amtiert bis 2004. Johannes Rau stirbt am 27. Januar 2006 im Alter von 75 Jahren nach langer Krankheit.

Nachfolger gewählt wurde, ging er auf ihn zu und gratulierte ihm per Handschlag. Er wünschte ihm »eine glückliche Hand für unser Land«. Kohl wußte, daß seine Stunde gekommen war. Im Unterschied zu Adenauer und Kiesinger legte er sofort den Parteivorsitz nieder. Sein Nachfolger wurde Wolfgang Schäuble, Generalsekretärin die aus dem Osten stammende Angela Merkel. Ein inhaltlicher Neubeginn war damit nicht verbunden, zumal Kohl als Ehrenvorsitzender weiterhin regelmäßig an den Sitzungen des Präsidiums und des Vorstands teilnahm.

Doch Schäuble stolperte bald über die Spendenaffäre, als öffentlich wurde, daß er die Entgegennahme einer großen Bargeldspende trotz Nachfrage verheimlicht hatte. Es war unvermeidlich geworden, daß die Partei um des eigenen Überlebens willen einen Bruch mit der Kohl-Ära herbeiführen mußte, und es war ebenso unvermeidlich, daß diesem Bruch auch Schäuble zum Opfer fallen würde. Niemand hatte das so klar erkannt wie die neue Generalsekretärin, die dabei geschickt auch eigene Interessen ins Spiel brachte. Sie forderte nun unermüdlich Aufklärung, zumal Kohl sich zunehmend in Widersprüche verstrickte und mit seiner »Ehrenwort«-Erklärung im ZDF einen öffentlichen Sturm ausgelöst hatte. Er selbst war der Ansicht, wie er einmal Schäuble gegenüber zu verstehen gab, »die ganze Geschichte sei eigentlich nicht so schlimm«, und die Mehrheit der Bevölkerung werde »Verständnis« für sein Verhalten aufbringen. Für eine demokratische Partei allerdings konnte eine solche Haltung, die meinte, wirkliche oder eingebildete Volksstimmungen gegen Recht und Gesetz ausspielen zu können, in der Substanz gefährlich werden. Das wußte Merkel, und es war vielleicht auch ein Erbe ihrer DDR-Erfahrung mit mangelnden Rechtsmaßstäben. Gegen Jahresende zerschnitt sie in einem Alleingang das Tuch, ohne Absprache mit dem Parteivorsitzenden Wolfgang Schäuble.

»Ein Wort zu halten und dies über Recht und Gesetz zu stellen«, so die Generalsekretärin in der »Frankfurter Allgemeinen Zeitung« vom 22. Dezember 1999, »mag vielleicht bei einem rechtmäßigen Vorgang noch verstanden werden, nicht aber bei einem rechtswidrigen Vorgang.« Das waren harte Vorwürfe an Helmut Kohl, und sie waren wohlkalkuliert. Die CDU, so Merkel, müsse »laufen lernen«, sie müsse sich zutrauen, »in Zukunft auch ohne ihr altes Schlachtroß, wie Helmut Kohl sich oft selbst gerne genannt hat, den Kampf mit dem politischen Gegner aufzunehmen«. Angela Merkel hatte diese Invektive gut eingefädelt.

Am 21. Dezember rief sie persönlich bei Karl Feldmeyer in der Berliner Parlamentsredaktion der »Frankfurter Allgemeinen Zeitung« an. Sie könne einen Artikel zur Spendenaffäre beitragen. Auch ein Interview sei denkbar.

12. Januar 2001 im Kölner »Hyatt«-Hotel. Christoph Daum gibt nach seiner Rückkehr nach Deutschland in einer Pressekonferenz zu, Drogen konsumiert zu haben.

Der Fall Christoph Daum: Um ein Haar Fußballbundestrainer

*Er ist bekannt als großer Motivator. »Wir überlegten, jemanden vom Arbeitsamt zu holen, der den Spielern Alternativberufe zeigt«, erwägt er nach einer miserablen Vorstellung seines Teams. Er verfügt über psychologische Kenntnisse. »Das Gegentor fiel zum psychologisch ungünstigsten Zeitpunkt. Aber man muß an dieser Stelle auch einmal die Frage stellen, ob es Gegentore gibt, die zu einem psychologisch günstigen Zeitpunkt fallen.« Mit solchen Statements macht sich Christoph Daum (*1953) Ende der achtziger Jahre beim 1. FC Köln als »Lautsprecher« der Bundesliga einen Namen. In der Saison 1985/86 noch Kotrainer, wird er 1986 zum Cheftrainer befördert. 1989 kehrt mit dem neuen Trainer der Erfolg zum 1. FC Köln zurück. Daum holt mit dem Verein die deutsche Vizemeisterschaft. Mit unorthodoxen Motivationsmethoden und fundiertem Fachwissen avanciert er auch beim VfB Stuttgart zum Erfolgstrainer und erringt 1992 mit der Mannschaft die deutsche Meisterschaft. Sein einziger deutscher Titel bis heute. 1993 geht Daum als Trainer in die Türkei. 1995 führt er dort Besiktas Istanbul zum Meistertitel.*

1996 kehrt er in die Bundesliga, zu Bayer 04 Leverkusen, zurück. Im Juli 2000 beschließt der DFB, Christoph Daum ein Jahr später zum Bundestrainer zu machen. Daraufhin spricht Bayern Münchens Manager Uli Hoeneß in der Münchner »Abendzeitung« offen über »Gerüchte über einen verschnupften Daum«. Ein Trainer, der Kokain schnupfe, dürfe niemals Bundestrainer werden. Im Lauf der Auseinandersetzung, bei der Hoeneß – nicht nur von Daum – heftig angegriffen wird, gibt Daum, um seine Unschuld zu beweisen, eine freiwillige Haarprobe ab. Das Ergebnis der Analyse aber zeigt hohe Kokainwerte. Daum taucht in Florida unter. Am 11. Januar 2001 kommt er nach Deutschland zurück und gibt eine Pressekonferenz. Der Beinahe-Bundestrainer erklärt: »Ich gebe klar und offen zu, daß ich mit Drogen in Kontakt gekommen bin und Kokain konsumiert habe.« Daum sagt, daß er sich mit Bayern Münchens Manager Uli Hoeneß aussprechen wolle. »Ich bedauere zutiefst, was ihm persönlich und seiner Familie passiert ist. Dafür möchte ich mich entschuldigen.«

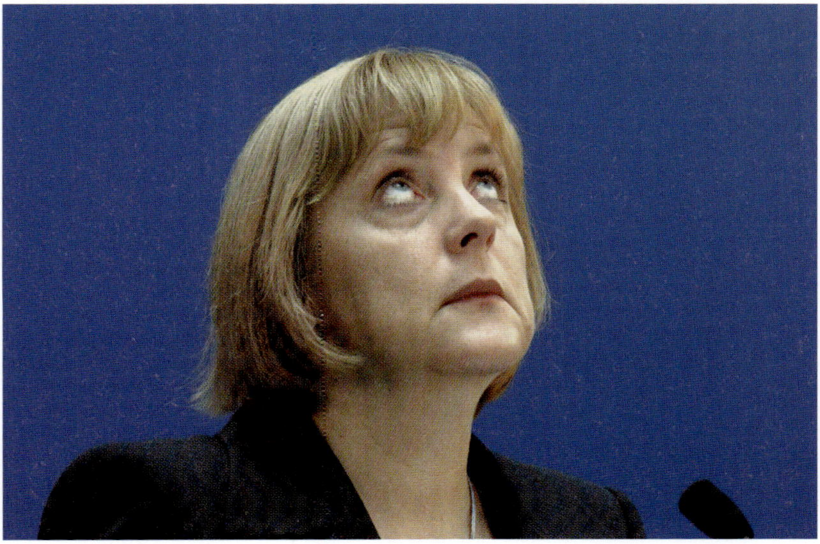

Angela Merkel während einer CDU-Pressekonferenz in der Berliner CDU-Zentrale am 7. November 2001. Da ist sie noch Bundesgeschäftsführerin unter dem Parteivorsitzenden Schäuble. Weil sie in der Öffentlichkeit und bei der CDU-Basis in Sachen Parteispenden als unbelastet gilt, wählen die Delegierten sie am 10. April 2002 auf dem CDU-Bundesparteitag in Essen mit 897 von 935 gültigen Stimmen zur CDU-Bundesvorsitzenden.

Feldmeyer aber wollte einen Eigenbeitrag der Generalsekretärin, und er hatte ihn fünf Minuten später bereits per Fax auf dem Tisch liegen. Der Zeitpunkt war mit Bedacht gewählt. Sie wußte bereits von der Schreiber-Spende an Schäuble, bevor sie öffentlich bekannt wurde. Sie wußte auch, daß Schäuble darüber stolpern konnte. Er selbst erfuhr von der Initiative seiner Generalsekretärin erst einen Tag später, als er auf der Fahrt nach Bonn am Morgen im Auto seine gewohnte Zeitungslektüre absolvierte.

Schäuble hatte bis dahin eine offene Auseinandersetzung mit Kohl gescheut, weil er, nach eigener Auskunft, »eine fürchterliche Zerreißprobe für die Partei« befürchtete. Doch jetzt waren die Würfel gefallen. Sie sei von der Richtigkeit des Inhalts und von der Notwendigkeit der Veröffentlichung überzeugt gewesen, antwortet ihm Merkel schmallippig, als er sie zur Rede stellt. Der Partei müsse klargemacht werden, daß eine stärkere Abnabelung von Helmut Kohl notwendig geworden sei. Ihn, Schäuble, habe sie deshalb nicht informiert, um ihn nicht mit dem Inhalt zu belasten, aber auch, weil er vermutlich einer Veröffentlichung widersprochen hätte. Dem konnte Schäuble kaum etwas entgegenhalten.

Doch war ihm sofort klar, »daß Kohl nicht glauben würde, ich sei völlig ahnungslos gewesen, als wir beide am Vortag miteinander telefoniert hatten«. Seitdem herrschte Krieg zwischen den beiden Männern, die über Jahre eine intensive Freundschaft verbunden hatte. Er eskalierte im Januar mit dem Satz Schäubles, er habe wohl schon zu viel seiner knapp bemessenen Lebenszeit mit Kohl verbracht. Dagegen, so der Bonner Politikwissenschaftler und CDU-Politiker Gerd Langguth, nahm sich das Zerwürfnis zwischen Schröder und Lafontaine, das im Jahr zuvor die Gemüter erregt hatte, geradezu harmlos aus. Am 18. Januar 2000 erhielt Helmut Kohl von Präsidium und Bundesvorstand der CDU die Aufforderung, seinen Ehrenvorsitz bis zu einer Veröffentlichung der Spendernamen ruhen zu lassen. Noch am gleichen Tag erklärte er trotzig seinen Rücktritt. Damit, meint Langguth, »war ein Tiefpunkt in der Geschichte der CDU erreicht«. In Wirklichkeit stellte dieser Tiefpunkt aber auch einen Zug im Schachspiel der Generalsekretärin dar, die der Partei eine Selbstreinigungskur verordnet hatte, bei der sie selbst eine führende Rolle übernehmen wollte.

Als nächstes, das wußte sie, würde Schäuble fallen. Er trat am 16. Februar als Partei- und Fraktionsvorsitzender zurück. Am 10. April wurde Angela Merkel zur neuen Bundesvorsitzenden der CDU gewählt. War sie, fragte die »tageszeitung«, »Trümmerfrau oder Retterin«? Jedenfalls sei die Ära Helmut Kohls, der »seine Macht noch in der Zerstörung« spüren ließ, nun endgültig vorbei. Die Vorgänge um seine Entmachtung könnten, meint das Berliner Blatt, möglicherweise »die paradoxe Folge zeitigen, daß die bleierne Zeit seiner späten Jahre gründlicher abgeschüttelt wird als bei jedem anderen Nachfolger«. Tatsächlich wäre ihr Aufstieg ohne die Krise der Partei – die Umfragedaten sanken innerhalb kürzester Zeit von 55 auf unter 30 Prozent – kaum denkbar gewesen. Die CDU erholte sich, nun von einer Seiteneinsteigerin aus dem Osten dirigiert, allerdings erstaunlich schnell aus dem tiefsten Tief ihrer Geschichte.

Ground Zero und die Folgen

Zum Ende des Spätsommers 2001 war die ganze Welt plötzlich eine andere geworden. Der 11. September kündigte sich in New York als ein vorherbstlicher Tag mit immer noch warmen Temperaturen und einem leisen Windhauch bei strahlend blauem Himmel an, als das Ungeheuerliche geschah. Um 8 Uhr 45 Ortszeit stürzte eine vollbesetzte Passagiermaschine in den nördlichen Turm des *World Trade Center* an der Spitze Manhattans, achtzehn Minuten später eine zweite Maschine in den südlichen Turm. Um 9 Uhr 43 schlug American Airlines Flug 77 eine Bresche ins Pentagon, das amerikanische Verteidigungsministerium in Washington. Um 10 Uhr 05 brach der erste Turm des *World Trade Center*, um 10 Uhr 28 der zweite

Wahlergebnisse der PDS 1998
Kiel
Schleswig-Holstein
1,5%
Mecklenburg-Vorpommern
23,6%
Schwerin
Hamburg
2,3%
Bremen
2,4%
Niedersachsen
1,0%
Hannover
Berlin
13,4
Potsdam
Magdeburg
Brandenburg
20,3%
Sachsen-Anhalt
20,7%
Nordrhein-Westfalen
1,2%
Düsseldorf
Sachsen
20,0%
Dresden
Erfurt
Thüringen
21,2%
Hessen
1,5%
Rheinland-Pfalz
1,0%
Wiesbaden
Mainz
0,5% – 5%
5% – 15%
15% und mehr
Saarland
1,0%
Saarbrücken
Bayern
0,7%
Stuttgart
Baden-Württemberg
1,0%
München
100 km

in sich zusammen, fast kerzengerade, wie bei einer präzise kalkulierten Sprengung. Tausende Opfer wurden hier und in Washington unter den Trümmern begraben. Um 9 Uhr 30 trat Präsident Bush, der sich zu dieser Zeit in einer Grundschule in Sarasota, Florida, aufhielt, vor die Kameras. Es handle sich »anscheinend um einen Terroranschlag«, so seine erste vorsichtige Erklärung. Am Abend wandte er sich, zurück in Washington, in einer siebenminütigen Rede an die Nation. »Dies ist die Stunde der Selbstverteidigung«, so Bush. »Wir haben beschlossen, jeden zu bestrafen, der Terroristen Unterschlupf gewährt, nicht nur die Täter.«

An diesem Dienstag debattierte der deutsche Bundestag über den Jahreshaushalt, als die Nachricht von den Anschlägen in New York und Washington eintraf. Die Sitzung wurde sofort abgebrochen und der Bundessicherheitsrat unter dem Vorsitz des Bundeskanzlers einberufen. Es war 17 Uhr Ortszeit in Berlin. Danach gab Gerhard Schröder eine Erklärung ab. Er bezeichnete die Anschläge als eine »Kriegserklärung gegen die gesamte zivilisierte Welt«. Den USA und dem amerikanischen Volk, dem Deutschland so viel verdanke, gelte in diesen Stunden die »uneingeschränkte Solidarität« der Bundesregierung. Am Abend des darauffolgenden Tages wurde auf einer außerordentlichen Sitzung des NATO-Rats zum ersten Mal der Bündnisfall beschlossen. Es gehe jetzt »nicht um die formale Erfüllung einer übernommenen Bündnispflicht alleine«, so der Bundeskanzler in einer anschließenden Erklärung. »Es geht hier um die Verteidigung all dessen, was unsere freiheitliche und offene Gesellschaft im Kern begründet, und das dürfen wir in unserem eigenen Interesse nicht preisgeben.« Alles war nach dem 11. September 2001 anders als zuvor. Die scheinbare Sekurität der Dekade nach dem Ende des kalten Krieges schien plötzlich wie verflogen. In Deutschland lösten die Terroranschläge eine Welle der Anteilnahme aus. Mehr als 200 000 Menschen versammelten sich am 14. September nach einem Schweigemarsch vor dem Brandenburger Tor, wo Bundespräsident Johannes Rau dem amerikanischen Volk noch einmal die Solidarität der Deutschen zusicherte. Es war die erste große proamerikanische Demonstration in Berlin seit dem Kennedy-Besuch von 1963. Mittlerweile hatte sich auch herausgestellt, daß die wichtigste Operationsbasis für den 11. September in Deutschland lag. Die Anschläge in New York waren von der Hamburger Zelle der Terrororganisation Al-Qaida unter Leitung des Ägypters Mohammed Atta geplant und ausgeführt worden.

Bald kannte man auch die Drahtzieher. Am 12. September erfuhr die CIA über einen Gewährsmann aus Kandahar in Afghanistan, daß die Anschläge »das Ergebnis zweijähriger Planung« gewesen waren und daß sie nur den »Beginn des Zorns« darstellten. Drei Wochen später, am 7. Oktober, strahlte der Fernsehsender »Al-Dschasira« ein Video aus, das die Köpfe des Terrors in einer afghanischen Höhle zeigte, mediengerecht in Turban und alte arabische Gewänder gekleidet wie der Prophet Mohammed in einer bekannten ägyptischen Fernsehserie. Es waren der saudische Millionär Osama bin Laden, der ägyptische Chirurg Ayman al-Zawahiri und der Sprecher von Al-Qaida, der Kuwaiter Abu Ghaith. Sie hatten in den achtziger Jahren, unterstützt von den USA, im afghanischen *Djihad* gegen die Sowjetunion eine Rolle gespielt und das Debakel der Roten Armee als ihren ersten großen Triumph empfunden. Nun aber geißelten sie als Begründung für die Anschläge auf das *World Trade Center* ihre ehemaligen amerikanischen Unterstützer und beriefen sich dabei auf das »judaisierte Palästina« und den unter einem Embargo leidenden Irak. Der Terroranschlag galt als göttliche Strafe dafür und, wie Osama bin Laden hinzufügte, für »über 80 Jahre Demütigung« der Muslime, womit er auf die Aufhebung des Kalifats durch den türkischen Staatsgründer Mustafa Kemal im Jahre 1924 anspielte.

Al-Qaida hatte sich nach Jahren des Exils 1996 wieder bei Kandahar in Afghanistan niedergelassen und dort, im »islamischen Emirat« der Taliban, Trainingslager für auszubildende Kämpfer aus aller Welt eingerichtet. Die Organisation verfügte mittlerweile über Zellen in mehr als sechzig Ländern. Sie sollten den Westen und

Bundeswehrsoldaten mit dem blauen Barett der UNO 2002 im Einsatz am Horn von Afrika. Mit dem Beschluß des Bundeskabinetts vom 7. November 2001 und der Abstimmung im Bundestag über die Vertrauensfrage der Regierung Schröder am 16. November 2001 können im Rahmen der von den USA geführten Aktion »Enduring Freedom« deutsche Soldaten bei der Bekämpfung des internationalen Terrorismus eingesetzt werden.

alle anderen »Ungläubigen« an ihren verwundbaren Stellen treffen, um den weltweiten Siegeszug eines neuen Kalifats einzuläuten. Dabei machte bin Laden es zur ausdrücklichen Pflicht eines muslimischen Kämpfers, auch Massenvernichtungsmittel zu organisieren und einzusetzen. Seit 1994 war bei den westlichen Nachrichtendiensten eine wachsende Zahl von Hinweisen eingegangen, daß Osama bin Laden sich auch mit dem Vorhaben beschäftigte, Verkehrsflugzeuge bei Anschlägen auf zivile Ziele als fliegende Bomben einzusetzen. Das war am 11. September 2001 in New York geschehen. Geplant worden war es in Afghanistan.

Der Sicherheitsrat der Vereinten Nationen tagte am 12. September und verurteilte einstimmig die Anschläge. Auch China und Rußland stellten sich demonstrativ auf die Seite Amerikas. Die Taliban wurden aufgefordert, umgehend die Rädelsführer auszuliefern. Da dies nicht geschah, begann nun, gedeckt durch die Vereinten Nationen, die Vorbereitung von Militärschlägen gegen Afghanistan. Rußland erklärte seine Bereitschaft, amerikanische Operationsbasen in Zentralasien zuzulassen, und rüstete die Nordallianz, die Gegner der Taliban in Afghanistan, mit Waffen aus. China stellte Aufklärungsergebnisse zur Verfügung. Selbst Teheran, wo in dieser Zeit zum ersten Mal seit dem Sturz des Schahs proamerikanische Kundgebungen stattfanden, schloß seine Grenze zu Afghanistan und erklärte sich zur Hilfe bei der Rettung »gestrandeter« amerikanischer Soldaten bereit. Nie war die Unterstützung für Amerika so groß wie in den Tagen nach dem 11. September. »Wir sind alle Amerikaner«, erklärte der SPD-Fraktionsvorsitzende Peter Struck, und Verteidigungsminister Rudolf Scharping sagte den Beitrag der Bundeswehr zu, »weil er unseren ureigensten Interessen entspricht«. Er wurde jedoch zunächst nicht eingefordert. Obwohl die NATO kollektiv den Bündnisfall festgestellt hatte, war der Krieg in Afghanistan, der am 7. Oktober begann, ein rein amerikanischer Feldzug mit ausgesuchten Verbündeten, insbesondere der afghanischen Nordallianz und den Briten. Mitte November kontrollierte die Nordallianz bereits die Hälfte des Landes. Kabul war aufgegeben, und Tausende von Taliban- und Al-Qaida-Kämpfern flohen in Richtung Pakistan. Kandahar fiel am 7. Dezember. Das bedeutete das Ende der Herrschaft der Taliban in Afghanistan. Osama bin Laden wurde jedoch nie gefaßt.

Deutschland war in diesen Krieg nicht involviert. Um so mehr sollte es bei der Regelung der

Rechte Seite: Nach einer Feierstunde zur Verleihung der deutschen Staatsangehörigkeit hat sich im Bremer Rathaus im Juni 2006 eine Familie vor die Bundesfahne und neben die »Speckflagge« genannte Fahne des Landes »Freie Hansestadt Bremen« gestellt. Wer sich mehr als acht Jahren rechtmäßig in Deutschland aufhält, ohne wesentliche Straftaten begangen zu haben, keine Sozialleistungen aus selbst zu vertretenden Gründen in Anspruch nimmt und bereit ist, die bisherige Staatsbürgerschaft aufzugeben, hat ein Recht auf Einbürgerung.

Dirk Nowitzki im Alter von zehn Jahren. Zu dieser Zeit spielt er vor allem Handball und Tennis.

Der Basketballspieler Dirk Nowitzki: Bester deutscher Export seit dem Volkswagen

Der Mann ist nach Michael Schumacher der bestbezahlte deutsche Sportler aller Zeiten. Sein Sechs-Jahres-Vertrag über geschätzte 60 Millionen Dollar mit den Dallas Mavericks macht ihn zu einem der bestverdienenden Sportler der US-Profiliga NBA. »Das Geld ist mir nicht so wichtig. Ich spiele einfach für mein Leben gern Basketball«, sagt er. Und ist dabei überzeugend.

Seine Bosse vom texanischen Club müssen ihn erst nachdrücklich darauf aufmerksam machen, daß er sich als Vereinsmitglied repräsentativ zu verhalten habe, bis der Zwei-Meter-Mann seinen Kleinwagen Nissan Micra gegen eine stattliche Mercedes-Benz-Limousine tauscht. Aber auch da verzichtet der Multimillionär Nowitzki bescheiden auf jede Sonderausstattung.

Dirk Werner Nowitzki, geboren am 19. Juni 1978 in Würzburg, spielt seit 1998 bei den Dallas Mavericks. Er wird in den USA gefeiert als »German Wunderkind«, als »bester deutscher Export seit dem Volkswagen«. Für einen Basketballer verhältnismäßig spät, im Alter von 13 Jahren, kommt Nowitzki in einer Würzburger Schulmannschaft mit der Sportart in Kontakt. Das Talent liegt in der Familie, Vater Jörg war erfolgreicher Handballer, Mutter Helga spielte Basketball in der deutschen Nationalmannschaft. Nowitzkis Schwester Silke gehörte zu den besten Basketballspielerinnen in der deutschen Bundesliga. Untrennbar mit den Erfolgen Nowitzkis verbunden ist Holger Geschwindner, sein Mentor und Trainer. Er entdeckt den 16jährigen 1995. Der ehemalige Basketballnationalspieler mit Physik- und Mathematikstudium bringt ihm bei, was er für das Basketball-Handwerkszeug hält. Trainiert werden Technik und Körper, aber auch der Geist, oft mit unkonventionellen Methoden aus anderen Disziplinen wie Fechten, Rudern, Schach oder der Musiklehre.

Mit Hilfe seines Mentors wird Nowitzki zum internationalen Ausnahmespieler, der über technische Fähigkeiten verfügt wie kein anderer Spieler ähnlicher Körpergröße (2,13 m) zuvor. Im Alter von 17 Jahren ist Nowitzki Stammspieler in der U18-Nationalmannschaft. 1998 vermittelt ihn Holger Geschwindner in die NBA.

Der mächtigste Mann der Welt, US-Präsident George W. Bush, spricht am 23. Mai 2002 im Bundestag zu den nach Maßgabe der Verfassung mächtigsten Deutschen. Da ist der Irak-Krieg noch nicht beschlossen, aus dem sich die Deutschen dank Kanzler Schröder und Bundesaußenminister Fischer heraushalten werden.

politischen und militärischen Absicherung des Friedens gefragt sein. Am 27. November begann auf dem Petersberg bei Bonn die internationale Afghanistan-Konferenz, an deren Zustandekommen und erfolgreichem Abschluß Außenminister Fischer einen erheblichen Anteil hatte. Einundzwanzig Jahre Bürgerkrieg in Afghanistan fanden mit der Unterzeichnung des *Bonn Agreement* und der auf dem Petersberg beschlossenen Einsetzung einer Übergangsregierung in Kabul unter Hamid Karsai ihren vorläufigen Abschluß. Es war das erste Mal nach dem Krieg, daß die Deutschen bei einer internationalen Vereinbarung dieser Größenordnung eine herausragende Rolle spielten. Doch sie war für die Regierung Schröder nur durchsetzbar um den Preis einer Vertrauensabstimmung im Bundestag, als es Mitte November um die Beteiligung von Bundeswehreinheiten an der Internationalen Schutztruppe für Afghanistan (ISAF) im Rahmen der Operation *Enduring Freedom* ging. »Nach den epochalen Veränderungen seit dem Herbst 1989«, so Gerhard Schröder am 16. November 2001 vor dem Parlament, »hat Deutschland seine volle Souveränität zurückgewonnen. Es hat damit aber auch neue Pflichten übernommen, an die uns die Verbündeten erinnern.« Acht Grüne hatten an diesem für das weitere Schicksal der rot-grünen Regierung entscheidenden Tag angekündigt, gegen Militäreinsätze im Hindukusch zu stimmen.

Im Febuar 2002 überreicht der Entertainer Thomas Gottschalk Harald Schmidt den Fernsehpreis »Die Goldene Kamera«.

Der Entertainer Harald Schmidt: Arbeit gegen die eigene Langeweile

95 Prozent aller Deutschen kennen ihn. Einen solchen Bekanntheitsgrad hätte der Bundestagspräsident gerne. Er ist noch viel gescheiter als Günther Jauch, nehmen die Bundesdeutschen an. Das macht auch seine Schlagfertigkeit aus. Manchmal muß er sein Wissen mit Herrenwitzen konterkarieren: »Woody Allen hat gesagt, ›Humor ist Tragödie plus Zeit.‹ Sehr gescheit. Oscar Wilde sagt: ›Witz ist Intellekt auf Reisen.‹ Ich sage statt dessen: Frau sucht Mann mit Pferdeschwanz, Frisur egal.«

Harald Schmidt wird als Sohn eines Verwaltungsangestellten aus dem Sudetenland und einer Kindergärtnerin aus Südmähren 1957 in Neu-Ulm geboren. In einem Interview beschreibt er seine Kindheit und Jugend in Nürtingen so: »Eigentlich war ich ein gehemmtes Kind. Um das zu unterbinden, habe ich mir eine gewisse Schlagfertigkeit antrainiert. Ich bin nie auf dem äußerlichen Ticket gefahren. Ich war ja nie Kai Pflaume oder so.« Er besucht das Hölderlin-Gymnasium in Nürtingen. Die Schmidts sind katholisch, und Harald Schmidt bleibt es auch. Er legt eine Prüfung als Kirchenmusiker an der Kirchenmusikschule Rottenburg am Neckar ab und wird Organist in Nürtingen. Nach dem Abitur studiert er von 1978 bis 1981 Schauspiel in Stuttgart. Nach ersten Theaterengagements wechselt er an das Düsseldorfer »Kom(m)ödchen« von Kay und Lore Lorentz, wo er bis 1989 bleibt.

Schmidt behauptet, viele, aber nur eine wirkliche Begabung zu haben. Von der macht er rege Gebrauch: »Wissen Sie, ich habe eine wirkliche Begabung: Ich merke sehr schnell, was jemanden echt verletzt. Das kann ich, das ist ja auch mein Beruf. Das ist ein unglaubliches Gefühl, wenn einem sozusagen in einem Bruchteil einer Sekunde der Satz einfällt, der den anderen trifft bis ans Ende. Dieser Satz muß dann raus. Mittlerweile sinkt die Hemmschwelle gegen null.« Der Mut zur niedrigen Hemmschwelle könnte dem gläubigen Katholiken Ärger beim Einlaß in den Himmel bereiten. Aber er will seinen göttlichen Richter dann gnädig stimmen: »Wenn der Herr fragt ›Was hast du aus deinen Talenten gemacht?‹ kann ich sagen: ›Alles, alles. Ich wüßte nicht, was ich hätte brachliegen lassen‹.«

Am Ende waren es nur noch vier. Für die Teilnahme am Antiterrorkrieg votierten 336 Abgeordnete, zwei mehr als erforderlich.

Doch das Jahr 2002 begann, überraschend für die Bundesregierung, mit dem plötzlichen Auftreten neuer transatlantischer Spannungen. Am 29. Januar verkündete Präsident Bush in einer Rede zur Lage der Nation, es gebe eine »Achse des Bösen« in der Welt, und sie bestehe aus dem Irak, dem Iran und Nordkorea. Es war, wie Gerhard Schröder einmal bemerkt hat, eine Beschwörung »in fast biblischer Sprache«, und sie löste entsprechende Irritationen nicht nur in der Bundesregierung aus. Brent Scowcroft beispielsweise, der ehemalige Sicherheitsberater von Bushs Vater, erklärte öffentlich, der Angriff auf ein Land wie den Irak könne den Nahen Osten schnell in einen »Hexenkessel« verwandeln »und so den Krieg gegen den Terrorismus kaputtmachen«. Diese Meinung teilte auch die Bundesregierung. Deutschland werde sich nicht an Abenteuern beteiligen, ließ Schröder verlautbaren, es erwarte von den Amerikanern aber auch keine Abenteuer. Schon auf der Münchner Sicherheitskonferenz im Februar aber häuften sich die Irritationen. Paul Wolfowitz, der stellvertretende Verteidigungsminister der USA, gab da unmißverständlich zu erkennen, daß Washington sein weiteres Vorgehen im Krieg gegen den Terror nicht von der Zustimmung seiner Verbündeten abhängig machen würde. Koalitionen hätten ohnehin keinen Eigenwert. Schröder empfand solche Ankündigungen als eine völlige »Überschätzung der militärischen Erfolge in Afghanistan«, und er hatte damit zweifellos recht. Doch in Wirklichkeit waren die neuen amerikanischen Akzente noch weit realitätsenthobener. »Ich werde die Chance ergreifen, etwas Großes zu verwirklichen«, vertraute Bush Bob Woodward von der »Washington Post« im Sommer 2002 an. »Es gibt nichts Größeres, als den Weltfrieden zu erreichen.« Und der sei möglich geworden, weil sich die Vereinigten Staaten heute in einer einzigartigen Position befänden. »Wir sind die Führungsmacht«, so Bush zu Woodward. Die Welt werde die Ergebnisse sehen und sich davon beeindrucken lassen.

Solche visionären Züge an Bush haben auch Gerhard Schröder irritiert. Er sei immer mißtrauisch geworden, schreibt er in seinen *Erinnerungen*, wenn der Präsident ihm unter vier Augen mitteilen wollte, wie gottesfürchtig er sei. Dann habe sich ihm der Eindruck aufgedrängt, für Bush seien politische Entscheidungen so etwas wie »die Folge des Gesprächs mit Gott«, und daraus folge eine »Absolutheit im Anspruch«, die kaum noch dialogfähig sei. Jedenfalls war bei George W. Bush nach den ersten Erfolgen in Afghanistan von der neuen Bescheidenheit Amerikas, die er im Wahlkampf 2000 noch während eines Fernsehduells mit seinem Kontrahenten Al Gore angekündigt hatte, keine Rede mehr. Das Pentagon hatte sich durchgesetzt, und mit ihm die neokonservativen Kreise um den stellvertretenden Verteidigungsminister Paul Wolfowitz, zu denen im weiteren Sinn auch der alte Haudegen Donald Rumsfeld gehörte. »Es geht nicht nur darum«, verkündete Wolfowitz bereits zwei Tage nach dem 11. September 2001, »Leute gefangenzunehmen und zur Verantwortung zu ziehen; es geht darum, die Zufluchtsorte zu beseitigen, Staaten, die den Terrorismus fördern, ein Ende zu machen. Es wird keine Einzelaktion sein, sondern ein Feldzug.« Außenminister Powell tat das noch als Mr. Wolfowitz' »persönliche Meinung« ab, doch Bush war von dem neokonservativen *Grand Design* des stellvertretenden Verteidigungsministers angetan. Es gehe jetzt darum, erklärte er am 14. September 2001 in der National Cathedral von Washington, »die Welt vom Übel zu befreien«. Christlich-fundamentalistische Visionen der Erlösung und neokonservative Träume von einer demokratischen Weltrevolution durch einen gewaltsamen Regimewechsel in Problemstaaten bildeten sich in diesen Tagen zu einem explosiven Gemisch aus, das geradewegs in den Irak-Krieg führen sollte.

Wolfowitz verband damit die Schachbrettidee einer Großbereinigung sämtlicher Krisenherde im Mittleren Osten. Die Türkei, sagte er in einer Rede 2002, könne dabei ein »nützliches Modell für andere in der muslimischen Welt« sein. Würde der Irak ähnlich demokratisiert und verwestlicht, hätte das Auswirkungen auf die gesamte Region. Der Nahostkonflikt würde entschärft, dem Terror eine Basis entzogen, Nachbarstaaten zu Reformen angehalten und ganz nebenbei auch noch die Energieversorgung durch das lebenswichtige irakische Erdöl sichergestellt. Man mußte nur Saddam Hussein stürzen, einen Regimewechsel herbeiführen und anschließend die Erfolgsgeschichte des europäischen Nachkriegsaufbaus kopieren. Doch so einfach war die Sache nicht zu haben. Die Kopfgeburt des Irak-Kriegs war von Anfang an ein wenig durchdachtes Abenteuer, was niemand so deutlich ausgesprochen hat wie Gerhard Schröder. Und dieser Krieg war, was der »alte« amerikanische Konservative Brent Scowcroft schnell erkannte, dem Kampf gegen den Terror alles andere als dienlich.

»Wir sind zur Solidarität bereit, aber dieses Land wird unter meiner Führung für Abenteuer nicht zur Verfügung stehen«, sagte Gerhard Schröder auf einer Wahlkampfveranstaltung am 5. August 2002 in Hannover. Über achtzig Prozent aller Deutschen lehnten laut Umfragen zu dieser Zeit eine Teilnahme an dem bevorstehenden Irak-Krieg ab, und deshalb kam das Thema der rot-grünen Regierung auch aus Wahlkampfgründen entgegen, zumal im Sommer die Oppositionsparteien CDU/CSU und FDP in der Wählergunst weit besser dastanden als sie selbst. In der wohlbegründeten Ablehnung einer Irak-Intervention tauchten auf diese Weise Zun-

Rechte Seite: Im November 2002 demonstrieren Ärzte-Verbände und Vertreter von Krankenhaus-Gesellschaften vor dem Brandenburger Tor gegen Sparpläne der Regierung Schröder.

Grün+Rot
=
Früher TOD

Im Jahr 2006 tritt die vom Landtag nicht wieder gewählte Heide Simonis in der RTL-Tanz Show »Let's Dance« auf. Die Medien ziehen über sie her. Sie sagt: »Meinen Auftritt bei Let's Dance habe ich nicht bereut. Es war eine seriöse und familienfreundliche Sendung.«

Die Ministerpräsidentin Heide Simonis: »Eene eenzige Frau«

Heide Simonis wird am 4. Juli 1943 in Bonn als Heide Steinhardt geboren. Nach dem Besuch eines Mädchengymnasiums studiert sie Volkswirtschaft und Soziologie an den Universitäten Erlangen, Nürnberg und Kiel. 1967 legt sie in Kiel ihr Examen als Diplom-Volkswirtin ab. Sie ist seit 1967 mit Prof. Dr. Udo Simonis verheiratet. Bevor Heide Simonis in die Politik geht, arbeitet sie als Lehrerin in Sambia und in Tokio. Nach der Rückkehr nach Deutschland zieht das Ehepaar Simonis nach Kiel. Ihre parteipolitische Arbeit beginnt sie 1969 mit dem Eintritt in die SPD. Sie wird 1971 Ratsherrin in Kiel. Fünf Jahre später wird Heide Simonis in den Bundestag gewählt. In der SPD-Fraktion steigt sie schnell zur finanzpolitischen Sprecherin auf. 1988 wechselt sie in die Landespolitik von Schleswig-Holstein. Sie geht als Finanzministerin in das Kabinett von Björn Engholm, der in einer skandalreichen Wahl 45,2 Prozent der Stimmen erzielen kann. Am 4. Mai 1993 tritt Ministerpräsident Björn Engholm als Spätfolge der Skandale während der Landtagswahlen 1987 zurück. Simonis wird seine Nachfolgerin und ist damit die erste Regierungschefin eines deutschen Landes. Heide Simonis erinnert sich an die Reaktion eines älteren Mannes, der auf einer Veranstaltung des Bauernverbandes in den Tagen nach der Wahl kopfschüttelnd zu ihr kommt und sagt: »Eene eenzige Frau regeert dat wunnerschöne Land ganz alleen. Oh ne, dat dörf doch nicht sin!« – »Is awer so worn!« Heide Simonis bleibt für zwölf Jahre im Amt.

Sie macht sich viele Gegner. Im Jahr 2005 bringt einer sie zu Fall. Bei der Wahl hat die SPD/Grünen-Koalition die Mehrheit verloren. Ein Dreier-Bündnis mit dem Südschleswigschen Wählerverband der dänischen Minderheit soll sie mit einer Stimme Mehrheit an der Regierung halten. Aber ein Mitglied der SPD-Fraktion enthält sich in vier Wahlgängen und stürzt damit die Ministerpräsidentin. Bereits seit 1995 hat die sich für UNICEF engagiert. Nach ihrem Ausscheiden aus der Politik wird die ehemalige schleswig-holsteinische Ministerpräsidentin im Oktober einstimmig zur neuen ehrenamtlichen Vorsitzenden von UNICEF Deutschland gewählt.

genschläge auf, über deren Wert man geteilter Meinung sein kann. Schröder bezeichnete Deutschland plötzlich als »selbstbewußtes Land« und verkündete vor dem Bundestag, »die existentiellen Fragen der deutschen Nation« würden in Berlin entschieden »und nirgendwo anders«. Es war mehr dieser Ton als die Ablehnung des Irak-Kriegs selbst, der Washington aufhorchen ließ. Wollten die Deutschen die transatlantischen Bindungen grundsätzlich in Frage stellen? Allen diplomatischen Gepflogenheiten zum Trotz gratulierte George W. Bush Gerhard Schröder deshalb Ende September 2002 nicht zu seinem überraschenden Wahlsieg. Und beim NATO-Treffen in Warschau wenige Tage nach den Wahlen ging US-Verteidigungsminister Donald Rumsfeld seinem Kollegen Peter Struck demonstrativ aus dem Weg. »Wer in der Grube sitzt«, meinte Rumsfeld über die deutschen Verbündeten, »sollte nicht noch tiefer buddeln.« Rumsfeld sollte Anfang Februar 2003 sogar so weit gehen, die Haltung Deutschlands in der Irak-Frage auf eine Stufe mit Libyen und Kuba zu stellen. Es war die Zeit, als er, wenig diplomatisch, den Versuch unternahm, einen Keil zwischen das »alte« und das »neue« Europa zu treiben. Das transatlantische Zerwürfnis, das nun unabwendbar geworden war, hatte allerdings auch seine deutschen Urheber. Er hätte sich ebenfalls nicht am Irak-Krieg beteiligt, meinte Altbundeskanzler Helmut Schmidt Anfang 2004, doch die *façon de parler*, »die Art und Weise, wie man das in Berlin gespielt« habe, sei nicht nach seinem Geschmack gewesen.

Angela Merkel warf Schröder während einer Reise in die USA im Februar 2003 in einem Beitrag für die »Washington Post« vor, er habe in der Irak-Frage einen deutschen Sonderweg beschritten, der den deutschen Interessen schade und die transatlantischen Beziehungen beeinträchtige. Hätte man, wie sie bis heute glaubt, durch eine bessere und geschicktere Diplomatie die USA beeinflussen können? Das ist eher unwahrscheinlich. Einige Tage vor ihrer Reise hatte Präsident Bush erst unmißverständlich erklärt, »der Kurs dieser Nation« hänge »nicht von den Entscheidungen anderer ab«. Alle freien Nationen hätten »ein Interesse, plötzliche und katastrophale Attacken zu verhindern. Und wir bitten sie, sich uns anzuschließen, und viele tun es.« Das waren die wirklichen Optionen.

Am 20. März 2003 begann der Angriff auf den Irak mit dem schnellen Vorstoß amerikanischer und britischer Verbände aus dem Süden in Richtung Bagdad. Am 9. Mai war das Regime Saddam Husseins mit der Einnahme der Hauptstadt faktisch entmachtet. Am 1. Mai erklärte George Bush auf dem Flugzeugträger *USS Abraham Lincoln* die Hauptkampfhandlungen für beendet. Daß die Vollzugsmeldung »Mission accomplished« voreilig war, sollte sich jedoch sehr schnell herausstellen. Ganz anders, als im *Grand Design* amerikanischer Neokonservativer vorgesehen, wurde

Im Briefverteilzentrum der Deutschen Bundespost in der Eresburger Straße in Berlin im Jahr 2006. Die beiden Postreformen der Jahre 1989 und 1994 haben die einstige »Post-Behörde« reformiert. 1989 wird die Post in die drei Bereiche Postdienst, Fernmeldedienst und Postbank aufgeteilt, 1994 diese in eine private Rechtsform überführt.

der Irak bald zu einer neuen Operationsbasis für den Terror und zum Schauplatz blutiger Bürgerkriegsszenarien.

Der Irak-Krieg war auch in den europäischen Ländern, die sich an ihm beteiligten, nicht populär, Polen vielleicht ausgeschlossen. Bei allem aber hatte sich Europa uneinig gezeigt wie nie zuvor. Großbritannien, Italien, Spanien, Dänemark, Portugal sowie die EU-Beitrittskandidaten Polen, die Tschechische Republik und Ungarn standen bedingungslos auf amerikanischer Seite, während Deutschland und Frankreich das Lager der Kriegsgegner anführten, das auch die Zusammenarbeit mit Rußland und China in dieser Frage nicht scheute. »Diese erheblichen Meinungs- und Interessenverschiedenheiten aus Anlaß des Irak-Krieges«, sorgte sich Helmut Schmidt Ende Januar 2004, »können dazu führen, daß man später aus der historischen Rückschau zu dem Ergebnis kommt, das war der Punkt, an dem wir den Traum von den Vereinigten Staaten von Europa beerdigen mußten.« Noch besorgniserregender ist vielleicht, daß es mehr nationale Erinnerungskulturen und Traumata als aktuelle politische und wirtschaftliche Interessen waren, die dabei in den Vordergrund rückten. Europa war während des Irak-Krieges auf paradoxe Weise wieder mit seiner Vergangenheit konfrontiert.

Wege aus der Krise?

Deutschland wurde schon vorher von seinen inneren Problemen heimgesucht. Ab dem 1. Januar 2002 galt der Euro als Zahlungsmittel. Die Öffentlichkeit beschäftigten Fragen wie das neue Zuwanderungsgesetz und die ethischen Dimensionen der Biotechnik, vor allem aber die anhaltend hohe Arbeitslosigkeit, an der die Regierung Schröder sich 1998 hatte messen lassen wollen. Ende September standen Wahlen bevor, und das Meinungsforschungsinstitut Emnid fragte sich im Sommer, »wie es Gerhard Schröder noch reißen will«. Eigentlich, das meinte auch das Institut für Demoskopie in Allensbach Mitte Juli, sei die Wahl schon »gelaufen«, und zwar zugunsten der Opposition. Doch am 22. September blieb die SPD mit einem knappen Vorsprung von wenigen tausend Stimmen entgegen allen Erwartungen stärkste Partei. Es war ein spannender Wahlabend, an dem sich Edmund Stoiber, der Kandidat der Unionsparteien, schon zum Sieger erklärt hatte, bevor das offizielle Endergebnis den voreiligen Triumph wieder zunichte machte.

Der Kandidat, der sich nach einer langen Debatte in den Unionsparteien gegen Angela Merkel durchgesetzt hatte, zeigte im Wahlkampf wenig Fortüne. Bei öffentlichen Rededuellen blieb er mit seiner nervösen, manchmal unkonzentriert wirkenden Art blaß gegenüber dem souveränen Gerhard Schröder. Und als im August eine »Jahrtausendflut«, die schlimmste und verheerendste seit 1342, die Anwohner von Elbe und Mulde in einen Ausnahmezustand versetzte, zeigte sich Stoiber angesichts der nationalen Katastrophe merkwürdig abwesend. In seinem »Kompetenzteam« gab es ohnehin niemanden, der für Umweltfragen zuständig war. Der Kanzler und sein Stellvertreter Joschka Fischer, der Innen- und der Finanzminister legten dagegen eine Präsenz, eine Tatkraft und Anteilnahme an den Tag, die ihnen viele Sympathien einbrachten. Am Ende war die Wahlkampagne der SPD ganz auf Schröder personalisiert, und zunehmend spielte auch das Thema Irak-Krieg eine Rolle. CDU/CSU hatten einen monothematischen Wahlkampf geführt, bei dem Wirtschaftsfragen im Mittelpunkt standen. Bei den Überraschungsthemen Flut und Irak aber sahen die Kompetenzzuweisungen der Wähler ganz anders aus als im wirtschaftlichen Bereich.

Dennoch waren die wirtschaftlichen Probleme der Republik unübersehbar. Die Ankündigung von 1998, die Arbeitslosenzahlen drastisch zu senken, stand nach wie vor im Raum. Sie war, wie Gerhard Schröder später zugab, kaum mehr als eine »in Zahlen gegossene realitätsferne Zuversicht« gewesen. Daß eine Wiederholung des Erfolgs der Konzertierten Aktion wenig Aussicht auf Erfolg haben würde, zeigte das Schicksal des »Bündnisses für Arbeit« überdeutlich. Es scheiterte vor allem an den unüberwindbaren Eigeninteressen der beteiligten Gewerkschaften und Verbände. Das Bündnis, meinte Josef Joffe Anfang März 2002 in der »Zeit«, sei bisher kaum mehr als eine »Verschwörung der Insider gegen die Outsider«, in Wirklichkeit mehr ein »Bündnis gegen Arbeit«. Das war aber nur teilweise ein Versagen der Regierung. Es war vor allem der Tatsache geschuldet, daß die alten Konsensmechanismen nicht mehr funktionierten. »Die Bosse«, so Joffe, »hätten am liebsten freie Hand beim Abschmelzen ihrer Lohnquote, weil Arbeit (die hiesigen Löhne-plus-Abgaben sind die höchsten der Welt) zumal in schlechten Zeiten zu teuer ist. Die Gewerkschaftsbosse aber wollen noch höhere Löhne sowie Jobgarantien für alle, die schon einen Job haben. Und die Regierung wünscht den ›sozialen Frieden‹, dies um so heftiger, je näher der Wahltag rückt. Jeder für sich handelt rational, aber auf Kosten zweier Gruppen, die am Tisch nicht dabei sind. Einmal das stumme Heer der Arbeitslosen, die aus dem Markt ›herausgepresst‹ werden. Zum anderen das ganze Volk der Steuerzahler, das dieses Heer alimentiert.« Das Bündnis stellte sich am Ende als handlungsunfähig heraus.

Vielleicht hätte man schon 1998 eine schonungslose Problemdiagnose des Standorts Deutschland erstellen und sie offensiv in die öffentliche Debatte werfen sollen, wie dies in den benachbarten Niederlanden tatsächlich geschehen war. Aber die Bundesregierung war in der Anfangszeit zu sehr mit inneren Problemen und Richtungskämpfen beschäftigt. Nun allerdings konnte man den unbequemen Themen kaum länger ausweichen. »Die blockierte Republik« titelte der »Spiegel« im Wahlmonat September und forderte mit dem Hinweis auf Erfolge bei der Bekämpfung der Arbeitslosigkeit in Dänemark, Schweden und Norwegen einen »Systemwechsel« in der Sozialpolitik.

Schon kurz nach der Wahl 2002 wurde deutlich, daß die Bundesregierung in ihrer Finanzplanung von überoptimistischen Prognosen ausgegangen war und ein Nachtragshaushalt noch für 2002 mit erheblichen Einsparungen und Steuermehreinnahmen für die folgenden Jahre notwendig werden würde. Die Konsequenz war, daß vor allem die SPD rapide an Zustimmung verlor. Das Politbarometer zeigte im November, daß fast aller Kredit der Irak-Politik verspielt war und die wirtschaftlichen Probleme des Landes wieder im Vordergrund standen. Es mußte gehandelt werden, auch wenn in den Koalitionsverhandlungen zunächst die Anhänger der alten Sozialdemokratie einen Sieg davongetragen hatten. »Schon vor Weihnachten 2002«, schreibt Gerhard Schröder in seinen *Erinnerungen*, »hatten Frank-Walter Steinmeier, mein Chef des Kanzleramts, und ich die Lage nach den Koalitionsverhandlungen schonungslos analysiert. Uns war klar, daß wir die Legislaturperiode mit der Koalitionsvereinbarung nicht würden über-

Wahlergebnisse der FDP 2005

stehen können. Wir waren uns einig: Die Zeit war reif für ein offensives Reformprogramm, das weit über den Koalitionsvertrag hinausreichte.« Das Ergebnis war die sogenannte Agenda 2010.

Eine Krise bei der Bundesanstalt für Arbeit, die durch einen Bericht des Bundesrechnungshofs vom 5. Februar 2002 ausgelöst wurde, hatte bereits zu gewissen Veränderungen in der Arbeitsmarktpolitik geführt. Der Prüfungsbericht stellte fest, daß siebzig Prozent der statistisch erfaßten Vermittlungen fehlerhaft gebucht waren und die Arbeitsämter weit weniger Stellen besetzen konnten, als ihre Zahlen auswiesen. Das gesamte System der Arbeitsvermittlung geriet plötzlich in die Schußlinie und wurde auf mehr Flexibilität umgestellt.

Doch aktive Arbeitsmarktpolitik allein ist nicht in der Lage, die Arbeitslosigkeit nachhaltig zu senken. Deutschland mußte nach den Worten des Bundeskanzlers »zum Wandel im Innern bereit sein«, auch angesichts der Tatsache, daß die Beiträge zu den Sozialversicherungen seit 1950 von 20 auf 42 Prozent des versicherungspflichtigen Einkommens gestiegen waren und der Sozialstaat unbezahlbar zu werden drohte. Dazu kam die hohe Arbeitslosigkeit, die das Problem noch potenzierte. »Sinkende Beschäftigungszahlen führen zu steigenden Sozialabgaben, die wiederum fast automatisch zu sinkender Beschäftigung führen«, stellte der »Spiegel« im September 2002 fest. »Nur durch die weitestgehende Reduzierung der Lohnnebenkosten kann sich der Arbeitsmarkt wieder entfalten.«

Am 14. März 2003 verkündete Gerhard Schröder vor dem Bundestag die Grundlinien der Agenda 2010. Im Interesse der Erhaltung des Sozialstaats, so der Kanzler in seiner Regierungserklärung, müsse man in Zukunft die Leistungen des Staates kürzen, die Eigenverantwortung fördern und mehr Eigenleistung von jedem einzelnen fordern. Nur auf diesem Weg könne es gelingen, die Massenarbeitslosigkeit und die Konjunkturflaute zu überwinden sowie die Sozialkassen von einem Teil ihrer Kosten zu entlasten. Es war eine späte Einsicht, und Helmut Schmidt meinte wenig später, Deutschland stünde weit besser da, wenn sie zwanzig Jahre früher gekommen wäre. Im einzelnen sollten durch die Maßnahmen der Agenda 2010 die Bezugsdauer von Arbeitslosengeld begrenzt, Arbeitslosenhilfe und Sozialhilfe verschmolzen, der Kündigungsschutz gelockert und die Handwerksordnung flexibilisiert werden. Der Anteil der Eigenbeteiligung an Gesundheitsleistungen sollte erhöht, Sterbe- und Krankengeld sowie die Kosten für Schwangerschaftsabbrüche sollten aus der paritätischen Finanzierung herausgenommen werden. Im Kern zielten diese Maßnahmen auf eine Reduktion der Lohnne-

Rechte Seite: Rangierbetrieb der Werksbahn der Saarstahl AG vor der Völklinger Hütte im Saarland. Die Hütte ist 1986 stillgelegt worden. Seit 1994 sind Hochofenanlage und Gebläsehalle von der UNESCO anerkanntes Weltkulturerbe.

63

benkosten und eine Flexibilisierung des Arbeitsmarkts. Zudem wurde die Wirtschaft aufgefordert, eine Ausbildungsplatzzusage abzugeben; bei Nichteinhaltung der Zusage sollte sie zu einer Ausbildungsabgabe gezwungen werden.

Die Agenda führte zu heftigen Protesten in der eigenen Partei und bei den Gewerkschaften. Die »blockierte Republik« wehrte sich. Auf der zentralen 1.-Mai-Kundgebung des DGB, zu der er anfangs gar nicht eingeladen werden sollte, wurde Gerhard Schröder als »sozialer Desperado« beschimpft. Am 24. Mai organisierte der DGB einen Aktionstag in vierzehn deutschen Städten unter dem Motto »Reformen ja. Sozialabbau, nein danke!«. Mitglieder der Bundestagsfraktion der SPD organisierten mit dem Internetauftritt »Wir sind die Partei« eine Kampagne gegen die Agenda 2010. Das ganze Jahr 2003, meint Schröder im Rückblick, »war ein gewaltiger Kraftakt«. Auf dem Sonderparteitag am 1. Juni im Berliner »Estrel«-Hotel konnte Schröder allerdings einen vorläufigen Erfolg verbuchen. Von den 520 Delegierten stimmten neunzig Prozent für die Agenda 2010. Auch der Parteitag von Bündnis 90/Die Grünen vierzehn Tage später segnete das Reformprogramm ab. In der »blockierten Republik« war durch Schröders Vorstoß einiges in Bewegung geraten. Mit der Agenda 2010 war ein gordischer Knoten zerschlagen worden. Die Probleme wurden nicht mehr kleingeredet. Doch die Reformen konnten, nachdem sie den Bundestag passiert hatten und von der Unionsmehrheit im Bundesrat abgelehnt worden waren, erst nach Kompromissen im Vermittlungsausschuß auf den Weg gebracht werden. Angela Merkel hatte der Regierung bei Vorhaben, die sie selbst für vernünftig hielt, zwar ihre grundsätzliche Zustimmung zugesagt. Im Detail wollte sie aber mitregieren, so daß die Mitte Dezember auf den Weg gebrachten Kompromisse bereits die Handschrift einer unfreiwilligen Großen Koalition aufwiesen.

Auch die geistige Lage der Republik nahm, trotz des anhaltenden Widerstands von Gewerkschaften, linken Sozialdemokraten und PDS, zusehends großkoalitionäre Züge an. »Die CDU«, schreibt Paul Nolte 2004 in seinem Buch *Generation Reform*, »versucht mit Angela Merkel, sich als eine Reformpartei jenseits des rheinischen Kapitalismus zu definieren. Die SPD steuert auf ein neues Grundsatzprogramm zu, das den illusionären Versprechungen der letzten beiden Jahrzehnte abschwört, Gerechtigkeit neu bestimmt und Eigenverantwortung hochhält. Die Grünen sind dabei, sich mit einer neuen Generation jenseits des ökologischen Projektes als eine Bürgerpartei der nachhaltigen Reformen zu profilieren.

Rechte Seite: Im Melamin-Werks Piesteritz bei Wittenberg, Sachsen-Anhalt. Das im Jahr 2005 eröffnete Werk produziert aus den Rohstoffen Erdgas und Luft Ammoniak, daraus wiederum Kohlendioxid. Ein Teil davon wird mit Ammoniak zu Harnstoff umgesetzt. Das ist das Ausgangsmaterial für Melamin.

E5437D

Leo Kirch und Altkanzler Helmut Kohl am 20. März 2003 vor dem Hotel »Bayerischer Hof« in München. Die Freundschaft der beiden hat alle Krisen überstanden.

Der Medienunternehmer Leo Kirch: »Mit Geld kann es jeder machen«

Im Frühjahr 2002 bricht der Konzern des Medienunternehmens Leo Kirch aus Medienfirmen, Filmrechten, Sendern, Filmproduktionen und Beteiligungen mit 11 000 Mitarbeitern zusammen. Kurz zuvor hat der Vorstandsvorsitzende der Deutschen Bank Rolf Breuer dem Sender Bloomberg ein Interview gegeben, in dem er die Kreditwürdigkeit Kirchs in Zweifel zieht. Zwei Monate später ist die Kirch-Mediengruppe pleite. Denn Kredit ist das, was der Unternehmer Kirch immer wieder braucht. Kirch hat einst mit dem koketten Spruch »Mit Geld kann es jeder machen« Einwände gegen seine gewagten Fremdfinanzierungen zurückgewiesen. Die funktionieren drei Jahrzehnte lang, weil Banken und Investoren dem schwer zu beziffernden Film- und Sportrechtestock Kirchs großzügig Wert beimessen und auf Basis dieser so bewerteten Sicherheiten Darlehen zur Expansion gewähren.

1954 hat der studierte Mathematiker und Kaufmann Kirch die Sirius-Film GmbH gegründet und unter anderem die Rechte an dem italienischen Erfolgsstreifen »La Strada« gekauft, Grundstock von Kirchs ständig wachsendem Rechtepool. Seine Vision, den öffentlich-rechtlichen Fernsehsendern privat Konkurrenz machen, gelingt in den achtziger Jahren. Der Aufstieg der Privatsender macht den Sohn eines fränkischen Spenglers in den neunziger Jahren zum Hauptakteur des deutschen Privatfernsehens. 1985 hat Kirch zudem gegen den Widerstand des dortigen Managements begonnen, über Strohmänner Anteile am Axel-Springer-Verlag aufzukaufen. Der Kohl-Freund Kirch häuft ein Geflecht an Firmen und Beteiligungen an.

Letztlich verschlingen die andauernden Verluste des 1991 gegründeten Bezahlsenders »Premiere« das Geld, das die Kirch-Gruppe zur finanziellen Konsolidierung benötigt hätte.

Es kommt zur Insolvenz. Der streng katholische Kirch kommentiert den Verlust seiner Firmen mit den Worten: »Der Herr hat's gegeben, der Herr hat's genommen.« Sämtliche Kirch-Firmen machen unter ihren neuen Gesellschaftern Gewinn, sogar der einstige Verlustbringer »Premiere«.

Merkwürdigerweise tut sich die FDP, die sich als Gewinnerin, weil frühe Prophetin dieser Wende sehen könnte, mit einer solchen Neupositionierung für das 21. Jahrhundert am schwersten. Ein Grund könnte sein, daß die FDP – anders als die drei anderen Parteien – aus ihrer Tradition nicht über die moralischen Substanzen verfügt, um ein neues gesellschaftspolitisches Versprechen über eine ökonomistische Engführung von Markt, Leistung und Eigenverantwortung hinaus zu begründen.«

Tatsächlich hatte Merkels Konzept einer »Neuen Sozialen Marktwirtschaft«, mit dem sie Ende 2000 in einem Beitrag für die »Frankfurter Allgemeine Zeitung« zum ersten Mal an die Öffentlichkeit trat, einige Berührungspunkte mit Schröders Reformvorstellungen aufzuweisen. Es war, meint ihr Biograph Gerd Langguth, als habe dabei »das Schröder-Blair-Papier des Jahres 1999 Pate gestanden«.

Die Republik befand sich im schmerzlichen und widerspruchsvollen Stadium des Übergangs zu einer »Verantwortungsgesellschaft«, als Gerhard Schröder im Juli 2005 die Vertrauensfrage stellte. Bei den folgenden Neuwahlen mußte die CDU jedoch erkennen, daß die Deutschen eine eindeutig neoliberale Wende nicht befürworten würden. Besonders deutlich wurde das in der Person des Heidelberger Verfassungs- und Steuerrechtlers Paul Kirchhof, den Angela Merkel ursprünglich als Finanzminister einer schwarz-gelben Koalition vorgesehen hatte. Kirchhof, der in der Öffentlichkeit nicht nur das Bild eines penetranten Oberlehrers, sondern auch das eines kalten Rechners abgab, hätte am Ende beinahe Gerhard Schröders Kanzlerschaft gerettet. Er konnte als perfekte Projektionsfläche für den Vorwurf Schröders dienen, die Union ziele im Grunde auf das »Ende des sozialen Deutschlands« ab. Manche sahen Merkel im Gespann mit Kirchhof schon fast zu einer deutschen Margaret Thatcher mutieren. Am Ende schloß sie mit einem Ergebnis für die CDU ab, das gerade einmal 0,1 Prozent über dem Helmut Kohls bei seiner Abwahl 1998 lag.

Die Deutschen wollten offenbar nur weniges anders, aber vieles besser machen. Noch am Wahlabend erklärte der sozialkonservative CSU-Mann Horst Seehofer, die Entscheidung des Wählers habe deutlich gemacht, daß der neoliberale Politikansatz in Deutschland endgültig gescheitert sei. Das Land wandelt auch nach dem Abgang Gerhard Schröders, nun von einer großen Koalition unter der CDU-Kanzlerin Angela Merkel regiert, weiter auf den Pfaden, die er in seinen letzten Regierungsjahren eingeschlagen hat. Es verabschiedet sich vom rheinischen Kapitalismus, aber es bleibt sich im Wandel treu. Auch im Spannungsverhältnis von Selbstbehauptung und europäischer wie transatlantischer Integration wird es die durch Konrad Adenauer, Willy Brandt und Helmut Kohl vorgezeichneten Wege fortsetzen.

ANHANG

Verwendete und zitierte Literatur

Abelshauser, Werner
Deutsche Wirtschaftsgeschichte seit 1945. *München 2004*

Andert, Reinhold/Wolfgang Herzberg
Der Sturz. Erich Honecker im Kreuzverhör. *Berlin und Weimar 1990*

Andert, Reinhold
Nach dem Sturz. Gespräche mit Erich Honecker. *Leipzig 2001*

Aust, Stefan
Der Baader Meinhof Komplex. *Hamburg 1997*

Bahr, Egon
Der deutsche Weg. Selbstverständlich und normal. *München 2003*

Bahr, Egon
Zu meiner Zeit. *München 1996*

Bahrmann, Hannes/Christoph Links (Hg.)
Chronik der Wende. Die DDR zwischen 7. Oktober und 18. Dezember 1989. *Berlin 1994*

Bahrmann, Hannes/Christoph Links (Hg.)
Am Ziel vorbei. Die deutsche Einheit - Eine Zwischenbilanz. *Berlin 2005*

Baring, Arnulf
Es lebe die Republik, es lebe Deutschland! *Stuttgart 1999*

Baring, Arnulf/Gregor Schöllgen
Kanzler, Krisen, Koalitionen. *Berlin 2002*

Beck, Ulrich
Politik in der Risikogesellschaft. *Frankfurt a. M. 1991*

Berman, Paul
Terror und Liberalismus. *Hamburg 2004*

Bierling, Stephan
Geschichte der amerikanischen Außenpolitik. *München 2003*

Bloom, Allan
Der Niedergang des amerikanischen Geistes. Ein Plädoyer für die Erneuerung der westlichen Kultur. *Hamburg 1988*

Bögeholz, Hartwig
Wendepunkte – die Chronik der Republik. Der Weg der Deutschen in Ost und West. *Reinbek 1999*

Bösch, Frank
Macht und Machtverlust. Die Geschichte der CDU. *Stuttgart/München 2002*

Borkowski, Dieter
Erich Honecker. Statthalter Moskaus oder deutscher Patriot? *München 1987*

Bracher, Karl Dietrich
Die Krise Europas seit 1917. *Frankfurt a. M./Berlin 1993*

Brandt, Willy
Erinnerungen. *Berlin/Frankfurt a. M. 1994*

Brüggemeister, Franz-Josef
Tschernobyl, 26. April 1986. Die ökologische Herausforderung. *München1999*

Bruyn, Günter de
Vierzig Jahre. *Frankfurt a. M. 2002*

Busche, Jürgen
Helmut Kohl. Anatomie eines Erfolgs. *Berlin 1998*

Calvocoressi, Peter
World Politics since 1945, 7th Edition. *London and New York 1996*

Clough, Patricia
Helmut Kohl. Ein Porträt der Macht. *München 1998*

Craig, Gordon A.
Krieg, Politik und Diplomatie. *Wien 2001*

Dahrendorf, Ralf
Versuchungen der Unfreiheit. Die Intellektuellen in Zeiten der Prüfung. *München 2006*

Davies, Norman
Im Herzen Europas. Geschichte Polens. *München 2001*

Diner, Dan
Das Jahrhundert verstehen. Eine universalhistorische Deutung. *Frankfurt a. M. 2000*

Delors, Jacques
Erinnerungen eines Europäers. *Berlin 2004*

Egle, Christoph/Tobias Ostheim/Reimut Zohlnhöfer (Hg.)
Das rot-grüne Projekt. Eine Bilanz der Regierung Schröder 1998–2002. *Wiesbaden 2003*

Elias, Norbert
Studien über die Deutschen. Machtkämpfe und Habitusentwicklung im 19. und 20. Jahrhundert. *Frankfurt a. M. 1992*

Emmott, Bill
Vision 20/21. Die Weltordnung des 21. Jahrhunderts. *Frankfurt a. M. 2003*

Falin, Valentin
Politische Erinnerungen. *München 1993*

Farin, Klaus
Jugendkulturen in Deutschland. *Bonn 2006*

Ferdinand, Horst (Hg.)
Reden, die die Republik bewegten. *Opladen 2002*

Fischer, Joschka
Die Rückkehr der Geschichte. Die Welt nach dem 11. September und die Erneuerung des Westens. *Köln 2005*
Frank, Mario
Walter Ulbricht. Eine deutsche Biographie. *Berlin 2003*
Gaddis, John Lewis
Der Kalte Krieg. Eine neue Geschichte. *München 2007*
Garton Ash, Timothy
Ein Jahrhundert wird abgewählt. *München 1992*
Garton Ash, Timothy
Zeit der Freiheit. Aus den Zentren von Mitteleuropa. *München 2001*
Gasteyger, Curt
Europa zwischen Spaltung und Einigung. *Bonn 2005*
Geisel, Christof
Auf der Suche nach einem dritten Weg. Das politische Selbstverständnis der DDR-Opposition in den 80er Jahren. *Berlin 2005*
Genscher, Hans-Dietrich
Erinnerungen. *Berlin 1995*
Giesecke, Jens
Die hauptamtlichen Mitarbeiter der Staatssicherheit. Personalstruktur und Lebenswelt 1950-1989/90. *Berlin 2000*
Glaser, Hermann
Deutsche Kultur 1945–2000. *München 1997*
Görtemaker, Manfred
Geschichte der Bundesrepublik Deutschland. Von der Gründung bis zur Gegenwart. *München 1999*
Gorbatschow, Michail
Erinnerungen. *Berlin 1995*
Grafe, Roman
Die Grenze durch Deutschland. Eine Chronik von 1945 bis 1990. *Berlin 2002*
Grass, Günter
Ein Schnäppchen namens DDR. *München 1993*
Hacke, Christian
Zur Weltmacht verdammt. Die amerikanische Außenpolitik von J. F. Kennedy bis G. W. Bush. *München 2002*
Haftendorn, Helga
Sicherheit und Stabilität. Außenbeziehungen der Bundesrepublik zwischen Ölkrise und NATO-Doppelbeschluß. *München 1986*
Hauschild, Jan-Christoph
Heiner Müller oder Das Prinzip Zweifel. Eine Biographie. *Berlin 2001*
Heer, Hannes
Vom Verschwinden der Täter. Der Vernichtungskrieg fand statt, aber keiner war dabei. *Berlin 2004*
Herbert, Ulrich
Geschichte der Ausländerpolitik in Deutschland. *München 2001*
Hertle, Hans-Hermann/ Stefan Wolle
Damals in der DDR. Der Alltag im Arbeiter- und Bauernstaat. *München 2004*
Hertle, Hans-Hermann/ Gerd-Rüdiger Stephan (Hg.)
Das Ende der SED. Die letzten Tage des Zentralkomitees. *Berlin 1999*
Hertle, Hans-Hermann/ Konrad Jarausch (Hg.)
Risse im Bruderbund. Die Gespräche Honecker–Breshnew 1974 bis 1982. *Berlin 2006*
Hesse, Reinhard
Ground Zero. Der Westen und die islamische Welt gegen den globalen Djihad. *München 2002*
Hildermeier, Manfred
Geschichte der Sowjetunion 1917–1991. *München 1998*
Hinsch, Wilfried/ Dieter Jansen
Menschenrechte militärisch schützen. Ein Plädoyer für humanitäre Interventionen. *München 2006*
Hogrefe, Jürgen
Gerhard Schröder. Ein Porträt. *Berlin 2002*
Hoffman, Bruce
Terrorismus – der unerklärte Krieg. *Frankfurt a. M. 2006*
Honecker, Erich
Aus meinem Leben. *Berlin 1981*
Huntington, Samuel P.
Kampf der Kulturen. Die Neugestaltung der Weltpolitik im 21. Jahrhundert. *München/Wien 1996*
Jäckel, Eberhard
Das deutsche Jahrhundert. Eine historische Bilanz. *Frankfurt a. M. 1999*
James, Harold
Geschichte Europas im 20. Jahrhundert. Fall und Aufstieg 1914–2001. *München 2004*
James, Harold
Rambouillet, 15. November 1975. Die Globalisierung der Wirtschaft. *München 1997*
Jarausch, Konrad
Die Umkehr. Deutsche Wandlungen 1945–1995. *München 2004*
Joffe, Josef
Die Hypermacht. Warum die USA die Welt beherrschen. *München 2006*
Judt, Matthias (Hg.)
DDR-Geschichte in Dokumenten. *Berlin 1997*
Judt, Tony
Geschichte Europas seit dem Zweiten Weltkrieg. *München/Wien 2006*
Junker, Detlef (Hg.)
Die USA und Deutschland im Zeitalter des Kalten Krieges.

Stuttgart/München 2001

Kaiser, Monika
1972 – Knockout für den Mittelstand. Zum Wirken von SED, CDU, LDPD und NDPD für die Verstaatlichung der Klein- und Mittelbetriebe. *Berlin 1990*

Kepel, Gilles
Die neuen Kreuzzüge. Die arabische Welt und die Zukunft des Westens. *München/Zürich 2004*

Kielmannsegg, Peter Graf
Das geteilte Land. Deutschland 1945–1990. *Berlin 2000*

Kissinger, Henry A.
Memoiren 1968–1973. *München 1979*

Klärner, Andreas/ Michael Kohlstruck (Hg.)
Moderner Rechtsextremismus in Deutschland. *Hamburg 2006*

Koenen, Gerd
Das rote Jahrzehnt. Unsere kleine deutsche Kulturrevolution 1967–1977. *Frankfurt a. M. 2002*

Kohl, Helmut
Erinnerungen 1930–1982. *München 2004*

Kohl, Helmut
Erinnerungen 1982–1990. *München 2005*

Kohl, Helmut
Ich wollte Deutschlands Einheit. Dargestellt von Kai Diekmann und Ralf Georg Reuth. *Berlin 1998*

Kott, Sandrine/Emmanuel Droit (Hg.)
Die ostdeutsche Gesellschaft. Eine transnationale Perspektive. *Berlin 2006*

Kraushaar, Wolfgang/ Karin Wieland/ Jan Philipp Reemtsma
Rudi Dutschke, Andreas Baader und die RAF. *Hamburg 2005*

Krockow, Christian Graf von
Die Deutschen vor ihrer Zukunft. *Berlin 1993*

Lafontaine, Oskar
Das Herz schlägt links. *München 1999*

Langguth, Gerd
Angela Merkel. *München 2005*

Leif, Thomas/ Rudolf Späth (Hg.)
Die fünfte Gewalt. Lobbyismus in Deutschland. *Bonn 2006*

Leinemann, Jürgen
Helmut Kohl. Ein Mann bleibt sich treu. *Berlin 2001*

Loth, Wilfried
Helsinki, 1. August 1975. Entspannung und Abrüstung. *München 1998*

Lukacs, John
Die Geschichte geht weiter. Das Ende des 20. Jahrhunderts und die Wiederkehr des Nationalismus. *München 1992*

Mählert, Ulrich
Kleine Geschichte der DDR. *München 2004*

Magenau, Jörg
Christa Wolf. Eine Biographie. *Reinbek 2003*

Maier, Charles S.
Das Verschwinden der DDR und der Untergang des Kommunismus. *Frankfurt a. M. 1999*

Markovits, Andrei S./Simon Reich
Das deutsche Dilemma. Die Berliner Republik zwischen Macht und Machtverzicht. *Berlin 1998*

Mazower, Mark
Der dunkle Kontinent. Europa im 20. Jahrhundert. *Berlin 2000*

McNeill, John R.
Blue Planet. Die Geschichte der Umwelt im 20. Jahrhundert. *Frankfurt a. M. 2003*

Meng, Richard
Merkelland. Wohin führt die Kanzlerin? *Köln 2006*

Merseburger, Peter
Willy Brandt 1913–1992. *München 2004*

Meyer, Christoph
Herbert Wehner. Biographie. *München 2006*

Mittenzwei, Werner
Die Intellektuellen. Literatur und Politik in Ostdeutschland 1945–2000. *Berlin 2003*

Müller, Harald
Amerika schlägt zurück. Die Weltordnung nach dem 11. September. *Frankfurt a. M. 2003*

Müller, Uwe
Supergau deutsche Einheit. *Berlin 2005*

Münkler, Herfried
Die neuen Kriege. *Reinbek 2002*

Münkler, Herfried
Imperien. Die Logik der Weltherrschaft. *Berlin 2005*

Modrow, Hans
Aufbruch und Ende. *Hamburg 1991*

Neubert, Ehrhardt
Geschichte der Opposition in der DDR 1949–1989. *Bonn 2000*

Niemann, Norbert/ Eberhard Rathgeb (Hg.)
Inventur. Deutsches Lesebuch 1945-2003. *München/Wien 2003*

Nolte, Paul
Generation Reform. Jenseits der blockierten Republik. *München 2004*

Nolte, Paul
Riskante Moderne. Die Deutschen und der neue Kapitalismus. *München 2006*

North, Michael (Hg.)
Deutsche Wirtschaftsgeschichte. *München 2000*

Otto, Wilfriede
Erich Mielke. Biographie. Berlin 2000
Pfeil, Ulrich (Hg.)
Die DDR und der Westen. Transnationale Beziehungen 1949–1989. *Berlin 2001*
Pilz, Frank
Der Sozialstaat. Ausbau–Kontroversen–Umbau. *Bonn 2004*
Pingel-Schliemann, Sandra
Zersetzen. Strategie einer Diktatur. *Berlin 2004*
Piper, Ernst Reinhard (Hg.)
Historikerstreit. Die Dokumentation der Kontroverse um die Einzigartigkeit der nationalsozialistischen Judenvernichtung. *München/Zürich 1991*
Plato, Alexander von
Die Vereinigung Deutschlands – Ein weltpolitisches Machtspiel. *Berlin 2002*
Karl Prümm
Die Bilder lügen immer. Die Digitalisierung und die Krise des dokumentarischen Bildes, Erstveröffentlichung: medienwissenschaft rezensionen reviews Heft 3, *Marburg 1996*
Podewin, Norbert
Walter Ulbricht. Eine neue Biographie. *Berlin 1995*
Pötzl, Norbert F.
Erich Honecker. Eine deutsche Biographie. *Stuttgart/München 2002*
Potthoff, Heinrich
Die »Koalition der Vernunft«. Deutschlandpolitik in den 80er Jahren. *München 1995*
Pfetsch, Frank R.
Die Außenpolitik der Bundesrepublik Deutschland 1949–1992. *München 1993*
Przybylski, Peter
Tatort Politbüro. Die Akte Honecker. *Berlin 1991*
Przybylski, Peter
Tatort Politbüro. Band 2: Honecker, Mittag und Schalck-Goldokowski. *Berlin 1992*
Rathgeb, Eberhard
Deutschland kontrovers. Debatten 1945 bis 2005. *München/Wien 2005*
Roesler, Jörg
Momente deutsch-deutscher Wirtschafts- und Sozialgeschichte 1945 bis 1990. Eine Analyse auf gleicher Augenhöhe. *Leipzig 2006*
Roesler, Jörg
Ostdeutsche Wirtschaft im Umbruch 1970–2000. *Bonn 2003*
Röthlein, Brigitte
Mare Tranquillitatis, 20. Juli 1969. Die wissenschaftlich-technische Revolution. *München 1997*
Rupps, Martin
Helmut Schmidt. Eine politische Biographie. *Stuttgart/Leipzig 2003*
Rupps, Martin
Troika wider Willen. Wie Brandt, Wehner und Schmidt die Republik regierten. *Berlin 2004*
Schäuble, Wolfgang
Mitten im Leben. *München 2001*
Schalck-Golodkowski, Alexander
Deutsch-deutsche Erinnerungen. *Reinbek 2001*
Schmidt, Helmut
Menschen und Mächte. *Berlin 1987*
Schmidt, Helmut
Weggefährten. Erinnerungen und Reflexionen. *Berlin 1998*
Schmidt, Helmut
Auf dem Weg zur deutschen Einheit. Bilanz und Ausblick. *Reinbek 2006*
Schmidt, Helmut (im Gespräch mit Sandra Maischberger)
Hand aufs Herz. *München 2002*
Schöllgen, Gregor
Die Macht in der Mitte Europas. Stationen deutscher Außenpolitik von Friedrich dem Großen bis zur Gegenwart. *München 2002*
Schöllgen, Gregor
Jenseits von Hitler. Die Deutschen in der Weltpolitik. *Berlin 2005*
Schöllgen, Gregor
Willy Brandt. Die Biographie. *Berlin/München 2001*
Schreiber, Hermann
Kanzlersturz. Warum Willy Brandt zurücktrat. *München 2003*
Schröder, Gerhard
Entscheidungen. Mein Leben in der Politik. *Hamburg 2006*
Schürer, Gerhard
Gewagt und verloren. Eine deutsche Biographie. *Berlin 1998*
Schwelien, Michael
Helmut Schmidt. Ein Leben für den Frieden. *München 2006*
Schwelien, Michael
Joschka Fischer. Eine Karriere. *Hamburg 2000*
Schunck, Peter
Geschichte Frankreichs von Heinrich IV. bis zur Gegenwart. *München/Zürich 1994*
Seibel, Wolfgang
Verwaltete Illusionen. Die Privatisierung der DDR-Wirtschaft durch die Treuhandanstalt und ihre Nachfolger 1990–2000. *Frankfurt a. M. 2005*
Seitz, Konrad
Wettlauf ins 21. Jahrhundert. Die Zukunft Europas zwischen Amerika und Asien. *Berlin 1998*

Staud, Toralf
Moderne Nazis. Die neuen Rechten und der Aufstieg der NPD. *Köln 2006*
Steiner, André (Hg.)
Überholen ohne einzuholen. Die DDR-Wirtschaft als Fußnote der Geschichte? *Berlin 2006*
Steininger, Rolf
Deutsche Geschichte 1945 bis zur Gegenwart. 4 Bde., *Frankfurt a. M. 2002*
Stent, Angela
Rivalen des Jahrhunderts. Deutschland und Rußland im neuen Europa. *Berlin/München 2000*
Steingart, Gabor
Deutschland. Der Abstieg eines Superstars. *München 2005*
Stiftung Entwicklung und Frieden/Institut für Entwicklung und Frieden
Globale Trends 2007. *Frankfurt a. M. 2006*
Strauß, Franz Josef
Die Erinnerungen. *Berlin 1998*
Stürmer, Michael
Die Grenzen der Macht. Begegnung der Deutschen mit der Geschichte. *Berlin 1990*
Stürmer, Michael
Die Kunst des Gleichgewichts. Europa in einer Welt ohne Mitte. *Berlin/München 2001*
Süß, Walter
Staatssicherheit am Ende. Warum es den Mächtigen nicht gelang, 1989 eine Revolution zu verhindern. *Berlin 1999*
Thurow, Lester
Die Zukunft der Weltwirtschaft. *Frankfurt a. M. 2004*
Todorov, Tzvetan
Die verhinderte Weltmacht. Reflexionen eines Europäers. *München 2003*
Tarkowskij, Andrej
Die versiegelte Zeit. Gedanken zur Kunst, zur Ästhetik und Poetik des Films. *Berlin und Frankfurt/Main 1985.*
Umbach, Frank
Das rote Bündnis. Entwicklung und Zerfall des Warschauer Paktes 1955–1991. *Berlin 2005*
Verheugen, Günter
Europa in der Krise. Für eine Neubegründung der europäischen Idee. *Köln 2005*
Völklein, Ulrich
Honecker. Eine Biographie. *Berlin 2003*
Weber, Hermann
Geschichte der DDR. *München 1999*
Wefing, Heinrich (Hg.)
»Dem Deutschen Volke«. Der Bundestag im Berliner Reichstagsgebäude. *Bonn 1999*
Wickert, Ulrich (Hg.)
Angst vor Deutschland. *Hamburg 1990*
Wilharm, Irmgard (Hg.)
Deutsche Geschichte 1962–1983. Dokumente in zwei Bänden. *Frankfurt a. M. 1985*
Winkler, Heinrich August
Der lange Weg nach Westen. 2 Bde. *München 2000*
Wolfrum, Edgar
Die geglückte Demokratie. Geschichte der Bundesrepublik Deutschland von ihren Anfängen bis zur Gegenwart. *Stuttgart 2006*
Wolkogonow, Dimitri
Die Sieben Führer. Aufstieg und Untergang des Sowjetreichs. *Frankfurt a. M. 2001*
Wolle, Stefan
Die heile Welt der Diktatur. Alltag und Herrschaft in der DDR 1971–1989. *Berlin 1999*
Woodward, Bob
Bush at War. Amerika im Krieg. *Stuttgart/München 2003*
Zitelmann, Rainer/Karlheinz Weimann/Michael Grossheim
Westbindung. Chancen und Risiken für Deutschland *Frankfurt a. M./Berlin 1993*

Verzeichnis der Kurztexte, Karten und Grafiken

Kurzbiografien

Alltag und Ereignisse

Karten

Grafiken/Statistiken

Personen-, Namen- und Ortsregister

Bildnachweis

addidas AG 244
akg-images, Archiv für Kunst und Geschichte 8
Bilfinger & Berger 213
Bundesministerium der Verteidigung 418, 453
Deutsche Bahn AG 272
Deutsche Lufthansa 273
Harald Hartung 271
Deutsches Historisches Museum, Berlin 33, 38, 48, 51, 101, 111, 120, 181, 249, 369, 396, 429
Dr. August Oetker KG, Unternehmensarchiv Monika Engel 325
Gerhard Gabler 379, 397
Paul Glaser 6, 8, 95, 100, 105, 131, 143, 154, 160, 224, 167, 176, 185, 197, 203, 206, 211, 217, 218, 224, 225, 226, 229, 231, 255, 259, 281, 289, 290, 293, 301, 303, 306, 307, 315, 318, 320, 322, 327, 333, 335, 339, 340, 341, 346, 352, 354, 355, 357, 359, 360, 361, 363, 366, 371, 378, 381, 383, 388, 390, 392, 393, 398, 403, 409, 422 (9), 426, 425, 427, 432, 434, 441, 446, 449, 461, 464, 468, 471
HHLA Hamburger Hafen und Lagerhaus AG 2
GNU-Lizenz für freie Dokumentation 130, 134, 144, 156, 174, 180, 252, 262, 358, 416
Barbara Klemm 135
Jörg Oberheide 60, 194, 202, 367, 377, 406, 412, 415, 422 (2), 426, 428, 431, 437, 455
Roger Melis 78, 103, 107, 336
Messe Düsseldorf 13, 29, 55, 328, 445
Robert Michel 375
Jürgen Nagel 276
NDR 30
Familie Nowitzki 456
Bildarchiv Riederer 77, 83, 86, 89, 109
RTL Deutschland 462
Ruhrlandmuseum Essen 16, 263
SiemensForum, Siemens Aktiengesellschaft, München 2, 113
Stadt- und Stiftsarchiv Aschaffenburg 65
Stadtarchiv Worms 11, 184
Günter Starke 239
Steintor: Verlagsgesellschaft, privat 84, 146
ullstein bild 10, 13, 19, 20, 25, 26, 28, 31, 38, 40, 41, 52, 58, 63, 66, 68, 71, 72, 75, 80, 81, 91, 94, 95, 97, 99, 102, 104, 112, 114, 117, 118, 119, 124, 125, 127, 128, 131, 132, 139, 147, 149, 152, 153, 159, 165, 162, 169, 173, 223, 178, 179, 186, 188, 189, 190, 191, 192, 193, 199, 200, 204, 208, 214, 215, 216, 218, 223, 234, 235, 237, 240 , 242, 245, 246, 251, 254, 256, 257, 260, 266, 257, 268, 270, 274, 279, 281, 282, 284, 285, 292, 294, 299, 306, 309, 310, 312, 313, 331, 350, 364, 372, 380, 384, 385, 388, 394, 399, 400, 404, 410, 422 (1), 431, 438, 442, 448, 457, 458, 472
Würth 47
WDR 14, 44, 137, 170, 220, 250, 405
Alfred Wegener Institut 435
Rolf Zöllner 389

Haben und Nichthaben, das Sein und Nichtsein der Bilder

»Recherche, Ton und Montage sind unsere heutige redaktionelle Leistung, die Filme aber sind das bewegte Bild ihrer Zeit.« So endet der Aufsatz »Die Filme und ihre Quellen«, den wir in den Bänden »Die Deutschen 1918 bis 1945« und »Die Deutschen 1945 bis 1972« veröffentlicht haben. Im Band »Die Deutschen 1815 bis 1918« haben wir uns im Beitrag »Die Wahrheit – 24mal in der Sekunde?« mit der Erfindung der »Lichtschrift« zu Beginn des 19. Jahrhunderts und ihrem Weg zum Film beschäftigt. In diesem Beitrag geht es um die Frage nach der Beweiskraft der Bilder. Die Aussage, »die Filme aber sind das bewegte Bild ihrer Zeit«, bezieht sich dabei auf die Film- und Videoquellen, die wir recherchiert, vertont und montiert haben. Diese Aussage wird im folgenden relativiert.

Unsere mehrjährige Recherche hat Bildquellen erschlossen, die nicht leicht zugänglich sind, an Orten, die abseits der Trampelpfade der Dokumentarfilmproduzenten liegen, aber auch Geschehen abseits nationaler oder internationaler Großereignisse zeigen. Die Quellen sind Kamerabänder (also noch ungeschnittene Filmaufnahmen) oder Filme von Laien, Amateuren und Berufsfilmern, die auch schon in Schnitt und Ton eine Dramaturgie zeigen.

Auch wenn die Recherche oft systematisch und flächendeckend war, sind unsere Ergebnisse letztlich zufällig. Sie zeigen deutsche Wirklichkeit zwischen den Jahren 1896 und dem Jahr 2006, mit Glück und unter vielen Zufällen entdeckt. Es sind Bilder im subjektiven Blick ihrer Macher oder Auftraggeber. Sie könnten durch andere Blicke anders gewichtet, widerlegt und umgedeutet werden. Auch diese anderen Bilder hätten wir mit noch mehr Glück und weiteren Zufällen gefunden.

Aber was ist mit den Bildern, die wir nicht haben?

In zeitgeschichtlichen TV-Dokumentationen wird über weite Strecken mit erhaltenen und erschlossenen Filmen aus den allgemein zugänglichen Archiven erzählt. Bereits in dem Aufsatz »Die Filme und ihre Quellen« haben wir auf die Gefahren für die Erzählung hingewiesen, wenn wir uns dabei – wie die meisten Geschichtsfilmer im öffentlich-rechtlichen und privaten Fernsehen – der wohl bekannten Filmarchive bedient hätten: »Wer auf diese Quellen zurückgreift, muß schon im Rechercheansatz bewußt gegensteuern, um nicht die bei vielen Geschichtsdokumentationen oft zentralistische, von der ›großen Politik‹ bestimmte Perspektive zu übernehmen. Dies ist meist ein Blick auf die Metropolen, auf Berlin, München, Frankfurt, oder auf die großen Städte des Rheinlands und des Ruhrgebiets. Hier kommen die Kameraleute der Wochenschauen hin und zeigen Großereignisse und die Mächtigen am Regierungs-, Unternehmens- oder Verbandssitz.

Mit diesen Aufnahmen läuft der Dokumentarist Gefahr, einseitig das Bild der großen Städte, der technischen, industriellen und kulturellen Avantgarde, der modisch Up-to-date-Lebenden zu zeigen. Wir wollen aber auch auf die Ungleichmäßigkeit der Entwicklungen hinweisen, die Rückständigkeit mit der Spitze der Moderne vergleichen, das Alltägliche in Arbeit, Freizeit und Familie mit dem Offiziellen in Politik, Wirtschaft und Kultur.«

Für die drei Filme »Die Deutschen 1972 bis 1982«, »Die Deutschen 1982 bis 1990« und »Die Deutschen 1990 bis heute« haben wir nicht, wie schon bei den Quellen zur zweiten Hälfte der fünfziger Jahre, systematisch die Regionen der Bundesrepublik nach Filmquellen durchkämmt. Die Gründe haben wir in »Die Filme und ihre Quellen« genannt. Sie liegen in unserer Arbeits- und der Finanzökonomie: »Bis 1923 sind nichtfiktionale Filmquellen selten, zwischen 1923 und 1935 rar. Ab 1935 setzt zumindest in Deutschland eine filmische Massenproduktion ein, von deren Beständen allerdings einiges in den Kriegswirren verlorengeht. Mit Beginn der elektronischen Aufzeichnung, der Einführung des Super-8-Films und der Filmkassette wird diese Produktion noch einmal gesteigert. Seitdem Video bei den Amateuren den Schmalfilm verdrängt hat, gibt es auch außerhalb des Fernsehens, des Industrie- und Dokumentarfilms eine wahre Flut bewegter Bilder. Und mit der Einführung des filmenden Handys wird wohl jedes große und kleine Ereignis, jede Katastrophe und jeder freudige Anlaß im bewegten Film festgehalten und dokumentiert werden können.

Diese von uns vermutete Quellenlage hat unsere Recherche bestimmt. Auf der Suche nach Filmen bis zum Jahr 1918 sind wir in ganz Deutschland systematisch geographisch vorgegangen. Für den Zeitraum 1923 und 1935 haben wir flächendeckend in jenen, vor allem ländlichen Regionen recherchiert, in denen Filmquellen bis dahin eher unerschlossen waren. Der Zeitraum 1935 bis Mitte der fünfziger Jahre ist in Filmquellen gut dokumentiert. Hier galt es zwischen vielen Quellen auszuwählen, die schon leichter zugänglich waren. Ab 1955 sind wir in der Recherche nur noch thematisch und punktuell, nicht mehr systematisch geographisch vorgegangen. Allgemeine Aufrufe nach Material hätten uns mit Filmquellen überschwemmt, ihre Überspielung und Sichtung unsere finanziellen und personellen Kräfte überfordert.«In den letzten drei Filmen haben wir zudem in der Recherche sowohl versucht, regionale und landsmannschaftliche Lücken zu füllen, als auch Themen und Orte aus den vorangegangenen Folgen wieder aufzunehmen. In den Filmen steckt aber auch eine thematische Kontinuität. So verfolgen wir die Entwicklung in der Landwirtschaft bis in die siebziger Jahre des 20. Jahrhunderts, obwohl ihre ökonomische und soziale Bedeutung seit den sechziger Jahren stark zurückgegangen ist. Und wir verwenden über dreieinhalb Jahrzehnte hinweg Material einzelner Filmamateure.

Fernsehen, Film und Farbe

Obwohl das Fernsehen in Ost- und West seit Beginn der sechziger Jahre in Massen und in großer thematischer Breite und Tiefe Bilder produziert und in der Regel auch archiviert hat, haben wir auf diese Bilderwelten zunächst verzichten müssen und im Fortgang der Recherche auch wollen. Wir meinen so mit dem Ergebnis unserer Materialrecherche ein optisch anderes Bild der Bundesrepublik und der DDR von 1960 bis heute liefern zu können, als es Produktionen aus öffentlich-rechtlichen Quellen der ARD, des ZDF und des DDR-Fernsehens zeichnen würden. Dies Bild ist privater, vereinzelt intimer, manchmal alltäglicher, oft wohl auch banaler als das, was das Fernsehen, das in der kurzen Form von Nachrichten und Magazinbeiträgen »News« und Sensationen, also Außergewöhnliches braucht, archiviert hat. Trotzdem herrscht Mangel an Dokumentationsmaterial, wie es ein Ralph Giordano, Eberhard Fechner und Georg Stefan Troller geschaffen haben. Wahrscheinlich hätten wir aber Skrupel gehabt, Bilder aus ihren Meisterwerken als Steinbruch für unser deutsches Mosaik zu verwenden.

Nur zweimal haben wir in den Filmen über die Jahre 1972 bis heute Fernsehbilder eingesetzt. Wir zeigen vom 1. Januar 1985 die erste Moderation des ersten deutschen Privatsenders, aus dem bald Sat1 hervorging. Und die zu Recht mit dem Grimme-Preis ausgezeichnete Live-Berichterstattung und Moderation von Peter Kloeppel für seinen Sender RTL vom 9. September 2001. Zwischen beiden liegen Welten und 16 Jahre, die zeigen, wie rasant sich im Fernsehen Handwerk, Bildsprache und Bildübertragung verändert haben.

Schwarz-rot-gold ist nicht immer das gleiche Schwarz, das gleiche Rot und das gleiche Gold. Das zeigen die Bilder von wehenden Fahnen. Die Farbunterschiede sind nicht den Stoffwebereien und Färbereien geschuldet, sondern dem Aufzeichnungsmaterial. In unseren Filmen aus den achtziger Jahren prallen Farbwelten aufeinander, weil der unscharfe, kontrastarme Look von 8mm-Schmalfilmen auf die Härte und Kontrastschärfe früher Videoaufzeichnungen stößt. Diese wird z.B. von den unabhängigen Filmemachern der Medienwerkstatt Freiburg noch durch jeden Farbverzicht und Schwarzweißaufzeichnung verstärkt. Gleichzeitig ist auch das Material von DDR-Orwo und West-Agfa in seiner Farbsättigung und -wiedergabe deutlich zu unterscheiden. Der 8mm-Look in Darstellungen der späten achtziger und frühen neunziger Jahre irritiert und scheint in ein falsches Zeitfenster geraten zu sein. Das elektronische Bild, wie wir es aus Nachrichten und den meisten Dokumentationen kennen und wie es ab ca. 1988 auch unsere Quellen immer mehr dominiert, erscheint aus den heutigen Sehgewohnheiten heraus als zeitgemäß, wenn es auch zunächst als handwerklicher Rückschritt wahrgenommen werden kann. 35mm-Filmaufnahmen dieser Jahre, z.B. des Deutschen Bundestags von 1987, befremden dagegen wegen ihrer Farbigkeit, die keinen Kino-Look der dreißiger und fünfziger Jahre mehr zitieren mag und die Videoclip-Ästhetik noch nicht antizipiert hat. Einige Aufnahmen aus dem späten neunziger Jahren wie z.B. die Aufnahmen aus Glashütte zeigen, daß Videotechnik, Filmhandwerk und hoher Anspruch ans Bild eine Symbiose bilden können.

Der binäre Code des historischen Dokumentarfilms

Es steckt nach unserer Meinung ein Vorteil in unserem Ansatz, die deutsche Geschichte der letzten zwei Jahrhundert aus den bildlichen Quellen und nicht nach einem recherchierten »Plot«, einem Handlungsstrang, zu erzählen. Aber auch bei diesem bleibt eine Gefahr:

Erzählen wir nicht nur das, was wir im bewegten Bild, im Notfall in der Fotografie, zeigen können? Was ist mit den unzählbaren Momenten, in denen keine Kamera bei Wichtigem und Unwichtigem eingeschaltet war? Oder deren Bilder in den Zeitläufen verlorengingen, gar mit Absicht vernichtet wurden?

Geschichtsdokumentationen aus filmischen und fotografischen Quellen sind deshalb ungewollt ein binärer Code, wie ihn der Philosoph, Mathematiker und Historiker Gottfried Wilhelm Freiherr von Leibniz (*1646; † 1716) im Jahr 1679 erfunden hat. Leibniz schuf eine mathematische Sprache, die mehr als 250 Jahre später auch die Maschinen verstehen, die man Computer nennt. Das binäre System, auch »Duales System« genannt, besteht nur aus den Ziffern »1« und »0«. In diesem System werden alle Zahlen, letztlich auch Buchstaben, Zeichen und Bilder, nur aus den Ziffern zusammengesetzt, denen die Werte Null oder Eins zugeordnet sind. Die Anordnung von »0« und »1« bestimmt den Wert. Seit Leibniz kann mit diesen beiden Gegensätzen das gesamte Zahlenuniversum auf der Basis Zwei ausgedrückt werden: Die Zwei wird darin z.B. als 10 dargestellt, die Vier als 100, die Acht als 1000 und so weiter.

Null und Eins, Haben und Nichthaben, Sein und Nichtsein, das sind auch Zustände, wie sie in der historischen Filmdokumentation anzutreffen sind. Man hat etwas oder man hat nichts. Leibniz hat den Zustand göttlich gefunden, »weil die leere Tiefe und Finsternis zu Null und Nichts, aber der Geist Gottes mit seinem Lichte zum Allmächtigen Eins gehört« (Des Freyherrn von Leibnitz Kleinere philosophische Schriften).

Die »Eins«, das, was in »Lichtschrift« auf Foto und Film da ist, ist in der Tat allmächtig, wie ein Blick in das Fernsehprogramm beweist. Hier gibt es Unmengen an Dokumentationen zu kleinen Geschichten und großer Geschichte, bei denen die Kamera – in der Regel mit Absicht – lief. Leere herrscht im TV-Programm, wo Null und Nichts im Bild überliefert ist.

Auch in der mit Buchstaben geschriebenen Geschichte gibt es den Zustand »0«. Obwohl im Text x-tausendfach mehr überliefert ist als im Bild, ist das meiste doch undokumentiert und unbeschrieben. Trotzdem bieten die schriftlichen Quellen um ein Vielfaches mehr Garn für das Knüpfen des Netzes, in dem Geschichte eingefangen werden kann, als die bildnerischen. Soviel, das die meisten aus der schreibenden Zunft der Historiker den Zustand »Null« selten reflektieren, geschweige denn ihn beschreiben oder konstatieren.

Die filmische Erzählung kommt fast immer aus dem Text. Die Bilder dazu illustrieren. Da, wo sie fehlen, werden sie nachinszeniert oder verbales Wissen in Interview- und Gesprächssituationen filmisch gemacht. Demjenigen, der mit Filmen erzählen will, geht sonst zuviel an Geschichte durch das Netz, wenn er allein mit den Bildquellen erzählt. Die Zunft der TV-Historiker zieht deshalb über ihr oft weitmaschiges dokumentarisches Bildnetz mehrere weitere: Fachleute und Zeitzeugen erzählen – im Bild –, was wir im Groben und im Detail mangels Quellen nicht sehen können. Schauspieler und Statisten spielen nach (sog. Reenactment), was schriftliche Quellen überliefert haben. Ihr Spiel wird dann mit authentischen Abbildern aus Foto und Film, manchmal historischen Spielfilmausschnitten und den im Bild Interviewten »vernetzt«.

Wir aber möchten das bewegte Bild der jeweiligen Zeit wiedergeben. »Uns kommt es darauf an, nicht eine Geschichte bzw. einen Sachverhalt zu illustrieren, sondern aus den Quellen zu erzählen«, haben wir im Aufsatz »Die Filme und ihre Quellen« erklärt.

Bei unserer Erzählung aus den Quellen sind wir uns des dualen Zustands der Materiallage des Habens und des Nichthabens bewusst: Wir machen ihn uns dramaturgisch zunutze und dem Eingeweihten sichtbar, indem wir nach jeder Quelle, die eine oder mehrere Geschichten erzählt, ins Nichts, ins Schwarze, blenden.

Leibniz' binärer Code hat es 250 Jahre später erlaubt, daß Maschinen schnell rechnen und aus den Rechengängen die Welt virtuell neu schaffen können. Diese Fähigkeit beeinflußt die bildnerische Erzählung von Geschichte heute so, daß mit dem Eindringen der elektronischen Datenverarbeitung in die Bildwelten vom Ende des »Fotografischen Zeitalters«, das 1839 mit der Erfindung von Daguerre begonnen und der Einführung des Films eine Blüte erlebt hat, gesprochen werden kann.

Heute kann der Computer aus dem binären System, aus der leeren »Tiefe und Finsternis zu Null und Nichts« fehlende Bilder zaubern. Für die Programmierung der Computer sind die zwei Zustände »Null« und »Eins« die Genesis, die Schöpfungsgeschichte. Für die Maschine heißen sie im binären System »Strom an« oder »Strom aus«. »0« bedeutet »Strom aus« und »1« »Strom an«. Gespeichert werden solche »ja oder nein«-Entscheidungen in »Bits«, der kleinsten Speichereinheit eines Computers. Aus in der Regel acht Bits setzen sich »Bytes« zusammen. Ein Byte entspricht in vielen Fällen dem zum Speichern eines einzelnen Buchstabens nötigen Platz. Auch die auf Punkten aufgebaute Speicherung eines Bilds erfasst der Computer aus Bits und Bytes binär. Graustufen benötigen 8 Bit, RGB-Halbtöne 24 Bit und für die Generierung Cyan, Magenta, Yellow und Key (schwarz), der sog. CMYK-Halbtöne, sind es 32 Bit. So speichert letztlich das binäre System Bilder – digital aus endlosen Informationsketten über fließenden und nichtfließenden Strom.

Wir haben in unserer filmischen Dokumentation »Die Deutschen« die Null-Stelle mit eingebaut, nicht nur durch das kurze Blenden in das schwarze Nichts zwischen den Szenen. Auch in die »Charaktereigenschaften« unserer Bilderanordnung haben wir das Fehlende aufgenommen. So weisen wir im begleitenden Text auf die »Anwesenheit des Abwesenden« hin.

Beobachten, Teilnehmen, Montieren

Gegen Ende des 19. Jahrhunderts ist die Fotografie mit der Möglichkeit der Momentaufnahme perfektioniert worden. Die Hoffnungen auf eine exakte Reproduktion der Wirklichkeit, die sich Menschen seit der Neuzeit wieder machten, schienen damit eingelöst. Das Abbild in der Fotografie schien ein unwiderlegbarer Beweis von Geschehen, selbst »Realität« zu sein. Die Fotografie und später der dokumentarische Film wurden zunehmend in ihren Potentialen auf diese Funktion »des sichtbaren Beweises« reduziert. Diese Funktion reklamieren auch noch die Pioniere des Dokumentarfilms wie der Amerikaner Robert J. Flaherty (*1884; †1951) und der Niederländer Joris Ivens (*1898; †1989) für ihr Schaffen. Dabei hat vor allem Flaherty mit seiner durch die Kamera begleiteten »teilnehmenden Beobachtung« durch die bloße Anwesenheit der Kamera das Geschehen radikal verändert und – wie man heute weiß – oft, wie bei seinem Film »Man of Aran«, inszeniert.

Die Beweiskraft der Bilder wird heute von den Filmemachern und Fotografen nicht mehr behauptet, aber in der üblichen Dramaturgie suggeriert. Eine subjektive Konstruktion durch die vielen Möglichkeiten des Bildschnitts und der Einfluß ästhetischer Überlegungen und Vorstellungen, z.B. durch die Wahl der Einstellungen und des Ausschnitts, werden eingestanden, wenn auch gerade die Fernsehzuschauer den Bildproduzenten einen Glaubwürdigkeitsvorschuß geben (»Das hab ich im Fernsehen gesehen!«).

Auch wir haben stark in das Material eingegriffen. »Die Deutschen« ist deshalb nicht »die deutsche Geschichte«, sondern unsere Sicht auf sie. Bei ungeschnittenen Filmaufnahmen übernehmen wir von den uns oft unbekannten Machern zunächst die Motivwahl, dann die Kameraeinstellung und -führung und nicht zuletzt den Bildausschnitt. Diesen Bildausschnitt können wir in der digitalen Bildbearbeitung durch Aufzoomen leicht verändern, die Kameraführung durch Kürzungen, manchmal durch Rückwärtslauf oder Spiegelung, kontrastieren. Den stärksten Einfluß aber nehmen wir in der Bildauswahl. Nicht selten verwenden wir in unseren Szenen, die wir »Icons« nennen und mit »Abbildfolge« übersetzen würden, weniger als ein Prozent des Originalmaterials, selten mehr als zehn Prozent. Auch bei geschnittenen und vertonten Filmen gehen selten mehr als zehn Prozent in unsere Icons ein. Doch können es häufig bis zu 100 Prozent einer Szenenfolge sein, wenn wir z.B. aus einem Film ein Thema auswählen und mit allem vorhandenen Material übernehmen. Auch wenn wir die Reihenfolge der Einstellungen in den Originalfilmen ändern, Geräusche neu anlegen und mischen und den Originalton in Teilen oder ganz entfernen, übernehmen wir doch gezwungenermaßen die Themen- und Bildauswahl der Macher und viel von ihrer Montage.

Bei Unternehmens- und Stadtporträts, in Werbeaufnahmen und offiziellen Wochenschauen ist das Bild häufig geschönt, kann sich aber z.B. 30 Jahre nach der Entstehung ungewollt schon selbst karikieren. In kritischen Dokumentationen, z.B. von Medienkooperativen, Bürgerinitiativen und Dokumentarfilmern, ist es nicht selten zu negativ gezeichnet. Auch hier liefern die verflossene Zeit und unsere heutige wissende Perspektive häufig schon die Korrektur und entlarven nicht selten die damalige Ideologie der Produzenten.

Als Folge des Einsatzes von fertigen Filmen in unserer Dokumentation »Die Deutschen« sind fast alle in hundert Jahren Filmgeschichte gebräuchlichen Schnitttechniken zu sehen. Unsere Zusammenstellung selbst ist filmtheoretisch wohl eine Parallelmontage. Diese wird in filmischen Erzählungen eingesetzt, um zwei oder mehrere gleichzeitig ablaufende Handlungsstränge zu zeigen. Bei uns treffen sie sich selten in einem Kulminationspunkt. Die Rolle des Kulminationspunkts nimmt die jeweilige Zeitepoche ein, die wir darstellen. Auf die Parallelmontage verweisen auch die Schwarzblenden, die einen Handlungsstrang (Icon) einleiten und beenden.

Vom Manifest »Dogma-95«, das die dänischen Regisseure Lars von Trier und Thomas Vinterberg 1995 verkündet haben, übernehmen wir die »Regel Nr. 2«: »Der Ton darf niemals unabhängig von den Bildern produziert werden oder umgekehrt. Musik darf nur dann verwendet werden, wenn sie dort live gespielt wird, wo die jeweilige Szene gedreht wird.« Deshalb können wir selbst selten zur rhythmischen Montage greifen. Das ist eine bei Cuttern sehr geschätzte Methode, bei allen mit Musik unterlegten Sequenzen den Rhythmus der Musik auf den Filmschnitt zu übertragen. Wenn wir aber z.B. vertonte Tanzszenen übernehmen, kommen rhythmischen Montagen ebenso vor wie bei uns vertonte Szenen zu Tanzveranstaltungen und Marschmusik.

Selten erlaubt uns unser Erzählmuster, einen »long-take« zu übernehmen (der im übrigen bei Filmmaterial von Laien fast nie vorkommt!). Lange Einstellungen, in einem Stück gedreht, ungekürzt und nicht mit anderen Einstellungen verschnitten, kommen aber z.B. bei einigen Verkehrs- oder Industriefilmen vor. Dann wird die Fahrt von Bus und Bahn in Bildern aus dem Führerstand in Filmbewegung übersetzt. Oder eine auf Schienen montierte oder an einem Kran hängende Kamera fährt ein Produktionsband ab. Dynamik müssen wir dann nicht durch die Montage erzeugen, sondern können sie vom Original übernehmen.

Der Raum, den unsere Filmquellen beschreiben, bildet mit Ausnahme einiger Schwenks immer nur eine 180-Grad-Perspektive ab. Beim Ton versuchen wir diese Beschränkung zu überwinden. Im Sounddesign, das unter allen Filmen, auch denen, die im Original unvertont sind, liegt, wenden wir nicht den vielen Tonmeistern vertrauten Reflex »See cow, hear cow!« an. Wir vertonen nicht nur, was wir augenblicklich im Bild sehen. Wir schaffen und unterlegen auch Geräusche, die außerhalb des Bildfelds vermutet werden dürfen: der Hund, der hinter dem Kameramann bellt, das ferne Läuten von Glocken und Stimmen, wenn kein Mensch im Bild zu sehen ist. Geräusche, die die Aufnahme oder auch die Vorführung machen, ignorieren wir in unserer neu erschaffenen Geräuschwelt.

In der Regel erzählen wir klassisch, und das heißt »linear«. Diese erzählende Montage ist die gebräuchlichste Form, einen Film zu gestalten. Der Zuschauer soll in die Wirklichkeit schauen, aber mit leichter Verfremdung durch die lenkende Hand der Bildauswahl und des Bildschnitts. Um diesen Eindruck zu erzeugen, prallen nie unterschiedliche Einstellungsgrößen wie bei Avantgardisten kontrastiv aufeinander, sondern werden in der Abfolge miteinander vermittelt.

Der Aufbau einer Szene erfolgt durch mehrere Einstellungen, die den Wahrnehmungsgewohnheiten eines Menschen angenähert sind. Zunächst versuchen wir mit einer Totalen oder Halbtotalen eine Übersichtseinstellung zu zeigen. Danach folgen oft halbnahe Einstellungen, die die Zuschauer näher an den Gegenstand heranführen. Nah- und Großaufnahmen von Menschen und Objekten schließen häufig einen Erzählstrang ab. Sollten wir mehrere Nah- oder Großeinstellungen ins Bild gebracht haben, montieren wir häufig wieder eine Übersichtseinstellung, damit sich der Zuschauer wieder im filmischen Raum und im Thema orientieren kann. Im Prinzip gehen wir vom Fernen zum Nahen, vom Allgemeinen, z.B. einem städtischen Raum, zum Konkreten, z.B. einem Menschen.

Paralleleffekte und Bild-Text-Prognosen

Wir bedienen uns häufig auch einer Bild-Text-Montage, die von vielen Dokumentarfilm-Puristen als »Text-Bild-Schere« denunziert wird. Denn bei uns laufen nicht, wie bei einer geöffneten Schere, die Spitzen, Ton und Bild, immer weiter auseinander, sondern parallel. Sie haben etwas miteinander zu tun. Und sollen dabei einen »Paralleleffekt« erzielen, der der Kontrastmontage im Bildschnitt, bei der Bilder zusammengefügt werden, zwischen denen weder eine zeitliche Beziehung noch eine erzählerische Zusammengehörigkeit besteht, entspricht. »Paralleleffekt« und Kontrastmontage können Assoziationen beim Betrachter und Zuhörer wecken, die in unserem Fall bildnerische Leerstellen überspringen.

Während manchmal im Bild Banales passiert, informiert unser Text mit aus schriftlichen Quellen überliefertem Wissen über große, manchmal dramatische zur Zeit stattfindende Ereignisse. Wenn das Bild solch dramatisches Geschehen zeigt, berichten wir auch schon einmal vom Alltäglichen, das andernorts, manchmal gleich nebenan, auch in immer gleichen Bahnen weiterläuft.

Ein anderer Effekt, dessen wir uns bedienen, ist die »Bild-Text-Prognose«, an die wir uns in der Erzählperspektive des quasi allwissenden Erzählers leicht wagen können. Wir eilen dann im Text der Bildzeit voraus, weissagen z.B. durch Textinformationen, was den Menschen, die wir im Bild sehen, später passieren wird. Oder verheißen Dinge Erfolg, die sich zu ihrer abgelichteten Schaffenszeit noch nicht gut anließen.

Wir führen schon so eine aktuelle Kategorie des Dokumentarischen ein, die im übrigen die Welt des Computers, die die Digitalisierung der Bilder und damit alle Möglichkeiten des neu Erschaffens und Manipulierens gebracht hat, erfordert. Der Produzent der Bilder, der Filmemacher, hat in der historischen Dokumentation seinen Zuschauern sein Tun und Lassen zu erklären. Denn die Bilder, die er zeigt, sind durch das unendlich Fehlende und Verlorene nur ein Teil der Wahrheit. Sie können dank der digitalen Bildbearbeitung und -schaffung beim Anschein des Authentischen wahr, aber auch unwahr sein. Wenn schon durch die halbe Wahrheit der fehlenden Bilder gelogen werden kann, wie groß ist dann erst die Gefahr der Lüge mit »unwahren Bildern«?

Die Digitalisierung und das dokumentarische Bild

Außerhalb der Bilder hat der Macher in Text, Kommentar, vielleicht auch durch neue Formen des Bildschnitts und der Kombination von Bild und Ton die Beziehung zur historischen Wirklichkeit, wie sie erforscht, gedeutet und somit bekannt ist, deutlich zu machen. Denn seine von ihm genutzten Bilder, authentisch oder digital-virtuell, zeigen Wirklichkeit fortan »nicht um sie zu beglaubigen, sondern um sie zu deuten« – so der Medienwissenschaft Karl Prümm 1996 in »Die Bilder lügen immer. Die Digitalisierung und die Krise des dokumentarischen Bildes«. Prümm und andere haben seit Mitte der neunziger Jahre mit dem Aufkommen der digitalen Bildbearbeitung auch im Film das Ende des »Zeitalters der Fotografie« konstatiert.

Fotografie ist immer analog. Unseren Aufsatz im Band »Die Deutschen 1815 bis 1918« haben wir mit einer Begriffsbestimmung begonnen: »Das Wort ›Fotografie‹ stammt von dem britischen Astronomen, Mathematiker und Chemiker John Herschel (*1792, †1871), der den Begriff 1839 zum ersten Mal benutzt. Er setzt sich aus den griechischen Begriffen ›Licht‹ und ›Schreiben‹ zusammen.« Bei der digitalen Fotografie wird auch noch Licht aufgenommen und dann in die Töne gewandelt, die in Bits und Bytes gespeichert werden. Wenn diese Fotografien aber dann digital bearbeitet werden, spielt Licht keine Rolle mehr. Ab einem bestimmten Grad der Bearbeitung dominieren die elektronischen Impulse die des geschriebenen Lichts. Das Bild ist keine »Spur des Lichts« mehr, sondern ein mathematisches »Kluster«. Dieses altdeutsche Wort meint nach dem Grimmschen Wörterbuch von 1852 »was dicht und dick zusammensitzet« und entspricht im etwa dem englischen *cluster.* Der Marburger Historiker und Medienwissenschaftler Karl Prümm: »Eine vom Computer generierte Abbildung ist kein Lichtabdruck mehr, und ihr Betrachter kann auch nicht mehr die unmittelbare Lichtspur der Erscheinungen aufnehmen. ... (Die) Fotografie wird ihrer ursprünglichen Materialität entäußert.«

Diese Kluster/Cluster schaffen eine eigene Welt. Sie ist virtuell. »Virtuell« ist nach gängiger Definition eine Sache, wenn sie in ihrem Wesen und ihrer Wirkung einer real existierenden Sache in ihrer Art gleich ist, aber nicht in der Form existiert, in der sie zu wirken scheint. Ein virtuelles Bild, das einen Vorgang abbildet, von dem wir aus Wort und Text wissen, daß er so stattgefunden hat, existiert zwar nicht in Form einer Fotografie (Lichtschrift), aber mit großer Sicherheit als »Geschichte«. Ist deshalb ein virtuelles Bild weniger »versiegelte Zeit«, wie der russische Filmemacher Andrej Tarkowskij einmal den Film in einem Buch gleichen Namens bezeichnet hat?

Karl Prümm schreibt schon 1996: »Allmählich kommt aber auch ins Bewußtsein, daß die Techniken der Digitalisierung tief in die Wahrnehmungsordnungen eingreifen. Mehr noch als für Text und Schrift gilt dies für die visuellen Medien, für die Bilderwelten, die seit dem 19. Jahrhundert zunehmend unsere Kultur prägen. Produktion und Gebrauch der Bilder wandeln sich radikal, und damit verändert sich auch unser Blick auf die Welt, gelten für das Sehen und für das Erkennen neue Bedingungen. Bislang rekurrierten alle modernen Medien auf eine Maschine, auf die fotografische Kamera.«

In Zukunft dürften historische Filme und Fotografien nur noch Modulationsmaterial für die Digitaltechniker sein, die den Historikern, die bildnerisch erzählen, liefern, was heute noch mit Reenactment von Schauspielern und Statisten nachgespielt wird. In Filmen, die Schauplätze des 1. Weltkriegs zeigen, ist dann der Gefreite des 16. Bayerischen Reserve-Infanterie-Regiments »List«, Adolf Hitler, einzumontieren wie im Film »Forrest Gump« der Schauspieler Tom Hanks, der im Weißen Haus dem US-Präsidenten Kennedy die Hand schüttelt und mit ihm plauscht. Die in diesem Fall fiktionale Figur ist schon 1994 dem dokumentarischen Material so angeglichen worden, als hätte sie immer dazugehört.

Ein Jahrzehnt später sind die virtuellen Bearbeitungswerkzeuge weiterentwickelt, die Rechenvorgänge schneller, Perspektiven besser anzupassen. Es ist nur noch eine Frage der Zeit, wann Avatare (die künstlichen Personen oder ein grafischer Stellvertreter einer echten Person) echten Menschen oder dem Original täuschend ähnlich sehen und statt Schauspielern einmontiert werden. Spätestens dann kann sich niemand mehr darauf verlassen, daß ein Film wirklich ein Film ist.

Die Möglichkeiten der Digitalisierung erfordern deshalb ein neues Verhältnis zum Bild. »Nicht nur das aktuelle Wirklichkeitsbild ist so konsequent entwertet, auch der bildhaften Überlieferung droht ein gigantisches Computer-Recycling.« (Karl Prümm) Das Recycling historischer Bilder muß keine Bedrohung sein. Es droht nicht nur die Gefahr der Lüge mit »unwahren Bildern«. Es gibt auch die Chance, zu zeigen, was mit Absicht verborgen bleiben sollte, von dem aber andere als bildnerische Quellen zu berichten wissen.

So stehen in Auschwitz längst nicht mehr alle Gebäude. Einige hat die SS beim Vormarsch der Roten Armee, um ihre Spuren zu verwischen, noch abreißen lassen. Der Kreativdirektor von BBC History, Laurence Rees, hat in seiner sechsteiligen Dokumentation »Auschwitz: The Nazis and the Final Solution« im Jahr 2005 nach originalen Bauplänen die Gebäude virtuell nachbauen, aber auch Handlungen virtuell visualisieren lassen. So gelingt es ihm, bildlich die perfekte Planung einer Todesfabrik sichtbar zu machen. Das Bild ist in diesem Fall kein Beglaubigungsinstrument. Das sind die originalen Pläne. Aber es schafft eine »virtuelle Authentizität«, die heute viele Zuschauer erwarten. Wenn Rees die Gebäude über die grüne Gitterstruktur von CAD/CAM-Programmen Gestalt, Flächen und Farben annehmen läßt, verrät das vielleicht schon den dramaturgischen Umgang, den die recycelten, voll- und teilvirtuellen Bilder der Zukunft verlangen.

Die technischen Aggregatzustände »0« und »1« der Computertechnik werden eines nicht so fernen Tages die Quellenlage austarieren. »Leere Tiefe und Finsternis zu Null und Nichts« und »allmächtige Eins«, Haben und Nichthaben, die der Historiker, Mathematiker und Philosoph Gottfried Wilhelm Freiherr von Leibniz zum Baustein eines mathematischen Systems erkor, sind in der bildnerischen Geschichtsdarstellung dank der Digitalisierung dann besser auszutarieren.

Quellennachweis der einzelnen Szenen

DIE DEUTSCHEN
1972 bis 1982

DDR, Anfang der 70er Jahre
Schieß- und Verfolgungstraining. *Ausschnitte aus einem Lehrfilm des Ministeriums für Staatssicherheit*

Ennepetal, 1978
Musikalisches Vereinsleben in Deutschland. *Aus dem Film »Besuch uns mal in Ennepetal« des Stadtchronisten Horst Groth*

Dessau, Anfang der 70er Jahre
Typisches Leben in einem Schrebergarten. *Aufnahmen des Filmamateurs Klaus Dau*

Bei Hamburg, Anfang der 70er Jahre
Fluchthilfe und Prozess vor einem DDR-Gericht. *Aus dem Film »Bosse, Schleuser, Tipper« des Ministeriums für Staatssicherheit*

Ost-Berlin, 1972
Vorbereitungen für die Weltjugendfestspiele in der DDR. *Aufnahmen der Auslandswochenschau »Camera DDR«*

Auf See, Anfang der 70er Jahre
Mit dem Erzfrachter über den Ozean. *Aus den Privataufnahmen Gisbert Sündermanns*

Indien und Sambia, 1972/73
Eine deutsche Familie leistet Entwicklungshilfe. *Aus den Privataufnahmen der Familie Bruns*

München, 1972
Die Olympischen Spiele in Deutschland. *Aufnahmen des U.S. Army Audiovisual Center*

Ulm, 1972
Stadtspaziergang und der traditionelle Schwörmontag. *Aufnahmen aus dem Stadtporträt »Ulm, alte Stadt neu belebt«*

Bundesrepublik Deutschland, 1972
Bundestagswahlkampf mit Hardy Krüger und Helmut Schmidt. *Aus einem Wahlwerbespot der SPD*

Brandenburg, 1981
Rückkehr von Günter Guillaume in die DDR. *Aufnahmen des Ministeriums für Staatssicherheit*

Recklinghausen, 1975
Die Stadt und ihre Ruhrfestspiele. *Aufnahmen aus dem Stadtporträt »Zum Beispiel Recklinghausen«*

München, 1973
Ölkrise und autofreie Sonntage. *Aufnahmen der Deutschen Wochenschau*

Frankenberg, 1972
Ein Landkreis stellt sich vor. *Aufnahmen aus dem Film »Unser Landkreis Frankenberg«*

Wolfsburg, 1974
Der Golf 1 rollt vom Band. *Aufnahmen aus einem Volkswagen-Unternehmensfilm*

Hamburg, 1974
Fußballweltmeisterschaft: Die DDR gegen die BRD. *Aufnahmen der Deutschen Wochenschau*

Nordhausen, 70er Jahre
Alkoholkonsum in der DDR. *Aus einem Unternehmensfilm des VEB Nordbrand Nordhausen*

Mallorca, 1978
Deutsche Spanien-Urlauber beim Sangria-Trinken. *Urlaubsaufnahmen des Filmamateurs Manfred Jelinski*

Neuharlingersiel, 1978
Wohnwagenurlaub eines Bayers an der Nordseeküste. *Urlaubsaufnahmen des Filmamateurs Willy Schindler*

Dreetz, 1974
Campingurlaub in Mecklenburg. *Urlaubsaufnahmen eines Filmamateurs*

Hamburg, 1974
Ein 2. Offizier auf seiner ersten Fahrt mit der »NS Otto Hahn«. *Aus den Privataufnahmen Gisbert Sündermanns*

Nordhorn, 1973
Gastarbeiter in Deutschland. *Aufnahmen eines Filmamateurs*

Berlin, 1972
Kiezleben im Berliner Stadtteil Kreuzberg. *Aufnahmen aus dem Film »Sanierungsgebiet Kreuzberg«*

Märkische Seenlandschaft, 70er Jahre
DDR-Freizeit mit Mini-Panzer: im Ferienlager. *Aufnahmen aus dem Film »Immer lebe die Sonne« der Staatssicherheit*

Münster, 1975
Studentenleben und junges Treiben in der Stadt. *Aus dem Stadtporträt »Münster, alte Stadt voller Jugend« der Kaskeline-Film*

Proschim in der Niederlausitz, 1974
Ein kleines Dorf feiert

Karneval. *Aufnahmen des örtlichen Filmamateurs Eckehard Tetsch*

Erfurt, 1975
Herbstwallfahrt mit Karol Wojtyla und Joachim Meisner. *Aufnahmen eines Filmamateurs*

Lingen, 1975
Bundespräsident Walther Scheel besucht die Stadt zur 1000-Jahrfeier. *Aufnahmen eines Filmamateurs*

Nordhorn, 1973
Bürgerprotest gegen die Einrichtung eines Bombenübungsplatzes. *Aufnahmen eines Filmamateurs*

Oberbucha, *1978*
Leben auf dem Retzerhof wie vor 100 Jahren. *Aufnahmen des Filmamateurs Gerold Schmidt*

Menslage, 1976
Familiäre Heuernte. *Aufnahmen eines Filmamateurs*

Wyhl, 1975
Bürgerproteste gegen den Bau eines Atomkraftwerks. *Aufnahmen aus dem Film »S Weschpennäscht – Die Chronik von Wyhl 1970 – 1982« der Medienwerkstatt Freiburg.*

Bei Rostock, 1977
Verkehrserziehung in der DDR. *Aus dem Lehrfilm »Miteinander Sicherer« des Kreisfilmstudios Rostock*

Eisenhüttenstadt, 1979
Besuch von Stahlarbeitern aus der UdSSR und gemeinsames Feiern. *Aus dem Film »Schmelzen der Freundschaft« des Betriebsfilmstudios »Eisenhüttenkombinat Ost«*

West-Berlin, 1978/79
Die AEG-Telefunken und die »Deutschland AG«. *Aus einem Unternehmensfilm der AEG-Telefunken*

Bundesrepublik Deutschland, 1977
Vom richtigen Umgang mit einem Telefon. *Aufnahmen aus einem Aufklärungsfilm der Deutschen Bundespost*

DDR und UdSSR, 1978
Sigmund Jähn als erster Deutscher im Weltall. *Aufnahmen der Progress-Wochenschau*

Auf dem Rhein-Main-Donau-Kanal, 1978
Bau des Kanalabschnitts Bamberg-Nürnberg und Einweihung. *Aus dem Unternehmensfilm »Die Verbindung« der RMD Wasserstraßen GmbH*

Tübingen, 1979
Studentenleben in der Bundesrepublik. *Aufnahmen aus einem Stadtporträt*

Gütersloh, 1980
Ein Kind wird geboren. *Familienaufnahmen des Filmamateurs Rainer Hartmann*

DDR, 1977
Der Beruf des Fachverkäufers im Einzelhandel. *Aufnahmen aus einem Berufsberatungsfilm der DDR*

Ost-Berlin, 1979
30 Jahre Staatssicherheit in der DDR. *Aufnahmen vom Empfang des Ministers für Staatssicherheit der Deutschen Demokratischen Republik, Armeegeneral a. D. Erich Mielke*

Darmstadt, 1980
Wahlkampf mit Franz Josef Strauß für die Bundestagswahl 1980. *Aufnahmen des Film- und Videoclubs Darmstadt*

Köln, 1981
Skateboard-Fahrer auf der Domplatte. *Aufnahmen des Filmamateurs Peter Geilsdörfer*

Freiburg, 1981
Der militante Kampf um besetzte Häuser. *Aus dem Film »Paßt bloß auf!« der Freiburger Medienkooperative*

Bundesrepublik Deutschland, 1981
Empfohlenes Verhalten bei Reisen in die DDR. *Aus dem Schulungsfilm des Bundesverfassungsschutzes: »Reisen in kommunistisch regierte Länder«*

Ost-Berlin, 1980
Porträt der Hauptstadt der DDR: Schaffung neuen Wohnraums. *Aufnahmen der DDR-Armeefilmschau*

DIE DEUTSCHEN
1982 bis 1990

West-Berlin, 1987
U.S.-Präsident Ronald Reagan zu Besuch in Berlin. Rede vor dem Brandenburger Tor. *Aufnahmen des amerikanischen Fernsehsenders AFN*

West-Berlin, 1982
Künstler für den Frieden: Gegen den Reagan-Besuch. *Aufnahmen aus dem Film »Aufstehen und Widersetzen« des Journalisten Klaus Volkenborn*

Europa, Mitte der 80er Jahre
Mit dem Interrail-Ticket der Bundesbahn auf Rucksackreise. *Aufnahmen im Auftrag der Deutschen Bundesbahn*

West-Berlin, 1981
Subkultur in Kreuzberg: das SO 36. *Aufnahmen aus dem Film »So war das SO 36« von Manfred Jelinski*

Köln, 1982
Deutsche Stammkneipenkultur. *Aufnahmen aus »Die Negerköpp« der Filmamateure Köln*

Rothenburg ob der Tauber, 1982
Besuch der Stadt zu den Reichsstadtfesttagen. *Aufnahmen aus einem Stadtporträt*

Washington D.C., 1987
Hannelore Kohl erhält den U.S.O.-Award. *Aufnahmen des amerikanischen Fernsehsenders AFN*

Bundesrepublik Deutschland, 1983
Helmut Kohl im Wahlkampf für die Bundestagswahl 1983. *Fernsehwerbespot der CDU*

Bundesrepublik Deutschland, 1983
Der Bau des Spacelab 1 und Ulf Merbold. *Aus einem Unternehmensfilm der ESA*

Bundesrepublik Deutschland, 1987
Ins Online-Zeitalter mit der Bundespost: Der BTX startet. *Fernsehwerbespot der Deutschen Bundespost*

Ludwigshafen, 1984
Der erste private Fernsehsender PKS geht auf Sendung. *Ausschnitte aus der ersten PKS-Sendung*

Wackersdorf, 1987
Stiller Bürgerprotest gegen eine Wiederaufbereitungsanlage für Brennelemente. *Aufnahmen des Filmamateurs Franz Obermaier*

Bonn, 1989
Rheinische Republik: der Deutsche Bundestag in Bonn. *Aufnahmen aus einem Besucher-Film des Deutschen Bundestags*

West-Berlin, Mitte der 80er Jahre
Leben mit der Mauer und den alliierten Besatzungssoldaten. *Aufnahmen des amerikanischen Fernsehsenders AFN*

Dobitschen, 1985
Eine Westdeutsche besucht ihr Heimatdorf in der DDR. *Aufnahmen des Filmamateurs Robert Becker*

Potsdam/West-Berlin, 1986
Agentenaustausch auf der Glienicker Brücke. *Aufnahmen des Ministeriums der Staatssicherheit*

Mukran, 1984
Bau des Fährhafens und Besuch einer russischen Delegation. *Aufnahmen der DDR-Armeefilmschau*

Ronneburg, 1986
Arbeitsalltag der Wismut-Kumpel unter und über Tage. *Aus der Wismut-Dokumentation »Ich bin Bergmann«*

Eisenhüttenstadt, 1985
Stadtrundgang durch die »sozialistische Planstadt«. *Aus dem Film »Wo sonst nur Sand und Kiefern waren« des Betriebsfilmstudios »Eisenhüttenkombinat Ost«*

Delitzsch, Anfang der 80er Jahre
Eisessen an einem Sommertag. *Aufnahmen eines Filmamateurs*

Müllrose, 1985
Stadtfest aus Anlaß der 725-Jahrfeier. *Aufnahmen des Betriebsfilmstudios »Eisenhüttenkombinat Ost«*

Hagenow, 1987
Clara Kortüm feiert ihren 100sten Geburtstag. *Aufnahmen des örtlichen Filmamateurs Kuno Karls Semlow, 1987*

Die »5. Kulturfesttage der Werktätigen der sozialistischen Landwirtschaft des Bezirkes Rostock«
Aus dem Film »Landgeschichte« des Kreisfilmstudios Rostock

Parchim, 1989
Ein DDR-Flüchtling besucht seine Heimatstadt. *Aus dem Film »Sauerampfer und Beton« des Filmamateurs Uwe Holst*

Hamburg, 1987
Ein Ostdeutscher besucht die Freie und Hansestadt Hamburg. *Aufnahmen des Filmamateurs Kuno Karls*

Appenzell Innerrhoden/Alpen, 1989
Ein ostdeutsches und ein westdeutsches Ehepaar verbringen einen gemeinsamen Wanderurlaub. *Aufnahmen des Filmamateurs Kuno Karls*

Mödlareuth, 1988
Die Grenzanlagen des kleinen Grenzdorfes werden erneuert. *Aufnahmen des Dokumentaristen Arndt Schaffner*

Hof, 1989
Die DDR-Flüchtlinge aus der deutschen Botschaft in Prag erreichen die Bundesrepublik. *Aufnahmen des Dokumentaristen Arndt Schaffner*

Leipzig, 1989
Die Montagsdemonstrationen. *Aufnahmen der Filmamateure Aram Radomski und Siegbert Schefke*

Bonn, 1989
Die Nachricht der Maueröffnung erreicht den Deutschen Bundestag. *Ausschnitte aus der 174. Sitzung des Parlaments*

Berlin, 1989
Der 9. November: die Mauer ist offen. *Aufnahmen des Filmamateurs Manfred Jelinski*

Zwischen Walkenried und Ellrich, 1989
Menschenmassen strömen über die offene deutsch-deutsche Grenze. *Aufnahmen eines Filmamteurs*

Hirschberg/Rudolphstein, 1989
Ausgabe des Begrüßungsgeldes an die Grenzgänger. *Aufnahmen des Dokumentaristen Arndt Schaffner*

Hagenow, 1990
Die erste freie Wahl zur Volkskammer der DDR. *Aufnahmen des örtlichen Filmamateurs Kuno Karls*

Hagenow, 1990
Währungsunion: Ost-Mark gegen D-Mark und neues Konsumverhalten. *Aufnahmen des örtlichen Filmamateurs Kuno Karls*

Berlin, 1990
Deutsche Wiedervereinigung: Die NVA geht in der Bundeswehr auf. *Aus dem Film »Flaggenwechsel« der Bundeswehr*

DIE DEUTSCHEN
1990 bis heute

Wittstock, 1990
Ein Kamerateam besucht einen Flugplatz der Streitkräfte der Sowjetunion. *Aufnahmen des Potsdamer Filmemachers Peter Gärtner*

Hagenow, 1991
Abzug der sowjetischen Truppen: letzte Kranzniederlegung auf dem Ehrenfriedhof. *Aufnahmen des örtlichen Filmamateurs Kuno Karls*

Bonn, 1991
Die Hauptstadtdebatte im Deutschen Bundestag: Berlin oder Bonn? *Ausschnitte aus der Parlamentsdebatte*

Berlin, 1991-1998
Der Wiederaufbau des Potsdamer Platzes. *Aufnahmen aus einer Baudokumentation von DaimlerChrysler*

Berlin, 2003
Die Bertelsmann AG eröffnet Unter den Linden ihre Hauptstadtrepräsentanz. *Aufnahmen der Bertelsmann AG Media Relations*

Dresden, 1993
Die Bauarbeiten zum Wiederaufbau der Frauenkirche beginnen. *Aufnahmen des Filmamateurs Manfred Lauffer*

Amt Neuhaus, 2002
Deutsche Spaßgesellschaft: Trabbirennen. *Aufnahmen aus dem Porträt »Dreistromland« der EWE AG, Oldenburg*

Bruchhausen-Vilsen und Asendorf, 2002
Freizeitkultur: Eine Fahrt des Deutschen Eisenbahnvereins. *Aufnahmen aus dem Porträt »Dreistromland« der EWE AG, Oldenburg*

Bautzen, 2003
Sorbische Traditionen in der Oberlausitz. *Aus dem Film »www.Lausitzer Sorben.de« des Sorbia-Film-Studios Bautzen*

Ramsloh, Saterland, 2002
Sprachminderheiten in Deutschland: das Friesische. *Aufnahmen aus dem Porträt »Dreistromland« der EWE AG, Oldenburg*

Pünderich, 2003
Ein Imbißbetrieb an der Mosel. *Szenen aus dem Film »Die Imbißecke« von Peter Friesenhahn*

Brandenburg, 1997
Die Oderflut: rettender Einsatz der Bundeswehr. *Aufnahmen der Bundeswehr*

Cuxhaven, Neuwerk, 2002
Urlaub an der Nordsee. Mit dem Wattwagen zur Insel Neuwerk. *Aufnahmen aus dem Porträt »Dreistromland« der EWE AG, Oldenburg*

Ellhöft, 1999
Energie durch Wind: der Bürgerwindpark. *Aufnahmen des Filmemachers Roland Mayer für AN Bonus*

Thüringer Wald, 1999
Das »Verkehrsprojekt Deutsche Einheit Nr. 6«: der Bau der Thüringer Wald-Querung, *Aus einer Baudokumentation der DEGES*

Antarktis, 2003
Leben und Arbeiten im Eis: die Neumayer-Station. *Aufnahmen des Alfred-Wegener-Instituts*

Emsland, 1987-2004
Die Entwicklung des Transrapids und Erprobung auf der Teststrecke. *Aufnahmen aus Unternehmensfilmen der Transrapid Int. GmbH & Co. KG*

Europa, 1997/1998
Eine automobile Innovation: der Smart. *Aufnahmen aus Unternehmensfilmen der smart gmbh*

Glashütte, 1998
Die Fertigung von Luxus-Uhren. *Aus einem Unternehmensporträt der Lange Uhren GmbH*

Frankfurt am Main, 1996-2002
Neuer Markt. Die Börsengänge der Deutschen

Telekom. *Aufnahmen der Deutschen Telekom AG Media Relations*

Herzogenaurach/ Frankfurt am Main, 2004
Internationale Mode aus Deutschland: addidas. *Aus einem addidas-Unternehmensporträt*

Pünderich, 2003
Altes Schusterhandwerk. *Aufnahmen des Filmemachers Peter Friesenhahn*

Augsburg, 2001
Die Fuggerei in Augsburg. *Aufnahmen des Filmamateurs Peter Ulrich*

Berlin, 1999
Music is the Key: die Love Parade. *Aufnahmen der Berlin Partner GmbH*

Eisenhüttenstadt, 1999
Wahlkampf in Brandenburg: Gerhard Schröder besucht EKO-Stahl. *Aus Unternehmensaufnahmen von EKO-Stahl*

Deutschland, 2000
Kinowerbefilm »Be.Ing.2«. *Bundesminsterium für Forschung und Bildung*

Hannover, 2000
Weltausstellung in Deutschland: Expo 2000. *Media Footage der EXPO 2000 GmbH aus dem Besitz des Vereins EXPOSEEUM e.V.*

München, 2001/2002
Euro-Einführung. *Aus einem Unternehmensporträt der Giesecke & Devrient GmbH*

Berlin, 2002
Die soziale Stadt. *Aus einem Werbespot der Berliner Filmproduktion Daylight für das Bundesministerium für Verkehr, Bau und Stadtentwicklung*

Hagenow, 2001
Rechtsradikalismus in Deutschland: Die NPD marschiert. *Aufnahmen des örtlichen Filmamateurs Kuno Karls*

Im Kosovo, 1999
Der erste Kampfauftrag der Bundeswehr. *Aufnahmen von Bundeswehr-TV*

New York, Februar 2001
Mit dem Yellow Cab nach Sylt. *Aus einem Film der Bremer Firma RadioHouse*

Köln, 2002
Peter Kloeppels Berichterstattung zum 11. September 2002. *Ausschnitte aus »RTL Aktuell«*

Berlin, 2005
Gerhard Schröder stellt die Vertrauensfrage. Die Rede Joschka Fischers. *Ausschnitte aus der Debatte der 185. Sitzung des Bundestags*

München, 2004
Das größte deutsche Volksfest: das Oktoberfest. *Aufnahmen der Fremdenverkehrsdirektion München*

Köln, 2006
Deutschlands Schwulen- und Lesbenszene auf dem Christopher-Street-Day. *Aufnahmen im Auftrag von ColognePride/Kölner Lesben- und Schwulentag e.V.*

Berlin, 2004-2006
Der Bau des Hauptbahnhofes und die Einweihung mit Angela Merkel. *Aufnahmen aus den Baudokumentationen der Bahn*

Darmstadt, 2006
Ein Sommermärchen: Fußballweltmeisterschaft in Deutschland. *Aufnahmen des Film- und Videoclubs Darmstadt*